高等财经教育学习成果测评改革研究

——成果导向教育进课堂“最后一公里”

颜　敏　赵红卫　彭　博　刘亚奇　李德华　著

中国财经出版传媒集团
中国财政经济出版社

图书在版编目（CIP）数据

高等财经教育学习成果测评改革研究：成果导向教育进课堂“最后一公里”/颜敏等著. --北京：中国财政经济出版社，2021.11

ISBN 978-7-5095-4931-5

Ⅰ.①高… Ⅱ.①颜… Ⅲ.①财政经济-高等教育-教学改革-研究-中国 Ⅳ.①F8-4

中国版本图书馆CIP数据核字（2021）第215585号

责任编辑：吴檬檬　　责任校对：徐艳丽
封面设计：卜建辰　　责任印制：党　辉

高等财经教育学习成果测评改革研究：成果导向教育进课堂“最后一公里”
GAODENG CAIJING JIAOYU XUEXI CHENGGUO CEPING GAIGE YANJIU：
CHENGGUO DAOXIANG JIAOYU JINKETANG “ZUIHOU YIGONGLI”

中国财政经济出版社 出版

URL：http：//ckfz. cfeph. cn
E-mail：cfeph@ cfeph. cn

社址：北京市海淀区阜成路甲28号 邮政编码：100142
营销中心电话：010-88191537
天猫网店：中国财政经济出版社旗舰店
网址：https：//zgczjjcbs. tmall. com
北京时捷印刷有限公司印刷 各地新华书店经销
成品尺寸：170mm×240mm 16开 42.5印张 680 000字
2021年11月第1版 2021年11月北京第1次印刷
定价：120.00元
ISBN 978-7-5095-4931-5
（图书出现印装问题，本社负责调换）
本社质量投诉电话：010-88190744
打击盗版举报热线：010-88191661 QQ：2242791300

前　言

高等教育的本质是育人，“以学生为中心”的评价理念体现了“育人为本”的价值取向。将高等教育学生学习成果（Higher Education Learning Outcomes）作为高等教育质量评估的重要内容，是大学人才培养功能回归中心的具体体现。考查大学生的学习成果已经成为当今大学、政府乃至国际组织衡量高等教育质量的最新手段。进入21世纪，高等教育质量评估指标逐渐完善，从资源的占有量向资源的使用效率、学生学习结果转移，高等教育学习成果引起社会普遍重视，学生视角的高等教育质量评估开始从高等教育研究的边缘走向中心。然而，“如何衡量”成为其问题的症结。世界经济合作与发展组织2016年开始启动的“高等教育学习成果测评”项目（Assessment of Higher Education Learning Outcomes，AHELO）以其独有的国际视角和普适性的特点对来自不同国家、具备不同语言文化背景的各类高等教育机构进行测试，掌握学习者经过四年本科学习所达到的知识水平及其运用知识解决实际问题的能力水平等信息。吴岩认为中国参与AHELO项目，也会形成一种双赢格局，对增强AHELO项目的多样性和权威性起到积极的推动作用，也有利于完善中国高等教育质量保障体系并提升国际影响力。

高校自身也应超越问责逻辑，坚持以学生为中心的质量观，以诊断改进教学质量作为教育评估的根本目的，由外部强制问责转向高校“自愿问责机制”建设。新建本科高校培养的首届本科生或前几届本科生的质量如何、是否具有真正本科院校学生的水平，是新建本科院校的管理者和师生关心的问题。如果借鉴世界经济合作与发展组织“高等教育学习成果测评”项目（AHELO）经验成果并依托高水平本科院校相关学科专业资深专家教授的力量、依据新建本科院校的人才培养总目标开展毕业生学习成果测评，既可以了解新建本科院校培养学生的质量，又可以使学校教师通过学习测评试题尽快掌握与本科教学目标相适应的测评难度、测评方式。根据测评在一致性建构中的位置和教学逆向设计的一般步骤，测评是仅次于教学目标要考虑的重要环节，是教学设计中学法和教法设计的重要依据。测评既是分析与教学目标一致性的必备要件，也是影响教师教学策略开发积极性的重要因素。

另外，成果导向教育借助中国工程教育专业认证，已经在全国理工类高校和综合性大学理工科专业普遍开展，对学生学习成果的提升起到了根本的保障作用。但财经类高校和综合性大学的经管类专业仅有部分院校在研究生层面开展了国际商科认证，教育部在经管类本科专业的认证尚在试点中。与工程教育相比，财经教育人才培养目标颗粒度大、模糊度高，质量评价更难具有准确性。因此，作为新建地方财经类本科高校，基于自我批判和持续改进人才培养过程的理念，进行以学生为中心的、基于成果导向的高等财经教育学习成果测评研究和改革实践，具有极强的理论意义和现实意义。评价的目的是为了发现问题、解决问题并改变现状。任何评价都有局限性，特别是专项评价（非综合评价）只聚焦于某一方面问题解决。本书评价研究聚焦于成果导向理念，旨在提高“教学评”一致性，通过发现财经教育课堂教学存在的问题，着力解决成果导向教育进课堂的“最后一公里”问题。

本书是基于新建本科高校开展财经教育学习成果目标与测评一致性分析和财经素养增值测评、基于成果导向的教学大纲和考试大纲改革以及财经教育实证研究所做的总结和归纳。

基于成果导向理念，依据目标、教学和测评“一致性”理论，借鉴国际先进的评估方法，本书研究开发了基于目标的财经类本科专业学业水平测评工具，通过运用布鲁姆教育目标分类法和三种典型的课程一致性分析范式，进行新建本科高校财经教育学习成果测评与目标一致性分析，掌握课程目标达成情况。通过开发财经素养增值测评工具，对新生和毕业生分别进行财经素养测试，进行增值分析，掌握了学生在学校学习后的收益。

针对试点课程以前年度期末学习成果测评命题存在的问题，构建学习成果评价能力分级框架，进行基于成果导向的教学大纲和考试大纲改革，确保成果导向理念“进课堂”的“最后一公里”——成果导向理念“进试卷”的达成，促进期末考试命题和教师课堂教学活动的改革，以提升教学水平，提高课程目标、教学和测评的一致性。

本书研究所进行的课程目标与测评一致性分析和财经素养增值测评、基于成果导向的教学大纲和考试大纲改革以及财经教育实证研究均具有创新性。当然本书研究在测评工具和测试组织上还有需要改进之处，以使测评的结果更加全面可靠。

本书主要内容

本书的体系设计是从基本理论（第一、二、三部分）到研究设计（第四部分）再到学习成果一致性评价（第五部分）、财经素养增值测评（第六部分）和学习成果评价改革（第七部分），最后是为项目测试而开发的网上考试系统（第八部分）和研究结论（第九部分），附录部分是学习成果评价改革的成果——基于成果导向的培养方案、基于成果导向的教学大纲和考试大纲模板及基于此而编制的8个专业40门核心课程教学大纲和考试大纲。

第一部分引言，说明了本书研究的意义。

第二部分高等教育学习成果测评研究述评，对国际高等教育学习成果测评研究、大型学习成果测评工具研究、学习成果测评一致性研究、增值测评研究进行了述评。

第三部分理论基础，对“新三中心范式”、大学教学学术理论、大学教学有效性双因素假说、“教学评”一致性理论和逆向设计理念进行了介绍。

第四部分研究设计，说明了本书研究目标、内容和拟解决的关键问题、研究方法和进度安排、成果形式和受益人数、项目特色和创新之处。

第五部分毕业生学习成果一致性测评工具开发与运用，构建了学习成果一致性测评标准，对已有课程评价工具一致性进行了分析，开发出毕业生学习成果一致性测评工具并对测评结果进行了一致性分析。本书研究从评价工具和评价结果两方面对面向产出的试点专业核心课程教学评价与目标的一致性进行了专门化研究。研究发现，从评价工具来看，新建本科高校试点专业核心课程期末考试试题的技术性、知识种类一致性、知识分布平衡性均表现出与课程目标较高的一致性，但知识深度一致性水平偏低，仅实现了“识记”和“理解”两个层级认知水平，“应用”层级中的“实施”认知水平亦很难实现，普遍缺乏对“分析、评价、创造”等高阶能力的测试，低阶能力题型占比较高。

从评价结果来看，专门考核高阶能力的核心课程学业水平标准化测试结果显示，各专业与课程目标有一定的一致性，但个别专业一致性较低。描述性统计结果显示，各专业得分在11～75分之间，离散性较大，大部分专业处于及格线上下或中等水平。一致性分析结果显示，高阶认知能力与培养目标还存在一定的差距，分析、评价、创造能力培养结果未达到目标。例如，会计学专业波特一致性指数仅为0.67，达标率5.75%，达成度35.6%，财务会计（中级+高级）课程一致性最低，仅为0.55。由此可见，专业培养质量亟待提升，特别是要注意改变日常教学过程中将注意力过度集中于识记性能力培养，对学生分析、评价、创造能力的培养非常欠缺的现状。今后需要改革教学方法，适当减少知识性教学内容的比重，增加培养学生高阶能力的教学内容，提高学生专业综合能力，从而实现课程教学目标，达成人才培养方案确定的培养目标。

第六部分财经素养增值测评工具开发与运用，开发了增值测评工具，并运用其进行财经素养增值测评。通过对新建本科高校财经素养增值分析，发现经过学校四年本科阶段的培养，学生财经素养得到了显著地提升，财经素养能力趋于更高的水平，学习能力得以加强，学生的财经素养水平差距在降低。特别是经管类专业学生成绩平均提升了4.53分，不及格率降低了4.25%。但是，非经管类专业学生由于没有得到系统性财经素养的培养，财经素养水平未得到显著改善和提高，与经管类专业学生入学时水平近似。从性别区分来看，女生无论是在入学初期还是经过四年培养后，在大学学习阶段获得了更多的财经素养知识和处理经济生活的能力，平均分提高幅度、不及格率降低幅度、中高位分数段上升比例和空间均超过男生。

第七部分基于成果导向的教学大纲和考试大纲改革。针对测评与目标一致性分析所发现的以前年度期末考试试卷命题知识深度一致性水平偏低问题，发现课程目标混沌和未做能力分级归类并构建能力分级框架是根本原因。因此，本书研究在基于成果导向的培养方案基础上，开发了基于目标分类的学习成果评价能力框架，整合了信息技术和教育目标分类学对财经类专业教学改革的影响，以利于建立学生精准画像评价体系。

结合课程系统运行过程，本书研究创造性的发现，在课堂教学和期末考试中消除课程教学目标混沌影响、充分发挥新构建的基于目标分类的学习成果评价能力框架的作用，关键是进行以成果导向理念指引的教学大纲和考试大纲改革。核心内容就是在教学大纲中明确各层级课程目标及其对毕业要求的支撑关系，一般一个或多个课程目标支撑一个毕业要求，而不是相反；另外，明确课程教学内容和教学要求与课程目标的逐级对应关系。在考试大纲中，必须明确考核内容和考核要求与课程目标的逐级对应关系。基于成果导向的教学大纲旨在促成成果导向理念“进课堂”，基于成果导向的考试大纲旨在促成成果导向理念“进试卷”，且成果导向“进试卷”是确保成果导向教育“进课堂”的“最后一公里”。

第八部分开发学习成果测评系统，对系统的目的及意义、相关技术及开发环境、系统设计及其实现进行了详细说明。

第九部分研究结论与展望，对学习成果一致性分析和增值测评研究结论进行了总结，并指出了未来的改进方向。

附录部分，对8个试点专业40门核心课程按照改革后的模板编制的考试大纲和教学大纲进行了简要汇编。

本书主要特点

一是夯实理论基础。高校学习成果评价和财经素养增值评价在教学改革实践中是个新的命题，为了使读者能够更容易、更深入了解本书研究的意义，本书将高等教育大型测评工具、研究现状和相关理论进行了详实的介绍。

二是定位高等教育评价实证研究。目前教育评价研究一是主要集中于基础教育，对高等教育评价研究很少，二是现有教育评价研究文献大多是采用规范研究范式，很少采用实证研究范式。本书研究采用实证研究方法，采集了通过测试而获得的学习成果大数据，并运用描述性统计分析、波特一致性指数分析、加权平均分析、比较分析等方法获得了一致性分析和增值测评实证研究结果。本书是按照实证研究范式的体例而编排的。

三是凸显改革成果。附录部分为本书研究学习成果评价改革成果之一——8个试点专业40门核心课程按照基于成果导向理念的教学大纲和考试大纲模板而编制的教学大纲和考试大纲，可供广大读者加深了解如何基于逆向设计和教学评一致性改进课程系统。

致谢

本书研究得到了河南省高等教育教学改革研究与实践重点项目(2019SJGLX162）的支持，本书撰写由该项目部分研究成员、河南省青少年财经素养教育基地成员完成，其中，第一、三、四、五、九部分由颜敏撰写，第二部分由赵红卫撰写，第六部分由彭博撰写，第七部分由刘亚奇撰写，第八部分由李德华撰写，附录中教学大纲和考试大纲由刘亚奇汇编，全书由颜敏总纂。

感谢河南财政金融学院财税学院、会计学院、金融学院、工商管理学院、工程经济学院5个学院8个试点专业40门核心课程任课教师积极参与本书研究所需要的测试、阅卷、成绩分析，以前年度期末考试试题分析、教学大纲和考试大纲改革等工作。感谢河南财政金融学院教务处对本书研究所需要的测试考务工作的组织，特别感谢原教务处长张红教授对本书研究所需要的实施方案发文、专家命题信函的撰写、测试等所给予的支持。

感谢原沈阳化工大学校长李志义教授对改革后基于成果导向理念的教学大纲和考试大纲模板制定和编制的具体指导。

感谢河南财经政法大学、河南工业大学和郑州航空工业管理学院等高校40位教师对本书研究所需的毕业生学习成果评价命题工作的支持，感谢河南财经政法大学、郑州航空工业管理学院和河南牧业经济学院相关专业提供的以前年度期末考试试题供本书做比较研究。本书研究所需要的财经素养测试试题由郑州航空工业管理学院6位硕士研究生根据2015年和2018年世界经济合作组织“国际学生评估”项目财经素养试题翻译、并经项目组研究成员根据中国财经素养教育协同创新中心编写并出版的《中国财经素养系列丛书》——《中国财经素养教育（高中版）》和《中国财经素养教育（本科版）》的相关内容调整修订而成。

感谢原河南师范大学副校长、现任河南财政金融学院院长李学志教授、河南大学副校长刘志军教授、河南财经政法大学副校长刘荣增教授和中原工学院副院长唐多毅教授、河南财经政法大学教务处长张道庆教授、河南工业大学教务处长杨六栓教授、郑州航空工业管理学院商学院院长李晓东教授、河南牧业经济学院金融与会计学院院长黄良杰教授对本书在开题设计和中期推进过程中给予的中肯建议、指导和帮助。

感谢中国教育科学研究院中国财经素养教育协同创新中心主任张男星教授吸收本书编写成员彭博作为丛书编写成员之一。

本书在撰写过程中借鉴了一些相关文献和网上资料，对被引用者表示衷心感谢。

颜　敏

目　　录

一、引　言

（一）高等教育质量评价成为紧迫议题

2018年，习近平总书记在北京大学师生座谈会上的讲话中强调，教育兴则国家兴，教育强则国家强。高等教育是一个国家发展水平和发展潜力的重要标志[1]。现代社会，知识与经济直接联姻，教育与政治、权力密切结合，其结果不但使传统知识形态和教育功能发生变化，也深刻影响了人们对知识和教育本质、功能及价值作用的主观认识与期待；教育不仅是个人基于兴趣、收益和爱好的一种选择，而且是涉及社会前途、利益和未来的国家政策（史静寰等，2012）[2]。

高等教育的本质是育人，育人质量是高等教育的生命线，大学生的发展质量是高等教育质量的最终体现。在经济全球化背景下的国际竞争中，越来越多的国家把发展高等教育特别是提高高等教育质量列为公共政策的重要组成部分。2010年颁布的《国家中长期教育改革发展规划纲要（2010—2020）》更是把"全面提高质量"作为高等教育发展的五大议题之首。然而，高等教育质量是一个复杂、能动、由历史建构、有很多面向的概念，如何对高等教育质量进行检测，形成有效评判高等教育质量的评价体系，成为高等教育领域中最紧迫的议题之一（史静寰等，2011）[3]。进入20世纪，世界各国对高等教育质量的关注度与日俱增，对高等教育质量评价的研究随之从高等教育研究的边缘走向中心，涌现出越来越多的高等教育质量评估的机构、项目、方法。然而，正如美国著名高等教育学家阿特巴赫（Philip G. Althach）指出的那样"实际上，没有广泛接受的测量教学质量的方法，评价教育对于学生

的影响是一个远未得到探讨的领域。”（Simon 等，2007）[4]

（二）“以学生为中心”的高等教育质量评价理念受到广泛关注

回顾过去，中、外高等教育领域一直在探索如何进行更加科学的高等教育质量评价。曾经并仍在国际上盛行的大学排行榜，如泰晤士报高等教育（TIMES）世界大学排名、英国国际教育市场咨询公司 Quacquarelli Symonds（QS）世界大学排名、《美国新闻与世界报道》（U. S. News）世界大学排名、上海软科教育信息咨询有限公司 ARWU 软科世界大学排名等，依据科研成果、专业特长、获奖数量、国际化程度、学校声誉、毕业率等不同的因素，每年都会发布世界大学综合排名、专业排名和国家地区排名等，经过多年的发展这些大学排行榜逐渐成为影响学生和家长选择学校，甚至成为影响国家制定高等教育政策的指挥棒，在世界高等教育领域的影响日益深远。但是近年来，这些大学排行榜正受到越来越多的质疑和批评，认为其设计的排名指标更多关注于高校科研成果、学校声望、教师国际化程度、教学基本设施、经费投入等高等教育领域中的输入因素或高等教育中的外在表现，而对于高等教育的对象——学生这一重要的指标却较少给予关注，甚至直接将学生指标设计忽略在评价指标之外，更别谈学生学习过程和结果，这与高等教育的育人理念背道而驰。

“以学生为中心”的评价理念体现了“育人为本”的价值取向（朱欣，2012）[5]。美国学者弗雷泽认为：高等教育质量首先是指学生发展的质量，指向学生在整个学习过程中所学到的“东西”（所想、所知、所做及其态度）。学生在认知、技能、态度等方面的收益是衡量高等教育质量的核心要素（陈玉琨，2004）[6]。但该“收益”或称“增值”（Value-Added）如何评价却缺乏可信的计量方法。正如世界经济合作与发展组织（Organization for Economic Co-operation and Development，OECD）发起的“国际学生评估”项目（Program for International Student Assessment，PISA）主持者安德鲁斯·施雷歇（Andreas Schleicher）所说，“如果没有数据，你有的只是观点”，而仅凭观点是难以制定合理、有度、有效的教育政策的（张民选等，2011）[7]。OECD 教育中心负责人芭芭拉（Barbara）表示：我们需要一些工具，去测量学生的知识量，了解学生接受高等教育后是否具备了新兴就业市场所需要的技能（黄海涛，2010）[8]。

（三）“高等教育学生学习成果”评价模式引起普遍重视

对高等教育质量的考量最终要由学生的学习成果来决定，脱离学生学习成果而进行的评价是舍本逐末的行为（吴洪富等，2016）[9]。进入21世纪，高等教育质量评估指标逐渐完善，已经从原来资源的占有向资源的使用效率、学生学习结果转移，高等教育学习成果引起普遍重视（钟秉林等，2009）[10]。

大学生的发展质量是高等教育质量的最终体现，将高等教育学生学习成果（Higher Education Learning Outcomes）作为高等教育质量评估的重要内容，是大学人才培养功能回归中心的具体体现（景安磊，2015）[11]。因此，考察大学生的学习成果已经成为当今大学、政府乃至国际组织衡量高等教育质量的最新手段。

如何测量评价高等教育学习成果正在成为各国热议的焦点问题之一。随着高等教育教学模式逐渐从“教学中心”向“学习中心”转变，高等教育评价模式也从“教师的教学评价”转向“学生的学习成果评价”，高等教育领域急需一种新的、重学生的学习能力和学习成果的评价模式（徐静，2015）[12]。美国大约有3/4的高校建立了自己的学生学习成果评价机制（George et al.，2010）[13]。学习成果评价改变了传统的以教育资源投入和办学条件等外部条件为教育质量评价对象的方式，强调学生本身的价值增值，突出了教育过程为学生的成长与发展带来的认知和行为变化（涂冬波等，2013）[14]。

（四）新建财经本科院校实施学习成果评价恰逢其时

2020年10月13日，中共中央、国务院印发《深化新时代教育评价改革总体方案》（以下简称《总体方案》），要求坚持科学有效，改进结果评价，强化过程评价，探索增值评价，健全综合评价，充分利用信息技术，提高教育评价的科学性、专业性、客观性[15]。《总体方案》第一次集中概括了教育评价为推进教育改革发展发挥的重要作用，第一次深刻阐述了新时代加强教育评价的总体要求，第一次明确了教育评价的指导思想、主要原则、改革目标、重点任务、具体举措，第一次指明了落实教育评价的实施路径（周洪宇，2020）[16]。

新时代高等教育质量评价已呈箭在弦上之势。高等学校的质量评价理念应超越原来的问责逻辑，坚持以学生为中心的质量观，以诊断改进教学质量作为教育评估的根本目的，由外部强制问责转向高校“自愿问责机制”建设（周光礼，2012）[17]。新建本科高校尤其如此，新建本科高校培养的首届本科生或前几届本科生的质量如何、是否具有真正本科院校学生的水平，是新建本科高校的管理者、师生都关心的问题。

财经类院校开展“以学生为中心”的学习成果评价有着自身的优势。OECD 的 PISA 财经素养测评[18]、高等教育学习成果测评项目（Assessment of Higher Education Learning Outcomes，AHELO）[19]、中外一些机构和大学开展的高等教育质量测评项目，可以为财经类院校开展学习成果评价提供积极的经验。如果借鉴 PISA、AHELO 并依托高水平本科院校相关学科专业资深专家教授的力量、依据新建本科院校的人才培养总目标，开展毕业生学习成果测评与目标一致性分析和增值评价，既可以了解新建本科高校培养学生的质量，又可以使学校教师通过学习测评试题尽快掌握与本科教学目标相适应的测评难度、测评方式等。根据测评在一致性建构中的位置和教学逆向设计的一般步骤，测评是仅次于教学目标要考虑的重要环节，是教学设计中学法和教法设计的重要依据。测评既是分析与教学目标一致性的必备要件，也是影响教师教学策略开发积极性的重要因素。

因此，河南财政金融学院作为以“财经＋教育”为特色的新建地方财经类本科高校，既可借鉴 PISA 财经素养测评的教育目标理念，又可借鉴 AHELO 和全国学生参与度调查（National Survey of Student Engagement，NSSE）等项目和机构的学习成果评价经验，基于自我批判和持续改进人才培养过程的目的，进行以学生为中心的高等财经教育学习成果测评研究和实践，具有极强的理论意义和现实意义。

二、高等教育学习成果测评研究述评

（一）国际高等教育学习成果测评研究

高校课程学习成果测评源自国际高等教育学习成果评价的兴起，如何测量评价高等教育学习成果正在成为各国热议的焦点问题之一。高等教育的本质是育人，大学生的发展质量是高等教育质量的最终体现，将高等教育学生学习成果作为高等教育质量评估的重要内容，是大学人才培养功能回归中心的具体体现（周海涛等，2014）[20]。因此，考察大学生的学习成果已经成为当今大学、政府乃至国际组织衡量高等教育质量的最新手段。曾经并仍在国际上盛行的高校排行、评价或评估项目都过多关注高校科研成果，或教师精力投入，或教学基本设施保障等输入变量，对学生学习成果这一输出变量很少关注。这些以高校和教师为中心的评价忽视了学生这一最重要的评价因素，更忽略了对学生学习过程和结果的评价。进入21世纪，高等教育质量评估指标逐渐完善，从资源的占有量向资源的使用效率、学生学习结果转移，高等教育学习成果引起普遍重视，学生视角的高等教育质量评估开始从高等教育研究的边缘走向中心。然而，“如何衡量”成为问题的症结（陈涛，2015）[21]。

高等教育缺乏像中考和高考那样反映毕业生学业水平的标准化测试——一种高等教育学习成果评价工具，大学“水课”的存在与此不无关系。人们常说，考试是指挥棒，教育改革常常以教育测量与评价的改革为突破口。近年来陆续出现了多种大学生学习成果评价模型。如OECD的“高等教育学习成果评价”（AHELO）、美国全国大学生学习投入调查（NSSE）（廖青，

2012)[22]和清华大学“中国大学生学习与发展追踪问卷调查”（CCSS）等。其中，OECD 于 2016 年开始启动的“高等教育学习成果评价”项目（AHELO）包括通用能力测试组件和“学科—专业”测试组件两部分。通用能力测试组件主要涉及批判性思维、分析推理、解决问题和书面表达能力，“学科—专业”测试组件包括“经济学”测试组件、“工程学”测试组件以及增值测评组件（2009，2014）[23,24]。“经济学”测试组件（Economic Strand）重点考查学生用“经济学语言”解决实际问题的能力（吴洪富等，2016）[9]，是高等财经教育学习成果评价的首创。经济学测评重点关注学科知识和认识（占比 25%）、学科知识及其在现实问题中的应用（45%）、有效利用相关数据和定量方法的能力（20%）、与专业人士和非专业人士的沟通能力（5%）、获取独立学习技能的能力（5%）五个方面的学习成果[25]，测评时长 90 分钟。“高等教育学习成果评价”（AHELO）以其独有的国际视角和普适性的特点对来自不同国家、具备不同语言文化背景的各类高等教育机构进行测试，掌握学习者经过四年本科学习所达到的知识水平及其运用知识解决实际问题的能力水平等信息。但这一评价并没有细化到专业，对于我国这样一个以专业为单元进行教学、招生和就业的高校人才培养管理机制来说，有必要进行专业核心课程学习成果评价，可以借此了解各个专业的教学质量和办学水平。

根据评价在一致性建构中的位置和教学逆向设计的一般步骤，评价既是分析与教学目标一致性的必备要件，也影响教师教学策略开发的积极性。如果评价不能充分衡量教学内容标准中指定的知识和技能，或者不能涵盖标准所要求的项目，则很难确定学生是否已获得预期的知识和技能。因此，也很难制定适当的措施和计划来提高学生学习成绩（U. S. Department of Education, 2004)[25]。评价若与教学目标具有高度一致性，则能够引导评价回归教学目标的内在要求，保证评价活动指向学习内容标准（刘学智，2006)[26]。所以，应建构在特定学习成果与评价之间的联系，使其保持一致。无论评价的目的是什么，如评价学生对内容的掌握情况，或是对主要内容的熟练程度，或是针对工作需求能力的实现情况，当没有证据表明评价与构成内容标准的知识和技能之间存在高度联系时，其一致性则很难判断（Cizek 等，2018)[27]。因此，开发基于目标的高校课程学习成果测评工具并组织测试，对评价结果进行与目标的一致性分析，以此推进日常课程学习成果评价改革，促进课堂教学水平的提升，意义非凡。特别是对于新建本科院校来说，培养的首届本科生或前几届本科生的质量如何、是否具有真正本科院校学生的水平，是新建本科院校的管理者、师生都关心的问题。如果遵循逆向设计理念，依托高水平本科院校专业资深专家教授的力量，结合新建本科院校的人才培养总目标开展毕业生学习成果评价改革，既可以了解新建本科院校学生培养的质量，又可以使教师通过改革尽快掌握与本科教学目标相适应的测评难度和方式，达到以评价反哺教学、以评促教，提升课堂教学高阶性、创新性和挑战度的目的。成熟本科高校也可以通过聘请实务界专业人士命题来考查学生学习成果的有用性和教师教学内容与现实结合的紧密度。

（二）大型学习成果测评工具研究

1. OECD 高等教育学习成果评估（AHELO）

（1）AHELO 测评理念转向“以学生为中心”。

2008 年，OECD 成员国教育部长“东京会议”重点讨论了如何借鉴国际学生能力评价项目（PISA）的成功经验，开展高等教育质量评价国际比较研究（周海涛等，2014）[20]。在三次咨询国际专家后，OECD 首次提议评价高等教育学习成果（The Assessment of Higher Education Learning Outcomes，AHELO），将重点放在教学活动和学习活动方面，并将找出影响高等教育质量的一系列因素。历时 5 年后，OECD 于 2013 年公布了该项目可行性调查报告，认为对不同地区、不同文化背景的全球各类高等教育机构及在校学生进行测评是科学、可行的，并于 2016 年在世界范围内全面启动由 17 个国家和地区、248 个高等教育机构、4900 名教师和 23000 名学生参与的高等教育学习成果测评。

在 OECD 开发的四大国际教育测试项目——国际学生评估项目（PISA）、高等教育学习成果测评项目（AHELO）、国际教学调查项目（Teaching And Learning International Survey，TALIS）和国际成人能力测评项目（Drogramme for the International Assessment of Adult Competencies，PIAAC）中，AHELO 项目争议可谓最大，但其受关注的程度并不亚于 PISA。因为，AHELO 不只是测评方式、内容的转变，更是测评理念的革新。相较于其他已有的高等教育质量测评而言，AHELO 无疑具有突破性和创造性，其测评理念、方式、内容以及技术具有一定的拓展性。从测评理念来看，OECD 研发 AHELO 项目至少给世界高等教育传达一个信号，即高等教育必须要树立“以学生为中心”的思想。这一思想渗透在高等教育的方方面面，自然也包括质量及其评估（陈涛，2015）[21]。

（2）AHELO 测评试卷结构。

AHELO 测评的目的是评估投资者对高等教育的投入及获得的成效，即学生通过在高等教育机构的学习，在行将毕业时掌握知识的状况及将学到知识运用到实践中的能力。AHELO 测评试卷包括两种题型：开放性问答题和多项选择题。其中，开放性问答题为主观题，又称“任务型测试题”，要求被测者根据一定的阅读材料自主回答问题，通过角色扮演，完成相关任务；多项选择题为客观题，要求被测者从 4 个选项中选择最佳选项。为了提高测评的信度和效度，AHELO 项目分别对被测学生、教职工、高等教育机构和参与国家的背景信息进行调查。AHELO 背景调查问卷的设计遵循三个原则：第一，反映参与国的政治、文化特点；第二，反映被测人群的人口学特点；第三，反映被测高等教育机构的地域特点和办学特点。通用技能和学科技能的测试时间分别为 120 分钟和 90 分钟；被测者作答背景调查问卷的时间为 10 分钟至 15 分钟（见表 2－1）[24]。

表 2－1　　AHELO 试卷测评结构一览表

<table>
<tr><th colspan="2">测试项目</th><th>测试题型</th><th>测试内容</th><th>测试时间</th><th>测试途径</th><th>背景信息</th></tr>
<tr><td colspan="2" rowspan="2">通用技能</td><td>1 项任务型测试</td><td>批判思维能力和写作能力</td><td rowspan="2">120 分钟</td><td rowspan="6">网上测试平台</td><td rowspan="6">针对被测试学生、教师和高等教育机构的背景调查问卷</td></tr>
<tr><td>25 个多选题</td><td>分析、推理能力</td></tr>
<tr><td rowspan="4">学科技能</td><td rowspan="2">经济学技能</td><td>1 项任务型测试</td><td>理解、掌握抽象概念；分析、推理和归纳能力；经济学量化能力、运用经济学原理解决现实问题的能力</td><td rowspan="2">90 分钟</td></tr>
<tr><td>45～50 个多选题</td><td>运用经济学知识的综合能力</td></tr>
<tr><td rowspan="2">工程学技能</td><td>1～3 项任务型测试</td><td>工程学通用技能、工程分析、工程设计和工程实践</td><td rowspan="2">90 分钟</td></tr>
<tr><td>30～40 个多选题</td><td>工程学基本素养</td></tr>
</table>

资料来源：About the OECD Higher Education Program：Brochure of AHELO [EB/OL]. http://www.oecd.org/edu/imhe/aboutimhe.htm.

(3) AHELO 测评中的经济学技能测试特点与工具。

AHELO 的经济学技能测试具有如下特点：第一，能广泛反映当前经济学领域专家的观点、思想；第二，能反映学生学科教育的成绩；第三，不仅考查学生对基本概念的理解力，而且考查学生运用学科知识的综合技能；第四，能综合考量不同参与国家的文化、语言等背景因素，有利于开展跨国、跨文化的测评。经济学技能测试中的任务型测试综合考查学生的 5 种学习能力；多选题型的测试范围更为广泛，测试内容更为丰富，以其快捷、高效、易于评分的特点，与任务型测试相得益彰（徐静，2015）[12]。

AHELO 测试在学生即将获得学士学位时进行，测试学生在各领域都需要具备的通用技能（Generic Skills）和学科专业技能（Discipline-Specific Skills）。其中，通用技能的测量工具是以美国教育援助委员会（Council for Aid to Education, CAE）研发并已推广使用的“大学生学习测试”（Collegiate Learning Assessment, CLA）为基础，学科专业技能的测试主要集中于学生的推断能力，即学生在新的情境中，运用已经学到的知识解决问题的能力。经济学专业技能的测试工具由美国教育考试服务机构与澳大利亚教育研究理事会（Australian Council for Educational Research, ACER）合作开发。工程学专业技能的测试工具由澳大利亚教育研究理事会、日本国家教育政策研究学会（National Institute for Educational Policy Research, NIER）及意大利佛罗伦萨大学共同研究开发（见表 2－2）（周海涛等，2014）[20]。

表 2－2　　经济学测试关注的学习结果

学习结果	占比	涉及内容
学科知识与理解	25%	经济学中的重要概念、微观经济学概念和宏观经济学原理等
专业知识的应用	45%	将掌握的经济学原理、分析方法在具体的社会问题中有效地运用
有效利用相关数据和应用定量分析方法的能力	20%	第一手和第二手定量、定性数据的使用、数据处理的能力
与专业人员和非专业人员的交流能力	5%	
独立学习的能力	5%	批判与反思能力、提出并开展具体问题调查的能力

经济学测评工具的开发分为两个步骤：一是经济学框架的制定；二是基于框架的经济学测评问卷的制定。美国教育考试服务中心（Educational Testing Services，ETS）引导了经济学框架的开发以及经济学测评工具的评估。经济学测评时长90分钟，包括一个复杂的绩效任务和大约45道多项选择题。这两项任务都避免引导学生回忆简单的知识，而是将重点放在超越内容的技能上，包括概念的应用以及应用适当的统计学和非统计学工具得出结论并对政策提出建议。这一框架注重五项学习目标和若干项子目标（见表2-3）（廖青，2012）[22]。

表2-3　经济学测评框架所重视的五项学习成果及对应子目标

学习成果目标	对应的子目标
学科知识和理解	清晰连贯地掌握经济学语言。包括清晰地定义宏观和微观经济学领域中的标准术语，解释基本概念的能力
	清晰连贯地掌握宏观和微观经济学的原理，同时在经济学论辩中具备运用清晰且让人信服的语言阐释观点的能力
	解释经济主体（个人、家庭、公司、政府等）如何做出选择，并解决相关的经济决策问题
	有能力解释经济系统的基本运作方式，并分析政策在这个系统中扮演的角色
	有能力找出模型和分析方法的缺点与不足
学科知识及应用	在特定研究领域中有效地应用经济学推理和方法的能力（如市场、财政、环境、健康、劳动力市场、国际贸易等）
	运用经济学推理形成和评估经济方面的建议和政策，上述建议既包括针对个人的，也包括针对公共部门
有效运用相关数据和定量分析方法	对经济学和社会数据信息来源有足够的了解，包括如何找到和在哪里找到这些数据，以及分析处理数据的能力
有效交流	向专业和非专业人士传达和解释经济学参数的能力。既包括口头表达也包括书面表达，可能涉及运用网络、电脑和投影设备的能力
习得独立学习技能	就某一系列经济学问题进行战略性和批判性思考
	有经济学领域提出和探索问题的能力。包括判断问题的研究价值，知道运用合适的方法进行研究并得出结论旳能力

2. OECD国际学生项目评估（PISA）

国际学生评估项目（PISA）是一项由经济合作与发展组织（OECD）统

筹的学生能力国际评估计划。主要对接近完成基础教育的15岁学生进行评估，测试学生们能否掌握参与社会所需要的知识与技能。第一次PISA评估于2000年首次举办，此后每3年举行一次。评估主要分为3个领域：阅读素养、数学素养及科学素养，由这3项组成一个评估循环核心，在每一个评估周期里，有2/3的时间会对其中一项领域进行深入评估，其他2项则进行综合评测。

2012年，PISA将财经素养测评作为附加项目纳入三大核心领域测评体系一起测评，目前已于2012年、2015年、2018年开展了三次，2021年将进行第四次财经素养测评。《财经素养评估框架》是PISA进行财经素养测评的重要理论依据和实践指导性文件，自2012年首次采用《财经素养评估框架》以来，2015年和2018年测评前均有相应的评估框架发布，但三次评估框架的内容基本未发生太大变化（以下简称《原框架》）。2019年4月，OECD颁布了《PISA2021财经素养分析和评估框架》（以下简称《新框架》），作为2021年财经素养测评的重要依据文件。

（1）PISA2018财经素养测评及结果。

2015年，OECD国际金融教育网络（International Network of Financial Education，INFE）基于已有的财经教育学习框架和PISA财经素养评估框架开发了青少年财经素养核心竞争力框架，该框架描述了关于知识、态度和技能的财经素养基准水平，认为这一水平可能更适合于15～18岁的青少年更完全和更安全地参与财经生活。该框架基于产出导向，考虑国家和地区间文化和环境的差异，能够适用于不同的国家经济环境，并以更灵活的方式进行应用。

2018年财经素养测评方式是一个小时的计算机测评，共43个问题。为增加框架的覆盖面，其中，1/3的问题为新开发的，2/3的问题在2012年和2015年财经素养测评中使用过的。有大约117000名学生代表20个国家和地区约1350万15岁学生参评，20个参评国家主要有13个OECD成员国澳大利亚、加拿大（部分省）、智利、爱沙尼亚、芬兰、意大利、拉脱维亚、立陶宛、波兰、葡萄牙、斯洛伐克、西班牙和美国；另有7个非OECD成员国，包括巴西、保加利亚、格鲁吉亚、印度尼西亚、秘鲁、俄罗斯和塞尔维亚。中国未参加此次财经素养测评（OECD，2020）[18]。

2018 财经素养测评结果显示，爱沙尼亚的学生在财经素养方面的表现优于其他所有参与测评的国家，其次是加拿大和芬兰两国。OECD 国家和经济体中平均 85% 的学生在财经素养测评中达到 2 级水平，其中，加拿大、爱沙尼亚、芬兰和波兰超过 90% 的学生达到 2 级水平；但除俄罗斯之外的 6 个非 OECD 成员国家，超过 20% 的学生未能达到 2 级水平。参评的 OECD 成员国中，有大约 10% 的学生财经素养达到了 5 级最高水平，其中，爱沙尼亚和芬兰两国接近 1/5 的学生具有 5 级水平（见图 2-1）。这些学生未来将能够在相关的财务环境中运用财经知识，依据特征并不直接明显的财务文件分析复杂的金融产品。

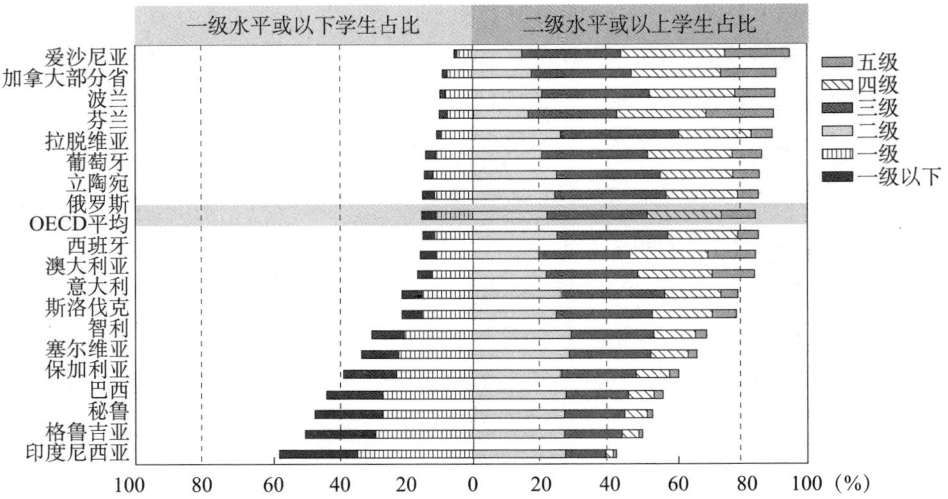

图 2-1 PISA2018 财经素养评估参与各国学生财经素养水平

注：（1）国家和经济体按二级水平以上学生百分比降序排列；

（2）图中 7 个非 OECD 成员国用斜体和下划线字体标识。

PISA2018 报告分析了财经素养测试结果与数学、阅读素养的测试结果相关性程度，分析表明：财经素养与数学和阅读素养呈现高相关性。在 OECD 国家中，财经素养与数学和阅读素养的相关度分别为 0.87 和 0.83，且这些高相关性在每一个参评国家均有表现。相比较而言，数学和阅读素养的相关度仅为 0.81。将 19 个国家（加拿大因部分省份参加除外）的测评数据绘制成散点图（见图 2-2），通过最佳拟合曲线表明，青少年财经素养平均表现与国家人均 GDP 直接相关（$R^2=0.76$）。爱沙尼亚和波兰青少年财经素养的平均表现比美国、澳大利亚等人均 GDP 相对高的国家得分更高。青少年财经素养平均表现与基本金融产品使用显著相关（$R^2=0.72$），但与国家金融市场发展相关性不显著（$R^2=0.02$）。

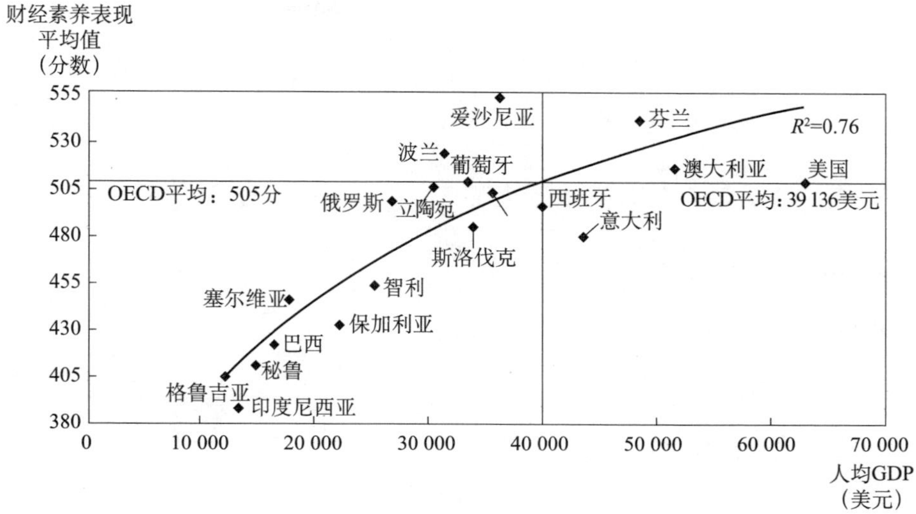

图 2-2　财经素养平均表现与人均 GDP 关系

此外，PISA2018 还开展了来自 30 个国家超过 5 万个 18～79 岁成人的财经教育数据收集和评估，包括货币时间价值、利率、通货膨胀、风险变化等财经知识和话题，评估结果提供了财经知识、态度、行为等特征。17 个 OECD 参与国和经济体中，平均 62% 的成人能够正确地回答 7 个问题中的至少 5 个问题，巴西和俄罗斯两国则不到 50%，爱沙尼亚和芬兰两国的这一比例分别达到 73% 和 70%。尽管 PISA 认为对于青少年和成年采取不同的测评工具和不同的分组，在比较测评结果时应当谨慎，但基于青少年和成年表现不同的国家排名，能够表明在一些国家中存在一个相当重要的代际分界线。例如，波兰青少年学生在测评中表现较好，但波兰成年人的表现则不如其他国家成年人的平均水平（OECD，2016）[19]。据此我们可以预测，中国作为世界第二大经济体和人均 GDP 超过 1 万美元的发展中国家，部分经济发达省市代表中国参加 PISA2021 财经素养测评的成绩水平。

（2）《新框架》主要内容。

2019 年 4 月，OECD 发布了用于 2021 年财经素养测评的《新框架》。《新框架》共包括八个部分，分别是：背景、序言、定义财经素养、组织域、评估财经素养、财经素养与其他领域知识与技能的相互作用、报告财经素养、参考文献。其中包括 2 个表、1 个图和 2 个说明框（见表 2-4）。

表 2-4 《PISA2021 财经素养分析和评估框架》目录和内容描述

序号	目录	主要内容描述
1	背景	财经素养评估发展、新框架主要变化
2	序言	世界财经状况变化、财经素养与教育
3	定义财经素养	7 个定义域、重要变化
4	组织域	内容、过程、情境及非认识因素
5	评估财经素养	结构、回答格式和代码、得分点分布
6	与其他领域知识技能相互作用	财经素养与数学素养区别与联系
7	报告财经素养	测度范围、熟练水平、资料组
8	参考文献	引用 89 个文献
9	附件	2 表、1 图、2 框，散布于文本中

（3）《新框架》的主要变化。

一是财经素养概念的变化。从《新框架》定义财经素养部分可以知道，OECD 于 2002 年针对政府治理中低水平的财经认知所导致的问题发起了一个影响深远的财经教育项目，并于 2005 年通过发布《财经教育和认知的原则及良好实践的建议》对财经教育进行了概念化定义，2012 年在《PISA2012 财经素养评估框架》中定义了财经素养。可以说，对财经素养的研究和关注推进了财经教育的实践，表明财经素养与财经教育具有不可分割的密切联系，以及财经教育对培养和增进财经素养的重要性。

PISA2015、PISA2018 财经素养评估中采用 PISA2012 财经素养框架中对财经素养的定义。《新框架》认为《原框架》对财经素养的定义仍是相关和合适的，仅进行了略微的变化和修订。在实践中，考虑到广义的“态度”与财经素养的认知特征相关，以及“态度”对于财经行为的重要性，因此用“态度”代替原来的“动机和信心”。《新框架》将财经素养的定义修订为：财经素养是关于财经概念和风险的知识和理解，以及运用这种知识和理解的技能和态度，从而能够在各种财经背景下做出有效决策，增进个人和社会的财富健康，并能够参与经济生活。《新框架》对财经素养的定义同样分为两个层面：一个是认知层面，包括知识和理解、技能和态度；二是目标层面，包括有效经济决策、增进财富健康、参与经济生活（OECD，2021）[28]。

二是得分点分布变化。《新框架》与《原框架》采用相同的评估方法和逻辑，同样将财经素养评估内容分为三个维度，每个维度包括四个内容域。

但针对《原框架》中三次测评使用过的内容和过程两个维度，《新框架》将内容域的得分点分布进行了微调，情境维度各内容域的得分点没有变化（见表2-5）。其中，内容维度的四个内容域的得分点分布均有调整，将金钱与交易、财务计划与管理两个内容域得分点各调减5%，将风险和回报、财务情境两个内容域得分点各调增5%；过程维度中的分析财务信息和情境得分点调增10%，应用财经知识和理解得分点调减10%。内容域调整后的最高得分点分布为个人财务情境（35%～45%），其次是家和家庭财务情境（30%～40%），分析财务信息和情境（25%～35%）、评估财务问题（25%～35%）、金钱和交易（25%～35%）。从调整后各维度内容域得分点分布变化可以看出，《新框架》增加了对财务情境和财务风险等现实情境中主观态度内容域的得分权重，相应调减对客观知识和理解应用等官能训练中一般学习内容域的得分权重。但即使这样，《新框架》中仍然对金钱和交易、财务计划和管理、风险和回报等一般学习内容保留了较高的权重。

表2-5　《新框架》测评维度和内容域得分点分布

维度	框架	内容域及得分点分布			
内容	内容域	金钱与交易	财务计划与管理	风险与回报	财务情境
	原框架	30%～40%	25%～35%	15%～25%	10%～20%
	新框架	25%～35%（-5%）	20%～30%（-5%）	20%～30%（+5%）	15%～25%（+5%）
过程	内容域	区分财务信息	分析财务信息和情境*	评估财务问题	应用财经知识和理解
	原框架	15%～25%	15%～25%	25%～35%	25%～35%
	新框架	15%～25%	25%～35%（+10%）	25%～35%	15%～25%（-10%）
情境	内容域	教育和工作	家和家庭	个人	社会
	原框架	10%～20%	30%～40%	35%～45%	5%～15%
	新框架	10%～20%	30%～40%	35%～45%	5%～15%

注：《原框架》该内容域为“财务情境中分析信息”，《新框架》修订为“分析财务信息与情境”。
注：表中阴影区域为《新框架》与《旧框架》相比得分点分布变动的内容域。

3. 全美大学生学习型投入调查（NSSE）

（1）美国NSSE测评项目的开发与应用情况。

早在20世纪80年代，美国学者泰勒和迈克柯兰等提出了增值评价法（Value-Added），即通过对学生在整个大学就读期间或某个阶段的学习过程、学习结果的分析，来描述学生在学习上进步或发展的增量，这个增量可看作是教学质量提升的结果，是学校教育改进的标志，也是教学质量评估所要抓的重点（章建石，2007）[29]。但由于学习者个体因素和影响其发展的复杂性，很难对学习者的学习成果增值进行量化测评。研究者在多年的实践中发现：虽然学生的增值难以确定，但学生的学习行为如个体的努力程度和参与程度、教师的教学行为，以及高校的政策和实践等因素与学生的学习成果增值密切相关，而这些因素却是相对容易量化，完全可以采用一种间接的方法预测和测评学习者学习成果的增值结果。基于这一理念，在美国皮尤基金会（Pew Foundation）的资助下，全美高等教育管理中心与美国印第安纳大学的高等教育研究中心和调查研究中心合作，共同研发了“全美大学生学习性投入调查”（National Survey of Student Engagement，NSSE）项目，从学生投入各项有效学习活动的程度来体现大学的教育质量。该调查的目的是为了取代传统的以大学声誉及科研成果等为衡量指标的大学排行榜，提供高等院校教学质量的信息，切实关注学生真实的学习经历。这一调查自 2000 年在全美正式推行以来，其影响力逐步增加，参与者也逐年增加，得到美、英、加等高等教育国家高等教育机构和质量评估机构的广泛接受和认可（陈琼琼，2009）[30]。

全美大学生学习性投入调查（NSSE）主要从多个维度记录本科院校的教育质量，并向院校和其他组织提供信息和帮助，以改善学生的学习。NSSE 的主要活动是每年对大学生进行学习参与度调查，以评估他们从事与高水平学习和发展相关的教育实践程度。

NSSE 官方统计，2020 年度共有来自 601 所高校的 48 万名学生参加了 NSSE 项目的测评。其中，有来自 521 所美国院校的 34.3 万名一年级和高年级学生参加。院校平均回应率为 30%，比 2019 年（回应率 28%）增加了 2 个百分点，美国院校的回应率高达 67%，3/5 院校的回应率为 25% 或更高。参加学生反映了美国多样化学位授予院校的参与情况，覆盖范围包括公立、私立、规模、地区等。即使 2020 年在新冠疫情的影响下，大多数院校仍然参加了 NSSE2020 并成功收集到数据，分析表明调查回应行为和结果相对不受影响。自 2000 年以来，已有超过 1650 多个学校参加该项目。

（2）美国 NSSE 测评工具与指标设计。

为了量化大学对学生学习的促进程度，NSSE 提出了评价有效教学实践的五项指标：①学生在学习上面临的挑战（Level of Academic Challenge，LAC）；

②学生在学习上的主动性和合作性（Active and Collaborative Learning，ACL）；③师生互动的重量（Student-faculty Interaction，SFI）；④丰富多彩的大学体验（Enriching Education Experience，EEE）；⑤校园环境的支持程度（Supportive Campus Environment，SCE）。基于以上指标，NSSE 开发了一套完整的测量工具——大学生报告（College Student Report）（见表 2 –6）问卷，共有 99 题，要求学生从学生行为、学校的行动和要求、学生对就学经历和对大学的看法、学生的基本信息等四个方面，以自我报告的形式反思自己的大学经历（陈琼琼，2009）[30]。通过调查大一和大四年级新老生之间相关数据并进行比较，评价二者在努力程度与学习质量上的差异，从而从整体上分析大学生的在校学习情况，成为美国本科院校学生学习生涯价值和质量好坏的代言（王世嫘等，2018）[31]。其中，学业挑战（Academic Challenge）、同学间学习（Learning With Peers）、教师经验（Experience With Faculty）三项主题值得学生学习成果评价参考。

表 2 –6　　NSSE 跨院校比较指标

序号	指标名称		简称	指标解释
1	学业挑战度	Level of Academic Challenge	LAC	测度挑战性知识和创造性工作。鼓励高水平学生通过强调学术努力的重要性和建立高期望的学生行为而取得成就
2	主动合作学习水平	Active and Collaborative Learning	ACL	测量学生对合作以及主动学习的投入程度。学生若能广泛投入各项学习，主动思考并在不同环境中运用所学，将学得更多。团队合作有助于学生更好地应对大学及日后可能遇到的各种难题
3	师生互动水平	Student-Faculty Interaction	SFI	通过与教师在课堂内外的交流，使学生明白专家如何思考和解决实际问题。教师是学生的行为榜样，是他们持续、终身学习的引导者
4	教育经验丰富程度	Enriching Educational Experiences	EEE	测量学生是否获得丰富多彩的教育经验。除课本知识、学习计划、学习社区等补充课堂学习之外，让学生整合与应用其所学，并学到更多有意义、有用的知识、技能和态度。多元化体验让学生了解自身和不同文化，推动师生合作促进学习
5	校园环境支持度	Supportive Campus Environment	SCE	测量校园环境是否能够对学生学习提供有效助力。具有支持性的校园环境能提高学生的学习质量。大学如果关注学生成功并能提供体现积极工作和社会关系的校园，学生会有更好表现

全美大学生学习性投入调查（NSSE）的设计体现了目前国际上主流的以学习者为主体、注重教育过程、强调教育增值（Value-Add）的评价理念，作为一个高等教育测量工具，NSSE 已被美国和加拿大全国性使用，而且在澳大利亚等高等教育呈现出后发竞争力的国家与地区也被广泛认知，并被跟进使用。

NSSE 问卷中关于课程目标的题项设计，建构在美国著名教育家、心理学家本杰明·布鲁姆的教育认知目标（另一个领域是情感和价值观）分类之上。布鲁姆教育认知目标分类法自 20 世纪 60 年代提出以来，就在世界范围内广泛应用，至今仍具有重要影响。布鲁姆教育认知目标的优势在于目标的可测性和层次性，通过测量和评价，根据达成目标的程度来判断教育水平的高低，覆盖了知识、理解、运用、分析、评价和创造六个层次结构。

（3）NSSE 测评结果报告内容。

奥克兰大学校长奥拉·佩斯科维奇（Ora Hirsch Pescovitz）认为 NSSE 是高校非常宝贵的信息来源，可用来更好地了解学生如何度过自己的时间以及学生能从大学体验中学到什么东西。在项目开发过程中，通过与大学领导人的访谈以及吸收倡议组织的建议，NSSE 将目标从消费者的信息工具转向了使大学实施内部绩效评估并利用评估结果引导改革。参加测评的院校因此收到了详细的报告，既包括概括性指标，也包括基于可比院校定制的项目水平结果。这项调查于 2013 年进行了更新，以更好的改善覆盖度和清晰度，以及提供新的、更有用的概括性指标，但目的和方法仍保持不变（Peter & Alexander，2020）[32]。

为了从多个维度表示学生参与度，NSSE 报告了 10 个参与度指标（Engagement Indicators，EIs），这些指标根据 47 个 NSSE 核心项目计算得出，包括四个主题。经过多年的努力，NSSE 对参与度指标和核心项目进行了严格的定性和定量测试，包括学生焦点小组、认知访谈以及两年试点测试和分析。从结果看，每个参与度指标（EIs）都提供了有关学生参与度不同方面的有价值的、简洁的、可操作的信息（见表 2 - 7）。

表 2-7　　NSSE 参与度指标（Engagement Indictors，EIs）

主题 4	指标 10	考核内容（47）
学业挑战度	高阶学习	应用事实、理论或方法于实际问题或新情况
		通过检查思想、经验或推理的深度来分析其组成部分
		评估观点、决策或信息来源
		从各种信息中形成新的思想或见解
	反思与整合学习	完成作业时从不同课程中综合思想
		将学到的知识与社会问题联系起来
		在课程讨论或作业中包括多样化观点（政治、宗教、种族、性别等）
		检查自己关于一个论题或问题的观点的优缺点
		通过换位思考，尽可能更好地理解别人的观点
		学习那些改变你理解一个问题或概念的方式的事物
		将你从课程中获得的观点与你之前的经验和知识联系起来
	学习策略	从阅读作业中识别关键信息
		课后复习你的笔记
		概括你从课堂或课程资源中学习到的东西
	定量推理	基于你自己对数据信息（数字、图表、统计等）的分析得出结论
		将数据信息用于审问现实世界的问题（失业、气候变化、公共卫生等）
		评估其他人从数据信息中得出的结论
同学间学习	合作学习	问其他同学以帮助你理解课程内容
		向一个或多个同学解释课程内容
		通过讨论或与其他同学一起学习课程内容来准备考试
		与其他同学一起学习课程项目或作业
	与其他人讨论	跟自己种族或民族不同的人
		跟自己经济背景不同的人
		跟自己宗教信仰不同的人
		跟自己政治观点不同的人
与教师经历	生师互动	与教职工谈论职业规划
		与教职工一起活动而不是一起课程作业（委员会、学生群体等）
		与教职工在课外讨论课程话题、思想或概念
		与教职工讨论你的学习成绩

续表

主题 4	指标 10	考核内容（47）
与教师经历	有效教学实践	清楚解释课程目标和要求
		有组织地教授课程
		使用例子或图表解释难点
		提供教案或工作进展的反馈
		提供关于测验或已完成作业的及时或详细的反馈
校园环境	互动质量	学生
		学术顾问
		教职工
		学生服务员工（职业服务、学生活动、宿舍等）
		其他行政员工和官员（注册处、财务援助等）
	支持环境	提供支持以帮助学生学术方面成功
		采用学习支持服务（辅导服务、写作中心等）
		鼓励来自不同背景（社会、种族/民族、宗教等）的学生间联络
		提供社会参与的机会
		为你的整体健康（娱乐、卫生保健、咨询服务等）提供支持
		帮助你管理自己的非学术责任（工作、家庭等）
		参与校园活动和事件（文艺表演、体育赛事等）
		参与那些解决重要的社会、经济、政治问题的活动

高影响力事项（High-Impact Practices，HIPs）
毕业前你已经完成或计划完成下列哪些项目？

- 在学校参加包括基于社区学习的项目（学习服务）①
- 参加一个学习社团或其他正式项目，在这里，学生群体共同学习两个或更多课程②
- 参加一个实习、工读、现场体验、学生教学或临床实践②
- 参加一个海外研究项目②
- 与一位教职工共同开展研究项目②
- 完成毕业的高年级体验（毕业课程，高级项目或论文，综合测验，以及组合等）②

这种情况下，大约多少课程包括一个基于团体的项目（服务学习）？

①答案选项：“所有”“大多数”“一些”“从不”

②词干问题：“下列哪些你已经完成或毕业前计划做？”答案选项：“做完或正在做”“计划做”“不计划做”“还没决定”

在参与度指标报告中，每一个指标得分为 0～60 分。首先，要素项目覆盖 60 分范围，例如：从未有（Never）=0，有时（Sometimes）=20，经常（Often）=40，以及非常经常（Very Ofen=60），然后一起平均计算学生的得分水平。大学的参与度指标得分是第一个年级学生水平得分的加权平均分。学生水平得分在 NSSE 数据文件中提供给参与大学。

此外，在另一份报告中，NSSE 提供了六项“高影响力实践”的结果，这些实践因其与学生学习和记忆力的正相关联系而得名。高影响力实践（High-Impact Practices，HIPs）代表着那些可以改变生活的丰富教育体验。它们通常需要大量的时间和精力，促进课外的学习，需要与教职员工和其他学生进行有意义的互动，鼓励与其他人的合作，并提供频繁而实质性的反馈。NSSE 报告学生参与了六个 HIPs：服务学习、学习社团、与教师共同研究、实习或实地体验、海外学习、毕业的高年级体验。一年级学生和高年级学生共同的三个实践，仅高年级学生参与的三个实践（见表 2－8）。

表 2－8　高影响力实践项目对应测评年级

高影响力实践	一年级	高年级
服务学习	√	√
学习社团	√	√
与教师共同研究	√	√
实习或实地体验		√
海外学习		√
毕业的高年级体验		√

对于除服务学习外的每一项高影响力实践，报告参与学生中回答“有过或进行中”的学生百分比。对于服务学习，报告参与学生中回答“至少一些课程”（包括基于社团项目）的百分比。这样，如果一个 HIPs 得分 26，就意味着参与活动的答卷者占 26%。

NSSE 创始主任乔治·库（George Kuh）建议，所有学生在其本科学习过程中至少要参加两个 HIPs，在一年级一次，与他们专业相关的一次。高影响力实践报告概括了一年级和高年级学生在参与“1 个”或“2 个或更多”HIPs 实践的情况，并按学生和入学特征对结果进行分类。

从 NSSE 发布的 2019 年度测评结果报告看，NSSE 调查结果报告分为八大部分，其中第三部分结果精选和机构案例分为 11 个项目（见表 2－9）。

表 2-9　　2019 年 NSSE 测评结果报告目录框架

序号	子项	目录
1		项目主管致辞：20 年大胆的试验
2		庆祝 NSSE 的第 20 年
3	结果精选和机构案例	
	3-1	参与度随时间如何变化？纵向趋势：2004 年—2019 年
	3-2	机构数据应用案例：宣告一个基于证据的使命完成和教育效度的故事
	3-3	学院洞见：生师互动
	3-4	学术建议：质量重于数量
	3-5	学院洞见：建议
	3-6	学院洞见：支持学习者
	3-7	机构数据应用案例：在战略决策中应用 NSSE 数据提出建议
	3-8	参与的一年级学生仍然坚持
	3-9	机构数据应用案例：一个协作的、基于数据的学生记忆力与成功方法
	3-10	机构数据应用案例：评估职业相关的高影响力实践（HIPs）
	3-11	近距离观察高影响力实践
4		参与度指标与高影响力实践
5		在线可用资源
6		参考文献
7		术语表
8		NSSE 员工

NSSE2004—2019 测评结果报告显示，一年级学生与教师的互动率指标，包括与教师讨论职业规划、课外讨论课程话题、一起课外活动而不是课业等三个方面都逐年递增；一年级学生与高年级学生在学术做准备方面，同期比较并无明显差异，但各年度间纵向趋势上学术准备呈递增趋势；在高年级学生对校园环境的看法方面，校园环境鼓励与不同背景的学生联系指标，明显高于校园环境有助于管理学生的非学术责任指标，尽管该两个指标在各年度纵向比较看均呈上升趋势（见图 2-3）。

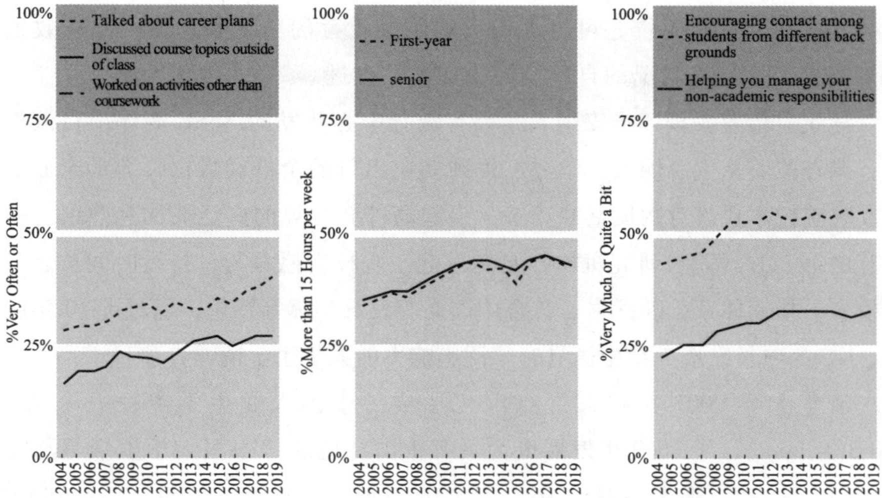

图 2－3　NSSE2004—2019 年测评结果报告趋势图

从左至右：一年级学生与教师互动变化，学术准备方面花费时间变化，高年级学生对校园环境的看法变化

还有一些指标如：师生讨论学业事项的频度方面，测评每学期（Per Semester）学生与顾问讨论他们的学术兴趣、课程选择或学业成绩，测评结果报告显示：一年级学生和高年级学生在频度方面没有明显差异，超过一半的学生每学期讨论学业事项的频度在 5 次或以上；关于学术建议的质量方面，测评结果报告显示，一年级学生和高年级学生在对学术建议的质量感受方面也无明显差异，两类学生中均有超过 70% 的学生认为学术建议的质量位于中低和中高水平，认为学术建议高质量的学生，一年级学生数量占为 14%，高年级学生数量占为 15%。

从 NSSE 测评指标和测评结果报告看，NSSE 侧重于测评一年级学生到高年级学生在学习成果影响因素方面的增值变化，在测评结果报告中对于直接测评学习成果如学业成绩的增值并未明显的体现。

4. 清华大学 NSSE-China 项目（CCSS）

清华大学教育研究院主持的“中国大学生学习与发展追踪研究调查”（China College Student Survey，CCSS）项目是由清华大学教育研究院史静寰教授主持的于 2009 年发起的全国性大学生学情调查。CCSS 是以“全美大学生学习性投入调查”NSSE 理论研究成果为基础，并根据中国高校的办学特点进行改进后，形成的一项大型全国性大学生学情跟踪研究。该项目实施形成了一个以学生为中心，涵盖学生成长背景、学习过程、就业和发展一体化的数据采集和评价系统，可以真切反映院校教育的质量和动态，并有效地服务于高校人才培养状况的自我监控、诊断及改进。

该工具借鉴美国印第安纳大学高等教育中心开发的 NSSE 测评项目调查问卷，调查覆盖从生源输入、学习过程到就业出口的全口径数据，力求全面准确地反映院校本科教育的质量和动态，引起高等教育界的广泛关注和热议。项目具有由第三方（院校研究机构）自主发起、院校自愿参与，持续时间长、参与院校多，指标体系诊断性强、符合中国高等教育实际等特色，经过近 10 年的发展，CCSS 项目已成为在中国具有广泛影响力的大学生学情调查项目[33]。

清华大学 2007 年将其进行汉化形成“中国大学生学习性投入调查”（NSSE-China），于 2009 年发展成为具有中国特色的“中国大学生学习与发展追踪问卷调查”（陈秀兰等，2019）[34]。也有地方院校参考 NSSE-China 和 CCSS 设计基于学生参与理论的调查问卷。清华大学 CCSS 在指标设置与指标内涵上，基本沿用 NSSE，但结合中国高等院校的实际情况进行了修订（见表 2－10）。

表 2－10　　CCSS 五大指标及内涵

指标	内涵
学习挑战度	课程强调分析某个观点、经验或理论的基本要素，了解其构成
	课程强调综合不同观点、信息或经验，形成新的或更复杂的解释
	课程强调判断信息、论点或方法的价值
	课程强调运用理念或概念解决实际问题，或将其运用于新的情境
	更加努力学习达到老师的期望
	本学期指定课本报告借阅读量
	本学期长篇论文写作量
	本学期中篇论文写作量
	本学期短篇论文写作量
	学校强调在学业上投入大量时间
	本学期一周 7 天在学习上花费的时间
主动合作学习	课堂上做口头报告
	课堂上和同学进行讨论与合作
	课下和同学一起讨论作业/实验
	在课业上帮助或辅导其他同学
	课余和他人讨论学习中的观点和问题
	课堂上主动提问、表达自己的观点

续表

指标	内涵
生师互动	和任课老师讨论自己的分数
	课外和任课老师讨论课堂或阅读中的问题
	学习表现得到老师的及时反馈
	与老师讨论自己的职业计划和想法
	和老师讨论人生观和理想问题
	和老师一起参与课程以外的工作（如社团活动、迎新等）
	参与老师的课题和项目
教育经验丰富度	使用电子媒介讨论或完成作业
	与城乡、民族背景不同的学生深入交谈
	与宗教观、政治观很不相同的学生深入交谈
	实习、社会实践或田野调查
	社区服务或志愿者
	组织或参与某个学习团体
	课程要求以外的语言学习
	海外学习
	参加各类学术、专业或设计竞赛
	报考专业资格证书、技能等级证书
	选修、辅修第二学位
	学校鼓励不同城乡、民族、家庭背景的学生互相接触
	学校强调在学业中使用计算机
	本学期一周7天课外活动的时间
校园环境支持度	与同学的关系
	与任课老师的关系
	与班主任/辅导员的关系
	与办公室行政人员的关系
	学校为你的学业成功提供支持帮助
	学校帮助你应对人际关系或情感问题
	学校组织各类集体活动，使你更好融入大学生活
	学校帮助你应对经济问题、完成学业

在 NSSE-China 调查中，将六个层次结构的教育认知目标进行调整，整合为记忆、分析、综合、判断和运用五个层次结构（见表 2－11）。

表 2－11 NSSE 与 NSSE-China 对课程教育认知目标的分类

NSSE	NSSE-China	目标分类说明
知识	记忆	记忆课堂或阅读中的事实、观点或方法
理解		
运用		
分析	分析	分析某个观点、经验或理论的基本要素，了解其构成
综合	综合	综合不同观点、信息或经验，以形成新的或更复杂解释
评价	判断	判断信息、论点或方法的价值
	运用	运用理论或概念解决实际问题或将其运用于新情境

（三）学习成果测评一致性研究

学习成果测评一致性源自课程设计理论中的一项基本原则——“课程一致性”（Curriculum Alignment）。课程一致性是指确保测评与教学、目标相一致的设计原则，由布卢姆在其教育目标分类学中最早提出（Bloom，1956；段戴平等，2015）[35,36]。如何确保目标、教学和测评彼此一致是布鲁姆教育目标分类学的基本问题（安德森等，2018：5）[37]，也是逆向设计（Backward Design）的主旨（芬克，2006）[38]。作为课程领域重大理论问题和检视教学运行状况的一项专业评价手段，课程一致性可以为教学目标的达成提供专业判断，其研究日益受到教育教学理论与实践者的重视。埃斯特曼（Eastman，2010）[39]等研究表明，教师通过参与一致性研究，对认知水平的理解更为深刻，对于所任教班级的学习要求更为明确，在教学过程中则更为自信，测验设计的质量也得到了明显的提升。

美国是课程一致性研究的先行者，1994 年美国组建课程与测评一致性分析协会，旨在建构判断“一致性”的程序和工具，关注点是基于课程目标与学业测评二者之间的一致性关系。随着研究的推进，一致性研究范围拓展到教材、课堂教学及作业等其他课程组成要素。课程一致性研究主要由三类内容组成：一是一致性分析范式研究，如 Webb（1999）[40]、Achieve（2006）[41]、SEC（Porter et al.，2008；Liu et al.，2009）[42,43]；二是教育目标分类学研究，如布鲁姆教育目标分类学（安德森等，2018）[37]、芬克有意义学习分类法（2006）[38]和 Porter 分类法（2002）[44]；三是大型学业测评工具研究（TIMSS、PISA、AHELO）。其中大型学业测评工具研究在前文综述中已有说明，以下主要对三种经典的一致性分析范式和课程教学目标分类框架研究进行说明。

1. 国外经典课程一致性分析范式研究

一致性分析范式是指课程系统各个组成要素之间一致性程度的分析方法之总和（Webb，1999）[40]。由于对学生学业成就的评价要基于一定的课程标准来进行，美国学者 Webb（1997）[45]最早将一致性定义为标准和评价达成一致及其相互匹配的程度，并建立了一个有效的工具来分析标准和评价之间的一致性。Herman 等（2003）描述了一致性定义：考试衡量学生知道什么、能做什么，应该紧密地与标准规定了学生应该学什么、学得怎么样做到同步[46]。Bhola 等（2003）认为对于特定学科来说，一致性是指特定学科领域的内容标准与评价之间的一致性程度[47]。

自韦伯（Webb，1997）[45]提出课程一致性分析模式以来，20 世纪末到 21 世纪初的十年间就产生了 8 种具有独立分析框架的一致性分析范式（Rothman，2003）[48]，并逐渐呈现出综合化、整体化、精细化的态势（杨玉琴等，2012）[49]。通过对这些分析范式及应用情况进行比较分析，发现 Webb 分析范式、Achieve 分析范式和 SEC 分析范式是相对成熟且得到广泛应用的经典范式（张景斌等，2017）[50]。

（1）Webb 一致性分析范式。

Webb（1999）[40]通过对四个维度（知识分类一致性，知识深度一致性、知识广度一致性以及知识分布平衡性）的分析，建立了用以衡量评价与课程标准一致性程度的具体工具和方法——Webb 一致性分析范式。Webb 一致性分析范式下，评估者首先根据认知要求对标准和评价项目进行分层编码，然后将评价项目与标准体系逐层进行匹配。这是进行知识种类一致性、知识深度一致性、知识广度一致性分析的基础（Webb，1999；丁巧燕等，2018）[40,51]。

知识种类一致性是 Webb 一致性评价的最低要求，即评价和标准的内容主题间的匹配程度（Webb，1999）[40]，课程标准和评价之间保持一致性是指二者都涵盖了相同内容类别。通过确定评价所包含的项目是否测量到每个标准的内容领域来判断该一致性程度，若评价过程中考察的知识种类与相应学科课程标准一一对应，即课程标准中每一条具体标准都得到了检测，那么二者就达到完全一致（刘琦琦，2016）[52]。知识深度一致性是指评价中的知识对学生认知水平要求是否与内容标准中对学生学习目标期望的要求保持一致（岳喜腾等，2011）[53]。知识广度一致性是指学生要想正确回答评价项目时所必需的知识跨度与课程标准规定的课程内容的知识跨度保持一致的程度（Webb，1999）[40]。知识分布平衡性，即学业评价既要有适量的试题对应于各内容领域，但同时又不能局限于内容领域中个别类别或层级的学习目标，必须考查尽可能多类别或层级的学习目标，即在各级各类学习目标之间达到一种平衡（杨玉琴等，2012）[49]。

其中，Webb（1999）将知识深度一致性分为四种水平[40]，分别规定为：

水平1：回忆（Recall）。包括回忆事实、信息或过程。如数学课程回忆事实、定义、术语或简单运算过程等信息，以及执行简单的应用公式。

水平2：技能/概念（Skill/Concept）。包括信息的使用、过程和步骤等。要求学生遵循既定程序或执行一系列明确的步骤，对如何解决问题做出一些决定。

水平3：战略性思维（Strategic Thinking）。包括推理、计划，使用证据；具有复杂性，需要更高的思维水平。

水平4：扩展性思维（Extended Thinking）。能够进行复杂的推理、计划和思考；需要花较长的时间去思考并找到解决问题的方法。

Webb（1999）运用该分析范式在美国多个州开展了评价与课程标准一致性研究[40]，研究发现评价和课程标准在知识分类及知识分布平衡的维度上表现出较好的一致性，而在知识广度和知识深度一致性的维度上水平偏低（Martone等，2009）[54]。这说明各试卷所考查的知识范围过窄且过于集中在记忆等低阶认知水平。

Martone等（2009）认为与传统的内容有效性研究相比，该分析范式的优点在于：首先，在保留内容领域一致性的同时增加了知识深度和知识广度一致性及知识分布平衡一致性，使得分析维度更为全面；其次，针对各分析维度设置了一系列临界指标，使得一致性强弱的判断更为便捷[54]。但在应用过程中也暴露出一些缺点，如使用范围仅限于学业评价与课程标准之间的一致性分析；集中关注各内容领域内部但并未关注不同内容领域之间的重要性差异（杨玉琴等，2012）[49]。

（2）Achieve 一致性分析范式。

2002 年美国非营利教育研究机构——教育成就评价组织罗斯曼等人围绕一致性分析需要揭示的三个基本问题（Rothman et al.，2002）[55]：评价测验是否包含了所有标准中的内容、评价测验是否测量了一个年级水平的关键知识和技能、评价测验对学生来说是否具有足够的挑战性等，开展了 Achieve 一致性分析范式的研发，以提高学生的学业要求和学业水平。

Achieve 一致性分析范式主要从“向心性、挑战性、均衡性”三个维度来研究一致性。其中，向心性分为内容向心性和表现向心性，挑战性分为挑战来源和挑战水平，均衡性分为平衡和范围（Rothman et al.，2002；杨玉琴等，2011）[55,56]。

向心性。向心性反映评价试题所测试的学习要求与内容标准中相应学习目标的一致性水平，包括内容向心性和表现向心性。其中，内容向心性用于反映评价试题与学习目标在内容上的一致性；表现向心性则反映二者在认知水平要求上的一致性。依据试题与学习目标的匹配程度，可区分出三种不同的一致性水平，2 级表示完全的一致，1 级表示不精确的一致，0 级表示不一致。

挑战性。挑战性表示评价试题中所考查的认知水平要求是否合理地反映了内容标准的需要，是否具有足够的挑战性，包括挑战的来源和挑战的层次两个指标。挑战的来源是反映试题能否准确反映学生对于学习目标的掌握程度，主要从试题的技术层面来分析，例如，是否出现了描述错误、图表错误、无答案或多个答案等；挑战的层次是指试题能否合理地反映课程标准中的认知水平要求，即不同认知要求的试题比例是否恰当，能否反映内容标准中不同认知要求的学习目标比例。若测验中考查不同认知水平要求的试题比例与课程标准接近，则认为挑战的层次较为恰当。

均衡性。均衡性能够反映各内容标准及学习目标是否得到了平衡而合理的反映，包括平衡和范围两个指标。平衡反映各内容标准得到反映的程度。若评价测验中考查不同内容标准的试题数量之比与相应内容标准中的学习目标数量之比较为接近，则认为评价较好地反映了内容标准的重要性差异。范围主要反映内容标准中学习目标得到反映的程度。

Achieve 一致性分析范式研究结果表明，学业评价与课程标准在内容向心性指标上表现出很高程度的一致性，说明多数试题的内容选择与课程标准较为接近。在挑战的来源指标上一致性程度也较高，比较恰当，说明试题在技术层面（如描述错误、图表错误、无答案或有多个答案等）问题较少；在挑战的层次上则得出了与 Webb（1999）类似的结论[40]，即大多数具有挑战性的学习目标并未得到充分的反映；而在平衡及范围方面，不同研究的结论差异较大（Martone et al.，2009）[54]。

Martone 等（2009）[54]以及杨玉琴等（2012）[49]通过对 Achieve 一致性分析范式和 Webb 分析范式进行比较，发现其研究的某些方面和 Webb 的研究很类似。从范围来看，与 Webb 研究中的知识广度一致性所反映的具体内容非常类似，都是反映各内容领域中学习目标得到反映的程度；从内容向心性和表现向心性来看，是对 Webb 分析范式中知识种类、知识广度和知识深度一致性研究的进一步细化和深入；从平衡来看，是对 Webb 分析范式中知识分布平衡性的修正，以充分考虑到课程标准中各内容领域学习目标容量的差异；从挑战性来看，挑战来源是新增的分析维度，挑战层次则与表现向心性、知识深度一致性有异曲同工之意，挑战层次主要反映不同认知水平要求的试题比例是否恰当，表现向心性也是用于反映试题与学习目标在认知水平要求上的一致性，知识深度一致性是指评价中的知识对学生认知水平的要求是否与内容标准中对学生学习目标期望的要求一致。总体来说，Achieve 分析范式比 Webb 分析范式更加细化和深入，更具有综合性，对于改善教学策略和提高课程实施水平拥有很高的价值（范立双等，2010）[57]。

（3）SEC 一致性分析范式。

“课程实施调查”项目的领导者 Andrew Porter 和 John Smithson 在 Webb 研究基础上共同开发了衡量评价与课程标准一致性水平的方法即 SEC（Survey of the Enacted Curriculum，课程实施调查）一致性分析范式。他们提出在课程实施过程中存在着四种课程水平，即预期课程、实施课程、达成课程和评价课程（Porter et al.，2001a）[58]。SEC 一致性分析范式不仅可以测量评价和标准之间的一致性，还可以用来衡量教学和评价、内容标准的一致性（Porter et al.，2008；Porter，2002）[42,44]。该分析范式能够定量分析课程系统内如课堂教学、课程标准、学业评价、教材等各个要素之间的吻合程度，因此已被广泛应用于调查内容标准、测试、教科书以及课堂教学之间的一致性研究中（孙枝莲等，2017；Porter，2007）[59,60]。其分析的问题更加聚焦，重点对 Webb 分析范式和 Achieve 分析范式所发现的学生在认知水平上与课程标准一致性偏低或缺乏的问题进行纠正。

Martone 等（2009）发现 SEC 一致性分析范式包括对标准、评估和教学的一致性分析[54]，该方法使用通用的内容矩阵进行跨学校、学区或州之间的比较，以编码确定内容主题和认知水平的标准，评估项目和教学重点。Porter（2002）提出的分析维度为内容主题和认知需求[44]，借鉴布鲁姆教育目标分类学，区分出不同认知水平要求，包括识记、执行、程序、理解、推测或概括、联系 6 个水平。在此基础上构建具有普适性的由内容领域和认知水平要求共同组成的二维矩阵并进行分析，对所研究项目的数据加以编码并进行统计，利用其开发出的一致性指数（Alignment Index）计算公式来确定一致性程度。

$$P = 1 - \frac{\sum_{i=1}^{n} |X_i - Y_i|}{2} \tag{2-1}$$

式（2-1）中，n 表示矩阵表格中单元格的总数，i 表示表格中一个特定的值，范围从 1 到 n。X_i 表示表格 X（标准化测试结果表）的第 i 个值，Y_i 表示对应表格 Y（课程标准表）中的第 i 个值。$X_i - Y_i$ 表示测试结果表与标准表的第 i 个单元之间的差异。对所有单元格值进行标准化处理后，可以计算 Porter 一致性指数，该指数表示标准和评价之间一致性程度，范围为 0 到 1，1 表示完全一致，0 表示不一致。

Porter 指数相对于其他模型有两个优点：一是采用通用语言描述课程、教学和评估，因此适合分析课程、教学和评估中任何二者之间的一致性；二是产生一个单一数字作为一致性指数，该指数的提高被认为是表示学生学习成绩提高的一个很好的指标（Porter，2002）[44]。SEC 分析范式是一种可以进入课堂教学“黑匣子”并在大规模研究的背景下而采用的方法，借此可以考察各种课堂教学改革的成效（Blank et al.，2001）[61]。该分析范式已经在多种环境中进行了试验（Blank et al.，2001）[61]，并被用于解决教育者关于教室、学校、地区与州之间课程和教学实践的模式与差异的许多问题（Roach 等，2008）[62]。Blank 等（2001）使用 SEC 一致性分析范式研究了美国六个州的教学与评估之间的一致性程度[61]。Liu X 等（2008）将该分析范式的应用范围拓展至学业评价与课程标准的一致性程度研究，并展开了不同国家和不同学科之间的一致性比较[63]。

虽然SEC一致性分析范式的分析维度主要聚焦于内容主题与认知要求两个维度，构建的内容矩阵来源于传统内容效度研究的框架，但开发的一致性指数计算方法是其他分析范式所没有的。这一创新既增加了研究的科学性，又使得不同样本之间整体的一致性判断与比较成为可能。同时，该研究使用的内容矩阵并非直接取材于各地课程标准，而是在深入分析文献的基础上自主构建。这种处理方式增强了研究的包容性，使得研究范围明显扩大，不仅可用于标准、教材、教学评价等教育要素之间的一致性分析，也可用于进行不同教育体系下一致性的国际比较（杨玉琴，2012）[49]，当然更可以对没有课程标准的高校会计课程教学进行一致性分析提供借鉴。

2. 国内课程一致性研究

国内学者关于课程一致性研究起步较晚，主要是对Webb、SEC和Achieve三种经典分析范式的介绍和我国中小学课程的研究，不同的是将国外集中在数学等自然科学学科的一致性研究扩展到了语文、英语等人文学科，并利用这些分析范式进行本土化研究。比如，注重弥补课程标准中评价标准缺失的不足（刘学智等，2007）[64]、结合我国课程评价具体情况进行调整（刘学智等，2009）[65]、从我国课程评价实践出发加以利用（范立双等，2010）[57]、通过对教师进行问卷和访谈以及对教学设计进行研究后得到评价要点（方全波，2010）[66]；刘思（2011）则构建了由教学意识和教学行为为坐标轴的直角坐标系，通过调研数据对应点的象限分布分析二者一致性[67]。课程标准与学业评价一致性是研究的重点，且学业评价集中于中考和高考两类评价（王磊等，2010；刘恩山等，2010；朱行建等，2007；段戴平，2015）[68,69,70,36]。

与中小学不同，由于“任何学科专家都会教学”的大学教学旧范式下的假设依赖（芬克，2006）[38]和“只有中学教师是在大学培养的”（皮亚杰，2015）[71]、大学教师大多来自非师范院校（刘献君，2012）的现实存在[72]，导致课程一致性研究在高校课程研究中甚少被涉及（周湘林等，2017；张红峰，2012；严明，2015）[73,74,75]。极少量的高校课程一致性研究也均是定性研究。从目标、教学和测评一致性分析的三大要素来看，高校课程除了教学正常开展之外，课程目标研究和学业水平标准化测试均缺乏。因此，课程一致性研究的前提是要建构课程标准和开发标准化学习成果测评工具。虽然已有的研究范式对高校课程一致性研究具有重要参考和借鉴价值，但由于高等教育与基础教育的差异性和学科多样性，需要研究者根据高校教学目标和实际教学情况进行借鉴和改造，因此专门化的高校课程一致性研究是必然选择。

（四）增值测评研究

增值评价的概念发端于美国，评价基础在于“教育增值”（Value-Added）。奥斯汀（1965）教育增值理论的萌芽阶段将大学影响（College impact）作为研究起点[76]，将“卓越”引入院校质量的评价标准，增值则是二者演绎的结果（龚放等，2012；Eugene，2016）[77,78]。通过纵向研究大四和大一前测发现，学生职业选择更倾向于符合他们在大学环境中的主导或模式。1966年，科尔曼向美国国会提交《科尔曼报告》——《关于教育机会平等》后，欧美国家开始关注增值评价（Coleman，1966）[79]。萨丽托马斯（Sally Thomas，2005）从认知发展角度，提出“增值”评量的概念是建立在学校可以增加“价值”到其学生学习成就的假设上，以及基于测量学生在某一段时间内的学习进步，例如阅读或数学学习的进步[80]。吴智泉（2015）认为大学生在高校的增值是指大四学生比大一新生学习成果的增加值，同时要考虑入学时的成绩计算预期值，进行基准一致的纵向增值测算[81]。随着研究的深入，增值评价的概念从重视对学生学业成绩进步的评价逐渐扩展到对学生全面发展的评价上。奥斯汀（1985）从学生个人全面发展的角度提出，真正的质量在于大学对学生认知和情感发展的影响程度，学生在大学期间学习和发展的变化越大，那么学校对学生发展的影响也就越大，学校教育质量就越高[82]。哈维和格林（Harvey & Green）认为，增值是对教育经历给学生的知识、能力和技能等方面所带来的促进程度的“衡量”。与传统的输入性评价相比，增值评价的显著特点在于它从学生学习背景、经验、学习过程与学习成果的整体，从纵向发展上把握学生接受大学教育所带来的“增值”（陈允龙，2019）[83]。

奥斯汀（1970）早期曾就专门计算院校影响学生成长的方法进行了讨论，为教育增值、结果评估方法奠定了良好的基础[84]。增值评价方法根据信息来源不同，可以分为：直接增值估算法（标准化测试等）和间接增值估算法（如问卷调查等）；按照测评学生是否为同一批，可以分为横向评估法和纵向评估法。测评的数据分析方法也各有不同。国际上，使用直接估算法的测评工具主要有高等教育学生成果评估项目（The Assessment of Higher Education Learning Outcomes，AHELO）、美国的大学学术能力测评（Collegiate Assessment of Academic Proficiency，CAAP）、学术能力和进步测试（Measure of Academic Proficiency and Progress，MAPP）、大学学习结果评估（CLA）、专业领域测试（Major Field Test，MFT）、美国田纳西州增值评价模式（TVAAS）、澳大利亚毕业生技能评价（Graduate Skills Assessment，GSA）等。

间接增值估算法有美国大学生学习经历调查（the National Survey for Student Engagement，NSSE）、全美大学生满意度调查（National Student Satisfaction Study，NSSS）、大学生就读经验调查（College Student Experience Questionnaire，CSEQ）、研究型大学就读经验调查、澳大利亚课程经验问（Course Experience Questionnaire，CEQ），国内本土化后的清华大学主导的中国大学生学习与发展追踪调查（CCSS）、北京大学主导的首都高校教学质量与学生发展监测研究（鲍威，2014）[85]、北京师范大学主导的中国大学课程学习经验调查（CCSEQ）（章建石，2014）[86]、厦门大学主导的中国大学生学习情况调查研究项目（NCSS）等（黄雨恒等，2016；史秋衡等，2012）[87,88]。

横向评估法或称截面设计（Cross-Sectional）对一年级新生和四年级毕业生同时进行测试，入学新生被视为控制组，其当前状况被近似等同于现有毕业生的当时入学状况，新生和老生之间的差距就被标识为“大学在学生的学习经验的发展上所起的作用和做出的贡献”。纵向评估或称纵向设计（Longitudinal）被用来测量同一组学生在时间发展序列上的学习结果变化，这种方式保证了对入学时的各种输入变量的良好控制，该跟踪调查除了可以反映学生兴趣为发展目标的变化过程，还能“通过对在校生和毕业生表示我们对他们感受和评价的兴趣，我们可以尝试建立一个体现学生好奇心和意愿的模型，希望能在他们的一生中都可以教育他们”（格威狄等，2008）[89]。特里·泰勒和查尔斯·麦克莱恩（Charles McClain）提出通过对学生在整个大学就读期间或某个阶段的学习过程、学习成果的分析，来描述学生在学习上进步或发展的“增量”（章建石，2007）[90]。美国的 CAPP、MAPP 和 CLA，构建通识教育理想教育，全美大型质量评估项目（the Wabash National Survey of Liberal Arts Education of Liberal Arts Education Arts Education，WNSLAE）也是跟踪调查，主要关注在校生，澳大利亚的毕业生收获调查（Graduate Outcomes Survey，GOS）等都采用了这种评价方法（朱红，2010）[91]。国内的首都高校教学质量与学生发展监测研究从2011也开始加入纵向评估（鲍威，2014）[85]。

学生的增值是学校教育质量的根本体现，增值评价改变了大学以往过多以“输入”为标准、以经验判断为主要依据的评价模式，构建起了以学习者为中心，以可显现证据为基础，以教育过程、学生学习结果为核心的一套新的教育质量评价体系，是对以往高等教育评估模式的超越，也是美国大学回归大学之道的根本体现（刘海燕，2012）[92]。增值评价作为一种全程性、发展性的评价方法，能够很好地对学生主体进步情况做出持续有效的监测和评价，从而在提高教育绩效并兼顾教育公平的基础上改善办学质量，因此在教育评价中所显现出的独特魅力让学界大为青睐（苏林琴等，2014）[93]。但是，我国高校不仅缺乏对增值作用的认识，更缺少对学生学业进步幅度进行评价的理论与实践。我国传统的高校学业评价偏重于对学生的分数鉴定、知识技能考核、评奖评优等方面的解释，却没有将学生在就读过程中的体验与收获、感悟等因素纳入其中。同时，我国增值评价方法需要加强对直接增值估算法的测评工具的研究，考虑周期性、质性研究法、公平等因素，从而更有效力、更真实地解释大学给学生带来的教育增值（王小青，2018）[94]。

（五）研究现状评述

现代社会的大学生具有多重身份：既是教育及学校管理的对象，也是教育市场的消费者，还是独立自主的学习者。大学教育的水平不仅取决于学校的人才培养目标（计划）、教育教学条件、教师水平、课程设计及教学方法等，还有赖于学生的学习态度、学习投入和努力程度，以及由师生互动、教与学行为共同构成的生机勃勃的教学过程。

从近年的发展趋势来看，国际上教育评价在高等教育领域、特别是对质量及标准的评价中明显表现出两大基本特征：一是突破国家及其他单一教育系统的局限，建立起以“实质等效”（Substantial Equivalence）为原则的跨国家互认学历的国际认证标准及程序，使不同学校的教育过程与国际劳动力市场的出口直接连接，如欧洲的“博洛尼亚进程”，工程教育的“华盛顿协议”等；二是改变传统的、以教育投入及条件为内容、主要依据经验判断的评价模式，形成以学习者为中心（Student-Centered），以可显现的证据（Evidence-Based）为基础，以教育成果及绩效（Performance-Based）为核心的教育质量评价与监控体系，使教育产出的人才具备公认的、可测量的水平与标准。

仅就高等院校财经教育学生学习成果测评而言，尽管 OECD 及一些国家的高等教育评估机构开发了一些测评工具，并实施了财经教育的学习成果测评，为高等财经教育及其他学科学习的成果测评提供了可予借鉴的经验和做法，但仍存在以下问题。

1. “以学生为中心”的高等财经教育学习成果测评研究式微

截至 2021 年 3 月 31 日，通过对中国知网进行以“学习成果测评”“以学生为中心的测评”“大学生学习效果评价指标”为主题的检索，共得到 70 余篇文献，主要介绍美国高等教育学习成果测评实践、OECD 开发的“高等教育学习成果测评”项目（AHELO）、“国际学生评估”项目（PISA）以及全美大学生学习投入调查（NSSE）的概况和实施情况。此外还有基于 MOOC + SPOC 模式的学习效果评价模型、基于 TOPCARES-CDIO 的学生学习效果评价、会计本科专业双语课程学习效果评价模式、地方财经类院校大学生综合能力评价与培养体系等研究。现有研究既有关于学习成果测评的，也有关注财经院校学生综合能力评价的，尚无针对高等财经院校学生学习成果测评的，更无以学生为中心的高等财经教育学习成果测评研究。

2. 高校测评与教学目标一致性分析量化研究缺乏

高校学习成果测评与教学目标一致性分析是对测评结果的延展运用。“一致性”作为课程设计理论中的基本原则——测评需要与教学、目标相一致，由布卢姆 1956 年在其教育目标分类学中最早提出[35]，1994 年美国组建课程与评价一致性分析协会，旨在建构判断“一致性”的程序和工具，其关注点是基于课程目标与学业测评二者之间的一致性关系。早期的课程一致性研究关注分析模式的开发与修正、对不同形态课程一致性的实证分析和对课程一致性影响因素的探讨（林琦，2018）[95]。自韦伯 1997 年提出课程一致性分析模式以来，美国非营利教育研究机构教育成就评价机构（Achieve, Inc）、Porter、Liu 等也对一致性进行了深入的研究，分析工具和研究范式呈现出综合化、整体化、精细化的态势[49]。我国进行以“目标、教学和测评一致性”“教、学、评一致性”“课程一致性”和“一致性建构”为主题的研究主要是针对美国相关研究的介绍、我国中小学课程的研究，不同的是将国外集中在数学等自然科学学科的一致性研究扩展到了语文、英语等人文学科。极少量的高校课程一致性建构研究均是定性研究（严明，2015）[75]。因此，对高校课程测评与目标一致性分析还应着重量化和本土化研究。

3. 按学科分类的学生学习成果增值测评研究与实践不足

计算增值最常见的方式有两种：一种是截面设计（Cross-Sectional）或横向评估，即对于不同组群的新生和大学四年级学生同时进行考量；另一种是纵向设计（Longitudinal）或纵向评估，即在学生刚进入大学的时候测量一次，在他们即将毕业的时候再测量一次，或称追踪研究，成绩的变化就是成绩的增值。自陈式量表（高校参与全国性或地区性的问卷调查）与标准化测试（用标准化的手段考察学生的一般知识和技能，包括专业知识测验和通识知识测验，以及对学生的访谈、学生档案袋法、外部评判法等辅助方法）是学生学习成果增值评价数据获得的主要途径（Liu，2011）[96]。计算增值所选择的统计方法，研究者实验证明会对一个学校的学生增值产生不同的评价结论（杨立军等，2016）[97]。

AHELO 聚焦增值测量问题的增值测评组件（Value-Added Measurement Strand）并非直接涉及学习成果测评和增加值，而是在可行性研究的范畴内，通过方法论的途径、增值策略的数据需求以及不同途径利弊的三重对照下，以研究为视角来处理增值测量问题。

清华大学以美国 NSSE 测评为基础，将其汉化形成“中国大学生学习性投入调查”（NSSE-China），并于 2009 年开展“中国大学生学习与发展追踪问卷调查”（CCSS）。也有地方院校参考 NSSE-China 和 CCSS 设计基于学生参与理论的调查问卷。但是，尽管个别题项能够良好地预测大学生的学习成果，如平均成绩点数（Grade Point Average，GPA）、就业率、读研率等，但 NSSE 问卷与学习成果变量之间联系微弱，能否准确而全面地测量大学生学习成果受到质疑。此外学习成果增值测评的内容也有不同的说法，或指学生在学完一门课程、一个专业或一个学位后所了解的知识、所形成的思维以及所能做的事情（Richard，2007）[98]，或指学生经过教育过程之后在知识、能力品质、态度、价值观等方面所发生的变化，而不仅仅是学生的学习成绩（尹弘飚，2016）[99]。美国学院与大学协会（Association of American Colleges and Universities，AACU）则认为，学生学习结果评价侧重评价学生学习后所获得的各方面知识、能力和品质，具体标准因学科领域的不同而有所不同，但应该特别重视学生习得知识的质量、对于重要技能的掌握、对道德和社会责任的关注以及整合所学各部分内容的熟练水平。

综上所述，目前我国关于以学生为中心的高等财经教育学习成果测评研究与实践尚属空白。本书依据目标、教学和测评“一致性”理论，借鉴AHELO、PISA、NSSE和CCSS测评项目的目标、方法、学科等方面的理论和设计经验，运用布鲁姆教育目标分类法和层级研究法等，开发财经类本科专业学生学习成果测评工具，对学习成果增值测评结果进行一致性分析，构建与教育目标对应的学习成果计量与评价模型，开展以学生为中心的高等财经教育学习成果增值测评一致性研究与实践。

三、理论基础

（一）新三中心范式

传统教学模式或传授范式（Instruction Paradigm）或传授主义（Instructionism）也可以称之为“老三中心范式”，指以“教材为中心、教师为中心、教室为中心”，即教师在教室里讲教材，拥有三个基本特征：教材、教师、教室（赵炬明，2016）[100]。

以学生为中心（Student Centeredness，SC）模式或称“新三中心范式”，或“学习范式”（Learning Paradigm）、“以学生为中心的学习”（Student-Centered Learning）、“以学生为中心”（Student-Centeredness）等。这些不同名称，反映了学者们关注点的不同。主张“学习范式”的学者认为新模式的核心是从“教”转到“学”。主张“以学生为中心的学习”的学者认为新模式有两个重点：从教师转到学生，从教转到学。主张“以学生为中心”的学者认为，新模式是一个范式，从老范式到新范式是范式转变，不仅仅是教学改革，还要涉及整个学校系统，如学校文化、使命与目标、教学活动、教学管理、技术系统、资源配置、行政管理等，甚至学校环境如政府政策和社会舆论等方面。如果仅仅把 SC 改革看成是教学部门的事，而与学校其他部门无关，这样的改革不会成功。从整体角度看待 SC 改革，即为范式思维。但无论改革什么，都要把学生放在中心。20 世纪 80 年代起自美国，新三中心范式改革大体经历了三个阶段：学术进步、社会发动、高校投入。其三个基本特征是：以学生发展为中心、以学生学习为中心、以学习效果为中心。

以学生发展为中心是指：一是以学生当前状态为基础，以促进其发展为目的；二是完成青春期特定发展任务；三是发掘学生潜力，促进其全面发展。注意：这里“学生”是单数，意指每个学生自己的全面发展，而不是统一模式的全面发展。

以学生学习为中心。有两层意思：一是把学习作为教育的中心。教育的目的是学而不是教，不能本末倒置。让学生对自己的学习负责，培养其主动学习和自主学习的能力，是培养终身学习能力的必经之路。在这个框架下，学生是学习的主体，教师是学习活动的设计者、学习环境的营造者、学习过程的辅导者。二是在学生所有活动中，学习是中心。要紧紧抓住这个中心，离开了这一点，学校就失去了存在的合理性。

以学习效果为中心。有两层意思：一是强调关注学习效果，把学习效果作为判断教学和学校工作成效的主要依据。学习效果包括直接效果和间接效果，短期效果和长期效果。二是重视测量与反馈在学习中的作用，建立有效的及时反馈机制，使效果评价能有效帮助学生调整学习、帮助教师调整教学、帮助学校调整工作。

（二）大学教学学术理论

大学教学学术（Scholarship of Teaching and Learning，SoTL）起点源自美国卡内基教学促进基金会前主席欧内斯特·博耶于1990年发表的《学术反思》。教学学术被认为是高等教育的“范式转变”，它体现了一种更加反映高等教育本质的大学理想。博耶将教学视为更广泛意义上大学学术活动的一部分，他将发现（Discovery）（学科知识的发展）、整合（Integration）（将研究发现置于更广泛的背景、建立不同学科之间的联系）、应用（Application）（将通过发现和整合获得的结果运用到解决具有社会意义的问题）和教学（Teaching）（帮助学生掌握专门知识，养成专门技能和态度）四种不同又重合的活动，皆归到探究性学术范畴。这一学术观点突破了大学功能“教学”“研究”“服务”的三元划分，使学术活动更具有包容性和相互渗透性，在大学教育的发展史上无疑具有里程碑的意义（侯定凯，2010）[101]。虽然博耶并未提出教学学术的具体内涵和标准，但在博耶报告之后，博耶的继任者舒尔曼（2011）及其同事们从不同角度发展了“教学学术”的内涵和外延，促进对大学教学的学术性研究[102]。

首先，教学学术是一种学识和知识，同任何学识和知识那样，它可以成为教师拥有和促进教学有效的个体资源；其次，教学学术是一种特殊的学识和知识，是与教学相关的，被称为教之术与学之术；再次，教学学术来自于教师的教学实践，是对教学实践的经验总结和理论升华；最后，教学学术表现在教师教学的全过程中，并产生可以证实被同行评论的重要影响和结果。

舒尔曼建议了判断和评价教学学术的三条标准：一是公开发表，最好是在同行评议期刊上发表；二是同行评议，发表使同行们可以对结果进行验证和批评；三是使用交流，通过同行审查和交流，这些研究成果得以传播，为大学教学研究做出知识贡献，成为教学学术共同体的共同财富。随着这些研究的不断积累，大学教学学术研究作为一个专门知识领域就将发展起来，并为持续提高大学教学质量奠定坚实基础，最终使大学教学与临床医学和工程一样，成为一个以学术研究为基础的专门职业领域（Professional Field），大学教师也由此成为大学教学专家。

教师们在教学理念、语言、文化、宗教信仰、种族、性别、政府体制、国家体制等方面的差别，其影响程度远超学校和学科多样性对 SoTL 的影响。参与 SoTL 的教师越多，多样性因素影响越大，以至于在 SoTL 群体内部产生了一些争论和紧张。有两个争论比较突出。一是学科视角。不同学科的研究者倾向于从自己学科的角度做研究和做质量判断。比如物理学的研究者认为生物学者的研究不够严谨或不够科学；社会学的研究者认为教育学者的研究不够严谨或不够科学；教育学的研究者认为英语专业研究者的研究不够严谨或不够科学，如此等等。换言之，学科歧视现象也出现在 SoTL 群体之中，引起群体内的紧张。二是方法合法性，即关于什么方法是 SoTL 的规范方法？是自然科学的实证方法、还是社会科学的定量方法，或是人文学科的质性方法？这也在 SoTL 群体中引起很大争论。除了这些明显的紧张和冲突外，来自不同地方、秉持不同信念、研究不同问题、使用不同方法的学者之间也存在很多差异，这也在 SoTL 群体内引起紧张。为了消除争论，促进共同体意识，胡贝尔和哈钦斯（Hubermt，Hutchings P，2005）提出了“大帐篷”（Big Tent）理念，鼓励多样性，使所有有志于从事 SoTL 的学者都能在这里找到一席之地[103]。多样性可以让 SoTL 学者开阔眼界、深化思考，促进交流和合作。

SoTL 的目的不是生产理论而是指导实践。“Scholarship”这个词容易产生误导，它的词干是“Scholar”即学者，按通常理解，学者的任务是做学术研究，学术研究的任务是产生理论，因此 Scholarship 这个词让人联想到 SoTL 也是要做理论研究或者生产理论。菲尔顿（Felten，2013）认为美国大学教学研究是课堂驱动（Classroom Driven）的而不是理论或假说驱动（Theory or Hypothesis Driven）的，教师们通常是从一个教学问题开始的，这个问题是以专业为基础的，与他们观察到的学生学习时的问题或误解相关[104]。

SoTL 研究的焦点从早期关注教师教学转向到后来关注学生学习。尤其是近十几年来，这个变化趋势相当明显。博耶最初的提法是“Scholarship of Teaching”，因此人们认为 SoTL 的焦点是教师教学。但随着 SC 改革的深入，人们认识到，教学问题的核心是学生学习问题，教学效果改进的核心是提高学生学习效果，促进学生有效学习，于是出现了研究焦点的转向。

（三）大学教学有效性双因素假说

大学教学有效性的双因素假说是指，有两个因素对大学教学有效性产生了重大影响，一是专业知识的性质与结构，二是学生学习的特点和规律（赵炬明，2018）[105]。

从经验可知，知识的性质与结构决定大学教学的有效性。不同专业的教学法不同。例如理科和工科的教学法不同，社会科学和人文学科的教学法不同，音乐和美术的教学法不同，如此等等。即使在理科内部，数理化天地生各科的教学法各不相同。即使在数学内部，代数和几何的教学法也不相同。甚至在一门课内不同章节，教学法也可不同。也就是说，知识的性质与结构对大学教学有效性起决定性影响，并进而影响了老师们对教学模式和方法的选择。这种影响有多大？曾经大到认为不存在普遍有效的大学教学法，因此认为大学教学只能是艺术，而不能是科学！这种观点的一个有力支撑是现代知识理论中关于知识方法决定知识性质的看法。现代知识论认为，知识的生产方式决定知识的性质，进而决定知识的传授与学习方式。例如，数学方法产生的知识是数学知识；物理学方法产生的是物理学知识；社会学方法产生的是社会学知识；人类学方法产生的是人类学知识等。因此，与其说学术是按知识分类的，不如说是按知识的研究方法分类的。因此确定一个学科的性质，首先是要确定其研究方法。如果一个学术领域没有确定的研究方法，就不能确定其知识性质，故不能成为一个学科知识体系。反之，如果一种知识有了明确的研究方法，那就用这种方法去教学生，让他们掌握这种方法，这就是培养学术与专业人员的基本方式。由此可见，学科方法、学科知识性质和学科专业教学三者实际上统一于知识生产方法。即使激发后现代知识理论的认知心理学也没有改变这个逻辑。如果不讨论真理性，只要把上面的“知识”替换成“认知模型”，整个逻辑依然成立！不同学科教学法不同，德国著名学者包尔生（2009）认为在大学里只有学科教学法，不存在一般意义的大学教学法，也不要参加什么“大学教学法研究班”[106]。如果真想要学习大学教学法的话，就去找各专业的老师，学习他们的教学法。他们的教学法就是学科教学法。如果要编大学教学法论著的话，在讨论一般性问题之后，直接介绍各科教学法就可以了。换言之，在包尔生看来，在大学里只有学科教学法，没有一般教学法。正因为大学教学是因学科而各不相同的，因此大学要给予教授们“教学自由”，让他们自主决定其教学内容和教学方法。曾任卡内基基金会教育促进会主席、斯坦福大学教授教育心理学家舒曼（Shulman，1986）认为知识的内容与教学法不分家，老师应根据知识的内容确定相应的教学法——“知识内容教学法”（Pedagogical Content Knowledge）[107]。这种观点在大学里非常流行。例如在大学招聘教师时，人们最关心是应聘者的学术水平和研究潜力，比如他是哪个学校毕业的、发表了多少高水平论文、有什么让人眼亮的研究成果、未来有没有发展可能等。至于他会不会教书，是否受过教学法训练，基本就不考虑。这个做法隐含了一个假定，即“专家天生会教书”。而其依据就是，知识决定专业教学模式与方法。因此，只要老师的专业好，他的教学也差不了。

但今天看来，这个看法是片面的。专业好只是成为教好书的必要条件而非充分条件，充分条件是他还需要了解学生学习的特点和规律。20世纪80年代以来的SC改革把“学生学习的特点和规律”这个要素突显出来。目前已有大量研究证明，教学是否符合大学生学习特点和规律，对教学效果也有决定性影响。研究如何使大学教学符合大学生学习的特点与规律，已经发展成为一个专门领域，不仅形成了专门的研究方法和术语体系，还积累了大量有效的实践经验和方法。由于大学生学习的特点与规律具有普遍性，因此这套体系也变成了大学教学的一般性原则（General Principles）（颜敏，2020）[108]。这样，如果老师们既有良好的专业知识与能力又对大学学生学习的一般原则与方法有很好把握，能把这些原则与方法适当地运用到教学中去，就能有效促进学生学习。双管齐下，方有高效，这就是大学教学有效性的双因素假说。

根据双因素假说，大学教学有效性不仅取决于专业知识的性质和结构，还取决于是否知道学生学习的特点和规律。只有同时掌握这两方面，才算全面把握了大学教学的有效性问题。以此观之，当前大学应当为所有教师提供第二方面的培训，帮助他们掌握相关知识，让他们能从大学生学习的角度审视自己的教学，帮助他们改进课程与教学法，而不要让他们在岗位上自我摸索。这就是为什么20世纪90年代后高校开始普遍设置大学教师发展中心的原因所在，这些中心的基本任务就是帮助教师学习并掌握大学教学的一般原则，并运用到教学中去。

（四）教学评一致性理论

教学评一致性或教学评一体化是指在整个课堂教学系统中教师的教、学生的学和对学生学习的评价三个因素的协调配合的程度。从课程视角来看课堂教学，作为灵魂的目标，既是出发点，又是归宿，而教学评是基于目标展开的专业实践。没有清晰的目标，就无所谓教学评的专业实践；没有清晰的目标，也就无所谓一致性，因为判断教学评是否一致的依据就是教学、学习与评价是否都围绕共享的目标展开的，也正因如此，才有研究者把“教学评一致性”称作为“目标—教—学—评”的一致性（崔允漷等，2015）[109]。这是对已有研究思想——“教了，不等于学了；学了，不等于学会了”的进一步操作化阐述。对于课堂教学而言，“目标—教—学—评”一致性中的目标是指学生的学习目标，教是指教师帮助学生实现目标的指导活动，学是指学生为实现目标而付出的种种努力，评是指教师和学生对学生学习表现的评价，以监测学生的目标达成。可见，教学评一致性包括在目标指引下的三种含义：一是“学—教”一致性；二是“教—评”一致性；三是“评—学”一致性。具体地说：

“学—教”一致性，或者说所学即所教，是指在目标的指引下学生的学习与教师的教学之间的匹配程度。德伊斯（Duis，2013）等人认为，学习目标能够较好识别课程改革、教学和评价实践，然而，复杂的实验性课程情景又显示出了这种学习目标的局限性，因此要提高学生的学习与教学之间的一致性以改善这种局限[110]。学生的学和教师的教的一致性是“教—学—评”一致性的重要环节。在学校情景中，学生所学的内容一定是教师根据目标而确定要教的内容，学生通过此内容的学习，导致目标更好地达成。因此，“学—教”一致性一定是“教—学—评”一致性的组成部分，它意味着学生的学习内容与教师所教的内容保持一致，学生的学习策略要与教师的指导策略保持一致，学生对学习内容的理解、运用与教师预设的目标保持一致。

“教—评”一致性，或者说所教即所评，它是指教师的教学与对学生学习评价的匹配程度。波帕姆（Popham，2004）曾指出，教学与评价的一致性是实现教育专门化的重要方面[111]。邓肯（Duncan，2009）等的研究认为，教学与评价的一致性是揭示学生学习过程的重要环节[112]。教的东西就应该是评的东西，有教必须有评。如果教而不评，那就无法回答教师为什么要教、是否教得有效，也无法回答学生是否已经学会、学会了多少等问题。如果教与评不一致，则会导致通常所说的“两张皮”，教师的教学也会迷失方向，评价就会失去 GPS 的监测功能。因此，教师的教与对学生学习的评价保持一致也必然是“教—学—评”一致性的应有之义，它意味着教师在讲解教学目标时要展示评价的要求，教师在设计教学内容时要注意把评价内容考虑进来，以及教师在教学过程中要持续获取学生关于目标达成的信息而作出自己的教学决策。

“评—学”一致性，也就是说所学即所评，它是指学生的学习与对学生学习的评价之间的匹配程度。霍尔（Hall，2002）的研究表明，评价与学习的一致性是衡量教师教学的重要指标之一[113]。也有学者认为，评价和学习的一致性是教育研究的一个重要方面（De Jesus & Moreira，2009）[114]。“学生学了，不等于学会了”，目标的达成是以学生是否学会为标志的，要回答学生是否学会必须采用评价的手段来检验。如果学而不评，那只能是个体的自由学习，而不是目标导向的学校教育；如果学与评不一致，那可能会导致教师无所适从，学生可能会丧失兴趣，学校教育的质量也就无法得到保证。评价学习的方式一般有课堂评价、操作评价等形成性评价，以及期中、期末考试的终结性评价。“评—学”一致性就意味着所有课堂上的形成性评价与终结性的测验与学生所学的内容都是一致的，所获得的学情信息都应参照预设的目标进行分析、作出判断、形成反馈，以促进学生更好的进行后续学习。

综上所述，教学评一致性是由目标导向的“学—教”一致性、“教—评”

一致性和“评—学”一致性三个因素组成，它们两两之间存在着一致性的关系，然后组合成一个整体，构成教学评一致性的所有含义（如图 3－1 所示）。

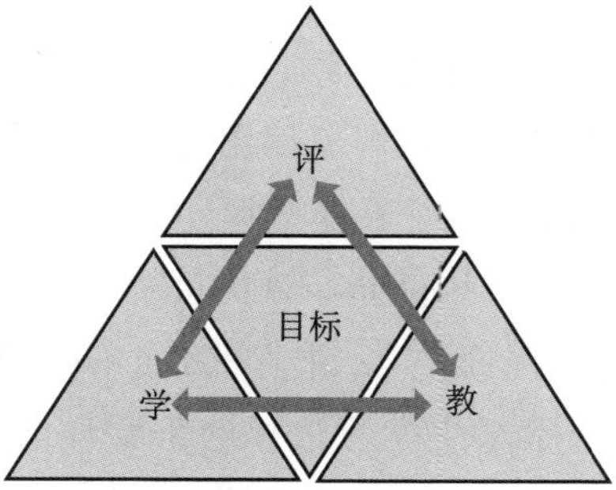

图 3－1 教学评一致性模型

（五）逆向设计理念

美国课程与教学领域的专家威金斯和迈克泰（2001）在反思传统教学设计之不足的基础上，提出了逆向设计（Backward Design）或称反向设计这一新的教学设计模式[115]。教学的逆向设计过程分为三步：确定预期的学习目标，制定如何证明学生实现了学习目标的手段与措施，安排各种教学活动。从逻辑上讲，逆向设计是顺向、合理的，之所以称之为“逆向”，是因为其与常规的教学设计方式相逆（叶海龙，2011）[116]。逆向设计立足于学习目标来设计教学活动，其设计理念体现了以成果为导向的教育。传统教学设计“要么把测评看成教学过程的总结或结尾，要么看成是教学过程之外的测验或考试”（McKendree，1990）[117]。教学设计的有效性取决于学生的学习成果，所以应该先有清晰可靠的学习目标，评价设计先于教学活动设计，贯穿其中的目标、评价与教学的一致性理念是目标达成的根本保障（叶海龙，2011）[116]。

逆向设计的实施载体是基于系统论提出的课程教学设计模型——ADDIE 模型。教学设计的产生和发展主要得力于军队训练、商业培训、工业培训以及组织机构员工培训的需要（Silvern，1965；Branson，1975；Reiser，2002）[118,119,120]，其发展并非由学校教育驱动的。Hannum 和 Hansen 在总结了众多的教学设计模型基础上抽取出一些共同的特征，简称为 ADDIE

模型[121]。ADDIE 模型第一次出现在 1975 年，它是由美国佛罗里达州立大学的教育技术研究中心为美国陆军设计和开发的培训模型，主要包括分析、设计、开发、实施、评价和控制五个阶段（卜彩丽，2014）[122]。如今，ADDIE 模型已经成为教育技术解决问题的一种方法论，在国内外的组织培训领域产生了广泛的影响。ADDIE 把整个课程教学过程分为五个阶段：第一阶段是分析（Analysis），分析课程的要求、目的、对象、环境等。第二阶段是设计（Design），设计课程教学大纲。第三阶段是发展（Development），根据大纲准备教学材料，把大纲发展成具体的教学计划，建立与学生的联系。第四阶段是实施（Implementation），按教学计实施教学。第五阶段是（Evaluation）对教学效果进行评价，如此循环往复，迭代推进。ADDIE 是这五个阶段的英文缩写。在这个模型中，整个课程教学过程被看成是一个封闭循环的过程（见图 3－2）。

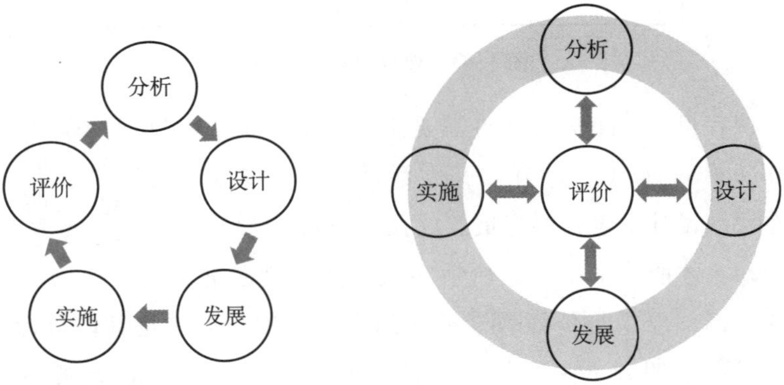

图 3－2　ADDIE 模型

如果只考虑课程设计环节，ADDIE 模型可被简化为由如下三项构成的闭环三角形（见图 3－3）：第一项是课程目标，包括一般目标（Goals）和具体目标（Objective）；第二项是教学活动，包括教师活动（教法）和学生活动（学法）；第三项是效果反馈与评价，包括教师获得的反馈和教师给学生的反馈与评价。具体进行课程设计时采用逆向设计，根据一般目标设计具体目标，根据具体目标设计测评方法，再根据具体目标和测评方法设计学法，最后根据目标、测评、学法来设计教法。该模型有三个需要特别注意的地方：一是模型采用的是逆向设计，即先根据目标设计测评方法，再根据目标和测评方法设计学法；二是将教学活动分为教法和学法两部分，并以学法为主，根据学法来设计教法；三是目标、学法、教法、测评四者要保持一致，此为确保高质量设计的关键，即教学活动要达到目标，测评要能提供达成目标的证据。

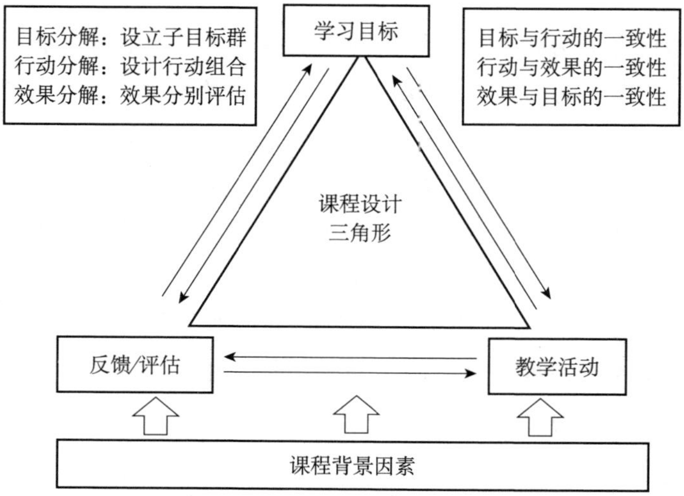

图 3-3 课程设计三角形

关于课程设计三角形有几点需要说明：第一是一般目标（Goal）和具体目标（Objective）的区别。第二是在活动设计时要区别教法和学法，以学法为主。在课程设计中老师要把重点放在“学法”设计上。老师要考虑让学生做什么活动，才能使学生掌握所学知识和能力。把重点放在学法上是 SC 课程设计的关键，也是与传统教学模式的主要差别。第三是具体目标、学法、教法、效果评价四者之间要保持一致（Alignment）。教学活动要达到目标，效果评价要能提供达成目标的证据。保持四者一致是确保高质量设计的关键。然而文献与实践都表明，要达成这个一致并非易事，需要反复实践、多次迭代才能逐步完善。

在编制课程教学计划书时，一般会习惯地从左向右填写。先一般目标，然后具体目标、教法、学法、作业或考试。但在编制课程矩阵时，填写顺序应该反过来。在具体目标决定之后，先设计评价方法，再设计学法，最后设计教法。即根据一般目标设计具体目标；根据具体目标设计评价方法，再根据具体目标和评价方法设计学法，最后根据目标、评价、学法来设计教法，这就是著名的“逆向设计法”（Backward Design）。图 3-4 和图 3-5 显示了这种设计的逻辑和流程。

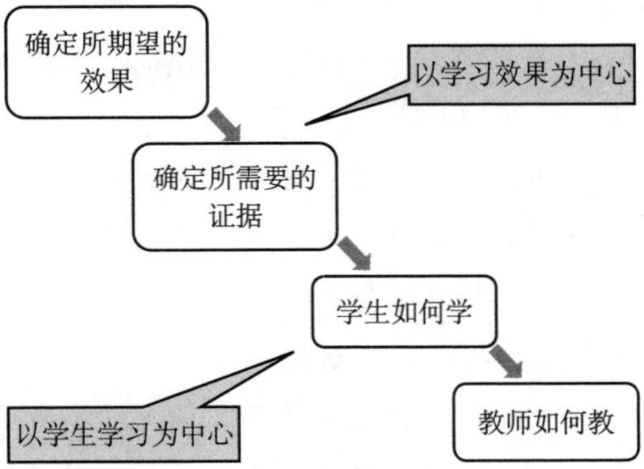

图 3-4 逆向设计法

逆向设计课程矩阵				
一般目标	具体目标	教师教法	学生学法	反馈与评价
5	1	4	3	2
一般目标	具体知识与能力/所需要效果	老师如何教才能让学生达到预期效果?	学生如何学才能达到预期效果?	可接受的证据

步骤:
1.确定具体目标，确定培养什么知识与能力
2.设计考察与考核题目与考核方式，确保其可以提供所需效果的证据
3.设计学生学法，凡能让学生自学的一律不教
4.设计教师教法，如何帮助学生学习
5.最后确定一般目标的措辞

图 3-5 逆向设计课程矩阵

芬克进一步将逆向设计和 ADDIE 模型发展为综合性课程设计，其包括十二个步骤[38]。不同的是，综合性课程设计的三个关键因素——学习目标、教学活动、反馈与评估是相互关联的模式，而不是线性模式，即三个因素互相联系、综合地组织在一起，它们必须互相反映、互相支持。

(六) 成果导向教育

成果导向教育（Outcome Based Education，OBE，也称能力导向教育、目标导向教育或需求导向教育）作为一种先进的教育理念，于 1981 年由 Spady 等人提出后，很快得到了人们的重视与认可，并已成为美国、英国、加拿大等国家教育改革的主流理念。美国工程教育认证协会（ABET）全面接受了

OBE的理念，并将其贯穿于工程教育认证标准的始终。2013年6月，我国被接纳为《华盛顿协议》签约成员。用成果导向教育理念引导工程教育改革，具有现实意义（李志义，2014）[123]。

OBE是指教学设计和教学实施的目标是学生通过教育过程最后所取得的学习成果（Learning Outcomes）。OBE的重点是确定6个对应关系：内外需求与培养目标的对应关系、培养目标与毕业要求的对应关系、毕业要求与课程体系的对应关系、毕业要求与课程目标的对应关系、课程目标与教学要求的对应关系、课程目标与考核要求的对应关系。前三个关系如果体现在了培养方案中，仅实现了成果导向教育“进专业”，尚未实现成果导向教育“进课堂”。只有后三个关系体现在了课程大纲（教学大纲和考试大纲）中，也就是说培养方案确实落实在了课程教学大纲和考试大纲，才有可能实现成果导向教育“进课堂”。

之所以说有可能，是因为还存在课程主讲教师实际执行教学大纲和考试大纲的程度问题。培养方案是个“总装图”，用“总装图”是加工不出来产品的，一定要把它拆画成一张张“施工图”（即“零件图”）（李志义，2014）[123]。把每个零件都画出来，才能拿到车间去加工。“总装图”由总设计师（专业负责人或核心骨干）完成，体现的是总设计师对OBE的理解与把握；而“施工图”需要每一个零件的加工者（课程主讲老师）自己完成，体现的是全体老师对OBE的理解与把握。这是为什么OBE进培养方案容易、进教学大纲难、进考试大纲更难的缘故。教学质量是一堂堂课教出来的，如果培养方案不能落实到教学大纲，那它只能是一纸空文；如果不能进一步落实到考试大纲，那么培养方案和教学大纲也都是摆设。然而，大多数专业老师已经习惯了“教材导向”的教学大纲和考试大纲，从“教材导向”的大纲向OBE“成果导向”的大纲转变，需要的不仅仅是“改变”而是“颠覆”（李志义，2014）[123]。“教材导向”教学大纲的制定，实际上是对教材目录的二次加工：在限定学时内确定重点讲的章节以及各章节重点讲的内容，并安排相应的授课学时。“教材导向”的考试大纲同样是对教材内容的挑选和取舍，在限定的时间内测试学生对教材内容的理解和掌握情况。“成果导向”的教学大纲和考试大纲需要对整个课程教学和课程评价用OBE理念进行重新设计，这种设计要求从“以教为中心”转向“以学为中心”。也就是说，教学内容从“教什么”向“学什么”转变，教学方法从“怎么教”向“怎么学”转变，教学评价从“教得怎么样”向“学得怎么样”转变。

实现上述三个转变，实际上是一场“课堂革命”和“考试革命”，是一场围绕课程目标实现的课堂教学和课程评价改革的“攻坚战”。这场“攻坚战”有两个特点：一是广泛性，需要广大师生共同参与；二是深刻性，需要从教、学、评三方面的深刻变革。专业主讲教师已经习惯了面向教学内容的课堂教学和课程评价，很难接受或者说很难适应面向学习成果的教学与评价。所谓面向学习成果的教学与评价，就是课程教学与评价是为了判断课程目标的达成情况，而不是教学内容的掌握情况。当然，二者是密切相关的，但却体现了两种课程教学理念：成果导向的课程教学与评价和教材导向的课程教学与评价。面向学习成果的课堂教学评价要求对每一个课程目标的达成情况进行直接和间接的评价。

本书研究主要关注后三个对应关系，即课程目标如何实现毕业要求、教学要求和考试要求如何实现课程目标，也就是成果导向教育“进课堂”，且重点关注成果导向教育进课堂的“最后一公里”——成果导向教育“进试卷”。

四、研究设计

（一）研究目标和研究内容

1. 研究目标

本书基于逆向设计理念，依据目标、教学和测评“一致性”理论，借鉴国际先进的评估方法，开发基于目标的财经类本科专业学业水平测评工具，运用布鲁姆教育目标分类法，进行测评与目标一致性分析，计算增值测评结果，建立大学生财经教育学习成果大数据；改革试点课程期末学习成果测评命题要求，并对考试大纲和教学大纲进行改革，以期通过评价改革实践促进教师课堂教学活动的改革和教学水平提升，努力促成课程目标、教学和测评一致性的达成。

与传统教学设计不同，逆向设计（Backward Design）强调，构成课程设计模型的学习目标、教学活动和成果评价三个主要环节中，评价设计是先于教学活动设计的重要环节，评价与目标的一致性是达成目标的根本保证。逆向设计可以把“以学生学习为中心”和“以学习效果为中心”的原则有效贯穿到课程设计中去。

2. 研究内容

（1）学习成果评价改革研究。

一是测评工具研究。OECD“高等教育学习成果测评”（Assessment of Higher Education Learning Outcomes，AHELO）中通用能力和经济学测评组件以及学生增值测评的方法研究；国际学生评估项目（PISA）中财经素养测评试题与评价方法研究；美国全国大学生学习投入调查（NSSE）中的增值测评方法研究；清华大学“中国大学生学习与发展追踪问卷调查”（CCSS）研究；国内其他高校学习成果测评研究；上述逐项测评工具的测评方式、内容、测评效果比较研究。

二是测评工具与系统开发。设计基于学业挑战度的高等财经教育学习成果评价能力大纲、测评方式、分析方式。首先，借鉴 AHELO，为进行毕业生学业水平考试设计分专业学习成果测评试题。这一设计对于新建本科院校更具意义。其次，借鉴 PISA，设计财经素养测评试题，作为后续毕业生财经教育获得后，相较于新生的财经素养增值计量基础。开发基于学业挑战度的高等财经教育学习成果测评系统，运用系统实施测评。

三是测评工具与系统的运用和测评结果数据采集。对财经类专业学生，分别对毕业生实施学习成果测评，对新生和毕业生实施财经素养测评，采集学生测评结果，建立大学生财经教育学习成果大数据，作为进行测评与教学目标一致性分析和增值评价的数据仓库。

四是测评结果与教学目标一致性分析。首先，根据目标、测评和教学活动“一致性”理论，运用布鲁姆教育目标分类学和波特指数、Webb 分析工具等一致性分析范式，进行测评与教学目标的一致性分析。其次，进行增值计算，将毕业生与新生财经素养测试结果进行比较和增值计算。采取截面设计方式进行比较计算，即计算当年不同组群新生与毕业生的比较结果；当某一级学生从入学到毕业时数据采集完备后，则采取纵向设计方式进行比较计算，即计算比较该级学生入学时的财经素养测试结果与其毕业时财经素养测试结果，对该级学生进行追踪研究。鉴于课题研究的期限只有两年，故本书只进行截面设计比较。

（2）学习成果评价改革实践。

一是以前年度试题测试能力分类分析和对比。对前两年试点课程期末试题进行测试能力分类评价，并填写试题测评能力大纲分类表，说明不同内容维度和认知维度下试题所占比例；并与学习成果测试试题“AHELO +”进行对比分析，用以明晰改革后提升的空间。

二是改革期末考试命题。改革试点课程期末考试命题要求，在测试当学期期末考试命题时增加提供试题测试能力大纲分类表的要求，用以区分试题所测试的能力层级及比例。旨在使教师明晰所出试题的能力层级定位和提升空间，将考核学生低阶能力的试题逐步向能够测试学生高阶能力的试题改进。

三是改革考试大纲。根据期末学习成果评价改革试点情况，对比学校人才培养总目标和“两性一度”金课建设的要求以及大数据、云计算、人工智能等信息技术变革对人才需求能力的变化，改革学校《考试大纲》模板，增加考试大纲中的高阶能力层级测试的要求。将原“考核要求中一般包括对掌握、熟悉、了解三个能力层次的规定”改为“考核要求一般包括对识记、理解、应用、分析、评价、创造”六个能力层次的规定”，并补充提供试题测试能力分类表、说明不同内容维度和认知维度下试题所占比例的要求。

四是改革教学大纲。根据改革后的考试大纲，改革学校《课程教学大纲》模板，每门课程教学大纲补充说明课程教学目标分类框架即具体目标，要求说明各章节教学内容要达到的不同认知水平，不同认知水平所占比例合计要与考试大纲一致。

（二）拟解决的关键问题

1. 财经教育学习成果测评工具开发和期末学习成果评价改革是关键

本书开发的学习成果测评工具和期末学习成果评价改革方案是核心技术，是对本书团队研究和实践能力的一个检验，是实施和改革高等财经教育学习成果测评的基础。

2. 基于目标分层的分级学习成果测评一致性分析是关键

既影响教师教学策略开发的积极性，也是检验目标、教学和测评一致性的关键，更是学习成果测评工具与系统开发和运用的目的，是持续改进的依据。需要整合多学科资源，提高评价的精准化，因此对研究团队多学科知识交叉融合要求较高。

（三）研究方法和进度安排

1. 研究方法

（1）调查研究法：对学习成果测评工具和模型等进行省内外相关高校的实地考察和电话咨询等；网上查阅国内外相关资料。

（2）比较研究法：对 AHELO、PISA、NSSE 和 CCSS 进行比较研究，总结学习成果一致性分析和增值测评的特征和实施关键。

（3）实验研究法：对大一新生和大四毕业生引入财经素养测试，并比较二者测试结果的差异，进行增值评价。

（4）量化研究法：对毕业生学习成果测试结果进行描述性统计分析、SEC 一致性分析、加权因素分析和达成度分析。

（5）资料研究法：对以前年度期末考试试题进行能力大纲分类和 Webb 一致性分析。

（6）演绎推理法：优化财经类专业学习成果测评指标和模型，制定实施办法循环改进。

2. 进度安排

（1）学习成果评价改革研究计划（试点专业——8 个经管类专业）。

调研与比较研究：2020 年 1 ~ 3 月继续深入开展 AHELO、PISA、NSSE、CCSS 研究与实践调研，补充和丰富基础资料，进行比较研究，并形成调研分析报告。

测评工具与系统开发：2020 年 4 ~ 5 月设计开发毕业生学习成果测评工具、财经素养增值测评工具；建立网上测评系统。

第一轮测评：2020 年 6 月对 2016 级毕业生进行毕业生学习成果测评，对 2019 级新生进行财经素养测评，采集数据。

一致性分析：2020 年 7 ~ 9 月：对第一轮毕业生学习成果测评结果进行测评与教学目标的一致性分析。

改进测评工具：2020 年 10 ~ 11 月根据一致性分析结果改进测评工具，优化测评系统。

第二轮测评：2020 年 12 月对 2017 级毕业生进行毕业生学习成果测评和财经素养测评，采集数据。

一致性分析：2021 年 1 ~ 2 月对第二轮毕业生学习成果测评结果进行测评与目标的一致性分析，提出持续改进建议。

增值分析：2021 年 2 ~ 3 月对新生和毕业生财经素养测评结果进行增值分析。

撰写研究报告：2021 年 4 ~ 5 月撰写新建本科高校财经教育学习成果测评研究报告。

（2）学习成果评价改革实践计划（试点课程——每个试点专业 5 门核心

专业课）。

改革期末考试命题要求：2020 年 5 ~ 6 月、11 ~ 12 月试点专业当学期核心专业课命题时要求教师在提交试卷的同时，提交试题测试能力分类表，用以明晰试题所测试的能力层级及比例。通过两轮（一学年）期末考试命题改革，试点专业 5 门核心课命题要全部被改革涉及。

以前年度试题测试能力分类分析与对比：2020 年 5 ~ 6 月、11 ~ 12 月课题组对前两年试点专业核心课程期末考试试题进行测试能力分类分析，并与改革后的命题进行对比，分析新旧命题测试能力的差异。

改革考试大纲：2020 年 7 ~ 8 月变革考试大纲模板，补充完善测试能力大纲。

改革教学大纲：2020 年 8 ~ 9 月变革教学大纲模板，补充完善目标分类框架。

修改完善考试大纲：2021 年 1 月 8 个试点专业 40 门核心课程按新模板修改完善考试大纲。

修改完善教学大纲：2021 年 3 月 8 个试点专业 40 门核心课程按新模板修改完善教学大纲。

撰写实践总结报告：2021 年 4 月，撰写新建本科高校财经教育学习成果测评实践报告。

（四）成果形式与实践效果

1. 成果形式

通过本书的研究，形成以下研究成果。

（1）研究报告（待出版专著）1 部。

颜敏，赵红卫，彭博，刘亚奇，李德华．高等财经教育学习成果测评改革研究——成果导向教育进课堂“最后一公里”。

（2）发表论文 2 篇。

颜敏．以学生为中心的金课建设路径研究［J］. 财会月刊，2020（5）：47 – 56.

颜敏，白栖凡，韩丽平，付东．高校会计课程目标与评价一致性研究［J］，财会月刊，2021（7）：52 – 61.

（3）出台教学管理办法2个。

颜敏，张红：《河南财政金融学院学习成果评价改革方案》。

颜敏，孙文杰：《河南财政金融学院制定教学大纲和考试大纲指导性意见》（基于成果导向的教学大纲和考试大纲模板，见研究报告附录一）。

（4）测评工具2个。

刘喆，颜敏：河南财经政法大学、河南工业大学和郑州航空工业管理学院40位教师，8个专业40门课程毕业生学习成果测评试题（保密）；

彭博（中国财经素养协同创新中心《中国财经素养系列丛书》编写成员）、郑州航空工业管理学院6位硕士研究生，新生和毕业生财经素养测评试题（保密）；

（5）测评系统1个。

李德华，学习成果测评系统（见研究报告第八部分），及其生成的大学生财经教育学习成果大数据。

（6）新编基于成果导向理念的教学大纲和考试大纲1套。

由沈阳化工大学原校长李志义亲自指导、8个试点专业40门课程任课教师编写，基于成果导向理念的教学大纲和考试大纲（见研究报告附录二、附录三）。

2. 实践效果

（1）学生受益面广。

一是有毕业生的8个经管类专业实施学习成果评价改革试点，共40门专业核心课进行评价改革试点。每个专业约100～150名学生，8个经管类本科专业受益学生约800～1200名。二是在2019级新生（15个经管类专业）1981人及2017级全体毕业生1483人中开展财经素养测试。总计受益学生4664人。

（2）课程系统得以改进。

以提高教学评一致性为目标、基于成果导向理念的教学大纲和考试大纲的编制，2021年4月已经由试点专业40门课程推广至全校所有专业所有课程。

（3）期末考试试题高阶性增加，教学评一致性得以提高。

通过对试点专业40门核心课程期末考试试题进行复查和分析，发现知识深度一致性已有显著提高。

（五）项目特色与创新之处

1. 项目特色

在新建本科高校开展学习成果目标与测评一致性分析和财经素养增值测评、基于成果导向的教学大纲和考试大纲改革、进行财经教育评价实证研究。

2. 创新之处

本书在学习成果目标与测评一致性分析和财经素养增值测评、基于成果导向的教学大纲、考试大纲改革和财经教育实证研究三个方面均具有创新性。属于国内高等财经教育领域首创，达到国内先进水平，是在财经教育教学改革方面取得的重大突破，对提高教学质量、实现培养目标有突出贡献，具有重大应用推广价值。

（1）在课程一致性分析和增值测评方面有创新。构建基于目标分类的课程目标能力框架和学习成果评价能力大纲，建立学生精准画像评价体系；开发毕业生学习成果测评工具，进行测评与目标一致性分析的尝试；开发财经素养教育测评工具，对新生和毕业生进行财经素养测试，比较并进行增值分析，了解和关心学生在本校学习后的收益。

（2）在成果导向理念指引的教学大纲和考试大纲改革方面有创新。针对试点课程以前年度期末学习成果测评命题存在的知识深度一致性偏低问题，进行了基于成果导向的教学大纲和考试大纲改革，以确保成果导向理念“进课堂”的“最后一公里”——成果导向理念“进试卷”的达成。以此为基础，通过逆向设计促进教师课堂教学改革。

（3）在财经教育实证研究方面有创新。建立学生财经教育学习成果大数据，运用 SEC 一致性分析范式 Porter 指数法、描述性统计分析、加权因素法、达成度分析法和对比分析法等方法，开展实证研究。

毕业生学习成果目标与测评一致性分析适宜在所有新建本科院校中推广使用，财经素养增值测评、基于成果导向理念的教学大纲和考试大纲改革适宜在各高校经管类专业或财经类高校推广使用。

五、毕业生学习成果一致性测评工具开发与运用

（一）构建学习成果一致性测评标准

一致性是指教学或测评与目标的一致性或相符程度，因此，要进行一致性分析，目标或测评标准的确定是前提。但是，与基础教育不同的是，高校缺乏统一的课程目标或标准，仅有专业类标准。开展学习成果评价，首先需要明确与课程教学目标相匹配的评价标准。高等教育没有像基础教育那样的课程标准这一现实，使得学习成果评价遭遇挑战——测试大纲的制定缺乏依据（Liu & Fulmer，2008）[63]，为此需要根据教学目标为测试能力大纲创建依据，作为高校课程学习成果评价的命题框架。课程教学目标履行了基础教育课程标准的作用。

然而，与国外高等教育研究中布鲁姆教育目标分类研究的深入开展不同，我国虽有部分学者进行了高校课程教学目标研究和学校、专业与课程三层次目标关系研究（刘永泽等，2004、2008；王开田等，2009）[124,125,126]，但仍存在课程教学目标模糊和认知水平低阶性问题，迫切需要一个分类框架来细分教学目标，提高教学目标含义的准确性，增进理解、提升认知水平的层级。目标是灵魂，是课程逻辑的起点和终点，课程思维本来就需要一致性地思考在目标统领下的教学、学习和评价的问题。对教育目标进行细分，确定核心课程目标层次定位，将有助于核心课程教学策略的改进和学习成果一致性的提高。

1. 已有目标分类框架借鉴

（1）布鲁姆教育目标分类法。布鲁姆于 1956 年提出了教育目标分类模

型，按认知发展水平将学习分为六类：知识（Knowledge）、理解（Comprehension）、应用（Application）、分析（Analysis）、综合（Synthesis）和评估（Evaluation），这一分类呈现出从低阶目标到高阶目标发展的阶段性特征（Bloom，1956）[35]。布鲁姆指出，传统教学模式的缺点是把教育目标主要放在低阶目标上，故未能充分挖掘学生的认知潜力。2001年修订后的布鲁姆教育目标分类模型包括认知过程维度和知识维度，其中，认知过程维度分为记忆（Remember）、理解（Understand）、应用（Apply）、分析（Analyze）、评价（Evaluate）、创造（Create）六类，新增的“创造”一类作为高级思维能力被突显出来。六类学习分别培养出不同水平的认知能力，高阶目标要以低阶目标为基础，低阶目标要向高阶目标发展。知识维度由事实性知识、概念性知识、程序性知识和元认知知识四类组成。布鲁姆修订分类法可能是唯一以通用术语（以不同形式的知识）定义内容的模型（Anderson 等，2001）[127]。布鲁姆修订分类法提供了一个二维分类表，包含 4 × 6 = 24 个单元（见表 5 - 1），为目标与评价、教学一致性分析提供了一条重要的途径。分类表中的行表示知识维度的四个主要类别，列表示认知过程维度的六个主要类别。基于布鲁姆修订分类法，可以根据两个维度对目标进行分类，并将其放在分类表中的某个单元格中。特定的内容主题可以由处于不同认知水平的学生掌握，这也是布鲁姆修订分类法被定性为由内容主题和水平组成的二维空间的原因（Anderson et al.，2001）[127]。

表 5 - 1　　布鲁姆修订分类

知识维度	记忆	理解	应用	分析	评价	创造
事实性知识 （专业术语、细节、基本要素）						
概念性知识 （基本要素间的关系：分类和类别、原理和通则、理论、模型和结构）						
程序性知识 （专业技能和算法、技术和方法、准则）						
元认知知识 （策略性知识、关于认知和自我的知识）						

（2）芬克有意义学习分类法。芬克（2006）认为，布鲁姆教育目标分类模型不能体现新的社会需求，如学会学习、领导才能、人际交往能力、道德品质、应变能力等，因此创建了一个新的学习目标分类法，将学习目标分为基础知识、应用、综合、人文维度、关心、学会学习六类[38]。其中，基础知识、应用和综合三类目标涵盖了布鲁姆修订分类法中的记住、理解、应用、分析、评价、创造等全部目标，这些都是与知识有关的目标；人文维度、关心、学会学习则是为适应新的学习需求而增加的目标。1996 年，“国际 21 世纪教育委员会”向联合国教科文组织提交的一份教育研究报告《教育——财富蕴藏其中》（Learning，the Treasure within）提出了 21 世纪教育的四大支柱：学会学习（Learning to know）、学会做事（Learning to do）、学会做人（Learning to be）、学会共处（Learning to live together）。因此，芬克有意义学习分类法与 21 世纪教育的“四大支柱说”（李志义，2020）[128]相吻合。近年来，大多数国家的教育发展都借鉴了这一现代教育思想。《华盛顿协议》也完全接受了这种教育思想，据此构建了毕业要求框架。作为高校课程目标，也应该按照“会学习、会做事、会做人和会共处”的逻辑结构来构建。

（3）波特分类法及其他。SEC 一致性分析范式中的波特分类法（Porter，2002）[44]确定的认知水平曾使用了九个类别（Porter 等，2001b）[129]，后改为七个类别（Porter 等，2001a）[58]，排序分别为：记住事实、定义和公式；了解概念；执行程序；产生问题/假设；收集数据；分析和解释信息；使用信息进行连接。除此之外，还有 Guilford（1967）[130]、Marzano（2001）[131]、Merrill 的绩效内容矩阵（1994）[132]、PISA（OECD，1999）[133]、TIMSS（Robitallie 等，1993）[134]等分类方法。

Nasstrom & Henriksson（2008）实证研究发现布鲁姆修订分类法和波特分类法是最合适的认知水平分类模型，二者的认知复杂性处于连续范围内，即分类是有序的；且布鲁姆修订分类法比波特分类法更有用，更具包容性和排他性[135]。与波特分类法相比，布鲁姆修订分类法的标准间评级可靠性水平更高、一致性更适度，使用的类别比例比在波特分类法中使用的比例更大。波特分类法曾经使用过九个类别，Wolf（1997）发现类别增加会带来风险，分类学中类别的数量增加到七个时，就可能导致评分者之间可靠性的下降[136]。因此，可以借鉴布鲁姆修订分类法和“四大支柱说”，构建高校课程目标分类框架，作为课程一致性分析的比较基础。

2. 课程目标分类框架建构

依据《普通高等学校本科专业类教学质量国家标准》中的专业培养目标及培养规格，结合21世纪教育“四大支柱说”，将专业核心课程目标分为四大类——学会做人、学会做事、学会相处和学会学习；其中“学会做事”一类再借鉴布鲁姆修订分类法认知水平分类模型，分为“识记、理解、应用、分析、评价、创造”六个认知层级。每一门核心课程都将被归入四大类中的某一类或几类和认知水平中的一个或多个层级；进一步的，认知水平的每个层级可以被赋予权重。认知水平六个层级具体含义的理解和归类，将影响到对实际测试和教学、目标的一致性分析，因为同样的表现可能会因理解不同被归类到不同的认知层级中，因此，对认知水平中六个层级具体含义的准确把握非常重要。

认知水平维度中六个层级具体含义如下：

(1)“识记”认知水平包括识别（辨认信息）和记忆（提取相关知识）两个具体认知过程；

(2)“理解”认知水平包括解释（将信息由一种表示形式转变为另一种表示形式)、举例（例举一般概念或原理的具体例子，从一般到个别)、分类(识别某事物归属的类别，从个别到一般)、总结（用一句话描述信息或概括主题)、推断（在一组事件中发现模式)、比较（查明两个或更多事件的异同）和说明（即建模，建构和运用某一系统的因果模型)；

(3)“应用”认知水平与程序性知识紧密相连，包括两个具体的认知过程：执行（针对熟悉的任务完成程式化的练习）和实施（针对不熟悉的任务选择一个程序去解决问题，通常与理解和创造等认知水平一起实现)；

(4)“分析”认知水平包括区别、组织、归因三个具体的认知过程，其教育目标是学会确定信息的哪些部分是相关的或重要的（区别)、信息各部分是以什么方式组织在一起的（组织）以及信息背后的目的或言外之意（归因)；

(5)“评价”认知水平包括检查（判断内部一致性）和评论（基于外部准则进行判断)；

(6)“创造”认知水平包括问题表征（理解任务并产生可能的问题解决方案)、方案计划（审视可能的方案并形成可行计划）以及方案执行（成功地执行计划）三个阶段，即包括产生、计划和生成三个具体认知过程（安德森，2018）[37]。

表5-2为依据专业类国家标准和布鲁姆修订分类法、21世纪教育“四大支柱说”以及自身办学定位和人才培养总目标，遵循成果导向教育理念设计的会计学专业核心课程目标分类框架。

表5-2　　会计学专业核心课程目标分类框架

课程内容	学会做人	学会做事（认知水平）						学会相处	学会学习
		识记	理解	应用	分析	评价	创造		
	(1)	(2)	(3)	(4)	(5)	(6)	(7)	(8)	(9)
基础会计学	√	√	√	√				√	√
财务会计	√	√	√	√	√	√			√
成本与管理会计	√	√	√	√	√	√	√	√	√
财务管理	√	√	√	√	√	√	√	√	√
审计学	√	√	√	√	√	√		√	√
支撑毕业要求	1	2	3	4	5	6	7		

注：会计学专业核心课程支撑的毕业要求：

（1）践行社会主义核心价值观，具有良好思想品质和道德修养，具有“德、智、体、美、劳”全面素养，具有综合人文素养和诚信意识。

（2）系统掌握会计学基本理论、基本方法和基本技能，认识和分析会计准则发展变化。

（3）能够将会计学专业理论和知识应用到实际财务工作中，准确地陈述和处理会计事项，撰写会计工作报告和财务分析报告，具备会计业务处理和会计事务管理等实践能力。

（4）能够将理论和知识融会贯通，综合利用知识体系解决实际问题。

（5）建立竞争与合作意识，建立批判性思维，富有创新创业精神和能力。

（6）具有良好的交流能力，能够胜任在相关岗位熟练撰写报告和口头交流。具有团队合作精神，掌握沟通合作技能，能够合作互助和独立完成属于自己份内的业务。掌握外语交流能力，了解国际会计准则，具有国际化视野和跨文化知识。

（7）具有终身学习和发展意识，能够适应时代和发展需要，紧跟本专业发展状况，学习本专业新知识，新技能和进行职业发展规划。

该目标分类框架包括课程内容和课程目标分类两个维度。由于布鲁姆修订分类法中的知识维度分类是从具体的实际知识到抽象的元认知知识，在概念性知识和程序性知识上有一些重叠（Nasstrom et al.，2008）[135]，因而表5-2中课程内容并没有采用布鲁姆的知识维度分类，而是按照会计学专业核心课程名称直接表达，简明清晰，通俗易懂。此外，课程内容涉及会计课程体系的重构，在适应新技术变革的“新文科”建设中，会计课程体系正在发生天翻地覆的变化（何瑛等，2020）[137]，因此，课程内容需要通过教学大纲进行具体划归和创建。例如，有学者认为会计类专业核心课程应包括会计学（基础会计学 + 财务会计）、公司理财、成本与管理会计、会计智能化(周守亮等，2019)[138]、现代审计学；也有学者认为还应再包括政府会计课程，该课程具有与企业会计不同的思维体系，对学生建构全面的会计知识体系和会计思维逻辑有重要影响（周达勇等，2017)[139]。

（二）已有课程评价工具一致性分析

课程一致性分析按照分析对象不同，分为评价工具一致性分析和评价结果一致性分析。评价工具一致性分析是对命题与教学目标一致性进行的分析，是对命题质量的检验和评价；评价结果一致性分析是对学生测试结果与教学目标一致性进行的分析，是对学生学习结果的评价。评价结果一致性受评价工具一致性的影响，当评价工具与目标一致性程度（即效度）偏低时，用该评价工具实际检测出的评价结果与目标的一致性（信度）也会受影响。因而，评价工具一致性更应当引起高校管理者和教师的重视。目前国际上三种经典一致性分析范式中，Webb 一致性分析范式与 Achieve 一致性分析范式主要用于评价工具一致性分析，SEC 一致性分析范式主要用于评价结果一致性分析。以下将运用两种评价工具一致性分析范式对已有课程评价工具一致性进行分析，作为对待开发的毕业生学习成果测评工具认知水平设置的参考。

1. 评价工具一致性分析维度与水平设定

一致性分析范式是指课程系统各个组成要素之间一致性程度的分析方法之总和[40]。由于对学生学业成就的评价要基于一定的课程标准来进行，美国学者 Webb 最早将一致性定义为标准和评价达成一致及其相互匹配的程度，并建立了一个有效的工具来分析标准和评价之间的一致性——Webb 一致性分析范式。Webb 一致性分析范式通过对四个维度：知识分类一致性，知识深度一致性，知识广度一致性以及知识分布平衡性进行分析，来分析评价与课程标准一致性程度[40]。其中，

知识种类一致性是 Webb（1999）一致性评价的最低要求，即评价和标准的内容主题间的匹配程度，课程标准和评价之间保持一致性是指两者都涵盖了相同内容类别[140]。可以通过确定评价所包含的项目是否测量到每个目

标的内容领域来判断该一致性程度，具体地，通过对课程目标和评价项目进行分层编码，然后将评价项目与目标体系逐层进行匹配。若评价过程中考查的知识种类与相应课程目标一一对应，即课程目标中每一条具体目标都得到了检测，那么两者就达到了完全一致（刘琦琦，2016）[52]。

知识深度一致性是指评价中对学生认知水平的要求要与内容标准中对学生学习目标期望的要求保持一致（岳喜腾等，2011）[53]。即课程评价工具知识深度的划分应与课程目标分类框架中认知水平的划分一致，如前文所述的六个层级：识记、理解、应用、分析、评价和创造。针对知识深度一致性设置临界指标，以判断一致性程度的强弱。依据评价工具与课程目标的匹配程度，可以设置三种不同的知识深度一致性水平：2 级表示完全的一致，1 级表示不完全的一致，0 级表示不一致。

知识广度一致性是指学生要想正确回答评价项目时所必需的知识跨度与课程标准规定的课程内容的知识跨度保持一致的程度。

知识分布平衡性，即学业评价既要有适量的试题对应于各内容领域，但同时又不能局限于内容领域中个别类别或层级的学习目标，必须考查尽可能多类别或层级的学习目标，在各级各类学习目标之间达到一种平衡（杨玉琴等，2012）[49]。

此外，根据学校实际，增加对试题技术性的分析。试题的技术性是指试题是否出现了描述错误、图表错误、无答案或多个答案等。试题技术性应是最基本的、更低层次的一致性要求。

2. 课程目标与评价工具对应关系

从评价开展的时机来看，高校现有课程学习成果评价工具主要有平时考核和期末考试，尚缺乏学生毕业时的学业水平测试。课程平时考核、期末考试和学业水平测试可以作为三种互补的学习成果评价工具，共同实现对课程目标与评价的一致性分析。平时考核即形成性评价，可以对会做人、会做事、会相处、会学习等四大类课程目标进行考查，评价方式包括作业、日常测验、考勤、行为观察、问卷调查等；期末考试和学业水平测试属于终结性评价，主要考核学生认知水平的发展情况。以会计学专业核心课程目标分类框架为例，课程目标与评价工具的对应关系如表 5－3 所示（颜敏等，2021）[141]。

表 5－3　　会计学专业核心课程目标与评价工具对应关系

<table>
<tr><th rowspan="2">评价工具及分类</th><th colspan="6">学会做事（认知水平）</th><th rowspan="2">学会做人</th><th rowspan="2">学会相处</th><th rowspan="2">学会学习</th></tr>
<tr><th>识记</th><th>理解</th><th>应用</th><th>分析</th><th>评价</th><th>创造</th></tr>
<tr><td>评价时机</td><td colspan="6">形成性评价/终结性评价</td><td colspan="3">形成性评价</td></tr>
<tr><td>评价方式</td><td colspan="3">作业/日常测验/期末考试</td><td colspan="3">作业/日常测验/期末考试/学业水平测试/其他</td><td colspan="3">行为观察/问卷调查</td></tr>
<tr><td>评价分类</td><td colspan="6">认知性评价</td><td colspan="3">行为性评价</td></tr>
<tr><td>评价方法</td><td colspan="3">直接评价法</td><td colspan="3">直接评价法/间接评价法</td><td colspan="3">间接评价法</td></tr>
</table>

鉴于期末考试为绝大多数高校课程主要的学习成果评价工具，且在学生课程成绩计量中所占比重较大，一般均在 50% ~70% ，对最终学习成果评价影响重大，以下以我校 2016 级、2017 级 8 个试点专业部分核心课程 2018—2019 学年期末考试试卷为依据进行分析。

3. 期末考试试题一致性分析

运用 Webb 一致性理论，对以上 8 个试点专业期末考试试题进行一致性分析，发现现有期末考试命题在以下方面存下问题。

（1）试题的技术性。通过对专业核心课程期末考试命题的技术性进行分析，发现有少量课程期末考试题型名称欠规范等问题，如描述错误、图表错误、无答案或有多个答案等。

（2）知识种类一致性和知识分布平衡性。通过分析，发现在知识种类及知识分布平衡性两个维度上水平偏低，试卷所考查的知识范围过窄，个别课程期末考试试卷因题型题量过少、单类题型占比过高而导致考查内容不全面、不均衡等问题。具体有：

一是只有两种题型且论述题占 90 分。投资学专业《项目评估与管理》课程 2019—2020 学年底 2 学期期末试卷只有两种题型：论述题和计算题，单体数量过少，总计 6 道；简述题分值占比 90% 。参考“投资学本科人才培养方案”《项目评估与管理》课程目标与毕业要求的关系，课程支撑“5. 投资学核心知识；6. 投资业务能力；7. 创新创业能力；9. 继续学习能力”4 项毕业要求，综观整套试卷，试题种类和内容很难体现 6、7、9 的毕业要求，尤其无法检测第 6 条“具备金融投资必须掌握的基本业务技能；具有处理各类投资活动决策和管理的基本技能”；试题类型偏少，简述题分值占比过高，学生“基本业务”技能的掌握情况便难以评价。

二是计算题70分。工程造价专业《建筑工程计量与计价》课程2017—2018学年第2学期期末试卷计算题分值占比70%。《建筑工程计量与计价》课程目标支撑的毕业要求为：“2. 掌握工程造价专业的基本知识和基本理论，熟悉相关的信息技术与工程技术知识；3. 具备综合运用理论、知识、技术和方法从事技术管理和全过程造价管理的基本能力；4. 具有初步的科学研究能力、较强的逻辑思维能力、语言与文字表达能力、人际沟通能力和组织协调能力；5. 具备综合利用管理科学、计算机辅助信息技术和工程方法解决工程造价专业及相关问题的基本能力；7. 具有运用专业外语进行阅读、写作的基本能力，具备一定的国际视野；8. 具备相关行业与领域的工程造价类专业人员国家执业资格要求的理论知识。”与之相对照，试卷题型单一、计算题分值过高，学生学习的理论知识无法进行评价，其3、4、5、7、8毕业要求是否达成难以评价。

三是单选题50分。工程造价专业《工程造价管理》课程2018—2019学年第1学期期末试卷单项选择题占比50%。《工程造价管理》课程目标支撑的毕业要求为：“2. 掌握工程造价专业的基本知识和基本理论，熟悉相关的信息技术与工程技术知识；3. 具备综合运用理论、知识、技术和方法从事技术管理和全过程造价管理的基本能力；4. 具有初步的科学研究能力、较强的逻辑思维能力、语言与文字表达能力、人际沟通能力和组织协调能力；5. 具备综合利用管理科学、计算机辅助信息技术和工程方法解决工程造价专业及相关问题的基本能力；8. 具备相关行业与领域的工程造价类专业人员国家执业资格要求的理论知识。”与之对比，单项选择题由于题型特点的限制，对于学生综合能力的考量非常有限，课程目标难以支撑毕业要求3、4、5、8，试卷有较大提升空间。

四是以课程设计代替期末考试。工程造价专业《工程经济学》课程期末试题以课程设计代替期末考试，且只有一道大题。《工程经济学》课程目标支撑的毕业要求：掌握工程造价专业的基本知识和基本理论，熟悉相关的信息技术与工程技术知识。用单一题型的课程设计作为期末考试试卷，学生对于课程的基本知识和基本理论的掌握难以评价。

（3）知识深度和广度一致性。通过分析发现，知识深度（认知水平）和广度（答题所必需的知识跨度）与课程目标一致性不够，大多数具有挑战性的课程目标并未得到充分的反映，说明试卷所考查的知识过于集中在识记等低阶认知水平。

首先，以布鲁姆教育目标分类法所确定的“六大目标”——识记、理解、应用、分析、评价、创造作为六个能力层级分类标准，对我校试点专业期末考试命题所能测试的学生能力大纲进行分类分析，分析不同内容维度和认知维度下试题所占比例，作为知识深度分析的依据和确定学习成果一致性测评工具的目标分类层级的基础。如表5－4至表5－11所示。

表5－4　会计学专业核心课期末考试试题测试能力大纲分类　单位：%

课程名称	识记	理解	应用	分析	评价	创造	合计
财务管理	11	28	43	18	0	0	100
中级财务会计Ⅱ	21	19	35	25	0	0	100
基础会计学	22	19	42	17	0	0	100
会计信息系统	0	0	100	0	0	0	100
审计学	24	42	34	8	0	0	100

表5－5　财务管理专业核心课期末考试试题测试能力大纲分类　单位：%

课程名称	识记	理解	应用	分析	评价	创造	合计
财务管理	11	28	43	18	0	0	100
会计信息系统	0	0	100	0	0	0	0
中级财务会计Ⅱ	21	19	35	25	0	0	100
基础会计学	17	53	26	4	0	0	100
管理会计	15	30	37	18	0	0	100

表5－6　电子商务专业核心课期末考试试题测试能力大纲分类　单位：%

课程名称	识记	理解	应用	分析	评价	创造	合计
电子商务概论	59	19	12	10	0	0	100
电子商务物流理论与实务	48	14	10	18	10	0	100
网络金融与电子支付	41	24	18	17	0	0	100
电子商务网站开发与设计	45	15	25	15	0	0	100
网络营销	56	31	4	9	0	0	100

表 5－7　物流管理专业核心课期末考试试题测试能力大纲分类　单位：%

课程名称	识记	理解	应用	分析	评价	创造	合计
现代物流学	29	21	20	20	0	10	100
物流信息技术	42	37	8	13	0	0	100
采购管理	28	26	18	28	0	0	100
供应链管理	47	25	13	15	0	0	100
配送中心运营管理	30	26	30	14	0	0	100

表 5－8　税收学专业核心课期末考试试题测试能力大纲分类　单位：%

课程名称	识记	理解	应用	分析	评价	创造	合计
税法 1	39	21	30	10	0	0	100
税收筹划	26	29	20	25	0	0	100
税收管理	36	14	32	18	0	0	100
税务稽查	30	26	28	20	10	0	100
国际税收	25	20	25	20	0	0	100

表 5－9　保险学专业核心课期末考试试题测试能力大纲分类　单位：%

课程名称	识记	理解	应用	分析	评价	创造	合计
保险学	44	16	30	10	0	0	100
风险管理	36	34	20	10	0	0	100
精算学原理	15	16	61	8	0	0	100
财产保险	18	22	15	40	5	0	100
人身保险	24	26	20	30	0	0	100

表 5－10　投资学专业核心课期末考试试题测试能力大纲分类　单位：%

课程名称	识记	理解	应用	分析	评价	创造	合计
证券投资学	41	29	20	20	0	0	100
项目评估与管理	32	29	20	10	9	0	100
公司金融	30	24	20	21	5	0	100
金融风险管理	15	20	40	25	0	0	100
投资银行学	36	29	15	20	0	0	100

表 5－11　　工程造价核心课期末考试试题测试能力大纲分类　　单位:%

课程名称	识记	理解	应用	分析	评价	创造	合计
工程造价管理	46	34	16	4	0	0	100
建筑工程计量与计价	10	15	70	5	0	0	100
工程软件实训	0	0	100	0	0	0	100
工程招投标与合同管理	35	15	30	20	0	0	100

从以上期末考试试题能力大纲分类情况来看，8 个试点专业的试题对学生能力的考量多停留在“识记”“理解”“应用”等低阶层面，“分析”“评价”“创造”等高阶目标的试题较少。会计学、财务管理、物流管理、工程造价专业中核心课程测试题更缺乏“评价”和“创造”类等能对学生高阶能力进行测评的试题，因而难以实现课程培养目标，以匹配学校本科人才培养质量。对 8 个试点专业 5 门核心课低阶能力试题及分值占比进行分析，如表 5－12 所示。

表 5－12　　试点专业 5 门核心课程低阶能力试题占比分析

试点专业名称	5 门核心课程测试学期、课程名称及低阶能力试题占比				
税收学 最高 65%	2017—2018（1） 税法（1） 40%	2019—2020（1） 税收筹划 40%	2018—2019（1） 税收管理 40%	2018—2019（2） 税务稽查 46%	2019—2020（1） 国际税收 65%
投资学 最高 70%	2019—2020（2） 公司金融 50%	2019—2020（1） 金融风险管理 45%	2019—2020（1） 投资银行学 70%	2018—2019（2） 项目评估与管理 61%	2019—2020（2） 证券投资学 70%
工程造价 最高 65%	2019—2020（2） 工程造价管理 65%	2018—2019（2） 建筑工程计量与计价 60%	2018—2019（2） 工程招投标与合同管理 50%	课程设计	实训
物流管理 最高 80%	2019—2020（2） 现代物流学 80%	2019—2020（1） 物流信息技术 77%	2019—2020（1） 配送中心运营管理 65%	2019—2020（2） 供应链管理 72%	2019—2020（1） 物流采购与供应管理 60%
会计学 最高 80%	2019—2020（2） 基础会计学 50%	2019—2020（1） 中级财务会计Ⅱ 80%	2019—2020（1） 管理会计 45%	2019—2020（2） 财务管理 45%	2019—2020（2） 审计学 60%

续表

试点专业名称	5门核心课程测试学期、课程名称及低阶能力试题占比				
财务管理 最高80%	2019—2020（2） 财务管理45%	2019—2020（2） 基础会计学 50%	2019—2020（1） 中级财务会计Ⅱ80%	2019—2020（2） 会计信息系统 50%	2019—2020（1） 管理会计45%
保险学 最高68%	2019—2020（1） 保险学 60%	2019—2020（1） 风险管理 60%	2019—2020（1） 精算学原理 68%	2019—2020（1） 财产保险 50%	2019—2020（1） 人身保险 50%
电子商务 最高91%	2019—2020（1） 电子商务物流理论与实务70%	2017—2018（2） 电子商务概论 60%	2019—2020（2） 网络金融与电子支付60%	2019—2020（1） 网络整合营销 91%	2018—2019（2） 网站开发与设计60%

注：（1）代表第一学期，（2）代表第二学期。

8个试点专业40门课程中，期末考试低阶能力测试题型占比最高达91%，为电子商务专业；最低的为税收学专业，占比达65%。由此看出，8个试点专业核心课程命题存在低阶测试题型比例过高，高阶性、创新性试题类型缺乏的问题。

其次，对试题题型进行分析。从试题题型来看，缺乏综合应用题，低阶能力测试题型（单项选择题、多项选择题、判断题、填空题、名词解释、简述题）比重过大。尤其是40门课程中有7门课程仍然保留名词解释题型，占比17.5%，如表5－13所示。

表5－13　　试点专业核心课程试卷中有名词解释的课程及占比

专业	课程名称	名词解释分值占比（%）	数据来源（期末试卷）
物流管理	《供应链管理》	16	2019—2020第2学期
物流管理	《物流信息技术》	12	2019—2020第1学期
保险学	《精算学原理》	15	2019—2020第1学期
保险学	《风险管理》	16	2019—2020第1学期
保险学	《保险学》	15	2019—2020第1学期
电子商务	《网络整合营销》	16	2019—2020第1学期
电子商务	《电子商务概论》	15	2017—2018第1学期

以物流管理专业《供应链管理》课程2019—2020学年第2学期试卷为例，名词解释题型占比16%。《供应链管理》课程目标支撑的毕业要求为

“1. 良好的思想品质和道德素养，热爱祖国，热爱人民，具有良好的政治理论素养和坚定的理想信念；遵纪守法，具有良好的道德品质和文明习惯，践行社会主义核心价值观。2. 良好的科学素养和人文素养和审美能力具有良好的科学素养、人文精神和审美观念；具备较强的语言和文字表达能力、信息获取能力、人际沟通能力。4. 良好的基本素质熟练使用常用办公软件；熟练掌握英语，具有良好的英语听、说、读、写能力。”与之对照，以识记为主的“名词解释题”难以支撑毕业要求1、2、4。名词解释题以考查学生识记能力为主，属于布鲁姆教育目标分类法“识记、理解、应用、分析、评价、创造”中最低层次的能力层级。因此，这种命题形式使学生的学习水平始终停留在较低的认识层次，难以达成既定课程目标，也无法支撑毕业要求。

最后，进行横向比较分析。选取会计学专业3门课程期末考试试题，从试题题型方面与其他三所院校进行知识深度和广度的一致性比较分析。

对会计学专业《基础会计学》课程进行分析。2019—2020学年第2学期期末该课程采用机试试题，共包括5种题型：单选题20分，多选题20分，判断题10分，填空题（实际上是小型计算题）28分，简答题（实际上是会计分录题）22分。前三项低阶能力测试题占比50%。课题组调查了其他三所院校该门课程期末试卷题型及各类题型的分值情况，如表5-14所示。

表5-14　《基础会计学》课程其他三所高校期末命题情况　　单位：分

学校名称	单选题	多选题	判断题	计算分析题/案例分析题	会计分录题/业务题
A	20	10/15	10	25/20	35/50
B	15	10	10	15	50
C	15	10	10	20	45

对比以上三所高校的命题类型及分值占比，可看出我校《基础会计学》试卷在命题中缺乏高阶能力的分析题，包括计算分析和案例分析题。该门课程支撑的毕业要求为：“1. 践行社会主义核心价值观，具有良好思想品质和道德修养，具有“德、智、体、美、劳”全面素养，具有综合人文素养和诚信意识。3. 系统掌握会计学基本理论、基本方法和基本技能，认识和分析会计准则发展变化，掌握政府会计理论。”与之对照，现有试卷题型类似日常测验题，缺乏综合应用题，即能覆盖3个以上知识点，能够综合应用基本理论、基本方法和基本技能的试题，因而仅能评价“记忆”层次的目标，无法

达到“系统掌握”的毕业要求。

对会计学专业《中级财务会计Ⅱ》课程进行分析。2019—2020 学年第 1 学期该课程期末试卷共包括单选题 30 分、多选题 30 分、简答题 20 分、业务核算题 20 分。前三项测试低阶能力的试题占比达 80%。课题组调查了兄弟院校该门课程期末试卷题型及各类题型的分值情况，如表 5－15 所示。

表 5－15　《中级财务会计》课程其他三所高校期末命题情况　单位：分

学校名称	单选题	多选题	判断题	计算分析题/计算题	综合业务题/业务题	创新思考题
A	20	10	10	20	40	
B	20	10	15	15	50	
C	15	12	8	20	45	10

通过数值计算可以得到前三项测试低阶能力的试题占比，A 校为 40%，B 校为 45%，C 校为 35%。相比较而言，我校《中级财务会计Ⅱ》课程试卷低阶能力试题占比过高。《中级财务会计学Ⅱ》课程目标支撑的毕业要求为：“1. 践行社会主义核心价值观，具有良好思想品质和道德修养，具有“德、智、体、美、劳”全面素养，具有综合人文素养和诚信意识。3. 系统掌握会计学基本理论、基本方法和基本技能，认识和分析会计准则发展变化，掌握政府会计理论。6. 能够将会计学专业理论和知识应用到实际财务工作中，运用科学方法分析问题和解决问题。”与之对照，现有期末试题低阶能力题过多，缺乏综合分析题，难以达成毕业要求 6，不能很好地达成目标 3。

对财务管理专业《财务管理》课程进行分析。2019—2020 学年第 2 学期该课程期末试卷题型包括：单选题 20 分、多选题 15 分、判断题 10 分、计算分析题 37 分、案例分析题 18 分，前三项测试低阶能力的试题占比高达 45%。与同期 A 校相比较，其题型包括单选题 10 分、多选题 10 分，判断题 10 分，计算题 50 分，综合题 20 分，前三项测试低阶能力的试题占比 30%，相比之下，我校《财务管理》试题命题低阶能力题型占比偏高。《财务管理》课程目标支撑的毕业要求：“3. 系统掌握会计学基本理论、基本方法和基本技能，认识和分析会计准则发展变化，掌握政府会计理论。6. 能够将会计学专业理论和知识应用到实际财务工作中，运用科学方法分析问题和解决问题。”与之对应的《财务管理》试卷缺乏综合题，难以达成毕业要求 6，不能很好地达到毕业要求3。

从试题题型来看，具体表现为综合应用题缺乏、低阶能力测试题型（单项选择题、多项选择题、判断题、填空题、名词解释、简述题）比重过大（45%～80%）。四所高校基础会计学、中级财务会计Ⅱ、财务管理三门课程知识深度一致性对比分析，如表5－16所示（颜敏等，2021）[141]。

表5－16　本校与其他三所学校期末考试知识深度一致性比较分析（题型）

课程名称	学校编号	题型及占比	低阶能力题型占比	本校课程目标及与评价一致性分析
基础会计学	本校	单选题20分，多选题20分，判断题10分，计算题28分，会计分录题22分	50%	（2）识记：2级 （3）理解：1级 （4）应用：0级
	A	判断题10分，单选题15分，多选题10分，计算分析题15分，会计分录题50分	35%	
	B	单选题20分，多选题10分，判断题10分，计算分析题25分，业务题35分	40%	
	C	单选题15分，多选题10分，判断题10分，简答题20分（名词解释12分），会计分录题45分	47%	
中级财务会计Ⅱ	本校	单选题30分、多选题30分、简答题20分、业务核算题20分	80%	（2）识记：2级 （3）理解：1级 （4）应用：0级 （5）分析：0级 （6）评价：0级
	A	单选题20分、多选题10分、判断题10分、计算分析题20分、综合业务题40分	40%	
	B	单选题20分、多选题10分、判断题15分、计算题15分、综合题（业务处理）40分	45%	
	C	单选题15分、多选题12分、判断题8分、计算分析题10分、综合业务题45分、创新思考题10分	35%	
财务管理	本校	单选题20分、多选题15分、判断题10分、计算分析题37分、案例分析题18分	45%	（2）识记：2级 （3）理解：2级 （4）应用：1级 （5）分析：1级 （6）评价：0级 （7）创造：0级
	A	单选题10分、多选题10分、判断题10分、计算题50分、综合题20分	30%	

注：依据与课程目标的匹配程度，本校期末考试题型与目标一致性水平分为三级：2级表示完全一致，1级表示不完全的一致，0级表示不一致。

与其他三校相比，我校期末考试题型类似日常测验题，缺乏综合应用题型，即覆盖3个以上知识点，能够综合应用基本理论、基本方法和基本技能解决问题的试题，因而仅能评价“识记”层次的目标，无法支撑“系统掌握”的毕业要求（见表5-2）。

经过对四所本科高校近两年会计学专业核心课程期末试卷从命题内容上进行知识深度一致性分析（见表5-17），发现期末考试主要测试的认知水平为“识记、理解、应用”三个层级，每个层级比例分布在30%上下；“分析”层级所占比例骤减，平均为9.48%；“评价”层级只出现在基础会计学、财务会计学、管理会计学、高级会计学、财务管理等课程中且比例极少，成本会计学和审计学均无，平均为2.52%；“创造”层级为零。因此，从命题内容来看，期末考试试题普遍缺乏对分析、评价和创造等高阶能力的测试（颜敏等，2021）[141]。通过对认知水平的细分，凸显出现有会计课程目标和评价定位偏低的缺陷，这应是布鲁姆教育目标分类学对高校课程改革的最大贡献。

表5-17 四校会计学专业部分核心课程期末考试知识深度一致性分析（内容）

课程名称	试卷编号	认知水平（%）						
		识记	理解	应用	分析	评价	创造	合计
基础会计学	1	28	35	30	7	0	0	100
	2	30	28	27	15	0	0	100
	3	27	26	20	21	6	0	100
	4	41	25	18	16	0	0	100
	5	40	30	26	4	0	0	100
	6	17	45	32	6	0	0	100
	7	17	53	26	4	0	0	100
财务会计学	1	26	36	32	6	0	0	100
	2	29	34	30	7	0	0	100
	3	22	39	36	3	0	0	100
	4	19	32	29	20	0	0	100
	5	21	36	28	9	6	0	100
	6	17	42	37	4	0	0	100
	7	21	19	35	25	0	0	100

续表

课程名称	试卷编号	认知水平（%）						
		识记	理解	应用	分析	评价	创造	合计
成本会计学	1	39	25	25	11	0	0	100
	2	38	31	29	2	0	0	100
	3	35	32	28	5	0	0	100
	4	33	31	27	9	0	0	100
	5	36	32	29	3	0	0	100
管理会计学	1	28	28	23	11	10	0	100
	2	25	30	22	12	11	0	100
	3	28	33	29	10	0	0	100
	4	40	25	19	8	8	0	100
	5	46	25	15	3	11	0	100
高级会计学	1	41	25	23	6	5	0	100
	2	35	31	26	8	0	0	100
	3	44	27	23	6	0	0	100
财务管理学	1	36	22	19	3	20	0	100
	2	24	35	31	4	6	0	100
	3	11	28	43	18	0	0	100
审计学	1	19	37	27	17	0	0	100
	2	31	26	21	22	0	0	100
	3	24	42	26	8	0	0	100
平均		29.33	31.67	27.00	9.48	2.52	0	100

综上所述，四所本科高校会计学专业核心课程期末考试命题仅实现了“识记”和“理解”两个层级认知水平，“应用”层级中的“实施”认知水平亦很难实现，“分析、评价、创造”层级的实现则更加少见；其中我校作为新建本科高校在知识深度一致性方面尤其缺乏。“越来越清楚的是，知识深度是学生在给定评估中取得成功的一个重要因素”（Porter et al，2001a）[58]。只有当课程目标与评价达到了高阶性、创新性和挑战度的要求，才能引领课堂教学真正实现培养具有创新精神和实践能力的高素质复合型应用人才的要求，才能使毕业生在当下人工智能、大数据、

云计算等信息技术革命对传统职业造成巨大冲击的时代中不被淘汰。因此，新建本科高校在课程期末考试之外，于学生毕业时适时开展学业水平标准化测试可能是快速提高其课程目标与评价一致性的有效举措。在以下毕业生学习成果一致性测评工具开发时，将着力就实现高阶能力的测试目标展开设计。

（三）开发毕业生学习成果一致性测评工具

1. 测试目标

本测试借鉴OECD和欧洲联盟（EU）共同发起的“高等教育学习成果评估”项目（Assessments for Higher Education，AHELO）中的测试，为毕业生设计学业水平考试试题，作为毕业生学习成果一致性分析的工具。

当进行专门的标准化测试时，可以保证评价工具与课程目标较高的一致性，此时可着重对评价结果一致性进行分析。但是，高等教育缺乏像中考和高考那样反映毕业生学业水平的标准化测试。随着高等教育评价模式从“教师的教学评价”转向“学生的学习结果评价”（徐静，2015）[12]，近年来陆续出现了多种大学生学习成果评价模型。如OECD的“高等教育学习成果评价”（Assessment of Higher Education Learning Outcomes，AHELO）（廖青，2012）[22]、美国全国大学生学习投入调查（NSSE）（陈涛，2015）[21]和清华大学“中国大学生学习与发展追踪问卷调查”（CCSS）等。其中，OECD于2016年开始启动的“高等教育学习成果评价”项目（AHELO）包括通用能力测试组件和学科—专业测试组件两部分。通用能力测试组件主要涉及批判性思维、分析推理、解决问题和书面表达能力，学科—专业测试组件包括“经济学”测试组件、“工程学”测试组件以及增值测评组件（OECD，2009；2014）[142,24]。“经济学”测试组件（Economic Strand）重点考查学生用“经济学语言”解决实际问题的能力（吴洪富等，2016）[9]，重点关注学科知识和认识（占比25%）、学科知识及其在现实问题中的应用（45%）、有效利用相关数据和定量方法的能力（20%）、与专业人士和非专业人士的沟通能力（5%）、获取独立学习技能的能力（5%）等五个方面的学习成果，测评时长90分钟。但这一评价并没有细化到专业，我国高校本科人才培养运行模式主要是以专业为单元进行教学、招生和就业管理，因此有必要进行专业核心课程学业水平标准化测试，借此了解各个专业的教学质量和办学水平。因而，开发基于专业的核心课程学业水平评价工具并组织测试，对评价结果与目标的一致性进行分析，以此推进专业核心课程期末考试命题改革，促进课堂教学水平的提升，意义非凡。尤其对于新建本科高校来说，各专业培养的首届本科生或前几届本科生的质量如何、是否具有真正本科院校学生的水平，是新建本科高校的师生、管理者都关心的问题。如果依托成熟高水平本科院校专业资深专家教授的力量，结合新建本科高校的人才培养总目标开展毕业生学习成果评价测试，既可以了解新建本科高校学生培养的质量，又可以使教师通过测试尽快掌握与本科课程目标相适应的评价难度和方式，达到以评价反哺教学、以评促教，提升课堂教学高阶性、创新性和挑战度的目的。成熟本科高校也可以通过聘请实务界专业人士命题来考查学生学习成果的有用性和教师教学内容与现实结合的紧密度。

2. 测试对象

2016 级 4 个专业的毕业生，分别是物流管理专业、工程造价专业、税收学专业、投资学学专业。2017 级增加了会计学、财务管理、电子商务、保险学 4 个专业，共 8 个专业毕业生。

3. 测试内容

测评内容即知识维度。高校毕业生学习成果评价内容可以专业核心课程为主进行测试，每个专业各选 5 门专业核心课，一门课程一道综合性试题，共计 5 道综合性题目涵盖 5 门专业核心课，组成一套完整的测评试卷。每个专业有 A、B 两套试卷。8 个试点专业核心课程名称如表 5 – 18 所示。

表 5 – 18　　毕业生测评专业核心课程名称一览表

试点专业名称	5 门核心课程名称				
税收学	税法	税收筹划	税收管理	税务稽查	国际税收
投资学	公司金融	国际税收	投资银行学	项目评估与管理	证券投资学
工程造价	工程造价管理	建筑工程计量与计价	工程招投标与合同管理	工程经济学	工程造价软件运用

续表

试点专业名称	5门核心课程名称				
物流管理	现代物流学	物流信息技术	配送中心运营管理	供应链管理	物流采购与供应管理
会计学	基础会计学	中级财务会计	高级财务会计会计	财务管理	审计学
财务管理	财务管理	基础会计学	中级财务会计	会计信息系统	管理会计
保险学	保险学	风险管理	精算学原理	财产保险	人身保险
电子商务	电子商务物流理论与实务	电子商务概论	网络金融与电子支付	网络整合营销	网站开发与设计

4. 测试深度

测试深度即认知水平，是从低到高的连续范围（Anderson，Krathwohl & Bloom，2001；Webb，1999）[127,40]，学业水平标准化测试的命题深度应以布鲁姆修订分类法中三个高阶能力——分析、评价和创造为主，因为识记、理解和应用三个低阶认知目标在日常课程期末考试时都已涉及。因而，在专门组织的为提高目标与评价一致性水平的毕业生学业水平标准化测试中可不再予以考虑。也就是说，毕业生学业水平标准化测试命题必须以适当的深度充分覆盖课程目标，反映重点，让所有学生都有机会证明自己对知识掌握的熟练程度，且能清晰地区分学生熟练程度。SEC一致性分析范式亦是重点对Webb分析范式和Achieve分析范式所发现的学生在认知水平上与课程标准一致性偏低或缺乏的问题进行矫正。正如La Marca等（2000）所说，该评价要能使学生根据课程目标设定的期望展示其所掌握的知识和技能，以便对他们的表现做出正确解释[143]。因此，评价必须以适当的深度充分覆盖内容标准，反映重点，让所有学生都有机会证明自己对知识的熟练程度，且能清晰地传达学生熟练程度。

“新课改”确定基础教育教学目标是：认知和技能，过程和方法，情感、态度和价值观。例如，1992年国家教委制定的《初中数学教学大纲》根据布鲁姆的理论，将认知领域的教学目标划分为“了解、理解、掌握、灵活运用”四个层次（黄光扬，2012）[144]。与基础教育侧重于传承知识（主要是记忆、理解和运用）相区别，高等教育侧重于知识生产和创新功能（包括人才培养、科学研究、社会服务、文化传承与创新、国际交流与合作），高等教育教学目标可设定为实践与创造，对应布鲁姆修订分类法认知水平维度的分析、评价和创造，既与基础教育的知识运用相衔接，体现高等教育对分析和创造的侧重，又将“立德树人”目标贯穿和体现于教育教学过程。各专业核心课程测试能力分类大纲（A 卷）如表 5－19 至表 5－26 所示。其中，评价内容按专业核心课程名称列示；命题专家需要给出每门课程所出试题考查“分析、评价、创造”三种能力的权重，三种能力权重合计为 100%。

表 5－19　　物流管理专业核心课程一致性测评大纲　　单位：%

知识维度	分析	评价	创造	合计
现代物流学	5	15	0	20
物流信息技术	5	5	10	20
物流采购与供应管理	10	10	0	20
配送中心管理与运营	15	5	0	20
供应链管理	5	5	10	20
合计	40	40	20	100

表 5－20　　工程造价专业核心课程一致性测评大纲　　单位：%

知识维度	分析	评价	创造	合计
建筑工程计量与计价	15	5	0	20
工程经济学	15	5	0	20
工程造价管理	10	5	5	20
工程招投标与合同管理	10	5	5	20
工程造价软件运用	8	8	4	20
合计	58	28	14	100

表 5－21　　税收学专业核心课程一致性测评大纲　　单位：%

知识维度	分析	评价	创造	合计
税收管理	10	5	5	20
税法	10	5	5	20

续表

知识维度	分析	评价	创造	合计
税收筹划	10	5	5	20
税务稽查	10	5	5	20
国际税收	10	5	5	20
合计	50	25	25	100

表 5－22　　投资学专业核心课程一致性测评大纲　　单位:%

知识维度	分析	评价	创造	合计
证券投资学	10	5	5	20
公司金融	10	5	5	20
投资银行学	5	5	10	20
项目评估与管理	10	5	5	20
金融风险管理	5	10	5	20
合计	40	30	30	100

表 5－23　　会计学专业核心课程目标一致性测评大纲　　单位:%

知识维度	分析	评价	创造	合计
基础会计学	10	5	5	20
财务会计（中级＋高级）	10	5	5	20
成本与管理会计	10	5	5	20
财务管理	10	5	5	20
审计学	10	5	5	20
合计	50	25	25	100

表 5－24　　财务管理专业核心课程一致性测评大纲　　单位:%

知识维度	分析	评价	创造	合计
财务管理（原理＋中级）	10	5	5	20
基础会计学	10	5	5	20
中级财务会计	10	5	5	20

续表

知识维度	分析	评价	创造	合计
管理会计	10	5	5	20
会计信息系统	10	5	5	20
合计	50	25	25	100

表 5-25　　电子商务学专业核心课程一致性测评大纲　　单位:%

知识维度	分析	评价	创造	合计
电子商务概论	10	6	4	20
电子商务网站开发与设计	8	8	4	20
网络营销	8	4	8	20
网络金融与电子支付	8	8	4	20
电子商务物流理论与实务	10	5	5	20
合计	44	31	25	100

表 5-26　　保险学专业核心课程一致性测评大纲　　单位:%

知识维度	分析	评价	创造	合计
保险学	10	5	5	20
风险管理	10	5	5	20
保险精算	10	5	5	20
人身保险	10	5	5	20
财产保险	10	5	5	20
合计	50	25	25	100

5. 测评题型

不同的认知水平对应不同的测评题型。我们可以通过设置综合分析题去评价学生高层级的认知水平，因为单一的选择题、判断题、计算题和简答题对中高级别认知水平的考查均有局限性。日常课程教学中的期末考试所常采用的验证题、匹配题、选择题、简答题仅能实现对“记忆”和“理解”认知水平的测试，计算题、计算分析题或问答题可用于“应用”认知水平的测试，论述题可用于“分析”认知水平的测试。“评价”认知水平的测试则需要基于一个企业案例、管理模式、理论假设等才能完成检查和评论能力的测试，通常这一测试需要一个大型综合分析题或通过一个综合性、设计性实验来实现。“创造”认知水平的测试则需要通过一个设计题才能完整的实现对产生、计划和生成认知过程的测评，这可能需要一个竞赛作业或毕业论文（毕业设计）的完成才能实现测评。因而，在常规的以 2 小时为一个时长的期末考试中，很难实现对“创造”认知水平的测试。

一致性研究均起始于试题的微观分析，该阶段需要由数量不等的经过培训的评定专家独立展开试题分析与匹配，因而，一致性研究实施过程的主观性特征非常明显。教育研究人员应当具备以教学目标为依据去设计测试题目进行测评的能力，这对教育教学质量的提高至关重要。管理部门亦应注重对评价方法的研究和评价人员的专业培训。有研究表明，即使经过相同的培训，不同类型的专家对于目标、评价及教学的分析仍然存在非常明显的差异（Herman et al.，2007）[145]，如表 5－27 所示。

表 5－27　会计学专业核心课程学业水平标准化测试试题能力分布　　单位：%

评价内容	应用	分析	评价	创造	合计
基础会计学	10	5	5	0	20
财务会计	5	7.5	7.5	0	20
成本与管理会计	0	10	5	5	20
财务管理	14	3	3	0	20
审计学	0	10	10	0	20
合计	29	35.5	30.5	5	100

表 5－27 为会计学专业专家实际命题结果，将其与表 5－23 中的评价目标和评价内容进行比较，可以发现，基础会计学、财务会计（中级＋高级）、财务管理课程试题在应用能力方面远远超出了能力大纲标准，分析、创造能力较为不足，财务会计（中级＋高级）课程尤其如此。成本与管理会计、审计学课程试题在分析、评价和创造能力方面与能力大纲相同。因此，在实际操作过程中，为缩小专家认知差异引起的分析误差，可以扩大专家的选择范围，例如，既可以选择本校教师、也可以选择外校教师甚或选择实务界专业人士作为命题专家，新建本科高校还可以选择成熟的高水平本科院校资深专

家教授作为命题专家。

6. 测评方式

采取传统的纸质试卷与电子试卷相结合的闭卷考试，封闭式的选择题和开放式的任务题相结合。课题组使用 SSM 框架技术开发了 B/S 架构的高等财经教育学习成果评价测评系统，但因为恰逢疫情防控期间，不能安排大规模的集中测试。故课题组采用分流的做法，其中，一部分学生采用测评系统在机房考试；一部分学生在教室采用纸质试卷答题。

阅卷方式也相应的分为两种，其中用测评系统答题的试卷，系统具有自动化处理功能，客观题系统自动阅卷，主观题为人工阅卷；采用纸质试卷答题的试卷，进行人工评卷。

（四）毕业生学习成果测评结果一致性分析

1. 毕业生学习成果测评结果描述性统计分析

选取会计学等四个专业说明毕业生学习成果测评结果描述性统计情况

（1）会计学专业 5 门核心课测评结果的描述性统计分析。

会计学专业 2017 级学生测评试卷由五门核心课程组成，分别是《基础会计学》《财务会计》（中级 + 高级）、《成本与管理会计》《财务管理》《审计学》，每门核心课程内容占 20 分，总分 100 分。2020 年 9 月 22 日，共 278 位同学参加测评。测评分数的描述性统计如表 5 – 28 所示。

表 5 – 28 会计学专业测评分数描述性统计

课程名称	学生数	均值	标准差	最小值	P25	中值	P75	最大值
基础会计学	278	8. 33	2. 67	2. 00	6. 00	8. 00	10. 00	16. 00
财务会计	278	2. 79	1. 97	0. 00	1. 00	3. 00	4. 00	10. 00
成本与管理会计	278	5. 90	3. 51	0. 00	3. 00	6. 00	8. 00	16. 00
财务管理	278	10. 81	8. 36	0. 00	0. 00	12. 00	20. 00	20. 00
审计学	278	7. 80	4. 69	0. 00	4. 00	7. 00	11. 00	20. 00
总分	278	35. 63	13. 84	3. 00	25. 00	35. 00	46. 00	66. 00

从表 5 – 28 可知，《基础会计学》最低分 2 分，最高分 16 分，均值 8. 33 分，标准差 2. 67。若以满分 20 分的 60%，即 12 分为及格目标，该课程均值

分数未达到预期目标。《财务会计》（中级+高级）最低分0分，最高分10分，均值2.79，标准差1.96，说明整体上该课程分数波动幅度不大，且普遍偏低，未达到预期目标。《成本与管理会计》最低分0分，最高分16分，均值5.89，标准差3.5，说明该课程成绩波动较大，但与培养目标仍有一定差距。《财务管理》最低分0分，最高分20分，均值10.8，标准差8.3，该课程出现满分、也出现0分，方差较高表明成绩波动幅度大。整体而言，该课程是五门核心课程中总体表现最好的一门，但成绩两极分化较为严重。《审计学》最低分0分，最高分20分，均值7.79，标准差4.68，说明该课程成绩两极分化也较为严重，距离培养目标还有一定差距。总分最低分3分，最高分66分，均值35.63，标准差13.84。若以满分100分的60%为目标分数，则说明总体而言会计学专业测评分数尚未达标，并且学生成绩波动幅度较大。五门课程中，综合表现由高到低分别是《财务管理》《基础会计学》《审计学》《成本与管理会计》《财务会计》（中级+高级）。

（2）财务管理专业5门核心课测评结果的描述性统计分析。

财务管理专业2017级学生测评试卷由五门核心课程组成，分别是《财务管理》（原理+中级）、《基础会计学》《中级财务会计》《管理会计》《会计信息系统》，每门核心课程内容占20分，总分100分。2020年9月22日，共150位同学参加测评。测评分数的描述性统计如表5-29所示。

表5-29　财务管理专业测评分数描述性统计

课程名称	学生数	均值	标准差	最小值	P25	中值	P75	最大值
财务管理	150	11.35	7.77	0.00	3.00	13.00	20.00	20.00
基础会计学	150	11.46	5.09	0.00	8.00	10.00	15.00	20.00
中级财务会计	150	1.26	2.41	0.00	0.00	0.00	2.00	15.00
管理会计	150	13.96	8.22	0.00	5.00	20.00	20.00	20.00
会计信息系统	150	2.04	2.89	0.00	0.00	1.00	3.00	15.00
总分	150	40.07	13.27	1.00	32.00	43.00	50.00	65.00

从表5-29中可知，《财务管理》（原理+中级）最低分0分，最高分满分20分，均值11.35分，标准差7.77。说明平均而言该课程分数未达到及格水平12分，并且成绩波动幅度较大。《基础会计学》最低分0分，最高分满分20分，均值11.46，标准差5.09，说明整体上该课程分数有一定波动幅

度，且未达到及格水平。《中级财务会计》最低分0分，最高分15分，75%分位数值仅为2分，均值低至1.26分，标准差2.41，说明该课程成绩整体较低，并且波动幅度不大，即普遍而言财务管理专业学生对财务会计内容掌握较差。《管理会计》最低分0分，最高分20分，均值13.96分，标准差为8.22分，说明该课程平均而言超过了及格水平12分，中值、75%分位数、最大值均为20分，说明成绩分布右偏。整体而言，该课程是五门核心课程中总体表现最好的一门，但成绩两极分化较为严重。《会计信息系统》最低分0分，最高分15分，均值2.04分，标准差2.89，说明该课程平均未达到及格水平，并且成绩波动幅度较小。总分最低分1分，最高分65分，均值40.07，标准差13.27。若以满分100分的60%为目标分数，则说明总体而言财务管理专业测评分数尚未达标，并且学生成绩波动幅度较大。五门课程中，综合表现由高到低分别是《管理会计》《基础会计学》《财务管理》《会计信息系统》《中级财务会计》，说明财务管理专业学生对财务会计信息生成过程掌握情况不理想。

（3）税收学专业5门核心课测评结果的描述性统计分析。

税收学专业2016级学生毕业测评试卷有5门核心课程组成，分别是《税收管理》《税法》《税收筹划》《税务稽查》和《国际税收》，每门核心课程内容占20分，总分100分。参加测评学生人数232人。测评分数的描述性统计如表5－30所示。

表5－30　　税收学专业学生测评分数描述性统计

课程名称	学生数	均值	标准差	最小值	P25	中值	P75	最大值
税收管理	232	9.18	2.77	2.00	7.00	9.00	11.00	17.00
税法	232	12.15	3.11	0.00	10.00	12.00	14.00	19.00
税收筹划	232	2.62	2.75	0.00	0.00	2.00	5.00	13.00
税务稽查	232	12.00	4.51	0.00	8.00	12.00	15.00	20.00
国际税收	232	12.20	4.59	0.00	8.00	13.00	16.00	20.00
总分	232	48.16	9.91	14.00	39.00	49.00	55.00	75.00

从表5－30可知，《税收管理》测评结果，最高分17分，最低分2分，平均分9.18分，标准差2.77。若依满分20分的60%，即12分为及格目标，

该课程均值未达到预期目标，与课程教学目标有一定差距。《税法》测评结果，最高分19分，最低分0分，平均分12.15分，标准差3.11。若依满分20分的60%，即12分为及格目标，该课程基本符合课程教学目标。《税收筹划》测评结果，最高分13分，最低分0分，平均分2.62分，标准差2.75。若依满分20分的60%，即12分为及格目标，该课程与课程教学目标有较大差距。《税务稽查》测评结果，最高分20分，最低分0分，平均分12.00分，标准差4.51。若依满分20分的60%，即12分为及格目标，该课程基本符合课程教学目标。《国际税收》测评结果，最高分19分，最低分0分，平均分12.20分，标准差4.59。若依满分20分的60%，即12分为及格目标，该课程基本符合课程教学目标。5门核心课平均成绩48.16分，没有达到60分，与培养目标有一定差距。

（4）投资学专业5门核心课测评结果的描述性统计分析。

投资学专业2016级学生“高等财经教育学习成果评价核心课程综合性试题”由5门核心课程内容组成，分别是《证券投资学》《公司金融》《投资银行学》《项目评估与管理》《金融风险管理》，每门核心课程内容占20分，总分100分。2016级投资学专业学生参加测评的学生人数为278人。测试结果描述性统计如表5-31所示。

表5-31　　投资学专业测评分数描述性统计

课程名称	学生数	均值	标准差	最小值	P25	中值	P75	最大值
证券投资学	278	4.99	2.11	0.00	4.00	6.00	6.00	9.00
公司金融	278	7.17	1.85	2.00	6.00	7.00	8.00	12.00
投资银行学	278	8.10	2.52	0.00	7.00	8.10	10.00	16.00
项目评估与管理	278	5.39	3.86	0.00	2.00	5.00	9.00	12.00
金融风险管理	278	8.44	3.39	0.00	6.00	8.00	11.00	19.00
总分	278	33.99	7.87	13.00	28.00	35.00	39.00	55.00

从表5-31可知，《证券投资学》最低分0分，最高分9分，均值4.99分，标准差2.11，与课程教学目标之间差距大。《公司金融》最低分2分，最高分12分，均值7.17分，标准差1.85，与课程教学目标之间有较大差距。《投资银行学》最低分0分，最高分16分，均值8.10分，标准差2.52，与

课程教学目标之间有一定差距。《项目评估与管理》最低分0分，最高分12分，均值5.39分，标准差3.86，与课程教学目标之间有较大差距。《金融风险管理》最低分0分，最高分19分，均值8.44分，标准差3.39，基本符合课程教学目标。总体而言，以满分100分的60%为目标分数，即60分为及格目标，投资学专业测评分数的均值为33.99分，没有达到及格目标；在学生总分成绩中，最低分13分，最高分55分，标准差7.87，表明总分成绩波动幅度较大，并且没有学生的总分达到及格目标。就5门核心课的成绩来看，综合表现由高到低分别是《金融风险管理》《投资银行学》《公司金融》《项目评估与管理》《证券投资学》。

其他5个专业描述性统计分析简要说明如下。保险学专业5门专业核心课总分成绩为最高分74分，最低分11分，平均分50.3分，与培养目标有一定差距。5门课按照得分由高到低排序，《财产保险》测评结果，最高分20分，最低分0分，平均分12.53分，与课程教学目标之间有一定差距；《人身保险》测评结果，最高分20分，最低分0分，平均分12.05分，与课程教学目标之间有一定差距；《保险学原理》测评结果，最高分20分，最低分0分，平均分11.74分，与课程教学目标之间有一定差距；《保险精算学》测评结果，最高分15分，最低分0分，平均分8.35分，与课程教学目标有较大差距；《风险管理》测评结果，最高分13分，最低分0分，平均分5.63分，是5门课中最低分，与课程教学目标之间差距很大。

工程造价专业5门核心课平均成绩56.54分，5门课的测评成绩离散性较大，与专业总体培养目标有一定差距。5门核心课中，按照得分由高到低分别是，《工程招投标与合同管理》测评结果，最高分20分，最低分0分，平均分17.64分，基本符合课程教学目标；《工程造价管理》测评结果，最高分20分，最低分0分，平均分17.6分，基本符合课程教学目标；《工程造价软件应用》测评结果，最高分20分，最低分0分，平均分15.60分，基本符合课程教学目标；《工程经济学》测评结果，最高分20分，最低分0分，平均分3.41分，与课程教学目标有较大差距；《建筑工程计量与计价》测评结果，最高分10分，最低分0分，有一半以上学生为0分，平均分2.3分，与课程教学目标差距很大。

电子商务专业5门核心课程中，每门课按照得分由高到低分别为，《电子商务物流理论与实务》17分，《网络金融与电子支付》16分，《网络营销》

15 分，《电子商务概论》和《电子商务网站设计》均为 13 分，合计最高 74 分，与培养目标有一定差距。

物流管理专业 5 门核心课程中，每门课按照得分由高到低分别为，《物流信息技术》17 分，《现代物流学》和《配送中心管理运营》均为 14 分，《供应链管理》为 13 分，《物流采购与供应链管理》为 12 分，合计最高 70 分，与培养目标有一定差距。

2. 毕业生学习成果测评一致性分析

以下重点以会计学专业和财务管理专业进行测评结果的一致性分析。

（1）会计学专业测评结果一致性分析。

首先，进行基于 Porter 指数的一致性分析。在评价工具一致性得到基本保障的前提下，一致性分析的重点主要聚焦于评价结果，SEC 一致性分析范式可以重点对期末考试所发现的学生在认知水平上与课程目标一致性偏低或缺乏的问题进行矫正（Martone et al.，2009）[54]。Porter 和 Smithson（2001a）[58]创造的 SEC（Survey of the Enacted Curriculum，课程实施调查）一致性分析范式不仅可以测量评价和标准之间的一致性，还可以用来衡量教学和评价、内容标准的一致性（Porter，2008、2002）[42,44]。该分析范式能够定量分析课程系统内如课堂教学、课程标准、学业评价、教材等各个要素之间的吻合程度（Porter 等，2007）[60]。因而，SEC 分析范式是一种可以进入课堂教学“黑匣子”并可借此考察课堂教学改革成效（Blank et al.，2001）的方法[61]。Blank 等（2001）使用 SEC 一致性分析范式研究了美国六个州的教学与评估之间的一致性程度[62]；Liu 等（2008）将该分析范式应用至学业评价与课程标准的一致性程度研究，并展开了不同国家和不同学科之间的一致性比较[63]。SEC 一致性分析范式的普适性得益于 Porter 指数。Porter（2002）借鉴布鲁姆教育目标分类学，构建了由内容领域和认知水平要求共同组成的二维矩阵，并创造出一致性指数（Alignment Index）来计算一致性程度[44]。计算公式如下。

$$P = 1 - \frac{\sum_{i=1}^{n} |X_i - Y_i|}{2} \qquad (5-1)$$

式（5－1）中，n 表示矩阵表格中单元格的总数，i 表示表格中一个特定的值，范围从 1 到 n。X_i 表示标准化测试结果表（表 5－32）的第 i 个值，Y_i

表示标准化测试大纲表（表 5 - 27）中的第 i 个值。$X_i - Y_i$ 表示测试结果表与测试大纲表的第 i 个单元格之间的差异。对所有单元格值进行标准化处理后，可以计算 Porter 一致性指数，该指数表示标准化测试结果和测试大纲之间一致性程度，范围为 0 到 1，1 表示完全一致，0 表示不一致。该指数的提高被认为是表示学生学习成绩提高的一个很好的指标。Porter 一致性指数增加了评价的科学性，使得不同样本之间整体的一致性判断与比较成为可能。同时，该范式下的二维矩阵可以自主构建，因而增强了 SEC 一致性分析范式的包容性，适用范围扩大，不仅可用于标准、教材、教学评价等教育要素之间的一致性分析，也可用于进行不同教育体系下一致性的国际比较（杨玉琴等，2012）[49]，

尽管 Porter 一致性指数使用了所有单元格上的标准化总差异，但就内容主题和认知水平来讲，边际差异（即每一行和每一列的小计）也可以提供有关各门课程目标和测试结果在内容主题和认知水平之间差异的信息（Liu 等，2008）[63]，可用于进行不同课程一致性或不同认知能力一致性的分析与评价，为后续课堂教学的改进提供参考。会计学专业毕业生学业水平标准化测试结果能力分布分析如表 5 - 32 所示。

表 5 - 32　　会计学专业核心课程学业水平测试结果能力分布　　单位：%

评价内容	应用	分析	评价	创造	合计
基础会计学	4. 12	2. 14	2. 06	0	8. 32
财务会计（中级 + 高级）	0. 32	1. 23	1. 23	0	2. 78
成本与管理会计	0	2. 99	1. 19	1. 17	5. 89
财务管理	7. 32	1. 75	1. 74	0	10. 81
审计学	0	3. 9	3. 9	0	7. 80
合计	11. 76	12. 01	10. 12	1. 71	35. 60

$$P = 1 - |35.6\% - 100\%| / 2 = 0.67 \qquad (5-2)$$

将上述结果与表 5 - 27 中的数值相比较，可计算会计学专业核心课程学业水平标准化测试与课程目标的一致性，如式（5 - 2）所示。从 Porter 一致性指数计算结果来看，会计学专业学业水平标准化测试结果与目标不完全一致，一致性仅为 0. 67。

进一步分析各门课程一致性和各种能力的一致性，测试结果与试题的一致性如表 5 – 33 所示，其中，基础会计学一致性、应用能力一致性和基础会计学应用能力一致性计算如下。

基础会计学一致性 = 1 – （ | 8. 32% – 20% | /2） /20% = 0. 71

应用能力一致性 = 1 – （ | 11. 76% – 29% | /2） /29% = 0. 70

基础会计学应用能力一致性 = 1 – （ | 4. 12% – 10% | /2） /10% = 0. 71

表 5 – 33 会计学专业核心课程学业水平标准化测试结果与试题一致性

评价内容	应用	分析	评价	创造	合计
基础会计学	0. 71	0. 71	0. 71		0. 71
财务会计（中级 + 高级）	0. 53	0. 58	0. 58		0. 55
成本与管理会计		0. 65	0. 62	0. 62	0. 65
财务管理	0. 76	0. 79	0. 79		0. 75
审计学		0. 70	0. 70		0. 70
合计	0. 70	0. 67	0. 67	0. 34	0. 67

从表 5 – 33 中评价内容来看，财务会计（中级 + 高级）一致性最低，其次是成本与管理会计；从评价目标来看，创造能力一致性最低，其次是分析能力，应用能力超出目标，说明会计学专业核心课程的学习结果从知识深度来看距离要求还有较大差距。

其次，进行基于加权因素法的一致性分析。专家给定会计学专业核心课程目标一致性测评大纲如表 5 – 23 所示。

从知识维度和认知维度两方面构造权重分析表，如表 5 – 34 所示。

表 5 – 34 会计学专业测评大纲权重情况 单位：%

知识	分析	评价	创造
基础会计学	50	25	25
财务会计	50	25	25
成本与管理会计	50	25	25
财务管理	50	25	25
审计学	50	25	25

运用加权因素法，结合表5－28和表5－34求得加权评分值，如表5－35所示。

表5－35　　会计学专业加权评分值

知识	分析	评价	创造	合计
基础会计学	4.17	2.08	2.08	8.33
财务会计	1.40	0.70	0.70	2.79
成本与管理会计	2.95	1.47	1.47	5.90
财务管理	5.40	2.70	2.70	10.81
审计学	3.90	1.95	1.95	7.80
认知加权分	17.82	8.91	8.91	35.63

结合表5－23和表5－35，构建三维度认知分析表，如表5－36所示。

表5－36　　会计学专业三维度认知表

求值	分析	评价	创造	合计
认知加权分	17.82	8.91	8.91	35.63
认知标准分	50	25	25	100
差距值	32.18	16.09	16.09	64.37
认知标准分的60%	30	15	15	60
差距值	12.18	6.09	6.09	24.37

依据专家提供的会计学专业核心课程测评大纲，结合2017级会计学专业学生学习成果实际测评数据，利用加权因素法分析，从表5－36的分析结果可知，总体而言，无论按照认知标准分，还是按照认知标准分的60%计算，会计学专业认知高阶能力与培养目标还存在一定差距。具体而言，分析、评价、创造能力培养结果也未达到目标。

最后，进行基于达成度的补充分析。借鉴工程教育专业认证目标达成度的计算来作进一步分析。不同评价目标和内容的达成度（测试结果实现测试大纲的占比＝测试结果/测试大纲）如表5－37所示。总体达成度35.6%，应用能力达成度最高，为40.55%；财务管理试题达成度最高，为54.05%，这与财务管理试题所测试的能力水平偏重于应用能力有关。分析、评价和创造能力达成度在 33.18% ~34.2%，基础会计学、审计学试题达成度在 39% ~ 41.6%，较为均衡。财务会计（中级 + 高级）达成度最低，仅为 13.9%；成本与管理会计其次，达成度为 29.45%。此外，从达标人数比例角度分析，按照校外专家出题时给出的试卷认知能力的 60% 标准计算，278 位参评学生当中，有 16 位学生达标，总达标率为 5.75%。会计学专业核心课程无论是评价目标还是评价内容，总体达成度不高，尤其应重视财务会计（中级 + 高级）和成本与管理会计课程教学水平的提升，分析结果与 Porter 指数分析结果一致。

表 5 - 37　A 校会计学专业核心课程学业水平测试达成度分析　单位：%

评价内容	应用	分析	评价	创造	合计	内容达成度
基础会计学	4.12	2.14	2.06		8.32	41.60
财务会计（中级 + 高级）	0.32	1.23	1.23		2.78	13.90
成本与管理会计		2.99	1.19	1.17	5.89	29.45
财务管理	7.32	1.75	1.74		10.81	54.05
审计学		3.9	3.9		7.80	39.00
合计	11.76	12.01	10.12	1.71	35.60	35.60
目标达成度	40.55	33.83	33.18	34.2	35.60	

基于高阶能力目标的核心课程学业水平标准化测试结果显示 Porter 一致性指数仅为 0.67，达标率 5.75%，达成度 35.6%，《财务会计》（中级 + 高级）课程一致性最低（颜敏等，2021）[140]。由此可见，专业的培养质量亟待提升，特别是日常教学过程中将注意力过度集中于识记性能力培养，对学生分析、评价、创造能力的培养非常欠缺。今后需要改革教学方法，适当减少知识性教学内容的比重，增加培养学生高阶能力的教学内容，提升学生高阶认知能力，提高学生专业综合能力，从而实现课程教学目标，实现人才培养方案确定的培养目标。

（2）财务管理专业测评结果一致性分析。

专家给定财务管理专业核心课程目标一致性测评大纲如表 5 - 24 所示。从知识维度和认知维度两方面构造权重分析表 5 - 38 所示。

表 5-38 财务管理专业测评大纲权重情况 单位：%

知识	分析	评价	创造
基础会计学	50	25	25
财务会计	50	25	25
成本与管理会计	50	25	25
财务管理	50	25	25
审计学	50	25	25

运用加权因素法，结合表 5-29 和表 5-38 求得加权评分值，如表 5-39 所示。

表 5-39 财务管理专业加权评分值

知识	分析	评价	创造	合计
基础会计学	5.68	2.84	2.84	11.35
财务会计	5.73	2.87	2.87	11.46
成本与管理会计	0.63	0.32	0.32	1.26
财务管理	6.98	3.49	3.49	13.96
审计学	1.02	0.51	0.51	2.04
认知加权分	20.04	10.02	10.02	40.07

结合表 5-24 和表 5-39，构建三维度认知分析表，如表 5-40 所示。

表 5-40 财务管理专业三维度认知表

求值	分析	评价	创造	合计
认知加权分	20.04	10.02	10.02	40.07
认知标准分	50	25	25	100
差距值	29.96	14.98	14.98	59.93
认知标准分的 60%	30	15	15	60
差距值	9.96	4.98	4.98	19.93

综上所述，依据专家提供的财务管理专业核心课程测评大纲，结合 2017 级财务管理专业学生学习成果实际测评数据，利用加权因素法分析，从

表5-39的分析结果可知，总体而言，无论按照认知标准满分，还是按照认知标准分的60%计算，财务管理专业高阶认知能力与培养目标还存在一定差距。具体而言，分析、评价、创造能力培养结果也未达到目标。

此外，从达标人数比例角度分析，按照校外专家出题时给出的试卷认知能力的60%标准计算，150位参评学生当中，仅有5位学生达标，总达标率为0.3%。因此，财务管理专业学生的突出特点是对财务学知识掌握尚可，但对财务会计内容掌握较差。日常教学过程中将注意力过度集中于识记性能力培养，对学生分析、评价、创造能力的培养非常欠缺。今后需要适度加强财务会计的教学，同时适当降低知识性内容的传授，提高对学生分析、评价、创造能力的培养，从而提高教学成果与培养目标的一致性。

其他六个专业测试结果均与培养目标有较大差距，一致性较差。其中，工程造价专业5门核心课平均成绩56.54分，5门课的测评成绩离散性较大；保险学专业5门专业核心课总分成绩为最高分74分，最低分11分，平均分50.3分；电子商务专业5门核心课程每门课得分在13~17分，合计最高74分；物流管理专业5门核心课程中，每门课得分在12~17分，合计最高70分；税收学专业5门核心课平均成绩48.16分，没有达到60分；投资学专业最高分55分，最低分13分，标准差7.87，总分成绩波动幅度较大，并且没有学生的总分达到及格目标。

（五）研究小结

通过上述从评价工具和评价结果两方面对面向产出的课程教学评价与目标的一致性进行专门化研究发现：从评价工具来看，四所高校专业核心课程期末考试试题的技术性、知识种类一致性、知识分布平衡性均表现出与课程目标较高的一致性，但知识深度一致性水平偏低，仅实现了“识记”和“理解”两个层级认知水平，“应用”层级中的“实施”认知水平亦很难实现，普遍缺乏对“分析、评价、创造”等高阶能力的测试；我校作为新建本科高校，期末考试低阶能力题型占比较高，在知识深度一致性方面尤其缺乏。从评价结果来看，专门考核高阶能力的核心课程学业水平标准化测试结果显示，各专业与课程目标有一定的一致性，但个别专业如投资学等一致性较低。其中，描述性统计结果显示，各专业得分在11~75分，离散性较大，大部分专业处于及格线上下或中等水平；一致性分析结果显示，高阶认知能力与培养目标还存在一定的差距，分析、评价、创造能力培养结果未达到目标。例如，会计学专业 Porter 一致性指数一致性仅为 0.67，达标率 5.75%，达成度 35.6%，《财务会计》（中级 + 高级）课程一致性最低，仅为 0.55。由此可见，专业培养质量亟待提升，特别是日常教学过程中将注意力过度集中于识记性能力培养，对学生分析、评价、创造能力的培养非常欠缺。今后需要改革教学方法，适当减少知识性教学内容的比重，增加培养学生高阶能力的教学内容，提升学生高阶认知能力，提高学生专业综合能力，从而实现课程教学目标，实现人才培养方案确定的培养目标。

六、财经素养增值测评工具开发与运用

（一）开发增值测评工具

1. 测试目标

本书借鉴OECD发起的“国际学生评估”项目（PISA）中的财经素养测试试题（Financial Literacy Assessments），设计了财经素养增值测评试题。该试题一是用来进行经管类专业新生入学后财经素养摸底测评，分析我校经管类专业新生在认知、技能、态度等方面初始状态；二是用来作为毕业生的财经素养测评工具，经与新生财经素养测试比较后，计算毕业生在校学习期间财经素养“增值”或“收益”，以此作为学生在校期间学习能力提升和学习成果获得的重要参考数据。

2. 测试对象

（1）新生。包括2019级全体经管类专业本科生1994人，涉及校内8个学院的15个经管类专业，分别是会计学、审计学、财务管理、物流管理、电子商务、工程造价、会展经济与管理、资产评估、财政学、税收学、金融数学、国际贸易与经济、金融学、保险学和投资学专业。

（2）毕业生。涉及2017级全体本科生1703人，包括校内8个学院的11个本科专业，其中经管类专业9个、非经管类专业2个。经管类专业分别是会计学、财务管理、物流管理、电子商务、工程造价、资产评估、税收学、投资学、保险学等9个专业。非经管类专业包括视觉传达设计和计算机科学与技术等2个专业。

3. 测试方式和评阅方式

采取传统的纸质试卷闭卷考试，封闭式的选择题和开放式的任务题相结合。阅卷方式采取人工评卷。

4. 测评内容

（1）试题能力大纲。

本次财经素养测评试题参考 OECD 发起的国际学生评估项目 PISA 框架标准，测试能力大纲由内容、过程、情境三个维度构成，如图 6－1 所示。

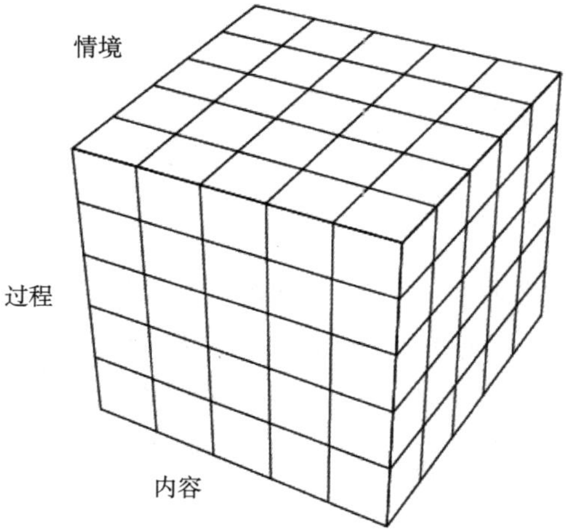

图 6－1 PISA 评估框架模型

首先，内容维度包含为了完成特定任务而必须汲取的知识和理解能力。PISA 财经素养知识包括四方面内容：货币与交易、规划与理财、风险与回报、财经视野。

货币与交易：主要关注与个人经济生活相关的各类主题，如每日开销、消费行为、消费合算度、银行卡、支票、银行账户及现金等。该项测评内容目的在于考查学生是否了解与其现实生活相关的各类经济主题与经济概念。如《2019 级新生入学测试题》（以下简称《试题》）第 4 题《在市场》，要求对两种购买方式进行选择，一是市场里散装西红柿售价每千克 2.75Zed（Zed 为虚拟货币计量单位），二是整筐售价 10 千克 22Zed，比较结果是，买一整筐西红柿比买散装西红柿要划算，这就满足了消费合算度的基本概念。商品采购通常被归类为货币与交易的内容领域。为了获得此项分数，学生们必须对两种西红柿购买方式进行比较：散装西红柿的价格为 2.75 Zeds/千克，而盒装西红柿的价格为 2.2 Zeds/千克，10 千克的散装西红柿将花费 27.50Zeds，因此，购买一整筐西红柿时，每 Zed 可获得更多的番茄。

规划与理财：关注学生是否会对自己的财富进行短期和长期的规划与管理。该内容主要对学生掌握收入和支出的知识与能力进行评价。具体包括确定和计量各种类型的收入（例如，津贴、工资、佣金、福利、小时工资以及总收入和净收入），制定预算、计划常规支出和储蓄；运用长期和短期收入、其他可用资源改善财务状况的知识和能力；了解各种预算支出要素的控制，包括识别不符合计划的优先支出事项，寻找减少支出或增加收入并提高储蓄水平的项目，评估不同支出计划的影响，确定短期和长期的优先支出事项、计划未来预先支付的费用等。例如，计算每月需要节省多少费用以实现特定购买、了解获得信贷的目的以及通过借款或储蓄可以随时间的推移支付等额年金的方式、了解复利对储蓄的影响以及投资产品的利弊、了解储蓄的好处、了解政府税收和福利如何影响规划和管理财务。《试题》第 1 题“消费选择”，要求学生在预算范围内评估家庭消费支出优先级，以区分想要和需要。该题属于规划和管理财务的内容范围，超过 3/4 的学生得了满分。第 2 题“旅费”中提供了规划和管理财务内容类别中的另一个示例，要求学生在未来要支付的费用中进行支出和储蓄规划。

风险与回报：是财经素养的关键领域，主要关注识别管理、平衡和覆盖风险的方式的能力，以及对各种财务环境中潜在的财务收益或损失的理解。在此领域中，有两种特别重要的风险。一是个人无法承受的财务损失，例如，由灾难性或重复发生的事项造成的损失；二是金融产品固有的风险，例如具有可变利率的信贷协议或投资产品。《试题》第 9 题“摩托车保险”就属于风险与回报的内容范围，因为保险是专门设计用于保护个人免受无法承受的风险和财务损失的产品。这个问题取决于学生的理解，也就是说，就可衡量的标准而言，他们承受的风险越高，购买合适保险的成本就越高。在测试中，有一半的学生在此问题上获得了满分。《试题》的第 10 题“股份”和第 11 题“乐器”提供了有关风险与回报的另一种说明，要求学生熟悉潜在风险产品的作用方式。

金融环境：此内容与金融的特征和特性有关。关注消费者在金融市场和一般金融环境中的权利和责任，以及金融合同的主要含义。信息资源和法律法规也是相关主题。从最广泛的意义上讲，金融环境还包括对经济条件和公共政策变化的后果理解，例如，利率、通货膨胀、税收或福利的变化。《试题》第6题“银行的失误”提到互联网银行是更广泛的金融情境的一部分，无论是现在还是不久的将来，学生都可能会参与其中，且可能会遭受金融诈骗。该题考查了学生是否掌握如何采取适当的预防措施，要求学生对金融诈骗电子邮件做出适当回应，必须对选项进行评估，并指出其中唯一可以被认为是好的建议。

其次，过程维度。即认知过程，被用来描述学生的认知能力和应用与该领域相关概念的能力，以及理解、分析、推理、评估和提出解决方案的能力。在PISA财经素养测试中，涉及四个过程：识别财经信息、在市场环境下分析信息、评估财经问题、运用财经知识和理解力。

识别财经信息：是指查询个人财务信息来源，并识别信息之间的相关性。在PISA测试中，信息以印刷文本的形式出现，例如，合同、广告、图表和说明。如要求学生识别购买发票的特征，或在银行对账单上识别余额。一项更难的试题可能涉及搜索使用了复杂法律语言的合同，以查找能够解释拖欠还款后果的信息。此过程还反映在涉及识别经济术语的试题中，例如，将“通货膨胀”识别为用来描述随时间推移而上涨的价格的术语。如《试题》第5题《工资单》要求学生在简单的工资单中识别财经信息。

在市场环境下分析信息：该过程涵盖了在市场环境中进行的一系列认知活动，包括根据所提供的信息进行解释、比较和对比、综合和推断。从本质上讲，它涉及识别一些不明确的内容，并在市场环境中确定问题的基本假设或含义。例如，可能涉及比较不同移动电话合同提供的条款，或者弄清楚贷款广告是否可能包含未声明的条件。如《试题》的第8题“股票”要求学生通过考虑有关投资产品折线图中的信息来分析资本市场环境中的信息，题目中的图表显示了股价在一年中的变化情况。问题有两部分，第一部分评估学生的理解，即价格低时应购买股票；问题的第二部分评估学生是否可以正确识别股价上涨并计算随时间变化的百分比。

评估财经问题：该过程的重点是在特定情况下，运用财经知识，理解、认识或构建财务理由和解释。它涉及诸如解释、评估和概括等认知活动。学生必须利用知识和批判性思维方式，通过合理且有逻辑地推理，理解和形成与财务相关问题的观点。《试题》第18题“共享单车”，解决此题所需的信息在试题的完成过程中部分提供，学生需要将此类信息与自己先前的财务知识和理解联系起来。

运用财经知识和理解力：该过程着重于通过使用金融产品和背景知识以及对金融概念的理解，在市场环境中采取有效的行动。相关试题涉及计算和问题的解决，并通常会考虑多个条件，例如计算两年内的贷款利息；或需要依据特定上下文中检验知识的相关性，如要求学生了解当价格以给定速度变化时，购买力随着时间的推移是下降还是增加。

最后，情境维度。财经问题的决策取决于所处的情境或情况。试题呈现了21世纪在各种情境下个人可能会做出的决策及可实现的利益。PISA财经素养测评中的情境包括：教育与工作、居家与家庭、个人和社会。

（2）试题评价标准。

借鉴2015年PISA采用五个连续精熟度水平来衡量学生财经素养程度的做法，本试题评价标准采用5级制，其中1级是最低精熟度水平，学生仅具备最基本的财经知识和技能；5级是最高水平，是最富有挑战性的，具有较为宽阔的财经视野、能够分析和理解复杂的财经问题、能够解决非常规的财经问题的学生才能达到这一水平；2级为及格线，学生开始能够运用常见金融产品的知识以及常用的金融术语和概念①。每一级的具体评价标准如表6－1所示。

表6－1　财经素养增值测评的5级评价标准

评级	财经素养水平分级描述
1	学生可以识别常见的金融产品和术语，并解释与基本金融概念有关的信息。他们可以识别想要和需求之间的差异，并可以对日常支出做出简单的决定。他们可以识别日常财务单据（例如发票）的目的，并在自己可能经历过的财务环境中应用单个和基本的数字运算（加，减或乘）
2 （及格线）	学生开始运用他们对常见金融产品的知识以及常用的金融术语和概念。他们可以使用给定的信息在与他们直接相关的情况下做出财务决策。他们可以认识到简单预算的价值，并可以解释日常财务文件的突出特征。他们可以应用单个基本数字运算（包括除法）来回答财务问题。它们显示出对不同财务要素之间关系的理解，例如使用量和产生的成本

① OECD. PISA 2015 Technical Report [EB/OL].（2012－10－01）[2017－12－19]. http://www.oecd.org/pisa/sitedocument/PISA-2015－technical-report-final. Pdf.

续表

评级	财经素养水平分级描述
3	学生可以将对常用财务概念、术语和产品的理解应用于与其相关的情境。他们开始考虑财务决策的后果，并且可以在熟悉的环境中制定简单的财务计划。他们可以直接理解一系列财务单据，并可以应月一系列基本的数字运算，包括计算百分比。他们可以选择解决相对常见的金融知识背景下的例行问题所需的数字运算，例如预算
4	学生可以将对不太常见的财务概念和术语的理解应用于与他们成年后相关的情境，例如银行账户管理和对储蓄复利计息。他们可以解释和评估一系列详细的财务单据（例如银行对账单），并解释不太常用的金融产品的功能。他们可以在考虑到长期回报的基础上做出财务决策，例如了解偿还长期贷款的总成本含义，并且可以在不太常见的财务环境中解决常规问题
5	学生可以将对更宽泛的财务术语和概念的理解应用于可能仅与长期生活息息相关的环境。他们可以分析复杂的金融产品，并可以考虑重要但未声明或不能立即发现的财务单据的特征，例如交易成本。他们可以高度准确地工作并解决非常规财务问题，并且可以描述财务决策的潜在结果，表明他们对更广泛的财务状况（例如所得税）有所了解

5. 试题二次调整

一次调整。本书研究所需要的财经素养测试试题以世界经济合作组织2015年和2018年“国际学生评估”项目（PISA）财经素养测试公开试题为基础，并经项目组研究成员根据中国财经素养教育协同创新中心编写并出版的《中国财经素养系列丛书》——《中国财经素养教育（高中版）》和《中国财经素养教育（本科版）》调整修订而成，目的在于构建符合本科学生的财经素养增值测评试题。PISA财经素养测试题主要是针对15～18岁高中学段的学生认知和有关信息，评估学生在义务教育之后的生活准备状况，尤其是他们使用财经知识和技能的能力。但本书设计的增值测评工具用于测试本科学段的学生，平均年龄在18～21岁左右，比PISA测试目标人群长了3岁。为避免呈现“天花板效应”，增加测试结果的区分度，课题组对测试试题进行了改进，增加了试题的难度和深度。

再次调整。在对2019级新生经管类本科专业测试后，课题组对测试工具再次进行了调整修改，形成了2017级本科毕业生测试试题。我们尝试用该测试工具对学生的财经素养进行了统一的测试和分析，可以保持测试工具的一致性，据此计算增值部分，来评价学生在校学习后财经素养的增值，作为学生财经学习能力是否提升的重要参考。

（二）财经素养增值测评工具的运用

1. 新生财经素养测试分析

新生财经素养测试面向2019级全体经管类专业学生，采用纸质试卷答题，发放测试试卷1994份，缺考13人，回收有效试卷1981份，参加测试的学生占总人数的99.34%，测试范围基本完全覆盖测试对象。

（1）总体分析。

试卷满分100分，共18道题目，测试时间120分钟。总体来看，测试成绩最高分98分（电子商务专业），最低分42分（财务管理专业），平均分71.58，不及格率7.32%。其中91～100分有58人，占总测试人数2.93%；81～90分有263人，占总测试人数的15.14%；71～80分有733人，占总测试人数的37%；60～70分有745人，占总测试人数的37.6%；60分以下有145人，占总测试人数的7.32%。从整个成绩分布来看，91～100分段和60分以下段人数相对较少，大部分学生成绩分布在60～90分之间的位置。

对上述测试分数进行基于财经素养增值测评5级评价标准的分类（见表6－1），分别是91～100分为5级、81～90分为4级、71～80分为3级、60～71分为2级和60分以下为1级。可以看出，2019级新生中有2.93%达到5级水平，具有较为宽阔的财经视野、能够分析和理解复杂的财经问题、能够解决非常规的财经问题；15.14%达到4级水平，可以理解不太常见的金融术语，运用已有的财经知识作长期的财务决定和规划；37%的学生达到3级水平，把对常见金融概念、术语的理解运用到与他们相关生活中，开始考虑财务决策的后果，可以在熟悉的环境下制定简单的财务计划；37.6%的学生达到2级水平，他们可以使用基本的运算来回答财务问题，可以利用已知的信息在简单的环境中作出财务决策；7.32%的学生达到1级水平，具备最低精熟度水平，即仅具备最基本的财经知识和技能。综上所述，2019级经管类专业本科生财经素养水平大部分在OECD所界定的2级到4级水平，少部分学生在1级和5级水平，符合正态分布。

（2）各专业分析。

平均分：就15个经管类本科专业来说，总体表现良好，总平均分71.58，7个专业高出平均分，其余在平均分以下。2019级会展经济与管理专业新生平均分最高，为77.36分；2019级税收学专业新生平均分最低，为64.13分。

最高最低分分布：测试成绩最高分为2019级电子商务专业新生获得的98分，最低分为2019级财务管理新生获得的42分。

不及格率：平均不及格率为7.32%，2019级资产评估专业新生平均不及格率最高，为26.14%；2019级会展经济与管理专业新生平均不及格率最低，为0。

各分数段分布情况：高分段91～100分共58人，最多分布在电子商务（23人）、会计学（8人）和财务管理（8人）三个专业；60分以下的145人，最多分布在税收学（32人）、财政学（25人）和资产评估（23人）三个专业。其余分数段分布情况见表6－1所示。

标准差：15个专业总的成绩进行汇总后得到总标准差9.427742，15个专业的标准差从最低的6.872258（投资学专业）到最高的10.9482（电子商务专业）不等。大部分专业的标准差在7～9波动。从标准差的统计数据来看，成绩分布相对集中的有投资学专业、财政学专业、税收学专业；成绩分布相对离散的有电子商务专业、财务管理专业和物流管理专业。15个专业汇总成绩的总标准差9.427742，表明全校2019级经管类专业新生测试的成绩分布适中。

上下四分位数：从2019级15个经管类专业总的成绩来看，上四分位数66分，全部参与测评的有效人数排名25%位置是66分，75%位置是78分。从15个专业各自成绩的上四分位数来看，排名前三的专业分别是会展经济与管理专业（74分）、国际贸易与经济专业（71分）和金融学专业（71分）并列、物流管理专业（70分）；排名后三的分别是资产评估专业（58.5分）、税收学专业（60分）和财政学专业（61分）。从15个专业各自成绩的下四分位数来看，排名前三的专业有电子商务专业（87.25分）、会展经济与管理专业（86.25分）、物流管理专业（85分）；排名后三的专业有财政学专业、税收学专业与资产评估专业并列（70分）、投资学专业（73分）、保险学专业（74分）。

成绩的整体分布情况：一是反映中间50%数据离散程度的四分位距（见图6－2中每个箱形的高度）中，电子商务专业较高，表明离散程度较大；金融数学专业和投资学专业较低，表明数据较集中。二是分布最高区域的三个专业整体成绩较好，包括电子商务专业、物流管理专业和会展经济与管理专业；三是分布最低区域的成绩稍差，包括财税学院财政学、税收学和资产评估三个专业。图中离散点为异常值点，均为50分以下的成绩分布。如图6－2所示。

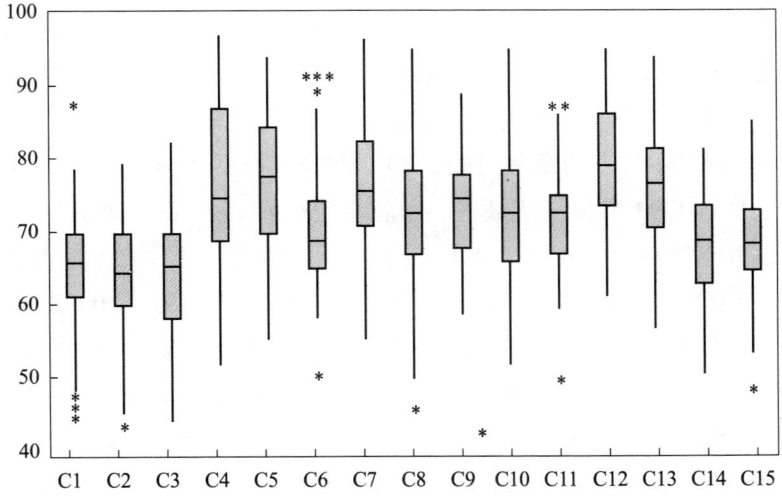

图6－2　2019级15个财经专业财经素养测试成绩箱线

注：*代表异常值。

其中：C1表示2019级财政学专业；C2表示2019级税收学专业；C3表示2019级资产评估专业；C4表示2019级电子商务专业；C5表示2019级物流管理专业；C6表示2019级工程造价专业；C7表示2019级国际贸易与经济专业；C8表示2019级会计专业；C9表示2019级审计专业；C10表示2019级财务管理专业；C11表示2019级金融数学专业；C12表示2019级会展经济与管理专业；C13表示2019级金融学专业；C14表示2019级保险学专业；C15表示2019级投资学专业。

2. 毕业生财经素养测试分析

毕业生财经素养测试面向2017级全体本科毕业生，包括8个经管类专业学生和3个非经管类专业学生。采用纸质试卷答题，发放测试试卷1703份，缺考220人，回收有效试卷1483份，参加测试的学生占总人数的87.08%，测试范围覆盖了大部分的测试对象。

（1）总体分析。

试卷满分100分，共18道题目，测试时间120分钟。总体来看，测试成绩最高分97分（投资学专业），最低分23分（会计学专业），平均分74.31，不及格率5.06%。其中91~100分有24人，占总测试人数1.62%；81~90分有367人，占总测试人数的24.78%；71~80分有595人，占总测试人数的40.17%；60~70分有421人，占总测试人数的28.43%；60分以下有74人，占总测试人数的5%。从整个成绩分布来看，91~100段和60分以下段人数相对较少，大部分学生成绩分布在60~90分位置。

9个经管类本科专业成绩分析。2017级全体经管类本科共计9个专业，合计发放试卷1373份，74人缺考，回收有效试卷1299份，测试范围基本覆盖了大部分测试对象。测试成绩最高分97分（投资学专业），最低分23分（会计学专业），平均分76.11，不及格率3.77%。其中91~100分有24人，占总测试人数1.85%；81~90分有366人，占总测试人数的28.18%；71~80分有546人，占总测试人数的42.03%；60~70分有315人，占总测试人数的24.25%；60分以下有48人，占总测试人数的3.70%。从整个成绩分布来看，91~100分段和60分以下段人数相对较少，大部分学生成绩分布在60~90分位置。

2个非经管类本科专业分项成绩分析。2017级共有2个非经管类本科专业，发放试卷328份，146人缺考，回收有效试卷182份，测试范围覆盖了大半的测试对象。测试成绩最高分85分（计算机科学与技术专业），最低分29分（视觉传达设计专业），平均分66.2，不及格率14.26%。其中91~100分有0人；81~90分有1人，占总测试人数的0.55%；71~80分有51人，占总测试人数的28.02%；60~70分有60人，占总测试人数的32.97%；60分以下有26人，占总测试人数的14.26%。从整个成绩分布来看，大部分学生成绩分布在71~80分段和60~70分段。

对上述测试分数进行基于财经素养增值测评5级评价标准的分类（见表6-1），仍然是91~100分为5级、81~90分为4级、71~80分为3级、60~71分为2级和60分以下为1级，可以发现，2017级毕业生中有1.62%

达到5级水平，具有较为宽阔的财经视野、能够分析和理解复杂的财经问题、能够解决非常规的财经问题；24.78%达到4级水平，可以理解不太常见的金融术语，运用已有的财经知识作长期的财务决定和规划；40.17%的学生达到3级水平，把对常见金融概念、术语的理解运用到与他们相关生活中，开始考虑财务决策的后果，可以在熟悉的环境下制定简单的财务计划；28.43%的学生达到2级水平，他们可以使用基本的运算来回答财务问题，可以利用已知的信息在简单的环境中作出财务决策；5%的学生达到1级水平，具备最低精熟度水平，即仅具备最基本的财经知识和技能。综上所述，2017级本科生财经素养水平大部分在OECD所界定的二级到四级水平，少部分学生在一级和五级水平，符合正态分布。

其中9个经管类专业本科生中有1.85%达到5级水平，具有较为宽阔的财经视野、能够分析和理解复杂的财经问题、能够解决非常规的财经问题；28.18%达到4级水平，可以理解不太常见的金融术语，运用已有的财经知识作长期的财务决定和规划；42.03%的学生达到3级水平，把对常见金融概念、术语的理解运用到与他们相关生活中，开始考虑财务决策的后果，可以在熟悉的环境下制定简单的财务计划；24.25%的学生达到2级水平，他们可以使用基本的运算来回答财务问题，可以利用已知的信息简单的环境中作出财务决策；3.70%的学生达到1级水平，具备最低精熟度水平，仅具备最基本的财经知识和技能。

2个非经管类专业本科生中有没有人达到5级水平；0.55%的学生达到4级水平，可以理解不太常见的金融术语，运用已有的财经知识作长期的财务决定和规划；28.02%的学生达到3级水平，把对常见金融概念、术语的理解运用到与他们相关生活中，开始考虑财务决策的后果，可以在熟悉的环境下制定简单的财务计划；32.97%的学生达到2级水平，他们可以使用基本的运算来回答财务问题，可以利用已知的信息简单的环境中作出财务决策；14.26%的学生达到1级水平，具备最低精熟度水平，仅具备最基本的财经知识和技能。

（2）各专业分析。

平均分：就11个本科专业来说，总体表现良好，总平均分74.31，最高均分80.66（税收学专业），物流管理专业紧随其次80.41分，最低均分65.91（视觉传达设计专业）。其中，经管类本科专业平均分最高76.11，高出2017级本科专业平均分。最高均分仍然80.66（税收学专业），最低均分68.5（会计学专业）。

最高分和最低分：测试成绩最高分97分（投资学），最低分23分（会计学）。

不及格率：平均不及格率为5.42%，最高29%（视觉传达设计专业），最低为0（物流管理专业）。

各分数段分布情况：高分段91～100分共24人，最多分布在税收学（16人）；60分以下的75人，最多分布在会计学专业（28人）、视觉传达设计专业（11人）和计算机科学与技术专业（15人）。其余分数段分布情况详见表6－2。

标准差：11个专业总成绩标准差8.90437，成绩分布适中。11个专业的标准差从最低的5.8195（投资学专业）到最高的10.77324（金融数学专业）不等，基本在5～10波动。从标准差的统计数据来看，成绩分布相对集中的有投资学专业、财政学专业、计算机科学与技术专业和物流管理专业；成绩分布相对分散的有金融数学专业、视觉传达设计专业。

上下四分位数：从11个本科专业来看，全部参与测评的有效人数排名25%位置是66分，75%位置是81分。从11个专业各自成绩的上四分位数来看，排名前三的专业分别是物流管理专业76分、保险学专业75.25分，税收学专业、金融数学和会计学专业75分并列，排名后三的分别是计算机科学与技术专业63分、财务管理专业65和投资学74分。从11个专业成绩的下四分位数来看，排名前三的专业有税收学和会计学87分，物流管理专业85分，金融数学专业84分；排名后三的专业有视觉传达设计专业和计算机科学与技术专业71分，财务管理专业78.25分、资投资学79分。

成绩的整体分布情况：首先，反映中间50%数据离散程度的四分位距（见图6－3中每个箱形的高度）中，财务管理专业较高，表明离散程度较大；投资学专业较低，表明数据较集中。其次，从箱子分布的区域位置来看，较高的是税收学专业，较低的是视觉传达设计专业和计算机科学与技术专业，说明前者比后者的整体表现要好。图中无异常值点，因为本次测试均在55分以上。如图6－3所示。

表 6－2　　2019 级河南财政金融学院财经专业本科生入学财经素养测试成绩分析

序号	学院	专业名称	总人数	缺考人数	最高分	最低分	平均分	不及格率	91～100（个）	81～90（个）	71～80（个）	60～70（个）	60 以下（个）	标准差	上四分位数	下四分位数
1	财税学院	财政学	145	1	88	44	64.92	17.93%	0	1	33	85	25	7.0993691	61	70
2		税收学	143	1	80	43	64.13	23.08%	0	0	30	80	32	7.1593954	60	70
3		资产评估	88	0	83	44	64.65	26.14%	0	1	20	44	23	7.7855340	58.8	70
4	工商管理学院	电子商务	139	3	98	52	75.12	7.91%	23	24	51	30	8	10.948201	69	87.25
5		物流管理	122	0	95	55	77.36	0.82%	4	44	40	33	1	8.9149585	70	85
6	工程经济学院	工程造价	153	0	92	50	70.23	1.96%	3	13	51	83	3	8.1092182	66	75
7	国贸学院	国际贸易与经济	147	1	97	55	75.80	2.72%	5	47	59	32	3	8.5365880	71	82.75
8	会计学院	会计学	338	1	96	45	72.59	5.92%	8	57	137	116	19	8.7846749	67	79
9		审计学	107	2	90	60	72.64	1.87%	0	17	55	33	0	7.1912393	68	78
10		财务管理	168	0	96	42	72.95	5.95%	8	24	68	58	10	9.4366679	66	79
11	统计与数学学院	金融数学	97	3	88	49	69.76	4.12%	0	11	47	35	1	7.1867116	67	75
12	旅游管理学院	会展经济与管理	56	0	96	61	79.82	0.00%	3	24	21	8	0	7.9622034	74	86.25
13	金融学院	金融学	118	0	95	57	76.30	3.39%	4	33	52	25	4	8.3870223	71	81.75
14		保险学	75	1	82	50	68.90	9.33%	0	3	31	33	7	7.4292499	63.3	74
15		投资学	98	0	86	48	68.46	9.18%	0	1	38	50	9	6.8722577	65	73

续表

序号	学院	专业名称	总人数	缺考人数	最高分	最低分	平均分	不及格率	91～100（个）	81～90（个）	71～80（个）	60～70（个）	60以下（个）	标准差	上四分位数	下四分位数
	合计		1994	13	98	42	71.58	8.02%	58	300	733	745	145	9.4277419	66	78
	男生		669	2	97	44	71.72	8.21%	18	100	242	252	55	9.6656825	65	78
	女生		1325	11	98	42	72.15	6.80%	38	200	491	495	90	9.2357455	66	78

表 6 – 3　　2017 级河南财政金融学院财经专业毕业生财经素养测试成绩分析

序号	学院	专业名称	总人数	缺考人数	最高分	最低分	平均分	不及格率	91 ~ 100（个）	81 ~ 90（个）	71 ~ 80（个）	60 ~ 70（个）	60 以下（个）	标准差	上四分位数	下四分位数
1	财税学院	税收学	149	1	96	55	80.66	1.60%	16	74	40	16	2	8.1694163	75	87
2	工商管理学院	物流管理	150	2	93	62	80.41	0.00%	3	74	59	12	0	6.3968326	76	85
3		电子商务	147	2	92	54	75.48	4.80%	1	42	70	25	7	6.3968326	76	85
4	工程经济学院	工程造价	142	1	90	51	75.04	2.11%	0	37	63	39	3	7.8403183	70	81
5	会计学院	会计学	279	3	87	23	68.5	10.14%	0	16	96	136	28	8.1694163	75	87
6		财务管理	151	59	87	48	71.56	3.19%	0	17	26	46	3	8.454873	65	78.25
7	统计与数学学院	金融数学	93	1	92	58	78.79	2.17%	2	43	36	9	2	10.773238	75	84
8	金融学院	保险学	79	5	90	58	78.08	2.70%	0	28	39	5	2	6.7558918	75.25	83
9		投资学	183	0	97	52	76.47	1.10%	2	35	117	27	2	5.8195002	74	79
10	艺术设计学院	视觉传达	199	144	80	29	65.91	20.00%	0	0	17	27	11	6.3727596	63	71
11	计算机与信息技术学院	计算机科学与技术	129	2	85	47	66.49	11.80%	0	1	32	79	15	6.3727596	63	71
	合计		1701	220	97	23	74.31	5.42%	24	367	595	421	74	8.9043697	68	81
	经管类专业		1373	74	97	23	76.11	3.57%	24	366	546	315	48	8.560249	70	82

续表

序号	学院	专业名称	总人数	缺考人数	最高分	最低分	平均分	不及格率	91 ~ 100（个）	81 ~ 90（个）	71 ~ 80（个）	60 ~ 70（个）	60 以下（个）	标准差	上四分位数	下四分位数
	非经管类专业		328	146	85	29	66. 2	15. 90%	0	1	51	60	26	7. 7849964	63	71
	男生		415	22	93	45	74. 61	5. 34%	4	103	167	98	21	8. 6107825	69	81
	女生		958	51	97	23	75. 64	3. 09%	20	263	379	217	28	8. 5220272	70	82

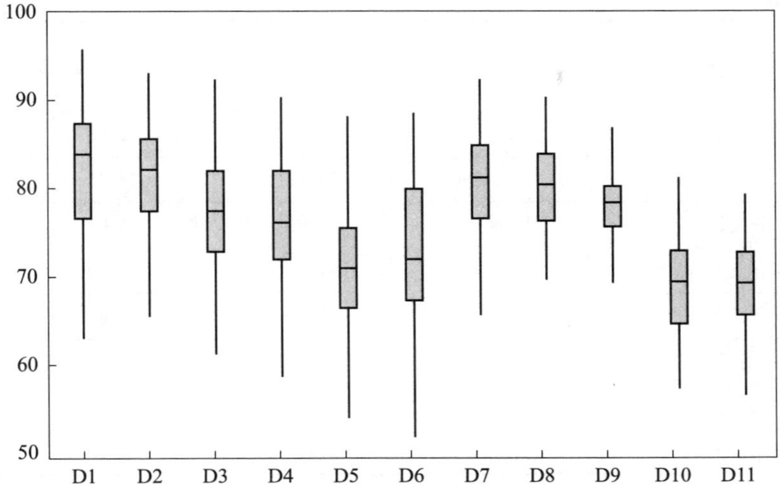

图 6－3　2017 级本科毕业生财经素养测试成绩箱线图

其中：D1 表示 2017 级税收学专业；D2 表示 2017 级物流管理专业；D3 表示 2017 级电子商务专业；D4 表示 2017 级工程造价专业；D5 表示 2017 级会计学专业；D6 表示 2017 级财务管理学专业；D7 表示 2017 级金融数学专业专业；D8 表示 2017 级保险学专业；D9 表示 2017 级投资学专业；D10 表示 2017 级视觉传达专业；D11 表示 2017 级计算机科学与技术专业。

3. 经管类本科专业学生财经素养增值分析

（1）总体分析。

经管类专业 2019 级新生和 2017 级毕业生对比分析如表 6－4 所示。

表 6－4　经管类专业 2019 级新生和 2017 级毕业生对比分析

比较项目	2019 级本科新生（15 个专业）	2017 级本科毕业（9 个专业）	变化值	
总人数	1994	1373	－621	
缺考人数	13	74	＋61	
最高分	98	97	－1	⬇
最低分	42	23	－19	⬆
平均分	71.58	76.11	＋4.53	⬆
不及格率（%）	8.02	3.57	－4.45	⬇

续表

比较项目	2019 级本科新生（15 个专业）	2017 级本科毕业（9 个专业）	变化值	
91～100 分人数占比（%）	2.93	1.85	-1.08	↓
81～90 分人数占比（%）	15.14	28.18	+13.35	↑
71～80 分人数占比（%）	37.00	42.03	+5.03	↑
60～70 分人数占比（%）	37.60	24.25	-13.10	↓
60 分以下人数占比（%）	7.32	3.70	-3.62	↓
标准差	9.427742	8.560249	-0.867493	↓
上四分位数	66	70	+4	↑
下四分位数	78	82	+4	↑

总体来看，2017 级经管类本科毕业生财经素养测试成绩比 2019 级经管类本科新生财经素养成绩的各项指标都要有所提升。具体表现为平均分提高、不及格率下降、中高分数段比例增加、标准差减小、上下四分位数提高等五个方面。

平均分提高：2017 级平均 71.58 分，2019 级 76.11 分，经过四年时间的在校期间的培养，学生成绩平均提升了 4.53 分。

不及格率降低：2019 级不及格率 8.02%，2017 级不及格率 3.57%，四年时间不及格率降低了 4.45%。

中高分数段人数增加：尽管毕业生比新生的数据总量少 600 多人，但是中高分数段 81～90 分，毕业生表现得要更精彩些，在这个分数段 2017 级毕业生比 2019 级新生比例提高了 13.04%；低分数段 60～70 分的比例 2017 级比 2019 级降低了 13.35%。

标准差减小：标准差从 9.427742 减小到 8.560249，减小了 0.867493，减小幅度 9.2%。说明毕业生的财经素养成绩相对更集中了，学生的财经素养水平差距在降低，且趋近更高的水平。

上下四分位数提高：上四分位数由 66 分到 70 分，提高了 4 分；下四分位数由 78 分到 82 分，提高了 4 分，说明学生的财经素养成绩整体提高，素养水平显著提升。

最高分、最低分：新生和毕业生在最高分上变化不大，但毕业生的最低分降至23分，原因可能在于，一是毕业生对待测试的态度没有新生端正，二是毕业阶段忙于找工作就业或做毕业论文和实习，没有太多的时间和精力顾及测试。

综上分析说明，经过学校四年本科阶段的培养，学生的财经素养成绩得到了显著地提升，财经素养能力趋于更高的水平，财经学习能力得以加强。

（2）分组分析。

①2017级毕业生经管类专业和非经管类专业学生财经素养成绩对比分析。

2017级毕业生经管类专业和非经管类专业学生财经素养成绩对比分析如表6-5所示。

表6-5　2017级经管类与非经管类专业本科毕业生对比分析

比较项目	2017级经管类专业本科毕业生（9个专业）	2017级非经管类专业本科毕业生（2个专业）	变化值
总人数	1373	328	-754
缺考人数	74	146	+72
最高分	97	85	-12
最低分	23	29	+6 ↑
平均分	76.11	66.2	-9.91 ↓
不及格率（%）	3.57	15.09	+11.52 ↑
91~100分人数占比（%）	1.85	0	-1.85 ↓
81~90分人数占比（%）	28.18	0.55	-27.63 ↓
71~80分人数占比（%）	42.03	28.02	-14.01 ↓
60~70分人数占比（%）	24.25	32.97	+8.72 ↑
60分以下人数占比（%）	3.70	14.26	+10.56 ↑
标准差	8.560249	7.784996	-0.775253 ↓
上四分位数	70	63	-7 ↓
下四分位数	82	71	-11 ↓

以是否为经管类专业为分组依据，将毕业生分为两组进行对比，重点考察经过四年系统地学习了经管类课程之后，两类专业学生财经素养的差距。显然2017级经管类本科毕业生财经素养测试成绩比非经管类本科毕业生各项

指标都要略胜一筹，也就是说，经管类专业的学生通过在校四年的专业培养，比没有接受财经专业训练的学生财经素养成绩更好，素养水平更高。

平均分：经管类专业学生平均76.11分，非经管类专业学生平均分66.2分，后者比前者少了9.91分，降幅达到13%，差距明显。如果单纯地看非经管类专业的数据，和2019级新生入校的个别表现较差的经管类专业相差不大，原因可以被解释为刚入校，没有经过任何系统、专业的训练，财经素养成绩及素养水平比较近似。

不及格率：经管类专业学生不及格率3.57%，非经管类专业学生不及格率15.09%，后者比前者增加了11.52%，非经管类专业财经素养成绩的不及格率显著提高。

中高分数段人数：非经管类专业学生成绩大部分集中在中低段，在81～100分高段的人数仅1人，而经管类专业30.03%的学生集中在高分数段。

最高分和最低分：经管类最高97分，比非经管类专业85分要多12分，最低分在经管类23分，非经管类29分。项目组认为该最低分数并不能代表毕业生的真实水平，原因同总体分析中的“最高分和最低分”。

上下四分位数：其中，上四分位数经管类专业比非经管类专业学生多7分，下四分位数经管类专业比非经管类专业学生多11分。经管类专业学生整体成绩更好，说明学生的财经素养成绩整体提高，财经素养水平显著提升。

综上分析，经管类专业和非经管类专业学生之间财经素养的差距清晰呈现。此外，不难发现，2019级新生的测试数据部分表现较差的专业和2017级非经管类专业有相似之处，如平均分、不及格率、高低分数段的分布、上下四分位数等都相差无几。由此说明在入校初期，所有学生财经素养水平旗鼓相当，但四年后差距拉大，经管类专业的学生经过学校四年本科阶段的培养，学生的财经素养成绩得到了显著地提升，财经素养能力趋于更高的水平，学习能力得以加强。但非经管类专业学生由于没有得到系统性财经素养的培养，财经素养水平未得到显著改善和提高，略微的改善可能更多来自于社会、生活经验的增加和同伴之间的合作性学习经验的积累。

②2019级经管类专业本科男生和女生财经素养成绩对比分析。

2019级经管类专业本科男生和女生财经素养成绩对比分析见表6－6所示。

表 6-6 2019 级经管类专业本科男生和女生分组对比分析

比较项目	2019 级男生	2019 级女生	变化值	
总人数	669	1325	656	
缺考人数	2	11	9	
最高分	97	98	+1	⬆
最低分	44	42	-2	⬇
平均分	71.72	72.15	+0.43	⬆
不及格率（%）	8.25	6.85	-1.40	⬇
91~100（%）	2.70	2.89	0.19	⬆
81~90（%）	14.99	15.22	0.23	⬆
71~80（%）	36.28	37.37	1.09	⬆
60~70（%）	37.78	37.67	-0.11	⬇
60 分以下（%）	8.25	6.85	-1.4	⬇
标准差	9.67	9.23	-0.44	⬇
上四分位数	65	66	+1	⬆
下四分位数	78	78	0	

将 2019 级经管类本科专业的新生按照性别分为两组，考查学生入校时男女生财经素养水平的差距，发现财经素养是否会因为性别的不同而不同，经过四年学习后差距是否会有变化和改善。总体而言，男生在财经素养成绩上比女生稍稍逊色，但是差距不明显，具体从以下指标分析可以得出。

平均分：男生平均 71.72 分，女生平均 72.15 分。从平均分来看，女生的财经素养成绩略高于男生，但差距不大。

不及格率：男生不及格率 8.25%，女生不及格率 6.85%。从不及格率来看，女生的财经素养成绩高于男生。

中高分数段人数：女生在中高分数段 71~100 分的比例要多于男生，70 分以下的比例少于男生，说明女生财经素养水平高的人数多于男生。

上下四分位数：上四分位数女生比男生多 1 分，下四分位数相等。女生在整体成绩上相对表现的更好，高于男生，但差距不大。

综上分析表明，入学初期女生和男生之间的财经素养水平较为接近，与年级财经素养总水平相当，但略有差距。女生在人数上是男生的两倍多，在财经素养测试中表现更好，显示出有更高的财经素养水平，说明女生在入校前具备更强的处理经济生活的能力，这一结论与我们日常对男女生在个人财务管理上的认知比较近似。

③2017 级经管类专业毕业生男生和女生财经素养成绩对比分析。

2017 级经管类专业毕业生男生和女生财经素养成绩对比分析如表 6－7 所示。

表 6－7　2017 级经管类专业本科毕业生男生和女生对比分析

比较项目	2017 级男生	2017 级女生	变化值	
总人数	415	958	+543	
缺考人数	22	51	+29	
最高分	93	97	+4	
最低分	45	23	－22	⬇
平均分	74.61	75.64	+1.03	⬆
不及格率（%）	5.34	3.09	－1.92	⬇
91～100 分人数占比（%）	1.02	2.21	+1.19	⬆
81～90 分人数占比（%）	26.2	29	+2.8	⬆
71～80 分人数占比（%）	42.49	41.79	－0.7	⬆
60～70 分人数占比（%）	24.94	5.34	－19.6	⬇
60 分以下人数占比（%）	5.34	3.09	－2.25	⬇
标准差	8.76	9.07	+0.31	⬆
上四分位数	68	69	+1	⬆
下四分位数	80	81	+1	⬆

将 2017 级经管类专业本科学生按照性别分为两组，考查学生毕业时男女生财经素养水平的差距，发现经过四年学习后差距是否会变化和改善。总体而言，男生在财经素养成绩上仍较女生逊色，但是差距不大，具体从以下指标分析可以得出。

平均分：男生平均 74.61 分，女生平均 75.64 分，女生的财经素养成绩略高于男生。与新生对比后发现，男女生的总成绩都有所提高。

不及格率：男生不及格率 5.34%，女生不及格率 3.09%，女生的财经素养成绩好于男生。

中高分数段人数：女生在中高分数段的比例要多于男生，说明女生财经素养水平高的人数比男生要多。

最高分和最低分：2017经管类专业的女生最高97分比男生93分多6分，对比上条分析中不难发现，经管类专业新生男女最高分无较大差异，但经过四年培养，男女生在最高分上体现有差距。

上下四分位数：上四分位数女生比男生多1分，下四分位数女生比男生多1分。因此，女生在整体成绩表现上更好，财经素养成绩高于男生。

综上分析表明，毕业时女生和男生之间的财经素养水平虽较为接近，与年级财经素养总水平相当，且都有所提升，但是，女生成绩仍然略高于男生。女生在人数上是男生的两倍多，在财经素养测试中表现更好，代表有更高的财经素养水平，说明女生在校学习期间获得了更多的处理经济生活的知识和能力。

④2019级新生和2017级毕业生男生、女生财经素养成绩对比分析。

2019级新生和2017级毕业生男生、女生财经素养成绩对比分析如表6－8所示。

表6－8　经管类专业2019级新生和2017级毕业生男生和女生分组对比分析

比较项目	2019级新生男生	2017级毕业生男生	2019级新生女生	2017级毕业生女生
总人数	669	555	1325	1146
缺考人数	2	72	11	146
最高分	97	93	98	97
最低分	44	45	42	23
平均分	71.72	73.13	72.15	74.7
不及格率（%）	8.25	6.42	6.85	4.5
91～100（%）	2.70	0.83	2.89	3.20
81～90（%）	14.99	21.33	15.22	26.40
71～80（%）	36.28	39.75	37.37	40.10
60～70（%）	37.78	31.67	37.67	25.80
60分以下（%）	8.25	6.42	6.85	4.50
标准差	9.67	8.76	9.23	9.07
上四分位数	65	68	66	69
下四分位数	78	80	78	81

平均分：男生提高了2%，女生提高了3.53%，女生的提高幅度大于男生。

不及格率：男生降低了22.18%，女生降低了34.3%。女生的不及格率降低幅度大于男生。

标准差：男生的成绩相对于新生更为集中，女生也比新生成绩分布更集中，两者的成绩分散度都有所降低。

中高位分数段人数：男生71～90分比例上升，女生71～100分比例上升。女生比上升比例大和空间都要大于男生。

上下四分位数：男女生的表现比较相似。

总体来看，女生在大学学习阶段获得了更多的财经素养知识和能力。

4. 2020届本科生培养质量分析

通过上述分析发现，经过学校四年本科阶段的培养，学生的财经素养得到了显著地提升，学习能力得以加强。那么与其他高校相比，学生培养质量是否确实得到了保障呢？依据2020年高等教育质量监测国家数据平台和河南省普通高等学校本科专业数字化管理服务平台公布的2020届全省本科专业学生平均水平，对我校2020届本科学生培养质量进行横向比较，结果如表6－9所示。作为新建本科院校，2020届毕业生是我校第一届本科学生，不需做时间序列上历届毕业生数据的比对，仅以2020年当年数据作为参考。其中，2020届四个本科专业学生四六级通过率、学生获得省级以上各类竞赛奖励、参加大学生创新创业训练计划项目数量等三项指标，大部分专业超过全省平均水平，作为新建本科院校第一届毕业生来说，这一结果的取得是可喜的。因此，学校本科专业培养质量和财经学习能力培养之间呈现正相关性，即随着学习能力的提升，学生的财经素养增值越来越大、培养质量越来越高。

表6－9　2016级本科毕业生分专业培养质量（2020年）

培养质量		税收专业		投资学专业		工程造价专业		物流管理专业	
		本校	省平均值	本校	省平均值	本校	省平均值	本校	省平均值
竞赛获奖	学生获取省级及以上各类竞赛奖励（项）	9	5	9	7.4	6	16.04	4	6.97
	“互联网＋”大学生创新创业大赛获奖	0	0.25	0	0.8	2	0.88	0	0.54

续表

培养质量		税收专业		投资学专业		工程造价专业		物流管理专业	
		本校	省平均值	本校	省平均值	本校	省平均值	本校	省平均值
参加大学生创新创业训练计划数	参加大学生创新创业训练计划项目（项）	0	1.25	0	0.13	2	1.04	5	1.09
学生参与科研情况	学生发表论文数量	0	0.25	2	0.47	0	0.18	0	0.89
	学生专利（著作权）申请数量	0	0	0	0.07	0	0.08	0	0
	学生参与教师科研项目人次数	0	0	0	0	1	0.17	0	0.2
英语四、六级考试	四级通过率	80	83.75	78	59.77	65	38.15	60	47.6
	六级通过率	28	37.54	28	29.6	18	14.27	24	14.96
体质合格率	学生体质合格率（%）	93.54	95.96	79.38	91.02	88.52	92.22	78.76	91.82

数据来源：高等教育质量监测国家数据平台；河南省普通高等学校本科专业数字化管理服务平台。

5. 研究小结与局限性

总体来看，经过学校四年本科阶段的培养，学生的财经素养得到了显著地提升，财经素养能力趋于更高的水平，学习能力得以加强，学生的财经素养水平差距在降低，整体趋近更高的水平，培养质量得到了保障。经管类专业学生成绩平均提升了4.53分，不及格率降低了3.62%，中高分数段71～90分之间比例提高了18.07%，低分数段70分以下比例降低了13.25%，标准差减小9.2%，上下四分位数均提高了4分，但毕业生的最低分下降。非经管类专业学生由于没有得到系统性财经素养的培养，财经素养水平未得到显著改善和提高，与经管类专业学生入学水平近似。从性别区分来看，入学初期女生在财经素养测试中表现略好，显示出有更高的财经素养水平，特别是经过四年培养后，女生在大学学习阶段获得了更多的财经素养知识和处理经济生活的能力，平均分提高幅度、不及格率降低幅度、中高位分数段上升比例和空间均超过男生。

财经素养成绩的提高原因并非单一，应客观分析测评结果。OECD 是这样定义财经素养：学生对财经概念和风险的知识和理解，以及运用这些知识和理解以在各种金融环境中做出有效决策，改善个人和社会财务状况的技能，动力和信心，并使人们能够参与经济生活。从对财经素养的定义可以看出，此定义包含两个部分。第一部分涉及表征领域的各种思维和行为，第二部分涉及培养特定素养的目的。素养被视为个人一生所建立的一套不断扩大的知识、技能和战略，而不是要跨越的一条线。素养所涉及的不仅仅是积累知识的再生产；相反，它涉及认知和实践技能的调动，以及态度、动机和价值观等其他资源的调动。PISA 财经素养评估系统关注学生参与经济社会生活和其他学校教育获得的财经生活能力以及预判社会不确定的未来的能力，因而，PISA 评价的财经素养能力是学生的一种综合财务能力，类似于考察宽泛的财经“通识能力”，上述测试工具是一套相对较合理的评测学生财经素养能力和财经学习能力的工具。

从测试的结果来看，经管类专业的学生在四年培养之后表现出比其他专业更好的财经素养水平，原因可能不仅仅因为在校期间系统的课程学习和教师的专业指导，素养的提升不仅来自于学校，可能部分也来自于社会、家庭和同伴合作性学习。后者对于学生财经素养的提升可能起到更多的作用。随着年龄的增长，学生接触到了更多的社会经济生活中的场景，结合自己在校期间的学习经验，对一些经济问题有了更深刻的理解。除此之外，大学生活是群居生活，大家从高中的家庭生活走入高校的集体生活，和同伴之间吃住在一起，无论在生活还是学习上有了更多的思想碰撞和语言交流。同时，培养方案中实践、实训课时的实施，课后团队作业的完成，第二课堂给予学生创造的更多交流学习机会，都会使学生通过在学习生活中不断积累经验而促使其对经济生活认知的快速提升。

但本次增值测评无论在测评工具上还是测试组织上均有需要改进之处。表现在：

（1）测评工具需要进一步改进。

首先，进一步完善符合本科学段学生的财经素养增值测评工具。虽然本书设计的增值测评工具对原适用于 15 ~ 18 岁高中学段学生的 PISA 测试试题进行了改进，增加了试题的难度和深度，但从测试结果来看，仍显得稍微简单了些，“天花板效应”略现，即大部分学生在测试中表现良好，结果区分度不够，无法为学校人才培养提供更多可参考的有效信息。

目前国内已经出现学段相对完整的财经素养教育标准框架体系，即由中国教科院中国财经素养协同创新中心研发的《中国财经素养教育标准框架》。该标准框架面向幼儿园、中小学、大学等学段的学生群体，以“五维三标”体系作为评价大纲，即从收入与消费、储蓄与投资、风险与保险、制度与环境、财富与人生5个维度，了解知识与事实、获取方法与技能、形成观念与态度3个方面拟定财经素养教育目标。目前，以《中国财经素养教育标准框架》为大纲，中心编写并出版了《中国财经素养系列丛书》，其中《中国财经素养教育（高中版）》和《中国财经素养教育（本科版）》可以作为参考用于本书下一轮增值评测工具的开发。另外，使用本国的评测体系和框架来开发工具测试学生，相对于“舶来品”应该会更接地气，更能真实有效地反应中国学生的财经素养水平。

其次，评测内容应多样化。高等教育的质量有多种评价视角，除学生学习结果之外，还有科研、财务状况、学生体验、教育公平等，每个视角都有一种甚至多种测评工具。学习结果测试只是衡量教学质量的工具之一，是一整套高校质量测评工具中至关重要的一部分，但不能代表全部。采集到的数据需要与其他各种测评数据相结合，以便描绘高等教育教学质量的全景图。

（2）测试组织需要进一步完善。

本次学生财经素养成绩数据来源真实可靠，对考查我校学生财经学习能力研究有一定的参考和借鉴的意义，但是组织过程存在着不完善之处，导致数据有缺失和准确度不够。首先是毕业生缺考率高。2019级参与测试学生总人数1994人，缺考15人，缺考率0.75%；2017级学生测试总人数1703人，缺考219人，缺考率12.93%。2017级毕业生缺考率高，缺考专业主要来自于2017级视觉传达专业和2017级财务管理专业。缺考人数多会降低数据样本容量，影响数据分析结果。其次，部分学生对测试不重视导致成绩未能如实反映学生的财经素养水平，降低了分析的准确度。由于财经素养测试成绩未纳入学生成绩绩点计算，因此，成绩好坏对学生不会产生任何影响，致使部分学生答题时漫不经心、不以为然、应付了事，甚至一些经管类专业的学生出现了23分的低分现象，比非经管类专业还低；个别经管类专业的不及格率更是让人大跌眼镜。最后，2019 级新生测试遗漏了对非经管类专业的测试，是本次分析的一个失误，缺少了这个数据，不能有效地分析经管类专业和非经管类专业新生在财经素养上的差距，更不能观测非经管类专业学生在经过四年的培养后财经素养究竟是否有所提升，提升了多少，拟在下一轮的测试中予以弥补和改进。

七、学习成果评价改革实践

（一）期末考试命题改革

鉴于以上试点专业在期末考试命题上存在的低阶题型过多、题目类型单一、题型名称不规范、难以达成课程目标及毕业要求的一致性要求等诸多问题，提出改革试点课程期末考试命题要求，具体措施如下：

1. 增加知识种类一致性和知识分布平衡性

（1）题型要求：期末试卷题型一般应包括5种以上；

（2）题量要求：单题数量总计不低于30道。

2. 增加知识深度一致性和知识广度一致性，提高挑战度

（1）期末试卷必须有一定比例的综合应用题，以考核学生综合应用能力或综合分析问题、解决问题能力，应与日常测验有区别。《河南财政金融学院课程考核管理办法》第十四条提出要有一定比例考核综合应用能力的题型（如计算分析、综合应用、综合分析等）；应用能力要达到的层级应与课程毕业要求相符。综合应用题一般应检测3个以上知识点的综合应用情况。

（2）测评能力要求：期末试卷低阶能力测试题型分值占比不能超过40%。一般不出现名词解释，《河南财政金融学院课程考核管理办法》第十六条提出的试卷命题类型并不包含名词解释。

（3）命题规范性

题型名称规范。不能随意编造题型名称，《河南财政金融学院课程考核管理办法》第十四、第十六条提出的试卷命题类型有填空题、单项选择题、多项选择题、判断题、简答题、计算题、证明题、图解题、案例分析题、论述题等多种形式和一定比例的综合应用能力考核题型。

3. 试点专业学习成果评价改革效果

改革任务从2020—2021学年第1学期开始实施，学校出台《关于印发河南财政金融学院财经教育学习成果评价改革方案（试行）的通知》（豫财院〔2020〕85号），对8个试点专业5门核心课程的改革目标和内容作了具体部署，要求命题教师在提交2020—2021学年第一学期的期末考试命题时，增加提供试题测试能力大纲分类表（见表7-1布鲁姆修订分类表），用以区分试题所测试的能力层级及比例，明晰所出试题的能力层级定位和提升空间，将考核学生低阶能力的试题逐步向能够测试学生高阶能力的试题改进。

课题组对各专业2020—2021学年改革后各专业核心课程期末试题能力大纲进行了汇总，如表7-1至表7-8所示。

表7-1 会计学专业核心课试题测试能力大纲分类 单位:%

课程名称	识记	理解	应用	分析	评价	创造	合计
基础会计学	9.5	13.5	53.5	21	2.5	0	100
中级财务会计Ⅰ	10	22	45	16	2	5	100
中级财务会计Ⅱ	15	9	54	6	6	10	100
高级财务会计	8	15	22	23	30	2	100
财务管理	9	19	51	14	7	0	100
审计学	13	12	13	31	27	4	100

表7-2 财务管理专业核心课试题测试能力大纲分类 单位:%

课程名称	识记	理解	应用	分析	评价	创造	合计
基础会计学	9.5	13.5	53.5	21	2.5	0	100
中级财务会计Ⅰ	10	15	49	21	5	0	100
财务管理	9	19	51	14	7	0	100
管理会计	5	18	32	7	38	0	100
会计信息系统	10	26	40	9	15	0	100

表 7－3　电子商务专业核心课试题测试能力大纲分类　单位：%

课程名称	识记	理解	应用	分析	评价	创造	合计
电子商务概论	17	8	14	23	25	13	100
网络营销理论与实务	8	10	28	25	16	13	100
Web 前端系统基础	12	12	43	24	3	6	100
网络金融与电子支付	15	8	23	22	22	10	100
供应链管理	10	10	25	30	10	15	100

表 7－4　物流管理专业核心课试题测试能力大纲分类　单位：%

课程名称	识记	理解	应用	分析	评价	创造	合计
物流信息技术	30	23	15	10	9	13	100
配送中心管理与运营	15	20	25	13	15	12	100
采购管理	10	18	26	21	25	10	100
现代物流学	3	7	23	32	20	15	100
供应链管理	10	20	15	26	16	13	100

表 7－5　税收学专业核心课试题测试能力大纲分类　单位：%

课程名称	识记	理解	应用	分析	评价	创造	合计
税收筹划	12	13	28	20	27	0	100
中国税制Ⅱ	15	25	35	20	5	0	100
税收管理	13	20	27	25	15	0	100
国际税收	7	13	30	40	10	0	100
税法Ⅱ	15	25	35	20	5	0	100

表 7－6　保险学专业核心课试题测试能力大纲分类　单位：%

课程名称	识记	理解	应用	分析	评价	创造	合计
保险精算	20	25	30	15	10	0	100
风险管理	20	20	20	20	10	10	100
保险学	15	10	15	30	20	10	100

续表

课程名称	识记	理解	应用	分析	评价	创造	合计
人身保险	20	20	10	30	10	10	100
财产保险	20	20	10	20	20	10	100

表 7-7　投资学专业核心课试题测试能力大纲分类　单位：%

课程名称	识记	理解	应用	分析	评价	创造	合计
公司金融	26	27	15	16	10	6	100
金融风险管理	29	25	14	17	9	6	100
投资银行学	28	25	15	15	9	8	100
证券投资学	10	10	10	30	20	20	100
项目评估与管理	10	20	10	30	20	10	100

表 7-8　工程造价核心课试题测试能力大纲分类　单位：%

课程名称	识记	理解	应用	分析	评价	创造	合计
工程造价管理	10	30	30	30	0	0	100
工程造价软件应用	0	0	0	100	0	0	100
工程经济学	0	20	40	30	10	0	100
建筑工程计量与计价	10	20	20	50	0	0	100
工程招投标与合同管理	28	12	33	27	0	0	100

2020—2021 学年期末考试试题题型及分值分布分析如表 7-9 至表 7-16 所示。

表 7-9　会计学专业核心课试题题型及分值分布

课程名称＼题型	单选	多选	判断	计算分析	业务	综合分析	简答	合计
基础会计学	15	15	10	10	40	10	0	100
中级财务会计Ⅰ	10	10	10	30	40	0	0	100
中级财务会计Ⅱ	20	10	10	0	36	0	24	100
高级财务会计	10	10	10	30	0	40	0	100

续表

题型 课程名称	单选	多选	判断	计算分析	业务	综合分析	简答	合计
财务管理	20	10	10	40	0	20	0	100
审计学	20	10	10	10	34	16	0	100

表 7－10　　财务管理专业核心课试题题型及分值分布

题型 课程名称	单选	多选	判断	计算题	简答	业务	综合分析	论述题	合计
基础会计学	15	15	10	10	0	40	10	0	100
中级财务会计Ⅰ	10	10	10	30	0	40	0	0	100
财务管理	20	10	10	35	0	0	25	0	100
管理会计	10	10	10	0	20	0	50	0	100
会计信息系统	20	20	10	0	0	30	0	20	100

表 7－11　　电子商务专业核心课试题题型及分值分布

题型 课程名称	单选	多选	判断	简答	论述	分析	案例分析	合计
电子商务概论	15	10	10	20	15	30	0	100
网络营销理论与实务	15	30	0	20	10	0	25	100
Web 前端系统基础	15	20	15	30	0	0	20	100
网络金融与电子支付	20	10	10	20	10	0	30	100
供应链管理	10	20	10	24	12	0	24	100

表 7－12　　物流管理专业核心课试题题型及分值分布

题型 课程名称	单选	多选	判断	简答	论述	案例分析	综合应用	合计
物流信息技术	10	14	10	25	10	18	13	100
配送中心管理与运营	10	20	10	30	0	15	15	100
现代物流学	10	20	10	30	0	20	10	100
采购管理	10	20	10	25	0	25	10	100
供应链管理	10	20	15	25	0	15	15	100

表 7-13　　税收学专业核心课试题题型及分值分布

课程名称＼题型	判断	单选	多选	论述	简答	计算	案例分析	综合分析	合计
税收筹划	10	0	0	25	30	20	15	0	100
税收管理	10	10	0	20	20	0	0	40	100
国际税收	10	10	20	10	0	30	20	0	100
中国税制Ⅱ	10	10	20	16	0	0	44	0	100
税务稽查	0	0	0	0	0	15	35	50	100

表 7-14　　保险学专业核心课试题题型及分值分布

课程名称＼题型	填空	单选	多选	判断	简答	计算题	论述	（案例）分析	综合应用	合计
精算学原理	15	10	0	0	15	35	10	15	0	100
风险管理	0	10	10	10	10	0	10	30	20	100
保险学	0	15	0	10	15	0	20	30	10	100
人身保险	0	20	20	10	0	0	0	30	20	100
财产保险	0	0	20	20	10	10	0	0	40	100

表 7-15　　投资学专业核心课试题题型及分值分布

课程名称＼题型	单选	多选	判断	简答	论述	合计
投资银行学	20	20	10	32	18	100
证券投资学	10	10	10	0	0	20
公司金融	20	0	10	10	10	20
金融风险管理	15	0	15	0	10	35
项目评估与管理	0	0	0	10	30	10

表 7-16　　工程造价核心课试题题型与分值分布

课程名称＼题型	单选	多选	判断	简答	案例分析	（设计）计算	合计
工程造价管理	20	10	10	0	0	40	100
工程招投标与合同管理	20	10	10	10	50	0	100
建筑工程计量与计价	20	15	20	0	25	20	100

续表

课程名称 \ 题型	单选	多选	判断	简答	案例分析	（设计）计算	合计
工程经济学	0	0	10	10	40	40	100
工程造价软件应用	0	0	0	0	0	100	100

改革后的期末考试试题能力大纲和题型分布呈现以下3个突出特点：

（1）题型丰富，每门课程的试题类型都在5种以上；

（2）单选题、多选题、判断题等低阶能力题型及题量明显减少，名词解释题型未再出现；

（3）计算分析题、案例分析题、综合分析题、综合应用题、设计题等高阶能力题型及题量明显增多，注重考查学生综合性能力。

以电子商务专业的《电子商务概论》课程试卷为例，改革之前试题“识记”类题量占比达到了59%，且无“评价”和“创造”等评价学生高阶能力层次的题型；改革之后“识记”类试题占比降到17%，增加“分析”“评价”类题量，占比分别为25%和13%，兼顾学生多方面的能力层次，对学生学习效果进行有效评价。再如会计学专业的《会计信息系统》课程，改革之前试卷只有一种题型，对学生学习能力的测评只局限于“应用”操作层面，难以完全实现课程目标“让学生掌握用友U8－ERP软件财务相关模块的应用，理解企业业务和会计核算之间的逻辑关系，了解会计信息系统实施和维护的基本方法，提升学生数据思维和发现、解决问题的能力”；改革之后增加“识记”“理解”“分析”“评价”题型，较全面地评价了学生的课程学习成果。

（二）改革教学大纲

根据期末学习成果评价改革试点情况，对比学校人才培养总目标和“两性一度”金课建设的要求以及大数据、云计算、人工智能等信息技术变革对人才需求服务的变化，我校首先改革学校《教学大纲》模板，增加教学大纲中的课程目标高阶能力层级的要求，以此规范课堂教学，达成教学与目标的一致性；其次改革《考试大纲》模板，力求达成测评与目标的一致性，以使教师通过改革尽快掌握与本科教学目标相适应的测评难度、测评方式，达到以评价反哺教学、以评促教，提升课堂教学高阶性、创新性和挑战度的目的，最终实现测评、教学与目标的一致性。与传统教学设计不同，逆向设计理念强调，构成课程设计模型的学习目标、教学活动和成果评价三个主要环节中，评价设计是先于教学活动设计的重要环节，评价与目标的一致性是达成目标的根本保证。逆向设计可以把“以学生学习为中心”和“以学习效果为中心”的原则有效贯穿到课程设计中去。

为此，我校于2020年8月31日下发《关于印发〈河南财政金融学院制定本科课程教学大纲和考试大纲的指导性意见〉的通知》（豫财院〔2020〕159号），以文件的形式对专业课程的教学大纲编写工作进行规范。

1. 教学大纲改革内容及模板

（1）目标改革。课程教学大纲是落实专业人才培养方案、实现培养目标要求的教学和评估课程教学质量、进行学习成果评价的重要依据。我校改革后的教学大纲基于成果导向教育理念，以人才培养方案为依据，紧紧围绕本科专业培养目标与毕业要求，充分体现学生主体、教师主导和知识、能力、素质协调发展的思想，贯彻“四融三通”人才培养模式，着力培养高素质复合型应用人才。课程目标（即“课程教学目标”）是该课程支撑的所有毕业要求，课程教学要求（简称“教学要求”）是该课程的教学产出亦即学生学习预期成果。课程目标是课程教学大纲的核心要素，它既支撑着毕业要求的达成，又决定着教学内容、教学方法以及评价方式。课程目标的描述应明确本门课程对学生达到毕业要求的贡献是什么以及如何贡献。也就是说，要通过课程目标把本专业毕业要求逐条地落实到每一门课程的教学大纲中去，从而明确每门具体课程的教学内容对达到毕业要求的贡献。我校要求课程目标从五个维度来说明：一是“国际21世纪教育委员会”向联合国教科文组织提交的教育研究报告《教育——财富蕴藏其中》(Learning, the Treasure within) 提出的21世纪教育的四大支柱——学会学习、学会做事、学会做人和学会共处。二是布卢姆教育目标分类学的6个认知层次——记忆、掌握、应用、分析、评价、创造。三是普通高等学校本科专业类教学质量国家标准。四是突出“四新”要求。五是学校的办学定位和人才培养总目标。具体要求是每门课程教学大纲要说明课程教学目标分类框架即具体目标。具体目标要通过用好表示“程度”的修饰词和表达不同认知层次的动词体现专业特点，可参照布鲁姆教育目标分类学认知层次对应的各层级动词，如表 7－17 所示。

表 7－17　　布卢姆教育目标分类学认知层次相应的动词

层次	推荐动词	层次	推荐动词
创造 评价 分析	开发、建立、制定、解决、设计、规划 评价、检查、判断、批判、鉴赏、协调 分析、辨别、解构、重构、整合、选择	应用 掌握 记忆	应用、执行、试试、开展、推动、操作 掌握、比较、推论、解释、论证、预测 了解、认识、界定、复述、重复、描述

课程目标示例一：

本课程对学生达到如下毕业要求有贡献：

知识应用能力：能够将……基本理论与基本方法应用于解决……以及……专业领域管理问题。

问题分析能力：能够应用经济学、管理学以及……的基本原理分析……的……。

综合应用能力：能够针对……的……、……与……中涉及的……问题，提出合理的解决方案。

设计能力：能够设计符合……与……要求的……，并能够在设计环节中体现创新意识，考虑经济、社会、法律、文化以及环境等问题。

沟通能力：能够就……相关的……问题与业界同行及社会公众进行有效沟通和交流。

终身学习能力：能够跟踪……前言，不断更新知识结构、提升职业素养，适应……行业及相关职业发展。

课程目标示例二：

本课程对学生达到如下毕业要求有贡献：

应用最新的……与……在……和相关交叉学科领域解决……问题；

独立思考，自我管理，能在团队中有效工作和在……环境中开放性工作；

有效的口头、书面沟通能力和图表表达能力；

在商业、工业和社会中能展示出专业技能；

了解全球事件和社会环境中……与……解决方法带来的影响。

（2）程序改革。遵循逆向设计原理，改革后课程教学大纲的制定要以改革后的考试大纲为依据。具体体现在每门课程教学大纲要说明各章节教学内容要达到的不同认知水平及占比，且不同认知水平所占比例要与考试大纲一致。

（3）内容改革。课程教学大纲内容包括：课程基本信息、课程目标、教学要求、教学内容、教材及教学主要参考书、说明五个部分。改革的关键内容是增加了课程目标与毕业要求关系矩阵表、与课程目标对应的教学要求。教学要求要依据课程目标和总的教学要求写明各章节的具体教学要求。教学要求示例如下：

完成课程后，学生将具备以下能力：

在……与……学科具备基本的知识、技术和能力；

在团队中有效工作的能力；

通过……、书面报告和口头报告有效沟通的能力；

理解专业的、道德的和社会责任的能力；

尊重多样性、现代化专业知识、社会和全球问题；

保证质量和实效性并不断进步。

（4）模板改革。教学大纲模板包含理论课程教学大纲、课程设计教学大纲、实习教学大纲、实验教学大纲等四类模板。具体如下：

①理论课程教学大纲模板。

《×××××××××》课程教学大纲

制定人： 审定人： 制定（修订）时间：

一、课程基本信息（一级标题小四号黑体，段前段后0.5行，下同）

开课单位	课程归属单位 （内容五号仿宋）	课程类别	通识教育、学科基础、专业核心……等课程	
课程名称	中文名称		课程编码	
开课对象			开课学期	
学时/学分	总学时、理论课学时、实践课学时			
先修课程				

课程介绍：（350字以内）

概述本课程的主要内容，要明确课程在人才培养方案中所处地位，学生通过该门课程的学习，应该达到或掌握的各项能力（对毕业要求的贡献），要与人才培养方案中应该达到的能力（即毕业要求）相对应。课程教学大纲应力求文字严谨、简明扼要，名词术语规范。

二、课程目标与教学要求

课程目标支撑的毕业要求（示例）

课程支撑的毕业要求		课程目标					
		(1)	(2)	(3)	(4)	(5)	(6)
1	毕业要求1：……	√					
2	毕业要求2：……		√				
3	毕业要求3：……			√	√		
4	毕业要求4：……					√	
5	毕业要求5：……						√
	……						

三、教学内容与课程目标

《××××》教学内容与课程目标

章次	教学内容	教学要求 （学生学习预期成果）	学时	教学方式	课程目标
第一章	（内容五号仿宋，段落固定值18磅）				
第二章	示例： 章名…… 知识点： ……；……；…… 重点： ……；……；…… 难点： ……；……；…… 习题要点： ……；……；…… 实践环节： ……；……；……	（1）理解……理论，掌握……计算方法；以及……概念与特性； （2）掌握……特点； （3）能够说明……与……关系； （4）理解……及……分析方法，掌握……特性。	8	讲授 讨论 作业3次	(1) (3)
第三章					
第四章					
第五章					
……					
合计					

四、教材及教学主要参考书

五、说明

②课程设计教学大纲模板。

《×××》课程设计教学大纲（黑体小四号）

编写者：×××（四个空格）　　审核者：×××（宋体五号）

课程代码		课程名称	
适用专业		开设学期	
周　　数		学　　分	
课程目标	本课程对学生达到如下毕业要求有贡献： 1. 2. ……		
教学要求	完成课程学习后，学生将具备以下能力： 1. 2. ……		

一、课程设计的性质和目的（黑体小四号）

正文（宋体五号）

二、课程设计教学的基本内容和要求（黑体小四号）

正文（宋体五号）

三、课程设计的进度安排（黑体小四号）

正文（宋体五号）

四、课程设计的考核办法（黑体小四号）

正文（宋体五号）

五、其他（黑体小四号）

正文（宋体五号）

1. 对先修课程的要求；2. 注意事项；3. 指导书和参考资料等。

③实习教学大纲模板。

实习教学大纲基本内容和格式

《×××》实习教学大纲（黑体小四号）

编写者：×××（四个空格）　　审核者：×××（宋体五号）

课程代码		课程名称	
实习类别		实习形式	

续表

实习场所			
适用专业		开设学期	
实习周数		学　　分	
课程目标	本课程对学生达到如下毕业要求有贡献： 1. 2. ……		
教学要求	完成课程学习后，学生将具备以下能力： 1. 2. ……		

一、实习目的和任务（黑体小四号）

正文（宋体五号）

二、实习的基本内容与进度安排（黑体小四号）

正文（宋体五号）

三、实习的基本要求（黑体小四号）

正文（宋体五号）

四、实习的考核办法（黑体小四号）

正文（宋体五号）

五、指导书与参考资料（黑体小四号）

正文（宋体五号）

④实验教学大纲模板。

实验教学大纲基本内容和格式

《×××》（课程）实验教学大纲（黑体小四号）

编写者：×××（四个空格）　　　审核者：×××（宋体五号）

课程代码		课程名称	
适用专业		先修课程	
实验性质	（非）独立设课		
开设学期		实验方式	
周数（学时）		学　　分	

续表

课程目标	本课程对学生达到如下毕业要求有贡献： 1. 2. ……
教学要求	完成课程学习后，学生将具备以下能力： 1. 2. ……

一、实验的性质、目的和任务（黑体小四号）

正文（宋体五号）

二、实验的基本内容和要求（黑体小四号）

序号	实验项目	天数（学时数）	实验属性	内容与要求
1				
2				
3				
4				

三、主要仪器设备及材料（黑体小四号）

正文（宋体五号）

四、实验的考核办法（黑体小四号）

正文（宋体五号）

五、指导书与参考资料（黑体小四号）

文件要求教学大纲制定后，应在一定时间内保持其稳定性和连续性，根据学科的发展变化，可适时对大纲做部分调整，教学大纲、考试大纲需与培养方案一起严格执行，以保证教学成果实施及评价的有效性，确保人才培养质量。

2. 优秀教学大纲编写案例

2020年第2学期，学校组织试点专业教学大纲编定工作，要求各专业核心课程按照改革后的教学大纲模板进行编写。其中较为优秀的编写案例如会计学专业核心课程《高级会计学》理论教学大纲如下：

《高级会计学》课程教学大纲

制定人：李婷婷　审定人：付东　制定（修订）时间：2020年10月20日

一、课程基本信息

开课单位	会计学院	课程类别	专业核心
课程名称	高级财务会计	课程编码	3030000098
开课对象	18级会计学专业	开课学期	5
学时/学分	总学时32，理论课学时32。		
先修课程	基础会计、中级财务会计Ⅰ、中级财务会计Ⅱ。		

课程介绍：(350字以内)

本课程为会计学专业本科学生的必修课，主要就财务会计领域中的新的、特殊的会计问题进行阐述，是在财务会计一般理论、知识、方法和技术基础上的提高、深化和延伸，是财务会计的提高课程。

学生通过该课程的学习要达到以下三个要求：

毕业目标1. 践行社会主义核心价值观，具有良好思想品质和道德修养，具有“德、智、体、美、劳”全面素养，具有综合人文素养和诚信意识。

毕业目标8. 能够将理论和知识融会贯通，综合利用知识体系解决实际问题。

毕业目标10. 具有良好的交流能力，能够胜任在相关岗位熟练撰写报告和口头交流。具有团队合作精神，掌握沟通合作技能，能够合作互助和独立完成属于自己份内的业务。掌握外语交流能力，了解国际会计准则，具有国际化视野和跨文化知识。

二、课程目标与教学要求

(一) 课程目标

本课程对学生达到如下毕业要求有贡献：

(1) 学会做人（综合素质能力）：思政教育与专业教育相融合，社会主义核心价值观与诚信教育相结合，培养学生具有良好的思想道德品质和职业道德品质。

(2) 学会做事（综合应用能力）：能够将基础会计、中级财务会计知识与高级财务会计知识融会贯通。

(3) 学会做事（综合分析能力）：能够综合利用经济学、管理学等相关学科知识和财务会计知识体系分析和解决实际问题。

(4) 学会相处（沟通能力）：能够运用会计专业的基本原理与知识就特殊会计业务（高级财务会计）的相关问题进行讨论和交流。

(5) 学会相处（合作能力）：能够与其他同学合作，完成关于特殊会计业务的小组讨论和团队作业。

(6) 学会相处（国际化视野）：针对特殊会计业务，了解国际会计准则的相关规定。

(二) 教学要求

完成课程后，学生将具备以下能力：

（1）提升综合素质能力，增强道德意识和责任意识；

（2）提高综合应用能力，融合财务会计体系知识，建立财务会计知识体系框架；

（3）掌握综合分析能力，解决专业相关实际问题；

（4）通过讨论、PPT汇报和视频讲解等方式提升有效沟通的能力；

（5）通过小组讨论，共同完成作业，促进团队合作能力；

（6）增强查阅国际准则，了解国际准则对中国准则的影响的能力。

课程目标支撑的毕业要求

课程支撑的毕业要求		课程目标					
		（1）	（2）	（3）	（4）	（5）	（6）
1	毕业要求1：践行社会主义核心价值观，具有良好思想品质和道德修养，具有“德、智、体、美、劳”全面素养，具有综合人文素养和诚信意识	√					
2	毕业要求8：能够将理论和知识融会贯通，综合利用知识体系解决实际问题		√	√			
3	毕业要求10：具有良好的交流能力，能够胜任在相关岗位熟练撰写报告和口头交流。具有团队合作精神，掌握沟通合作技能，能够合作互助和独立完成属于自己份内的业务。掌握外语交流能力，了解国际会计准则，具有国际化视野和跨文化知识				√	√	√

三、教学内容与课程目标

《高级财务会计》教学内容与课程目标

章次	教学内容	教学要求 （学生学习预期成果）	学时	教学方式	课程目标
第一章	导论 知识点：本课程性质地位、结构体系、学习方法；高级财务会计的定义、产生、主要内容。 重点：高级财务会计主要内容。 难点：如何将中级财务会计与高级财务会计的融合与对比	了解本课程在课程体系中的地位、性质等； 了解高级财务会计的定义、产生与发展； 简单对比中级财务会计和高级财务会计业务的异同； （4）恪守职业道德与诚信	2	多媒体讲授，启发式讨论	（1） （2）

续表

章次	教学内容	教学要求 （学生学习预期成果）	学时	教学 方式	课程 目标
第二章	非货币性资产交换 知识点：非货币性资产交换的界定；公允价值计量模式下的单项和多项非货币资产交换；账面价值计量模式下的单项和多项非货币性交换。 重点：公允价值计量模式下的单项非货币性资产交换。 难点：公允价值计量模式下的多项非货币性资产交换。 习题要点： 公允价值计量模式下的非货币性资产交换；账面价值计量模式下的非货币性资产交换。 实践环节： 购买（出售）存货、固定资产、无形资产等怎么处理；如果购买这些资产不是用货币，而是以物换物	（1）能够运用非货币性资产交换界定条件； （2）能够对比非货币性交易与货币性交易的异同； （3）理解公平市场交易理； （4）掌握公允价值计量模式下三种情况的单项与多项非货币性资产交换业务逻辑与会计处理； （5）掌握账面计量模式下单项和多项非货币性资产交换的处理。 （6）能够辨析公允价值与账面价值计量模式适用条件	6	课堂讨论、多媒体讲授	（1） （2） （3）
第三章	债务重组 知识点：债务重组的界定；金融资产或非金融资产偿债；债务转权益、修改其他债务条件、组合方式偿债。 重点：债务重组利得或损失的确定，债权人取得受让资产/入账成本的确定。 难点：债务人对抵债资产损益核算，修改其他条件的债务重组。 习题要点： 金融资产或非金融资产偿债、债务转权益、修改其他债务条件。 实践环节： 《债务重组》新修订准则与老准则的区别、国际准则的变化	（1）了解债务重组原因，理解债务重组的界定； （2）掌握金融资产或非金融资产偿债的业务逻辑和会计处理； （3）掌握债务转权益业务逻辑和会计处理； （4）掌握修改其他偿债条件业务逻辑和会计处理； （5）掌握组合方式偿债的会计处理	4	课堂讨论、多媒体讲授	（1） （2） （3） （6）

续表

章次	教学内容	教学要求 （学生学习预期成果）	学时	教学方式	课程目标
第四章	外币业务 知识点：外币业务概述；外币交易业务；外币报表折算。 重点：汇率及汇率的分类。 难点：外币交易业务和外币报表折算。 习题要点： 外币交易业务；外币报表折算。 实践环节： 外币和记账本位币；外币业务及外币账户；汇率及表达方法；记账汇率及账面汇率；银行挂牌买价、银行挂牌卖价和中间牌价；现行汇率及历史汇率	（1）能够对比外币业务与记账本位币业务； （2）能够解释汇率的分类以及选择汇率； （3）理解汇兑差额在外币业务和外币报表折算业务中逻辑的不同； （4）掌握外币交易业务的会计处理； （5）能够正确对外币报表进行折算	4	分组视频汇报、多媒体讲授、中国大学 MOOC	（1） （2） （3） （4） （5）
第五章	企业合并 知识点：企业合并及其分类；权益结合法与购买方；同一控制下的合并；非同一控制下的合并。 重点：权益结合法与购买法。 难点：非同一控制下的合并。 习题要点： 同一控制下的合并；非同一控制下的合并。 实践环节： 基于《长期股权投资》准则讨论：企业合并；企业合并的方式；企业合并的类型	（1）判断企业合并及其类型； （2）辨识与长期股权投资的关系； （3）理解权益结合法与购买法的基本原理； （4）掌握同一控制下的合并的会计处理； （5）掌握非同一控制下的合并的会计处理	6	小组合作、课堂讨论、多媒体讲授、中国大学 MOOC	（1） （2） （3） （4） （5）
第六章	合并财务报表 知识点：合并理论；合并范围；编制程序；调整分录；抵消分录。 重点：调整分录、合并财务报表附注。 难点：抵消分录。 习题要点： 调整分录；抵消分录。 实践环节： 合并报表的三个基础理论；权利与权力；可变回报；权力与可变回报的关系；保护性权利；控制的来源；投资系主体	（1）与国际准则比较，了解实质性趋同下对关联方界定的异同； （2）理解权益法与成本法； （3）了解合并财务报表的三个基础理论； （4）明确合并财务报表的合并范围； （5）能够实施合并财务报表的编制程序； （6）掌握调整分录和抵消分录的编制	10	小组合作、PPT 汇报，多媒体讲授、中国大学 MOOC	（1） （2） （3） （4） （5） （6）
合计			32		

四、教材及教学主要参考书

推荐教材：

《高级财务会计》，黄中生、陆国平主编，高等教育出版社，2019年8月。

参考书目：

《会计》，中国财政经济出版社，2020年注册会计师考试教材。

《高级财务会计》在线精品课程（中国大学MOOC）。

（三）改革考试大纲

我校于2020年8月31日下发《关于印发〈河南财政金融学院制定本科课程教学大纲和考试大纲的指导性意见〉的通知》（豫财院〔2020〕159号），以文件的形式对专业课程的考试大纲编写工作进行规范，将原“考核要求中一般包括对掌握、熟悉、了解三个能力层次”的规定改为“一般包括对识记、理解、应用、分析、评价、创造六个能力层次的规定”，并补充提供试题测试能力分类表、说明不同内容维度和认知维度下试题所占比例的要求。

1. 考试大纲改革内容及模板

（1）基本原则。考试大纲改革旨在基于逆向设计理念，促成课程目标、教学和测评一致性的达成。因此，改革后的考试大纲以培养方案（毕业要求）和教学大纲（课程目标）为基本依据，毕业要求和课程目标是考试大纲改革的基本指引。可以说，改革后的考试大纲是成果导向理念进试卷，亦即成果导向设计“最后一公里”的具体体现。

（2）基本要求。改革后考试大纲要求对授课学时、适应专业、考试方式、考试时间、推荐教材、试题类型、考试要求、课程目标及与其相符的考核内容、评价方式与成绩占比、适用题型等内容作出具体说明。改革的关键体现在改革后的考试大纲对测试能力、题型题量等作了具体规定。其中，对测评能力的要求是：期末考试试卷必须有一定比例的综合应用题，以考核学生综合应用能力或综合分析问题、解决问题能力，以示与日常测验的区别。应用能力要达到的层级应与课程毕业要求相符。综合应用题一般应检测3个以上章节（或知识点）的综合应用情况。低阶能力测试题型（包括单选题、多选题、判断题、填空题、简答题或简述题等）分值占比不应超过40%。一般不出现名词解释。对题型题量的要求是：期末考试试卷题型一般应包括5种以上；单题数量总计不低于30道。

（3）模板。以下为我校改革后的考试大纲模板。

《×××××》考试大纲（黑体小四）

编写者：（宋体五号）　　审核者：（宋体五号）

授课学时	学时
适应专业	专业
考试方式	（要明确各种评价方式在课程考核中所占比例，期末考试比重建议在50%～70%之间，各评价方式百分比之和为100%。）
考试时间	分钟
推荐教材	
试题类型	（不少于5种题型）
考试要求	

序号	课程目标（支撑毕业要求）	考核内容	评价方式与成绩占比（%）				成绩占比（%）	适用题型
			期末考试	作业	日常测验	……		
1	目标1：……。（支撑毕业要求X）	（1） （2） （3） ……						
2	目标2：……。（支撑毕业要求Y）							
⋮								

2. 优秀考试大纲编写案例

2020—2021学年第一学期，学校组织试点专业考试大纲编定工作，要求各专业核心课程按照改革后的考试大纲模板进行编写。课题组对各专业完成的考试大纲进行了抽查，从抽查结果看，所有专业在内容和格式上均能按照考试大纲要求进行规范编写，有些专业还对改革后的大纲进行了拓展细化，如加入平时成绩的考核方式和给定标准等，例如下文中展示的税收学专业核心课程《税务稽查》考试大纲。

《税务稽查》考试大纲

授课学时	32
适应专业	税收学
考试方式	平时考核与期末考试相结合，百分制。平时考核（课堂表现、课堂测验、作业等）占30%，期末考试（单选题、多选题、判断题、案例分析题、综合分析题等）占70%
考试时间	120分钟
推荐教材	《税务稽查》，国家税务总局教材编写组，中国税务出版社，2017年版
试题类型	单选题、多选题、简答题、案例分析题、综合分析题
考试要求	(1) 知识应用能力：能够将税务稽查的基本理论与基本方法应用于解决税收专业领域偷税、逃避缴纳税款、骗税以及抗税等问题。 (2) 问题分析能力：能够应税收学的基本知识和会计核算知识分析偷税、逃避缴纳税款、骗税的表现形式。 (3) 综合应用能力：能够针对税务稽查中涉及的偷税、逃避缴纳税款、骗税以及抗税问题，提出合理的解决方案。 (4) 设计能力：能够设计符合涉税企业问题的税务检查方案，并能够在检查环节中体现创新意识，考虑税收成本、社会责任、职业道德等问题。 (5) 沟通能力：能够就税务稽查相关的涉税问题与业界同行及社会公众进行有效沟通和交流。 (6) 终身学习能力：能够跟踪税收学科前沿，预测发展趋势，持续提高财税知识的应用能力和财税业务的分析能力，提升职业素养，适应税收行业及相关职业发展

序号	课程目标（支撑毕业要求）	考核内容	评价方式与成绩占比（%）				成绩占比（%）	适用题型
			期末考试	课堂测验	作业	课堂表现		
1	目标1：知识应用能力：能够将税务稽查的基本理论与基本方法应用于解决税收专业领域偷税、逃避缴纳税款、骗税以及抗税等问题。 （支撑毕业要求2：专业性知识。掌握包括财政与税收的理论、制度和管理等相关知识，熟悉专业前沿理论与行业动态知识）	(1) 第一章：税务稽查方法、税务稽查案件协查、部门协作；税务稽查证据。 (2) 第二章：案源管理方式；税务稽查准备；税务稽查报告撰写。 (3) 第三章：纳税人和纳税义务人稽查；适用税率稽查。 (4) 第四章：企业收入总额、免税收入、不征税收入；税前准予扣除项目和标准。 (5) 第五章：纳税人和扣缴义务人稽查	70	9	12	9	10	单选题 多选题 案例分析题

续表

序号	课程目标（支撑毕业要求）	考核内容	评价方式与成绩占比（%）				成绩占比（%）	适用题型
			期末考试	课堂测验	作业	课堂表现		
2	目标 2：问题分析能力：能够应税收学的基本知识和会计核算知识分析偷税、逃避缴纳税款、骗税的表现形式。 （支撑毕业要求 5：实践能力。理解并掌握税收基本原理与决策方法，能够在多学科环境中应用税收政策，进行税收检查、税收筹划以及税务风险管控，能够分析税收政策和税收征管中的实务问题，能够综合运用税收专业知识解决实务问题）	（1）第一章：税务稽查账务调整；税务稽查信息化。 （2）第二章：税务行政处罚；涉税犯罪。 （3）第三章：特殊销售行为稽查；视同销售行为稽查；销项税额稽查；进项税额稽查；增值税专用发票稽查。 （4）第四章：企业所得税收入总额稽查；企业所得税扣除项目稽查；资产税务处理稽查；企业所得税税收优惠稽查；企业所得税应纳税额稽查；企业重组所得税稽查。 （5）第五章：征税范围稽查；计税依据稽查	70	9	12	9	15	单选题 多选题 案例分析题
3	目标 3：综合应用能力：能够针对税务稽查中涉及的偷税、逃避缴纳税款、骗税以及抗税问题，提出合理的解决方案。 （支撑毕业要求 5：实践能力。理解并掌握税收基本原理与决策方法，能够在多学科环境中应用税收政策，进行税收检查、税收筹划以及税务风险管控，能够分析税收政策和税收征管中的实务问题，能够综合运用税收专业知识解决实务问题）	（1）第一章：税务稽查账务调整。 （2）第三章：特殊销售行为稽查；视同销售行为稽查；销项税额稽查；进项税额稽查；增值税专用发票稽查。 （3）第四章：企业所得税收入总额稽查；企业所得税扣除项目稽查；资产税务处理稽查；企业所得税税收优惠稽查；企业所得税应纳税额稽查；企业重组所得税稽查。 （4）第五章：征税范围稽查；计税依据稽查	70	9	12	9	25	案例分析题 简答题 综合分析题

续表

序号	课程目标（支撑毕业要求）	考核内容	评价方式与成绩占比（%）				成绩占比（%）	适用题型
			期末考试	课堂测验	作业	课堂表现		
4	目标4：设计能力：能够设计符合涉税企业问题的税务检查方案，并能够在检查环节中体现创新意识，考虑税收成本、社会责任、职业道德等问题。（支撑毕业要求7：社会责任。具有良好的思想道德修养、社会责任感、公共意识、敬业精神和创业意识）	（1）第一章：税务稽查方法。（2）第二章：案源管理方式；税务稽查准备。（3）第三章：纳税人和纳税义务人稽查；特殊销售行为稽查；视同销售行为稽查；适用税率稽查；销项税额稽查；进项税额稽查；增值税专用发票稽查。（4）第四章：企业所得税收入总额稽查；企业所得税扣除项目稽查；资产税务处理稽查；企业所得税税收优惠稽查；企业所得税应纳税额稽查；企业重组所得税稽查。（5）第五章：纳税人和扣缴义务人稽查；征税范围稽查；计税依据稽查	100	0	0	0	30	案例分析题 综合分析题
5	目标5：沟通能力：能够就税务稽查相关的涉税问题与业界同行及社会公众进行有效沟通和交流。（支撑毕业要求6：综合能力。具有较强的组织、协调和管理能力，能够与团队成员和谐相处，能够运用不同沟通技巧处理涉税业务管理和实务中出现的问题，能够与他人合作，共同分析涉税问题、共同商定解决方案）	（1）第一章：税务稽查案件协查、部门协作；税务稽查证据。（2）第二章：案源管理方式；税务稽查准备；税务稽查报告撰写。（3）第三章：纳税人和纳税义务人稽查；特殊销售行为稽查；视同销售行为稽查；适用税率稽查；销项税额稽查；进项税额稽查；增值税专用发票稽查。（4）第四章：企业所得税收入总额稽查；企业所得税扣除项目稽查；资产税务处理稽查；企业所得税税收优惠稽查；企业所得税应纳税额稽查；企业重组所得税稽查。（5）第五章：纳税人和扣缴义务人稽查；征税范围稽查；计税依据稽查	30	21	28	21	10	简答题 案例分析题

续表

序号	课程目标（支撑毕业要求）	考核内容	评价方式与成绩占比（%）				成绩占比（%）	适用题型
			期末考试	课堂测验	作业	课堂表现		
6	目标6：终身学习能力：能够跟踪税收学科前沿，预测发展趋势，持续提高财税知识的应用能力和财税业务的分析能力，提升职业素养，适应税收行业及相关职业发展。（支撑毕业要求4：学习能力。具有自主学习和终身学习的良好意识，不断提高学习和适应发展的能力。能够了解税收学科前沿，预测发展趋势，持续提高财税知识的应用能力和财税业务的分析能力）	（1）第一章：税务稽查账务调整；税务稽查信息化。（2）第三章：销项税额稽查；进项税额稽查；增值税专用发票稽查。（3）第四章：企业所得税收入总额稽查；企业所得税扣除项目稽查；资产税务处理稽查；企业所得税税收优惠稽查；企业所得税应纳税额稽查；企业重组所得税稽查。（4）第五章：纳税人和扣缴义务人稽查；征税范围稽查；计税依据稽查	20	24	32	24	10	综合分析题

平时成绩评定标准与依据

考核项目/权重	指标与依据				
	优（90~100分）	良（80~89分）	中（70~79分）	及格（60~69分）	不及格（0~59分）
课堂测验/30%	基本概论理解准确，基本概念掌握牢固，没有错误	基本概论理解准确，基本概念掌握基本牢固，没有明显的错误	基本概论理解准确，没有重大的错误	基本概论理解准确，没有重大的错误，有少量留空	基本概论理解错误多，存在重大表达错误或留空较多
作业质量/40%	书写清晰、规范、整洁；解决问题方法合理；计算正确	书写清晰、规范、整洁；解决问题方法基本合理；个别计算有误	书写基本清晰、规范、整洁；解决问题方法基本合理；部分计算有误	书写不够清晰规范；解决问题的方法部分有误；计算错误较多	书写不清晰、不规范；没有分析和解决问题的方法；计算错误非常多

续表

考核项目/权重	指标与依据				
	优（90～100分）	良（80～89分）	中（70～79分）	及格（60～69分）	不及格（0～59分）
课堂表现/30%	正常出勤；积极参与课堂讨论5次以上；表现积极，能与他人进行有效沟通	缺勤不超过1次；积极参与课堂讨论3次以上；表现较主动，能与他人进行有效沟通	缺勤不超过2次；参与课堂讨论2次以上；基本能主动配合，能与他人进行有效沟通	缺勤不超过3次，参与课堂讨论2次以上；能基本配合团队，能与他人进行有效沟通	缺勤次数超过3次，不参与课堂讨论；不能与他人进行有效沟通

八、开发学习成果测评系统

（一）系统目的及意义

使用SSM框架技术开发B/S架构的高等财经教育学习成果评价测评系统，利用该系统高效率的完成大量的测评工作，是本系统的研发目的。该系统从题库中抽取已编写好的试题生成测评试卷，能有效地避免试题泄露。测评结束后，系统自动对客观题目评分，主观题需管理员进行评分，目前暂未实现人工智能批阅主观题。管理员可以管理学生的试卷，同时学生也可以登录查看考试成绩和试卷。系统具有无时间地点限制、阅卷与评分公平准确等优点，具体的优势有以下六点：

（1）测评产生的所有数据都存储在服务器中，方便以后查询和导出，支持多种导出方式，如可导出为Word、Excel，同时可选择导出的栏目。

（2）学生信息仅支持管理员导入，能有效防止他人恶意注册登录。

（3）软件采用B/S架构，具有良好的通用性。

（4）管理员可导入系统指定格式的题目，提高试题录入速度。

（5）系统具有自动化处理功能。客观题系统自动阅卷与主观题人工阅卷功能，能够为提学生提供相对公平的测评结果。

（6）合理简洁的UI设计，方便用户操作。

（二）相关技术及开发环境介绍

1. SSM

系统采用SSM（Spring MVC + Spring + Mybatis）框架开发，SSM是标准

的 MVC 模式，将整个系统划分为 View 层，Controller 层，Service 层，DAO 层四层。其中，Spring MVC 负责请求的转发和视图管理，Spring 实现业务对象管理，Mybatis 作为数据对象的持久化引擎。SSM 常作为数据源较简单的 web 项目的框架。

2. Java

Java 是一门面向对象编程语言，具有简单性、面向对象、分布式、健壮性、安全性、平台独立与可移植性、多线程等特点，它吸收了 C + + 语言的各种优点，摒弃了 C + + 里难以理解的多继承、指针等概念，Java 是面向对象语言的优秀代表，具有功能强大和简单易用两个特征，因此本系统采用了 Java 语言来编写程序后台。

3. Html + CSS + JavaSript

系统前端为了实现内容和样式分离，便于后期维护，系统采用了 HTML + CSS 相结合的网页开发语言。网页内的动态效果通过 JS 实现，JS 是一种基于对象和事件驱动并具有相对安全性的客户端脚本语言，同时也是一种广泛用于客户端 Web 开发的脚本语言，常用来给 HTML 网页添加动态功能，比如响应用户的各种操作。

4. Ajax

Ajax 是指一种创建交互式网页应用的网页开发技术。Ajax 工作原理相当于在客户端与服务端增加了一个异步响应环节，致使用户在客户端上的操作与服务器对用户的响应异步进行。从而达到客户端帮助服务器进行部分功能的处理的效果，充分利用客户端的空闲资源与时间资源，减轻服务器端应用程序的数据处理压力。

5. MySQL

MySQL 所使用的 SQL 语言是用于访问数据库的最常用标准化语言。由于其体积小、速度快、总体拥有成本低，尤其是开放源码这一特点，是中小型网站数据库的首选，本系统也采用 MySQL 作为数据库。

6. 系统开发环境

系统开发环境说明，如表 8 - 1 所示。

表 8-1　系统开发环境说明

名称	版本
操作系统	Windows Server 2008 R2
开发工具	Eclipse
数据库	MySql 5.7
数据库可视化工具	XAMPP
Web 服务器	Tomcat 7.0
Java 工具包	JDK 1.7

（三）系统设计

1. 系统功能分析

（1）学生功能。学生登录系统后，进入学生主页，可以选择需要测评的试卷，然后开始答题，答题完成后提交试卷即可。同时，学生可对已考试卷查询成绩以及查看试卷。学生也可维护个人信息，如修改密码和修改个人信息。如图 8-1 所示。

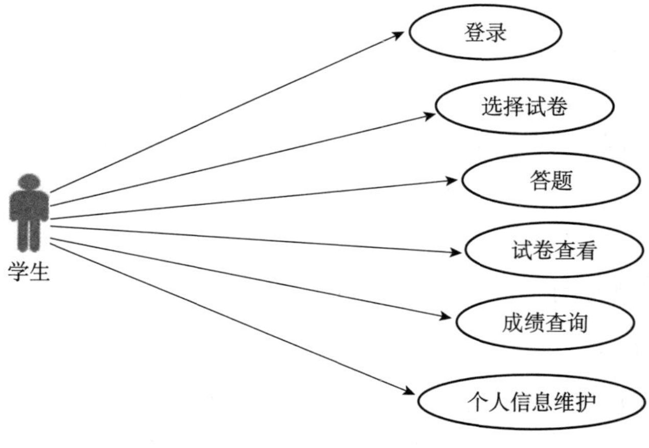

图 8-1　学生用例图

登录：学生根据管理员分配的账号密码登录系统。

选择试卷：学生登录系统后，浏览并选择考试的试卷。

答题：学生进行在线答题，答题完成后提交试卷。

试卷查看：学生可以查看已经完成的试卷，可查询每道题的测评结果。

成绩查询：学生可以查询考试成绩，查询是否通过测评。

个人信息维护：学生可以查看并修改个人信息，如修改密码。

（2）教师管理员功能。教师管理员功能实现以下功能：登录、用户管理、学科管理、试题管理、考试管理、试卷管理、答题管理、批阅试卷等功能。如图 8－2 所示。

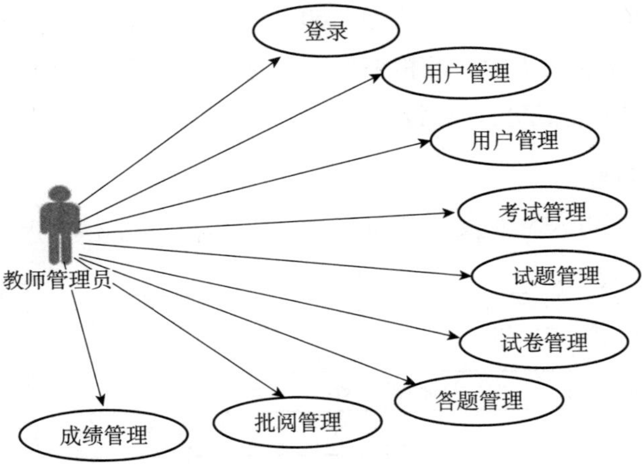

图 8－2　教师管理员用例图

登录：教师管理员登录系统需要填写用户名、密码和验证码，点击登录进入系统。

用户管理：教师管理员可增删改查学生信息，其中，添加学生信息需要填写学生账号、所属学科、学生密码、学生姓名和等信息。同时也可赋予其他用户管理员权限。

学科管理：教师管理员进行学科管理，可增删改查学科信息

考试管理：教师管理员进行考试管理，可增删改查考试信息，其中，添加考试信息需要填写考试名称、所属学科、考试开始日期、考试结束日期、考试时长等信息。

试卷管理：教师管理员进行试卷管理，可以增删改查试卷信息。

试题管理：教师管理员进行试题管理，可增删改查试题信息，其中，添加试题信息需要填写试题题目、所属学科、分值、试题类型、正确答案等信息。对于大批量试题，管理员可将题目导入数据库，从而提高试题录入速度。

答题管理：教师管理员进行答题管理，可以搜索答题信息，显示答题所

属考试、试卷 ID、所属试题、所属学生、提交的答案和是否正确等信息。

批阅管理：教师管理员可对主观题答题结果进行批阅（客观题系统自动批阅）。

成绩管理：成绩可永久保存到系统数据库中，教师管理员可方便查看考生成绩统计情况。如，通过直观图查看参加考试人数、未批阅人数、60 分以上及格人数、60 分以下不及格人数、60～79 分的合格人数、80～89 分良好人数、90 分以上优秀人数、及格率等。同时可将成绩导出到 Excel 中，方便对成绩进行各种更深层次的分析。

2. 系统架构

系统开发采用 SSM 框架，其 MVC 模式架构图如图 8－3 所示。

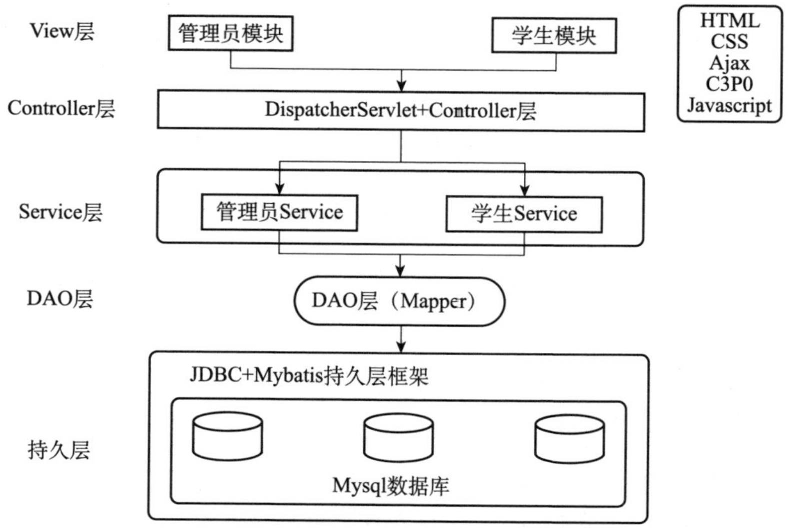

图 8－3　系统架构运行图

View 层：与 Controller 层结合比较紧密，需要二者结合起来协同工发，主要负责前台页面的表示。

Controller 层：控制器，导入 Service 层，因为 Service 中的方法是我们使用到的，Controller 通过接收前端传过来的参数进行业务操作，在返回一个指定的路径或者数据表。

Service 层：存放业务逻辑处理，也是一些关于数据库处理的操作，但不是直接和数据库打交道，它有接口还有接口的实现方法，在接口的实现方法中需要导入 Dao 层，Dao 层是直接跟数据库打交道的，它也是个接口，只有方法名字，具体实现在 Mapper. xml 文件里，Service 是供我们使用的方法。

Dao 层：负责对数据向数据库增删改查的操作。在该注册的框架中，如果不使用 Spring 的话，每个层之间的数据传递都需要 New 一个调用该层数据的类的实例。而使用了 Spring 的话，需要做的就是把 DAO 层和 BIZ 层的每个类都写一个接口类，接口类里写实现类的方法，在调用的时候不 New 对象，直接用对象点（.）方法就可以，还需要对每个对象加上 Set/Get 方法。

持久层：MyBatis 是持久层框架，它是支持 JDBC 的，简化了持久层开发。使用 MyBatis 时，只需要通过接口指定数据操作的抽象方法，然后配置与之关联的 SQL 语句，即可完成。

3. 系统工作流程设计

系统工作流程包括学生工作流程和教师管理员工作流程，学生工作流程如图 8 – 4 所示。

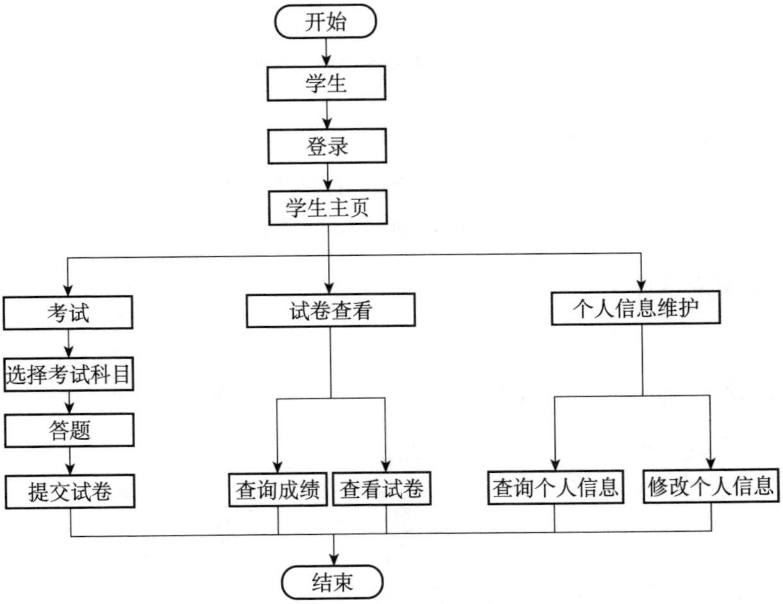

图 8 – 4 学生工作流程图

学生进入系统后，可以查看成绩、进行考试、查看已考试卷和个人信息维护操作。

（1）考试：先选择考试科目，然后进行答题，答题完成后提交试卷。

（2）试卷查看：学生可以查询考试成绩和查看已经考过的试卷。

（3）个人信息维护：学生可以查看个人信息和修改个人信息。

管理员工作流程如图 8－5 所示。

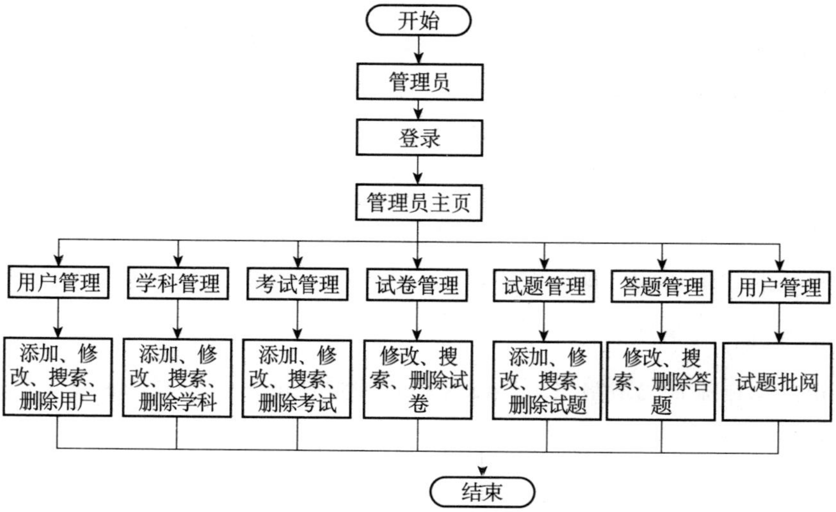

图 8－5　管理员工作流程图

管理员登录系统，系统校验管理的用户名和密码，系统校验成功后登录系统。管理员进入系统后，可以进行用户管理、学科管理、考试管理、试卷管理、试题管理、答题管理、批阅管理、成绩管理等。

4. 数据库设计

（1）系统 E-R 图。

系统使用 MySQL 作为数据库，全局 E-R 图如图 8－6 所示。

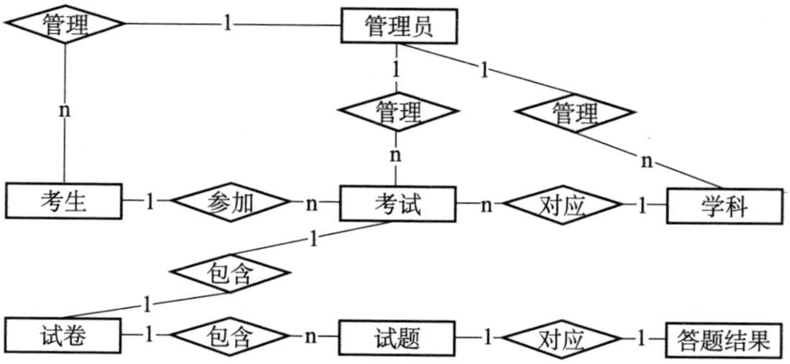

图 8－6　系统全局 E-R 图

根据系统分析的主要实体，管理员、学生、学科、考试、试卷、试题、答题结果等实体具体的描述属性图如图 8－7 至图 8－13 所示。

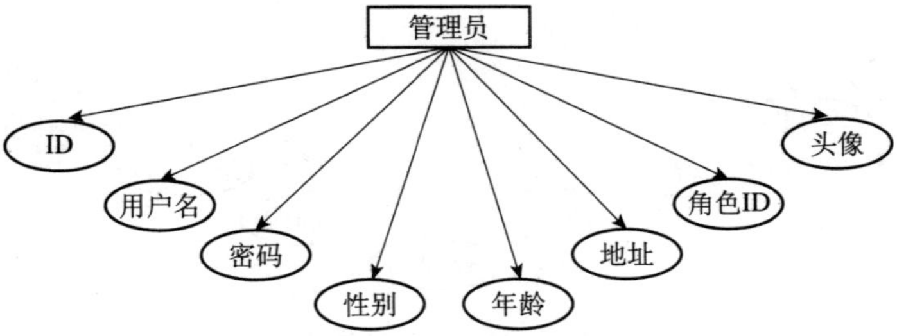

图 8－7　管理员实体图

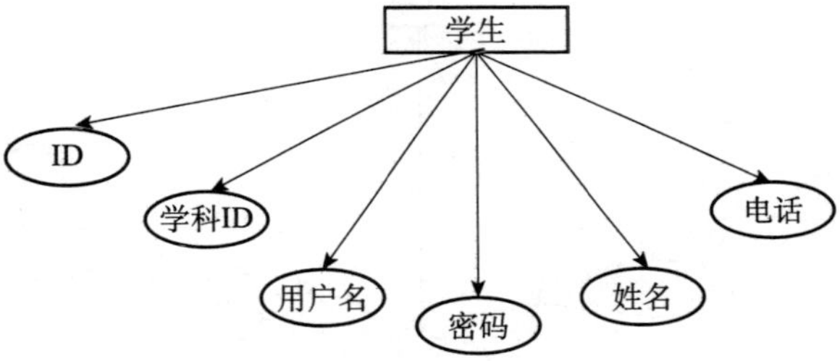

图 8－8　学生实体图

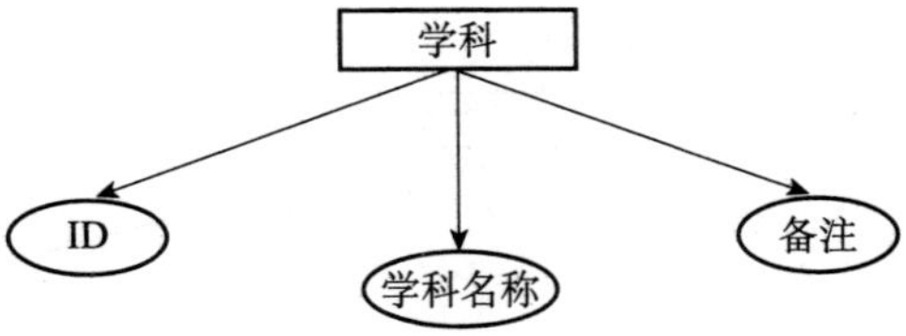

图 8－9　学科实体图

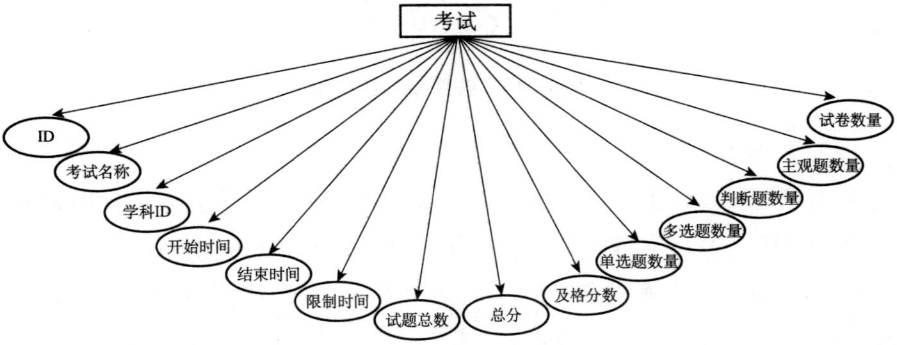

图 8－10　考试实体图

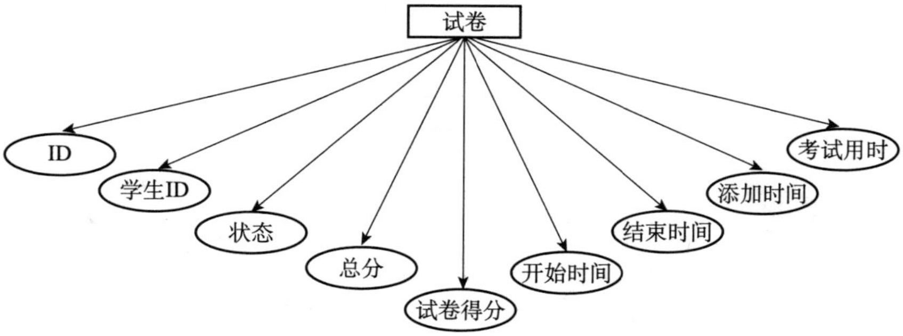

图 8-11 试卷实体图

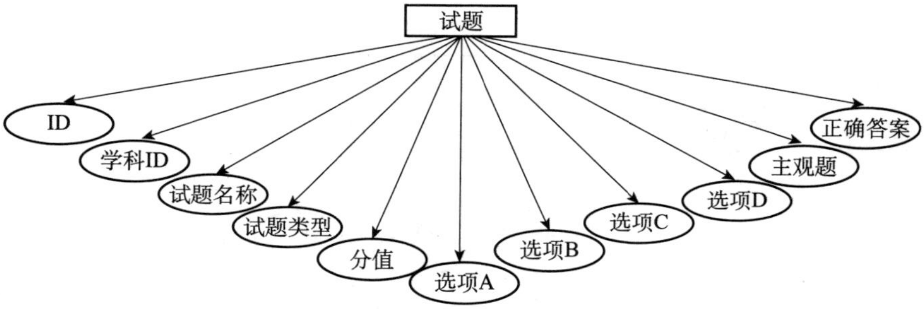

图 8-12 试题实体图

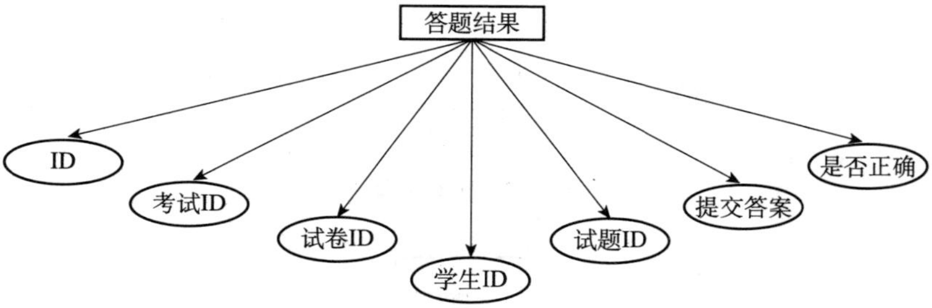

图 8-13 答题结果实体图

（2）数据库逻辑设计。

数据库逻辑设计主要是把数据库概念设计时设计好的基本 E-R 图转换为与选用 DBMS 产品所支持的数据模型相符合的逻辑结构。本系统数据库名称为 OnlineExam，数据库中包括：用户表（User）、班级表（Class）、学科表（Subject）、试题表（Question）、考试表（Examnaiton）、答题结果表

（Grade）。

用户表（User），存储学生和管理员信息如表 8－2 所示。

表 8－2　　用户表

名称	类型	长度	小数点	允许空值	主关键字
id	int	11	0	否	否
user_id	varchar	20	0	否	是
class_id	varchar	11	0	允许	否
username	int	50	0	否	否
password	varchar	50	0	否	否
description	varchar	255	0	允许	否
grade	varchar	20	0	允许	否
nickname	varchar	50	0	允许	否
email	varchar	50	0	允许	否
phone	varchar	50	0	允许	否
sex	int	255	0	允许	否
age	int	3	0	允许	否
img	varchar	255	0	允许	否

班级表（Class），存储班级信息如表 8－3 所示。

表 8－3　　班级表

名称	类型	长度	小数点	允许空值	主关键字
id	int	11	0	否	是
ins_id	int	11	0	允许	否
class_name	varchar	50	0	否	否
description	varchar	255	0	允许	否
sort	int	10	0	允许	否
author	varchar	50	0	允许	否
creat_time	datetime	0	0	允许	否
update_time	datetime	0	0	允许	否

学科表（Subject），存储学科信息如表 8－4 所示。

表 8－4　　学科表

名称	类型	长度	小数点	允许空值	主关键字
id	int	8	0	否	是
user_id	varchar	20	0	允许	否
name	varchar	255	0	允许	否
description	varchar	255	0	允许	否
Img_url	varchar	10	0	允许	否
sort	int	50	0	允许	否
author	varchar	0	0	允许	否
creat_time	datetime	0	0	允许	否
update_time	datetime	0	0	允许	否

试题表（Question），存储试题信息如表 8－5 所示。

表 8－5　　试题表

名称	类型	长度	小数点	允许空值	主关键字
id	int	8	0	否	是
title	text	0	0	允许	否
content	text	0	0	允许	否
question_type	int	8	0	允许	否
option_a	varchar	50	0	允许	否
option_b	varchar	50	0	允许	否
option_c	varchar	50	0	允许	否
option_d	varchar	50	0	允许	否
answer	test	0	0	允许	否
parse	test	0	0	允许	否
score	int	8	0	允许	否
difficulty	int	8	0	允许	否
subject_id	int	8	0	允许	否
creat_time	datetime	0	0	允许	否
update_time	datetime	0	0	允许	否

答题结果表（Grade），存储答题结果信息如表 8－6 所示。

表 8－6 答题结果表

名称	类型	长度	小数点	允许空值	主关键字
id	int	8	0	否	是
user_id	varchar	20	0	允许	否
exam_id	varchar	8	0	允许	否
result	int	8	0	允许	否
auto_result	int	8	0	允许	否
manul_result	int	8	0	允许	否
auto_json	long_text	0	0	允许	否
manul_json	long_text	0	0	允许	否
answer_json	long_text	0	0	允许	否
creat_time	datetime	0	0	允许	否
update_time	datetime	0	0	允许	否

（四）系统实现

1. 关键代码分析

本系统使用 SpringMVC，Spingmvc. xml 是配置 SpringMVC 的，而 SpringMVC 是整个系统最重要的一部分。它主要是用来配置 action 的，也就是请求处理动作的。现将系统试题管理的 Mapper、Modle、Service 代码总结如下。

（1）试题管理的 Mapper 代码

```
<?xml version = "1.0"encoding = "UTF-8"?>
<!DOCTYPE mapper PUBLIC "-//mybatis.org//DTD Mapper 3.0//EN""http://mybatis.org/dtd/mybatis-3-mapper.dtd">
<mapper namespace = "com.exam.mapper.QuestionMapper">
    <resultMap id = "BaseResultMap"type = "com.exam.model.Question">
```

```
        < id column = "id"property = "id"jdbcType = "INTE-
GER"/>
        < result column = "title"property = "title"jdbc-
Type = "VARCHAR"/>
        < result column = "content"property = "content"jd-
bcType = "LONGVARCHAR"/>
        < result column = "question_type"property = "ques-
tionType"jdbcType = "INTEGER"/>
        < result column = "option_a"property = "optionA"
jdbcType = "VARCHAR"/>
        < result column = "option_b"property = "optionB"
jdbcType = "VARCHAR"/>
        < result column = "option_c"property = "optionC"
jdbcType = "VARCHAR"/>
        < result column = "option_d"property = "optionD"
jdbcType = "VARCHAR"/>
        < result column = "answer"property = "answer"jdbc-
Type = "LONGVARCHAR"/>
        < result column = "parse"property = "parse"jdbc-
Type = "LONGVARCHAR"/>
        < result column = "score"property = "score"jdbc-
Type = "INTEGER"/>
        < result column = "difficulty"property = "diffi-
culty"jdbcType = "INTEGER"/>
        < result column = "subject_id"property = "subjec-
tId"jdbcType = "INTEGER"/>
        < result column = "create_time"property = "create-
Time"jdbcType = "TIMESTAMP"/>
        < result column = "update_time"property = "update-
Time"jdbcType = "TIMESTAMP"/>
        < result column = "status"property = "status"jdbc-
```

```
Type = "INTEGER"/>
            < association property = "subject" javaType =
"com.exam.model.Subject" >
    <result property = "id"jdbcType = "INTEGER"column = "s_
subject_id"/>
    <result property = "name"jdbcType = "VARCHAR"column = "s_
subject_name"/>
    <result property = "description"jdbcType = "VARCHAR"col-
umn = "s_subject_description"/>
    < /association >
        < /resultMap >
          < resultMap id = "VlidateResultMap" type =
"com.exam.model.Question" >
            < id column = "num"property = "counts"jdbcType =
"INTEGER"/>
        < /resultMap >
        <sql id = "Base_Column_List" >
          id,title,content,question_type,option_a,option_
b,option_c,option_d,answer,parse,
           score, difficulty, subject _id, exam _id, create _
time,update_time,status
        < /sql >

          < select id = "findByCondition" parameterType =
"com.exam.vo.QuestionConditionVo"resultMap = "BaseResultMap" >
    SELECT
    a. * ,
    subject.id AS s_subject_id,
    subject.`name`AS s_subject_name,
    subject.description AS s_subject_description
    FROM
```

```
question a
INNER JOIN subject ON a.subject_id = subject.id
WHERE 1 = 1
<if test = "subjectId != null">
AND a.subject_id = #{subjectId}
</if>
<if test = "questionType != null">
AND a.question_type = #{questionType}
</if>
<if test = "status != null">
AND a.status = #{status}
</if>
<if test = "keywords != null and keywords != ''">
AND
a.title LIKE CONCAT ('% ', # { keywords, jdbcType = VARCHAR},'% ')
</if>
GROUP BY a.id
<if test = "orderBy != null and orderBy != ''">
ORDER BY ${orderBy} ASC
</if>
    </select>

    <select id = "selectById"parameterType = "int"resultMap = "BaseResultMap">
SELECT
a.*,
subject.id AS s_subject_id,
subject.name AS s_subject_name,
subject.description AS s_subject_description
FROM
```

```
question a
INNER JOIN subject ON a.subject_id = subject.id
WHERE
a.id = #{id}
    </select>

    <insert id="batchInsert" parameterType="java.util.List">
  <selectKey resultType ="java.lang.Integer" keyProperty= "id" order= "AFTER">
            SELECT LAST_INSERT_ID()
        </selectKey >
INSERT INTO question (title, content, question_type, option_a,option_b,option_c,option_d,
        answer,parse,score,difficulty,subject_id,status)
VALUES
  <foreach collection="list" item="item" index="index" separator=",">
  (#{item.title},#{item.content},#{item.questionType},#{item.optionA},#{item.optionB},#{item.optionC},#{item.optionD},#{item.answer},
  #{item.parse},#{item.score},#{item.difficulty},#{item.subjectId},#{item.status})
  </foreach>
    </insert>

  <select id="validateBySubjectIds" parameterType="map" resultMap="VlidateResultMap">
SELECT
COUNT(question.id)AS num
```

```
FROM
question
WHERE
question.subject_id in
<foreach collection = "array"item = "item"index = "index"
open = "("separator = ","close = ")" >
#{item}
< /foreach >

< /select >
    <delete id = "deleteBatch"parameterType = "map" >
DELETE FROM
question
WHERE
id in
<foreach collection = "array"item = "item"index = "index"
open = "("separator = ","close = ")" >
#{item}
< /foreach >
    < /delete > < /mapper >
```

（2）试题管理的 Modle 代码

```
import com.exam.model.Question;
import com.exam.model.Subject;
import com.exam.vo.base.BaseVc;
import javax.persistence.Transient;
public class Question
  extends BaseVo
{
  private String title;
  private String content;
```

```
    private Integer questionType;
    private String optionA;
    private String optionB;
    private String optionC;
    private String optionD;
    private String answer;
    private String parse;
    private Integer score;
    private Integer difficulty;
    private Integer subjectId;
    private Integer status;
    @ Transient
    private String stuAnswer;
    @ Transient
    private Integer counts;
    @ Transient
    Subject subject;
    public String getTitle(){ return this.title;}
    public void setTitle(String title){ this.title = ti-
tle;}
    public String getContent(){ return this.content;}
    public void setContent(String content){ this.content
= content;}
    public Integer getQuestionType(){ return this.ques-
tionType;}
    public void setQuestionType(Integer questionType){
this.questionType = questionType;}
    public String getOptionA(){ return this.optionA;}
    public void setOptionA(String optionA){ this.optionA
= optionA;}
  public String getOptionB(){ return this.optionB;}
```

```
    public void setOptionB(String optionB){ this.optionB
= optionB;}
    public String getOptionC(){ return this.optionC;}
    public void setOptionC(String optionC){ this.optionC
= optionC;}
    public String getOptionD(){ return this.optionD;}
    public void setOptionD(String optionD){ this.optionD
= optionD;}
    public String getAnswer(){ return this.answer;}
    public void setAnswer(String answer){ this.answer =
answer;}
    public String getParse(){ return this.parse;}
    public void setParse(String parse){ this.parse =
parse;}
    public Integer getScore(){ return this.score;}
    public void setScore(Integer score){ this.score =
score;}
    public Integer getDifficulty(){ return this.difficulty;}
    public void setDifficulty(Integer difficulty){ this.
difficulty = difficulty;}
    public Integer getSubjectId(){ return this.subjectId;}
    public void setSubjectId(Integer subjectId){ this.sub-
jectId = subjectId;}
    public Integer getStatus(){ return this.status;}
    public void setStatus(Integer status){ this.status =
status;}
    public String getStuAnswer(){ return this.stuAnswer;}
    public void setStuAnswer(String stuAnswer){ this.stu-
Answer = stuAnswer;}
    public Subject getSubject(){ return this.subject;}
    public void setSubject(Subject subject){ this.subject
```

```
= subject;}
    public Integer getCounts(){ return this.counts;}
    public void setCounts(Integer counts){ this.counts =
counts;}
  }
```

(3) 试题管理的 Service 代码

```
import com.exam.model.Question;
import com.exam.service.BaseService;
import com.exam.vo.QuestionConditionVo;
import com.exam.vo.base.ResponseVo;
import java.util.List;
import
org.springframework.web.multipart.MultipartFile;
public interface QuestionService extends BaseService <
Question > {
List < Question > findByCondition (QuestionConditionVo
paramQuestionConditionVo);
Question selectById(Integer paramInteger);
Question insertQuestion(Question paramQuestion);
int deleteBatch(Integer[]paramArrayOfInteger);
int totalNum();
ResponseVo importExcel (MultipartFile paramMultipart-
File);
int countBySubjectId(Integer paramInteger);
}
```

2. 主要功能模块测试

(1) 学生功能模块。

登录页面。用户输入用户名、密码和验证码，点击登录按钮，即可登录系统。如图 8 - 14 所示。

图 8 – 14　登录界面

学生主页。学生成功登录系统后，进入学生主页，学生主页如图 8 – 15 所示，显示学生进行中的考试和学生参加过的考试。

图 8 – 15　学生主页

答题页面。学生进入答题页面，会显示试题信息、考试用时等信息，学生进行答题，答题完成后，点击交卷按钮即可，如图 8 – 16 所示。

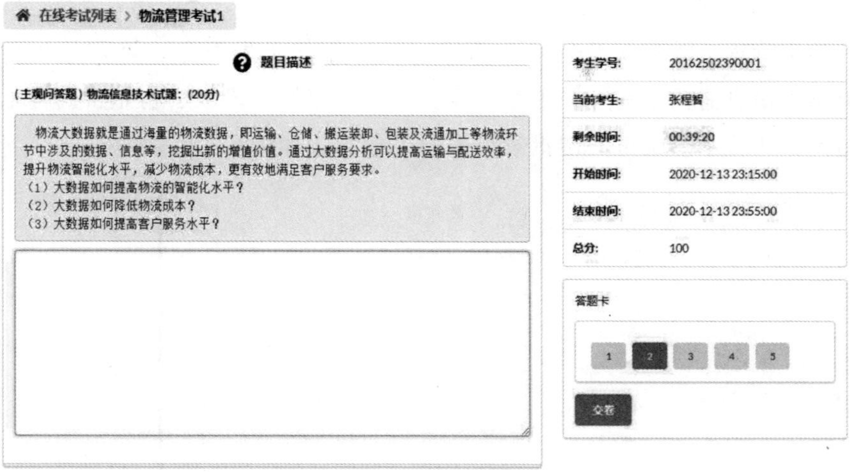

图 8－16 答题页面

成绩查询。学生答题完成后，可以查看自己考过的试卷，可以查询考试分数，如图 8－17 所示。

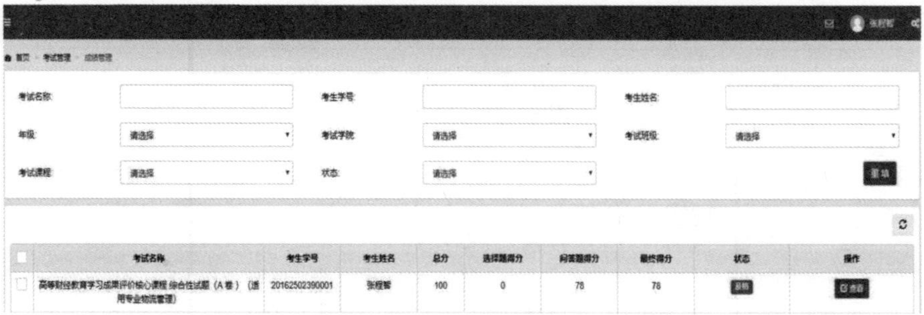

图 8－17 成绩查询

修改密码。学生进入修改密码，可以修改自己的密码，如图 8－18 所示。

图 8－18 修改密码

(2) 管理员功能模块。

学生管理。管理员进行学生管理,可以添加学生信息、修改学生信息、编辑学生信息需要填写登录账号、真实姓名、年级、班级、初始密码等信息,如图 8 - 19 所示。也可一键批量导入学生信息,如图 8 - 20 所示。

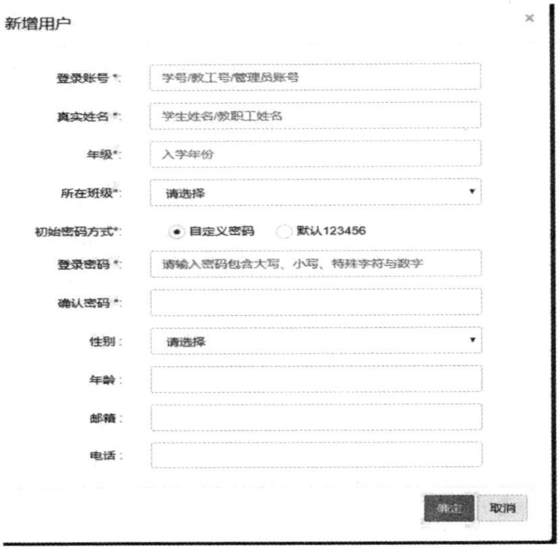

图 8 - 19 学生管理

图 8 - 20 批量导入学生信息

试题管理。管理员进行试题管理，可以添加试题信息、修改试题信息、为了方便管理员试题的添加，实现了批量导入试题功能，管理员需要选择导入文件即可，如图 8－21、图 8－22、图 8－23 所示。

图 8－21 试题管理

图 8－22 新增试题

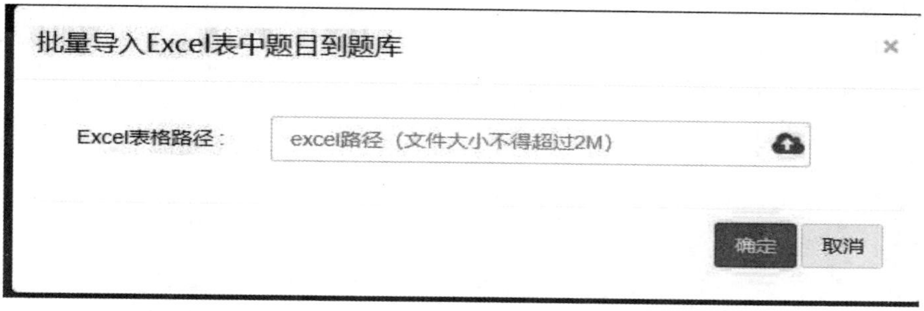

图 8－23 批量导入试题

考试管理。管理员进行考试管理，可以修改考试信息、添加考试信息，如图 8－24、图 8－25 所示。

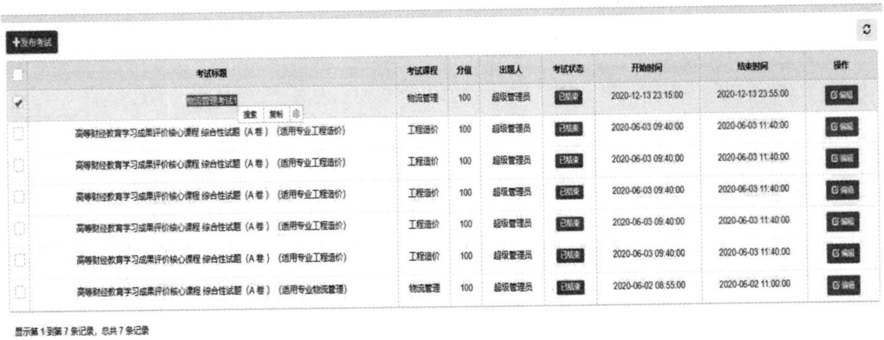

图 8－24　编辑考试

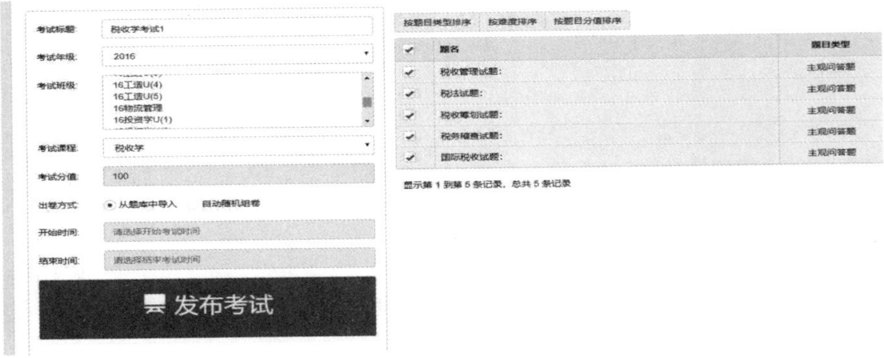

图 8－25　发布考试

成绩管理。成绩可永久保存到系统数据库中，教师管理员可方便查看考生成绩统计情况。如通过直观图查看参加考试人数、还未批阅人数、60 分以上及格人数、60 分以下不及格人数、60～79 分的合格人数、80～89 分良好人数、90 分以上优秀人数、及格率等等；另外系统还可以将所有考生信息导出到 Excel 表，根据 Excel 表可直观的对成绩进行更深层次分析。如图 8－26 至图 8－33 所示。

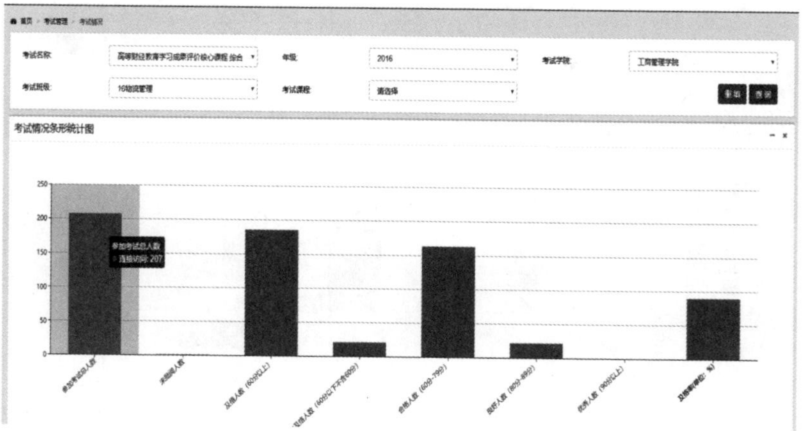

图 8-26　考试总人数

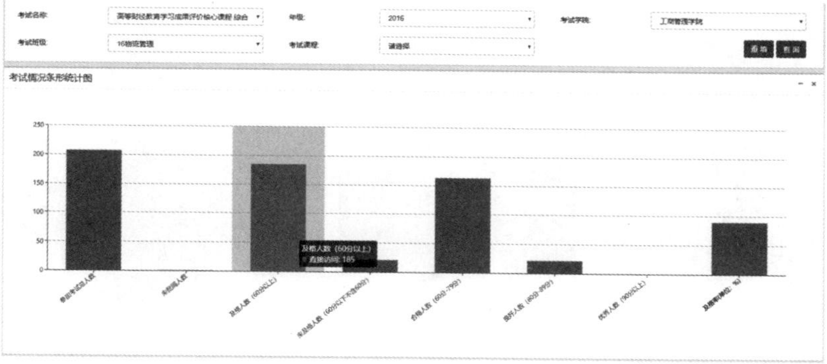

图 8-27　及格人数（60 分以上人数）

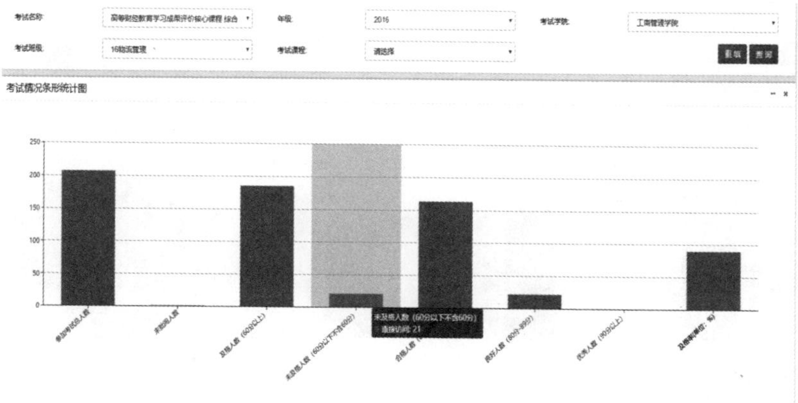

图 8-28　不及格人数（60 分以下人数）

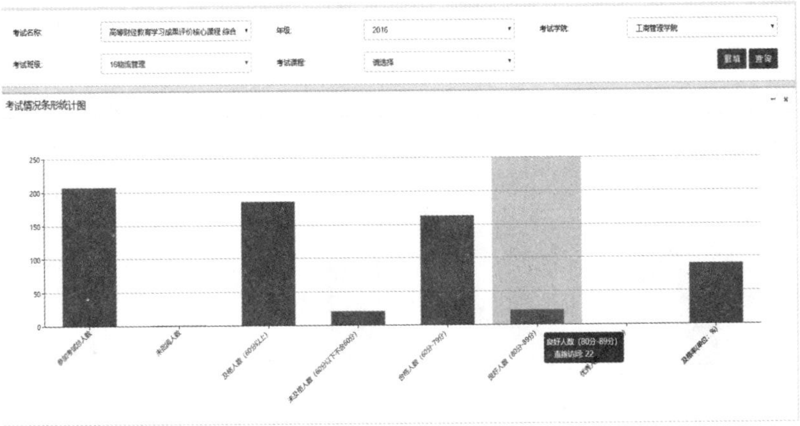

图 8－29　良好人数（80～89 分人数）

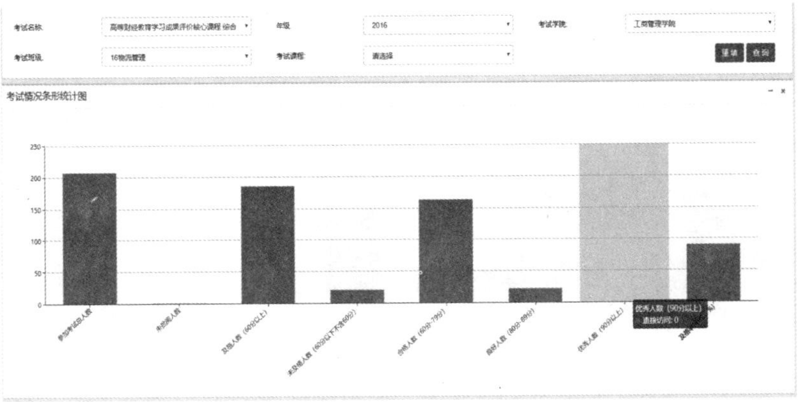

图 8－30　优秀人数（90 分以上人数）

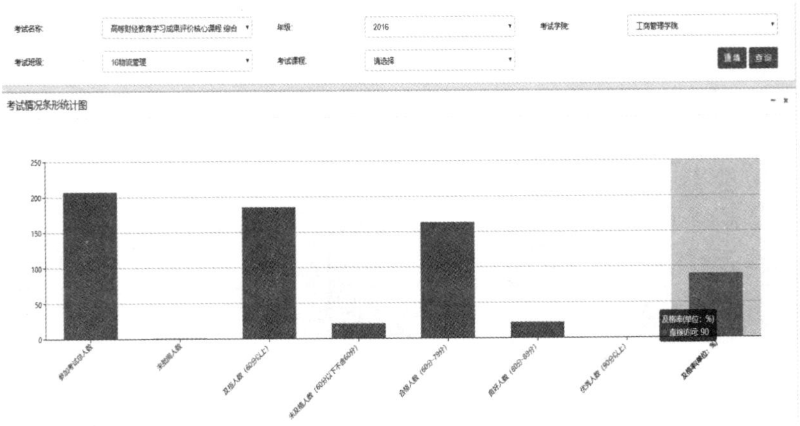

图 8－31　及格率

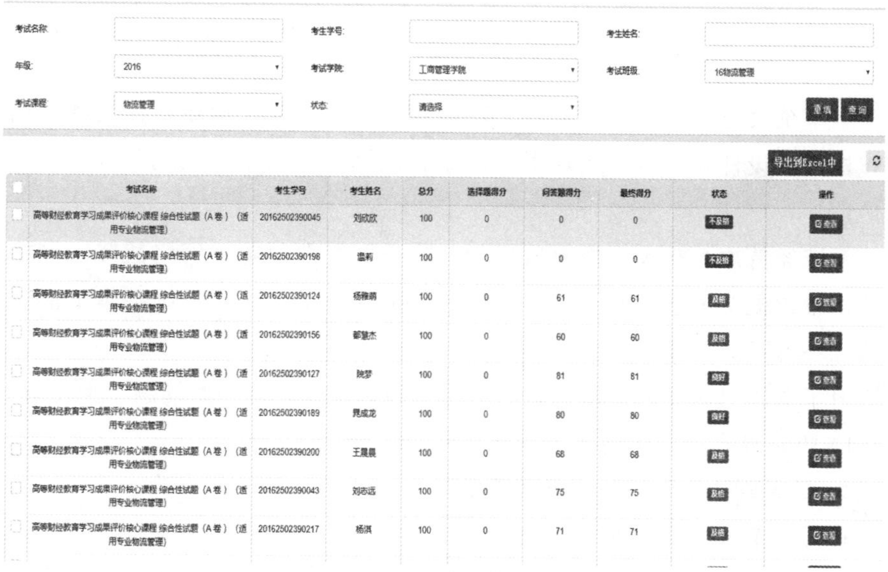

图 8－32　可将成绩导出至 Excel 中

考试名称	考生学号	考生姓名	总分	问答题得分	最终得分
高等财经教育学习成果评价核心课程 综合性试题（A卷）（适用专业物流管理）	[redacted]	[redacted]	100	87	87
高等财经教育学习成果评价核心课程 综合性试题（A卷）（适用专业物流管理）	[redacted]	[redacted]	100	87	87
高等财经教育学习成果评价核心课程 综合性试题（A卷）（适用专业物流管理）	201625023[redacted]	[redacted]	100	85	85
高等财经教育学习成果评价核心课程 综合性试题（A卷）（适用专业物流管理）	2016250[redacted]	[redacted]	100	85	85
高等财经教育学习成果评价核心课程 综合性试题（A卷）（适用专业物流管理）	2016250[redacted]	[redacted]	100	83	83
高等财经教育学习成果评价核心课程 综合性试题（A卷）（适用专业物流管理）	2016250[redacted]	[redacted]	100	82	82
高等财经教育学习成果评价核心课程 综合性试题（A卷）（适用专业物流管理）	2016250[redacted]		100	82	82
高等财经教育学习成果评价核心课程 综合性试题（A卷）（适用专业物流管理）	2016250[redacted]		100	82	82
高等财经教育学习成果评价核心课程 综合性试题（A卷）（适用专业物流管理）	20162502[redacted]		100	82	82
高等财经教育学习成果评价核心课程 综合性试题（A卷）（适用专业物流管理）	201625023[redacted]		100	81	81
高等财经教育学习成果评价核心课程 综合性试题（A卷）（适用专业物流管理）	201625023[redacted]		100	81	81
高等财经教育学习成果评价核心					

图 8－33　在 Excel 中对成绩进行降序排列

（五）项目开发总结及展望

本系统设计的界面较为友好、功能较为丰富、操作简单。在设计采用了SSM框架，设计上基本上实现了高内聚、低耦合的要求，做到了延展性和可维护性。

系统经首次500人小规模试运行，除个别机器故障、网络故障、网络拥堵外，正常提交率达93%，仅有7%的学生提交了2次。系统基本上能满足大部分环境下的在线测评工作。

由于课题组研发能力水平有限，目前该系统还存在一些问题，主要有：

1. 暂时没有实现主观题人工智能阅卷功能。

2. 测评结果的多样性分析还需要进一步补充完善。

3. 系统暂不支持小型移动终端。

4. 系统缺乏因网络拥塞、机器故障等突发状况导致考试失败或交卷失败的应急处理。

以上四点是该系统需要优化改进的地方。对于第1点，目前还存在很多困难，但是目前华为的桌面考试测评系统已经加入了人工智能和数据挖掘的思想，其将关键词加入答案中，由计算机智能的去比对挖掘关键词，然后得出最终成绩，但是此种方法仍存在很大的不准确性，可能存在数据挖掘偏差等弊端，不过随着人工智能和数据挖掘技术的发展，相信该项难题在不久的将来一定能解决。其次关于第4点，课题组将尝试加入Session会话机制和Cookie技术以增强突发状况的应急处理机制，即使考试失败，如突然断网、断电，机器卡死、网络堵塞等，系统会将之前已经完成的内容自动保存，也就是具备断点恢复功能。

程序的调试和完善并不是一帆风顺的，虽然困难重重，但是课题组仍会继续努力，投入更多技术力量攻坚克难，持续完善不足，相信在课题组的共同努力下，该系统一定会越来越完善。

九、研究结论与展望

（一）研究结论

1. 一致性分析

通过从评价工具和评价结果两方面，对面向产出的课程教学评价与目标的一致性进行专门化研究，发现从评价工具来看，新建本科高校专业核心课程期末考试试题的技术性、知识种类一致性、知识分布平衡性均表现出与课程目标较高的一致性，但知识深度一致性水平偏低，仅实现了“识记”和“理解”两个层级认知水平，“应用”层级中的“实施”认知水平亦很难实现，普遍缺乏对“分析、评价、创造”等高阶能力的测试，期末考试低阶能力题型占比较高。

从评价结果来看，专门考核高阶能力的核心课程学业水平标准化测试结果显示，各专业与课程目标有一定的一致性，但个别专业如投资学等一致性较低。其中，描述性统计结果显示，各专业得分在 11 ~ 75 分，离散性较大，大部分专业处于及格线上下或中等水平；一致性分析结果显示，高阶认知能力与培养目标还存在一定的差距，分析、评价、创造能力培养结果未达到目标。例如，会计学专业 Porter 一致性指数仅为 0.67，达标率 5.75%，达成度 35.6%，财务会计（中级 + 高级）课程一致性最低，仅为 0.55。由此可见，专业培养质量亟待提升，特别是日常教学过程中将注意力过度集中于识记性能力培养，对学生分析、评价、创造能力的培养非常欠缺。今后需要改革教学方法，适当减少知识性教学内容的比重，增加培养学生高阶能力的教学内容，提升学生高阶认知能力，提高学生专业综合能力，从而实现课程教学目标，达成人才培养方案确定的培养目标。

2. 增值分析

总体来看，经过学校四年本科阶段的培养，新建本科高校学生财经素养得到了显著地提升，财经素养能力趋于更高的水平，学习能力得以加强，学生的财经素养水平差距在降低。特别是经管类专业学生成绩平均提升了4.53分，不及格率降低了4.25%。但是，非经管类专业学生由于没有得到系统性财经素养的培养，财经素养水平未得到显著改善和提高，与经管类专业学生入学水平近似。从性别区分来看，女生无论是在入学初期还是经过四年培养后，在大学学习阶段获得了更多的财经素养知识和处理经济生活的能力，平均分提高幅度、不及格率降低幅度、中高位分数段上升比例和空间均超过男生。

从测试的结果来看，经管类专业的学生在四年培养之后表现出比其他专业更好的财经素养水平，原因可能不仅仅因为在校期间系统的课程学习和教师的专业指导，素养的提升不仅来自于学校，可能也部分的来自社会、家庭和同伴合作性学习。后者对于学生财经素养的提升可能起到更多的作用。随着年龄的增长，学生接触到了更多的社会经济生活中的场景，结合自己在校期间的学习经验，对一些经济问题有了更深刻的理解。除此之外，大学生活是群居生活，大家从高中的家庭生活走入高校的集体生活，和同伴之间吃住在一起，无论在生活上还是学习上有了更多的思想碰撞和语言交流。同时，培养方案中实践、实训课时的实施，课后团队作业的完成，第二课堂给予学生创造的更多交流学习机会，都会使学生通过在学习生活中不断积累经验而促使其对经济生活认知的快速提升。

3. 基于成果导向理念的教学大纲和考试大纲改革

评价工具的一致性影响了评价结果的一致性，因此，首先要改革评价工具。通过前述一致性分析发现了评价工具——以前年度期末考试试卷命题存在的低阶性问题，本书研究认为课程目标混沌和未做能力分级归类并构建能力分级框架是根本原因，因而本书研究开发了基于目标分类的学习成果评价能力框架，整合了信息技术和教育目标分类学对财经类专业教学改革的影响，以利于建立学生精准画像评价体系。

结合课程系统运行过程，本书研究创造性的发现，在课堂教学和期末考试中消除课程教学目标混沌影响、并充分发挥新构建的基于目标分类的学习成果评价能力框架的作用，关键是以成果导向理念指引教学大纲和考试大纲改革。核心内容就是在教学大纲中明确各层级课程目标及其对毕业要求的支撑关系，一般一个或多个课程目标支撑一个毕业要求，而不是相反；其次，明确课程教学内容和教学要求与课程目标的逐级对应关系。在考试大纲中，必须明确考核内容和考核要求与课程目标的逐级对应关系。改革后的教学大纲旨在促成成果导向理念“进课堂”，改革后的考试大纲旨在促成成果导向理念“进试卷”。李志义认为成果导向教育进课堂是中国工程教育专业认证的“最后一公里” （李志义，2020）[128]，我们认为，成果导向理念“进试卷”是确保成果导向教育“进课堂”的“最后一公里”。

（二）局限性与展望

本书研究无论是在测评工具上还是测试组织上，以及本书附录中基于OBE理念制定的教学大纲和考试大纲均有需要改进之处。表现在：

1. 测评工具需要进一步改进

（1）进一步完善学业水平标准化测试工具。本书研究仅对试点专业部分核心课程高阶能力进行了测评，无论从知识深度和知识广度及分布均衡性来说均不完善，今后还需要在此方面加以改进。

（2）进一步完善符合本科学段的学生财经素养增值测评工具。虽然本书研究设计的增值测评工具对原适用于15～18岁高中学段学生的PISA测试试题进行了改进，增加了试题的难度和深度，但从测试结果来看，仍显得稍微简单了些，测试结果区分度不够，为学校人才培养提供更多可参考的有效信息不够。

目前国内已经出现学段相对完整的财经素养教育标准框架体系，即由中国教科院中国财经素养协同创新中心研发的《中国财经素养教育标准框架》。该标准框架面向幼儿园、中小学、大学等学段的学生群体，以“五维三标”体系作为评价大纲，即从收入与消费、储蓄与投资、风险与保险、制度与环境、财富与人生5个维度，了解知识与事实、获取方法与技能、形成观念与态度3个方面拟定财经素养教育目标。目前，以《中国财经素养教育标准框架》为大纲，中国财经素养协同创新中心编写并出版了《中国财经素养系列丛书》，其中《中国财经素养教育（高中版）》和《中国财经素养教育（本科版）》可以作为参考用于本报告下一轮增值评测工具的开发。

（3）评测内容应多样化。高等教育的质量有多种评价视角，除学生学习结果之外，还有科研、财务状况、学生体验、教育公平等，每个视角都有一种甚至多种测评工具。学习结果测试只是衡量教学质量的工具之一，是一整套高校质量测评工具中至关重要的一部分，但不能代表全部。采集到的数据应与其他各种测评数据相结合，以便描绘学校教育教学质量的全景图。

2. 测试组织需要进一步完善

本书研究数据来源真实可靠，对考察学校学生财经学习能力研究有一定的参考和借鉴的意义，但是组织过程存在着不完善之处，导致数据有缺失和准确度不够。

（1）毕业生缺考率高。缺考人数多减少了数据样本容量，对数据分析结果有一定影响。

（2）部分学生对测试不重视，导致成绩未能如实反映学生的学业水平和财经素养水平，对分析的准确性有一定影响。由于测试成绩未纳入学生成绩绩点计算，因此，成绩好坏对学生不会产生任何影响，致使部分学生答题时漫不经心、不以为然、应付了事。

（3）增值测评因项目研究期限有限，目前仅实现了针对不同学生（大一新生和大四毕业生）的横向增值评价，没有实现针对同一批学生的纵向增值评价。

（4）2019级新生财经素养测试遗漏了对非经管类专业的测试，是本次分析的一个失误，缺少了这个数据，不能有效地分析经管类专业和非经管类专业新生在财经素养上的差距，更不能观测出非经管类专业学生在经过四年的培养后财经素养究竟是否有所提升，提升了多少，拟在以后的研究中予以弥补和改进。

3. 基于成果导向理念编制的教学大纲和考试大纲需要进一步完善

本书研究根据成果导向理念开发了新的教学大纲和考试大纲模板，虽然也邀请了全国审核评估专家、中国工程教育认证的推动者——沈阳化工大学原校长李志义教授亲自讲解新模板的要领，但由于是新生事物，任课教师对新模版的运用尚需要时间和实践以进一步的消化和理解，因此，附录中8个试点专业40门核心课程教学大纲和考试大纲尚有需要改进之处，敬请各位读者批评指正！

参考文献

［1］习近平．在北京大学师生座谈会上的讲话［J］．中国高等教育，2018（9）：4－6．

［2］史静寰，文雯．清华大学本科教育学情调查报告2010［J］．清华大学教育研究，2012（1）：5－16．

［3］史静寰，涂冬波，王纾，等．基于学习过程的本科教育学情调查报告［J］．清华大学教育研究，2011（8）：9－23．

［4］Simon Marginson，Marijk van Der Wende. To Rank or To Be Ranked：the lmpact of Global Ranking in Higher Education［J］．Journal of Studies in International Education，VOI. 11，No. 3/4，2007：306－329．

［5］朱欣．"以学生为中心"教育理念的历史审视与价值定向［J］．现代教育管理，2012（4）：6－9

［6］陈玉琨．高等教育质量保障体系概论［M］．北京：北京师范大学出版社，2004：59．

［7］张民选，陆璟，占胜利，等．专业视野中的PISA［J］．教育研究，2011（6）：3－10．

［8］黄海涛．美国高等教育中的"学生学习成果评估"：内涵与特征［J］．高等教育研究，2010（7）：103．

［9］吴洪富，韩红敏．学生学习评价的国际性尝试："高等教育学习结果评价"解读［J］．现代教育管理，2016（9）：97－101

［10］钟秉林，周海涛．国际高等教育质量评估发展的新特点、影响及启示［J］．高等教育研究，2009（1）：4

［11］景安磊．国际高等教育学习结果评价发展背景、现状和启示［J］．

中国考试，2015（6）：31－40

［12］徐静．从教学评价走向学习结果评价——OECD国际高等教育学习结果测评项目述评［J］．比较教育研究，2015（10）：92－97.

［13］George Kuh，Stanley Ikenberry. More Than You Think，Less Than We Need：Learning Outcomes Assessment in American Higher Education［EB/OL］. http：//www. learningoutcomeassessment. org/documents/fullreportrevised-L. pdf2009－10－26/2010－04－16.

［14］涂冬波，史静寰，郭芳芳．中国大学生学习性投入调查问卷的测量学研究［J］．复旦教育论坛，2013（1）：55－62.

［15］中共中央国务院印发深化新时代教育评价改革总体方案［N］．人民日报，2020－10－14（001）.

［16］周洪宇．深化教育评价改革　加快推进教育现代化——《深化新时代教育评价改革总体方案》解读［J］．中国考试，2020（11）：1－8.

［17］周光礼．超越问责逻辑，建立大学内部质量评估体系［J］．大学教育科学，2012（4）：50－52

［18］OECD，PISA 2018 Results（Volume IV）：Are Students Smart about Money?，PISA，OECD Publishing，Paris，https：//doi. org/10. 1787/48ebd1ba-en. 2020.

［19］OECD，OECD/INFE International Survey of Adult Financial Literacy Competencies［EB/OL］．http：//www. oecd. org/daf/fin/financial-education/OECD-INFE-International-Survey-of-Adult-Financial-Literacy-Competencies. pdf. 2016.

［20］周海涛，景安磊．“高等教育学习结果评价”概述［J］．高教发展与评估，2014（1）：67－71，78.

［21］陈涛．一种全新的尝试：高等教育质量测评的国际动向——OECD“高等教育学习成果测评”的设计与实施［J］．比较高等教育，2015（2）：30－37.

［22］廖青．经合组织国际高等教育学习成果评价项目——AHELO解析［J］．中国高等教育评估，2012（2）：40－44.

［23］Testing Student and University Performance Globally：OECD's AHELO［EB/OL］. http：//www. oecd. org/edu/skills-beyond-school/testingstudentanduniversity performancegloballyoecdsahelo. htm.

[24] OECD. Assessment of Higher Education Learning Outcomes: Feasibility Study Report Vol. 1 [EB/OL]. www. oecd. org/edu/ahelo. 2014 - 04 - 20/05 - 06, 9, 34, 35, 38, 61, 80, 81, 83, 88, 91, 95, 96, 100, 99, 107 ~ 109, 109 ~ 110, 111, 135 ~ 136, 111 ~ 112, 112, 112 ~ 116, 116 ~ 117, 121, 117, 119, 121, 122, 123 ~ 124, 128, 128, 131, 134 ~ 135, 151 ~ 152, 153 ~ 156, 157 ~ 158, 161 ~ 165, 165 ~ 169, 182, 186.

[25] U. S. Department of Education. Standards and Assessments Peer Review Guidance: Information and Examples for, Meeting Requirements of the No Child Left Behind Act of 2001 [J]. U. S. Department of Education, 2004: 66.

[26] 刘学智. 论评价与课程标准一致性的建构: 美国的经验 [J]. 全球教育展望, 2006, 35 (09): 35 - 39.

[27] Cizek G J, Kosh A E, Toutkoushian E K. Gathering and Evaluating Validity Evidence: The Generalized Assessment Alignment Tool [J]. Journal of Educational Measurement, 2018, 55 (4): 477 - 512.

[28] OECD. PISA 2021 Financial Literacy Assessment and Analytical Framework [EB/OL]. http: //www. oecd. org/pisa/sitedocument/PISA-2021-financial-literacy-framework. pdf.

[29] 章建石. 增值评价法——关注学生的实际进步 [J]. 评鉴双月刊, 2007 (8): 3.

[30] 陈琼琼. 大学生参与度评价: 高教质量评估的新视角——美国“全国学生参与度调查”的解析 [J]. 高教发展与评估, 2009, 25 (1): 24 - 30, 121.

[31] 王世嫘, 陈英敏. 2000—2016 年“全美大学生学习性投入调查”年度报告解析及其启示 [J]. 外国教育研究, 2018 (6): 41 - 54.

[32] Peter T. Ewell, Alexander C. McCormick. The National Survey of Student Engagement (NSSE) at Twenty [J]. Assessment Update, 2020 (2): 1 - 16.

[33] 清华大学 CCSS 项目组. 中国大学生学习与发展追踪研究项目概况 [EB/OL]. https: //ccss. applysquare. com/index/overview.

[34] 陈秀兰, 陈曦, 刘远芳, 等. 基于 NSSE-China 调查的高校学生学习投入研究综述 [J]. 大学教育, 2019 (3): 9 - 14.

[35] Bloom, Benjamin S. Taxonomy of educational objectives. Vol. 1: Cogni-

tive domain [M]. New York: Mc Kay, 1956: 20 - 24

[36] 段戴平，李广洲，倪娟．课程一致性：方法比较、问题反思与本土化探寻 [J]. 中国教育学刊，2015 (6): 73 - 78.

[37] (美) 安德森，等．布卢姆教育目标分类学：分类学视野下的学与教及其测评：完整版（修订版）[M]. 蒋小平，等，译．北京：外语教学与研究出版社，2018。

[38] 芬克．创造有意义的学习经历：综合性大学课程设计原则 [M]. 胡美馨，刘颖，译．杭州：浙江大学出版社，2006。

[39] Eastman. C. Case study: A district using SEC: A Vital Part of the Comprehensive Cata Analysis Process [EB/OL]. http://www.ccsso.org/projects/surveys_of_enacted_curriculum/SEC_Resources. 2010 - 03 - 10.

[40] Webb. N. Alignment of Science and Mathematics Standards and Assessments in Four States (Research Monograph No. 18) [M]. Washington, DC: Council of Chief State School Officers, 1999.

[41] Achieve, Inc. An Alignment Analysis of Washington State's College ReadinesMathematics Standards with Various Local Placement Tests [M]. Washington, DC: Achieve Inc, 2006.

[42] Porter, A. M. Polikoff, T. Zeidner, J. Smithson. The Quality of Content Analysis of State Student Achievement Tests and Content Standards [J]. Educational Measurement: Issues and Practice, 2008, 27 (4): 2 - 14.

[43] Liu X., Zhang B., Liang L., Fulmer G., Kim B., Yuan. H. Alignment Between the Physics Content Standard and the Standardized Test: A Comparison Among the United States-New York State, Singapore, and China-Jiangsu [J]. Science Education, 2009, 93 (5) 777 - 797.

[44] Porter, A. C. Measuring the content of instruction: Uses in research and prac-tice [J]. Educational Researcher, 2002, 31 (7): 3 - 14.

[45] Webb N L. Criteria for alignment of expectations and assessments in mathematics and science education [J]. Academic Achievement, 1997, 1 (11): 46.

[46] Herman J L., NoreenW., Zuniga S. Alignment and College Admissions: The Match of Expectations, Assessments, and Educator Perspectives. CSE Technical Report. [J]. Genes & Development, 2003, 13 (1): 227 - 231.

[47] Bhola D S, Impara J C, Buckendahl CW. Alignment Tests with States' Content Standards: Methods and Issues [J]. Educational Measurement Issues and Practice. 2003, 22 (3): 21 -29

[48] Rothman R. Imperfect matches: The alignment of standards and tests [R]. Washington, D C: National Research Council, 2003.

[49] 杨玉琴，王祖浩，张新宇．美国课程一致性研究的演进与启示 [J]. 外国教育研究，2012，39 (1): 113 -121.

[50] 张景斌，郝婕．初中数学教师与学生认知一致性的调查研究 [J]. 首都师范大学学报（社会科学版），2017 (4): 164 -172.

[51] 丁巧燕，曾家延．课程标准与评价一致性实证研究的文献评论 [J]. 现代基础教育研究，2018，29 (1): 58 -64.

[52] 刘琦琦．初中生物学业水平测试与课程标准的一致性研究 [D]. 曲阜：曲阜师范大学，2016.

[53] 岳喜腾，张雨强．基于课程标准的学业成就评价：韦伯模式之研究 [J]. 全球教育展望，2011，40 (10): 79 -85.

[54] Martone, A. S. Sireci. Evaluating Alignment between Curriculum, Assessment, and Instruction [J]. Review of Educational Research, 2009, 79 (4): 1332 -1361.

[55] Rothman, R. J. B. Slattery, J. L. Vranek, L. B. Resnick. Benchmarking and Alignmentof Standards and Testing. [M]. Los Angeles, CA: National Center for Research on Evaluation, Standards, and Student Testing, 2002.

[56] 杨玉琴，张新宇，占小红．美国 Achieve“测验—标准”一致性分析工具的研究及启示 [J]. 教育科学，2011，27 (4): 86 -90.

[57] 范立双，刘学智．美国“成功分析模式”的诠释与启示——学业评价与课程标准一致性的视角 [J]. 比较教育研究，2010，32 (8): 77 -80.

[58] Porter, A. C. & Smithson, J. L. Defining, developing, and using curriculum indicators (CPRE Research report series RR-048). Philadelphia: Consortium for Policy Researchin Education. 2001a.

[59] 孙枝莲，刘小平．高中学业水平考试与课程标准的一致性现状——以山西省近五年物理试卷为例 [J]. 中学物理教学参考，2017，46 (5): 1 -6.

[60] Porter, A. C., Smithson, J., Blank, R., Zeidner, T. Alignment as a

teacher variable. [J] Applied Measurement in Education, 2007, 20 (1): 27 -51.

[61] BlankR. , Porter A. New Tools for Analyzing Teaching, Curriculum and Standards in Mathematics and Science [M]. Washington, DC: Coucil of Chief State SchoolOfficers, 2001

[62] Roach, A. T, NieblingB. C, Kurz A. Evaluating the alignment among curriculum, Instruction, andassessments: Implications and applications for research and practice [J]. Psychology in the Schools, 2008, 45 (2): 158 -176.

[63] Liu X. , Fulmer G. Alignment Between the Science Curriculum and Assessment in Selected NY State Regents Exams [J]. Journal of Science Education and Technology, 2008, 17 (4): 373 -383.

[64] 刘学智，马云鹏．美国“SEC”一致性分析范式的诠释与启示——基础教育中评价与课程标准一致性的视角 [J]. 比较教育研究，2007 (5): 64 -68.

[65] 刘学智，张雷．学业评价与课程标准的一致性：韦伯模式本土化探究 [J]. 外国教育研究，2009，36 (12): 13 -17.

[66] 方全波．物理教学设计与新课程标准一致性个案研究 [D]. 长春：东北师范大学，2010.

[67] 刘思．高中数学教师教学意识与教学行为一致性的研究 [D]. 长春：东北师范大学，2011.

[68] 王磊，黄琼，刘东方．中考命题与化学课程标准的一致性研究——基于九省市中等学校招生考试概念原理知识的比较 [J]. 基础教育课程，2010 (3): 75 -80.

[69] 刘恩山，卢群，张颖之．2010 年高考生物试卷与课程标准一致性分析 [J]. 基础教育课程，2010 (9): 61 -67.

[70] 朱行建，李勇．新课程物理高考考试大纲与课程标准的匹配性研究 [J]. 课程．教材．教法，2007 (10): 56 -59.

[71] 皮亚杰．皮亚杰教育论著选 [M]. 卢三睿，译．北京：人民教育出版社，2015。

[72] 刘献君．论“以学生为中心”[J]. 高等教育研究，2012 (8): 1 -6.

[73] 周湘林，李爱民．一致性建构：提升高校教学质量的创新之举 [J]. 中国高校科技，2017 (3): 14 -19.

[74] 张红峰. 从建构到一致：学习理论在高等教育领域的发展与实践[J]. 中国高教研究，2012 (3)：15 -20.

[75] 严明. “课程 - 教学 - 评价”相一致的商务英语专业人才培养模式建构 [J]. 外语学刊，2015 (5)：95 -98.

[76] Astin A. W. Effect of Different College Enviroments on the Vocational Choices of High Aptitude Students. Journal of Counseling Psychology, 1965, 12 (1): 28.

[77] 龚放，吕林海. 中美研究型大学本科生学习参与差异的研究——基于南京大学和加州大学伯克利分校的问卷调查 [J]. 高等教育研究，2012 (9)：92 -93.

[78] Eugene T. Parker, Lii, Cindy A. Kilgo, Jessicak. Ezellsheets, Ernest T. Pascarella. The Differential Effects of Internship Participation on End-of-Fourth-Year GPA by Demographic and Institutional Characteristics [J]. Journal of Colleges student Development, 2016, 57 (1): 104 -109.

[79] James S. Coleman, etal. Equality of education opportunity [R]. US Department of Health, Education and Welfare, 1966.

[80] [英] 萨丽·托马斯. 运用“增值”评量指标评估学校表现] J]. 教育研究，2005 (9)：20 -27.

[81] 吴智泉. 美国大学生学习成果增值测评概述 [J]. 高教发展与评估，2015 (3)：57 -68.

[82] Astin, A W. Achieving Educational Excellence: A Critical Assessment of Priorities and Practices in Higher Education [M]. San Francisco: Jossey Bass 1985: 23.

[83] 陈允龙. 高校人才培养质量增值评价探析 [J]. 教育评论，2019 (9)：30 -34.

[84] Astin A. W. The Methodology of Research on College Impact [J]. Sociology of Education, 1970, 43 (3): 227 -229.

[85] 鲍威. 未完成的转型：高等教育影响力与学生发展 [M]. 北京：教育科学出版社，2014：72 -73.

[86] 章建石. 基于学生增值发展的教学质量评价与保障研究 [M]. 北京：北京师范大学出版社，2014：95 -127.

［87］黄雨恒，郭菲，史静寰．大学生满意度调查能告诉我们什么［J］．北京大学教育评论，2016，14（4）：145－146.

［88］史秋衡，郭建鹏．中国大学生学情状态与影响机制的实证分析［J］．教育研究，2012（2）：109－121.

［89］［美］E·格威狄·博格（E·Grady Bogue），金伯利·宾汉·霍尔（Kimberly Bingham Hall）．高等教育中的质量与问责［M］．毛亚庆，刘冷鑫，译．北京：北京师范大学出版社，2008：74－75.

［90］章建石．增值评价法——关注学生的实际进步［J］．评鉴双月刊，2007（8）：4

［91］朱红．2010高校人才培养质量评估新范式——学生发展理论的视角［J］．国家教育行政学院学报，2010（9）：51.

［92］刘海燕．美国高等教育增值评价模式的兴起与应用［J］．高等教育研究，2012（5）：96－101

［93］苏林琴，孙佳琪．我国高校学生学业增值评价研讨——兼评美国的研究与实践［J］．教学研究，2014（5）：15－19.

［94］王小青．高等教育增值评价方法的比较与应用［J］．高教发展与评估，2018（5）：60－71.

［95］林琦．课程的一致性研究：进展、走向与展望［J］．上海教育研究，2018（10）：35－40.

［96］Liu O L. Measuring value-added in higher education：Conditions and caveats［J］．Assessment and Evaluation in Higher Education，2011，36（1）：81－94.

［97］杨立军，张小青，张薇．大学期间学生学习成果增值轨迹：一项潜变量增长模型分析［J］．教育发展研究，2016（17）：34－42.

［98］Richard J. Shavelson A Brief History of Student Learning Assessment：How We Got Where We Are and a Proposal for Where to Go Next［M］．Washington DC：Association of American Colleges and Universities，2007，1.

［99］尹弘飚．大学生学习投入的研究路径及其转型［J］．高等教育研究，2016（11）：70－76.

［100］赵炬明．论新三中心：概念与历史——美国SC本科教学改革研究之一［J］．高等工程教育研究，2016（3）：35－56.

[101] 侯定凯. 博耶报告 20 年：教学学术的制度化进程 [J]. 复旦教育论坛，2010 (6)：31 -37.]

[102] SHUMAN LEE. Feature essay：The scholarship of teaching and learning：A personal account and reflection [J]. International Journal for the Scholarship of Teaching and Learning. 2011 (1)

[103] HUBERMT，HUTCHINGS. The Advancement of Learning：Building the Teaching Commons [M]. SanFrancisco：Jossey-Bass，2005：186.

[104] FELTEN P. Principles of good practice in SoTL [J]. Teaching and Learning Inquiry：The ISSOTL Journal，2013，1 (1)：121 -125.

[105] 赵炬明. 聚焦设计：实践与方法（上）——美国“以学生为中心”的本科教学改革研究之三 [J]. 高等工程教育研究，2018 (2)：30 -44.

[106] 包尔生. 德国大学与大学学习 [M]. 北京：人民教育出版社，2009：220 -225.

[107] Lee Shulman. Those Who Understand：Knowledge Growth in Teaching [J]，Educational Researcher，1986，15 (2)：4 -14.

[108] 颜敏. 论以学生为中心会计“金课”的建设路径 [J]. 财会月刊，2020 (5)：47 -56.

[109] 崔允漷，雷浩. 教—学—评一致性三因素理论模型的建构 [J]. 华东师范大学学报（教育科学版），2015 (4)：15 -22.

[110] Duis，J. M.，Schafer，L. L.，& Nussbaum，S.，et al. A Process for Developing Introductory Science Laboratory Learning Goals To Enhance Student Learning and Instructional Alignment. Journal of Chemical Education，2013，90 (9)：1144 -1150.

[111] Popham，W. J. Curriculum，instruction，and assessment：Amiable allies or phony friends? [J]. The Teachers College Record，2004，106 (3)：417 -428.

[112] Duncan，R. G.，& Hmelo-Silver，C. E. Learning progressions：Aligning curriculum，instruction，and assessment [J]. Journal of Research in Science Teaching，2009，46 (6)：606 -609.

[113] Hall，R. Aligning learning，teaching and assessment using the web：an evaluation of pedagogic approaches [J]. British Journal of Educational Tech-

nology, 2002, 33 (2): 149 - 158.

[114] De Jesus, H. P., & Moreira, A. C. The role of students'questions in aligning teaching, learning and assessment: a case study from undergraduate sciences [J]. Assessment & Evaluation in Higher Education, 2009, 34 (2): 193 - 208.

[115] 威金斯，迈克泰．理解力培养与课程设计——一种教学和评价的新实践 [M]．么加利译．北京：中国轻工业出版社，2001：1 - 308.

[116] 叶海龙．逆向教学设计简论 [J]．当代教育科学，2011 (4)：23 - 26.

[117] McKendree J.. Effective feedback content for tutoring complex skills [J]. Human-Computer Interaction, 1990 (4): 381 - 413.

[118] Silvern, L. C. Basic Analysis [M]. Los Angeles: Education and Train ing Consultants Company, 1965.

[119] Branson, R. K. Interservice Procedures for Instructional Systems Development: Executive Summary and Model [M]. Tallahassee, FL: Center for Educational Technology, Florida State University, 1975.

[120] Reiser, R. A. What field did you say you were in? Defining and naming our field [A]. In R. A. Reiser & J. V. Dempsey (Eds.). Trends and issues in instructional design and technology [C]. Upper Saddle River, N. J.: Merrill/Prentice Hall, 2002. 5 - 15.

[121] Hannum, W. H., Hansen, C. Instructional systems development in large organizations [M]. Englewood Cliffs, CO: Librarie Unlimited, 1989.

[122] 卜彩丽．ADDIE 模型在微课程设计中的应用模式研究 [J]．教学与管理，2014 (8)：90 - 93.

[123] 李志义．解析工程教育专业认证的成果导向理念 [J]．中国高等教育，2014 (17)：7 - 10.

[124] 刘永泽，孙光国．我国会计教育及会计教育研究的现状与对策 [J]．会计研究，2004 (4)：77 - 81.

[125] 刘永泽，池国华．中国会计教育改革 30 年评价：成就、问题与对策 [J]．会计研究，2008 (8)：11 - 17.

[126] 王开田，胡晓明．大众化背景下我国会计教育改革的思考 [J]．经济管理，2009 (9)：180 - 183.

[127] Anderson, L. W. , Krathwohl, D. R. & Bloom, B. S. A Taxonomy for Learning, Teaching, and Assessing: A Revision of Bloom's Taxonomy of Educational Objectives [M]. Boston: Allyn & Bacon, 2001

[128] 李志义中国工程教育专业认证的“最后一公里”[J]. 高教发展与评估, 2020 (3): 1-14.

[129] Porter, A. C. & Smithson, J. L. Are content standards being implemented in the classroom? A methodology and some tentative answers. In S. H. Fuhrmans (ed.) From the Capitol to the classroom. Standards-based reform in the States. 2001b, pp 60-80. Chicago: National Society for the Study of Education, University of Chicago press.

[130] Guilford, J. P. The nature of human intelligence. New York: McGraw-Hill. 1967.

[131] Marzano, R. J. Designing a new taxonomy of educational objectives. Thousand Oaks: Corwin Press. 2001.

[132] Merrill, M. D. Instructional design theory. Englewood Cliffs: Educational TechnologyPublications. 1994.

[133] OECD. Measuring student knowledge and skills: A new framework for assessment. Paris: OECD. (1999.

[134] Robitallie, D. F. , Schmidt, W. H. , Raizen, S. , McKnight C. , Britton, E. & Nicol, C. Curriculum frameworks for mathematics and science. Vancouver: Pacific EducationalPress. 1993.

[135] Nasstrom, G, Henriksson, W. Alignment of standards and assessment: atheoretical and empirical study of methods for alignment [J]. Electronic Journal of Research in Educational Psychology, 2008, 6 (3): 667-690.

[136] Wolf, R. M. Rating scales. In J. P. Keeves (ed.) Educational research, methodology, and measurement: An international handbook, 1997: 958-965. Cambridge: Pergamon.

[137] 何瑛, 杨琳, 张宇扬. 新经济时代跨学科交叉融合与财务管理理论创新 [J]. 会计研究, 2020 (3): 19-33.

[138] 周守亮, 唐大鹏. 智能化时代会计教育的转型与发展 [J]. 会计研究, 2019 (12): 92-94.

[139] 周达勇, 耿烨, 徐颖, 等. 国家治理视角下的政府会计发展: 理

论、实践与人才培养——第八届“政府会计改革理论与实务研讨会”综述［J］. 会计研究，2017（9）：93－95.

［140］Webb，N. L. Criteria for alignment of expectations and assessments in mathematics and science education（Research Monograph No. 6）. Washington，DC：Council of Chief State School Officers，1997.

［141］颜敏，白栖凡，韩丽平，等. 高校会计课程目标与评价一致性研究［J］. 财会月刊，2021（7）：52－61.

［142］OECD. Assessment of Higher Education Learning Outcomes，leaflet（Paris：OECD）. 2009：10

［143］La Marca，P. M.，Redfield，D.，Winter，P. C. Despriet，L. State standards and state assessment systems：A guide to alignment. Series on standards and assessments［M］. Washington，DC：Council of Chief State School Officers，2000.

［144］黄光扬. 教育测量与评价［M］. 上海：华东师范大学出版社，2012：102.

［145］Herman. J. J.，N. Webb，S. Zuniga. Measurement Issues in the Alignment of Standards and Assessments：a Case Study［J］. Applied Measurement in Education，2007（20）：101－126.

附录一　基于成果导向的培养方案

一、基于成果导向的培养方案模板

2019年5月6日《关于印发河南财政金融学院2019—2022级本科人才培养方案指导意见的通知》（豫财院〔2019〕58号）中，对基于成果导向的培养方案模板进行了规定。

河南财政金融学院2019—2022级本科专业人才培养方案模板框架

××××专业2019—2022级人才培养方案

（黑体三号字）

专业代码：2012专业目录

专业名称：不要带方向

所属学科：学科类（代码）；学科名称（代码）

（一）培养目标（黑体五号，以下一级标题同）

×××专业培养……（正文宋体五号，下同）

1.

2.

……

（注：培养目标是学生毕业后3～5年能够达到的职业和专业成就的总体描述，是人才培养的总纲，是构建知识、能力和素质结构，设计课程体系和组织、评估课程教学的基本依据。培养目标的设计要与社会需求相适应，既要考虑学校发展愿景，人才培养定位（供给侧），同时也要考虑企业、行业以及政府的社会需要（需求侧），实现供给侧与需求侧的和谐

统一。

培养目标依照教育部颁布的《普通高等学校本科专业目录和专业介绍(2012年)》和《普通高等学校本科专业类教学质量国家标准（2018年)》。培养目标描述要避免空洞抽象，必须内涵准确和条理清晰，以保证达成度的准确评价。)

（二）毕业要求

1.

2.

……

（注：毕业要求（能力大纲）是对学生毕业时所应该达到的知识、能力和素质的具体描述，是学生完成学业时应该取得的学习成果，是实现培养目标的有效支撑。毕业要求的设计要能够支撑培养目标的达成，要揭示学生毕业后知识、能力和素质等各方面应达到的要求，并且具体详细、可测度和可操作。毕业要求的设计要考虑基础知识、专业知识掌握及应用；个人素质、职业能力、人际能力、在未来岗位上的作为或表现能力等环节。)

表1　　毕业要求与培养目标支撑矩阵表

毕业要求	培养目标1	培养目标2	培养目标3	培养目标……
毕业要求1				
毕业要求2				
毕业要求……				

注：毕业要求与培养目标的支撑关系分别用“H”（高）、“M”（中）、“L”（弱）表示。

（三）学制与授予学位

本专业基本学制为4年，弹性学制3~7年；授予××××学士学位。

（四）学分要求

本专业的学生，在校期间必须修满本培养方案所规定的××学分方能毕业。其中必修课××学分，选修课××学分。

（五）核心课程

支撑本专业核心能力养成的关键专业教育课程，各专业仅列出核心课程10门左右。

（六）各平台课程设置结构比例表

表2　各平台课程设置结构比例表

课程平台	课程模块	课程性质	学分	占总学分比例
通识教育	通识教育基础课	必修		
	通识教育核心课	选修		
	通识教育选修课	选修		
专业教育	学科基础课程	必修		
	专业核心课程	必修		
	专业选修课程	选修		
	学校特色课程	选修		
	实践创新课程	必修		
差别培养	专业发展型课程	选修其中一个模块		
	交叉复合型课程			
	就业创业型课程			
第二课堂		选修		
实践教学学分占总学分比例①				
总计				

注：①指所有的实践学分，包括课内的实验、上机、实训以及专业集中实践课程。

（七）教学进程表

1. 通识教育平台教学进程（略）

2. 专业教育平台教学进程（略）

3. 差别培养平台教学进程（略）

4. 课程与毕业要求关联矩阵

表3　课程与毕业要求关联矩阵表

课程名称	毕业要求1	毕业要求2	毕业要求3	……

注：请在空格里以“√”或空白表示二者是否相关，“√”表示相关，空白为不相关。

（八）第二课堂

略。

（九）其他

编制：×××（黑体五号）

审核：×××（黑体五号）

二、试点专业基于成果导向的培养方案

（一）税收学专业

税收学专业2019—2022级人才培养方案要点

专业代码：020202

专业名称：税收学

所属学科：经济学（02）；财政学类（0202）

1. 培养目标

税收学专业培养践行社会主义核心价值观，德、智、体、美、劳等全面发展，具有社会责任感、公共意识和创新精神，具备扎实的经济学知识、财税理论知识、会计核算知识，具有财税信息处理能力和综合税务分析能力，能够在企业、财政税收等部门和社会中介机构从事税收风险防控、纳税筹划、税收管理、税务代理及财务工作，具有高度社会责任感、较高人文素养、较强创新创业精神和实践能力的高素质复合型应用人才。本专业毕业生在毕业后5年左右应该具备：

（1）具备良好的人文科学素养和从业职业道德，熟悉所从事行业领域的国家法律法规，具有风险控制意识和社会责任感，理解并能正确评价所从事的实践活动对国家、社会、企业和民众的影响；

（2）能主动地适应新经济和区域经济社会发展变化，综合运用经济学、管理学、财税、财务会计和信息理论等相关领域的专业知识和现代工具，分析涉税相关领域的实际问题，解决涉税实务问题的能力；

（3）能够在专业实践和多学科背景下的团队中善于沟通合作交流，展现独立工作、团队写作和组织领导能力，能够在管理团队中发挥有效作用；

（4）具有终身学习意识和能力，能通过继续教育或其他途径不断更新知识、提升能力，持续跟踪和了解本专业领域的新知识、新技术、新规范，并将其应用到专业实践中。

2. 毕业要求

本专业毕业生应获得以下几方面的知识、能力和素质：

（1）基础性知识。掌握经济学、管理学、政治学、社会学和法学等社会科学知识，以及有利于促进学生全面发展的人文、艺术和自然科学知识。

（2）专业性知识。掌握包括财政与税收的理论、制度和管理等相关知识，熟悉专业前沿理论与行业动态知识。

（3）工具性知识。掌握数学、外语、计算机及信息技术应用、文献检索、社会调查与研究方法、论文写作等。

（4）学习能力。具有自主学习和终身学习的良好意识，不断提高学习和适应发展的能力。能够了解税收学科前沿，预测发展趋势，持续提高财税知识的应用能力和财税业务的分析能力。

（5）实践能力。理解并掌握税收基本原理与决策方法，能够在多学科环境中应用税收政策，进行税收检查、税收筹划以及税务风险管控，能够分析税收政策和税收征管中的实务问题，能够综合运用税收专业知识解决实务问题。

（6）综合能力。具有较强的组织、协调和管理能力，能够与团队成员和谐相处，能够运用不同沟通技巧处理涉税业务管理和实务中出现的问题，能够与他人合作，共同分析涉税问题、共同商定解决方案。

（7）社会责任。具有良好的思想道德修养、社会责任感、公共意识、敬业精神和创业意识。

（8）人文情怀。具有较高的审美情趣、文化品位和人文素养。

（9）身心健康。具备健康的心理和体魄。

表 4　　毕业要求与培养目标支撑矩阵表

毕业要求	培养目标 1	培养目标 2	培养目标 3	培养目标 4
毕业要求 1	H	M	H	M
毕业要求 2	M	H	H	H
毕业要求 3	H	M	H	H
毕业要求 4	H	H	M	H
毕业要求 5	M	H	M	H
毕业要求 6	M	H	H	H
毕业要求 7	H	M	M	H
毕业要求 8	H	M	M	M
毕业要求 9	M	H	H	H

注：毕业要求与培养目标的支撑关系分别用“H”（高）、“M”（中）、“L”（弱）表示。

3. 学制与授予学位

本专业基本学制为 4 年，弹性学制 3 ~ 7 年；授予经济学学士学位。

4. 学分要求

本专业须修满培养方案中规定课程的163.5学分，其中：必修课程127.5学分，选修课程36学分。

5. 核心课程

税收学、中国税制（Ⅰ）、中国税制（Ⅱ）、中级财务会计（Ⅰ）、税收管理、税务稽查、国际税收、税收筹划。

6. 各平台课程设置结构比例表

表5　各平台课程设置结构比例表

课程平台	课程模块	课程性质	学分	占总学分比例（%）
通识教育	通识教育基础课	必修	61.5	37.6
	通识教育核心课	选修	4	2.4
	通识教育选修课	选修	6	3.7
合　　计			71.5	43.7
专业教育	学科基础课程	必修	22	13.5
	专业核心课程	必修	19	11.6
	专业选修课程	选修	16	9.8
	学校特色课程	选修	3	1.8
	实践创新课程	必修	23	14.1
合　　计			83	50.8
差别培养	专业发展型课程	选修其中一个模块	6	3.7
	交叉复合型课程			
	就业创业型课程			
第二课堂	创新创业实践和社会实践	选修	1	0.6
	劳动教育实践	必修	2	1.2
实践教学学分占总学分比例[①]			37.5	22.9
总　　计			163.5	100

注：①指所有的实践学分，包括课内的实验、上机、实训以及专业集中实践课程。

7. 课程与毕业要求关联矩阵

表6　课程与毕业要求关联矩阵表

课程名称	基础知识	专业知识	工具知识	学习能力	实践能力	综合能力	社会责任	人文情怀	身心健康
军事理论							√	√	√

续表

课程名称	基础知识	专业知识	工具知识	学习能力	实践能力	综合能力	社会责任	人文情怀	身心健康
思想道德修养与法律基础	√			√		√	√	√	√
大学语文	√			√			√	√	
大学英语Ⅱ（一）（二）（三）（四）			√	√			√	√	
微积分（一）（二）			√	√		√	√		
计算机应用基础			√	√		√	√		
大学生心理健康教育	√			√		√	√	√	√
体育专项基础						√	√		√
形势与政策	√			√		√	√		
新生研讨课	√			√			√		√
劳动教育理论							√		√
中国近现代史纲要	√						√	√	
大学生职业发展与就业指导（一）（二）	√				√	√	√		
体育专项						√	√		√
马克思主义基本原理概论	√			√		√	√	√	√
线性代数			√	√		√	√		
大学生创业基础	√				√	√	√		
毛泽东思想和中国特色社会主义理论体系概论	√			√		√	√	√	√
概率论与数理统计			√	√		√	√		
“社会主义核心价值观”文化内涵	√			√		√	√	√	√
逻辑与明辨性思维	√			√		√	√	√	√
沟通与写作	√			√		√	√	√	
中国传统文化概论	√			√		√	√	√	√
环境与生态文明	√			√			√	√	
中外文化地理	√			√			√	√	
科学技术史	√			√		√	√	√	√
艺术与审美体验	√					√	√	√	√
家国情怀与价值理想模块	√			√		√	√	√	√

续表

课程名称	基础知识	专业知识	工具知识	学习能力	实践能力	综合能力	社会责任	人文情怀	身心健康
数理基础与科学素养模块	√			√		√	√		
艺术欣赏与审美体验模块	√					√	√	√	√
社会发展与公民责任模块	√			√		√	√	√	√
政治经济学	√			√		√	√		√
微观经济学	√			√		√	√		
宏观经济学	√			√		√	√		
会计学		√		√		√	√		
统计学			√	√		√	√		
财政学		√		√		√	√		
金融学		√		√		√	√		
国际经济学	√					√	√		
税收学		√		√		√	√		
中国税制		√		√		√	√		
中级财务会计		√		√	√		√		
税收管理		√				√	√		
税务稽查		√		√	√	√	√		
税收筹划		√		√	√		√		
国际税收		√		√		√	√		
中国财政史		√		√			√	√	
政府采购		√		√			√		
社会保障学		√		√		√	√		
经济法		√				√	√		
政府预算		√		√			√		
资产评估学		√		√			√		
财务管理		√				√	√		
计量经济学			√	√		√	√		
涉税服务实务		√		√	√	√	√		
财税科研创新		√		√		√	√		
公共经济学文献选读（双语Ⅱ）		√		√			√	√	

续表

课程名称	基础知识	专业知识	工具知识	学习能力	实践能力	综合能力	社会责任	人文情怀	身心健康
外国税制		√		√		√	√		
财税信息化		√		√	√		√		
税收筹划案例分析		√			√		√		
财政理论与财政政策		√		√			√		
审计学		√		√		√	√		
税收风险防控案例分析		√			√		√		
税收理论前沿		√		√		√	√		
管理学	√			√		√	√		
经济伦理	√						√	√	
管理心理学	√			√		√	√	√	√
财经科研探究		√		√		√	√		
军事技能	√						√		√
认识实习		√			√		√		
经济社会调查			√	√	√		√		
科研训练			√	√			√		
基础会计实训		√			√		√		
税收综合实训		√			√		√		
毕业实习		√			√		√	√	
毕业论文（设计）		√		√	√	√	√		
经济数学选讲（二）			√	√		√	√		
经济学综合	√			√		√	√		
税收改革热点分析		√		√		√	√		
程序设计基础（Python 语言）			√	√		√	√		
计算机基础与办公自动化			√	√		√	√		
大数据导论			√	√		√	√		
创业法学	√			√		√	√	√	
大学生创新基础	√			√		√	√		
创业管理实战	√				√	√	√		

注：请在空格里以“√”或空白表示二者是否相关，“√”表示相关，空白为不相关。

（二）会计学专业

会计学专业 2019—2022 级人才培养方案要点

专业代码：120203K

专业名称：会计学

所属学科：管理学（12）；工商管理类（1202）

1. 培养目标

本专业培养适应现代市场经济需要，具备人文精神、科学素养和诚信品质，具备会计、管理、经济、金融、法律、计算机应用等方面的知识和人际沟通与协作、信息获取与分析能力，能够在政府与非营利组织从事财务、预算、内控与审计等相关工作，以及在企业、金融机构从事会计实务的应用型、复合型、外向型、创新型人才。

本专业毕业生在毕业后 5 年左右应该具备：

（1）培养学生成为具有良好素养的现代文明人，具有健全的人格、诚信的品质、创新思维、合作意识和良好沟通能力。

（2）培养学生具备管理、经济、金融、法律等多学科交融的知识视野和思维素质。具有会计学专业的基础理论和专业知识，熟悉会计准则，熟悉政府会计理论，并能运用专业知识解决财务问题。具有一定的运用信息技术处理能力及初步的学术研究能力。具有综合利用知识体系解决实际问题的能力。

（3）培养学生具备了解国际会计准则的能力，具有一定的国际视野、跨文化沟通能力。

（4）培养学生具备可持续学习的意识和能力，能够通过不断地学习了解本专业发展状况，更新知识，掌握与专业相关的新技术、新方法并应于与实践中，适应国家经济建设与社会发展。

2. 毕业要求

（1）践行社会主义核心价值观，具有良好思想品质和道德修养，具有德、智、体、美、劳全面素养，具有综合人文素养和诚信意识。

（2）掌握经济学与管理学等基础学科知识，了解金融、法律等相关学科知识。了解外语、文学、社会学、心理学、历史学、伦理学、艺术等人文社会学科知识。

（3）系统掌握会计学基本理论、基本方法和基本技能，认识和分析会计准则发展变化，掌握政府会计理论。

（4）掌握数学、统计学和计算机等方面的知识。

（5）融合学科基础知识、相关学科知识、人文社会学科知识，建立一个基础扎实，良好的知识背景。

（6）能够将会计学专业理论和知识应用到实际财务工作中，准确地陈述和处理会计事项，撰写会计工作报告和财务分析报告，具备会计业务处理和会计事务管理等实践能力。

（7）能够将数学、统计学和计算机等方面知识应用于信息技术处理及初步的学术研究。掌握计算机、网络等新技术知识和技能，能够运用现代信息技术检索、收集、处理和分析信息。

（8）能够将理论和知识融会贯通，综合利用知识体系解决实际问题。

（9）建立竞争与合作意识，建立批判性思维，富有创新和创业精神及能力。

（10）具有良好的交流能力，能够胜任在相关岗位熟练撰写报告和口头交流。具有团队合作精神，掌握沟通合作技能，能够合作互助和独立完成属于自己份内的业务。掌握外语交流能力，了解国际会计准则，具有国际化视野和跨文化知识。

（11）具有终身学习和发展意识，能够适应时代和发展需要，紧跟本专业发展状况，学习本专业新知识，新技能和进行职业发展规划。

表7　　毕业要求与培养目标支撑矩阵表

毕业要求	培养目标1 （会做人）	培养目标2 （会做事）	培养目标3 （会相处）	培养目标4 （会学习）
毕业要求1	H	M	M	M
毕业要求2	M	H	M	M
毕业要求3	M	H	M	M
毕业要求4	M	H	M	M
毕业要求5	M	H	M	M
毕业要求6	M	H	M	M
毕业要求7	M	H	M	M
毕业要求8	M	H	M	M

续表

毕业要求	培养目标1（会做人）	培养目标2（会做事）	培养目标3（会相处）	培养目标4（会学习）
毕业要求9	M	H	M	M
毕业要求10	M	M	H	L
毕业要求11	M	M	L	H

注：毕业要求与培养目标的支撑关系分别用“H”（高）、“M”（中）、“L”（弱）表示。

3. 学制与授予学位

本专业基本学制为4年，弹性学制3～7年；授予管理学学士学位。

4. 学分要求

本专业的学生，在校期间必须修满本培养方案所规定的159.5学分方能毕业。其中必修课123.5学分，选修课36学分。

5. 核心课程

基础会计学、中级财务会计、高级财务会计、政府会计、财务管理、成本与管理会计、审计学。

6. 各平台课程设置结构比例表

表8　　各平台课程设置结构比例表

课程平台	课程模块	课程性质	学分	占总学分比例（%）
通识教育	通识教育基础课	必修	61.5	38.56
	通识教育核心课	选修	4	2.51
	通识教育选修课	选修	6	3.76
专业教育	学科基础课程	必修	14	8.78
	专业核心课程	必修	22	13.79
	专业选修课程	选修	16	10.03
	学校特色课程	选修	3	1.88
	实践创新课程	必修	24	15.05
差别培养	专业发展型课程	选修其中一个模块	6	3.76
	交叉复合型课程			
	就业创业型课程			
第二课堂	创新创业实践和社会实践	选修	1	0.63
	劳动教育实践	必修	2	1.25

续表

课程平台	课程模块	课程性质	学分	占总学分比例（%）
实践教学学分占总学分比例[①]			41.61	26.08
总计			159.5	100

注：①指所有的实践学分，包括课内的实验、上机、实训以及专业集中实践课程。

7. 课程与毕业要求关联矩阵

表9　　课程与毕业要求关联矩阵表

课程名称	毕业要求1	毕业要求2	毕业要求3	毕业要求4	毕业要求5	毕业要求6	毕业要求7	毕业要求8	毕业要求9	毕业要求10	毕业要求11
军事理论	√										
思想道德修养与法律基础	√										
大学语文	√	√									
大学英语Ⅰ（一）	√	√								√	
微积分（一）	√			√			√				
计算机应用基础	√			√			√				
大学生心理健康教育	√	√								√	
体育专项基础	√										
形势与政策	√										
中国近现代史纲要	√	√									
大学英语Ⅰ（二）	√	√								√	
微积分（二）	√			√			√				
大学生职业发展与就业指导（一）	√									√	√
体育专项	√										
马克思主义基本原理概论	√	√									
大学英语Ⅰ（三）	√	√								√	
线性代数	√			√			√				
毛泽东思想和中国特色社会主义理论体系概论	√										

续表

课程名称	毕业要求 1	毕业要求 2	毕业要求 3	毕业要求 4	毕业要求 5	毕业要求 6	毕业要求 7	毕业要求 8	毕业要求 9	毕业要求 10	毕业要求 11
大学英语Ⅰ（四）	√	√								√	
概率论与数理统计	√			√			√				
大学生创业基础	√									√	√
大学生职业发展与就业指导（二）	√									√	√
新生研讨课	√										
劳动教育理论	√				√				√		
“社会主义核心价值观”文化内涵	√										
逻辑与明辨性思维	√								√		
沟通与写作	√									√	
中国传统文化概论	√	√									
环境与生态文明	√										
中外文化地理	√										
科学技术史	√										
艺术与审美体验	√	√									
家国情怀与价值理想模块	√										
成长启迪与通用能力模块	√										√
国际视野与人类文明模块	√									√	
数理基础与科学素养模块	√	√									
艺术欣赏与审美体验模块	√	√									
社会发展与公民责任模块	√										

续表

课程名称	毕业要求 1	毕业要求 2	毕业要求 3	毕业要求 4	毕业要求 5	毕业要求 6	毕业要求 7	毕业要求 8	毕业要求 9	毕业要求 10	毕业要求 11
基础会计学	√		√								
微观经济学	√	√									
经济伦理	√	√									√
管理学	√	√									
宏观经济学	√	√									
中级财务会计Ⅰ	√		√			√					
中级财务会计Ⅱ	√		√			√					
政府会计	√		√			√					
高级财务会计	√							√		√	
财务管理	√		√			√					
成本与管理会计	√		√			√					
审计学	√		√			√		√			
经济法	√	√									
税法	√	√									
统计学	√			√			√				
Excel 在财务中的应用	√			√			√				
财政学	√	√									
金融学	√	√									
大数据导论	√			√			√				
商业银行业务与经营	√		√			√					
Python 语言与财经数据分析	√			√			√				
会计信息系统	√			√			√				
政府预算	√		√			√					
资本市场与财务会计案例分析	√					√		√		√	
企业内部控制	√		√			√					
行政事业单位内部控制	√		√			√					

续表

课程名称	毕业要求1	毕业要求2	毕业要求3	毕业要求4	毕业要求5	毕业要求6	毕业要求7	毕业要求8	毕业要求9	毕业要求10	毕业要求11
国际准则（双语Ⅰ）	√		√							√	
财务分析	√					√				√	
会计理论	√		√								
政府审计	√		√			√					
科研创新课	√						√		√		√
财务会计验证性实验	√					√	√				
管理会计工具与案例分析	√					√		√		√	
财商训练	√										√
管理心理学	√	√									√
财经背景科研探究课	√						√		√		√
军事技能	√										√
认识实习	√					√				√	
VBSE 财务综合实训	√					√	√			√	
VBSE 跨专业综合实训	√					√	√			√	
财务建模与决策	√					√	√			√	
审计综合模拟实训	√					√	√				
商业银行模拟运营决策仿真实验	√					√	√			√	
毕业实习	√					√				√	√
毕业论文（设计）	√						√	√			√
会计研究方法	√		√								
计量经济学	√	√									
组织行为学	√	√									
MySQL 系统管理	√			√			√				
金融数据分析	√		√			√					
大数据财务分析	√		√			√					
创业法学	√				√				√		√

续表

课程名称	毕业要求1	毕业要求2	毕业要求3	毕业要求4	毕业要求5	毕业要求6	毕业要求7	毕业要求8	毕业要求9	毕业要求10	毕业要求11
大学生创新基础	√				√				√		√
创业管理实战	√				√				√		√
第二课堂	√				√				√		

注：请在空格里以“√”或空白表示二者是否相关，“√”表示相关，空白为不相关。

（三）财务管理专业

财务管理专业2019—2022级人才培养方案要点

专业代码：120204

专业名称：财务管理

所属学科：管理学（12）学科名称：工商管理类（1202）

1. 培养目标

财务管理专业适应地方经济发展需要，培养践行社会主义核心价值观，具有良好的人文、科学素养以及创新意识和诚信品质，具备管理、经济、金融、法律等知识以及人际沟通与协作、信息获取与分析等能力，掌握现代财务管理理论及管理方法，能在工商企业、金融与证券机构、行政事业单位等从事财务管理、会计、金融理财等工作的高素质复合型、应用型、创新性人才。

本专业毕业生在毕业后5年左右应该具备：

（1）培养学生成为具有良好素养的现代文明人，具有健全的人格、诚信的品质、良好的职业道德和社会责任感，具有风险控制意识。

（2）培养学生具备管理、经济、金融、法律等多学科交融的知识视野和思维素质；具有财务管理专业的基础理论和专业知识，熟悉国家有关财务、金融等方面的方针、政策和法规，能够解决财务或者金融等问题；具有一定的运用信息技术处理能力及初步的学术研究能力；具有综合利用知识体系解决实际问题的能力。

（3）培养学生具备国际视野和良好的沟通能力，能够在专业实践和多学科背景下独立工作和团结协作。

（4）培养学生具备可持续学习的意识和能力，能够通过不断更新知识，掌握与专业相关的新技术、新方法并应用于实践中，富有创新意识和创新能力。

2. 毕业要求

（1）践行社会主义核心价值观，具有良好思想品质和道德修养，具有德、智、体、美、劳全面素养，具有综合人文素养和诚信意识。

（2）掌握管理类专业的基础知识和基本理论，熟悉金融、法律、信息、工程等方面知识和人文社会学科知识。

（3）系统掌握财务管理专业知识和定性、定量分析方法；熟悉我国有关财务管理的方针、政策和法规；了解本学科的理论前沿和发展动态。

（4）掌握计算机、网络等新技术知识和技能，能够运用现代信息技术检索、收集、处理和分析信息。

（5）融合学科基础知识、专业相关知识、人文社会学科等知识，具有会计信息应用能力、财务分析等能力以及具备多学科交融的知识视野，能够综合利用知识体系解决相关的管理问题。

（6）掌握沟通合作技能，能够熟练撰写报告和口头交流；掌握外语交流能力，了解国际经贸的规则，具有国际化视野和跨文化知识。

（7）建立竞争与合作意识，具有团队合作精神，能够合作互助和独立完成业务。

（8）建立批判性思维，富有创新、创业精神和能力。

（9）具有终身学习和发展意识，能够适应时代和发展需要，紧跟本专业发展状况学习本专业新知识、新技能和进行职业发展规划。

表 10　　毕业要求与培养目标支撑矩阵表

毕业要求	培养目标 1（会做人）	培养目标 2（会做事）	培养目标 3（会相处）	培养目标 4（会学习）
毕业要求 1	H	M	M	M
毕业要求 2	M	H	M	M
毕业要求 3	M	H	M	M
毕业要求 4	M	H	M	M
毕业要求 5	M	H	M	M
毕业要求 6	M	M	H	M
毕业要求 7	M	M	H	L
毕业要求 8	M	M	M	H
毕业要求 9	M	M	M	H

注：毕业要求与培养目标的支撑关系分别用“H”（高）、“M”（中）、“L”（弱）表示。

3. 学制与授予学位

本专业基本学制为4年，弹性学制3~7年；授予管理学学士学位。

4. 学分要求

本专业的学生，在校期间必须修满本培养方案所规定的159.5学分方能毕业。其中必修课122.5学分，选修课37学分。

5. 核心课程

中级财务会计、财务管理、高级财务管理、管理会计、财务分析、公司战略与风险管理

6. 各平台课程设置结构比例表

表11　各平台课程设置结构比例表

<table>
<tr><th>课程平台</th><th>课程模块</th><th>课程性质</th><th>学分</th><th>占总学分比例（%）</th></tr>
<tr><td rowspan="3">通识教育</td><td>通识教育基础课</td><td>必修</td><td>61.5</td><td>38.56</td></tr>
<tr><td>通识教育核心课</td><td>选修</td><td>4</td><td>2.51</td></tr>
<tr><td>通识教育选修课</td><td>选修</td><td>6</td><td>3.76</td></tr>
<tr><td rowspan="5">专业教育</td><td>学科基础课程</td><td>必修</td><td>14</td><td>8.78</td></tr>
<tr><td>专业核心课程</td><td>必修</td><td>21</td><td>13.17</td></tr>
<tr><td>专业选修课程</td><td>选修</td><td>17</td><td>10.66</td></tr>
<tr><td>学校特色课程</td><td>选修</td><td>3</td><td>1.88</td></tr>
<tr><td>实践创新课程</td><td>必修</td><td>24</td><td>15.05</td></tr>
<tr><td rowspan="3">差别培养</td><td>专业发展型课程</td><td rowspan="3">选修其中一个模块</td><td rowspan="3">6</td><td rowspan="3">3.76</td></tr>
<tr><td>交叉复合型课程</td></tr>
<tr><td>就业创业型课程</td></tr>
<tr><td rowspan="2">第二课堂</td><td>创新创业实践和社会实践</td><td>选修</td><td>1</td><td>0.63</td></tr>
<tr><td>劳动教育实践</td><td>必修</td><td>2</td><td>1.25</td></tr>
<tr><td colspan="2">实践教学学分占总学分比例①</td><td></td><td>42.48</td><td>26.63</td></tr>
<tr><td colspan="2">总计</td><td></td><td>159.5</td><td></td></tr>
</table>

注：①指所有的实践学分，包括课内的实验、上机、实训以及专业集中实践课程。

7. 课程与毕业要求关联矩阵

表 12　　课程与毕业要求关联矩阵表

课程名称	毕业要求 1	毕业要求 2	毕业要求 3	毕业要求 4	毕业要求 5	毕业要求 6	毕业要求 7	毕业要求 8	毕业要求 9
军事理论	√								
思想道德修养与法律基础	√	√							
大学语文	√	√				√			
大学英语Ⅱ（一）	√	√				√			
微积分（一）	√	√							
计算机应用基础	√			√	√				
大学生心理健康教育	√	√							
体育专项基础	√								
形势与政策	√								
中国近现代史纲要	√	√							
大学英语Ⅱ（二）	√	√				√			
微积分（二）	√	√							
大学生职业发展与就业指导（一）	√								√
体育专项	√								
马克思主义基本原理概论	√	√							
大学英语Ⅱ（三）	√	√				√			
线性代数	√	√							
毛泽东思想和中国特色社会主义理论体系概论	√	√							
大学英语Ⅱ（四）	√	√				√			
概率论与数理统计	√	√							
大学生创业基础	√							√	√
大学生职业发展与就业指导（二）	√								√
新生研讨课	√								
劳动教育理论	√								
“社会主义核心价值观”文化内涵	√								

续表

课程名称	毕业要求 1	毕业要求 2	毕业要求 3	毕业要求 4	毕业要求 5	毕业要求 6	毕业要求 7	毕业要求 8	毕业要求 9
逻辑与明辨性思维	√							√	
沟通与写作	√					√			
中国传统文化概论	√	√							
环境与生态文明	√	√							
中外文化地理	√	√							
科学技术史	√	√							
艺术与审美体验	√	√							
家国情怀与价值理想模块	√								
成长启迪与通用能力模块	√								√
国际视野与人类文明模块	√					√			
数理基础与科学素养模块	√	√							
艺术欣赏与审美体验模块	√	√							
社会发展与公民责任模块	√								
基础会计学	√	√			√				
微观经济学	√	√			√				
管理学	√	√			√				
宏观经济学	√	√			√				
经济伦理	√	√							
中级财务会计Ⅰ	√		√		√				√
中级财务会计Ⅱ	√		√		√				√
财务管理	√		√		√				√
高级财务管理	√		√		√				√
管理会计	√		√		√				√
财务分析	√		√		√				√
公司战略与风险管理	√		√		√				√
经济法	√	√			√				
税法	√	√			√				
金融学	√	√			√				

续表

课程名称	毕业要求 1	毕业要求 2	毕业要求 3	毕业要求 4	毕业要求 5	毕业要求 6	毕业要求 7	毕业要求 8	毕业要求 9
会计信息系统	√			√	√				
统计学	√	√			√				
商业银行业务与经营	√	√			√				
成本会计	√		√		√				
公司治理	√	√			√				
高级财务会计	√		√		√				√
审计学	√		√		√				√
大数据导论	√			√	√				
金融信托与租赁	√	√			√				
证券投资学	√	√			√				
国际贸易理论与实务	√				√	√			
程序设计基础（Python 语言）	√			√	√				
企业业绩评价（双语Ⅱ）	√				√	√			
政府会计	√		√		√				√
财务管理案例	√				√	√	√		
财务管理理论前沿	√		√					√	√
科研创新课	√							√	√
管理心理学	√	√							
财商训练	√				√				√
财经背景科研探究课	√		√						√
军事技能	√								√
认识实习	√	√							
VBSE 财务综合实训	√				√	√	√		
商业银行模拟运营决策仿真实验	√				√	√	√		
财务建模与决策	√				√	√	√		
ERP 沙盘模拟实验	√				√	√	√		

续表

课程名称	毕业要求 1	毕业要求 2	毕业要求 3	毕业要求 4	毕业要求 5	毕业要求 6	毕业要求 7	毕业要求 8	毕业要求 9
虚拟会计顶岗实习	√						√		√
毕业实习	√					√		√	√
毕业论文（设计）	√					√			√
会计研究方法	√		√						√
组织行为学	√	√			√				
计量经济学	√	√			√				
MySQL 系统管理	√			√	√				
金融数据分析	√			√	√				
大数据财务分析	√			√	√				
创业法学	√				√			√	√
大学生创新基础	√				√			√	√
创业管理实战	√				√			√	√
第二课堂	√				√			√	√

注：请在空格里以“√”或空白表示二者是否相关，“√”表示相关，空白为不相关。

（四）投资学专业

投资学专业 2019—2022 级人才培养方案要点

专业代码：020304

专业名称：投资学

所属学科：经济学（02）；金融学类（0203）

1. 培养目标

本专业以金融投资为主，兼顾实物投资，坚持立德树人，培养德、智、体、美、劳全面发展，适应经济与社会发展需要，系统掌握经济、金融理论知识、计算机应用基础知识和金融投资相关技能，能够在金融机构、企事业单位和政府部门从事投融资、资本运营、理财和金融管理等方面工作，具有高度社会责任感和较高人文艺术素养，具备较强实践能力、创新精神和创业意识的高素质复合型应用人才。

本专业毕业生在毕业 5 年左右应该具备：

（1）具备良好的人文科学素养和职业道德，熟悉所从事行业领域的国家法律法规，具有风险控制意识和社会责任感，理解并能正确评价所从事的实践活动对国家、社会、企业和民众的影响。

（2）能够综合运用经济学、管理学、社会学等基础理论及金融投资领域专业知识和现代工具，对复杂投资环境和投资活动进行分析、判断，具有投融资、资本运营、理财及相关金融活动的决策和管理技能。

（3）能够在专业实践和多学科背景下的团队中展现独立工作、团结协作和组织领导能力，能主动地适应社会发展和环境变化，具有国际视野、良好的沟通能力和一定的科研创新能力。

（4）具有终身学习意识和能力，能通过继续教育或其他途径不断更新知识、提升能力，具有创新意识和能力，能持续跟踪和了解本专业领域的新知识、新技术、新标准规范，并将其应用于专业实践中。

2. 毕业要求

（1）思想道德素质。热爱祖国，热爱人民，具有良好的政治理论素养和坚定的理想信念；遵纪守法，具有良好的道德品质和文明习惯，践行社会主义核心价值观。

（2）科学素养和人文素养。具有良好的科学素养、人文精神和审美观念；具备较强的语言和文字表达能力、信息获取能力、人际沟通能力。

（3）团队协作精神和职业道德。具有较强的社会责任感和团队合作精神，具有高尚的职业道德和职业信念。

（4）必备工具性知识。具备计算机基本知识，熟练使用常用办公软件和金融软件；熟练掌握英语，具有良好的英语听、说、读、写能力。

（5）投资学核心知识。掌握金融投资必须具备的经济学、金融学基础知识；掌握投资学专业理论及业务管理知识；了解投资学理论前沿和实践发展现状。

（6）投资业务能力。具备金融投资必须掌握的基本业务技能；具有处理各类投资活动决策和管理的基本技能。

（7）创新创业能力。熟悉国家有关金融投资的方针、政策和法律法规；具有一定的专业敏感性，在激烈的市场竞争中敢于创新、善于创新；了解国内外投资行业发展动态。

（8）专业信息搜集和处理能力。掌握专业文献检索、专业资料查询方法，熟练使用专业数据库；具有进行专业论文写作和专业学术报告写作的能力。

（9）继续学习能力。主动接受终身学习理念，掌握有效的学习方法，具有进一步深造的学习能力、研究能力。

表 13　毕业要求与培养目标支撑矩阵表

毕业要求	培养目标 1	培养目标 2	培养目标 3	培养目标 4
毕业要求 1	H	M	H	L
毕业要求 2	L	H	H	M
毕业要求 3	H	M	H	L
毕业要求 4	L	H	M	H
毕业要求 5	L	H	M	H
毕业要求 6	L	H	H	M
毕业要求 7	H	H	M	M
毕业要求 8	L	H	M	H
毕业要求 9	L	H	M	H

注：毕业要求与培养目标的支撑关系分别用“H”（高）、“M”（中）、“L”（弱）表示。

3. 学制与授予学位

本专业基本学制为 4 年，弹性学制 3～7 年；授予经济学学士学位。

4. 学分要求

本专业的学生，在校期间必须修满本培养方案所规定的 162.5 学分方能毕业。其中必修课 124.5 学分，选修课 38 学分。

5. 核心课程

证券投资学、投资银行学、公司金融、项目评估与管理、金融风险管理、期货与衍生品、公共投融资。

6. 各平台课程设置结构比例表

表 14　各平台课程设置结构比例表

课程平台	课程模块	课程性质	学分	占总学分比例
通识教育	通识教育基础课	必修	61.5	37.85
	通识教育核心课	选修	4	2.46
	通识教育选修课	选修	6	3.69

续表

课程平台	课程模块	课程性质	学分	占总学分比例
专业教育	学科基础课程	必修	21	12.92
	专业核心课程	必修	20	12.31
	专业选修课程	选修	18	11.08
	学校特色课程	选修	3	1.85
	实践创新课程	必修	20	12.31
差别培养	专业发展型课程	选修其中一个模块	6	3.69
	交叉复合型课程			
	就业创业型课程			
第二课堂	创新创业实践和社会实践	选修	1	0.62
	劳动教育实践	必修	2	1.23
实践教学学分占总学分比例①			38.1	23.45
总计			162.5	100

注：①指除体育专项之外所有的实践学分，包括课内的实验、上机、实训以及专业集中实践课程。

7. 课程与毕业要求关联矩阵

表 15　课程与毕业要求关联矩阵表

课程名称	毕业要求 1	毕业要求 2	毕业要求 3	毕业要求 4	毕业要求 5	毕业要求 6	毕业要求 7	毕业要求 8	毕业要求 9
军事理论	√		√						
思想道德修养与法律基础	√	√	√						
大学语文	√	√						√	
大学英语	√	√		√					
微积分	√			√	√	√			√
计算机应用基础	√	√		√		√		√	√
大学生心理健康教育	√	√	√						√
体育专项基础	√		√						
形势与政策	√								
中国近现代史纲要	√	√							√
大学生职业发展与就业指导	√		√				√		

续表

课程名称	毕业要求 1	毕业要求 2	毕业要求 3	毕业要求 4	毕业要求 5	毕业要求 6	毕业要求 7	毕业要求 8	毕业要求 9
线性代数	√					√			
体育专项	√		√						√
马克思主义基本原理概论	√	√	√						√
概率论与数理统计	√				√	√			√
大学生创业基础	√		√						
毛泽东思想和中国特色社会主义理论体系概论	√	√	√				√		
新生研讨课	√	√	√						
劳动教育理论	√		√						
“社会主义核心价值观”文化内涵	√		√						
逻辑与明辨性思维	√	√				√			
沟通与写作	√	√				√		√	
中国传统文化概论	√	√							√
环境与生态文明	√	√		√					
中外文化地理	√	√							
科学技术史	√							√	√
艺术与审美体验	√	√							
家国情怀与价值理想模块	√		√						
国际视野与人类文明模块	√	√							√
数理基础与科学素养模块	√	√				√			
艺术欣赏与审美体验模块	√	√							
社会发展与公民责任模块	√		√						
政治经济学	√	√			√	√			√
微观经济学	√			√	√	√			√
基础会计学	√				√	√			√
宏观经济学	√			√	√	√	√		√
金融学	√			√	√	√		√	
统计学	√			√	√				√

续表

课程名称	毕业要求 1	毕业要求 2	毕业要求 3	毕业要求 4	毕业要求 5	毕业要求 6	毕业要求 7	毕业要求 8	毕业要求 9
财政学	√				√	√			√
计量经济学	√				√	√		√	√
证券投资学	√			√	√	√	√		√
投资银行学	√				√	√			√
期货与衍生品	√			√	√	√	√		√
项目评估与管理	√				√	√	√		√
公司金融	√			√	√	√			√
公共投融资	√				√	√			
金融风险管理	√			√			√		√
MySQL 数据库	√			√		√			
财务会计	√				√				√
经济法	√			√	√	√			√
Python 程序设计	√			√		√	√		
保险学	√					√			√
金融法律法规	√			√	√	√			√
国际金融（双语Ⅱ）	√	√			√				√
中国金融史	√						√		
金融文献导读与检索	√				√	√		√	√
个人理财	√				√	√			
风险投资	√				√	√			
固定收益证券	√				√	√		√	
证券投资基金	√				√	√	√		
金融数据分析	√			√		√			
金融发展前沿专题	√						√		√
金融类专业创新教育课程	√				√	√		√	√
金融科技基础	√			√		√			
管理学	√				√				√
财商训练	√					√	√		
经济伦理	√		√				√		

续表

课程名称	毕业要求1	毕业要求2	毕业要求3	毕业要求4	毕业要求5	毕业要求6	毕业要求7	毕业要求8	毕业要求9
财经背景科研探究课	√				√	√		√	√
军事技能	√		√						
认识实习	√		√				√		
证券投资分析	√			√		√			
投资理财综合实验	√		√			√			
毕业实习	√		√				√		
毕业论文（设计）	√							√	
金融计量学	√			√	√	√			√
金融工程学	√			√	√	√			√
金融经济学	√				√	√	√		√
国际贸易实务	√					√	√		
大数据导论	√					√	√	√	√
人工智能导论	√							√	
数据挖掘技术	√							√	√
Web 前端技术	√			√				√	
创业法学	√	√		√			√		
大学生创新基础	√	√					√		
创业管理实战	√		√				√		

注：请在空格里以“√”或空白表示二者是否相关，“√”表示相关，空白为不相关。

（五）保险学专业

保险学专业 2019—2022 级人才培养方案要点

专业代码：020303

专业名称：保险学

所属学科：经济学（02）；金融学类（0203）

1. 培养目标

本专业坚持立德树人，培养德、智、体、美、劳全面发展，适应经济与社会发展需要，具有高度社会责任感和较高人文素养，具备较强实践能力、创新精神和创业意识，系统掌握经济学、金融学和保险学的基础理论、专业知识和相关技能，能够在保险机构、政府部门和企事业单位从事保险经营管理、风险管理等工作的高素质复合型应用人才。

本专业毕业生在毕业 5 年左右应该具备：

（1）具备良好的人文科学素养和职业道德，熟悉所从事行业领域的国家法律法规，具有风险控制意识和社会责任感，理解并能正确评价所从事的实践活动对国家、社会、企业和民众的影响。

（2）能够综合运用经济学、管理学、社会学等基础理论及金融保险领域专业知识和现代工具，对金融保险领域的复杂问题提出系统的解决方案，具有风险管理与保险的决策技能。

（3）能够在专业实践和多学科背景下的团队中展现独立工作、团结协作和组织领导能力，能主动适应社会发展和环境变化，具有国际视野、良好的沟通能力和金融保险项目运营、管理能力。

（4）具有终身学习意识和能力，能通过继续教育或其他途径不断更新知识、提升能力，持续跟踪和了解本专业领域的新知识、新技术、新规范，并将其应用于专业实践活动中。

2. 毕业要求

（1）思想道德素质。热爱祖国、拥护中国共产党的领导，遵纪守法、爱岗敬业，践行社会主义核心价值观，具有较高的政治觉悟、坚定的理想信念和良好的职业道德；热爱劳动，尊重劳动者，有成为合格的社会主义建设者和接班人的坚定志向。

（2）人文与科学素养。具有一定的人文知识，了解现代科技发展趋势，具有较好的人文与科学素养。

（3）身心素质。具有高度社会责任感、健全的心理、健康的体魄、文明的行为习惯，具有感受、鉴赏、评价和创造美的能力。

（4）通用能力。具备较强的英语听、说、写、译能力，办公自动化等计算机应用能力，公文写作能力，文献检索能力，初步的计算机语言编程能力和数据资料搜集、处理与分析能力。

（5）沟通与协作能力。具有较好的人际沟通与团队协作能力，能使用书面和口头表达方式与业界同行和社会公众就本专业领域的现象和问题进行较有效的沟通与交流，能在团队中有效工作。

（6）知识应用能力。系统掌握经济学、金融学、保险学和现代风险管理的基础理论、基本方法和专业知识，了解国家经济金融保险方针政策、法律法规和相关国际规则与惯例，熟悉保险实务的基本流程、基本技能和其他金融领域的基本业务，能够将相关学科基础知识与专业知识相结合解决本专业领域的现象和问题。

（7）问题分析能力。能根据客户现实状况，分析客户的保险需求；能够应用经济学、数学、财政学、会计学、法律、金融学和保险学的基本原理和法律法规，发现、分析和评价保险市场及其他金融市场存在的问题，并得出较有效的结论。

（8）综合应用与设计能力。能够针对保险市场和其他金融市场以及风险管理领域存在的现实问题，综合运用多方面知识，提出合理可行的解决方案；能结合客户的保险需求和财务状况为客户设计合理的保险规划方案；能根据新的社会需求初步设计保险产品；并能够在方案和产品设计过程中体现创新意识，考虑经济、社会、法律、文化以及环境等因素。

（9）终身学习与创新创业能力。追踪金融保险理论前沿和发展动态，具有自主学习和终身学习的意识和能力，不断更新知识结构、提升职业素养；初步具备利用创造性思维方法开展科学研究和就业创业实践的创新能力。

表 16　　毕业要求与培养目标支撑矩阵表

毕业要求	培养目标 1	培养目标 2	培养目标 3	培养目标 4
毕业要求 1	H	L	M	M
毕业要求 2	H	M	M	M
毕业要求 3	H	M	M	L
毕业要求 4	M	M	H	L
毕业要求 5	L	M	H	M
毕业要求 6	L	H	L	H
毕业要求 7	L	H	L	M
毕业要求 8	L	H	M	H
毕业要求 9	L	H	M	H

注：毕业要求与培养目标的支撑关系分别用“H”（高）、“M”（中）、“L”（弱）表示。

3. 学制与授予学位

本专业基本学制为 4 年，弹性学制 3 ~ 7 年；授予经济学学士学位。

4. 学分要求

本专业的学生，在校期间必须修满本培养方案所规定的 162.5 学分方能毕业。其中必修课 125.5 学分，选修课 37 学分。

5. 核心课程

风险管理、保险学、人身保险、财产保险、保险精算学、保险法规与监管、保险经营管理学。

6. 各平台课程设置结构比例表

表 17　各平台课程设置结构比例表

<table>
<tr><th>课程平台</th><th>课程模块</th><th>课程性质</th><th>学分</th><th>占总学分比例（%）</th></tr>
<tr><td rowspan="3">通识教育</td><td>通识教育基础课</td><td>必修</td><td>61.5</td><td>37.85</td></tr>
<tr><td>通识教育核心课</td><td>选修</td><td>4</td><td>2.46</td></tr>
<tr><td>通识教育选修课</td><td>选修</td><td>6</td><td>3.69</td></tr>
<tr><td rowspan="5">专业教育</td><td>学科基础课程</td><td>必修</td><td>21</td><td>12.92</td></tr>
<tr><td>专业核心课程</td><td>必修</td><td>20</td><td>12.31</td></tr>
<tr><td>专业选修课程</td><td>选修</td><td>17</td><td>10.46</td></tr>
<tr><td>学校特色课程</td><td>选修</td><td>3</td><td>1.85</td></tr>
<tr><td>实践创新课程</td><td>必修</td><td>21</td><td>12.92</td></tr>
<tr><td rowspan="3">差别培养</td><td>专业发展型课程</td><td rowspan="3">选修其中一个模块</td><td rowspan="3">6</td><td rowspan="3">3.69</td></tr>
<tr><td>交叉复合型课程</td></tr>
<tr><td>就业创业型课程</td></tr>
<tr><td rowspan="2">第二课堂</td><td>创新创业实践和社会实践</td><td>选修</td><td>1</td><td>0.62</td></tr>
<tr><td>劳动教育实践</td><td>必修</td><td>2</td><td>1.23</td></tr>
<tr><td colspan="2">实践教学学分占总学分比例①</td><td>—</td><td>38.6</td><td>23.75</td></tr>
<tr><td colspan="2">总计</td><td>—</td><td>162.5</td><td>100</td></tr>
</table>

注：①指所有的实践学分，包括课内的实验、上机、实训以及专业集中实践课程。

7. 课程与毕业要求关联矩阵

表 18　课程与毕业要求关联矩阵表

课程名称	毕业要求 1	毕业要求 2	毕业要求 3	毕业要求 4	毕业要求 5	毕业要求 6	毕业要求 7	毕业要求 8	毕业要求 9
军事理论	√		√						
思想道德修养与法律基础	√	√					√		
大学语文	√	√		√	√				

续表

课程名称	毕业要求1	毕业要求2	毕业要求3	毕业要求4	毕业要求5	毕业要求6	毕业要求7	毕业要求8	毕业要求9
大学英语Ⅱ（一）	√	√			√				√
微积分（一）	√						√		√
计算机应用基础	√	√			√				√
大学生心理健康教育	√		√						
体育专项基础	√		√						
新生研讨课	√		√	√		√			
形势与政策	√	√							
中国近现代史纲要	√	√							
大学英语Ⅱ（二）	√	√			√				√
微积分（二）	√						√		√
大学生职业发展与就业指导（一）	√			√		√			
体育专项	√		√	√					
马克思主义基本原理概论	√	√							
大学英语Ⅱ（三）	√	√			√				√
线性代数	√						√		√
毛泽东思想和中国特色社会主义理论体系概论	√	√							
大学英语Ⅱ（四）	√	√			√				√
概率论与数理统计	√						√	√	√
大学生创业基础	√			√		√			
大学生职业发展与就业指导（二）	√			√		√			
劳动教育理论	√		√	√					
“社会主义核心价值观”文化内涵	√								
逻辑与明辨性思维	√	√				√	√		
沟通与写作	√	√		√	√				
中国传统文化概论	√	√							

续表

课程名称	毕业要求 1	毕业要求 2	毕业要求 3	毕业要求 4	毕业要求 5	毕业要求 6	毕业要求 7	毕业要求 8	毕业要求 9
环境与生态文明	√	√							
中外文化地理	√	√							
科学技术史	√	√							
艺术与审美体验	√	√	√						
家国情怀与价值理想模块	√			√					
国际视野与人类文明模块	√	√	√						
数理基础与科学素养模块	√	√					√		
艺术欣赏与审美体验模块	√		√						
社会发展与公民责任模块	√		√						
政治经济学	√	√					√		
微观经济学	√	√					√		
基础会计学	√						√		
宏观经济学	√	√					√		
金融学	√					√	√	√	
统计学	√						√		√
财政学	√						√	√	
计量经济学	√						√		√
保险学	√			√	√	√		√	√
人身保险	√			√	√	√		√	√
财产保险	√			√	√	√		√	√
风险管理	√			√	√	√		√	√
保险精算学	√			√	√	√		√	√
保险法规与监管	√	√		√	√	√	√	√	
保险经营管理学	√			√	√	√	√	√	
民商法	√	√					√	√	
Python 程序设计	√				√				√
财务会计	√			√			√	√	
证券投资学	√					√		√	
中国金融史	√	√							

续表

课程名称	毕业要求 1	毕业要求 2	毕业要求 3	毕业要求 4	毕业要求 5	毕业要求 6	毕业要求 7	毕业要求 8	毕业要求 9
金融科技基础	√			√				√	
利息理论与应用	√							√	√
国际金融（双语Ⅱ）	√					√		√	
商业银行业务与经营	√			√		√		√	
车辆基础与汽车保险	√			√	√	√		√	
医学基础与健康保险	√			√	√	√		√	
保险中介	√			√	√	√		√	
公司金融	√					√		√	
个人理财	√			√	√	√			
金融发展前沿专题	√					√		√	
金融类专业创新教育课程	√			√					√
金融文献导读与检索	√				√				√
管理学	√						√		
经济伦理	√	√	√						
财商训练	√					√			
财经背景科研探究课	√				√		√	√	√
军事技能	√		√	√					
认识实习	√			√		√		√	
保险业务实验	√			√		√		√	
商业银行模拟运营决策仿真实验	√			√		√		√	
保险精算实验	√			√		√		√	
保险产品设计与保险规划	√			√		√		√	√
毕业实习	√			√	√	√		√	
毕业论文（设计）	√				√	√	√	√	√
再保险	√					√	√	√	
社会保障学	√					√	√	√	
保险经济学	√					√	√	√	
国际贸易实务	√			√			√	√	

续表

课程名称	毕业要求 1	毕业要求 2	毕业要求 3	毕业要求 4	毕业要求 5	毕业要求 6	毕业要求 7	毕业要求 8	毕业要求 9
金融计量学	√						√		√
金融工程学	√						√	√	
大数据导论	√	√		√	√				√
人工智能导论	√	√		√	√				√
数据库系统原理及应用	√			√	√				√
Web 前端技术	√			√	√				√
创业法学	√			√		√			
大学生创新基础	√			√		√			
创业管理实战	√			√		√			

注：请在空格里以“√”或空白表示二者是否相关，“√”表示相关，空白为不相关。

（六）电子商务专业

电子商务专业 2019—2022 级人才培养方案要点

专业代码：120801

专业名称：电子商务

所属学科：管理学（12）；电子商务类（1208）

1. 培养目标

电子商务专业培养具备德、智、体、美、劳全面发展、服务地区经济，助力乡村振兴和脱贫攻坚，具备现代管理和数字经济理念，掌握新的信息技术基础和电子服务综合技能；能够利用互联网和信息技术开展商业活动，具备一定的互联网创新、创意、创业素质；能够在从事农产品的网上规划、设计、运营销售与管理，适应现代商务运营、电子商务专业管理需要的高级应用型人才。

本专业毕业生在毕业 5 年左右应该具备：

（1）愿为社会主义现代化建设服务，为人民服务；有为国家富强、民族昌盛而奋斗的志向和责任感；在自己的岗位上敬岗爱岗。熟悉电子商务领域的法律法规。

（2）能够进行电子商务决策规划，能够负责各项管理制度、流程、标准的建立及监控，做好电子商务平台的规划、运营、优化工作，有市场开拓精神，能进行品牌管理、客户关系管理，资源整合，为产品和服务寻找新的业务增长点，能够胜任电子商务主管、电子商务项目管理、电子商务运营总监等职位。

（3）具有较强的沟通表达能力和交际能力，能够通过口头、书面方式与电子商务领域同行、社会公众进行有效的沟通。在团队合作中，能与其他成员协作共事，并作为成员或领导者在团队活动中发挥积极作用。

（4）熟悉电子商务领域的国际化内容与动态，具有国际视野，具有终身学习意识和自我管理、自主学习能力，能够通过不断学习新技术、新模式，适应社会和个人可持续发展。

2. 毕业要求

（1）思想品德。践行社会主义核心价值观，具有良好思想品质和道德修养，具有“德、智、体、美、劳”全面素养，具有综合人文素养和诚信意识。具备较高的网络文明素养，电子商务诚信与信用素养，信息安全与保密素养。

（2）学科知识。掌握管理类专业的基础知识和基本理论，熟悉相关的管理、信息、经济、金融、法律等方面的专业知识，具备综合利用所学知识解决相关管理问题的能力。掌握电子商务专业理论及业务管理知识。了解快速发展的电子商务新兴产业动态，注重产业技术创新和商业模式创新，并及时掌握相关的理论与技术知识。

（3）创新创业能力。具有竞争与合作意识，具有批判性思维，富有创新和创业精神和“互联网+”创业能力。

（4）应用能力。掌握基本技能和知识、训练有素，运用科学方法解决问题和分析问题的能力。

（5）信息能力。掌握计算机、网络等知识，能够运用现代信息技术收集和处理信息。

（6）沟通表达。具有良好的交流能力，具有管理意识，能够胜任在相关岗位熟练撰写报告和口头交流。

（7）团队合作。富有竞争合作意识，具有团队合作精神，掌握沟通合作技能，能够合作互助和独立完成属于自己份内的业务

（8）国际视野。具有国际化视野和跨文化知识。

（9）持续发展。具有终身学习和发展意识，能够适应时代和发展需要，进行学习和职业发展规划。

表 19　　毕业要求与培养目标支撑矩阵表

毕业要求＼培养目标	培养目标 1	培养目标 2	培养目标 3	培养目标 4
毕业要求 1	H	H	M	L
毕业要求 2	M	H	M	M
毕业要求 3	L	M	M	H
毕业要求 4	M	H	H	M
毕业要求 5	L	H	M	H
毕业要求 6	L	M	H	M
毕业要求 7	M	M	H	M
毕业要求 8	M	M	M	H
毕业要求 9	M	M	M	H

注：毕业要求与培养目标的支撑关系分别用“H”（高）、“M”（中）、“L”（弱）表示。

3. 学制与授予学位

本专业基本学制为 4 年，弹性学制 3 ~ 7 年；授予管理学学士学位。

4. 学分要求

本专业的学生，在校期间必须修满本培养方案所规定的 157 学分方能毕业。其中必修课 119 学分，选修课 38 学分。

5. 核心课程

电子商务概论、网络金融与电子支付、网络营销理论与实务、WEB 前端设计基础、供应链管理、客户关系管理、电子系统分析与设计

6. 各平台课程设置结构比例表

表 20　　各平台课程设置结构比例表

课程平台	课程模块	课程性质	学分	占总学分比例（%）
通识教育	通识教育基础课	必修	61.5	39.2
	通识教育核心课	选修	4	2.5
	通识教育选修课	选修	6	3.8

续表

课程平台	课程模块	课程性质	学分	占总学分比例（%）
专业教育	学科基础课程	必修	11	7
	专业核心课程	必修	19	12.1
	专业选修课程	选修	18	11.5
	学校特色课程	选修	3	1.9
	实践创新课程	必修	25.5	16.3
差别培养	专业发展型课程	选修其中一个模块	6	3.8
	交叉复合型课程			
	就业创业型课程			
第二课堂	创新创业实践和社会实践	选修	1	0.6
	劳动教育实践	必修	2	1.3
实践教学学分占总学分比例①				41.8
总计			157	

注：①指所有的实践学分，包括课内的实验、上机、实训以及专业集中实践课程。

7. 课程与毕业要求关联矩阵

表 21　课程与毕业要求关联矩阵表

课程名称	毕业要求1	毕业要求2	毕业要求3	毕业要求4	毕业要求5	毕业要求6	毕业要求7	毕业要求8	毕业要求9
军事理论	√								
思想道德修养与法律基础	√	√							
大学语文	√	√		√					
大学英语Ⅱ（一）	√	√		√		√		√	√
微积分（一）	√	√		√					
计算机应用基础	√	√	√	√	√			√	
大学生心理健康教育	√	√							
体育专项基础	√								
形势与政策	√							√	
中国近现代史纲要	√								
大学英语Ⅱ（二）	√	√		√				√	
微积分（二）	√	√		√					

续表

课程名称	毕业要求 1	毕业要求 2	毕业要求 3	毕业要求 4	毕业要求 5	毕业要求 6	毕业要求 7	毕业要求 8	毕业要求 9
大学生职业发展与就业指导（一）	√		√			√	√		
体育专项	√								
马克思主义基本原理概论	√	√							
大学英语Ⅱ（三）	√	√		√				√	
线性代数	√	√		√					
毛泽东思想和中国特色社会主义理论体系概论	√								
大学英语Ⅱ（四）	√	√		√				√	
概率论与数理统计	√	√		√					
大学生创业基础	√		√				√		
大学生职业发展与就业指导（二）	√		√				√		√
新生研讨课	√	√			√				
劳动教育理论	√						√		√
“社会主义核心价值观”文化内涵	√	√							
逻辑与明辨性思维	√	√	√	√		√			√
沟通与写作	√	√		√		√	√	√	
中国传统文化概论	√								
环境与生态文明	√	√							
中外文化地理	√	√							
科学技术史	√	√		√				√	
艺术与审美体验	√	√							
家国情怀与价值理想模块	√								
成长启迪与通用能力模块	√			√	√	√	√		√
国际视野与人类文明模块	√							√	
数理基础与科学素养模块	√			√					

续表

课程名称	毕业要求 1	毕业要求 2	毕业要求 3	毕业要求 4	毕业要求 5	毕业要求 6	毕业要求 7	毕业要求 8	毕业要求 9
艺术欣赏与审美体验模块	√								
社会发展与公民责任模块	√								
管理学	√	√		√				√	
会计学	√	√		√				√	
微观经济学	√	√		√				√	
宏观经济学	√	√		√				√	
统计学	√	√		√				√	
电子商务概论	√	√		√	√		√		
WEB 前端设计基础	√	√		√		√	√		
网络营销理论与实务	√	√		√	√		√		
客户关系管理	√	√		√	√				
供应链管理	√	√		√	√				
网络金融与电子支付	√	√	√	√	√			√	
电子商务法律与法规	√	√	√		√				
市场营销学	√	√		√	√				
经济法	√	√	√	√					
数据库基础及应用	√	√			√			√	
现代物流学	√	√			√				
网络舆情管理	√	√	√						
电子商务系统分析与设计	√	√			√			√	
Python 程序设计	√	√			√			√	
搜索引擎营销	√	√		√	√		√		
品牌管理	√	√		√				√	√
新媒体营销	√	√			√	√	√		
消费者行为学	√	√		√		√	√		√
电子商务案例	√	√		√			√		√
生鲜电商与冷链物流	√	√		√		√	√		
农村电子商务理论与实务	√	√		√	√	√			

续表

课程名称	毕业要求 1	毕业要求 2	毕业要求 3	毕业要求 4	毕业要求 5	毕业要求 6	毕业要求 7	毕业要求 8	毕业要求 9
跨境电商理论与实务（双语Ⅱ）	√	√		√		√	√	√	
农村经济前沿讲座	√	√						√	√
国际贸易实务	√	√		√				√	
企业管理概论	√	√	√			√	√		
财商训练	√	√	√						√
经济伦理	√	√							
金融学	√	√		√				√	√
财经背景科研探究课	√	√	√						√
军事技能	√			√					
认识实习	√	√		√					
专业实习	√	√		√		√	√	√	
毕业实习	√	√		√		√	√		
毕业论文（设计）	√	√							√
大学生电子商务创新、创意、创业大赛训练	√	√	√	√	√	√	√	√	
电子商务交易模式实验	√	√		√	√		√		
电子商务视觉设计	√	√		√		√	√		√
电商物流运营虚拟仿真实验	√	√	√	√		√			
电子商务综合实验	√	√	√		√		√	√	√
电子商务数据分析	√	√						√	√
Stata 统计分析与应用	√	√						√	√
电子商务运营管理	√	√	√	√	√		√		√
专业文献检索与写作	√			√	√				√
大数据可视化技术	√	√		√	√				√
大数据技术导论	√	√		√	√			√	√
人工智能导论	√	√		√	√			√	√

续表

课程名称	毕业要求1	毕业要求2	毕业要求3	毕业要求4	毕业要求5	毕业要求6	毕业要求7	毕业要求8	毕业要求9
创业法学	√	√	√						
大学生创新基础	√		√						
创业管理实战	√		√				√		√
第二课堂	√		√	√			√	√	√

注：请在空格里以“√”或空白表示二者是否相关，“√”表示相关，空白为不相关。

（七）物流管理专业

物流管理专业2019—2022级人才培养方案要点

专业代码：120601

专业名称：物流管理

所属学科：管理学（12）；物流管理与工程类（1206）

1. 培养目标

物流管理专业旨在培养“德、智、体、美、劳”全面发展、具有高度的社会责任感和使命感、具备现代管理理念，掌握现代物流管理基本原理和技术，具备物流综合服务技能，具备创新精神、创新意识和一定的创新创业能力的，能够适应区域经济发展的物流业特别是电商物流业的高级应用型人才。

本专业毕业生在毕业5年左右应该具备：

（1）遵纪守法，具有高度的社会责任感，良好的职业道德、健全的人格、良好的心理素质与合作精神。

（2）具备良好的科学素养、艺术欣赏与审美能力。

（3）具备严密的逻辑思维能力兼具创新精神、互联网思维和创新创业能力。

（4）熟练掌握物流管理基本原理和技术，具备物流综合服务技能，能够结合先进的信息技术较好地运用物流管理方法对现实问题进行分析和判断，创造性地对各产业链提出解决策略和方案，能较强的适应我国区域经济和物流业高速发展需求。

（5）能够独立地从事企业管理、分析决策和技术创新。

2. 毕业要求

（1）良好的思想品质和道德素养。热爱祖国，热爱人民，具有良好的政治理论素养和坚定的理想信念；遵纪守法，具有良好的道德品质和文明习惯，践行社会主义核心价值观。

（2）良好的科学素养、人文素养和审美能力。具有良好的科学素养、人文精神和审美观念；具备较强的语言和文字表达能力、信息获取能力、人际沟通能力。

（3）团队协作精神和职业道德。具有较强的社会责任感和团队合作精神，具有高尚的职业道德和职业信念。

（4）良好的基本素质。熟练使用常用办公软件；熟练掌握英语，具有良好的英语听、说、读、写能力。

（5）物流管理核心知识。掌握物流管理必须具备的管理学、经济学和计算机的基础知识；掌握物流管理专业理论及业务管理知识；了解物流管理发展前沿。

（6）物流管理实践能力。具备各模块的运营管理基本能力；熟悉物流管理的思想，能够用物流系统的观点发现问题、解决问题，进行物流管理的顺畅运作。

（7）互联网创新创业能力。熟悉国家有关物流管理行业的方针、政策和法律法规；具有互联网思维敏感性，在激烈的市场竞争中敢于创新、善于创新；有互联网创业的基本能力。

（8）电子商务运作及数据分析和信息处理能力。熟练使用电子商务平台，掌握最新的数据分析软件，有利用大数据进行商务分析及处理的能力。

（9）终身学习能力。主动接受终身学习理念，掌握有效的学习方法，具有进一步深造的学习能力、研究能力。

（10）国际视野。具有国际化视野和跨文化知识。

表 22　　　　毕业要求与培养目标支撑矩阵表

毕业要求	培养目标 1	培养目标 2	培养目标 3	培养目标 4	培养目标 5
毕业要求 1	H	H	M	L	L
毕业要求 2	H	H	H	L	L
毕业要求 3	M	H	H	M	H
毕业要求 4	L	H	H	H	H
毕业要求 5	L	M	H	L	L

续表

毕业要求	培养目标 1	培养目标 2	培养目标 3	培养目标 4	培养目标 5
毕业要求 6	L	L	H	H	H
毕业要求 7	L	L	M	H	H
毕业要求 8	L	L	H	H	H
毕业要求 9	L	L	M	H	H
毕业要求 10	M	M	M	M	H

3. 学制与授予学位

本专业基本学制为 4 年，弹性学制 3 ~7 年；授予管理学学士学位。

4. 学分要求

本专业的学生，在校期间必须修满本培养方案所规定的 160 学分方能毕业。其中必修课 122 学分，选修课 38 学分。

5. 核心课程

商品学、现代物流学、仓储管理、运输管理、配送中心管理与运营、供应链管理、物流成本管理、物流信息技术、电子商务概论。

6. 各平台课程设置结构比例表

表 23　各平台课程设置结构比例表

课程平台	课程模块	课程性质	学分	占总学分比例（%）
通识教育	通识教育基础课	必修	61.5	38.44
	通识教育核心课	选修	4	2.50
	通识教育选修课	选修	6	3.75
专业教育	学科基础课程	必修	14.5	9.06
	专业核心课程	必修	21	13.13
	专业选修课程	选修	18	11.25
	学校特色课程	选修	3	1.88
	实践创新课程	必修	23	14.375
差别培养	专业发展型课程	选修其中一个模块	6	3.75
	交叉复合型课程			
	就业创业型课程			

续表

课程平台	课程模块	课程性质	学分	占总学分比例（%）
第二课堂	创新创业实践和社会实践	选修	1	0.63
	劳动教育实践	必修	2	1.25
总计			160	100
实践教学学分占总学分比例①			47	29.38
总计			160	

注：①指所有的实践学分，包括课内的实验、上机以及专业集中实践课程。

7. 课程与毕业要求关联矩阵

表 24　　课程与毕业要求关联矩阵表

课程名称	毕业要求 1	毕业要求 2	毕业要求 3	毕业要求 4	毕业要求 5	毕业要求 6	毕业要求 7	毕业要求 8	毕业要求 9	毕业要求 10
军事理论	√		√							
思想道德修养与法律基础	√		√							
大学语文	√	√								
大学英语Ⅱ（一）	√			√						√
微积分（一）	√	√		√				√		
计算机应用基础	√	√		√						
大学生心理健康教育	√	√		√						
体育专项基础	√	√	√							
形势与政策	√	√								
中国近现代史纲要	√	√								
大学英语Ⅱ（二）	√			√						√
微积分（二）	√	√		√				√		
大学生职业发展与就业指导（一）	√	√	√				√			
体育专项	√	√	√							
马克思主义基本原理概论	√	√								
大学英语Ⅱ（三）	√			√						√
线性代数	√	√						√		
毛泽东思想和中国特色社会主义理论体系概论	√	√								

续表

课程名称	毕业要求1	毕业要求2	毕业要求3	毕业要求4	毕业要求5	毕业要求6	毕业要求7	毕业要求8	毕业要求9	毕业要求10
大学英语Ⅱ（四）	√			√						√
概率论与数理统计	√	√						√		
大学生创业基础	√	√	√	√						
大学生职业发展与就业指导（二）	√		√							√
新生研讨课	√	√	√						√	
劳动教育理论	√		√						√	
逻辑与明辨性思维	√	√							√	
沟通与写作	√	√		√						
中国传统文化概论	√	√								
环境与生态文明	√	√								
中外文化地理	√	√								√
科学技术史	√	√		√						√
艺术与审美体验	√	√								√
家国情怀与价值理想模块	√		√							
成长启迪与通用能力模块	√		√						√	
国际视野与人类文明模块	√		√					√		√
数理基础与科学素养模块	√	√		√						
微观经济学	√	√								
管理学	√		√	√					√	
宏观经济学	√	√								
市场营销	√	√	√	√			√			√
统计学	√	√		√						
现代物流学	√	√		√	√	√				
仓储管理	√			√	√	√				
商品学	√			√	√	√			√	
物流成本管理	√	√			√	√				
配送中心管理与运营	√			√	√	√				
运输管理	√			√	√	√				

续表

课程名称	毕业要求 1	毕业要求 2	毕业要求 3	毕业要求 4	毕业要求 5	毕业要求 6	毕业要求 7	毕业要求 8	毕业要求 9	毕业要求 10
物流信息技术	√				√	√	√	√	√	
供应链管理	√				√	√		√		
经济法	√	√		√						
企业管理概论	√	√		√						
国际贸易（双语Ⅱ）	√	√		√						√
采购管理	√	√		√				√		
物流法规	√	√		√	√					
商务谈判	√	√	√	√						
管理运筹学	√	√		√					√	
电子商务概论	√	√		√						
电商物流案例分析	√	√		√	√					
国际物流与货运代理	√	√		√						√
冷链物流	√	√		√	√	√				
危险品物流	√	√		√	√	√				
物流系统规划与设计	√			√	√	√			√	
会计学	√	√		√					√	
财经通识	√	√								
经济伦理	√		√						√	
金融学	√	√	√	√						
财经背景科研探究课	√	√		√						
军事技能	√		√							
认识实习	√			√	√					
专业实习	√			√	√	√				
毕业实习	√			√	√	√	√	√		
毕业论文（设计）	√		√	√		√				
物流 3.0 实验	√			√	√				√	
电商物流运营虚拟仿真实验	√	√		√	√			√	√	
电子商务交易模式实验	√	√		√	√			√	√	

续表

课程名称	毕业要求 1	毕业要求 2	毕业要求 3	毕业要求 4	毕业要求 5	毕业要求 6	毕业要求 7	毕业要求 8	毕业要求 9	毕业要求 10
物流系统仿真实验	√	√		√	√	√			√	
文献导读与检索	√	√		√					√	√
Stata 统计分析与应用	√	√					√	√	√	
区块链原理及应用	√	√					√		√	
大数据技术导论	√			√			√	√		
Python 程序设计	√						√	√	√	
物联网技术基础	√	√				√	√		√	√
数据库基础及应用	√							√	√	
人工智能导论	√			√				√	√	
创业法学	√		√	√			√		√	
大学生创新基础	√		√	√		√	√			
创业管理实战	√		√	√	√	√	√			
企业战略管理	√			√	√		√		√	
第二课堂	√	√	√	√			√	√		

（八）工程造价专业

工程造价专业 2019—2022 级人才培养方案要点

专业代码：120105

专业名称：工程造价

所属学科：管理科学与工程（1201）

1. 培养目标

工程造价专业主要培养适应各类建设工程现代化管理需要，具备职业道德与国际视野，具备管理学、经济学、法学、相应土木工程和信息技术基本知识，培养拥有系统化管理思想和较高管理素质，掌握建设工程经济技术评价与决策分析、工程计量与计价、工程造价控制、工程合同管理、工程财务与审计、工程造价咨询等工程建设全过程造价管理基本技能，能在建设工程领域，从事工程建设全过程造价管理，具有一定的理论和定量分析能力、实践能力以及创新创业能力，具有财经素养的“德、智、体、美、劳”全面发展的高素质、复合型、应用型人才。

本专业毕业生在毕业5年左右应该具备：

（1）具备良好的人文科学素养和工程师职业道德，熟悉工程造价行业领域的国家法律法规，具有环境保护意识和社会责任感，理解并能正确评价工程实践活动对文化、健康、安全、环境和社会可持续发展的影响。

（2）能够运用数学、自然科学、工程基础理论及其相关领域专业知识和现代工具，解决工程造价领域的实际复杂工程问题，具有从事本专业领域全过程造价管理方面工作的能力。

（3）能够在专业实践和多学科背景下的团队中展现独立工作、团结协作和组织领导能力，能主动地适应社会发展和环境变化，具有国际视野、良好的沟通交流和工程项目管理能力。

（4）具有终身学习意识和能力，能通过继续教育或其他途径不断更新知识、提升能力，持续跟踪和了解本专业领域的新知识、新技术、新产品、新标准规范，并将其应用于专业实践中。

（5）具有较强的创新创业精神和意识。

2. 毕业要求

（1）工程知识：能够将经济学、管理学、工程技术和信息技术用于解决工程造价专业的复杂工程问题。

（2）问题分析：能够应用经济学、管理学及工程科学的基本原理，识别、表达、并通过文献研究分析工程造价专业的复杂工程问题，以获得有效结论。

（3）设计（开发）解决方案：能够设计（开发）满足工程特定需求的全过程造价管理方案，并在设计环节中考虑社会、健康、安全、法律、文化以及环境等因素。在提出复杂工程问题的解决方案时具有创新意识。

（4）研究：能够基于科学原理、采用科学方法对工程造价专业的复杂问题进行研究，包括设计实验、收集、处理、分析数据，通过信息综合得到合理有效的结论并应用于工程实践。

（5）使用现代工具：能够针对复杂工程问题，开发、选择与使用恰当的技术、资源、现代工程工具和信息技术工具，包括对复杂工程问题的预测与模拟，并能够理解其局限性。

（6）工程与社会：能够基于工程造价相关的背景知识和标准，评价建设工程项目的设计、施工和运行过程中的全过程造价管理方案，包括其对社会、健康、安全、法律以及文化的影响，并理解造价工程师应承担的责任。

（7）环境和可持续发展：能够理解和评价针对工程造价专业的复杂工程问题的工程实践对环境、社会可持续发展的影响。

（8）职业规范：热爱祖国，热爱人民，具有良好的思想政治素质和正确的人生观、价值观，践行社会主义核心价值观；具备健康的心理素质和体魄；具有人文社会科学素养和社会责任感，能够在工程实践中理解并遵守工程职业道德和行为规范，做到责任担当、贡献国家、服务社会。

（9）个人和团队：在解决工程造价专业的复杂工程问题时，能够在多学科组成的团队中承担个体、团队成员或负责人的角色。

（10）沟通：能够就工程造价专业的复杂工程问题与业界同行及社会公众进行有效沟通和交流，包括撰写报告和设计文稿、陈述发言、表达或回应指令。具备一定的国际视野，能够在跨文化背景下进行沟通和交流。

（11）项目管理：在与工程造价专业相关的多学科环境中理解、掌握、应用工程管理原理与经济决策方法，具有一定的组织、管理和领导能力。

（12）终身学习：具有自主学习和终身学习的意识，具有提高自主学习和适应工程造价新发展的能力，并具有较强的创业精神和创业意识。

表 25　　　　毕业要求与培养目标支撑矩阵表

毕业要求	培养目标 1	培养目标 2	培养目标 3	培养目标 4	培养目标 5
毕业要求 1	M	H	H	H	M
毕业要求 2	M	H	H	H	H
毕业要求 3	H	H	H	H	H
毕业要求 4	H	H	H	H	H
毕业要求 5	M	H	M	H	H
毕业要求 6	H	H	H	M	H
毕业要求 7	H	H	M	H	M
毕业要求 8	H	M	M	M	M
毕业要求 9	H	H	H	M	H
毕业要求 10	M	H	H	H	M
毕业要求 11	H	H	H	H	M
毕业要求 12	H	H	M	H	H

注：毕业要求与培养目标的支撑关系分别用“H”（高）、“M”（中）、“L”（弱）表示。

3. 学制与授予学位

本专业基本学制为4年，弹性学制3~7年；授予管理学学士学位。

4. 学分要求

本专业的学生，在校期间必须修满本培养方案所规定的159.5学分方能毕业，并获得相应学位。其中必修课115.5学分，选修课44学分。

5. 核心课程

工程材料、建筑工程计量与计价、安装工程计量与计价、工程合同管理、工程经济学、工程造价管理、工程项目管理、建筑信息建模（BIM）技术应用。

6. 各平台课程设置结构比例表

表26 各平台课程设置结构比例表

课程平台	课程模块	课程性质	学分	占总学分比例（%）
通识教育	通识教育基础课	必修	63.5	39.81
	通识教育核心课	选修	4	2.51
	通识教育选修课	选修	6	3.76
专业教育	学科基础课程	必修	12	7.52
	专业核心课程	必修	16	10.03
	专业选修课程	选修	24	15.04
	学校特色课程	选修	3	1.88
	实践创新课程	必修	22	13.79
差别培养	专业发展型课程	选修其中一个模块	6	3.76
	交叉复合型课程			
	就业创业型课程			
第二课堂	创新创业实践和社会实践	选修	1	0.63
	劳动教育实践	必修	2	1.25
实践教学学分占总学分比例①			41.6	26.08
总计			159.5	100

注：①指所有的实践学分，包括课内的实验、上机、实训以及专业集中实践课程。

7. 课程与毕业要求关联矩阵

表 27 课程与毕业要求关联矩阵表

课程名称	毕业要求 1	毕业要求 2	毕业要求 3	毕业要求 4	毕业要求 5	毕业要求 6	毕业要求 7	毕业要求 8	毕业要求 9	毕业要求 10	毕业要求 11	毕业要求 12
军事理论								√	√			
思想道德修养与法律基础						√		√	√			
大学语文								√		√	√	
大学英语Ⅱ（一）		√			√			√	√	√		√
高等数学（一）	√	√	√	√	√			√				
计算机应用基础	√	√	√	√	√			√			√	
大学生心理健康教育								√	√	√	√	√
体育专项基础								√				√
形势与政策						√	√	√				
中国近现代史纲要								√		√		
大学英语Ⅱ（二）		√			√			√	√	√		√
高等数学（二）	√	√	√	√	√			√				
大学生职业发展与就业指导（一）						√	√	√	√			
体育专项（一）						√		√	√			
体育专项（二）						√		√	√			
体育专项（三）						√		√	√			
马克思主义基本原理概论								√	√			√
大学英语Ⅱ（三）		√			√			√	√	√		√
线性代数	√	√	√	√	√			√				
毛泽东思想和中国特色社会主义理论体系概论								√	√			√
大学英语Ⅱ（四）		√			√			√	√	√		√

续表

课程名称	毕业要求1	毕业要求2	毕业要求3	毕业要求4	毕业要求5	毕业要求6	毕业要求7	毕业要求8	毕业要求9	毕业要求10	毕业要求11	毕业要求12
概率论与数理统计	√	√	√	√	√			√				
大学生创业基础			√					√	√	√		
大学生职业发展与就业指导（二）						√	√	√	√			
新生研讨课								√	√			√
劳动教育理论								√				
“社会主义核心价值观”文化内涵								√		√		
逻辑与明辨性思维	√	√	√	√				√		√		
沟通与写作								√		√		√
中国传统文化概论								√		√		
环境与生态文明			√				√	√				√
中外文化地理			√				√	√		√		
科学技术史	√		√					√				√
艺术与审美体验								√		√		√
工程图学	√	√	√	√	√	√		√				
房屋建筑学	√	√	√	√				√				
经济学	√	√	√	√				√				
管理学	√	√	√	√	√	√	√	√			√	
工程材料	√		√	√			√	√				
建筑工程计量与计价	√	√	√	√	√			√			√	
安装工程计量与计价	√	√	√	√				√			√	
工程合同管理	√	√	√			√		√			√	
工程经济学	√	√	√	√		√	√	√			√	

续表

课程名称	毕业要求1	毕业要求2	毕业要求3	毕业要求4	毕业要求5	毕业要求6	毕业要求7	毕业要求8	毕业要求9	毕业要求10	毕业要求11	毕业要求12
工程造价管理	√	√				√	√	√				
工程项目管理	√	√	√	√	√	√	√	√			√	
建筑信息建模（BIM）技术应用	√	√	√	√	√			√				√
工程力学		√		√				√				
建筑设备工程与识图*		√			√			√			√	√
土木工程施工*	√	√	√	√		√		√			√	
建筑平法*	√	√	√					√				
统计学*		√	√	√				√				
经济法			√					√				√
建筑工程计量与计价课程设计*		√	√	√	√		√	√	√		√	
Excel 高级应用					√			√				√
建设工程职业道德与修养			√			√	√	√	√	√		√
建筑结构	√	√	√					√				
安装工程计量与计价课程设计*		√	√	√	√		√	√	√		√	
项目投融资					√	√		√			√	
建筑工程专业英语（双语Ⅱ）		√			√		√	√			√	√
建设工程监理	√		√			√	√	√	√	√	√	
工程财务管理	√	√	√					√				
建设法规		√	√	√				√			√	√
房地产与施工企业会计			√				√	√				
工程测量*	√	√			√		√	√				

续表

课程名称	毕业要求1	毕业要求2	毕业要求3	毕业要求4	毕业要求5	毕业要求6	毕业要求7	毕业要求8	毕业要求9	毕业要求10	毕业要求11	毕业要求12
园林工程						√	√	√				
建筑设计原理	√		√					√				
工程造价学科前沿						√	√	√		√		√
房地产策划						√		√			√	
建设项目全过程造价管理		√	√		√	√	√	√			√	√
程序设计基础（Python 语言）					√			√				√
工程造价专业背景的科研探究课				√		√		√	√			
工程造价实践前沿讲座				√				√	√			
财政学						√		√				
金融学				√				√				
财经背景的科研探究课程							√	√	√			
军事技能								√	√	√		
认识实习	√					√		√	√			
工程材料实验		√		√				√				
计算机辅助工程造价综合设计（建筑工程）	√	√	√	√	√			√			√	√
计算机辅助工程造价综合设计（安装工程）	√	√	√	√				√			√	√
毕业实习	√	√	√	√	√	√	√	√	√		√	√
毕业论文（设计）	√	√	√	√	√	√		√	√	√	√	√

续表

课程名称	毕业要求1	毕业要求2	毕业要求3	毕业要求4	毕业要求5	毕业要求6	毕业要求7	毕业要求8	毕业要求9	毕业要求10	毕业要求11	毕业要求12
建设工程风险管理						√	√	√				
运筹学		√		√				√				
工程造价案例分析		√	√	√	√	√	√	√			√	
审计学原理	√	√				√		√			√	
政府采购	√					√		√				
资产评估基础		√				√		√				
创业法学								√			√	√
大学生创新基础			√					√			√	√
创业管理实战					√			√			√	√

注：请在空格里以“√”或空白表示二者是否相关，“√”表示相关，空白为不相关。

附录二　基于成果导向的教学大纲和考试大纲模板

河南财政金融学院文件

豫财院〔2020〕159号

关于印发《河南财政金融学院制定本科课程

教学大纲和考试大纲的指导性意见》的通知

校属各单位：

为进一步提升学校本科教学质量和水平，切实落实《河南财政金融学院2019—2022级本科人才培养方案指导意见》《河南财政金融学院财经教育学习成果评价改革方案（试行）》，进一步规范课堂教学管理，加强课程建设，推进以学生为中心、成果导向、持续改进的教学改革创新，现就课程教学大纲和考试大纲的制定工作提出如下指导意见。现予印发，请遵照执行。

附件：河南财政金融学院制定本科课程教学大纲和考试大纲的指导性意见

河南财政金融学院

2020年8月31日

河南财政金融学院院长办公室　　　　2020年8月31日印发

河南财政金融学院制定本科课程教学大纲和考试大纲的指导性意见

课程教学大纲和考试大纲是落实专业人才培养方案、实现培养目标要求的教学指导文件，是专业建设、课程建设的重要内容，也是评估课程教学质量、衡量课程教学效果的依据。为进一步规范课堂教学管理，加强课程建设，现就课程教学大纲和考试大纲的制定工作提出如下指导意见。

一、指导思想

制定课程教学大纲和考试大纲应基于成果导向教育理念，以人才培养方案为依据，紧紧围绕本科专业培养目标与毕业要求，充分体现学生主体、教师主导和知识、能力、素质协调发展的思想，贯彻“四融三通”人才培养模式，着力培养高素质复合型应用人才。

二、基本要求

1. 学校学习成果评价改革试点专业（2020 年改革试点专业有税收学、投资学、工程造价、物流管理 4 个专业；2021 年改革试点专业有税收学、会计学、财务管理、投资学、保险学、工程造价、物流管理、电子商务 8 个专业）须每个专业选取 5 门专业核心课程，依照本文件规定的课程教学大纲和考试大纲模板（见附件）制定和编写教学大纲和考试大纲。其他非试点专业鼓励使用本文件中的模板进行课程教学大纲和考试大纲的制定和编写。

2. 课程教学大纲和考试大纲由开课单位组织所属教研室编写。教研室可安排教学经验丰富的教师或课程小组编写教学大纲和考试大纲初稿，交教研室集体讨论确定，学院（部）审核、审批后报教务处备案。

3. 为统一规范，课程教学大纲和考试大纲的格式应与本文件规定的模板格式统一，内容力求简明扼要、文字严谨、术语规范。

4. 课程教学大纲制定要符合人才培养方案的整体优化要求，从本课程在人才培养中的地位及作用的角度，依据培养目标和毕业要求，设计课程教学目标、教学要求、教学内容与进度等，注意相关课程的联系与分工。

三、基本内容及编写要求

1. 理论课程教学大纲的内容包括：课程基本信息、课程目标、教学要求、教学内容、教材及教学主要参考书、说明五个部分。其中，课程基本信息包括开课单位、课程名称、课程类别、课程编码、开课对象、开课学期、学时、学分、先修课程、课程介绍、制定人、审定人，并由二级学院领导审批确定。课程目标与教学要求包括课程目标的确定、所预期的课程教学要求以及毕业要求与课程目标二者的关系矩阵表。教学内容与课程目标部分包括具体章节的教学内容、教学要求、具体学时、教学方式以及具体教学内容所达成的课程目标。教材及教学主要参考书部分应填写本门课程的教材和主要参考书目。说明部分可对课程做一些补充说明，若无说明则可省略该项。具体编写要求及格式参考附件 1《理论课程教学大纲模板》。

2. 课程设计教学大纲的内容包括：课程基本信息、课程目标、教学要求、课程设计的性质和目的、课程设计教学的基本内容和要求、课程设计的进度安排、课程设计的考核办法、其他事项。具体编写要求及格式参考附件2《课程设计教学大纲基本内容和格式》。

3. 实习教学大纲的内容包括：课程基本信息、课程目标、教学要求、实习目的和任务、实习的基本内容与进度安排、实习的基本要求、实习的考核办法、指导书与参考资料。具体编写要求及格式参考附件3《实习教学大纲基本内容和格式》。

4. 实验教学大纲的内容包括：课程基本信息、课程目标、教学要求、实验的性质、目的和任务、实验的基本内容和要求、主要仪器设备及材料、实验的考核办法、指导书与参考资料。具体编写要求及格式参考附件4《实验教学大纲基本内容和格式》。

5. 考试大纲的内容包括：授课学时、适应专业、考试方式、考试时间、推荐教材、试题类型、考试要求、课程目标及与其相符的考核内容、评价方式与成绩占比、适用题型等。具体编写要求及格式参考附件5《考试大纲模板》。

四、课程教学大纲、考试大纲的管理

1. 课程教学大纲和考试大纲是组织课程教学、评估课程教学质量和教学效果的依据。为了保证课程教学的连续性、稳定性，教学大纲、考试大纲一经批准后必须与培养方案一起严格执行，不得随意改动，否则按教学事故处理。

2. 课程教学大纲和考试大纲在一段时间内应保持其稳定性和连续性，但在执行过程中，根据学科的发展变化，可适时对大纲做部分调整。如果内容变动较大，需要修订大纲，可向学院提出申请，同时上报新修订的课程教学大纲和考试大纲，学院（部）领导审批，教务处备案后方可生效。

3. 教学大纲、考试大纲属学校、学院（部）的基本教学文件，学校将汇编存档。

五、本文件由教务处负责解释。

附件1. 理论课程教学大纲模板

附件2. 课程设计教学大纲基本内容和格式

附件3. 实习教学大纲基本内容和格式

附件4. 实验教学大纲基本内容和格式

附件5. 考试大纲模板

附件 1

理论课程教学大纲模板

《××××××××××》课程教学大纲

制定人：　　　　　审定人：　　　　　制定（修订）时间：

一、课程基本信息（一级标题小四号黑体，段前段后 0. 5 行，下同）

开课单位	课程归属单位（内容五号仿宋）	课程类别	通识教育、学科基础、专业核心……等课程
课程名称	中文名称		课程编码
开课对象			开课学期
学时/学分	总学时、理论课学时、实践课学时		
先修课程			

课程介绍：（350 字以内）

概述本课程的主要内容，要明确课程在人才培养方案中所处地位，学生通过该门课程的学习，应该达到或掌握的各项能力（对毕业要求的贡献），要与人才培养方案中应该达到的能力（即毕业要求）相对应。课程教学大纲应力求文字严谨、简明扼要，名词术语规范。

二、课程目标与教学要求

课程目标（即“课程教学目标”）是该课程支撑的所有毕业要求，课程教学要求（简称“教学要求”）是该课程的教学产出即学生学习预期成果。课程目标是课程教学大纲的核心要素，它既支撑着毕业要求的达成，又决定着教学内容、教学方法以及评价方式。课程目标的描述要明确本门课程对学生达到毕业要求的贡献是什么以及如何贡献。也就是说，要通过课程目标把本专业毕业要求逐条地落实到每一门课程的教学大纲中去，从而明确每门具体课程的教学内容对达到毕业要求的贡献。课程目标从五个维度来说明：

一是“国际 21 世纪教育委员会”向联合国教科文组织提交的教育研究报告《教育——财富蕴藏其中》（Learning，the Treasure within）提出的 21 世纪教育的四大支柱——学会学习、学会做事、学会做人和学会共处；

二是布卢姆教育目标分类学的 6 个认知层次——记忆、掌握、应用、分析、评价、创造。

三是普通高等学校本科专业类教学质量国家标准。

四是突出“四新”要求。

五是学校的办学定位和人才培养总目标。

（用五号仿宋，段落固定值 18 磅，下同）

课程目标示例一：

本课程对学生达到如下毕业要求有贡献：

（1）知识应用能力：能够将……基本理论与基本方法应用于解决……以及……专业领域管理问题。

（2）问题分析能力：能够应用经济学、管理学以及……的基本原理分析……的……。

（3）综合应用能力：能够针对……的……、……与……中涉及的……问题，提出合理的解决方案。

（4）设计能力：能够设计符合……与……要求的……，并能够在设计环节中体现创新意识，考虑经济、社会、法律、文化以及环境等问题。

（5）沟通能力：能够就……相关的……问题与业界同行及社会公众进行有效沟通和交流。

（6）终身学习能力：能够跟踪……前言，不断更新知识结构、提升职业素养，适应……行业及相关职业发展。

课程目标示例二：

本课程对学生达到如下毕业要求有贡献：

（1）应用最新的……与……在……和相关交叉学科领域解决……问题；

（2）独立思考，自我管理，能在团队中有效工作和在……环境中开放性工作；

（3）有效的口头、书面沟通能力和图表表达能力；

（4）在商业、工业和社会中能展示出专业技能；

（5）了解全球事件和社会环境中……与……解决方法带来的影响。

教学要求示例：

完成课程后，学生将具备以下能力：

（1）在……与……学科具备基本的知识、技术和能力；

（2）在团队中有效工作的能力；

（3）通过……、书面报告和口头报告有效沟通的能力；

（4）理解专业的、道德的和社会责任的能力；

（5）尊重多样性、现代化专业知识、社会和全球问题；

（6）保证质量和实效性并不断进步。

课程目标支撑的毕业要求（示例）

课程支撑的毕业要求		课程目标					
		(1)	(2)	(3)	(4)	(5)	(6)
1	毕业要求1：……	√					
2	毕业要求2：……		√				
3	毕业要求3：……			√	√		
4	毕业要求4：……					√	
5	毕业要求5：……						√
	……						

三、教学内容与课程目标

《××××》教学内容与课程目标（五号黑体）

章次	教学内容	教学要求 （学生学习预期成果）	学时	教学方式	课程目标
第一章	（内容五号仿宋，段落固定值18磅）				
第二章	示例： 章名…… 知识点： ……；……；…… 重点： ……；……；…… 难点： ……；……；…… 习题要点： ……；……；…… 实践环节： ……；……；……	（1）理解……理论，掌握……计算方法；以及……概念与特性； （2）掌握……特点； （3）能够说明……与……关系； （4）理解……及……分析方法，掌握……特性。	8	讲授 讨论 作业 3次	(1) (3)
第三章					
第四章					
第五章					
……					
合计					

注：1. “教学内容”栏应写明各章节的主要内容，重点、难点，各章节相应习题要点，有关实验和实践环节的主要内容。

2. “教学要求”栏依据本课程目标和总的教学要求写明各章节的具体教学要求。

教学要求要通过用好表示“程度”的修饰词和表达不同认知层次的动词体现专业特点。可参照如下。

布卢姆教育目标分类学认知层次相应的动词

层次	推荐动词	层次	推荐动词
创造 评价 分析	开发、建立、制定、解决、设计、规划 评价、检查、判断、批判、鉴赏、协调 分析、辨别、解构、重构、整合、选择	应用 掌握 记忆	应用、执行、实施、开展、推动、操作 掌握、比较、推论、解释、论证、预测 了解、认识、界定、复述、重复、描述

3. “教学方式”栏根据课程的性质和特点自行设计和选取，要明确各章节所用的不同教学方法或手段，要注意采用先进教学方法或手段。主要建议如下：

（1）教学方法方面，体现以学生为本、因材施教、个性发展、素质教育等现代教育理念而采取的讲授方法和教学活动。如混合式教学、翻转课堂、讲授法、启发式、讨论式、案例式、探究式、互动式、学导式、自学辅导式、网上助学式和合作式学习方式。

（2）教学手段方面，扩大小班化教学覆盖面，如多媒体、CAI 课件、双语教学、网络等。特别是应用计算机处理文字、图像、声音、图表等新技术，也包括使用现代化的教具、图表和现场教学等，推行移动课堂、翻转课堂、MOOC 示范项目等优质课程资源的网络教学手段。

4. “课程目标”栏依据第三部分“课程目标与教学要求”中明确的课程目标，写明各章节教学内容能够实现的课程目标条目序号。

四、教材及教学主要参考书

推荐教材：

《××××××》，×××主编，×××××出版社，××××年×月第×版。

参考书目：

《××××××》，×××主编，×××××出版社，××××年×月第×版。

………

注：此处需填写课程的教材和参考书目

五、说明

此部分可做一些补充说明，若无须说明则可省略该项。

附件 2

课程设计教学大纲基本内容和格式

《×××》课程设计教学大纲（黑体小四号）

编写者：×××（四个空格）审核者：×××（宋体五号）

课程代码		课程名称	
适用专业		开设学期	
周　　数		学　　分	
课程目标	本课程对学生达到如下毕业要求有贡献： 1. 2. ……		
教学要求	完成课程学习后，学生将具备以下能力： 1. 2. ……		

一、课程设计的性质和目的（黑体小四号）

正文（宋体五号）

二、课程设计教学的基本内容和要求（黑体小四号）

正文（宋体五号）

三、课程设计的进度安排（黑体小四号）

正文（宋体五号）

四、课程设计的考核办法（黑体小四号）

正文（宋体五号）

五、其他（黑体小四号）

正文（宋体五号）

1. 对先修课程的要求；2. 注意事项；3. 指导书和参考资料等。

附件 3

实习教学大纲基本内容和格式

《×××》实习教学大纲（黑体小四号）

编写者：×××（四个空格）审核者：×××（宋体五号）

课程代码		课程名称	
实习类别		实习形式	
实习场所			
适用专业		开设学期	
实习周数		学　　分	
课程目标	本课程对学生达到如下毕业要求有贡献： 1. 2. ……		
教学要求	完成课程学习后，学生将具备以下能力： 1. 2. ……		

一、实习目的和任务（黑体小四号）

正文（宋体五号）

二、实习的基本内容与进度安排（黑体小四号）

正文（宋体五号）

三、实习的基本要求（黑体小四号）

正文（宋体五号）

四、实习的考核办法（黑体小四号）

正文（宋体五号）

五、指导书与参考资料（黑体小四号）

正文（宋体五号）

附件 4

实验教学大纲基本内容和格式

《×××》（课程）实验教学大纲（黑体小四号）

编写者：×××（四个空格）审核者：×××（宋体五号）

课程代码		课程名称	
适用专业		先修课程	
实验性质	（非）独立设课		

续表

开设学期		实验方式	
周数（学时）		学　　分	
课程目标	本课程对学生达到如下毕业要求有贡献： 1. 2. ……		
教学要求	完成课程学习后，学生将具备以下能力： 1. 2. ……		

一、实验的性质、目的和任务（黑体小四号）

正文（宋体五号）

二、实验的基本内容和要求（黑体小四号）

序号	实验项目	天数（学时数）	实验属性	内容与要求
1				
2				
3				
4				

三、主要仪器设备及材料（黑体小四号）

正文（宋体五号）

四、实验的考核办法（黑体小四号）

正文（宋体五号）

五、指导书与参考资料（黑体小四号）

正文（宋体五号）

附件 5

考试大纲模板

《×××××》考试大纲（黑体小四）

编写者：（宋体五号）审核者：（宋体五号）

授课学时	学时
适应专业	专业
考试方式	（要明确各种评价方式在课程考核中所占比例，期末考试比重建议在50%～70%之间，各评价方式百分比之和为100%。）
考试时间	分钟
推荐教材	
试题类型	（不少于5种题型）
考试要求	

序号	课程目标（支撑毕业要求）	考核内容	评价方式与成绩占比（%）				成绩占比（%）	适用题型
			期末考试	作业	日常测验	……		
1	目标1：……。（支撑毕业要求X）	（1） （2） （3） ……						
2	目标2：……。（支撑毕业要求Y）							
……								

注：

1. 表中内容均用宋体小五号字体。

2. 本考试大纲以培养方案（毕业要求）和教学大纲（课程目标）为基本依据，毕业要求和课程目标是学习成果评价改革的基本指引。本考试大纲是成果导向理念进试卷即成果导向设计关键环节——“最后一公里”的具体体现。学习成果评价改革旨在基于逆向设计理念，促成课程目标、教学和测评一致性的达成。

3. 考试要求应填写课程的教学目的和任务。

4. 考核内容应简明扼要。可以在符合毕业要求和课程目标前提下，按章节顺序填写。

5. 题型题量要求：期末试卷题型一般应包括5种以上；单题数量总计不低于30道。

6. 测评能力要求（1）：期末试卷必须有一定比例的综合应用题，以考核学生综合应用能力或综合分析问题、解决问题能力，以示与日常测验的区别。应用能力要达到的层级应与课程毕业要求相符。综合应用题一般应检测3个以上章节（或知识点）的综合应用情况。

7. 测评能力要求（2）：期末试卷低阶能力测试题型（包括单选题、多选题、判断题、填空题、简答题或简述题等）分值占比不应超过40%。一般不出现名词解释。

8. 题型名称规范。不能随意编造题型名称，根据《河南财政金融学院课程考核管理办法》第十四条、第十六条，试卷命题类型有填空题、单选题、多选题、判断题、简答题、计算题、证明题、图解题、案例分析题、论述题等多种题型和一定比例的综合应用题、综合分析题型。

附录三　试点专业核心课程基于成果导向教学大纲

一、税收学专业

（一）国际税收

国际税收课程教学大纲

1. 课程基本信息

开课单位	财政税务学院	课程类别	专业核心	
课程名称	国际税收		课程编码	3010000037
开课对象	税收学专业本科生		开课学期	7
学时/学分	总学时 48，理论学时 48			
先修课程	税法 1、税法 2、财务会计			

课程介绍：

该课程针对税收学专业学生开设，属于专业核心课。该课程主要内容包括国际重复征税发生的原因及免除的国际约束规范，国际避税的基本思路和方法，反避税法规的内容等。

通过本课程的学习，能够使学生比较广泛地、系统地了解国际税收的基本理论和基本知识，掌握避免国际重复征税的免除方法；掌握跨国公司税收筹划的基本思路和手段；提高学生运用所学知识分析国际税收中出现的问题，综合运用税收专业知识解决实务问题；培养学生自主学习和终身学习的良好意识，不断提高学习和适应发展的能力，及时了解税收学科前沿，预测行业发展趋势，持续提高财税知识的应用能力和财税业务的分析能力；具有较强的组织、协调和管理能力，能够与团队成员和谐相处，能够运用不同沟通技巧处理涉税业务管理和实务中出现的问题，能够与他人合作，共同分析涉税问题、共同商定解决方案；具有良好的思想道德修养、社会责任感、公共意识、敬业精神和创业意识

2. 课程目标与教学要求

本课程对学生达到如下毕业要求有贡献：

（1）知识应用能力：能够将国际税收的基本理论与基本方法应用于解决国际税收中重复征税、国际避税、反避税等问题。

（2）问题分析能力：能够应用国际税收学的基本知识分析各种形式的国际重复征税，跨国公司的各种避税活动，分析各种反避税法规的针对性和有效性。

（3）综合应用能力：能够针对各种国际重复征税问题，各种避税活动和方法的合理性、合法性，提出合理的解决方案。

（4）设计能力：能够设计符合跨国企业纳税申报的方案，能够提出合理合法的国际税收筹划思路和方案，并能够在该上述环节中体现创新意识，考虑税收成本、社会责任、职业道德等问题。

（5）沟通能力：能够就国际税收相关的涉税问题与业界同行及社会公众进行有效沟通和交流。

（6）终身学习能力：能够跟踪税收学科前沿，预测发展趋势，持续提高财税知识的应用能力和财税业务的分析能力，提升职业素养，适应税收行业及相关职业发展。

完成课程后，学生将具备以下能力：

（1）能够综合运用税收与会计学科基本知识解决涉税实际问题；

（2）在团队中有效工作的能力；

（3）通过撰写报告、设计文稿、书面报告和口头报告，提升有效沟通的能力；

（4）理解专业的、道德的和社会责任的能力；

（5）尊重多样性、现代化专业知识、社会问题；

（6）保证质量和实效性并不断进步。

课程目标支撑的毕业要求：

课程支撑的毕业要求		课程目标					
		（1）	（2）	（3）	（4）	（5）	（6）
1	毕业要求2：专业性知识。掌握包括财政与税收的理论、制度和管理等相关知识，熟悉专业前沿理论与行业动态知识	√	√				
2	毕业要求4：学习能力。具有自主学习和终身学习的良好意识，不断提高学习和适应发展的能力。能够了解税收学科前沿，预测发展趋势，持续提高财税知识的应用能力和财税业务的分析能力						√

续表

课程支撑的毕业要求		课程目标					
		(1)	(2)	(3)	(4)	(5)	(6)
3	毕业要求5：实践能力。理解并掌握税收基本原理与决策方法，能够在多学科环境中应用税收政策，进行税收检查、税收筹划以及税务风险管控，能够分析税收政策和税收征管中的实务问题，能够综合运用税收专业知识解决实务问题			√			
4	毕业要求6：综合能力。具有较强的组织、协调和管理能力，能够与团队成员和谐相处，能够运用不同沟通技巧处理涉税业务管理和实务中出现的问题，能够与他人合作，共同分析涉税问题、共同商定解决方案					√	
5	毕业要求7：社会责任。具有良好的思想道德修养、社会责任感、公共意识、敬业精神和创业意识				√		

3. 教学内容与课程目标

国际税收教学内容与课程目标

章次	教学内容	教学要求 （学生学习预期成果）	学时	教学方式	课程目标
第一章	导言 知识点： 国际税收的概念；国际税收与国家税收的区别与联系；国际税收产生的条件；国际税收未来发展趋势；国际税收竞争。 重点： 国际税收的广义和狭义概念的理解；所得税国际税收产生的条件；电子商务给国际税收带来的挑战。 难点： 对国际税收竞争的理解。 习题要点： 国际税收的本质及和国家税收的区别	（1）理解国际税收基本概念，掌握其广义和狭义概念的区别； （2）掌握国际税收的本质； （3）能够说明所得税国际税收产生的条件； （4）理解国际税收竞争的利弊和电子商务带来的国际税收管理挑战	6	课堂讲授 课堂提问 课后作业	(2) (6)

续表

章次	教学内容	教学要求 （学生学习预期成果）	学时	教学方式	课程目标
第二章	所得税的税收管辖权 知识点： 案源管理；检查管理；审理管理；执行管理。 重点： 实施检查；制作税务稽查报告；税务稽查相关文书。 难点： 案源确定；实施检查；案件审结。 习题要点： 涉税犯罪种类；税收稽查四环节；涉税文书	（1）掌握税收管辖权的概念及相应征税范围； （2）熟悉税收管辖权的类型及其判定标准； （3）了解国际范围税收管辖权实施现状	4	课堂讲授 随堂提问 课后作业	（1） （3）
第三章	国际重复征税 知识点： 重复征税的概念和类型；法律性和经济性国际重复征税发生的原因；税收管辖权的外延和内涵的概念以及由此发生的不同性质的国际重复征税是怎么发生的。 重点： 两种不同性质的国际重复征税发生的原因。 难点：税收管辖权内涵扩大造成的国际重复征税发生的原因。 习题要点： 辨别什么情况下会发生法律性的国际重复征税，什么情况下会发生经济性重复征税，什么情况下会发生由于内涵的不同虽然单一税收管辖权之下发生的重复征税	（1）掌握重复征税和国际重复征税的概念； （2）熟悉国际重复征税的类型和区别； （3）能够说明几种国际重复征税发生的原因	3	课堂讲授 随堂练习 课后作业	（1） （3） （5）
第四章	国际重复征税的解决方法 知识点： 约束居民管辖权的国际规范；约束地域管辖权的国际规范；免除国际重复征税的几种方法。 重点： 免除国际重复征税的抵免方法。 难点： 免除经济性国际重复征税的间接抵免方法。 习题要点： 区别直接抵免方法和间接抵免方法的适用范围；区别综合抵免法和分项抵免法的不同。 实践环节： 我国税法规定限额抵免法的具体规定	（1）熟悉税收管辖权内涵扩大造成的国际重复征税的约束规范； （2）掌握经济性和法律性国际重复征税免除的抵免方法； （3）能够说明国际重复征税免除方法的效果； （4）理解有关国际采用免税法的条件	10	课堂讲授 随堂练习 问题讨论 课后作业	（1） （2） （3） （4） （5） （6）

续表

章次	教学内容	教学要求 （学生学习预期成果）	学时	教学方式	课程目标
第五章	国际避税概述 知识点： 国际避税的概念及与国际逃税的概念的区别；国际避税地的概念及类型；转让定价的概念。 重点： 国际避税地的类型及其相应的避税条件。 难点： 转让定价的管理功能。 习题要点： 和国际避税地相似几个概念的区别	（1）了解国际避税的概念； （2）理解国际避税地的特征和避税作用； （3）掌握国际避税地的成因和避税条件； （4）掌握转让定价的概念	4	课堂讲授 随堂练习 问题讨论	(1) (3) (5)
第六章	国际税收筹划基本思路和方法 知识点： 信托避税的潜能；滥用税收协定；转让定价与中介控股公司；转让定价的避税动机和避税功能；资本弱化；纳税主体转移避税。 重点： 国际税收筹划的基本思路和手段。 难点： 跨国公司进行国际税收筹划实务。 习题要点： 国际税收筹划案例	（1）理解国际税收筹划的基本思路和方法； （2）掌握国际税收筹划的基本手段； （3）掌握跨国公司进行税收筹划的常用方式和大体框架	12	课堂讲授 随堂练习 问题讨论	(1) (2) (4) (3) (5) (6)
第七章	转让定价的税务管理 知识点： 关联企业的判定标准；转让定价审核原则和方法；预约定价协议。 重点： 转让定价审核调整的原则和方法。 难点： 转让定价审核调整方法的运用。 习题要点： 可比受控价格法，再销售价格法，成本法	（1）了解转让定价税务法规的内容； （2）理解转让定价审核调整的原则和方法。 （3）掌握预约定价机制的原理及在实务中的运用条件； （4）熟悉我国转让定价法规的内容并能在实务中熟练运用	4	课堂讲授 随堂练习 问题讨论	(3) (4) (5) (6)

续表

章次	教学内容	教学要求 （学生学习预期成果）	学时	教学方式	课程目标
第八章	其他反避税法规与措施 知识点： 对付避税地法规的内容； 防止滥用税收协定的方法；限制资本弱化的法规。 重点： 对付避税地法规的具体内容及在我国的运用。 难点： 受控外国公司的判定；受益所有人的认定等。 习题要点： 掌握反避税法规的核心内容	（1）了解反避税法规的具体内容和相关概念； （2）理解反避税法规的可以反避税的原理； （3）熟悉我国反国际避税的法规的内容和特点	4	课堂讲授 随堂练习 问题讨论	（3） （5） （6） （7）
合记			48		

4. 教材及教学主要参考书

推荐教材：

《国际税收》，“十二五”普通高等教育本科国家级规划教材，中国人民大学出版社，2018 年版。

参考书目：

（1）《税法 1》，全国税务师执业资格考试教材，中国税务出版社；

（2）《税法 2》，全国税务师执业资格考试教材，中国税务出版社；

（3）《全球税收竞争》，【美国】克里斯·爱德华兹，丹尼尔·米切尔著，中国发展出版社。

（4）《国际税收》期刊。

（5）《国际税收学》，葛惟熹编著，中国财政经济出版社。

（6）《国际税收基础》，【美国】罗伊·罗哈吉著，北京大学出版社。

（二）税收筹划

税收筹划课程教学大纲

1. 课程基本信息

开课单位	财政税务学院	课程类别	专业核心
课程名称	税收筹划	课程编码	3010000020
开课对象	税收学专业本科生	开课学期	6
学时/学分	总学时 32，理论学时 32		
先修课程	中国税制、财务会计		

课程介绍：

该课程针对税收学专业学生开设，属于专业核心课。该课程主要内容包括税收筹划概念、税收筹划基本方法、增值税特征及筹划、消费税特征及筹划、企业所得税特征及筹划、个人所得税特征及筹划等。

通过本课程的学习，能够使学生加深对税法的理解，转换学习税法的角度、思路，初步具备对税法的评价能力；在此基础上，理解税收筹划的概念和基本理论，掌握税收筹划的基本方法，举一反三，将筹划的基本方法运用于具体问题解决；能够提炼税种特征，认识各税种特征对其税收筹划产生的影响；培养学生自主学习和终身学习的良好意识，不断提高学习和适应发展的能力，及时了解税收学科前沿，预测发展趋势，持续提高财税知识的应用能力和财税业务的分析能力；具有较强的组织、协调和管理能力，能够与团队成员和谐相处，能够运用不同沟通技巧处理涉税业务管理和实务中出现的问题，能够与他人合作，共同分析涉税问题、共同商定解决方案；具有良好的思想道德修养、社会责任感、公共意识、敬业精神和创业意识

2. 课程目标与教学要求

本课程对学生达到如下毕业要求有贡献：

（1）知识应用能力：能够将税收筹划的基本理论与基本方法应用于解决税收筹划等实际问题。

（2）问题分析能力：能够准确分析税收筹划案例所依赖的筹划条件或筹划环境，并精准指出影响筹划结果的具体因素。

（3）综合应用能力：能够针对税收筹划中涉及多税种、多条件、多因素的问题，综合考虑各税种、各条件、各因素的抵消作用或加强作用，提出合理的解决方案。

（4）设计能力：能够设计符合委托方实际情况的税收筹划方案，并能够在筹划中体现创新意识，考虑税收成本、社会责任、职业道德等问题。

（5）沟通能力：能够就税收筹划相关的涉税问题与业界同行及筹划委托方进行有效沟通和交流。

（6）终身学习能力：能够跟踪税收学科前沿，预测发展趋势，持续提高财税知识的应用能力和财税业务的分析能力，提升职业素养，适应税收行业

及相关职业发展。

完成课程后，学生将具备以下能力：

（1）能够综合运用税收与会计学科基本知识解决涉税实际问题；

（2）在团队中有效工作的能力；

（3）通过撰写报告、设计文稿、书面报告和口头报告，提升有效沟通的能力；

（4）理解专业的、道德的和社会责任的能力；

（5）尊重多样性、现代化专业知识、社会问题；

（6）保证质量和实效性并不断进步。

课程目标支撑的毕业要求：

课程支撑的毕业要求		课程目标					
		（1）	（2）	（3）	（4）	（5）	（6）
1	毕业要求2：专业性知识。掌握包括财政与税收的理论、制度和管理等相关知识，熟悉专业前沿理论与行业动态知识	√	√				
2	毕业要求4：学习能力。具有自主学习和终身学习的良好意识，不断提高学习和适应发展的能力。能够了解税收学科前沿，预测发展趋势，持续提高财税知识的应用能力和财税业务的分析能力						√
3	毕业要求5：实践能力。理解并掌握税收基本原理与决策方法，能够在多学科环境中应用税收政策，进行税收检查、税收筹划以及税务风险管控，能够分析税收政策和税收征管中的实务问题，能够综合运用税收专业知识解决实务问题			√			
4	毕业要求6：综合能力。具有较强的组织、协调和管理能力，能够与团队成员和谐相处，能够运用不同沟通技巧处理涉税业务管理和实务中出现的问题，能够与他人合作，共同分析涉税问题、共同商定解决方案					√	
5	毕业要求7：社会责任。具有良好的思想道德修养、社会责任感、公共意识、敬业精神和创业意识				√		

3. 教学内容与课程目标

税收筹划教学内容与课程目标：

章次	教学内容	教学要求 （学生学习预期成果）	学时	教学方式	课程目标
第一章	税收筹划概念 知识点： 税收筹划的事先性；税收筹划的不违法性；税收筹划的附带性；税收筹划的对象。 重点： 税收筹划的事先性；税收筹划的附带性；税收筹划的不违法性。 难点： 合法与不违法的区分。 习题要点：无	（1）理解税收筹划的对象确定，并不从执法人员和税法角度改变纳税义务状况； （2）掌握税收筹划的事先性； （3）能够区分合法与不违法； （4）理解税收筹划的附带性，不能为筹划而筹划； （5）转换对税法的学习和理解角度、思路	6	课堂讲授 案例分析 问题讨论	（1） （5）
第二章	税收筹划的基本方法 知识点： 临界点与纳税禁区；退税在筹划中的运用；税收优惠的利用；分劈法；扣除法；抵免法；延期纳税。 重点： 本章内容均为重点。 难点： 对出口退税原理的理解；纳税禁区右侧边界的计算；分劈法中对纳税单位的认识。 习题要点： 各方法中的典型案例分析及计算	（1）透过现象看本质，澄清税法课程学习中的一些认识，如现行税法中不存在全额累进税率等； （2）明了各方法中存在的一些常见误区，如税收优惠、延期纳税、出口退税等的一些常见认识误区； （3）能够说明典型案例依赖的筹划条件或筹划环境，能够精准指出影响筹划结果的具体因素并进行一些必要的计算； （4）掌握税收筹划的各个基本方法，能够将其一般演绎至具体税种筹划中	18	课堂讲授 案例分析 问题讨论 课后作业	（1） （2） （3） （4） （5） （6）

续表

章次	教学内容	教学要求 （学生学习预期成果）	学时	教学方式	课程目标
第三章	增值税特征及对筹划的影响 知识点： 一般纳税人和小规模纳税人划分对筹划的影响；价外税对筹划的影响；扣税法对筹划的影响；增值税扣税凭证对税收筹划的影响；进项税额抵扣的实质及其对筹划的影响；销项税额的筹划。 重点： 一般纳税人和小规模纳税人划分对筹划的影响；进项税额抵扣的实质及其对筹划的影响；销项税额的筹划。 难点： 价外税对筹划的影响；利用出口退税原理解析出口退税筹划案例。 习题要点： 一般纳税人和小规模纳税人划分对筹划的影响；利用出口退税原理解析出口退税筹划案例	（1）了解增值税特征； （2）掌握增值税各特征对计税的影响	3	课堂讲授 案例分析 问题讨论 课后作业	(1) (2) (3) (4) (5) (6)
第四章	消费税特征及对筹划的影响 知识点： 价内税特征对筹划的影响；一次课征特征对筹划的影响；与增值税交叉对筹划的影响；视同销售对筹划的影响；实耗扣税对筹划的影响；从量计征对筹划的影响。 重点： 一次课征特征对筹划的影响。 难点： 增值税抵扣与消费税抵扣的对比。 习题要点： 一次课征特征对筹划的影响	（1）了解消费税特征； （2）掌握消费税各特征对计税的影响	2	课堂讲授 案例分析 问题讨论 课后作业	(1) (2) (3) (4) (5) (6)

续表

章次	教学内容	教学要求（学生学习预期成果）	学时	教学方式	课程目标
第五章	企业所得税与个人所得税的异同及对筹划的影响。 知识点： 纳税人异同及对筹划的影响；税率异同及对筹划的影响；收入异同及对筹划的影响；费用扣除异同及对筹划的影响。 重点： 纳税人异同及对筹划的影响；费用扣除异同及对筹划的影响。 难点： 所得税异同对计税影响的对比。 习题要点： 企业所得税筹划；个人所得税筹划	（1）掌握企业所得税与个人所得税异同； （2）掌握所得税异同对计税产生的影响	3	课堂讲授 案例分析 问题讨论 课后作业	(1) (2) (3) (4) (5) (6)
合计			32		

4. 教材及教学主要参考书

推荐教材：

《税收筹划》，计金标著，中国人民大学出版社，2019 年版。

参考书目：

(1)《税法 1》，全国税务师执业资格考试教材，中国税务出版社。

(2)《税法 2》，全国税务师执业资格考试教材，中国税务出版社版。

(3)《财务与会计》，全国税务师执业资格考试教材，中国税务出版社。

（三）税收管理

税收管理课程教学大纲

1. 课程基本信息

开课单位	财政税务学院	课程类别	专业核心课程	
课程名称	税收管理		课程编码	3010000041
开课对象	税收学专业本科生		开课学期	5
学时/学分	总学时 32、理论课学时 32			
先修课程	税收学、中国税制、财务会计			

续表

课程介绍： 税收管理课程是针对税收学专业本科生开设，属于专业核心课程。该课程的主要内容以税收程序法为基础，具体包括税源管理、税款征收、反避税管理、税务稽查、税收经济分析与信息化管理、税务行政处罚、税务行政救济等。本课程的学习需配合税收征收管理法、征收管理法实施细则、发票管理办法、纳税评估办法、行政法、行政强制法、担保法、合同法等法律法规的学习和运用。 通过本课程的学习，能够使学生系统的了解税收程序法的主要内容以及理论依据，熟练掌握税收管理全过程征纳双方的权利和义务，使学生能够运用税收管理基本理论和相关法律法规分析和解决税收征管过程中遇到的问题。在新文科的要求下，本课程重点培养学生纳税评估和税收风险管理能力，帮助学生构建涉税问题的综合分析思维和能力，以使其在数字经济中具有更强的竞争力

2. 课程目标与教学要求

本课程对学生达到如下毕业要求有贡献：

（1）知识应用能力：能够运用税收管理基本理论和相关法律法规解决税收管理过程中遇到的税源管理、税款征收、反避税管理、税务稽查、税务行政处罚、税务行政救济等基本程序问题。

（2）问题分析能力：能够运用税收程序法律法规和税收管理基本分析方法，发现税务管理全过程中征纳双方的违法行为，并能提出解决办法和双方的法律责任。

（3）综合应用能力：能够进行不同类型企业、行业的纳税评估和风险管理，并能提出优化企业涉税事项的可行性建议。

（4）设计能力：能够设计符合行业发展特点的纳税评估方案和降低企业税收风险的可行性方案；能够根据税收管理改革的相关热点和难点形成自己的思考，并撰写学术论文。

（5）沟通能力：能够就税收管理相关的涉税问题与业界同行及社会公众进行有效沟通和交流，能够有效在团队中发挥自己的专业能力。

（6）终身学习能力：能够跟踪税收管理学科前沿，法律法规政策的更新，持续提高财税知识的应用能力和财税业务的分析能力，提升职业素养，适应税收行业及相关职业发展要求。

完成课程后，学生将具备以下能力：

（1）在财政学、会计学、法律三个学科具备基本的知识、技术和能力；

（2）在团队中有效工作的能力；

（3）通过撰写学术论文、书面报告和口头报告进行有效沟通的能力；

（4）理解专业的、道德的和社会责任的能力；

（5）尊重多样性、现代化专业知识、社会和全球问题；

（6）保证质量和实效性并不断进步。

课程目标支撑的毕业要求：

课程支撑的毕业要求		课程目标					
		（1）	（2）	（3）	（4）	（5）	（6）
1	毕业要求1：基础性知识。掌握经济学、管理学、政治学、社会学和法学等社会科学知识，以及有利于促进学生全面发展的人文、艺术和自然科学知识	√					
2	毕业要求2：专业性知识。掌握包括财政与税收的理论、制度和管理等相关知识，熟悉专业前沿理论与行业动态知识		√	√			√
3	毕业要求3：工具性知识。掌握数学、外语、计算机及信息技术应用、文献检索、社会调查与研究方法、论文写作等				√		
4	毕业要求4：学习能力。具有自主学习和终身学习的良好意识，不断提高学习和适应发展的能力。能够了解税收学科前沿，预测发展趋势，持续提高财税知识的应用能力和财税业务的分析能力						√
5	毕业要求5：实践能力。理解并掌握税收基本原理与决策方法，能够在多学科环境中应用税收政策，进行税收检查、税收筹划以及税务风险管控，能够分析税收政策和税收征管中的实务问题，能够综合运用税收专业知识解决实务问题		√	√			
6	毕业要求6：综合能力。具有较强的组织、协调和管理能力，能够与团队成员和谐相处，能够运用不同沟通技巧处理涉税业务管理和实务中出现的问题，能够与他人合作，共同分析涉税问题、共同商定解决方案					√	

3. 教学内容与课程目标

税收管理教学内容与课程目标：

章次	教学内容	教学要求 （学生学习预期成果）	学时	教学方式	课程目标
第一章	税收管理概论 知识点： 税收管理的内涵；税收管理的内容；税收管理体制。 重点： 税收管理的内涵；税收管理的内容；我国税收管理体制—分税制。 难点： 税收管理的客观必然性；我国税权划分的主要内容。 习题要点： 税收管理和税务管理的区别和联系；税收管理的内容；税收管理的原则；我国现行征管模式	（1）理解税收管理的概念，理解税收管理与税务管理的区别与联系，理解税收管理的原则；掌握理解税收管理的客观必然性和意义。 （2）掌握税收管理的内容框架；理解税收管理手段的发展历程。 （3）掌握税收管理体制的概念，掌握分税制的概念和内涵；能够简单阐述我国分税制的主要内容	2	讨论 讲授 学习 通辅 助	（5）
第二章	税源管理 知识点： 税务登记；账簿、凭证管理；纳税申报；纳税评估和税收风险管理；发票管理；纳税信用管理。 重点： 税务登记的内容；纳税评估和税收风险管理；发票管理。 难点： 停业复业登记；纳税评估指标的运用；纳税评估的程序；发票的作废和红字发票的开具。 习题要点： 纳税申报相关计算；纳税评估的主要指标；纳税评估案例分析；重大税收违法案件的标准	（1）理解税务登记的概念，掌握设立税务登记、变更登记、停业复业登记、注销登记、非正常户管理的适用范围，能够简单阐述以上登记事项以及报验管理的流程。 （2）理解账簿凭证的概念，了解账簿管理的基本制度。 （3）掌握纳税申报的内容与要求，了解纳税申报的受理与审核流程。 （4）理解纳税评估的概念、对象、程序，掌握纳税评估的数据来源、评估指标的公式及含义；掌握纳税评估方法，能够根据纳税评估结果采取进一步的涉税行动；能够根据纳税人的纳税申报和财务报表资料进行纳税评估，并提出风险管理意见。 （5）掌握发票的概念、类型和内容，了解发票的印制、领购、保管、缴销、检查制度；掌握发票的开具要点；能够说明发票作废和红字发票的适用范围和操作流程。 （6）理解纳税信用评级的数据和方法；了解纳税信用A级纳税人联合激励措施；掌握重大税收违法案件的标准；了解重大税收违法案件当事人联合惩戒措施。 （7）能够指出纳税人违反税务登记管理、账簿凭证管理、纳税申报、发票管理制度的行为并说明法律责任	8	讲授 讨论 学习 通辅 助 作业	（1） （2） （3） （4） （5） （6）

续表

章次	教学内容	教学要求 （学生学习预期成果）	学时	教学方式	课程目标
第三章	税款征收 知识点： 税款征缴方式；税款征收措施；税款入库管理；违反税款征收制度的行为及法律责任。 重点： 税款征收方式；核定税额；纳税担保；税收保全；税收强制执行；滞纳金制度；税款的补缴与追征；缴税期限；欠税及其法律责任；优先权、代位权和撤销权；偷税及其法律责任。 难点： 税收保全的适用范围和具体流程；税收强制执行的具体流程和要点；优先权、代位权和撤销权的适用范围和具体含义。 习题要点： 税款的征收方式；税款的缴库方式；什么是税收保全；税收强制执行措施的适用范围及流程；违法税款征收制度的行为及法律责任	（1）掌握8种税款征收方式的概念和适用范围；了解税款缴库方式。 （2）掌握核定税额的适用范围和具体核定方法；掌握税收保全措施的适用范围、流程和注意事项；掌握税收强制执行措施的流程和注意事项；能够简单阐述税收滞纳金制度和税款补缴与追征制度的内容。 （3）了解税款入库的级次，能够说明纳税义务发生时间、纳税期限和缴库期限的区别；掌握延期纳税的适用范围和注意事项。 （4）掌握欠税的概念，掌握税收优先权、代位权和撤销权的含义；了解离境清税制度；掌握偷税、抗税、骗取出口退税的含义；能够指出纳税人的税款征收违法行为并能够准确运用法律法规提出相应的法律责任	4	讲授 案例分析 讨论 学习 通辅 助 作业	（1） （2） （5）
第四章	反避税管理 知识点： 反避税管理概述；转让定价管理；预约定价安排管理；资本弱化管理；其它反避税措施。 重点： 避税的主要形式；关联企业；转让定价管理办法；资本弱化管理办法。 难点： 可比非受控价格法；预约定价安排管理；受控外国企业管理。 习题要点： 关联企业的纳税调整方法	（1）掌握关联企业关联关系的界定；了解反避税管理的内容框架。 （2）掌握可比非受控价格法、再销售价格法、成本加成法、交易净利润法、利润分割法的内涵、适用范围，能够运用以上方法对转让定价进行管理。 （3）掌握预约定价安排管理的内涵，了解预备会谈、正式申请、审核评估、磋商、签订安排和监控执行6阶段的内容。 （4）了解资本弱化管理的原因，能够计算关联企业的债资比，并可以进行反避税管理。 （5）了解成本分摊协议管理、受控外国企业管理的基本内容	4	讲授 案例 分析 学习 通辅 助 作业	（1） （2） （4） （5）

续表

章次	教学内容	教学要求 （学生学习预期成果）	学时	教学方式	课程目标
第五章	税务稽查 知识点： 税务稽查的内涵和分类；税务稽查的权限范围和基本内容；税务稽查程序；税务稽查的主要方法。 重点： 税务稽查的概念；税务稽查的程序；税务稽查的方法；错账更正。 难点： 税务稽查的方法选择；错账更正及纳税调整。 习题要点： 税务稽查的概念；税务稽查与会计检查的区别和联系；税务稽查的程序；税务稽查的权限；如何确定税务稽查对象；税务稽查根据具体情况可以采取哪些方法	（1）理解税务稽查的定义，掌握税务稽查的全县范围；能够阐述税务稽查的作用。 （2）能够理解税务稽查抽查选案、检查、审理和执行四个流程的内容内容和逻辑关系。 （3）能够根据稽查对象、稽查目的、纳税人的生产经营特点选取适合的税务稽查方法。 （4）掌握税务稽查过程中发现的问题的应对措施，理解账务调整原则，掌握账务调整方法	4	讲授 案例 分析 讨论 学习 通辅 助 作业	（1） （2） （4） （5）
第六章	税收经济分析与信息化管理 知识点： 税收经济分析；税务信息化管理。 重点： 税收经济分析的定义；税收经济分析的方法；税收管理的现代化发展。 难点： 税收弹性分析；金税工程。 习题要点： 当前税收征管信息管理与应用中存在的主要问题；信息化在税收管理中的作用	（1）理解税收经济分析的内涵及意义；能够阐述税收经济分析的主要内容。 （2）了解税务信息化的含义和内容；了解我国金税工程的发展历程和现状，能够阐述金税工程在税务信息化管理中的定位和意义	2	讲授 讨论 学习 通辅 助	（1） （4） （5） （6）

续表

章次	教学内容	教学要求 （学生学习预期成果）	学时	教学方式	课程目标
第七章	税务行政处罚 知识点： 税务行政处罚概述；税务行政处罚的种类与设定；税务行政处罚的程序；税务行政处罚的执行。 重点： 税务行政处罚的原则、主体与管辖；税务行政处罚的种类与设定；税务行政处罚的简易程序、一般程序和听证程序；税务行政处罚的执行；税务行政处罚的法律责任。 难点： 税务行政处罚的管辖；税务行政处罚的设定。 习题要点： 税务行政处罚的含义；税务行政处罚的原则；税务行政处罚的管辖范围；税务行政处罚的种类；税务行政处罚的一般程序	（1）了解税务行政处的概念和原则；掌握税务行政处罚的主体与管辖。 （2）掌握税务行政处罚的种类，并能够阐述税务行政处罚种类的具体内容；能够理解不同级次的法律对税务行政处罚的设定；了解税务行政处罚的时效。 （3）能够说明税务行政处罚的简易程序、一般程序、听证程序的适用，可以对纳税人的税收违法行为展开税务行政处罚分析。 （4）了解税务行政处罚的执行方式、方法，能够根据纳税人的不同违法行为采取不同的执行方式	2	讲授 案例分析 讨论 学习 通辅 助 作业	(1) (2) (4) (5)
第八章	税务行政救济 知识点： 税务行政复议；税务行政诉讼；税务行政赔偿。 重点： 税务行政复议的范围和条件；税务行政诉讼的受案范围；税务行政赔偿的特点。 难点： 税务行政复议的程序；税务行政诉讼的程序。 习题要点： 行政复议的受案范围和程序；行政诉讼的受案范围和程序；行政诉讼的实效；行政赔偿的取得方式	（1）了解税务行政复议的概念，税务行政复议机关；掌握税务行政复议的受案范围和管辖；能够清楚指出税务争议事件中的申请人和被申请人；可以简单阐述税务行政复议的基本流程和要点。 （2）了解税务行政诉讼的概念；掌握税务行政诉讼的受案范围和管辖；理解税务行政诉讼的程序。 （3）掌握税务行政赔偿的概念和构成要件；能够明确指出税务争讼案件中税务行政赔偿的请求人、赔偿义务机关，了解赔偿请求时效和途径；理解税务行政赔偿的途径、程序、方式和标准	4	讲授 案例 分析 讨论 学习 通辅 助 作业	(1) (2) (4) (5)

续表

章次	教学内容	教学要求 （学生学习预期成果）	学时	教学方式	课程目标
第九章	综合案例分析 课程内容： 班级学生分为5组，每组选择一个税务管理相关的综合案例进行分析，并形成PPT，选出代表进行10分钟的案例分析，老师和其他同学围绕案例进行提问5分钟	（1）案例选取方面能够尽可能多的涵盖本课程的知识点，包括税务登记、税款征收、发票管理、税务稽查、税务争讼的内容，也可以选择某一行业代表性企业的纳税评估案例。 （2）PPT的制作应清晰展示案例的核心要点、分析思路、分析结果以及分析依据。 （3）小组代表的展示应思路清晰，阐述选择案例的理由、案例的主要内容、涉及的征纳双方的违法行为、争讼的焦点、解决的途径等。表达流利，言之有据。 （4）小组成员能够在案例分析中复习本课程的相关知识，并能够在独立分析案例的过程中形成税收管理的思维框架	2	翻转课堂	（1） （2） （3） （4） （5） （6）
合计			32		

4. 教材及教学主要参考书

推荐教材：

《税务管理》，梁俊娇主编，中国人民大学出版社，2019年7月第三版。

参考书目：

（1）《税收管理》，吴旭东主编，中国人民大学出版社，2019年10月第七版。

（2）《税收管理》，樊勇主编，清华大学出版社，2016年7月。

（3）《税务管理新论》，贾绍华、李为人主编，中国财政经济出版社，2016年9月。

（四）税务稽查

税务稽查课程教学大纲

1. 课程基本信息

开课单位	财政税务学院	课程类别	专业核心课	
课程名称	税务稽查		课程编码	3010000020
开课对象	税收学专业本科生		开课学期	6
学时/学分	总学时 32，理论学时 32			
先修课程	中国税制、财务会计			

课程介绍：

该课程针对税收学专业学生开设，属于专业核心课。该课程主要内容包括税务稽查方法、税务稽查规范、增值税稽查、企业所得税稽查、个人所得税稽查等。

通过本课程的学习，能够使学生比较广泛、系统地了解税务稽查的基本理论和基本知识，掌握税务稽查操作方法；提高学生运用所学知识分析税务稽查中出现的问题，综合运用税收专业知识解决实务问题；培养学生自主学习和终身学习的良好意识，不断提高学习和适应发展的能力，及时了解税收学科前沿，预测发展趋势，持续提高财税知识的应用能力和财税业务的分析能力；具有较强的组织、协调和管理能力，能够与团队成员和谐相处，能够运用不同沟通技巧处理涉税业务管理和实务中出现的问题，能够与他人合作，共同分析涉税问题、共同商定解决方案；具有良好的思想道德修养、社会责任感、公共意识、敬业精神和创业意识

2. 课程目标与教学要求

本课程对学生达到如下毕业要求有贡献：

（1）知识应用能力：能够将税务稽查的基本理论与基本方法应用于解决税收专业领域偷税、逃避缴纳税款、骗税以及抗税等问题。

（2）问题分析能力：能够应税收学的基本知识和会计核算知识分析偷税、逃避缴纳税款、骗税的表现形式。

（3）综合应用能力：能够针对税务稽查中涉及的偷税、逃避缴纳税款、骗税以及抗税问题，提出合理的解决方案。

（4）设计能力：能够设计符合涉税企业问题的税务检查方案，并能够在检查环节中体现创新意识，考虑税收成本、社会责任、职业道德等问题。

（5）沟通能力：能够就税务稽查相关的涉税问题与业界同行及社会公众进行有效沟通和交流。

（6）终身学习能力：能够跟踪税收学科前沿，预测发展趋势，持续提高财税知识的应用能力和财税业务的分析能力，提升职业素养，适应税收行业及相关职业发展。

完成课程后，学生将具备以下能力：

（1）能够综合运用税收与会计学科基本知识解决涉税实际问题；

（2）在团队中有效工作的能力；

（3）通过撰写报告、设计文稿、书面报告和口头报告，提升有效沟通的能力；

（4）理解专业的、道德的和社会责任的能力；

（5）尊重多样性、现代化专业知识、社会问题；

（6）保证质量和实效性并不断进步。

课程目标支撑的毕业要求：

课程支撑的毕业要求		课程目标					
		（1）	（2）	（3）	（4）	（5）	（6）
1	毕业要求2：专业性知识。掌握包括财政与税收的理论、制度和管理等相关知识，熟悉专业前沿理论与行业动态知识	√	√				
2	毕业要求4：学习能力。具有自主学习和终身学习的良好意识，不断提高学习和适应发展的能力。能够了解税收学科前沿，预测发展趋势，持续提高财税知识的应用能力和财税业务的分析能力						√
3	毕业要求5：实践能力。理解并掌握税收基本原理与决策方法，能够在多学科环境中应用税收政策，进行税收检查、税收筹划以及税务风险管控，能够分析税收政策和税收征管中的实务问题，能够综合运用税收专业知识解决实务问题			√			
4	毕业要求6：综合能力。具有较强的组织、协调和管理能力，能够与团队成员和谐相处，能够运用不同沟通技巧处理涉税业务管理和实务中出现的问题，能够与他人合作，共同分析涉税问题、共同商定解决方案					√	
5	毕业要求7：社会责任。具有良好的思想道德修养、社会责任感、公共意识、敬业精神和创业意识				√		

3. 教学内容与课程目标

税务稽查教学内容与课程目标：

章次	教学内容	教学要求 （学生学习预期成果）	学时	教学方式	课程目标
第一章	税务稽查方法 知识点： 税务稽查协作；税务稽查基本方法；税务稽查证据；税务稽查账务调整；税务稽查信息化。 重点： 税务稽查基本方法；税务稽查证据；税务稽查账务调整。 难点： 税务稽查账务调整。 习题要点： 会计差错更正；税务稽查基本方法	（1）理解税务稽查理论，掌握税务稽查账务调整方法以及税务稽查基本方法。 （2）掌握税务稽查信息化特点。 （3）能够说明税务稽查基本方法与税务检查的关系。 （4）理解账务调整原则及会计差错分析方法，掌握稽查账务调整特性	3	课堂讲授 随堂练习 问题讨论 课后作业	（1） （5）
第二章	税务稽查规范 知识点： 案源管理；检查管理；审理管理；执行管理。 重点： 实施检查；制作税务稽查报告；税务稽查相关文书。 难点： 案源确定；实施检查；案件审结。 习题要点： 涉税犯罪种类；税收稽查四环节涉税文书	（1）了解税务稽查4个环节主要内容，理解税务稽查案源处理、检查管理、审理管理、执行管理的要求。 （2）掌握案源特点。 （3）能够说明案源管理、检查管理、审理管理与执行管理之间的关系。 （4）掌握税务稽查报告写作要求，能够对涉税案件性质进行判断，提出准确处罚建议	3	课堂讲授 随堂练习 问题讨论 课后作业	（1） （3） （4） （5）
第三章	增值税稽查 知识点： 纳税人和纳税义务人稽查；特殊销售行为稽查；适用税率稽查；销项税额稽查；进项税额稽查；增值税专用发票稽查。 重点： 特殊销售行为稽查；销项税额稽查；进项税额稽查；增值税专用发票稽查。 难点： 特殊销售行为稽查；进项税额稽查；增值税专用发票稽查。 习题要点： 不征税项目；视同销售行为；混合销售行为、兼营行为的区分与税务处理；视同销售行为销售额的规定；进项税额转出。 实践环节： 特殊销售行为稽查；进项税额稽查	（1）了解增值税稽查常用方法，理解不同行业增值税平均税负指标，掌握增值税应纳税款计算方法。 （2）掌握增值税常见涉税疑点。 （3）能够说明增值税涉税事项与增值税纳税申报表关系。 （4）理解增值税税负与预警标准的关系，根据预警指标分析是否可能存在涉税犯罪行为。 （5）应用增值税相关知识和会计核算知识，分析增值税涉税疑点。 （6）检查增值税涉税疑点，判断纳税人是否存在涉税犯罪，解决增值税涉税犯罪问题	12	课堂讲授 随堂练习 问题讨论 课后作业	（1） （2） （3） （4） （5） （6）

续表

章次	教学内容	教学要求 （学生学习预期成果）	学时	教学方式	课程目标
第四章	企业所得税稽查 知识点： 企业所得税收入总额稽查；企业所得税扣除项目稽查；资产税务处理稽查；企业所得税其他事项稽查。 重点： 企业所得税收入总额稽查；企业所得税扣除项目稽查；资产税务处理稽查。 难点： 企业所得税扣除项目稽查；资产税务处理稽查。 习题要点： 区分不征税收入和免税收入；税前扣除项目；收入不入账；推迟收入入账时间；视同销售的纳税调整。 实践环节： 不征税收入和免税收入	（1）理解企业所得税税务稽查基本原理；掌握企业所得税应纳税款计算方法。 （2）掌握企业所得税常见涉税疑点。 （3）能够说明企业所得税涉税事项与企业所得税纳税申报表关系。 （4）理解企业所得税税负与预警标准的关系，根据预警指标分析是否可能存在涉税犯罪行为。 （5）应用企业所得税相关知识和会计核算知识，分析企业所得税涉税疑点。 （6）检查企业所得税涉税疑点，判断纳税人是否存在涉税犯罪，解决企业所得税涉税犯罪问题	10	课堂讲授 随堂练习 问题讨论 课后作业	（1） （2） （3） （4） （5） （6）
第五章	个人所得税稽查 知识点： 纳税人和扣缴义务人稽查；征税范围稽查；计税依据稽查。 重点： 征税范围稽查；计税依据稽查。 难点： 计税依据稽查。 习题要点： 资薪金所得、劳务报酬所得、特许权使用费所得、稿酬所得应税项目适用范围	（1）理解个人所得税税务稽查基本原理；掌握个人所得税应纳税款计算方法。 （2）掌握个人所得税常见涉税疑点。 （3）应用个人所得税相关知识，分析个人所得税涉税疑点。 （4）检查个人所得税涉税疑点，判断纳税人是否存在涉税犯罪，解决个人所得税涉税犯罪问题	4	课堂讲授 随堂练习 问题讨论	（1） （3） （5）
合计			32		

4. 教材及教学主要参考书

推荐教材：

《税务稽查》，国家税务总局教材编写组，中国税务出版社，2017 年版。

参考书目：

（1）《税法 1》，全国税务师执业资格考试教材，中国税务出版社；

(2)《税法2》，全国税务师执业资格考试教材，中国税务出版社；

(3)《财务与会计》，全国税务师执业资格考试教材，中国税务出版社。

(五) 中国税制

中国税制课程教学大纲

1. 课程基本信息

<table>
<tr><td>开课单位</td><td colspan="2">财政税务学院</td><td>课程类别</td><td colspan="2">专业核心</td></tr>
<tr><td>课程名称</td><td colspan="3">中国税制</td><td>课程编码</td><td>3010000068
3010000069</td></tr>
<tr><td>开课对象</td><td colspan="3">税收学本科生</td><td>开课学期</td><td>5、6</td></tr>
<tr><td>学时/学分</td><td colspan="5">96 学时，6 学分</td></tr>
<tr><td>先修课程</td><td colspan="5">财务与会计、税收学</td></tr>
<tr><td colspan="6">课程介绍：
中国税制主要包括税法基本原理、增值税、消费税、附加税与烟叶税、资源税、车辆购置税、土地增值税和关税、企业所得税、个人所得税、房产税、车船税、契税、城镇土地使用税、耕地占用税、船舶吨税等内容。
中国税制是高等院校财税专业的专业核心课。本课程属于综合运用性学科，注重培养学生在涉税服务实践中解决实际问题的能力，处理各项实际业务的操作水平。本课程具有综合性强，实践要求高的特点。
通过本课程的教学，旨在使学生比较广泛、系统地了解涉税服务实务的基本理论和基本知识，掌握涉税服务实务操作方法；培养和提高学生运用所学知识分析税务服务实践中出现的问题和解决实际问题的能力</td></tr>
</table>

2. 课程目标与教学要求

本课程目标设定为培养全面发展且具有突出专业优势的创新型人才。

本课程对学生达到如下毕业要求有贡献：

(1) 知识应用能力：能够将税法的基本理论与基本方法应用于解决税收专业领域偷税、逃避缴纳税款、骗税以及抗税等问题。

(2) 问题分析能力：能够应税收学的基本知识和会计核算知识分析偷税、逃避缴纳税款、骗税的表现形式。

(3) 综合应用能力：能够针对税法的基本理论进行纳税申报和计算及分析，提出合理的解决方案。

(4) 设计能力：能够设计企业合理的纳税申报、计算案例，并能够给企业提出合理的意见，体现创新意识，考虑税收成本、社会责任、职业道德等问题。

（5）沟通能力：能够就企业相关的涉税问题与业界同行及社会公众进行有效沟通和交流。

（6）终身学习能力：能够跟踪税收学科前沿，预测发展趋势，持续提高财税知识的应用能力和财税业务的分析能力，提升职业素养，适应税收行业及相关职业发展。

完成课程后，学生将具备以下能力：

（1）能够综合运用税收与会计学科基本知识解决涉税实际问题；

（2）在团队中有效工作的能力；

（3）通过撰写报告、设计文稿、书面报告和口头报告，提升有效沟通的能力；

（4）理解专业的、道德的和社会责任的能力；

（5）尊重多样性、现代化专业知识、社会问题；

（6）保证质量和实效性并不断进步。

课程目标支撑的毕业要求：

课程支撑的毕业要求		课程目标					
		（1）	（2）	（3）	（4）	（5）	（6）
1	毕业要求2：专业性知识。掌握包括财政与税收的理论、制度和管理等相关知识，熟悉专业前沿理论与行业动态知识	√	√				
2	毕业要求4：学习能力。具有自主学习和终身学习的良好意识，不断提高学习和适应发展的能力。能够了解税收学科前沿，预测发展趋势，持续提高财税知识的应用能力和财税业务的分析能力						√
3	毕业要求5：实践能力。理解并掌握税收基本原理与决策方法，能够在多学科环境中应用税收政策，进行税收检查、税收筹划以及税务风险管控，能够分析税收政策和税收征管中的实务问题，能够综合运用税收专业知识解决实务问题			√			
4	毕业要求6：综合能力。具有较强的组织、协调和管理能力，能够与团队成员和谐相处，能够运用不同沟通技巧处理涉税业务管理和实务中出现的问题，能够与他人合作，共同分析涉税问题、共同商定解决方案					√	
5	毕业要求7：社会责任。具有良好的思想道德修养、社会责任感、公共意识、敬业精神和创业意识				√		

3. 教学内容与课程目标

中国税制教学内容与课程目标：

章次	教学内容	教学要求 （学生学习预期成果）	学时	教学方式	课程目标
第一章	税法基本原理 第一节　税法概述 第二节　税收法律关系 第三节　税收实体法与税收程序法 第四节　税法的运行 第五节　税法的建立与发展 第六节　税务师的职业道德 教学重点：税法的概念、税收的概念、税法与税收的关系、税收法律关系的内容、税法的构成要素。 教学难点：税法的分类、税法的构成要素	通过本章内容的学习，使学生了解税法的作用、税法与其他部门法的关系，税收司法的相关规定，以及中国历史上的税法和新中国税法的建立与发展；理解税法的原则、税法的解释，税收法律关系的产生、变更、消灭，以及税收立法与税收执法的有关规定；掌握税法的概念、税收的概念、税法与税收的关系、税法的分类、税收法律关系的内容、税法的构成要素等	6	课堂讲授 随堂练习 问题讨论 课后作业	(1) (5)
第二章	第一节　增值税概述 第二节　纳税义务人与扣缴义务人 第三节　征税范围 第四节　税率 第五节　增值税的减税、免税 第六节　增值税计税方法的一般规定 第七节　一般计税方法 第八节　简易计税方法应纳税额的计算 第九节　进口货物应纳税额的计算 第十节　特定企业（或交易行业）的增值税政策 第十一节　出口货物或者劳务、服务的增值税政策 第十二节　申报与缴纳 第十三节　增值税专用发票的使用和管理 教学重点：增值税征税范围的一般规定、“营改增”四个行业征收范围变化、增值税税率的基本规定、增值税一般计税方法应纳税额的计算、简易计税方法应纳税额的计算。 教学难点：增值税一般计税方法应纳税额的计算、“营改增”特定行业增值税的处理	通过本章内容的学习，了解我国增值税制度的建立和发展、增值税的类型，确定增值税税率的基本原则，财政部、国家税务总局规定的其他税收优惠政策和“营改增”相关增值税优惠，增值税的几种计税方法，特定企业的增值税政策，增值税的出口退税率，适用增值税免税和征税政策的出口货物、劳务、服务和无形资产	15	课堂讲授 随堂练习 问题讨论 课后作业	(1) (3) (4) (5)

续表

章次	教学内容	教学要求 （学生学习预期成果）	学时	教学方式	课程目标
第三章	第一节 纳税义务人 第二节 税目与税率 第三节 计税依据 第四节 应纳税额的一般计算 第五节 自产自用应税消费品的应纳税额计算 第六节 委托加工应税消费品应纳税额的计算 第七节 消费税征税环节的特殊规定 第八节 进口应税消费品的基本规定 第九节 出口货物消费税政策及管理 第十节 申报与缴纳 教学重点：实行从量定额与从价定率计征办法的计税依据、销售额的确定、应纳税额的一般计算、委托加工应税消费品应纳税额的计算以及进口应税消费品应纳税额的计算。 教学难点：委托加工应税消费品组成计税价格的计算、用委托加工收回的应税消费品连续生产应税消费品计算征收消费税的规定、进口应税消费品组成计税价格的计算	通过本章内容的学习，了解消费税纳税义务人的规定、委托加工纳税人的规定，销售数量的确定、纳税义务发生时间、纳税地点；理解委托加工应税消费品的确定、卷烟批发环节征收消费税的规定；掌握消费税税目、适用税率的特殊规定、实行从量定额与从价定率计征办法的计税依据、销售额的确定、应纳税额的一般计算、委托加工应税消费品应纳税额的计算以及进口应税消费品应纳税额的计算	12	课堂讲授 随堂练习 问题讨论 课后作业	(1) (2) (3) (4) (5) (6)
第四章	第一节 城市维护建设税 第二节 教育费附加 第三节 烟叶税 教学重点：城市维护建设税的征收范围及计征依据、教育费附加的计算以及烟叶税的计算。 教学难点：城市维护建设税的征收范围及计征依据、烟叶税的计算	通过本章内容的学习，了解教育费附加的计征比率与计算、烟叶税的计税依据及征收范围，理解城市维护建设税的基本规定、教育费附加的减免规定，掌握城市维护建设税的计税依据和计算、烟叶税的计算及征收管理	2	课堂讲授 随堂练习 问题讨论 课后作业	(1) (2) (3) (4) (5) (6)
第五章	第一节 资源税概述 第二节 纳税人与扣缴义务人 第三节 征税范围 第四节 税目与税率 第五节 应纳税额的计算 第六节 申报与缴纳 教学重点：资源税的税目、计税依据的规定和应纳税额的计算。 教学难点：征税范围的具体规定以及应纳税额的计算	通过本章内容的学习，了解资源税的立法原则、纳税人与扣缴义务人的规定，资源税税率适用的规定，理解资源税税目和代扣代缴的规定，掌握征税范围的具体规定、计税依据的一般规定和特殊规定以及应纳税额的计算	4	课堂讲授 随堂练习 问题讨论	(1) (3) (5)

续表

章次	教学内容	教学要求 （学生学习预期成果）	学时	教学方式	课程目标
第六章	第一节　车辆购置税概述 第二节　纳税义务人 第三节　征税对象和征税范围 第四节　税率与计税依据 第五节　税收优惠 第六节　应纳税额的计算 第七节　申报与缴纳 教学重点：车辆购置税税率与计税依据的具体规定，购买自用应税车辆计税依据的确定，进口自用应税车辆计税依据的确定，以最低计税价格为计税依据的确定，各种应税行为的具体计算方法。 教学难点：购买自用应税车辆应纳税额的计算、进口自用应税车辆应纳税额的计算、其他方式取得并自用应税车辆应纳税额的计算以及特殊情形自用应税车辆应纳税额的计算	通过本章内容的学习，了解车辆购置税的作用、车辆购置税的征税区域、车辆购置税的征税对象以及车辆购置税的纳税环节、纳税地点和纳税期限；理解车辆购置税的征税范围、缴税管理的规定以及熟悉完税、免税证明；掌握车辆购置税税率与计税依据的具体规定，购买自用应税车辆计税依据的确定，进口自用应税车辆计税依据的确定，以最低计税价格为计税依据的确定，各种应税行业的具体计算方法	3	课堂讲授 随堂练习 问题讨论	(1) (3) (5)
第七章	第一节　土地增值税概述 第二节　征税范围和纳税人 第三节　税率 第四节　计税依据的确定 第五节　应纳税额的计算 第六节　减免税优惠 第七节　征收管理 教学重点：土地增值税的征税范围、收入额的确定、扣除项目金额的确定、相关的评估办法以及应纳税额的计算和房地产开发项目土地增值税的清算管理。 教学难点：收入额的确定、扣除项目金额的确定、相关的评估办法以及应纳税额的计算和房地产开发项目土地增值税的清算管理	通过本章内容的学习，了解土地增值税的立法原则，理解土地增值税的征税范围、纳税人，掌握土地增值税的税率、计税依据和应纳税额的计算以及减免税优惠	6	课堂讲授 随堂练习 问题讨论	(1) (3) (5)

续表

章次	教学内容	教学要求 （学生学习预期成果）	学时	教学方式	课程目标
第八章	第一节 关税概述 第二节 纳税人及征税对象 第三节 税率的适用 第四节 关税完税价格 第五节 关税减免 第六节 应纳税额的计算 第七节 关税的征收管理 教学重点：关税的完税价格、对实付或应付价格的调整、特殊进口货物的完税价格、法定减免、特定减免、从价税应纳税额的计算、从量税应纳税额的计算、复合税应纳税额的计算以及关税的补征和追征。 教学难点：关税的完税价格、对实付或应付价格的调整、特殊进口货物的完税价格	通过本章内容的学习，了解关税的起源和发展、关税税则制度、进口关税税率的规定、出口关税税率的规定、进出口关税的税率适用、进口货物相关费用核定的规定，理解关税的缴纳和关税的强制执行、关税纳税争议，掌握关税的完税价格、对实付或应付价格的调整、特殊进口货物的完税价格，掌握法定减免、特定减免、从价税应纳税额的计算、从量税应纳税额的计算、复合税应纳税额的计算以及关税的补征和追征	6	课堂讲授 随堂练习 问题讨论	(1) (3) (5)
第九章	第一节 概述 第二节 纳税义务人、征税对象与税率 第三节 应纳税所得额的计算 第四节 资产的税务处理 第五节 资产损失税前扣除的所得税处理 第六节 企业重组的所得税处理 第七节 税收优惠 第八节 应纳税额的计算 第九节 源泉扣缴 第十节 征收管理 教学重点：收入总额的确定、不征税收入、免税收入的内容和企业接收政府和股东划入资产的税务处理、扣除项目的原则、范围和标准、不得扣除的规定、亏损弥补的规定；税收优惠的规定、应纳税额的计算；企业所得税年度纳税申报的填列方法。 教学难点：扣除项目的原则、范围和标准、不得扣除的规定、亏损弥补的规定；税收优惠的规定、应纳税额的计算；企业所得税年度纳税申报的填列方法	通过本章内容的学习，了解现行所得税的构成情况及类型、现行行为税的构成情况及特点、各国企业所得税的一般性做法、我国企业所得税的作用，理解企业所得税的计税原理、我国企业所得税的制度演变，掌握企业所得税的征税对象及所得来源地的确定、基本税率的规定、低税率的适用范围、收入总额的确定、不征税收入、免税收入的内容和企业接收政府和股东划入资产的税务处理、扣除项目的原则、范围和标准、不得扣除的规定、亏损弥补的规定，掌握税收优惠的规定、应纳税额的计算，掌握源泉扣缴的方法，掌握企业所得税的纳税地点、纳税期限、纳税申报、跨地区经营汇总纳税企业所得税征收管理、企业所得税年度纳税申报的填列方法	21	课堂讲授 随堂练习 问题讨论	(1) (3) (5)

续表

章次	教学内容	教学要求 （学生学习预期成果）	学时	教学方式	课程目标
第十章	第一节　概述 第二节　征税对象 第三节　纳税人、税率与应纳税所得额的确定 第四节　减免税优惠 第五节　应纳税额的计算 第六节　征收管理 教学重点：居民纳税人和非居民纳税人的纳税义务范围、适用税率的具体规定、稿酬所得减征、劳务报酬所得加成征税的规定、应纳税所得额的一般规定、应纳税所得额的特殊规定、减免税优惠、应纳税额的计算。 教学难点：居民纳税人和非居民纳税人的纳税义务范围、适用税率的具体规定、稿酬所得减征、劳务报酬所得加成征税的规定	通过本章内容的学习，了解个人所得税法修订历史、个人所得税立法原则，理解个人所得税的特点、征税对象、纳税人的判定标准，掌握居民纳税人和非居民纳税人的纳税义务范围、适用税率的具体规定、稿酬所得减征、劳务报酬所得加成征税的规定、应纳税所得额的一般规定、应纳税所得额的特殊规定、减免税优惠、应纳税额的计算	8	课堂讲授 随堂练习 问题讨论	(1) (3) (5)
第十一章	第一节　概述 第二节　征税范围、纳税人和税率 第三节　减免税优惠 第四节　计税依据和应纳税额的计算 第五节　征收管理 教学重点：印花税的征税范围、纳税人、税率，掌握印花税的减免税优惠、计税依据和应纳税额的计算以及印花税违章处理的规定、印花税的管理。 教学难点：印花税的征税范围、纳税人、税率，掌握印花税的减免税优惠、计税依据和应纳税额的计算以及印花税违章处理的规定、印花税的管理	通过本章内容的学习，了解印花税的立法原则，理解印花税的征税范围、纳税人，掌握印花税的征税范围、纳税人、税率，掌握印花税的减免税优惠、计税依据和应纳税额的计算以及印花税违章处理的规定、印花税的管理	4	课堂讲授 随堂练习	(1) (3)
第十二章	第一节　概述 第二节　征税范围、纳税人和税率 第三节　减免税优惠 第四节　计税依据和应纳税额的计算 教学重点：房产税的纳税人、税率、减免税的优惠政策、计税依据和应纳税额的计算。 教学难点：房产税的纳税人、税率、减免税的优惠政策、计税依据和应纳税额的计算	通过本章内容的学习，了解房产税的立法原则、房产税的纳税期限以及纳税的申报，理解房产税的征税范围、计税依据，掌握房产税的纳税人、税率、减免税的优惠政策、计税依据和应纳税额的计算	3	课堂讲授 随堂练习	(1) (3)

续表

章次	教学内容	教学要求 （学生学习预期成果）	学时	教学方式	课程目标
第十三章	第一节　概述 第二节　征税范围、纳税人和适用税额 第三节　减免税优惠 第四节　应纳税额的计算与代收代缴 第五节　征收管理 教学重点：车船税的征税范围、纳税人、法定减免和特定减免的规定、车船税的征收管理，车船税应纳税额的计算。 教学难点：车船税的征收管理，车船税应纳税额的计算	通过本章内容的学习，了解车船税的立法原则、车船税的税额，保险机构的代收代缴、交通运输部门海事管理机构代为征收船舶车船税的规定，理解车船税的征税范围、纳税人、法定减免和特定减免的规定、车船税的征收管理，掌握车船税应纳税额的计算	3	课堂讲授 随堂练习	(1) (3)
第十四章	第一节　概述 第二节　征税范围、纳税人和税率 第三节　减免税优惠 第四节　计税依据和应纳税额的计算 重点：契税的纳税人、征税范围、税率、契税减免的优惠政策，契税的计税依据以及应纳税额的计算。 教学难点：契税减免的优惠政策，掌握契税的计税依据以及应纳税额的计算	通过本章内容的学习，了解契税的立法原则，理解契税的纳税人、征税范围、税率、契税减免的优惠政策，掌握契税的计税依据以及应纳税额的计算	3	课堂讲授 随堂练习	(1) (3)
第十五章	第一节　概述 第二节　征税范围、纳税人和适用税率 第三节　减免税优惠 第四节　计税依据和应纳税额的计算 第五节　征收管理 教学重点：城镇土地使用税的减免税优惠、计税依据和应纳税额的计算、城镇土地使用税的纳税义务发生时间和纳税申报。 教学难点：城镇土地使用税的减免税优惠、计税依据和应纳税额的计算、城镇土地使用税的纳税义务发生时间和纳税申报	通过本章内容的学习，了解城镇土地使用税的立法原则、城镇土地使用税的纳税期限，理解城镇土地使用税的纳税人、征税范围、适用税额，掌握城镇土地使用税的减免税优惠、计税依据和应纳税额的计算、城镇土地使用税的纳税义务发生时间和纳税申报	3	课堂讲授 随堂练习	(1) (3)

续表

章次	教学内容	教学要求 （学生学习预期成果）	学时	教学方式	课程目标
第十六章	第一节　概述 第二节　纳税义务人和征税范围 第三节　减免税优惠 第四节　应纳税额的计算 第五节　征收管理 教学重点：耕地占用税的纳税人、征税范围，耕地占用税减免税优惠、应纳税额的计算以及征收管理。 教学难点：耕地占用税的纳税人、征税范围，耕地占用税减免税优惠、应纳税额的计算以及征收管理	通过本章内容的学习，了解耕地占用税的特点、耕地占用税的纳税地点，理解耕地占用税的纳税人、征税范围，掌握耕地占用税减免税优惠、应纳税额的计算以及征收管理	3	课堂讲授 随堂练习	(1) (3)
合计			96		

4. 教材及教学主要参考书

参考书目：

（1）《税法1》，全国税务师执业资格考试教材，中国税务出版社。

（2）《税法2》，全国税务师执业资格考试教材，中国税务出版社。

（3）《财务与会计》，全国税务师执业资格考试教材，中国税务出版社。

二、会计学专业

（一）基础会计学

基础会计学课程教学大纲

1. 课程基本信息

开课单位	会计学院	课程类别	学科基础课程	
课程名称	基础会计学（会计学）		课程编码	120203K
开课对象	会计学、财务管理、审计、财政学、金融学等		开课学期	2
学时/学分	总学时48、理论课学时48、实践课学时0，3学分			
选修课程	无			

续表

课程介绍：（350 字以内） 基础会计学是财经院校会计学专业的一门专业核心课程，同时，也是其他经济类专业的专业基础课程。本课程的设置旨在培养学生对会计学的基本理论、基本方法和基本操作技术的掌握，培养职业素质和职业能力，为后续专业课程的学习打下扎实的基础。 基础会计学既是一门会计学的入门课程，又是一门理论性与实务性兼容的课程。因此，本课程要求对基础理论的学习重在理解，在理解的基础上掌握会计核算的基本方法和基本操作技能；本课程学习的基本方法力求全面而客观，在理解的基础上掌握会计核算的基本方法和基本操作技能；本课程学习的基本方法力求全面而客观，并辅之以必要的操作训练和案例分析，在此基础上加深对本课程的认识；基本操作技能方面要求能基本掌握凭证、账簿直至报表的一般流程

2. 课程目标与教学要求

本课程的教学目的是使初学者掌握会计的基本理论、基本方法和基本操作技术，为会计专业的学生学习财务会计、管理会计和成本会计等后续专业课程的学习奠定扎实的基础，各节的内容基本按照会计专业、财务管理专业学生的培养目标的需要予以安排，在内容阐释的深浅程度上，尽量考虑不同层次、不同专业的需要。

本课程对学生达到如下毕业要求有贡献：

（1）知识应用能力：能够掌握会计学基础理论和基本方法，并应用于基本的账务处理、成本计算和报表编制。

（2）问题分析能力：能够运用会计学、经济学、管理学等基本原理，分析交易事项处理和财务报告的合理性、合法性。

（3）专业沟通能力：能够就会计学相关问题和国内外会计准则与同行及社会公众进行有效沟通和交流，具有一定的跨文化沟通能力。

（4）职业规范能力：能够理解会计职业道德和职业规范，并能在解决实际问题中有效应用。

（5）团队合作能力：能独立思考、自我管理，在团队中有效工作。

（6）终身学习能力：能够通过根据会计学发展前沿，不断更新知识结构，提升职业素养，适应会计行业相关职业发展。

课程目标支撑的毕业要求：

课程支撑的毕业要求		课程目标					
		（1）	（2）	（3）	（4）	（5）	（6）
1	毕业要求 1：践行社会主义核心价值观，具有良好思想品质和道德修养，具有“德、智、体、美、劳”全面素养，具有综合人文素养和诚信意识				√		

续表

课程支撑的毕业要求		课程目标					
		(1)	(2)	(3)	(4)	(5)	(6)
2	毕业要求3：系统掌握会计学基本理论、基本方法和基本技能，认识和分析会计准则发展变化，掌握政府会计理论	√					
3	毕业要求6：能够将会计学专业理论和知识应用到实际财务工作中，准确地陈述和处理会计事项，撰写会计工作报告和财务分析报告，具备会计业务处理和会计事务管理等实践能力		√				
4	毕业要求9：建立竞争与合作意识，建立批判性思维，富有创新和创业精神和能力					√	
5	毕业要求10：具有良好的交流能力，能够胜任在相关岗位熟练撰写报告和口头交流。具有团队合作精神，掌握沟通合作技能，能够合作互助和独立完成属于自己份内的业务。掌握外语交流能力，了解国际会计准则，具有国际化视野和跨文化知识			√			
6	毕业要求11：具有终身学习和发展意识，能够适应时代和发展需要，紧跟本专业发展状况，学习本专业新知识，新技能和进行职业发展规划						√

3. 教学内容与课程目标

基础会计学教学内容与课程目标：

章次	教学内容	教学要求 （学生学习预期成果）	学时	教学方式	课程目标
第一章	总论 知识点：会计内涵；会计核算方法；会计职能与目标。 重点：会计内涵；会计的职能；会计核算对象；会计核算方法。 难点：会计核算方法。 习题要点：会计职能；会计核算方法	理解会计产生和发展历程及其原因； 掌握会计含义的基本观点、会计职能、任务与作用、会计方法等基本概念以及会计目标的基本观点； 掌握会计职能的特征、会计核算方法之间的联系	6	多媒体课堂讲授结合学习通线上系统	(1)

续表

章次	教学内容	教学要求 （学生学习预期成果）	学时	教学方式	课程目标
第二章	会计要素与会计等式 知识点：会计核算对象；会计要素的概念；会计各要素的含义及包括的具体内容；会计等式内容以及经济业务对其影响。 重点：会计核算对象；会计六要素的概念、特点；会计平衡关系。 难点：会计六要素的概念、特点；会计平衡关系。 习题要点：会计等式内容以及经济业务对其影响	（1）理解会计核算对象、会计要素的概念； （2）掌握会计等式的构成； （3）理解经济业务对会计等式的影响	3	多媒体课堂讲授讨论法练习法结合学习通线上系统	（1）
第三章	会计核算基础 知识点：会计确认与计量的概念、原则、标准及模式，收付实现制与权责发生制；对比分析以收付实现制与权责发生制为基础的政府会计与企业会计的区别。 教学重点和难点：会计核算的基本前提；会计核算的一般性原则。以收付实现制为基础，结合权责发生制原则的政府会计；以权责发生制为基础的企业会计核算。 习题要点：运用权责发生制和收付实现制对企业发生的收入、费用及利润进行简单的分析和计算	（1）理解和掌握会计四个假设，会计信息质量要求的八个方面； （2）掌握会计事项处理方法：权责发生制和收付实现制； （3）能够运用权责发生制和收付实现制对企业发生的收入、费用及利润进行简单的分析和计算，重点掌握会计要素确认与计量的基本要求； （4）理解以收付实现制为基础，结合权责发生制原则的政府会计的框架结构以及要素、账务处理流程	3	多媒体课堂讲授讨论法练习法结合学习通线上系统	（1） （2）
第四章	账户与复式记账 知识点：会计科目；会计账户；账户的分类（结合第六章）。 教学重点和难点：会计科目的内容、账户的含义及其基本结构、会计科目与账户的关系。 习题要点：运用借贷记账法处理简单的经济业务	（1）掌握账户的基本结构和设置原则、账户与会计科目的关系，以及企业常用会计科目的内容； （2）理解复式记账的基本原理，能够运用借贷记账法处理简单的经济业务； （3）掌握借贷记账法下记账符号的含义、账户的结构、记账规则等内容，以及总分类账户与明细分类账户平行登记的要点	6	多媒体课堂讲授讨论法练习法结合学习通线上系统	（1）

续表

章次	教学内容	教学要求 （学生学习预期成果）	学时	教学方式	课程目标
第五章	企业主要经济业务的核算 知识点：企业筹集资金的核算；供应过程的核算；生产过程的核算；销售过程的核算；财务成果的形成和分配。（结合第七章成本计算） 教学重点和难点：筹集、供应、生产、销售、利润核算过程中各种经济业务的处理。 习题要点：制造业企业供、产、销经营过程中各项主要经济业务的会计处理	（1）理解制造业企业资金筹集业务、供应过程业务、产品生产业务、产品销售业务以及财务成果形成与分配业务的具体内容。 （2）熟悉制造业企业主要经济业务核算所设置账户的结构和用途。 （3）熟练运用设置账户、复式记账等方法对制造业企业主要经济业务进行核算	12	多媒体课堂讲授案例教学讨论法练习法结合学习通线上系统	（1）
第六章	账户的分类 知识点：账户分类的目的、账户分类的意义、账户分类的标准。 教学重点和难点：按照结构和用途分类（备抵附加账户）。 习题要点：账户按照不同分类标准进行分类的判断	（1）了解各种账户的共性及其内在联系； （2）理解各个账户在整个账户体系中的地位和作用，以及各类账户在提供会计信息方面的规律性； （3）掌握账户按经济内容的分类，以及备抵调整账户的结构和用途	2	多媒体讲授讨论法练习法结合	（1）
第七章	成本计算 知识点：成本与费用的区别与联系、物资采购成本的计算、产品生产成本的计算、产品销售成本的计算。教学重点和难点：成本与费用的区别，采购成本与生产成本的计算。 习题要点：采购成本与生产成本的练习	（1）了解各成本与费用的关系； （2）掌握物资采购成本的计算和产品生产成本的计算	1	多媒体讲授结合实例讨论法练习法综合运用	（1）
第八章	会计凭证 知识点：会计凭证的作用和种类；原始凭证；记账凭证；会计凭证的传递与保管。 教学重点和难点：原始凭证与经济业务的关系；原始凭证的填制与审核；记账凭证与会计分录的关系；记账凭证的填制与审核。 习题要点：记账凭证与会计分录的关系	（1）了解会计凭证的作用、种类和传递程序，熟悉原始凭证填制、审核及会计凭证保管的一般要求； （2）掌握各种专用记账凭证的填制方法	3	多媒体课堂讲授讨论法练习法	（1） （4）

续表

章次	教学内容	教学要求 （学生学习预期成果）	学时	教学方式	课程目标
第九章	会计账簿 知识点：会计账簿的意义、作用及种类；会计账簿的格式及登记方法；记账规则；错账的更正；结账和对账。 教学重点和难点：会计账簿的格式及登记方法；错账的更正方法；结账和对账。 习题要点：分析会计科目、账户及账簿三者的区别与联系，以及错账更正方法运用	（1）了解总分类账、明细分类账、特种日记账的常见格式及其适用范围； （2）熟悉各种账簿的登记依据和登记方法； （3）掌握错账的更正方法以及结账的含义和结账工作所包括的内容	3	多媒体课堂讲授讨论法练习法结合学习通线上系统	（1） （4）
第十章	财产清查 知识点：财产清查的概念及种类；银行存款、存货、固定资产的清查；财产清查结果的处理；在永续盘存制下采用先进先出法、加权平均法、个别计价法等方法计算本期销售或耗用成本的具体方法；先进先出法、加权平均法、个别计价法的比较。 教学重点和难点：未达账项的含义及种类；银行存款余额调节表的编制；先进先出法、加权平均法。 习题要点：银行存款余额调节表的编制	（1）了解财产清查的含义、必要性和种类； （2）理解各种材料物资、货币资金和往来款项的清查方法； （3）掌握存货的盘存制度，以及财产清查结果的账务处理	3	多媒体课堂讲授讨论法练习法结合学习通线上系统	（1）
第十一章	财务报告 知识点：财务会计报告的定义与种类；财务会计报告的构成；财务会计报告的基本要求；利润表的编制方法；资产负债表的编制方法。 教学重点和难点：利润表、资产负债表的编制方法。 习题要点：利润表、资产负债表的编制	（1）理解财务会计报告的定义与种类； （2）了解财务会计报告的构成及编制的基本要求； （3）掌握资产负债表、利润表的格式及编制方法	3	多媒体课堂讲授	（1） （2）

续表

章次	教学内容	教学要求（学生学习预期成果）	学时	教学方式	课程目标
第十二章	会计核算组织程序 知识点：会计循环的基本含义；会计核算组织程序的含义；记账凭证核算组织程序；科目汇总表核算组织程序；汇总记账凭证核算组织程序。 教学重点和难点：记账凭证核算组织程序下账务处理的步骤；科目汇总表核算组织程序下账务处理的步骤；汇总记账凭证核算组织程序下账务处理的步骤，利用会计信息系统进行账务处理。 习题要点：记账凭证核算组织程序、汇总记账凭证核算组织程序和科目汇总表核算组织程序的基本概念及其账务处理的步骤	（1）理解会计核算组织程序的意义及设计原则； （2）了解各种会计核算组织程序所运用的记账凭证和会计账簿的种类； （3）掌握记账凭证核算组织程序和科目汇总表核算组织程序下的账务处理步骤。 （4）了解利用会计信息系统进行账务处理	3	多媒体课堂讲授结合学习通线上系统	（1）
合计			48		

4. 教材及教学主要参考书

推荐教材：

（1）《基础会计》，陈国辉主编，东北财经大学出版社，2019 年 2 月第 6 版。

参考书目：

（2）《基础会计学》，宋献中主编，高等教育出版社，2018 年 5 月第 1 版。

（二）中级财务会计

中级财务会计 I 课程教学大纲

1. 课程基本信息

开课单位	会计学院	课程类别	专业核心	
课程名称	中级财务会计 I		课程编码	
开课对象	19 级会计学专业学生		开课学期	3
学时/学分	总学时 64、理论课学时 64			
先修课程	基础会计			

续表

课程介绍： 中级财务会计Ⅰ是会计学专业必修的一门专业核心课，它与中级财务会计Ⅱ构成中级财务会计的完整内容。中级财务会计是以企业的资金运动为研究对象，以会计要素的确认、计量、记录和报告为主线，全面阐述企业财务会计的基本理论、知识，并紧密结合企业的经济业务重点介绍财务核算方法。中级财务会计Ⅰ主要介绍财务会计基本理论；资产、负债要素的确认、计量和财务报告上列报相关业务。通过该课程的学习，学生应当全面系统地掌握财务会计基本理论、知识、会计核算方法；从而培养学生发现财务问题、分析财务问题和解决财务问题的能力，提高学生的职业判断能力，为学生进一步学习后续相关专业课程，将来从事实际会计工作打下坚实基础

2. 课程目标与教学要求

本课程对学生达到如下毕业要求有贡献：

（1）知识应用能力：能够将会计学基本理论与基本方法应用于解决会计以及财经专业领域管理问题。

（2）问题分析能力：能够应用经济学、管理学以及会计学的基本原理分析问题的成因。

（3）综合应用能力：能够针对财务会计的确认、计量与报告中涉及的会计实务问题，提出合理的解决方案。

（4）沟通能力：能够就会计学相关的理论和实务与业界同行及社会公众进行有效沟通和交流。

（5）终身学习能力：能够跟踪会计发展前言，不断更新知识结构、提升职业素养，适应财经行业及相关职业发展。

教学要求：

（1）在会计学科中具备基本的学习方法和获取知识、技术和能力；

（2）在团队中具有有效工作的协作能力；

（3）通过网络、书面报告和口头报告有效沟通的能力；

（4）理解专业的、道德的和社会责任的能力；

（4）尊重多样性、现代化专业知识、社会和全球问题；

（6）学生学业自我管理能力。

课程目标支撑的毕业要求：

课程支撑的毕业要求		课程目标				
		(1)	(2)	(3)	(4)	(5)
1	毕业要求3：系统掌握会计学基本理论、基本方法和基本技能，认识和分析会计准则发展变化，掌握政府会计理论	√				
2	毕业要求6：能够将会计学专业理论和知识应用到实际财务工作中，准确地陈述和处理会计事项，撰写会计工作报告和财务分析报告，具备会计业务处理和会计事务管理等实践能力		√	√	√	√

3. 教学内容与课程目标

中级财务会计Ⅰ教学内容与课程目标：

章次	教学内容	教学要求 （学生学习预期成果）	学时	教学方式	课程目标
第一章 总论	（1）财务会计的性质 （2）企业会计准则 （3）财务会计的基本前提 （4）财务会计的基本要素 （5）会计信息的质量要求 重点： 财务报告的目标；财务会计的基本前提、会计要素、会计信息的质量要求。 难点： 财务报告的目标。 习题要点：客观题	（1）了解财务会计的性质及企业会计准则产生与发展的基本背景； （2）能够说明会计目标与会计信息质量要求的关系； （3）理解会计基本前提的含义，明确其中货币计量和币值稳定的缺陷及发展情况； （4）掌握会计要素的确认与计量的基本内容	2	讲授 讨论 作业	（1）
第二章 货币资金	（1）货币资金及其内部控制 （2）库存现金及管理制度 （3）银行存款账户设置及核算 （4）其他货币资金 （5）货币资金在财务报告中的列示 重点： 货币资金的内部控制，银行结算方式，库存现金、银行存款和其他货币资金的核算。 难点： 银行结算方式的基本要点与会计处理。 习题要点：客观题、业务核算题	（1）理解货币资金内部控制的主要内容； （2）了解用户银行账户的基本内容及银行主要结算方式的特点； （3）掌握库存现金、银行存款及其他货币资金的核算； （4）能够编制银行存款余额调节表	4	讲授 讨论 作业	（1） （2）

续表

章次	教学内容	教学要求 （学生学习预期成果）	学时	教学方式	课程目标
第三章 存货	（1）存货及其初始确认和计量 （2）存货的取得和发出 （3）周转材料的核算 （4）存货期末计价 （5）存货清查 重点： 外购存货成本的构成、存货发出的计价、原材料实际成本和计划成本的核算、存货的期末计量。 难点： 材料成本差异的计算与结转、存货跌价准备的核算。 习题要点：客观题、业务核算题、案例分析题	（1）理解存货的含义及确认条件； （2）掌握存货初始计量、取得与发出的核算； （3）理解存货发生减值的迹象； （4）能够运用存货期末计价的方法计提存货跌价准备及会计处理； （5）掌握存货清查的方法及核算； （6）能够通过上市公司典型的财务舞弊案例说明分析存货的计量对财务报表的影响	8	讲授 讨论 作业	（1） （2） （3） （4）
第四章 金融资产 （上）	（1）金融资产及其分类 （2）应收款项 （3）交易性金融资产 重点： 金融资产的分类，应收票据、应收账款、交易性金融资产的核算。 难点： 应收票据的贴现、应收账款坏账准备及交易性金融资产的核算。 习题要点：客观题、业务核算题、案例分析题	（1）理解金融工具的内容、金融资产的基本分类及各类金融资产的主要特征； （2）掌握应收账款、应收票据、其他应收账款的核算； （3）了解应收账款的抵借和让售； （4）理解应收账款计提坏账的目的及影响因素； （5）掌握交易性金融资产的核算	6	讲授 讨论 作业	（1） （2） （3） （4） （5）
第五章 金融资产 （下）	（1）债权投资 （2）其他债权投资 （3）其他权益工具投资 重点： 债权投资、其他债权投资、其他权益工具投资的核算。 难点： 债权投资摊余成本的计算及其减值的核算。 习题要点：客观题、业务核算题、案例分析题	（1）了解债权投资的概念；其他债权投资、其他权益工具投资的特征； （2）理解债权投资摊余成本的构成，减值的核算；其他债权投资、其他权益工具投资的初始入账价值的构成，减值的核算； （3）掌握债权投资、其他债权投资、其他权益工具投资的核算	6	讲授 讨论 作业	（1） （2） （3） （4） （5）

续表

章次	教学内容	教学要求 （学生学习预期成果）	学时	教学方式	课程目标
第六章 长期股权投资	（1）长期股权投资概述 （2）长期股权投资的取得 （3）长期股权投资核算的成本法 （4）长期股权投资核算的权益法 （5）长期股权投资的处置 （6）长期股权投资的减值 重点： 长期股权投资的取得的核算，长期股权投资成本法与权益法的核算。 难点： 同一控制与非同一控制下长期股权投资初始计量的核算，长期股权投资权益法的核算。 习题要点：客观题、业务核算题、案例分析题	（1）了解长期股权投资的概念； （2）理解取得长期股权投资的企业与被投资企业的关系； （3）掌握长期股权投资取得的核算，长期股权投资核算的成本法、权益法； （4）掌握长期股权投资的处置与减值的核算	8	讲授 讨论 作业	（1） （2） （3） （4） （5）
第七章 固定资产	（1）固定资产概述 （2）固定资产的取得 （3）固定资产折旧 （4）固定资产的后续支出 （5）固定资产的清理 （6）固定资产的减值及报表列示 重点： 固定资产取得的核算，固定资产折旧的方法，固定资产清理的核算。 难点： 固定资产加速折旧的方法，固定资产的可收回金额的计量。 习题要点：客观题、业务核算题、案例分析题	（1）了解固定资产的性质、分类与计价； （2）掌握固定资产取得的核算； （3）能够计算固定资产的折旧及进行会计处理； （4）掌握固定资产的后续支出的核算，固定资产的清理核算； （5）理解固定资产的减值对报表列示的影响	8	讲授 讨论 作业	（1） （2） （3）
第八章 无形资产与投资性房地产	（1）无形资产 （2）投资性房地产 重点： 无形资产取得、摊销的核算，投资性房地产取得、后续计量的核算。 难点： 自行研究开发无形资产的核算，投资性房地产转换的核算。 习题要点：客观题、业务核算题	（1）了解无形资产的性质、分类，投资性房地产的性质； （2）掌握无形资产取得、摊销处置的核算； （3）理解无形资产减值对报表列示的影响； （4）掌握投资性房地产的取得、后续计量、转换及处置的核算	6	讲授 讨论 作业	（1） （2）

续表

章次	教学内容	教学要求 （学生学习预期成果）	学时	教学方式	课程目标
第九章 流动负债	（1）流动负债的性质、分类与计价 （2）短期借款 （3）应付票据与应付账款 （4）应付职工薪酬 （5）应交税费 （6）其他应付款与预收账款 重点： 短期借款的核算，应付职工薪酬的核算，应交增值税、应交消费税的核算。 难点： 应付短期带薪缺勤核算，应交增值税的核算。 习题要点：客观题、业务核算题	（1）理解流动负债的是性质，流动负债的入账价值； （2）掌握短期借款、应付票据与预付账款的核算； （3）了解应付职工薪酬的内容，掌握应付职工薪酬的核算； （4）掌握应交增值税、消费税的核算； （5）理解其他应付款与预收账款的核算	10	讲授 讨论 作业	（1） （2） （3）
第十章 非流动 负债	（1）非流动负债概述 （2）长期借款 （3）应付债券 （4）可转换债券 重点： 长期借款、应付债券的核算。 难点： 应付债券，可转换债权的核算。 习题要点：客观题、业务核算题。	（1）了解非流动负债的性质与种类； （2）理解与非流动负债的借款费用的会计处理； （3）掌握长期借款的核算； （4）能够运用实际利率法对应付债券进行账务处理； （5）理解可转换债券的性质，掌握可转换债券的核算	6	讲授 讨论 作业	（1） （2） （3）
合计			64		

4. 教材及教学主要参考书

推荐教材：

《财务会计学》，戴德明主编，中国人民大学出版社，2019 年 8 月第 12 版。

参考书目：

（1）《会计》，中国注册会计师协会组织编写，中国财政经济出版社，2020 年 3 月第 1 版。

（2）《企业会计准则应用指南》，中华人民共和国财政部制定，立信会计出版社出版，2020 年 03 月。

中级财务会计Ⅱ课程教学大纲

1. 课程基本信息

开课单位	会计学院	课程类别	专业核心	
课程名称	中级财务会计Ⅱ		课程编码	
开课对象	19级会计学专业学生		开课学期	4
学时/学分	总学时64、理论课学时64			
先修课程	基础会计、中级财务会计Ⅰ			

课程介绍：

中级财务会计Ⅱ是会计学专业必修的一门专业核心课。是学生在学习完中级财务会计Ⅰ之后，对所有者权益、收入、费用、利润和所得税的会计核算进一步学习。培养学生在完成所有会计要素学习和账务处理流程的基础上，学会资产负债表、利润表、现金流量表以及所有者权益变动表的编制，并能够对非货币资产交换、债务重组、预计负债、借款费用、资产负债表日后事项、会计政策变更与差错更正等特殊业务进行正确处理。通过本课程学习，学生能够具备发现、正确分析和解决企业财务会计一般问题的能力，为将来从事实际会计工作打下坚实基础

2. 课程目标与教学要求

本课程对学生达到如下毕业要求有贡献：

（1）养成良好职业道德：把社会主义核心价值观融入教学中，引导学生养成良好职业道德，实现立德树人根本任务。

（2）知识应用能力：能够将会计学基本理论与基本方法应用于解决会计以及财经专业领域管理问题。

（3）问题分析能力：能够应用经济学、管理学以及会计学的基本原理分析问题的成因。

（4）综合应用能力：能够针对财务会计的确认、计量与报告中涉及的会计实务问题，提出合理的解决方案。

（5）沟通能力：能够就会计学相关的理论和实务与业界同行及社会公众进行有效沟通和交流。

（6）终身学习能力：能够跟踪会计行业发展前沿，不断更新知识结构、提升职业素养，适应财经行业及相关职业发展。

教学要求：

（1）在会计学科中具备基本的学习方法和获取知识、技术和能力；

（2）在团队中具有有效工作的协作能力；

（3）通过网络、书面报告和口头报告有效沟通的能力；

（4）理解专业的、道德的和社会责任的能力；

（5）尊重多样性、现代化专业知识、社会和全球问题；

（6）学生学业自我管理能力。

课程目标支撑的毕业要求：

课程支撑的毕业要求		课程目标					
		（1）	（2）	（3）	（4）	（5）	（6）
1	毕业要求1：践行社会主义核心价值观，具有良好思想品质和道德修养，具有“德、智、体、美、劳”全面素养，具有综合人文素养和诚信意识	√					
2	毕业要求3：系统掌握会计学基本理论、基本方法和基本技能，认识和分析会计准则发展变化，掌握政府会计理论		√				
3	毕业要求6：能够将会计学专业理论和知识应用到实际财务工作中，准确地陈述和处理会计事项，撰写会计工作报告和财务分析报告，具备会计业务处理和会计事务管理等实践能力			√	√		
4	毕业要求10：具有良好的交流能力，能够胜任在相关岗位熟练撰写报告和口头交流。具有团队合作精神，掌握沟通合作技能，能够合作互助和独立完成属于自己份内的业务。掌握外语交流能力，了解国际会计准则，具有国际化视野和跨文化知识					√	
5	毕业要求11：具有终身学习和发展意识，能够适应时代和发展需要，紧跟本专业发展状况，学习本专业新知识，新技能和进行职业发展规划						√

3. 教学内容与课程目标

中级财务会计Ⅱ教学内容与课程目标：

章次	教学内容	教学要求（学生学习预期成果）	学时	教学方式	课程目标
第一章 非货币资产交换	（1）非货币性资产交换概述 （2）非货币性资产交换的确认与计量 （3）非货币性资产交换的会计处理 重点： 非货币性资产交换的认定 非货币性资产交换的会计处理 难点： 商业实质的判断、以公允价值计量非货币性资产交换的会计处理。 习题要点：客观题、业务核算题、案例分析	（1）理解并掌握非货币性资产交换的概念及其认定； （2）能够对非货币性资产交换商业实质进行判断； （3）掌握非货币性资产交换计量基础的确定； （4）掌握非货币性资产交换的会计处理	4	讲授 讨论 实际案例展示 作业	（2） （3） （4） （5） （6）

续表

章次	教学内容	教学要求 （学生学习预期成果）	学时	教学方式	课程目标
第二章 债务重组	（1）债务重组概述 （2）债务重组的会计处理 重点： 债务重组利得或损失的确定，债权人取得受让资产入账成本的确定，债务人对抵债资产的损益核算。 难点： 债务转换为权益工具的会计处理，混合重组的会计处理。 习题要点：客观题、业务核算题、案例分析	（1）理解债务重组的含义以及债务重组的方式； （2）掌握债务重组方式下债务人的会计处理； （3）掌握债务重组方式下债权人的会计处理	4	讲授 讨论 实际案例 展示 作业	（2） （3） （4） （5） （6）
第三章 预计负债	（1）预计负债概述 （2）预计负债的初始确认和后续计量 （3）预计负债的账务处理 （4）预计负债的信息披露 重点： 预计负债的确认及会计处理。 难点： 预计负债的初始计量，亏损合同预计负债的核算。 习题要点：客观题、业务核算题、案例分析题	（1）了解预计负债的性质； （2）理解或有事项的含义及特征； （3）熟悉预计负债确认的条件； （4）掌握预计负债的会计处理	4	讲授 讨论 作业	（2）
第四章 借款费用	（1）借款费用资本化概述 （2）借款费用资本化时间确认 （3）借款费用资本化的账务处理 重点： 借款费用资本化的范围，借款费用资本化的账务处理。 难点： 借款费用开始资本化的时间，一般借款费用资本化金额的计算。 习题要点：客观题、业务核算题、案例分析题	（1）理解借款费用的内容； （2）熟悉借款费用资本化的资产范围与借款范围； （3）理解借款开始资本化的时间； （4）掌握借款费用资本化金额的计算及账务处理	4	讲授 讨论 作业	（2）

续表

章次	教学内容	教学要求 （学生学习预期成果）	学时	教学方式	课程目标
第五章 所有者权益	（1）所有者权益概述 （2）实收资本与其他权益工具 （3）资本公积 （4）股份支付 （5）其他综合收益 （6）留存收益 重点： 实收资本的核算，资本溢价和股份支付的核算，留存收益的核算。 难点： 股份支付的核算。 习题要点：客观题、业务核算题、案例分析	（1）了解所有者权益的分类，独资企业和合伙企业所有者权益的特点，公司制企业所有者权益的特点； （2）掌握实收资本的核算； （3）理解其他权益工具的核算； （4）掌握资本溢价和其他综合收益的核算； （5）掌握股份支付的核算； （6）掌握留存收益的核算	8	讲授 讨论 实际案例展示 作业	（2） （3） （4） （5）
第六章 收入、费用、利润	（1）收入、费用、利润概述 （2）收入、费用与利润的核算 （3）净利润及其分配 重点： 各种不同类型销售方式下收入的确认与计量，费用的核算，利润分配的核算。 难点： 营业收入的确认条件和确认时间；商品交易价格的确定；合同包含多项履约义务及可变对价等复杂业务的核算。 习题要点：客观题、业务核算题、案例分析题	（1）了解收入、费用和利润的定义； （2）理解费用、成本、支出的关系； （3）理解营业收入的确认条件和计量原则； （4）理解合同资产和合同负债的定义； （5）掌握不同销售方式下收入的确认与计量； （6）掌握费用、税金和损失的核算； （7）具备分析和处理企业不同类型销售方式的能力； （8）能够通过上市公司典型的财务舞弊案例分析收入确认对财务报表的影响	10	讲授 讨论 作业	（2） （3） （4） （5） （6）

续表

章次	教学内容	教学要求 （学生学习预期成果）	学时	教学方式	课程目标
第七章 所得税费用	（1）所得税核算的基本原理 （2）资产、负债的计税基础 （3）暂时性差异 （4）递延所得税资产与递延所得税负债的确认和计量 （5）所得税费用的确认和计量 重点： 永久性差异和暂时性差异的判断；资产和负债计税基础的含义；递延所得税资产和递延所得税负债的确认和计量。 难点： 资产和负债计税基础，所得税费当期所得税，递延所得税。 习题要点：客观题、业务核算题、案例分析题	（1）理解所得税会计核算的基本原理； （2）理解资产、负债的计税基础； （3）掌握应纳税暂时性差异、可抵扣暂时性差异的概念及其确定； （4）掌握递延所得税资产与递延所得税负债的确认和计量； （5）理解并掌握所得税费用的确认和计量	8	讲授 讨论 作业	（2） （4）
第八章 财务报表	（1）财务报表概述 （2）资产负债表 （3）利润表 （4）现金流量表 （5）所有者权益变动表 （6）附注 重点： 资产负债表与其他报表之间的关系及其编制方法，利润表表项目的含义及编制方法。 难点： 现金流量表编制和所有者权益变动表项目的含义。 习题要点：客观题、业务核算题，案例分析题	（1）了解财务报表的种类和格式； （2）理解不同种类财务报表的含义和内在的联系； （3）理解报表附注的重要性和附注披露的主要内容； （4）掌握资产负债表、利润表、现金流量表和所有者权益变动表的编制方法	12	讲授 讨论 作业	（2） （4）
第九章 会计变更与差错更正	（1）会计变更 （2）会计差错更正 重点： 追溯调整法与未来适用法；前期差错更正的具体会计处理方法。 难点： 追溯调整法。 习题要点：客观题、业务核算题，案例分析题	（1）理解会计政策变更、会计估计变更与会计差错更正的基本概念与分类； （2）了解会计政策变更的条件； （3）掌握会计变更与差错更正的会计处理方法	4	讲授 讨论 实际案例展示 作业	（1） （2） （3） （5）

续表

章次	教学内容	教学要求 （学生学习预期成果）	学时	教学方式	课程目标
第十章 资产负债表日后事项	（1）资产负债表日后事项概述 （2）调整事项 （3）非调整事项 重点： 资产负债表日后事项的含义及涵盖期间，调整事项和非调整事项的具体会计处理方法。 难点： 调整事项的会计处理。 习题要点：客观题、业务核算题，案例分析题	（1）了解资产负债表日后事项的意义； （2）理解资产负债表日后事项的性质与意义； （3）掌握会计准则对资产负债表日后事项的基本分类方法及依据； （4）掌握调整事项和非调整事项的具体会计处理方法	4	讲授 讨论 作业	（2） （3） （5）
合计			64		

4. 教材及教学主要参考书

推荐教材：

《财务会计学》，戴德明主编，中国人民大学出版社，2019 年 8 月第 12 版。

参考书目：

（1）《会计》，中国注册会计师协会组织编写，中国财政经济出版社，2020 年 3 月第 1 版。

（2）《企业会计准则应用指南》，中华人民共和国财政部制定，立信会计出版社出版，2020 年 03 月。

（三）成本与管理会计

成本与管理会计课程教学大纲

1. 课程基本信息

开课单位	会计学院	课程类别	专业核心课程
课程名称	成本与管理会计	课程编码	3030000116
开课对象	会计本科	开课学期	6
学时/学分	总学时 64、理论课学时 38、实践课学时 26，共 4 学分。		
先修课程	基础会计学、中级财务会计Ⅰ、中级财务会计Ⅱ、财务管理		

续表

课程介绍： 成本与管理会计学是以成本管理为中心，应用现代会计的概念、理论和方法进行定性分析和定量化管理，提高经济效益的经济管理学科。成本与管理会计是会计专业的专业核心课。该课程突出成本计算和成本管理，按照成本计算、成本管理的逻辑顺序安排内容结构，不断进行会计与其他学科的交叉研究、会计学科的前沿探索、会计学科新领域的开拓，从而在内容上更加完整，方法上更加实用。 通过本课程的学习使学生能够理解成本与管理会计的基本知识和理论，掌握成本核算与管理的技术和方法，使学习者具备会计业务处理和会计实务管理等实践能力。能够学以致用，理论联系实际地解决成本计算和成本管理的问题，算为管用，算管结合，提升成本管理的能力和水平，培养学生具有社会主义核心价值观，具备适应国家经济建设与社会发展的能力

2. 课程目标与教学要求

本课程的教学目的是使会计专业同学掌握成本核算与管理的基本理论、基本方法和基本操作技能，使会计专业的学生了解本专业发展状况，更新知识，掌握与专业相关的新技术、新方法并能够综合利用知识体系解决实际问题。

本课程对学生达到如下毕业要求有贡献：

（1）知识应用能力：能够将成本核算与管理的基本理论与基本方法应用于解决成本的核算以及成本预测、决策、控制、分析与考核的专业领域管理问题。

（2）问题分析能力：能够应用经济学、管理学以及本量利分析的基本原理分析企业的各种成本管理问题。

（3）综合应用能力：能够针对企业的成本核算数据、本期利润的要求与本量利分析中涉及的量、本、利问题，提出合理的生产经营方案。

（4）专业设计能力：能够根据成本决策的方法设计符合企业经营安全、利润要求的生产安排；能够根据企业的成本预测和成本决策设计企业下一年的或下一个营业周期的成本计划；能够根据成本考核方法设计企业的考核标准；并能够在设计环节中体现创新意识，考虑经济、社会、法律、文化以及环境等问题。

（5）专业沟通能力：能够就成本相关的计划、决策、控制、分析、考核等问题与业界同行及社会公众进行有效沟通和交流。

（6）职业规范能力：能够理解会计职业道德和职业规范，并能在解决实际问题中有效应用。

（7）团队合作能力：能独立思考、自我管理，在团队中有效工作。

（8）终身学习能力：能够跟踪成本核算与管理的前沿，不断更新知识结构、提升职业素养，适应会计行业及相关职业发展。

完成课程后，学生将具备以下能力：

（1）在成本与管理会计学科具备基本的知识、技术和能力；

（2）在团队中有效工作的能力；

（3）通过成本核算、编制成本报表与成本计划表、成本控制、成本分析与考核等活动，可以有效提高书面报告和口头报告有效沟通的能力；

（4）理解专业的、道德的和社会责任的能力；

（5）尊重多样性、现代化专业知识、社会和全球问题；

（6）保证质量和实效性并不断进步。

课程目标支撑的毕业要求：

课程支撑的毕业要求		课程目标							
		（1）	（2）	（3）	（4）	（5）	（6）	（7）	（8）
1	毕业要求1：践行社会主义核心价值观，具有良好思想品质和道德修养，具有“德、智、体、美、劳”全面素养，具有综合人文素养和诚信意识						√		
2	毕业要求3：系统掌握会计学基本理论、基本方法和基本技能，认识和分析会计准则发展变化，掌握政府会计理论	√							
3	融合学科基础知识、相关学科知识、人文社会学科知识，建立一个基础扎实，良好的知识背景		√						
4	毕业要求6：能够将会计学专业理论和知识应用到实际财务工作中，准确地陈述和处理会计事项，撰写会计工作报告和财务分析报告，具备会计业务处理和会计事务管理等实践能力		√	√	√				
5	毕业要求8：能够将理论和知识融会贯通，综合利用知识体系解决实际问题		√	√	√				
6	毕业要求9：建立竞争与合作意识，建立批判性思维，富有创新和创业精神和能力							√	

续表

课程支撑的毕业要求		课程目标							
		(1)	(2)	(3)	(4)	(5)	(6)	(7)	(8)
7	毕业要求10：具有良好的交流能力，能够胜任在相关岗位熟练撰写报告和口头交流。具有团队合作精神，掌握沟通合作技能，能够合作互助和独立完成属于自己份内的业务。掌握外语交流能力，了解国际会计准则，具有国际化视野和跨文化知识					√			
8	毕业要求11：具有终身学习和发展意识，能够适应时代和发展需要，紧跟本专业发展状况，学习本专业新知识，新技能和进行职业发展规划								√

3. 教学内容与课程目标

成本与管理会计教学内容与课程目标：

章次	教学内容	教学要求（学生学习预期成果）	学时	教学方式	课程目标
第一章	导论 知识点：成本的概念；成本的分类；成本核算与管理的发展与职能；成本会计岗位；成本会计的法规和制度；正确划分各种费用的界限；影响成本变化的因素；成本核算的原则。 重点：成本的概念与分类；成本核算与管理的内容；正确划分各种费用的界限。 难点：正确划分各种费用的界限；成本核算的原则。 习题要点：成本的分类，成本核算与管理的职能	（1）了解成本核算和管理的发展及相关法规和制度； （2）理解成本的概念和本质、理解影响成本变化的因素、掌握成本核算和管理的职能与原则；分析日常支出，辨别各种费用的界限，建立成本支出制度	2	多媒体课堂讲授，结合学习通线上系统	(1)
第二章	生产费用的归集和分配 知识点：生产费用的分类；生产成本账户的设置；材料费用的归集和分配；燃料和外购动力的归集和分配；人工费用的归集和分配；折旧费用的归集和分配；辅助生产费用的归集和分配；制造费用的归集和分配。 重点：各种要素费用的分配方法。 难点：辅助生产费用、制造费用的归集和分配。 习题要点：各种要素的分配方法	（1）掌握生产费用的归集和分配方法； （2）掌握成本核算的一般程序	14	多媒体课堂讲授，结合学习通线上系统	(1)

续表

章次	教学内容	教学要求 （学生学习预期成果）	学时	教学方式	课程目标
第三章	产品成本的计算 知识点：生产费用在完工产品和月末在产品之间的分配方法；产品成本计算的品种法；产品成本计算的分批法；产品成本计算的分步法；产品成本计算的辅助方法；成本计算方法的选择，成本报表的编制。 教学重点和难点：生产费用在完工产品和月末在产品之间的分配方法；产品成本计算的品种法、分批法、分步法。 习题要点：生产费用在完工产品和月末在产品之间的分配方法；产品成本计算的品种法、分批法、分步法。成本计算方法的选择	（1）掌握成本计算的品种法、分批法和分步法核算的一般程序； （2）掌握品种法、分批法和分步法进行产品成本的计算； （3）了解成本计算分类法和定额法等辅助方法和计算原理； （4）能够根据企业生产特征和管理需求，选择正确的成本计算方法	12	多媒体课堂讲授，结合学习通线上系统	（1） （2）
第四章	成本预测 知识点：固定成本；变动成本；混合成本；保本分析；保利分析；利润敏感性分析；成本预测方法 教学重点和难点：混合成本分解；保本分析；保利分析；利润敏感性分析；成本预测方法。 习题要点：混合成本分解；保本分析；保利分析；利润敏感性分析；成本预测方法	（1）了解成本预测方法、理解成本按性态分类的意义； （2）掌握混合成本分解的方法，能借助 Excel 完成混合成本的分解； （3）掌握本量利分析的原理，能借助 Excel 进行保本点和保利点的分析、利润敏感性分析； （4）根据企业现有财务数据，判断企业经营是否安全，利润敏感性分析，规划企业的产销规模、产品定价、成本投放	10	多媒体课堂讲授，结合学习通线上系统	（1） （2） （4）
第五章	成本决策 知识点：成本决策程序；相关成本；无关成本；差量损益分析法；边际贡献分析法；成本无差别点法。 教学重点和难点：相关成本与无关成本；差量损益分析法、边际贡献分析法、成本无差别点法适用范围和优缺点；不同生产决策问题的决策。 习题要点：判别各方案中的相关成本与无关成本；能选择合适的决策方法进行“生产何种产品”“选择何种生产工艺”“产品加工程度”“零、部、配件取得方式”“特殊价格追加订货与否”“亏损产品停产还是转产”“产品组合成本”的生产决策分析	（1）了解成本决策的含义，掌握相关成本与无关成本的概念，能够判断出生产决策的相关成本与无关成本； （2）掌握成本决策的基本方法，能够根据生产的不同情形进行成本决策分析； （3）根据企业现有生产决策问题，判断哪个方案可行；或根据企业生产问题设计可行的方案	6	多媒体课堂讲授，结合学习通线上系统	（1） （2） （3）

续表

章次	教学内容	教学要求（学生学习预期成果）	学时	教学方式	课程目标
第六章	成本计划 知识点：单位成本计划；全部商品产品成本计划；制造费用预算表。 教学重点和难点：直接计算法编制成本计划。 习题要点：直接计算法编制成本计划	（1）了解成本计划的编制方法； （2）掌握简单的主要产品单位成本计划； （3）制定企业本期的成本计划	4	多媒体课堂讲授	（1） （4）
第七章	成本控制 知识点：成本控制；目标成本法；标准成本法；成本差异计算；成本差异动因分析；作业成本法。 教学重点和难点：目标成本法、标准成本法、作业成本法的原理与应用方法。 习题要点：目标成本法、作业成本法、标准成本法的应用	（1）了解成本控制的意义及基本原则； （2）掌握目标成本法、作业成本法、标准成本法的应用； （3）分析企业成本控制的不足之处	8	多媒体讲授	（1）
第八章	成本考核 知识点：会计凭证的作用和种类；原始凭证；记账凭证；会计凭证的传递与保管。 教学重点和难点：原始凭证与经济业务的关系；原始凭证的填制与审核；记账凭证与会计分录的关系；记账凭证的填制与审核。 习题要点：记账凭证与会计分录的关系	（1）了解成本报表的作用和成本考核的意义； （2）理解成本考核与评价的原则，掌握成本考核的基本方法； （3）掌握成本报表的编制要求和方法，能够开展常用成本报表的编制，实施简单的成本报表分析	6	多媒体课堂讲授	（1） （4）
第九章	新技术下的成本核算和管理知识点：会计账簿的意义、作用及种类；会计账簿的格式及登记方法；记账规则；错账的更正；结账和对账。 教学重点和难点：会计账簿的格式及登记方法；错账的更正方法；结账和对账。 习题要点：分析会计科目、账户及账簿三者的区别与联系，以及错账更正方法运用	（1）了解制造企业信息系统的构成和智能制造技术； （2）了解ERP系统中成本核算和管理的方法； （3）理解智能制造对成本核算和管理的影响； （4）理解动态实时成本管理和控制的原理	2	多媒体课堂讲授结合学习通线上系统	（1）
合计			64		

4. 教材及教学主要参考书

推荐教材：

《成本与管理会计》，孙茂竹主编，中国人民大学出版社，2019 年 4 月第 4 版。

参考书目：

（1）《管理会计学》，颜敏主编，清华大学出版社，2018 年 8 月第 3 版。

（2）《成本管理与控制全流程》，杨英，周建龙主编，中国工信出版集团，2018 年 6 月第 8 版。

（3）《管理会计理论 · 模型 · 案例》，温素彬主编，机械工业出版社，2016 年 1 月第 2 版。

（四）高级财务会计

高级会计学课程教学大纲

1. 课程基本信息

开课单位	会计学院	课程类别	专业核心
课程名称	高级财务会计	课程编码	3030000098
开课对象	18 级会计学专业	开课学期	5
学时/学分	总学时 32，理论课学时 32。		
先修课程	基础会计、中级财务会计Ⅰ、中级财务会计Ⅱ。		

课程介绍：

本课程为会计学专业本科学生的必修课，主要就财务会计领域中的新的、特殊的会计问题进行阐述，是在财务会计一般理论、知识、方法和技术基础上的提高、深化和延伸，是财务会计的提高课程。

学生通过该课程的学习要达到以下三个要求：

毕业目标 1，践行社会主义核心价值观，具有良好思想品质和道德修养，具有“德、智、体、美、劳”全面素养，具有综合人文素养和诚信意识。

毕业目标 8，能够将理论和知识融会贯通，综合利用知识体系解决实际问题。

毕业目标 10，具有良好的交流能力，能够胜任在相关岗位熟练撰写报告和口头交流。具有团队合作精神，掌握沟通合作技能，能够合作互助和独立完成属于自己份内的业务。掌握外语交流能力，了解国际会计准则，具有国际化视野和跨文化知识。

2. 课程目标与教学要求

本课程对学生达到如下毕业要求有贡献：

（1）学会做人（综合素质能力）：思政教育与专业教育相融合，社会主义核心价值观与诚信教育相结合，培养学生具有良好的思想道德品质和职业道德品质。

（2）学会做事（综合应用能力）：能够将基础会计、中级财务会计知识与高级财务会计知识融会贯通。

（3）学会做事（综合分析能力）：能够综合利用经济学、管理学等相关学科知识和财务会计知识体系分析和解决实际问题。

（4）学会相处（沟通能力）：能够运用会计专业的基本原理与知识就特殊会计业务（高级财务会计）的相关问题进行讨论和交流。

（5）学会相处（合作能力）：能够与其他同学合作，完成关于特殊会计业务的小组讨论和团队作业。

（6）学会相处（国际化视野）：针对特殊会计业务，了解国际会计准则的相关规定。

完成课程后，学生将具备以下能力：

（1）提升综合素质能力，增强道德意识和责任意识；

（2）提高综合应用能力，融合财务会计体系知识，建立财务会计知识体系框架；

（3）掌握综合分析能力，解决专业相关实际问题；

（4）通过讨论、PPT汇报和视频讲解等方式提升有效沟通的能力；

（5）通过小组讨论，共同完成作业，促进团队合作能力；

（6）增强查阅国际准则，了解国际准则对中国准则的影响能力。

课程目标支撑的毕业要求：

课程支撑的毕业要求		课程目标					
		（1）	（2）	（3）	（4）	（5）	（6）
1	毕业要求1：践行社会主义核心价值观，具有良好思想品质和道德修养，具有“德、智、体、美、劳”全面素养，具有综合人文素养和诚信意识	√					
2	毕业要求8：能够将理论和知识融会贯通，综合利用知识体系解决实际问题		√	√			

续表

课程支撑的毕业要求		课程目标					
		(1)	(2)	(3)	(4)	(5)	(6)
3	毕业要求10：具有良好的交流能力，能够胜任在相关岗位熟练撰写报告和口头交流。具有团队合作精神，掌握沟通合作技能，能够合作互助和独立完成属于自己份内的业务。掌握外语交流能力，了解国际会计准则，具有国际化视野和跨文化知识				√	√	√

3. 教学内容与课程目标

高级财务会计教学内容与课程目标：

章次	教学内容	教学要求（学生学习预期成果）	学时	教学方式	课程目标
第一章	导论 知识点：本课程性质地位、结构体系、学习方法；高级财务会计的定义、产生、主要内容。 重点：高级财务会计主要内容。 难点：如何将中级财务会计与高级财务会计的融合与对比	(1) 了解本课程在课程体系中的地位、性质等； (2) 了解高级财务会计的定义、产生与发展； (3) 简单对比中级财务会计和高级财务会计业务的异同； (4) 恪守职业道德与诚信	2	多媒体讲授 启发式讨论	(1) (2)
第二章	非货币性资产交换 知识点：非货币性资产交换的界定；公允价值计量模式下的单项和多项非货币资产交换；账面价值计量模式下的单项和多项非货币性交换。 重点：公允价值计量模式下的单项非货币性资产交换。 难点：公允价值计量模式下的多项非货币性资产交换。 习题要点： 公允价值计量模式下的非货币性资产交换；账面价值计量模式下的非货币性资产交换。 实践环节： 购买（出售）存货、固定资产、无形资产等怎么处理；如果购买这些资产不是用货币，而是以物换物呢	(1) 能够运用非货币性资产交换界定条件； (2) 能够对比非货币性交易与货币性交易的异同； (3) 理解公平市场交易原理； (4) 掌握公允价值计量模式下三种情况的单项与多项非货币性资产交换业务逻辑与会计处理； (5) 掌握账面计量模式下单项和多项非货币性资产交换的处理； (6) 能够辨析公允价值与账面价值计量模式适用条件	6	课堂讨论 多媒体讲授	(1) (2) (3)

续表

章次	教学内容	教学要求 （学生学习预期成果）	学时	教学 方式	课程 目标
第三章	债务重组 知识点：债务重组的界定；金融资产或非金融资产偿债；债务转权益、修改其他债务条件、组合方式偿债。 重点：债务重组利得或损失的确定，债权人取得受让资产入账成本的确定。 难点：债务人对抵债资产损益核算，修改其他条件的债务重组。 习题要点： 金融资产或非金融资产偿债、债务转权益、修改其他债务条件。 实践环节： 《债务重组》新修订准则与老准则的区别、国际准则的变化	（1）了解债务重组原因，理解债务重组的界定； （2）掌握金融资产或非金融资产偿债的业务逻辑和会计处理； （3）掌握债务转权益业务逻辑和会计处理； （4）掌握修改其他偿债条件业务逻辑和会计处理； （5）掌握组合方式偿债的会计处理	4	课堂讨论 多媒体讲授	（1） （2） （3） （6）
第四章	外币业务 知识点：外币业务概述；外币交易业务；外币报表折算。 重点：汇率及汇率的分类。 难点：外币交易业务和外币报表折算。 习题要点： 外币交易业务；外币报表折算。 实践环节： 外币和记账本位币；外币业务及外币账户；汇率及表达方法；记账汇率及账面汇率；银行挂牌买价、银行挂牌卖价和中间牌价；现行汇率及历史汇率	（1）能够对比外币业务与记账本位币业务； （2）能够解释汇率的分类以及选择汇率； （3）理解汇兑差额在外币业务和外币报表折算业务中逻辑的不同； （4）掌握外币交易业务的会计处理； （5）能够正确对外币报表进行折算	4	分组视频汇报 多媒体讲授 中国大学 MOOC	（1） （2） （3） （4） （5）
第五章	企业合并 知识点：企业合并及其分类；权益结合法与购买方；同一控制下的合并；非同一控制下的合并。 重点：权益结合法与购买法。 难点：非同一控制下的合并。 习题要点： 同一控制下的合并；非同一控制下的合并。 实践环节： 基于《长期股权投资》准则讨论：企业合并；企业合并的方式；企业合并的类型	（1）判断企业合并及其类型； （2）辨识与长期股权投资的关系； （3）理解权益结合法与购买法的基本原理； （4）掌握同一控制下的合并的会计处理； （5）掌握非同一控制下的合并的会计处理	6	小组合作 课堂讨论 多媒体讲授 中国大学 MOOC	（1） （2） （3） （4） （5）

续表

章次	教学内容	教学要求（学生学习预期成果）	学时	教学方式	课程目标
第六章	合并财务报表 知识点：合并理论；合并范围；编制程序；调整分录；抵消分录。 重点：调整分录、合并财务报表附注。 难点：抵消分录。 习题要点： 调整分录；抵消分录。 实践环节： 合并报表的三个基础理论；权利与权力；可变回报；权力与可变回报的关系；保护性权利；控制的来源；投资系主体	（1）与国际准则比较，了解实质性趋同下对关联方界定的异同； （2）理解权益法与成本法； （3）了解合并财务报表的三个基础理论； （4）明确合并财务报表的合并范围； （5）能够实施合并财务报表的编制程序； （6）掌握调整分录和抵消分录的编制	10	小组合作PPT汇报多媒体讲授中国大学MOOC	（1） （2） （3） （4） （5） （6）
合计			32		

4. 教材及教学主要参考书

推荐教材：

《高级财务会计》，黄中生、陆国平主编，高等教育出版社，2019年8月。

参考书目：

（1）《会计》，经济科学出版社，2020年注册会计师考试教材。

（2）《高级财务会计》在线精品课程（中国大学MOOC）。

（五）审计学

审计学课程教学大纲

1. 课程基本信息

开课单位	会计学院	课程类别	专业必修（专业核心课）	
课程名称	审计学		课程编码	3030000098
开课对象	会计学专业		开课学期	5
学时/学分	理论课学时48			
先修课程	基础会计学、财务会计学、财务管理			
课程介绍： 本课程主要阐述了审计的基本原理和方法，并以风险导向审计为主线，通过了解被审计单位及其环境评估风险进而应对风险，然后按照业务循环对财务报表展开审计，最终出具审计报告完成审计工作。本课程属于会计学专业的专业核心课程，学生通过本课程的学习，应该掌握审计的基本原理，理解风险导向审计的理念，能够合作完成中小企业的财务报表审计工作				

2. 课程目标与教学要求

本课程对学生达到如下毕业要求有贡献：

（1）知识应用能力：能够将审计基本理论与基本方法应用于解决审计以及财经专业领域管理问题。

（2）问题分析能力：能够应用经济学、管理学以及审计学的基本原理分析学习生活中的实际问题。

（3）综合应用能力：能够针对财务报表审计的审计计划、风险评估与风险应对中涉及的审计问题，提出合理的解决方案。

（4）沟通能力：能够就审计相关的理论和实务与业界同行及社会公众进行有效沟通和交流。

（5）终身学习能力：能够跟踪审计发展前言，不断更新知识结构、提升职业素养，适应财经行业及相关职业发展。

完成课程后，学生将具备以下能力：

（1）在会计与审计学科方面具备基本的知识、技术和能力；

（2）在团队中有效工作的能力；

（3）通过网络、书面报告和口头报告有效沟通的能力；

（4）理解专业的、道德的和社会责任的能力；

（5）尊重多样性、现代化专业知识、社会和全球问题；

（6）保证质量和实效性并不断进步。

课程目标支撑的毕业要求：

课程支撑的毕业要求		课程目标				
		（1）	（2）	（3）	（4）	（5）
1	掌握管理类专业的基础知识和基本理论，熟悉金融、法律、信息、工程等方面知识和人文社会学科知识。	√	√			
2	融合学科基础知识、专业相关知识、人文社会学科等知识，具有会计信息应用能力、财务分析等能力以及具备多学科交融的知识视野，能够综合利用知识体系解决相关的管理问题			√		
3	掌握沟通合作技能，能够熟练撰写报告和口头交流；掌握外语交流能力，了解国际经贸的规则，具有国际化视野和跨文化知识				√	

续表

课程支撑的毕业要求		课程目标				
		(1)	(2)	(3)	(4)	(5)
4	建立竞争与合作意识，具有团队合作精神，能够合作互助和独立完成业务				√	
5	具有终身学习和发展意识，能够适应时代和发展需要，紧跟本专业发展状况学习本专业新知识、新技能和进行职业发展规划					√

3. 教学内容与课程目标

审计学教学内容与课程目标：

章次	教学内容	教学要求（学生学习预期成果）	学时	教学方式	课程目标
第一章总论	(1) 审计的产生与发展 (2) 审计的种类 (3) 会计师事务所的组织形式 (4) CPA的职业道德 (5) CPA的法律责任 (6) 审计基本要求 重点：三种审计的区别、特殊普通合伙、CPA的职业道德和法律责任。 难点：职业道德和法律责任。 习题要点：客观题	(1) 了解审计的产生与发展和会计师事务所的组织形式以及审计的基本要求； (2) 能够说明政府审计、内部审计及CPA审计的关系； (3) 理解CPA的职业道德的基本原则和法律责任产生的原因； (4) 掌握CPA审计的特点（思路）	4	讲授 讨论 作业	(1) (2)
第二章审计目标和审计风险	(1) 审计的含义 (2) 合理保证与有限保证 (3) 审计要素 (4) 总体审计目标 (5) 管理层认定 (6) 具体审计目标 (7) 审计风险 (8) 重大错报风险与检查风险的关系 重点：审计的定义、管理层认定、具体审计目标和审计风险。 难点：管理层认定、审计风险。 习题要点：客观题、计算题、案例分析题	(1) 掌握审计的含义和审计五要素； (2) 理解管理层认定的内容； (3) 能够说明合理保证与有限保证、管理层认定与具体审计目标的关系； (4) 掌握审计风险、重大错报风险、检查风险的特点及说明三者的关系	5	讲授 讨论 作业	(1) (2)

续表

章次	教学内容	教学要求 （学生学习预期成果）	学时	教学方式	课程目标
第三章 审计计划	（1）初步业务活动 （2）审计业务约定书 （3）总体审计策略 （4）具体审计计划 （5）重要性的含义 （6）重要性水平的确定 （7）实际执行的重要性 （8）错报 重点：审计业务约定书、具体审计计划和重要性。 难点：重要性、实际执行的重要性。 习题要点：客观题、案例分析题	（1）了解初步业务活动的目的和内容； （2）理解审计业务约定书的作用和基本内容； （3）能够制定简单的审计计划； （4）理解重要性的含义、确定及在实务中的运用，掌握重要性的特性； （5）能够说明错报与重要性的关系	6	讲授 讨论 作业	（1） （2）
第四章 审计证据与审计工作底稿	（1）审计证据的含义 （2）审计证据的充分性与适当性 （3）审计程序 （4）分析程序的运用 （5）审计工作底稿的含义和目的 （6）审计工作底稿的要素 （7）审计工作底稿的归档 重点：证据的特性、审计程序、分析程序。 难点：审计程序、分析程序。 习题要点：客观题、计算题、案例分析题	（1）理解审计证据的充分性与适当性，并能说明二者的关系； （2）掌握审计的基本程序； （3）能够运用分析程序分析问题； （4）了解审计工作底稿的目的、要素及归档要求	6	讲授 讨论 作业	（1） （2） （3）
第五章 审计抽样	（1）测试项目的方法 （2）审计抽样 （3）抽样风险与非抽样风险 （4）统计抽样与非统计抽样 （5）属性抽样与变量抽样 （6）选取样本的方法 （7）传统变量抽样 （8）样本结果评价 重点：审计抽样、抽样风险、统计抽样、样本选取方法及样本结果评价。 难点：审计抽样、抽样风险、样本结果评价。 习题要点：客观题、计算题	（1）能够区分 3 种测试项目的方法； （2）理解审计抽样的特点； （3）能够说明抽样风险与非抽样风险、统计抽样与非统计抽样、属性抽样与变量抽样的关系； （4）掌握选取样本的方法； （5）能够恰当评价样本结果	3	讲授 讨论 作业	（1） （2）

续表

章次	教学内容	教学要求 （学生学习预期成果）	学时	教学方式	课程目标
第六章 风险评估	（1）风险评估的含义和要求 （2）风险评估程序 （3）了解被审计单位及其环境（五个方面） （4）内部控制的含义、目标和要素 （5）内部控制的局限性 （6）内部控制五要素 （7）在业务流程层面了解内部控制 （8）识别和评估两个层次的重大错报风险 （9）特别风险 （10）仅通过实质性程序无法应对的重大错报风险 （11）对风险评估的修正 重点：风险评估、内部控制的含义、目标和要素、内部控制的局限性、了解业务层面的内部控制和仅通过实质性程序无法应对的重大错报风险。 难点：风险评估、仅通过实质生程序无法应对的重大错报风险、特别风险。 习题要点：客观题、案例分析题	（1）理解风险评估程序的含义、目的和内容； （2）熟悉了解被审计单位及其环境五个方面的基本内容； （3）理解内部控制的含义、目标和要素以及局限性； （4）掌握内部控制的五要素； （5）掌握业务流程层面了解内控的步骤； （6）根据背景资料能够识别评估出重大错报风险和特别风险	6	讲授 讨论 作业	（1） （2） （3） （4）
第七章 风险应对	（1）财务报表层次重大错报风险与总体应对措施 （2）增加审计程序不可预见性的方法 （3）进一步审计程序的含义、性质、时间和范围 （4）控制测试的含义、性质、时间和范围 （5）实质性程序的含义、性质、时间和范围 重点：总体应对措施、控制测试和实质性程序。 难点：审计程序的不可预见性、控制测试的时间。 习题要点：客观题	（1）掌握总体应对措施； （2）了解审计程序不可预见性的方法； （3）理解进一步审计程序时间的要求； （4）掌握控制测试的性质、时间和范围； （5）理解实质性程序的性质、时间和范围	3	讲授 讨论 作业	（1） （3） （4）

续表

章次	教学内容	教学要求 （学生学习预期成果）	学时	教学方式	课程目标
第八章 销售与收款循环审计	（1）账户法与业务循环法审计 （2）销售与收款循环涉及的业务活动与相关单据 （3）销售与收款循环的内部控制 （4）评估重大错报风险 （5）控制测试的基本原理 （6）以风险为起点的控制测试 （7）营业收入的实质性程序 （8）应收账款的实质性程序 重点：销售与收款循环主要业务活动及涉及的主要凭证、销售与收款循环的内部控制、营业收入和应收账款的实质性程序。 难点：以风险为起点的控制测试、截止测试、函证。 习题要点：客观题和案例题	（1）了解两种审计方法； （2）掌握销售与收款循环的业务活动及涉及的主要凭证； （3）熟悉销售与收款循环的内部控制； （4）能够评估本循环的重大错报风险； （5）理解以风险为起点的控制测试； （6）掌握截止测试和函证的内容； （7）能够设计营业收入和应收账款的审计程序	6	讲授 讨论 作业	（1） （2） （3） （4） （5）
第九章 生产与存货循环审计	（1）生产与存货循环涉及的业务活动与相关单据 （2）生产与存货循环的内部控制 （3）评估重大错报风险 （4）以风险为起点的控制测试 （5）存货的实质性程序 重点：生产与存货循环的主要业务活动及涉及的主要凭证、生产与存货循环的内部控制、存货的实质性程序。 难点：以风险为起点的控制测试、存货监盘。 习题要点：客观题和案例题	（1）掌握生产与存货循环的业务活动及涉及的主要凭证； （2）熟悉生产与存货循环的内部控制； （3）能够评估本循环的重大错报风险； （4）理解以风险为起点的控制测试； （5）能够设计存货的审计程序； （6）掌握存货监盘的内容	3	讲授 讨论 作业	（1） （2） （3） （4） （5）
第十章 货币资金审计	知识点： （1）货币资金与业务循环、主要单据和会计记录 （2）货币资金的内部控制 （3）与货币资金相关的重大错报风险 （4）库存现金和银行存款的控制测试 （5）库存现金的实质性程序 （6）银行存款的实质性程序 重点：货币资金的内部控制、库存现金监盘、银行存款函证。 难点：库存现金监盘、银行存款函证。 习题要点：客观题、案例题	（1）了解货币资金与业务循环以及主要凭证； （2）掌握货币资金的内部控制； （3）了解货币资金可能发生错报的环节及相关重大错报风险； （4）能够对库存现金进行监盘、对银行存款实施函证	3	讲授 讨论 作业	（2） （3） （4） （5）

续表

章次	教学内容	教学要求 （学生学习预期成果）	学时	教学方式	课程目标
第十一章 审计 报告	（1）审计报告概述 （2）审计报告的类型和内容 （3）关键审计事项 （4）非无保留意见的审计报告 重点：审计报告的内容、关键审计事项、形成非无保留意见的基础。 难点：关键审计事项、形成非无保留意见的基础。 习题要点：客观题、案例题	（1）理解审计报告的含义和作用及类型； （2）掌握审计报告的基本内容； （3）理解形成非无保留意见的基础； （4）能够区分关键审计事项、强调事项、其他事项和导致非无保留意见的事项	3	讲授 讨论 作业	（3） （4） （5）
合计			48		

4. 教材及教学主要参考书

推荐教材：

《审计》，注册会计师协会组织编写，中国财政经济出版社，2020 年 3 月第 1 版。

参考书目：

《审计学》，秦荣生，卢春泉主编，中国人民大学出版社，2019 年 6 月第 10 版。

三、财务管理专业

（一）财务管理

财务管理课程教学大纲

1. 课程基本信息

开课单位	会计学院	课程类别	专业核心课
课程名称	财务管理	课程编码	3030000013
开课对象	财务管理专业	开课学期	4
学时/学分	理论课学时 64		
先修课程	基础会计学、中级财务会计		

续表

课程介绍： 财务管理是会计学和财务管理的专业核心必修课。本课程首先介绍财务管理的基本概念、目标和财务管理环境，以及公司理财的基础价值观念——货币时间价值、风险与报酬，财务分析的基本方法和重要的财务比率，这些内容都是理解财务管理的基础知识。在此基础上，本课程重点讲授公司财务战略、筹资方式与资本结构决策、投资决策、营运资金管理等财务管理基本内容。通过本课程的讲授，应使学生理解财务管理的基本概念和原理，掌握投融资决策基本方法，培养学生分析和解决财务问题的能力，为学生今后的学习和工作打下良好的基础

2. 课程目标与教学要求

本课程对学生达到如下毕业要求有贡献：

（1）综合素质能力：思政教育与专业教育相融合，社会主义核心价值观与诚信教育相结合，培养学生具有良好的思想道德品质和职业道德品质。

（2）知识应用能力：能够将财务会计、管理会计、财务分析等专业课程的基础知识和基本理论应用于财务管理知识的学习。

（3）问题分析能力：能够系统掌握财务管理专业知识和定性、定量分析方法，对相关财务问题进行分析和判断。

（4）综合应用能力：能够综合利用会计学、经济学、管理学等相关学科知识和财务管理知识体系分析和解决实际财务问题。

（5）知识更新能力：能够跟踪财务管理理论发展前沿，不断更新知识结构、提升职业素养，适应财经行业及相关职业发展。

完成课程后，学生将具备以下能力：

（1）提升综合素质能力，增强道德意识和责任意识；

（2）具备知识应用能力，融合财务管理体系知识，建立财务管理知识体系框架；

（3）掌握问题分析能力，用财务管理的基本理论与基本方法分析相关财务问题；

（4）提高综合应用能力，解决专业相关实际财务问题；

（5）增强知识更新能力，不断更新财务管理专业新知识、新方法并应用于实践。

课程目标支撑的毕业要求：

课程支撑的毕业要求		课程目标				
		(1)	(2)	(3)	(4)	(5)
1	毕业要求1：践行社会主义核心价值观，具有良好思想品质和道德修养，具有“德、智、体、美、劳”全面素养，具有综合人文素养和诚信意识	√				
2	毕业要求3：系统掌握财务管理专业知识和定性、定量分析方法；熟悉我国有关财务管理的方针、政策和法规；了解本学科的理论前沿和发展动态		√	√		
3	毕业要求5：融合学科基础知识、专业相关知识、人文社会学科等知识，具有会计信息应用能力、财务分析等能力以及具备多学科交融的知识视野，能够综合利用知识体系解决相关的管理问题				√	
4	毕业要求9：具有终身学习和发展意识，能够适应时代和发展需要，紧跟本专业发展状况学习本专业新知识、新技能和进行职业发展规划					√

3. 教学内容与课程目标

财务管理教学内容与课程目标：

章次	教学内容	教学要求 （学生学习预期成果）	学时	教学方式	课程目标
第一章	总论 知识点：财务管理的概念；财务管理的目标；企业组织形式与财务经理；财务管理的环境。 重点：财务管理的概念；财务管理目标的主要观点。 难点：财务管理的环境；利息率测算。 习题要点： （1）财务管理的概念； （2）以股东财富最大化作为财务管理目标的优点	（1）理解财务管理的基本概念； （2）掌握财务管理目标的主要观点； （3）了解企业的组织形式以及财务经理的职责； （4）了解财务管理的环境； （5）理解利息率的构成及其测算	6	多媒体讲授 启发式讨论	（1） （2）
第二章	财务管理的价值观念 知识点：货币时间价值；风险与报酬；证券估价。 重点：货币时间价值的概念和计算；资本资产定价模型。 难点：货币时间价值的概念理解和计算。 习题要点： 年金的概念和种类； 复利终值与现值的计算方法； 年金终值与现值的计算方法； 股票和债券的估值方法	（1）掌握货币时间价值的概念和相关计算方法； （2）掌握风险收益的概念、计算及资本资产定价模型； （3）理解证券投资的种类、特点； （4）掌握不同证券的价值评估方法	8	课堂讨论 多媒体讲授	（1） （2） （3）

续表

章次	教学内容	教学要求 （学生学习预期成果）	学时	教学方式	课程目标
第三章	财务分析 知识点：财务分析概述；财务能力分析；财务趋势分析 重点：企业偿债能力、营运能力、盈利能力指标的计算与分析。 难点：杜邦分析法。 习题要点： （1）简要分析企业偿债能力、营运能力和盈利能力的财务比率； （2）利用杜邦分析法分析各项因素对企业股东权益报酬率的影响	（1）了解企业财务分析的作用、目的、基础、种类和程序； （2）能够正确运用比率分析法对企业偿债能力、营运能力、盈利能力和发展能力进行分析； （3）理解企业财务趋势分析方法； （4）掌握杜邦分析法的原理方法	8	案例教学 多媒体讲授	（1） （2） （3） （4） （5）
第四章	财务战略 知识点：财务战略；财务预测。 重点：SWOT 分析法的原理及应用。 难点：筹资数量预测的方法。 习题要点： （1）说明 SWOT 分析法的原理及应用； （2）筹资数量预测的方法	（1）理解财务战略的特征和类型； （2）理解 SWOT 分析法的原理及应用； （3）理解财务战略选择依据和方式； （4）掌握筹资数量预测的依据和方法	4	分组讨论 多媒体讲授	（1） （2） （3） （4）
第五章	长期筹资方式 知识点：长期筹资概述；股权性筹资；债务性筹资；混合型筹资。 重点：股权性筹资与债务性筹资的筹资方式及优缺点。 难点：债券发行价格测算。 习题要点： （1）各种筹资方式的优缺点； （2）存在补偿性余额条件下企业实际可用借款额和实际负担年利率的计算； （3）不同市场利率下债券发行价格的测算	（1）了解企业筹集长期资金的动机、渠道和方式； （2）理解各种股权性筹资方式和债务性筹资方式的优缺点； （3）理解混合性筹资的动机和优缺点； （4）掌握普通股筹资、长期借款筹资和债券筹资的种类和程序	4	多媒体讲授 中国大学 MOOC	（1） （2） （3） （5）

续表

章次	教学内容	教学要求 （学生学习预期成果）	学时	教学方式	课程目标
第六章	资本结构决策 知识点：资本结构的理论；资本成本的测算；杠杆利益与风险的衡量；资本结构决策分析。 重点：资本成本测算、杠杆原理和风险控制。 难点：股权资本成本率测算、联合杠杆原理以及联合杠杆系数测算。 习题要点： （1）个别资本成本率的测算； （2）综合资本成本率的测算； （3）营业杠杆系数、财务杠杆系数和联合杠杆系数测算； （4）资产成本比较法和每股收益分析法	（1）了解资本结构的基本理论； （2）理解个别资本成本、综合资本成本和边际资本成本的测算方法； （3）掌握杠杆原理和风险控制以及资本结构的决策方法	8	PPT 汇报 多媒体讲授	（1） （2） （3） （4）
第七章	投资决策原理 知识点：长期投资概述；企业投资过程分析；折现现金流量方法；非折现现金流量方法；投资决策指标的比较。 重点：各类投资决策指标的计算与比较。 难点：理解各类投资决策指标的优缺点及使用范围。 习题要点： （1）投资项目现金流量的组成与计算； （2）各类投资决策指标的计算方法； （3）折现现金流量指标的比较	（1）了解投资活动对企业的意义； （2）了解企业投资的分类、特点和管理程序； （3）掌握投资项目现金流量的组成与计算； （4）掌握各类投资决策指标计算方法	8	课堂讨论 多媒体讲授	（1） （2） （3） （4） （5）
第八章	投资决策实务 知识点：现实中现金流量的计算；项目投资决策；风险投资决策重点：税负与折旧对投资的影响、固定资产更新决策分析方法。 难点：按风险调整折现率法和按风险调整现金流量法。 习题要点： （1）税负与折旧对投资的影响； （2）固定资产更新决策分析方法； （3）按风险调整折现率法和按风险调整现金流量法	（1）理解税负与折旧对投资的影响； （2）掌握固定资产更新决策分析方法； （3）理解投资风险分析中的按风险调整折现率法和按风险调整现金流量法	6	案例教学 多媒体讲授	（1） （2） （3） （4）

续表

章次	教学内容	教学要求 （学生学习预期成果）	学时	教学方式	课程目标
第九章	短期资产管理 知识点：营运资本管理；短期资产管理；现金管理；短期金融资产管理；应收账款管理；存货规划及控制。 重点：现金管理、应收账款管理和存货管理。 难点：现金持有量决策、现金和应收账款的日常控制、存货规划与控制。 习题要点： （1）最佳现金余额的计算； （2）应收账款信用政策的确定； （3）最佳经济批量的计算； （4）再订货点的计算	（1）了解营运资本的概念和管理原则； （2）理解短期资产的特征、分类、持有政策以及短期资产政策对公司风险和报酬的影响； （3）掌握现金、应收账款和存货的主要管理模型和管理方法	6	多媒体讲授 中国大学MOOC	（1） （2） （3） （4） （5）
第十章	短期筹资管理 知识点：短期筹资政策；自然性筹资；短期借款筹资；短期融资券。 重点：商业信用筹资的特征、分类与资本成本计算；短期借款筹资的资本成本计算；短期融资券的种类和发行程序。 难点：商业信用筹资的资本成本计算；应付费用筹资额的计算；短期借款筹资的资本成本计算。 习题要点： （1）短期筹资政策的主要类型； （2）短期借款、商业信用、短期融资券优缺点的对比分析； （3）商业信用资本成本率计算； （4）贴现方式和分期付款方式下贷款有效利率的计算	（1）了解自然性筹资、短期借款筹资以及短期融资券等短期筹资的概念、种类、内容和优缺点； （2）理解短期筹资政策与短期资产持有政策的配合关系； （3）掌握商业信用筹资、短期借款筹资的资本成本计算，以及应付费用筹资额的计算	6	课堂讨论 多媒体讲授	（1） （2） （3） （4）
合计			64		

4. 教材及教学主要参考书

推荐教材：

《财务管理学》，荆新、王化成、刘俊彦主编，中国人民大学出版社，2018 年 5 月第 8 版。

参考书目：

（1）《公司理财》，斯蒂芬 A. 罗斯等著，吴世农等译，机械工业出版社。

（2）《财务管理基础》，詹姆斯·范霍恩等著，清华大学出版社。

（3）《财务成本管理》，中国注册会计师协会组织编写，中国财政经济出版社，2018 年。

（二）高级财务管理

高级财务管理课程教学大纲

1. 课程基本信息

开课单位	会计学院	课程类别	专业核心课程	
课程名称	高级财务管理		课程编码	3030000097
开课对象	财务管理本科专业		开课学期	5
学时/学分	总学时 48、理论课学时 48、实践课学时 0			
先修课程	基础会计学、中级财务会计Ⅰ、中级财务会计Ⅱ、财务管理、管理学			

课程介绍：

本课程为财务管理专业必修课程，主要介绍各种特殊条件下的企业财务管理问题，是继财务管理后，为进一步提高学生理论层次和管理能力而设置的一门专业核心提高课。本课程是以培养高级财务管理应用型人才应具有的知识结构来设计教学内容，从企业宏观层次，即主要从决策管理当局财务管理的战略与政策角度进行系统地讲述一些理论和方法；通过本课程的学习，使学生能够比较全面地了解、掌握高级财务管理的基本理论、基本方法和基本技能，并使其财务的理论知识与管理能力能够在财务管理的基础上，提升到一个更高的层面，为学生学习本专业的其他相关知识打好基础，也为今后从事理论研究和实践工作提供必要的理论支撑。

2. 课程目标与教学要求

本课程对学生达到如下毕业要求有贡献：

（1）综合素质能力：思政教育与专业教育相融合，社会主义核心价值观与诚信教育相结合，培养学生具有良好的思想道德品质和职业道德品质。

（2）知识储备能力：能够将财务会计、管理会计、财务分析等专业课程的基础知识和基本理论应用于高级财务管理知识的学习，将相关课程基本方法和基本理论相结合。

（3）问题分析能力：系统掌握高级财务管理专业知识和特殊条件下财务管理问题的解决，对特殊财务问题进行分析和判断。

（4）综合应用能力：能够综合利用会计学、经济学、管理学等相关学科知识和高级财务管理知识体系分析和解决实际财务问题。

（5）知识更新能力：能够跟踪财务管理理论发展前沿，不断更新知识结构、提升职业素养，适应金融等行业及相关职业发展。

完成课程后，学生将具备以下能力：

（1）基本知识储备能力：在系统学习高级财务管理相关专题课程内容的基础上，掌握高级财务管理基本内容同财务管理基本内容的区别和联系；掌握企业并购重组的基本内涵、流程、影响并购重组成功的关键因素及并购重组的基本理论；掌握企业集团财务管理、中小企业财务管理及跨国公司财务管理的含义、基本特点、难点等方面的基本知识；掌握非营利组织财务管理的基本特点。

（2）基本方法应用能力：掌握企业并购过程中的估值技术；掌握对企业集团财务进行管理的主要方法；掌握跨国公司财务管理中防范风险的基本方法；掌握企业集团内部利益分配的基本方法；掌握中小企业直接融资的基本方法；掌握非营利组织财务管理中资金规划的基本方法；掌握财务预警管理的基本方法。

（3）掌握问题分析能力：在具备相关知识，掌握相关技术和方法的基础上，具备对企业并购中目标企业进行定价的能力；具备立足企业集团特点进行企业集团财务管理的能力；具备充分利用多种可行融资渠道对中小企业金融融资管理的能力；具备对非营利组织进行现金规划管理的能力；具备对企业财务风险进行预警和防范的能力；具备对跨国企业特殊财务风险进行有效管理的能力。

（4）提高综合应用能力：能够针对融资渠道对中小企业金融融资管理涉及的问题、非营利组织的现金规划问题，针对财务风险问题等提出合理的解决方案。

（5）保持终身学习能力：能够跟踪财务管理前言，不断更新知识结构、提升职业素养，适应财务管理、金融行业及相关职业发展。

课程目标支撑的毕业要求：

课程支撑的毕业要求		课程目标				
		（1）	（2）	（3）	（4）	（5）
1	毕业要求1：践行社会主义核心价值观，具有良好思想品质和道德修养，具有“德、智、体、美、劳”全面素养，具有综合人文素养和诚信意识	√				

续表

课程支撑的毕业要求		课程目标				
		(1)	(2)	(3)	(4)	(5)
2	毕业要求3：系统掌握财务管理专业知识和定性、定量分析方法；熟悉我国有关财务管理的方针、政策和法规；了解本学科的理论前沿和发展动态		√	√		√
3	毕业要求5：融合学科基础知识、专业相关知识、人文社会学科等知识，具有会计信息应用能力、财务分析等能力以及具备多学科交融的知识视野，能够综合利用知识体系解决相关的管理问题			√	√	
4	毕业要求9：具有终身学习和发展意识，能够适应时代和发展需要，紧跟本专业发展状况学习本专业新知识、新技能和进行职业发展规划					√

3. 教学内容与课程目标

高级财务管理教学内容与课程目标：

章次	教学内容	教学要求（学生学习预期成果）	学时	教学方式	课程目标
第1章	高级财务管理概述 知识点： 1.1 财务管理的理论结构 1.2 财务管理假设 1.3 财务管理目标 1.4 财务管理课程体系 1.5 高级财务管理的内容内容与本报告的结构安排 1.6 案例研究与分析：美的电器的财务管理目标 教学重点： （1）财务管理的理论结构； （2）财务管理假设。 教学难点： 财务管理假设。 本章习题要点： （1）如何理解财务管理的理论结构？ （2）财务管理的假设有哪些？ （3）美国财务管理学者法马的将有效市场划分法； （4）财务管理目标主要观点	本章对现代财务理论框架进行概括性介绍，为后续章节的学习奠定基础。 （1）掌握了解高级财务管理的基本内容； （2）掌握财务管理的目标	3	讲授法 讨论式	(1) (2)

续表

章次	教学内容	教学要求 （学生学习预期成果）	学时	教学方式	课程目标
第 2 章	企业并购财务管理概述 知识点： 2.1 企业并购概念 2.2 企业并购的动因和效应 2.3 企业并购的历史演进 2.4 企业并购的财务问题 2.5 案例研究与分析：中集集团的并购扩张之路 教学重点： （1）企业并购的动因和效应； （2）企业并购的财务问题。 教学难点： 企业并购的动因和效应。 本章习题要点： （1）什么是并购？常见的并购形式有哪几种？它们之间的区别是什么？试举例说明。 （2）按照并购的支付方式划分，并购可以分为哪几种类型？ （3）你认为哪种理论比较好的解释了并购的动因和效应？说出你的理由	（1）理解公司并购的含义、内容； （2）掌握并购的形式和类型掌握	3	讲授法 案例式	（1） （2） （3）
第 3 章	企业并购估价 知识点： 3.1 并购目标公司的选择 3.2 目标公司价值评估的方法 3.3 贴现现金流量估价法 3.4 案例研究与分析：戴姆勒—奔驰与克莱斯勒合并的价值评估 教学重点： （1）目标公司价值评估的方法； （2）贴现现金流量估价法。 教学难点： （1）目标公司价值评估的方法； （2）贴现现金流量估价法。 本章习题要点： （1）如何发现审查目标公司？ （2）如何理解贴现现金流量法？ （3）简要分析成本法与换股估价法。 （4）如何理解自由现金流量	（1）了解企业并购目标公司的选择思路； （2）掌握贴现现金流量法的估值过程	6	讲授法 案例式	（1） （2） （3） （4）

续表

章次	教学内容	教学要求 （学生学习预期成果）	学时	教学方式	课程目标
第4章	企业并购运作 知识点： 4.1 企业并购筹资 4.2 企业杠杆并购 4.3 管理层收购 4.4 并购防御战略 4.5 并购整合 4.6 案例研究与分析：新湖中宝吸收合并案例分析 教学重点： （1）企业杠杆并购； （2）管理层收购； （3）并购防御战略。 教学难点： （1）企业杠杆并购； （2）并购整合。 本章习题要点： （1）企业常见的并购方式有哪几种？ （2）现金支付的主要特点是什么？有哪些优缺点？ （3）你如何看待管理层收购在中国的实践？ （4）如何选择并购防御战略	（1）了解并购整合的基本特征； （2）了解并购整合的类型与内容； （3）掌握并购管理组织的构成及其权责定位，杠杆并购的含义及编制方法。	3	讲授法 案例式	（1） （2） （3） （4） （5）
第5章	企业集团财务管理概述 知识点： 5.1 企业集团财务管理的特点 5.2 企业集团的组织结构 5.3 企业集团财务管理体制 5.4 企业集团的特征 5.5 案例研究与分析：鄂尔多斯羊绒集团的内部银行制度 教学重点： （1）企业集团财务管理的特点； （2）企业集团财务管理体制。 教学难点： 企业集团财务管理体制。 本章习题要点： （1）怎样理解企业集团财务管理的特点？ （2）集权与分权控制孰优孰劣？在企业集团中如何掌握好集权与分权的关系？ （3）当今大多数大中型企业集团为什么选择的是事业部制的职能组织结构？从U形结构到M形结构的变革是基于什么产生的	（1）掌握集团财务管理的含义、管理方式、特点、财务控制标准、基本内容； （2）熟悉集团财务管理体制。	3	讲授法 案例式	（1） （2） （3） （5）

续表

章次	教学内容	教学要求 （学生学习预期成果）	学时	教学方式	课程目标
第 6 章	企业集团的资金运筹 知识点： 6.1 企业集团筹资管理 6.2 企业集团投资管理 6.3 企业集团分配管理 6.4 企业集团资本经营 6.5 案例研究与分析：长江实业集团贷款风险的规避 教学重点： （1）企业集团筹资管理； （2）企业集团投资管理； （3）企业集团资本经营。 教学难点： （1）企业集团筹资管理； （2）企业集团投资管理。 本章习题要点： （1）企业集团筹资管理的重点有哪些？ （2）企业集团投资管理有什么要点？ （3）什么是多元化经营？如何按照多元化程度的差异划分多元化经营的企业？企业集团哪些内外部因素影响其多元化经营的动机	（1）了解融资主体及融资还款计划的安排； （2）掌握集团公司融资目标、融资政策、资本、结构规划及财务公司管理体制； （3）掌握筹资、投资、分配内在关系	3	讲授法 案例式	（1） （2） （3） （5）
第 7 章	企业集团财务控制 知识点： 7.1 企业集团财务控制概述 7.2 企业集团预算控制 7.3 企业集团业绩评价 7.4 案例研究与分析：中外运敦豪实施平衡计分卡 教学重点： （1）企业集团预算控制； （2）企业集团业绩评价。 教学难点： 企业集团业绩评价。 本章习题要点： （1）业绩评价系统应包括哪些要素？ （2）如何评价不同的责任中心？ （3）平衡计分卡包括哪几方面的内容	（1）了解集团化企业的内部控制及其内容，内部财务控制系统的描述以及内部控制预算系统评审的基本理论和基本方法； （2）了解集团企业预算控制的基本特征； （3）掌握集团综合业绩评价的财务管理模式和平衡模式	3	讲授法 案例式	（1） （3） （5）

续表

章次	教学内容	教学要求 （学生学习预期成果）	学时	教学方式	课程目标
第 8 章	国际财务管理 知识点： 8.1 国际财务管理的基本理论 8.2 外汇风险管理 8.3 国际企业筹资管理 8.4 国际企业投资管理 8.5 国际企业营运资金管理 8.6 国际企业税收管理 8.7 案例研究与分析：尚德神话：一个民营企业的国际化历程 教学重点： （1）国际企业筹资管理； （2）国际企业投资管理； （3）国际企业税收管理。 教学难点： （1）国际企业投资管理； （2）国际企业税收管理。 本章习题要点： （1）简述国际财务管理概念与特点； （2）国际财务管理面临的风险有哪些？ （3）简述国际企业投资的种类、方式、程序； （4）国际企业在现金管理的方法有哪些？ （5）如何理解国际避税与反避税	（1）了解掌握国际集团公司财务管理的特点； （2）理解国际集团公司资金的筹资投资及运营； （3）掌握国际企业合理避税的方法、资本结构优化的方法、投资的方式与风险防范	6	讲授法	（1） （3） （4） （5）
第 9 章	行为财务基础 知识点： 9.1 行为财务学概述 9.2 行为财务学的基本假设 9.3 行为财务学下的决策模式 9.4 行为财务学决策偏差的经济后果 9.5 案例研究与分析：安彩高科处置效应决策偏差 教学重点： （1）行为财务学的基本含义； （2）行为财务学的基本假设； （3）行为财务学的基本内容。 教学难点： （1）行为财务学同经典财务理论的基本区别； （2）理解行为财务学在企业实践中的应用。 本章习题要点： （1）如何理解行为财务学基本假设同经典财务理论基本假设的联系； （2）风险决策偏差有哪些种类？ （3）行为财务学在企业财务决策中的应用表现	（1）掌握行为财务学的基本概念、基本假设，通经典财务学的基本区别； （2）掌握行为财务学的基本内容及在现实中的应用案例	6	讲授法 案例式	（1） （2） （3） （4） （5）

续表

章次	教学内容	教学要求 （学生学习预期成果）	学时	教学方式	课程目标
第 10 章	非营利组织财务管理 知识点： 10.1 非营利组织概述 10.2 非营利组织财务管理概述 10.3 非营利组织的预算管理 10.4 非营利组织的筹资管理 10.5 非营利组织的资本预算管理 10.6 案例研究与分析：江海大学预算预测方法的应用 教学重点： （1）非营利组织的预算管理； （2）非营利组织的筹资管理； （3）非营利组织的资本预算管理。 教学难点： （1）非营利组织的预算管理； （2）非营利组织的筹资管理。 本章习题要点： （1）简述非营利组织的特征。 （2）为什么非营利组织必须考虑项目的盈利能力？ （3）非营利组织是否需要负债筹资，为什么？如何考虑筹资成本	（1）理解非营利组织的基本理论和程序； （2）熟练掌握非营利组织筹资管理、预算管理、资本决策与营利性企业的差别	3	讲授法	（1） （2） （3）
第 11 章	企业破产、重组和清算 知识点： 11.1 企业破产概述 11.2 破产预警管理 11.3 重整与和解财务管理 11.4 破产清算财务管理 11.5 案例研究与分析：ST 嘉瑞破产重组 教学重点： （1）破产预警管理； （2）重整与和解财务管理； （3）破产清算财务管理。 教学难点： （1）破产预警管理； （2）重整与和解财务管理； （3）破产清算财务管理。 本章习题要点： （1）财务危机防范的重点和难点有哪些？ （2）根据艾特曼模型，企业在计算 Z 值时会遇到哪些实际问题？ （3）破产清算财务管理的重点是什么？ （4）如何进行破产财产的分配	（1）理解企业破产、重组和清算的程序和方法； （2）熟悉企业破产的原因、重组与清算的主要方式和破产、重组、清算的差异； （3）掌握企业破产危机、破产财产、破产债权的范围与计价方法	3	讲授法 案例式	（1） （2） （3） （5）

续表

章次	教学内容	教学要求 （学生学习预期成果）	学时	教学方式	课程目标
第 12 章	公司治理与利益相关者关系管理 知识点： 12.1 代理问题、代理成本 12.2 公司治理机制 12.3 公司治理机制的经济后果 12.4 利益相关者关系管理必要性 12.5 公司治理对利益相关者关系管理的影响 教学重点： （1）公司治理的含义及产生背景； （2）公司治理的基本内容； （3）利益相关者的含义及利益相关者关系管理产生的背景。 教学难点： （1）代理问题、代理成本； （2）治理机制； （3）企业使命与利益相关者关系。 本章习题要点： （1）公司主要的代理问题有哪些？ （2）缓解公司代理问题的主要治理机制有哪些？ （3）公司治理对利益相关者关系管理的影响	（1）理解公司治理的含义、利益相关者的含义； （2）掌握公司治理产生的背景、作用、基本内容； （3）理解公司治理对利益相关者关系管理的影响	6	讲授法 案例式	（1） （2） （4）
合计			48		

4. 教材及教学主要参考书

推荐教材：

《高级财务管理学》，王化成主编，中国人民大学出版社，2017 年 1 月第 4 版。

参考书目：

（1）《高级财务管理》，戴娟萍主编，厦门大学出版社，2017。

（2）《高级财务管理》，谷祺，东北财经大学出版社，2010 年，教育部规划教材。

（3）《现代企业财务管理》，郭浩等译，经济科学出版社，1998 年。

（4）《高级财务管理》，韩东平等编，黑龙江科技出版社，1995 年。

（5）《高级财务管理》，陆正飞等编，浙江人民出版社，2000 年。

（6）《高级财务管理》，汤谷良，中国财政经济出版社，2001 年。

（7）《公司高级财务》，郭复初主编，立信会计出版社，2000 年。

（8）《财务管理与政策》，第 11 版，詹姆斯·C. 范霍恩（James C. Van Horne）著：刘志远主译，东北财经大学出版社，2000 年。

5. 说明

考勤：上课时间不足 2/3 者不予参加财务管理课程期末考核。今后要逐步实行网上辅导、答疑等多种教学手段。

（三）财务分析

财务分析课程教学大纲

1. 课程基本信息

开课单位	会计学院	课程类别	专业核心课	
课程名称	财务分析		课程编码	3030000077
开课对象	财务管理专业		开课学期	5
学时/学分	总学时 32、理论课学时 24、实践课学时 8			
先修课程	基础会计、中级财务会计Ⅰ、中级财务会计Ⅱ、财务管理			
课程介绍： 财务分析是会计专业和财务管理专业专业的专业选修课。该课程是在学完基础会计学、中级财务会计Ⅰ、中级财务会计Ⅱ、财务管理之后对财务报表分析方法的进一学习。该课程阐述了财务分析的基本理论、基本方法和基本技巧，主要介绍财务报告分析、财务效率分析和财务综合分析与评价等三大内容。具体包括资产负债表分析、利润表分析、现金流量表分析、企业竞争战略分析、偿债能力分析、营运能力分析、营利能力分析和综合分析与业绩评价。通过本课程的学习，使学生理解财务分析的基本概念和理论，掌握财务分析的基本技巧和方法，同时培养学生自主学习和终身学习的良好意识，不断提高学习和适应发展的能力，让学生具有良好思想品质和道德修养、团队合作、创新意识及职业判断能力，为学生未来从事实际工作打下基础。				

2. 课程目标与教学要求

本课程对学生达到如下毕业要求有贡献：

（1）知识应用能力：掌握财务分析的基本理论与基本方法，能够运用所学知识与方法解决财务分析的问题。

（2）问题分析能力：运用所学知识同时结合相关的政策法规分析企业财务活动状况、评价财务绩效，为各分析主体进行财务预测、财务决策、财务控制和财务评价等提供可靠信息。

（3）综合应用能力：能够结合财务管理的专业知识对企业进行全面的财务分析，向决策者提出合理的建议与方案。

（4）沟通能力：能够就财务报表分析相关的问题与投资者、债权人、管理者进行有效沟通和交流。

完成课程后，学生将具备以下能力：

（1）掌握财务分析基本的知识、技术和能力；

（2）具备将所学的财务分析方法与会计专业知识有机结合解决实际问题的能力；

（3）通过阅读与分析财务报表，书写书面报告和口头报告有效沟通的能力；

（4）尊重多样性、现代化专业知识、社会和全球问题。

课程目标支撑的毕业要求：

课程支撑的毕业要求		课程目标			
		（1）	（2）	（3）	（4）
1	毕业要求1：践行社会主义核心价值观，具有良好思想品质和道德修养，具有“德、智、体、美、劳”全面素养，具有综合人文素养和诚信意识				√
2	毕业要求3：系统掌握财务管理专业知识和定性、定量分析方法；熟悉我国有关财务管理的方针、政策和法规；了解本学科的理论前沿和发展动态	√	√		
3	毕业要求5：融合学科基础知识、专业相关知识、人文社会学科等知识，具有会计信息应用能力、财务分析等能力以及具备多学科交融的知识视野，能够综合利用知识体系解决相关的管理问题			√	
4	毕业要求9：具有终身学习和发展意识，能够适应时代和发展需要，紧跟本专业发展状况学习本专业新知识、新技能和进行职业发展规划				√

3. 教学内容与课程目标

财务分析教学内容与课程目标：

章次	教学内容	教学要求 （学生学习预期成果）	学时	教学方式	课程目标
第一章	财务报表分析概述 知识点： 财务报表分析的作用与目的；财务报表分析的框架；财务报表分析的信息来源；财务报表分析的评价标准。 重点： 财务分析的主体与目的，财务报表分析的框架。 难点： 财务分析的目标及不同财务分析主体财务分析目标的差异。 习题要点： 财务分析的概念与作用；财务分析的目的以及不同分析主体目的的差异；企业财务分析的信息来源	了解财务分析的内涵，解财务分析的作用； 掌握财务报表的主体与目的； 熟悉财务报表分析的框架； 掌握财务报表分析的信息来源与评价标准； 具备运用财务报表分析的基本原理说明财务分析的作用	2	课堂讲授	(1)
第二章	财务报表分析的方法 知识点： 比较分析法；比率分析法；趋势分析法；因素分析法。 重点： 比较分析法与因素分析法的计算及分析。 难点： 水平分析法、垂直分析法和趋势分析法评价的思路与方法。 习题要点： 比率分析的作用；运用因素图解分析法应注意的问题；财务分析报告应注的问题。 实践环节： 线上实训平台进行财务报表分析法的案例习题练习	(1) 了解财务财务报表分析方法的种类； (2) 掌握财务报表分析方法的内容与基本要求，理解财务报表分析方法应注意的问题； (3) 具备依据财务分析的目的进行财务分析的基本能力	2+1	课堂讲授 随堂练习 案例分析 作业	(1)

续表

章次	教学内容	教学要求（学生学习预期成果）	学时	教学方式	课程目标
第三章	企业竞争战略分析 知识点： 行业分析；竞争战略分析。 重点： 五力分析法，成本领先战略与差异化战略。 难点： 五力分析法的分析与应用。 习题要点： 企业战略分析在财务分析中的重要性；行业竞争程度对企业盈利能力的影响；成本领先战略与差异化战略的优势与风险	（1）了解企业战略分析的意义，掌握行业分析的内容与分析方法； （2）掌握竞争战略的内容与分析方法； （3）理解公司战略对财务结果的影响； （4）具备运用竞争战略分析方法对企业盈利能力及盈利模式进行分析评价	2	课堂讲授 作业	（1）
第四章	资产负债表分析 知识点： 资产负债表分析的目的与内容；资产负债表水平分析；资产负债表垂直分析；资产负债表项目分析。 重点： 资产负债表的水平分析、垂直分析及其应用。 难点： 资产负债表具体项目的分析方法和评价思路。 习题要点： 资产负债表分析的目的；如何对资产负债表进行水平分析？如何对资产负债表垂直水平分析？资产负债表主要项目分析要点是什么？结合案例分析资产负债表中各个项目的变动对财务状况的影响。 实践环节： 线上实训平台进行资产负债表分析的案例习题	（1）了解资产负债表分析的目的与内容； （2）理解会计政策变动对资产负债表的影响； （3）掌握资产负债表分析的基本内容与方法； （4）掌握资产负债表的水平分析与垂直分析方法及应用； （5）具备对企业整体财务状况、资产质量、资产结构和财务结构综合评价的能力	4+1	课堂讲授 随堂练习 案例分析	（1） （2）

续表

章次	教学内容	教学要求 （学生学习预期成果）	学时	教学方式	课程目标
第五章	利润表分析 知识点： 利润表分析的目的与内容；利润表综合分析；利润表分项分析。 重点： 利润表水平分析、结构分析及其应用。 难点： 利润表具体的分析方法和评价思路。 习题要点： 利润表分析的目的与作用；进行利润垂直分析的要点是什么？如何对利润表的变动情况进行分析？利润表主要项目分析要点是什么？结合案例分析利润表中各个项目的变动对经营成果的影响。 实践环节： 线上实训平台完成利润表分析的案例习题	（1）了解利润表分析目的；理解利润表的内涵与所提供的信息； （2）掌握利润表水平分析、垂直分析方法与评价思路； （3）掌握企业收入分析和成本费用分析的内容与方法； （4）能够运用利润表分析方法对企业利润的形成，以及影响利润形成的主要项目进行分析评价	2+1	课堂讲授 随堂练习 案例分析	(1) (2)
第六章	现金流量表分析 知识点： 现金流量表分析的目的与内容；现金流量综合分析；现金流量财务比率分析。 重点： 现金流量表水平分析、结构分析及主要项目分析。 难点： 经营活动现金净流量与净利润关系。 习题要点： 现金流量的分类及其所包含的项目；现金流量表与资产负债表、利润表有何关系？经营活动现金净流量与净利润差异的具体原因分析；如何对现金流量表的变动情况进行分析？结合案例分析现金流量表中各个项目的变动对现金流量的影响。 实践环节： 线上实训平台完成现金流量表分析的案例习题	（1）了解现金流量表的定义，现金流量的分类等内容； （2）理解现金流量表与资产负债表、利润表与现金流量表的关系； （3）理解现金流量表分析的目的； （4）掌握经营活动现金净流量与净利润关系，掌握经营现金净流量与利润的综合分析思路与方法； （5）具备结合现金流量指标，提高观察利润质量的能力	2+1	课堂讲授 随堂练习 案例分析	(1) (2)

续表

章次	教学内容	教学要求（学生学习预期成果）	学时	教学方式	课程目标
第七章	企业盈利能力分析 知识点： 盈利能力分析的目的与内容；营业盈利能力分析；投资盈利能力分析；市场盈利能力分析。 重点： 资本经营、资产经营与经营盈利能力的具体分析及其原理。 难点： 资本经营、资产经营与商品经营之间的联系。 习题要点： 影响资本经营盈利能力的因素有哪些？盈利能力指标的计算与分析；资本经营、资产经营和商品经营间的关系；结合案例探讨公司如何进行盈利能力分析。 实践环节： 线上实训平台完成盈利能力分析的案例习题	（1）了解盈利能力分析的含义与内容，理解盈利能力分析的目的； （2）掌握资本经营盈利能力分析、资产经营盈利能力分析、经营盈利能力分析和上市公司盈利能力分析方法； （3）具备运用盈利能力的分析方法分析上市公司的盈利能力，并能够作出同行比较分析	2+1	课堂讲授 随堂练习 案例分析	（2） （3）
第八章	企业营运能力分析 知识点： 企业营运能力分析的目的与内容；流动资产营运能力分析；固定资产营运能力分析；总资产营运能力分析。 重点： 资产营运能力指标的计算进行分析。 难点： 总资产周转率分析指标、方法及与流动资产周转率的关系。 习题要点： 影响营运能力的因素有哪些？营运能力指标的计算与分析；总资产周转率与流动资产周转率的关系；结合案例根据流动资产周转的指标对公司的营运能力进行分析。 实践环节： 线上实训平台完成企业营运能力分析的案例习题	（1）了解营运能力分析的基本内容与方法； （2）理解营运能力分析的目的； （3）掌握流动资产营运能力分析指标与方法； （4）掌握全部资产周转率分析指标、方法及与流动资产周转率的关系； （5）了解固定资产营运状况分析的指标与方法； （6）能够结合盈利能力分析对企业营运能力作出分析评价	2+1	课堂讲授 随堂练习 案例分析 作业	（2） （3）

续表

章次	教学内容	教学要求 （学生学习预期成果）	学时	教学方式	课程目标
第九章	企业偿债能力分析 知识点： 偿债能力分析的目的与内容；短期偿债能力分析；长期偿债能力分析。 重点： 偿债能力分析指标计算与分析。 难点： 资产负债率分析和利息赚取倍数分析。 习题要点： 影响偿债能力的因素有哪些？偿债能力指标的计算与分析；偿债能力与盈利能力的关系分析；结合案例根据流动资产周转的指标对公司的营运能力进行分析。 实践环节： 线上实训平台完成企业偿债能力分析的案例习题	（1）了解偿债能力分析的基本内容与方法； （2）理解偿债能力分析的目的； （3）掌握短期偿债能力分析指标与方法； （4）掌握长期偿债能力分析指标与方法； （5）能够结合盈利能力、营运能力分析企业偿债能力，评价企业整体财务状况	2+1	课堂讲授 随堂练习 案例分析 作业	（2） （3）
第十章	企业发展能力分析 知识点： 发展能力分析的目的与内容；发展能力指标分析；可持续性发展能力分析。 重点： 发展能力分析指标计算与分析。 难点： 可持续发展的含义与分析意义。 习题要点： 如何理解发展能力的实质？发展能力指标的计算与分析；发展能力与盈利能力、营运能力的关系分析；结合案例根据对公司的发展能力进行分析	（1）了解企业发展能力分析的基本内容与方法； （2）理解发展能力分析的目的； （3）掌握发展能力分析指标与方法； （4）理解可持续发展的含义与分析意义； （5）能够结合盈利能力、营运能力分析企业发展能力，评价企业整体财务状况	2	讲授 实践 讨论	（2） （3） （4）

续表

章次	教学内容	教学要求 （学生学习预期成果）	学时	教学方式	课程目标
第十一章	财务报表综合分析 知识点： 财务报表综合分析的特点与方法；杜邦财务分析体系；沃尔评分法；经济增加值。 重点： 杜邦财务分析体系与分析方法 难点： 经济增加值的内涵与分析方法 习题要点： 杜邦财务分析指标体系中主要财务指标之间的相互关系；杜邦财务分析体系的优点和局限；财务综合评价与企业综合分析的关系；经济增加值的分析与传统分析方法有何不同？结合案例对企业进行综合分析评价。 实践环节： 线上实训平台完成杜邦分析的案例习题	（1）了解财务报表综合分析的意义； （2）掌握杜邦财务分析体系的基本原理与分析步骤； （3）掌握沃尔分析法的原理及分析步骤； （4）掌握经济增加值的风险思路与方法； （5）能够运用杜邦分析体系对企业进行综合财务分析与评价	2+1	课堂讲授 随堂练习 案例分析	（2） （3） （4）
合计			32		

4. 教材及教学主要参考书

推荐教材：

《财务分析》，张先治，陈友邦主编，东北财经大学出版社，2019 年出版。

参考书目：

（1）《财务分析》，赵国强，张清玉编著，经济科学出版社，2020 年 11 月第 1 版。

（2）《财务分析》，王化成等主编，中国人民大学出版社，2014 年 4 月第 7 版。

（四）中级财务会计

中级财务会计 I 课程教学大纲

1. 课程基本信息

<table>
<tr><td>开课单位</td><td colspan="2">会计学院</td><td>课程类别</td><td colspan="2">专业核心</td></tr>
<tr><td>课程名称</td><td colspan="3">中级财务会计Ⅰ</td><td>课程编码</td><td>3030000094</td></tr>
<tr><td>开课对象</td><td colspan="3">19 级财务管理专业学生</td><td>开课学期</td><td>3</td></tr>
<tr><td>学时/学分</td><td colspan="5">总学时 48、理论课学时 48</td></tr>
<tr><td>先修课程</td><td colspan="5">基础会计</td></tr>
</table>

课程介绍：

中级财务会计Ⅰ是财务管理专业必修的一门专业核心课，它与中级财务会计Ⅱ构成中级财务会计的完整内容。中级财务会计Ⅰ是以企业的资金运动为研究对象，以会计要素的确认、计量、记录和报告为主线，全面阐述企业财务会计的基本理论，紧密结合企业的经济业务重点介绍财务核算方法。主要介绍财务会计目标、会计假设、会计信息质量要求、会计要素等基本理论；重点阐述资产、负债的确认、计量和列报。

通过该课程的学习，使学生全面系统地掌握财务会计基本理论、知识、会计核算方法；提高学生运用所学知识分析财务会计中出现的问题，综合运用财务管理专业知识解决实务问题；培养学生自主学习和终身学习的良好意识，及时了解会计会计学科前沿及发展趋势，不断提高学习和适应发展的能力；具有良好思想品质和道德修养、团队合作及职业判断能力，为学生从事实际会计工作打下坚实基础

2. 课程目标与教学要求

本课程对学生达到如下毕业要求有贡献：

（1）学会做人（综合素质能力）：思政教育与专业教育相融合，社会主义核心价值观与诚信教育相结合，培养学生具有良好的思想道德品质和职业道德品质。

（2）学会做事（知识应用能力）：能够将会计的基本理论与基本方法应用于解决会计核算问题。

（3）学会做事（问题分析能力：）：能够综合利用经济学、管理学等相关学科知识和财务会计知识体系分析和解决会计实务问题。

（4）学会做事（综合应用能力）：能够针对财务会计的确认、计量与报告中涉及的会计实务问题，提出合理的解决方案。

（5）学会相处（沟通合作能力）：能够运用财务管理专业的基本原理与知识就会计实务的相关问题与业界同行及社会公众进行有效沟通论和交流。

（6）学会学习（终身学习能力）：能够跟踪会计学科发展前言，不断更新知识结构、提升职业素养，适应财经行业及相关职业发展。

完成课程后，学生将具备以下能力：

（1）在会计学科中具备基本的学习方法和获取知识、技术和能力；

（2）在团队中具有有效工作的协作能力；

（3）通过撰写报告、设计文稿、书面报告和口头报告，提升有效沟通的能力；

（4）理解专业的、道德的和社会责任的能力；

（4）尊重多样性、现代化专业知识、社会问题；

（6）学生学业自我管理能力。

课程目标支撑的毕业要求：

课程支撑的毕业要求		课程目标					
		（1）	（2）	（3）	（4）	（5）	（6）
1	毕业要求1：践行社会主义核心价值观，具有良好思想品质和道德修养，具有“德、智、体、美、劳”全面素养，具有综合人文素养和诚信意识	√					
2	毕业要求3：系统掌握财务管理专业知识和定性、定量分析方法；熟悉我国有关财务管理的方针、政策和法规；了解本学科的理论前沿和发展动态		√	√			
3	毕业要求5：融合学科基础知识、专业相关知识、人文社会学科等知识，具有会计信息应用能力、财务分析等能力以及具备多学科交融的知识视野，能够综合利用知识体系解决相关的管理问题				√	√	
4	毕业要求9：具有终身学习和发展意识，能够适应时代和发展需要，紧跟本专业发展状况学习本专业新知识、新技能和进行职业发展规划						√

3. 教学内容与课程目标

中级财务会计Ⅰ教学内容与课程目标：

章次	教学内容	教学要求 （学生学习预期成果）	学时	教学方式	课程目标
第一章	导论 知识点： 财务会计的性质；企业会计准则；财务会计的基本前提；财务会计的基本要素；会计信息的质量要求。 重点： 财务报告的目标；财务会计的基本前提、会计要素、会计信息的质量要求。 难点： 财务报告的目标。 习题要点： 会计基本前提、会计要素和会计信息质量要求	（1）了解财务会计的性质及企业会计准则产生与发展的基本背景； （2）能够说明会计目标与会计信息质量要求的关系； （3）理解经济环境对财务会计的影响； （4）理解会计基本前提的含义，明确其中货币计量和币值稳定的缺陷及发展情况； （5）掌握会计要素的确认与计量的基本内容； （6）培养遵守会计准则意识，恪守职业道德	2	课堂讲授 问题讨论 案例分析 作业	（1） （2）
第二章	货币资金 知识点： 货币资金及其内部控制；库存现金核算及管理制度；银行存款账户设置及核算；其他货币资金；货币资金在财务报告中的列示。 重点： 货币资金的内部控制，银行结算方式，库存现金清查、银行存款和其他货币资金的核算。 难点： 银行结算方式的基本要点与会计处理。 习题要点： 银行存款、其他货币资金的账务处理	（1）理解货币资金内部控制的主要内容； （2）了解用户银行账户的基本内容，掌握银行结算方式； （3）掌握库存现金、银行存款及其他货币资金的核算； （4）能够编制银行存款余额调节表； （5）树立严格依法管理货币资金理念，强化遵法意识	2	课堂讲授 问题讨论 随堂练习 作业	（1） （2） （3）

续表

章次	教学内容	教学要求 （学生学习预期成果）	学时	教学方式	课程目标
第三章	存货 知识点： 存货及其分类；存货初始确认和计量；存货的取得和发出；周转材料的核算；存货期末计价；存货清查。 重点： 外购存货成本的构成、存货发出的计价、原材料实际成本和计划成本的核算、存货的期末计量。 难点： 材料成本差异的计算与结转、存货跌价准备的核算。 习题要点： 存货取得、发出、期末计价和清查的账务处理	（1）理解存货的含义及确认条件； （2）掌握存货初始计量、取得与发出的核算； （3）理解存货发生减值的迹象； （4）能够运用存货期末计价的方法计提存货跌价准备及会计处理； （5）掌握存货清查的方法及核算； （6）能够通过上市公司典型的财务舞弊案例说明分析存货的计量对财务报表的影响； （7）树立严格依法核算存货理念，强化遵守会计准则意识	4	课堂讲授 问题讨论 随堂练习 案例分析 作业	(1) (2) (3) (4)
第四章	金融资产（上） 知识点： 金融资产及其分类；应收票据，应收账款，其他应收款及预付账款；坏账及坏账的核算；交易性金融资产的取得、利息收入、公允价值变动、出售的核算。 重点： 金融资产的分类，应收票据、应收账款、交易性金融资产的核算。 难点： 应收票据的贴现、应收账款坏账准备及交易性金融资产的核算。 习题要点： 应收票据贴现；坏账准备的计提；交易性金融资产的核算	（1）理解金融工具的内容、金融资产的基本分类及各类金融资产的主要特征； （2）掌握应收账款、应收票据、其他应收账款的核算； （3）了解应收账款的抵借和让售； （4）理解应收账款计提坏账的目的及影响因素； （5）掌握交易性金融资产的核算； （6）树立严格依法核算金融资产理念，强化遵守会计准则意识	6	课堂讲授 问题讨论 随堂练习 案例分析 作业	(1) (2) (3) (4) (5) (6)

续表

章次	教学内容	教学要求 （学生学习预期成果）	学时	教学方式	课程目标
第五章	金融资产（下） 知识点： 债权投资；其他债权投资；其他权益工具投资。 重点： 债权投资、其他债权投资、其他权益工具投资的核算。 难点： 实际利率法，债权投资、其他债权投资的减值。 习题要点： 债权投资摊余成本的计算；其他债权投资与其他权益工具投资的账务处理	（1）了解债权投资的概念；掌握其他债权投资、其他权益工具投资的特征。 （2）理解债权投资摊余成本的构成，减值的核算；掌握其他债权投资、其他权益工具投资的初始入账价值的构成，减值的核算。 （3）掌握债权投资、其他债权投资、其他权益工具投资的核算。 （4）树立严格依法核算金融资产理念，强化遵守会计准则意识	6	课堂讲授 问题讨论 随堂练习 案例分析 作业	(1) (2) (3) (4) (5) (6)
第六章	长期股权投资 知识点： 长期股权投资性质及范围；长期股权投资初始计量；长期股权投资后续计量的成本法和权益法；长期股权投资的处置；长期股权投资的减值。 重点： 长期股权投资初始计量，长期股权投资成本法与权益法的核算。 难点： 同一控制与非同一控制下长期股权投资初始计量，长期股权投资权益法的核算。 习题要点： 长期股权投资的初始计量、后续计量、处置、减值以及后续计量	（1）了解长期股权投资的概念； （2）理解取得长期股权投资的企业与被投资企业的关系； （3）掌握长期股权投资取得的核算，长期股权投资核算的成本法、权益法； （4）掌握长期股权投资的处置与减值的核算； （5）树立依法核算长期股权投资理念，强化遵守会计准则意识	6	课堂讲授 问题讨论 随堂练习 案例分析 作业	(1) (2) (3) (4) (5) (6)

续表

章次	教学内容	教学要求 （学生学习预期成果）	学时	教学方式	课程目标
第七章	固定资产 知识点： 固定资产的性质、分类与计价；固定资产的取得，固定资产折旧，固定资产的后续支出，固定资产减值，固定资产的清理；固定资产报表列示。 重点： 固定资产初始计量，固定资产折旧，固定资产减值。 难点： 固定资产加速折旧的方法，固定资产的可收回金额的计量。 习题要点： 固定资产初始计量，计提折旧，后续支出，固定资产减值	（1）了解固定资产的性质、分类与计价； （2）掌握固定资产取得的核算； （3）能够计算固定资产的折旧及进行会计处理； （4）掌握固定资产的后续支出的核算，固定资产的清理核算； （5）理解固定资产的减值对报表列示的影响； （6）树立依法核算固定资产理念，强化遵守会计准则意识	6	课堂讲授 问题讨论 随堂练习 案例分析 作业	（1） （2） （3） （4）
第八章	无形资产与投资性房地产 知识点： 无形资产的含义内容，无形资产的初始计量、摊销，处置及减值；投资性房地产的范围，投资性房地产取得、后续计量、转换及处置。 重点： 无形资产取得、摊销的核算，投资性房地产取得、后续计量。 难点： 自行研究开发无形资产，投资性房地产转换。 习题要点： 无形资产取得、摊销与出售；投资性房地产的取得、后续计量、转换及出售	（1）了解无形资产的性质、分类，投资性房地产的性质及范围； （2）掌握无形资产取得、摊销、处置及减值的核算； （3）理解无形资产减值对报表列示的影响； （4）掌握投资性房地产的取得、后续计量、转换及处置的核算； （5）树立依法核算无形资产和投资性房地产理念，强化遵守会计准则意识	6	课堂讲授 问题讨论 随堂练习 案例分析 作业	（1） （2） （3） （4）

续表

章次	教学内容	教学要求 （学生学习预期成果）	学时	教学方式	课程目标
第九章	流动负债 知识要点： 流动负债的性质、分类与计价；短期借款；应付票据与应付账款；应付职工薪酬；应交增值税，应交消费税，应交城市维护建设税与教育费附加；其他应付款与预收账款。 重点： 短期借款的核算，应付职工薪酬的核算，应交增值税、应交消费税的核算。 难点： 非货币性福利的核算，应交增值税的核算。 习题要点： 短期借款，应付职工薪酬，应交增值税、应交消费税	（1）理解流动负债的是性质，流动负债的入账价值； （2）掌握短期借款、应付票据与预付账款的核算； （3）了解应付职工薪酬的内容，掌握应付职工薪酬的核算； （4）掌握应交增值税、消费税的核算； （5）理解其他应付款与预收账款的核算； （6）树立依法核算流动负债理念，强化遵守会计准则意识	6	课堂讲授 问题讨论 随堂练习 案例分析 作业	（1） （2） （3） （4） （5） （6）
第十章	非流动负债 知识点： 非流动负债的性质与种类；长期借款；应付债券；可转换债券。 重点： 长期借款、应付债券的核算。 难点： 应付债券的摊余成本与利息费用的确定，可转换债权负债成分和权益成分的分拆。 习题要点： 应付债券，可转换债券的会计处理	（1）了解非流动负债的性质与种类； （2）理解与非流动负债的借款费用的会计处理； （3）掌握长期借款的核算； （4）能够运用实际利率法对应付债券进行账务处理； （5）理解可转换债券的性质，掌握可转换债券的核算； （6）树立依法核算非流动负债理念，强化遵守会计准则意识	4	课堂讲授 问题讨论 随堂练习 案例分析 作业	（1） （2） （3） （4）
合计			48		

4. 教材及教学主要参考书

推荐教材：

财务会计学，戴德明主编，中国人民大学出版社，2019 年 8 月第 12 版。

参考书目：

（1）《会计》，中国注册会计师协会组织编写，中国财政经济出版社，2020 年 3 月第 1 版。

（2）《企业会计准则应用指南》，中华人民共和国财政部发布，立信会计出版社，2020 年 3 月。

中级财务会计Ⅱ课程教学大纲

1. 课程基本信息

<table>
<tr><td>开课单位</td><td colspan="2">会计学院</td><td>课程类别</td><td colspan="2">专业核心</td></tr>
<tr><td>课程名称</td><td colspan="3">中级财务会计Ⅱ</td><td>课程编码</td><td>3030000123</td></tr>
<tr><td>开课对象</td><td colspan="3">19 级财务管理专业学生</td><td>开课学期</td><td>4</td></tr>
<tr><td>学时/学分</td><td colspan="5">总学时 48 、理论课学时 48</td></tr>
<tr><td>先修课程</td><td colspan="5">基础会计、中级财务会计Ⅰ</td></tr>
<tr><td colspan="6">课程介绍：
中级财务会计Ⅱ是财务管理专业必修的一门专业核心课。是学生在学习完中级财务会计Ⅰ之后，对所有者权益、收入、费用、利润和所得税的会计核算进一步学习。培养学生在完成所有会计要素学习和账务处理流程的基础上，学会资产负债表、利润表、现金流量表以及所有者权益变动表的编制，并能够对非货币资产交换、债务重组、预计负债、借款费用、资产负债表日后事项、会计政策变更与差错更正等特殊业务进行正确处理。
通过本课程学习，学生能够具备正确分析和解决企业财务会计核算问题能力，培养学生自主学习和终身学习的良好意识，及时了解会计学科前沿及发展趋势，不断提高学习和适应发展的能力；具有良好思想品质和道德修养、团队合作、创新意识及职业判断能力，为学生从事实际会计工作打下坚实基础</td></tr>
</table>

2. 课程目标与教学要求

本课程对学生达到如下毕业要求有贡献：

（1）学会做人（综合素质能力）：思政教育与专业教育相融合，社会主义核心价值观与诚信教育相结合，培养学生具有良好的思想道德品质和职业道德品质。

（2）学会做事（知识应用能力）：能够将会计的基本理论与基本方法应用于解决会计核算问题。

（3）学会做事（问题分析能力）：能够综合利用经济学、管理学等相关学科知识和财务会计知识体系分析和解决会计实务问题。

（4）学会做事（综合应用能力）：能够针对财务会计的确认、计量与报告中涉及的会计实务问题，提出合理的解决方案。

（5）学会相处（沟通合作能力）：能够运用会计专业的基本原理与知识就会计实务的相关问题与业界同行及社会公众进行有效沟通论和交流。

（6）学会学习（终身学习能力）：能够跟踪会计发展前言，不断更新知识结构、提升职业素养，适应财经行业及相关职业发展。

完成课程后，学生将具备以下能力：

（1）在会计学科中具备基本的学习方法和获取知识、技术和能力；

（2）在团队中具有有效工作的协作能力；

（3）通过撰写报告、设计文稿、书面报告和口头报告，提升有效沟通的能力；

（4）理解专业的、道德的和社会责任的能力；

（5）尊重多样性、现代化专业知识、社会和全球问题；

（6）学生学业自我管理能力。

课程目标支撑的毕业要求：

课程支撑的毕业要求		课程目标					
		（1）	（2）	（3）	（4）	（5）	（6）
1	毕业要求1：践行社会主义核心价值观，具有良好思想品质和道德修养，具有“德、智、体、美、劳”全面素养，具有综合人文素养和诚信意识	√					
2	毕业要求3：系统掌握财务管理专业知识和定性、定量分析方法；熟悉我国有关财务管理的方针、政策和法规；了解本学科的理论前沿和发展动态		√	√			
3	毕业要求5：融合学科基础知识、专业相关知识、人文社会学科等知识，具有会计信息应用能力、财务分析等能力以及具备多学科交融的知识视野，能够综合利用知识体系解决相关的管理问题				√	√	
4	毕业要求9：具有终身学习和发展意识，能够适应时代和发展需要，紧跟本专业发展状况学习本专业新知识、新技能和进行职业发展规划						√

3. 教学内容与课程目标

中级财务会计Ⅱ教学内容与课程目标：

章次	教学内容	教学要求 （学生学习预期成果）	学时	教学方式	课程目标
第一章	非货币资产交换 知识点： 非货币性资产交换的界定；公允价值计量模式下的单项和多项非货币资产交换；账面价值计量模式下的单项和多项非货币性资产交换。 重点： 公允价值计量模式下的单项非货币性资产交换。 难点： 公允价值计量模式下的多项非货币性资产交换。 习题要点： 公允价值计量模式下的非货币性资产交换；账面价值计量模式下的非货币性资产交换	（1）能够运用非货币性资产交换界定条件； （2）能够对非货币性资产交换商业实质进行判断； （3）掌握公允价值计量模式下单项与多项非货币性资产交换业务逻辑与会计处理； （4）掌握账面计量模式下单项和多项非货币性资产交换的处理； （5）能够辨析公允价值与账面价值计量模式适用条件； （6）树立依法核算非货币资产交换理念，强化遵守会计准则意识	4	课堂讲授 问题讨论 随堂练习 案例分析 作业	（1） （2） （3）
第二章	债务重组 知识点： 债务重组的界定；金融资产或非金融资产偿债；债务转权益、修改其他债务条件、组合方式偿债。 重点： 债务重组利得或损失的确定，债权人取得受让资产入账成本的确定。 难点： 债务转换为权益工具的核算，修改其他条件的债务重组。 习题要点： 金融资产或非金融资产偿债、债务转权益、修改其他债务条件	（1）了解债务重组原因，理解债务重组的界定； （2）掌握金融资产或非金融资产偿债的业务逻辑和会计处理； （3）掌握债务转权益业务逻辑和会计处理； （4）掌握修改其他偿债条件业务逻辑和会计处理； （5）掌握组合方式偿债的会计处理； （6）树立依法核算债务重组理念，强化遵守会计准则意识	4	课堂讲授 问题讨论 随堂练习 案例分析 作业	（1） （2） （3）

续表

章次	教学内容	教学要求 （学生学习预期成果）	学时	教学方式	课程目标
第三章	预计负债 知识点： 预计负债的性质，或有事项的特征；预计负债的初始确认和后续计量；预计负债的账务处理；预计负债的信息披露 重点： 预计负债的确认及会计处理。 难点： 亏损合同预计负债的核算。 习题要点： 产品质量保证、未决诉讼、亏损合同，固定资产弃置费用形成的预计负债的核算	（1）了解预计负债的性质； （2）理解或有事项的含义及特征； （3）能够辨析预计负债确认的条件； （4）熟悉预计负债最佳估计数的计算； （5）掌握预计负债的会计处理； （6）能够对预计负债的信息进行恰当的披露； （7）树立依法核算预计负债理念，强化遵守会计准则意识	4	课堂讲授 问题讨论 随堂练习 案例分析 作业	（1） （2） （3） （4）
第四章	借款费用 知识点： 借款费用的内容；借款费用资本化的资产范围；可予资本化的借款范围；借款费用开始资本化时间确认；专门借款资本化与一般借款费用资本化的账务处理。 重点： 借款费用资本化的范围，借款费用资本化金额的计算及账务处理。 难点： 借款费用开始资本化的时间，一般借款费用资本化的核算。 习题要点： 专门借款资本化与一般借款费用资本化的账务处理	（1）理解借款费用的内容； （2）熟悉借款费用资本化的资产范围与借款范围； （3）能够辨析借款费用资本化与费用化； （4）理解借款开始资本化的时间的确认； （5）掌握借款费用资本化金额的计算及账务处理； （6）树立依法核算借款费用理念，强化遵守会计准则意识	4	课堂讲授 问题讨论 随堂练习 案例分析 作业	（1） （2） （3） （4） （5）

续表

章次	教学内容	教学要求 （学生学习预期成果）	学时	教学方式	课程目标
第五章	所有者权益 知识点： 所有者权益的性质，不同类型企业所有者权益的特征，公司制企业所有者权益的分类；实收资本与其他权益工具；资本公积，股份支付；其他综合收益；留存收益。 重点： 实收资本的核算，资本溢价和股份支付的核算，留存收益的核算。 难点： 股份支付的核算。 习题要点： 实收资本的核算，资本公积的核算，股份支付的核算，留存收益的核算	（1）了解所有者权益的性质，独资企业和合伙企业所有者权益的特点，公司制企业所有者权益的特点； （2）掌握实收资本的核算； （3）理解其他权益工具的核算； （4）掌握资本溢价和其他综合收益的核算 （5）掌握股份支付的核算； （6）掌握留存收益的核算； （7）树立依法核算所有者权益理念，强化遵守会计准则意识	6	课堂讲授 问题讨论 随堂练习 案例分析 作业	（1） （2） （3） （4）
第六章	收入、费用、利润 知识点： 收入、费用、利润概述；营业收入的确认与计量的基本原则与步骤；销售商品一般业务的核算，销售商品特殊业务的核算；提供劳务的核算；税金及附加、期间费用、营业外收支等费用的核算；净利润及其分配。 重点： 各种不同类型销售方式下收入的确认与计量，费用的核算，利润分配的核算。 难点： 营业收入的确认条件和确认时间；商品交易价格的确定；合同包含多项履约义务及可变对价等复杂业务的核算。 习题要点： 不同类型销售方式下收入的确认与计量	（1）了解收入、费用和利润的定义； （2）理解费用、成本、支出的关系； （3）理解营业收入的确认条件和计量原则； （4）理解合同资产和合同负债的定义； （5）掌握不同销售方式下收入的确认与计量； （6）掌握费用、税金和损失的核算； （7）具备分析和处理企业不同类型销售方式会计处理的能力； （8）树立依法核算收入、费用理念，强化遵守会计准则意识	6	课堂讲授 问题讨论 随堂练习 案例分析 作业	（1） （2） （3） （4） （5） （6）

续表

章次	教学内容	教学要求 （学生学习预期成果）	学时	教学方式	课程 目标
第七章	所得税费用 知识点：所得税核算的基本原理；资产、负债的计税基础；暂时性差异，递延所得税资产与递延所得税负债的确认和计量；所得税费用的确认和计量。 重点： 永久性差异和暂时性差异；资产和负债计税基础；递延所得税资产和递延所得税负债的确认和计量。 难点： 资产和负债计税基础，暂时性差异。 习题要点： 资产与负债账面价值和计税基础，递延所得税，确定所得税费用	（1）理解所得税会计核算的基本原理； （2）理解资产、负债的计税基础； （3）掌握应纳税暂时性差异、可抵扣暂时性差异的概念及其确定； （4）掌握递延所得税资产、递延所得税负债的确认和计量； （5）理解并掌握所得税费用的确认和计量； （6）能够辨析会计与税收对收入与费用确认的区别与联系； （7）树立依法核算所得税费用理念，强化遵守会计准则意识	6	课堂讲授 问题讨论 随堂练习 案例分析 作业	（1） （2） （3） （4）
第八章	财务报表 知识点： 财务报表的意义和构成；资产负债表的格式与编制；利润表的格式与编制；现金流量表的格式与编制；所有者权益变动表的格式与内容；附注的性质与作用，附注的内容。 重点： 资产负债表与其他报表之间的关系及其编制方法，利润表项目的含义及编制方法。 难点： 现金流量表编制和所有者权益变动表各项目的含义。 习题要点： 资产负债表、利润表的编制；现金流量表主要项目的计算与填列	（1）了解财务报表的意义、种类和编制要求； （2）理解资产负债表、利润表、现金流量表、所有者权益变动表的含义及内容构成； （3）理解资产负债表与利润表及现金流量表的内在的联系； （4）理解报表附注的重要性和附注披露的主要内容； （5）掌握资产负债表、利润表、现金流量表和所有者权益变动表的编制方法； （6）能够对资产负债表、利润表进行分析评价； （7）树立依法正确编制财务报表理念，强化遵守会计准则意识	6	课堂讲授 问题讨论 随堂练习 案例分析 作业	（1） （2） （3） （4） （5） （6）

续表

章次	教学内容	教学要求 （学生学习预期成果）	学时	教学方式	课程目标
第九章	会计变更与差错更正 知识点： 会计政策、会计政策变更、会计政策变更的会计处理；会计估计，会计估计变更的原因，会计估计变更的会计处理；会计差错、会计差错分析与更正。 重点： 追溯调整法与未来适用法；前期差错更正的具体会计处理方法。 难点： 追溯调整法。 习题要点： 会计变更与差错更正的核算，会计报表调整	（1）了解会计政策变更、会计估计变更与会计差错更正的基本概念； （2）理解会计政策变更含义、会计政策变更的条件； （3）掌握会计变更的会计处理； （4）理解会计估计变更的原因，掌握会计估计变更的会计处理； （5）掌握差错分析的内容及会计差错更正的会计处理； （6）能够分析会计差错对财务报表的影响； （7）树立依法处理会计变更与差错更正理念，强化遵守会计准则意识	4	课堂讲授 问题讨论 随堂练习 案例分析 作业	（1） （2） （3） （4） （6）
第十章	资产负债表日后事项 知识点： 资产负债表日后事项的意义及分类；调整事项、非调整事项。 重点： 资产负债表日后事项的含义及涵盖期间，调整事项、非调整事项的会计处理。 难点： 调整事项的会计处理。 习题要点： 调整事项的会计处理	（1）了解资产负债表日后事项的意义； （2）理解资产负债表日后事项的性质与分类； （3）能够区分调整事项与非调整事项； （4）掌握会计准则对资产负债表日后事项的基本分类方法及依据； （5）掌握调整事项和非调整事项的具体会计处理方法； （6）树立依法处理会计资产负债表日后事项理念，强化遵守会计准则意识	4	课堂讲授 问题讨论 随堂练习 案例分析 作业	（1） （2） （3） （4） （6）
合计			48		

4. 教材及教学主要参考书

推荐教材：

《财务会计学》，戴德明主编，中国人民大学出版社，2019 年 8 月第 12 版。

参考书目：

（1）《会计》，中国注册会计师协会组织编写，中国财政经济出版社，2020 年 3 月第 1 版。

（2）《企业会计准则应用指南》，中华人民共和国财政部发布，立信会计出版社，2020 年 3 月。

（五）管理会计

管理会计课程教学大纲

1. 课程基本信息

<table>
<tr><td>开课单位</td><td colspan="2">会计学院</td><td>课程类别</td><td colspan="2">专业核心课程</td></tr>
<tr><td>课程名称</td><td colspan="3">管理会计</td><td>课程编码</td><td>3030000026</td></tr>
<tr><td>开课对象</td><td colspan="3">财务管理本科</td><td>开课学期</td><td>5</td></tr>
<tr><td>学时/学分</td><td colspan="5">总学时 48、理论课学时 42、实践课学时 6，共计 3 学分</td></tr>
<tr><td>先修课程</td><td colspan="5">基础会计学、中级财务会计Ⅰ、中级财务会计Ⅱ、财务管理</td></tr>
<tr><td colspan="6">课程介绍：
本课程为财务管理专业的必修课，内容涉及经营前景的预测、经营目标的规划、经营过程的控制、经营业绩的考评。
学生通过该课程的学习要达到以下五个要求：
毕业目标 1. 践行社会主义核心价值观，具有良好思想品质和道德修养，具有“德、智、体、美、劳”全面素养，具有综合人文素养和诚信意识。
毕业要求 3. 系统掌握财务管理专业知识和定性、定量分析方法；熟悉我国有关财务管理的方针、政策和法规；了解本学科的理论前沿和发展动态。
毕业要求 6. 掌握沟通合作技能，能够熟练撰写报告和口头交流；了解国际经贸的规则，具有国际化视野和跨文化知识。
毕业要求 7. 建立竞争与合作意识，具有团队合作精神，能够合作互助和独立完成业务。
毕业要求 9. 具有终身学习和发展意识，能够适应时代和发展需要，紧跟本专业发展状况学习本专业新知识、新技能和进行职业发展规划</td></tr>
</table>

2. 课程目标与教学要求

本课程对学生达到如下毕业要求有贡献：

（1）综合素质能力：思政教育与专业教育相融合，社会主义核心价值观与诚信教育相结合，培养学生具有良好的思想道德品质和职业道德品质。

（2）综合应用能力：能够将财务会计、财务管理、管理会计知识融会贯通，为管理和决策提供信息，参与企业的经营管理。

（3）综合分析能力：能够综合应用经济学、管理学等相关学科知识与管理会计知识体系分析和解决实际问题。

（4）专业沟通能力：能够就管理会计相关问题与业界同行及社会公众进行有效沟通和交流。

（5）团队合作能力：能独立思考、自我管理，在团队中有效工作。

（6）终身学习能力：能够跟踪管理会计前沿，了解国际会计准则的相关规定，具有国际化视野，不断更新知识结构、提升职业素养，适应会计行业及相关职业发展。

完成课程后，学生将具备以下能力：

（1）提升综合素质能力，增强道德意识和责任意识；

（2）提高综合应用能力，融合管理会计知识体系，建立管理会计知识体系框架；

（3）掌握综合分析能力，解决专业相关实际问题；

（4）通过讨论、PPT 汇报和视频讲解等方式提升有效沟通的能力；

（5）通过小组讨论，共同完成作业，促进团队合作能力；

（6）增强查阅国际准则，了解国际准则对中国准则的影响的能力。

课程目标支撑的毕业要求：

课程支撑的毕业要求		课程目标					
		（1）	（2）	（3）	（4）	（5）	（6）
1	毕业要求 1：践行社会主义核心价值观，具有良好思想品质和道德修养，具有“德、智、体、美、劳”全面素养，具有综合人文素养和诚信意识	√					
2	毕业要求 3：系统掌握财务管理专业知识和定性、定量分析方法；熟悉我国有关财务管理的方针、政策和法规；了解本学科的理论前沿和发展动态		√	√			
3	毕业要求 6：掌握沟通合作技能，能够熟练撰写报告和口头交流；了解国际经贸的规则，具有国际化视野和跨文化知识				√		

续表

课程支撑的毕业要求		课程目标					
		(1)	(2)	(3)	(4)	(5)	(6)
4	毕业要求7：建立竞争与合作意识，具有团队合作精神，能够合作互助和独立完成业务。					√	
5	毕业要求9：具有终身学习和发展意识，能够适应时代和发展需要，紧跟本专业发展状况学习本专业新知识、新技能和进行职业发展规划。						√

3. 教学内容与课程目标

管理会计教学内容与课程目标：

章次	教学内容	教学要求 （学生学习预期成果）	学时	教学方式	课程目标
第一章	概论 知识点：管理会计的概念、职能、内容、特征、方法，管理会计与财务会计的关系。 重点：管理会计的含义、职能、方法。 难点：管理会计与财务会计的联系与区别、管理会计的方法。 习题要点：管理会计的基本职能、管理会计与财务会计的区别、管理会计与财务会计在管理中能否结合应用	（1）理解管理会计的本质、管理会计的基本职能； （2）了解社会实践及经济理论对管理会计发展的促进作用，并掌握不同环境对管理会计的影响； （3）了解管理会计的基本内容；掌握管理会计与财务会计的区别与联系，正确处理管理会计与相关课程如财务会计、财务管理、成本会计的关系，在实务上协调企业管理各部分之间的关系； （4）了解管理会计师的基本工具和职业道德规范及与职业道德冲突的解决方法	3	多媒体讲授启发式讨论中国大学MOOC	（1） （2）
第二章	成本性态分析 知识点：成本性态，变动成本，固定成本，混合成本分解 重点：成本性态的概念，成本性态分析。 难点：相关范围理解，混合成本分解。 习题要点：变动成本与固定成本的特点；混合成本分解	（1）理解经营决策中的成本概念； （2）掌握成本按性态分类的特点和混合成本的分解	3	小组合作课堂讨论多媒体讲授中国大学MOOC	（1） （2） （4） （5）

续表

章次	教学内容	教学要求（学生学习预期成果）	学时	教学方式	课程目标
第三章	本量利分析 知识点：本量利分析的含义、基本前提、基本内容，保本分析，保利分析，经营安全程度评价，本量利相关因素分析。 教学重点：本量利分析的关系式，保本点、保利点的计算公式及其运用，企业经营安全程度评价指标，多品种条件下本量利分析的加权平均法，本量利分析图。 教学难点：本量利分析图，企业经营安全程度评价指标，多品种条件下本量利分析，利润敏感性分析，经营杠杆系数。 习题要点：保本点、保利点的计算公式及其运用，企业经营安全程度评价指标，多品种条件下本量利分析的加权平均法	（1）掌握本量利分析的基本假设和基本原理； （2）掌握保本分析，保利分析，经营安全程度评价，本量利相关因素分析； （3）了解本量利分析在预测、决策中的用途	6	小组合作 PPT 汇报课堂讨论多媒体讲授中国大学 MOOC	（1） （2） （3） （4） （5）
第四章	变动成本法 知识点：变动成本法，完全成本法，贡献式利润表，职能式利润表。 重点：变动成本计算的概念和内容，完全成本计算的概念和内容，两种成本计算的利润差额的变化规律，两种成本计算的优缺点及配合使用。 难点：全部成本法下和变动成本法的比较，两种成本计算的利润表之间的差异产生的原因与分析，两种成本计算的优缺点及配合使用。 习题要点：贡献式利润表与职能式利润表的编制；变动成本法与全部成本法核算的差异与结合运用	（1）掌握变动成本法与完全成本法的特点以及贡献式利润表、职能式利润表的编制方法； （2）理解变动成本法与完全成本法在核算上的差异及其原因，思考对未来成本核算的影响	6	小组合作 PPT 汇报课堂讨论多媒体讲授中国大学 MOOC	（1） （2） （3） （4） （5）

续表

章次	教学内容	教学要求 （学生学习预期成果）	学时	教学方式	课程目标
第五章	经营预测 知识点：经营预测，销售预测，成本预测，利润预测，资金需要量预测。 教学重点和难点：销售预测、成本预测、利润预测、资金需要量预测的方法。 习题要点：销售预测，成本预测，利润预测，资金需要量预测	（1）理解经营预测的意义，经营预测的主要内容； （2）重点掌握成本预测的各种方法，理解成本预测中的分析原理与本量利分析的关系； （3）理解销售预测与成本预测、利润预测、资金需要量预测的分析结论与经营决策的关系，掌握销售预测、利润预测、成本预测、资金需要量预测的方法	3	小组合作PPT汇报课堂讨论多媒体讲授，中国大学MOOC	（1） （2） （4） （5）
第六章	经营决策 知识点：相关成本，无关成本，边际贡献分析法，差量分析法，成本无差别点分析法，定价决策，存货决策。 教学重点和难点：边际贡献分析法、差量分析法、成本无差别点分析法的原理和方法，并能够针对性解决经营决策的相关问题；存货决策的方法及应用。 习题要点：边际贡献分析法、差量分析法、成本无差别点分析法的具体运用，产品组合决策、生产组合决策的方法，价格制定的方法，经济订货批量模型的应用	（1）理解相关成本、无关成本的含义，能够判别方案中的相关成本与无关成本； （2）熟练掌握边际贡献分析法、差量分析法、成本无差别点分析法的原理和方法，并能够针对性解决生产决策的相关问题； （3）了解和掌握产品组合决策、生产组合决策的方法，解决相关决策问题； （4）了解成本与价格的关系，掌握价格制定的基本方法； （5）了解存货决策需要考虑的成本因素并掌握不同成本与决策的相关性。掌握经济订货批量数学模型及其应用。了解适时制对存货的影响，思考实现零存货管理的路径和方法	6	小组合作PPT汇报课堂讨论多媒体讲授，中国大学MOOC	（1） （2） （3） （4） （5）

续表

章次	教学内容	教学要求 （学生学习预期成果）	学时	教学方式	课程目标
第七章	长期投资决策 知识点：资金的时间价值，风险价值，总预期报酬率，现金流量，净现值法，现值指数法，内含报酬率法，回收期法，会计报酬率法。 教学重点：货币时间价值的含义及其计算，现金流量的分析与计算，投资决策的分析评价方法。 教学难点：货币时间价值计算，现金流量计算，贴现的现金流量法。 习题要点：货币时间价值计算，现金流量计算，投资决策指标的计算方法，长期投资决策问题处理	（1）理解时间价值的概念，熟练掌握时间价值计算方法并能够灵活应用； （2）了解现金流量的构成，掌握现金流量的计算方法； （3）了解投资决策指标的经济意义，掌握各投资决策指标的计算方法并能够准确应用； （4）掌握并能够灵活解决特殊情况下的长期投资决策问题	6	小组合作课堂讨论多媒体讲授，中国大学 MOOC	（1） （2） （3） （4） （5）
第八章	全面预算 知识点：全面预算含义、特征、分类、内容体系、功能、编制程序、编制期间、编制方法。 教学重点：全面预算的内容体系、功能、编制程序和各种编制方法。 教学难点：全面预算的编制程序和编制方法。 习题要点：全面预算含义、特征、分类、内容体系、功能、编制程序、编制期间、编制方法	（1）理解预算、预算管理的概念及其与预算管理体系的关系； （2）理解全面预算管理的特点与内涵； （3）了解预算编制方法的要求及适用性，重点掌握经营预算和财务预算的编制； （4）掌握经营预算、资本支出预算、财务预算之间的勾稽关系，从而理解物流管理与资金管理的统一，最终掌握预算管理的价值创造本质	6	小组合作 PPT 汇报课堂讨论多媒体讲授，中国大学 MOOC	（1） （2） （3） （4） （5）
第九章	标准成本控制 知识点：标准成本，成本差异的计算与分析，成本差异的账务处理。 教学重点：标准成本系统的含义和内容，标准成本的含义和种类，各种成本差异的计算分析方法，成本差异的会计处理方法。 教学难点：各种成本差异的计算分析方法，成本差异的会计处理方法。 习题要点：成本差异的计算分析方法，成本差异的会计处理方法	（1）了解标准成本的概念和种类，并掌握标准成本的制定方法； （2）掌握各种成本差异的计算方法和账务处理方法，了解成本差异产生的原因，并能在成本控制中有效使用； （3）了解标准成本法的优缺点	3	课堂讨论多媒体讲授，中国大学 MOOC	（1） （2） （4） （5）

续表

章次	教学内容	教学要求 （学生学习预期成果）	学时	教学方式	课程目标
第十章	责任会计 知识点：责任会计，责任中心，内部转移价格，责任预算，责任报告，平衡记分卡。 教学重点：责任会计的概念，责任中心的类型及其考核，内部转移价格及其制定，责任预算的编制及责任报告，平衡记分卡。 教学难点：内部结算价格的制定，责任预算的编制，平衡记分卡的应用。 习题要点：内部结算价格的制定，责任预算的编制，平衡记分卡的步骤	（1）了解以企业为主体的业绩考核指标的优缺点，并掌握与其他考核方法之间的关联关系； （2）了解责任和责任中心的实质，掌握不同责任中心的业绩考核指标的应用思路和方法； （3）了解 EVA 的经济内涵，掌握 EVA 业绩考核的思路和方法； （4）了解平衡记分卡的定义、内容、基本原理和方法，掌握平衡计分卡的具体管理流程，能将平衡记分卡应用于现代企业和组织的战略管理之中	3	小组合作课堂讨论多媒体讲授，中国大学 MOOC	(1) (2) (3) (4) (5)
第十一章	管理会计发展前沿 知识点：战略管理会计，作业成本。 教学重点：战略管理会计，作业成本计算。 教学难点：人力资源管理会计的核算，作业成本计算的方法。 习题要点：战略管理会计与传统管理会计的差别，作业成本的程序和基本方法。	（1）了解成本计算与成本管理的关系，基于决策有用性的理解，掌握作业成本计算法的产生、运用和发展，了解作业成本法与传统成本制度的区别； （2）理解和掌握作业、作业分类、作业动因、资源动因等重要概念，把握作业成本计算法的理论脉络，为作业成本管理奠定基础； （3）了解作业成本计算法的成本计算程序，掌握作业成本计算的基本方法，在此基础上能根据作业成本法规划作业管理。	3	小组合作课堂讨论多媒体讲授，中国大学 MOOC	(1) (2) (3) (4) (5) (6)
合计			48		

4. 教材及教学主要参考书

推荐教材：

《管理会计学》，颜敏主编，清华大学出版社，2018 年 8 月第 3 版。

参考书目：

（1）《管理会计》，孙茂竹主编，中国人民大学出版社，2019年11月第8版。

（2）《管理会计概论》，潘飞主编，上海财经大学出版社，2017年8月第1版。

（3）《新编管理会计学》，单昭祥主编，东北财经大学出版社，2017年8月第3版。

（4）《管理会计学》，陆宇建主编，东北财经大学出版社，2017年2月第3版。

（5）《管理会计实训教程》，杨学富主编，东北财经大学出版社，2018年4月第3版。

四、投资学专业

（一）公司金融

公司金融课程教学大纲

1. 课程基本信息

开课单位	金融学院	课程类别	专业核心课	
课程名称	公司金融		课程编码	3020000015
开课对象	2020级投资学专业		开课学期	6
学时/学分	总学时48、理论课学时48、实践课学时0，3学分			
先修课程	宏观经济学、微观经济学、统计学原理、基础会计、货币银行学等			

课程介绍：

本课程针对2020级投资学专业学生开设，属于专业核心课。

该课程以现代企业与金融系统之间的关系为研究对象，主要研究企业的融资、投资、收益分配以及与之相关的问题。课程重点讲授公司金融的基本范畴、基础理论和基本知识要点，包括时间价值、现值和终值、报酬率、回收期、净现值、内部报酬率、资本成本、财务杠杆、资本结构等基本概念及其发展规律，和财务报表分析、资本投资决策分析、项目分析、资本成本分析及长期财务决策分析等内容。

通过该课程的学习，使学生掌握公司金融学相关核心知识，主要是公司金融的相关理论与业务知识，了解公司金融的基本理论框架及分析方法；使学生具备运用公司金融理论分析、解决公司金融实践问题的基本业务技能，具有处理相关活动决策和管理的基本技能；更进一步通过课程渗透，使学生主动接受终身学习理念，掌握有效的学习方法，具有进一步深造的学习能力、研究能力。

2. 课程目标与教学要求

通过课程的系统学习后，掌握公司金融的概念，财务活动、财务关系、理财基本环节的主要内容，明确公司金融目标的含义、特点及优缺点，并掌握其实现与协调方法。理解各种外部环境对公司金融的影响。并能够运用筹资的基本知识对企业的筹资方案进行预测、决策分析。能够运用投资的基本知识对企业的投资方案进行预测、决策分析。能够结合日常财务管理的具体方法对企业理财的不足之处提出管理建议。能够阅读并对公司财务报表进行指标分析和综合分析。能够初步利用公司理财的基本技能分析企业经营和日常生活中和财务有关的经济现象。

本课程对学生达到如下毕业要求有贡献：

（1）掌握必备工具性知识能力：能够借助办公软件和金融软件计算公司的净现值、内部收益率，可以理解英文版关于公司金融的案例。

（2）知识应用能力：能够将公司金融相关理论及业务管理知识应用于解决公司投资、筹资、分配等方面的问题，认知公司金融理论前沿和实践发展现状。

（3）公司投融资能力：能够运用筹资、投资的基本知识对企业的筹资、投资方案进行预测、决策分析，对相关业务进行管理。

（4）继续学习能力：能够跟踪公司金融学理论前沿，不断更新知识结构、提升职业素养，适应投资业务及相关职业发展。

完成课程后，学生将具备以下能力：

（1）会使用常用办公软件和金融软件；

（2）在公司金融方面具备基本的知识；

（3）初步具有完成基本业务的技能和完成分析、预测决策公司投融资的能力；

（4）明确公司金融业务本身的创新型以及所需知识的广博性，接受终身学习理念，养成在干中学的习惯，通过不断学习提升自己的能力。

课程目标支撑的毕业要求：

课程支撑的毕业要求		课程目标			
		（1）	（2）	（3）	（4）
1	毕业要求：4：必备工具性知识 具备计算机基本知识，熟练使用常用办公软件和金融软件；熟练掌握英语，具有良好的英语听、说、读、写能力	√			

续表

课程支撑的毕业要求		课程目标			
		(1)	(2)	(3)	(4)
2	毕业要求5：公司金融学核心知识 掌握公司金融必须具备的经济学、金融学基础知识；掌握投资学专业理论及业务管理知识；了解投资学理论前沿和实践发展现状		√		
3	毕业要求6：投资、融资业务能力 具备金融投资必须掌握的基本业务技能；具有处理各类投资活动决策和管理的基本技能			√	
4	毕业要求9：继续学习能力 主动接受终身学习理念，掌握有效的学习方法，具有进一步深造的学习能力、研究能力				√

3. 教学内容与课程目标

公司金融教学内容与课程目标：

章次	教学内容	教学要求 （学生学习预期成果）	学时	教学方式	课程目标
第一章	公司理财导论 知识点： 公司理财的定义；企业的组织形态；投资银行的业务划分；财务管理的目标；代理问题与公司控制；金融市场与公司。 重点： 公司理财的内容及目标。公司的财务目标和代理冲突。 难点： 在公司理财中如何处理各方面的关系以降低代理成本。 习题要点： 1. 三种类型的财务经理决策是什么？应该如何回答？ 2. 三种主要的企业组织形式是什么？ 3. 财务管理的目标是什么？ 4. 代理人问题是什么，何为在股份公司内部存在？ 5. 一级市场和二级市场的区别是什么？	（1）公司金融研究的主体及其活动和公司金融理论； （2）公司财务目标和代理冲突，在公司理财中如何处理各方面的关系以降低代理成本，掌握公司金融的三个主要方面； （3）掌握公司金融的三个主要方面：资本预算、资本结构与营运资本管理	3	讲授 讨论 案例分析 作业	（2）

续表

章次	教学内容	教学要求 （学生学习预期成果）	学时	教学方式	课程目标
第二章	财务报表、税与现金流量 知识点： 资产负债表与利润表的解读；市场价值与账面价值的区别；平均税率与边际税率；现金流量的判断。 重点： 会计价值与市场价值的区别，理解会计收益与现金流量的区别，理解平均税率与边际税率的区别。 难点： 根据企业财务报表判断它的现金流量。 习题要点： 1. 账面价值和市场价值的区别是什么？出于决策的目的应该用哪一个？ 2. 会计收益和现金流的区别是什么？做决策时应该用哪一个？ 3. 平均税率和边际税率的区别是什么？做决策时应该用哪一个？ 4. 如何确定一家公司的现金流量？有哪些等式，我们如何找出这些信息？	（1）了解会计价值与市场价值的区别； （2）会计收益与现金流量的区别，理解平均税率与边际税率的区别； （3）掌握如何从一家公司的财务报表判断它的现金流量	3	讲授 讨论 案例分析 作业	（2） （4）
第三章	运用财务报表 知识点： 企业的财务报表分类；同比同基分析财务报表；财务指标的比率分析；杜邦恒等式。 重点： 如何运用财务比率反映企业的财务杠杆、流动性、资产营运能力和获利能力，并尽可能地利用市场价值计算企业的市盈率、市场价值与账面价值比率 难点： 各种财务比率之间的关系。 习题要点： 1. 什么是现金流量表？如何确定现金的来源和使用？ 2. 你如何使得资产负债表和利润表标准化？为何标准化程序很有用？ 3. 有哪些主要的比率类型，你如何计算它们？ 4. 财务报表分析可能会产生哪些问题？	（1）了解企业的财务报表分类； （2）理解企业基本的财务报表，尤其是现金流量表； （3）掌握计算财务比率的方法，并对此进行分析，以反映企业的财务业绩	3	讲授 讨论 案例分析 作业	（2） （3）

续表

章次	教学内容	教学要求 （学生学习预期成果）	学时	教学方式	课程目标
第四章	估值导言：货币时间价值 知识点： 终值和复利；现值和贴现；确定贴现率。 重点： 如何计算投资回报、如何计算未来收益的现值。 难点： 如何计算一项投资的价值增长到期望值所需要的时间。 习题要点： 1. 终值和现值的关系是什么？ 2. 假设你在 3 年后需要 15000 美元。你的年报酬率是 6%，则你今天需要投资多少钱？ 3. 若你可以以 8% 的报酬率投资，则你今天所投资的金额是比报酬率为 6% 时的投资金额要多还是少些呢？差额是多少？	（1）了解单利、复利、现值、终值、贴现等概念； （2）理解单利与复利区别，现值和终值区别； （3）掌握现值、终值计算方法	3	讲授 讨论 案例分析 作业	（2） （3）
第五章	贴现现金流量估价 知识点： 多期现金流量的现值和终值；评估均衡现金流量：年金和永续年金；比较利率：复利的影响；贷款种类与分期偿还贷款。 重点： 如何计算多期现金流投资的现值和终值。 难点： 如何使用年金的现值系数、终值系数进行计算。 习题要点： 1. 一项投资将在接下来的 10 年中每年末带给你 100 美元的收入。若年度贴现率是 8%，则这项年金的现值是多少？ 2. 若上个例子中的收入是在每年初产生的，则现值又是多少?? 3. 若你将这些款项存入一个利率为 8% 的账户，10 年后的终值是多少钱？ 4. 若你今天在一个账户中存入 1000 美元，接下来的每年末都存入 100 美元，则终值是多少？	（1）了解多期现金流投资的现值和终值、有效年利率等概念； （2）理解单期和多期计算方法的区别； （3）掌握多期现金流的投资的现值和终值计算方法，贷款支付额如何计算、如何求解贷款利率等	3	讲授 讨论 案例分析 作业	（1） （2） （3）

续表

章次	教学内容	教学要求 （学生学习预期成果）	学时	教学方式	课程目标
第六章	净现值和其他投资准则 知识点： 净现值的概念及估计；回收期法则定义及分析；贴现回收期定义及分析；平均会计报酬率定义及分析；内部报酬率定义及分析；获利能力指数定义及分析。 重点： 各种评估拟用投资方案的计算方法。 难点： 为什么净现值标准是评估各种拟用投资方案的最佳方法。 习题要点： 1. 一个投资项目有以下现金流：初始现金流为 -1 000 000 美元；第一年到第八年每年的现金流为 200 000 美元。 2. 若必要报酬率是 12%，基于 NPV 应该做什么样的决定？ 3. 对此项目，IRR 法则应该如何应用？我们得出的决定是什么？以上两个决定之间有什么关系？	（1）了解评估各种拟用投资方案的方法； （2）理解评估各种拟用投资方案方法的区别及优缺点； （3）掌握评估各种拟用投资方案的计算方法	4	讲授 讨论 案例分析 作业	（1） （2） （3）
第七章	资本投资决策 知识点： 项目现金流量及独立原则；预计财务报表与项目现金流量；增量现金流；经营现金流的计算；贴现现金流的分析。 重点： 各种计算经营现金流量的方法难点：如何为一个项目设定投标价格、如何估算一个项目的每年成本等值习题。 要点： 计算经营现金流量的各种方法： 1. 逆推法 只有当利息费用不存在时，才能使用 OCF = 净利润 + 折旧 2. 顺推法 OCF = 销售收入 - 成本 - 税费 不抵扣非现金支出 3. 税盾法 OCF = （销售收入 - 成本） × （1 - T） + 折旧 × T	（1）了解项目现金流相关的概念； （2）理解如何确定各种拟议投资项目的相关现金流； （3）掌握各种计算经营现金流量的方法、如何为一个项目设定投标价格、如何估算一个项目的每年成本等值	5	讲授 讨论 案例分析 作业	（2） （3）

续表

章次	教学内容	教学要求 （学生学习预期成果）	学时	教学方式	课程 目标
第八章	项目分析与评估 知识点： 项目敏感性分析、情境分析的概念；评估NPV估计值；情景分析与其他假设性分析；盈亏平衡分析；经营现金流量、销售量和盈亏平衡；经营杠杆与资本限额。 重点： 如何进行项目敏感性分析、情境分析，如何确定现金、会计和财务盈亏平衡点。 难点： 经营杠杆程度如何影响项目现金流量 习题要点： 如何进行项目敏感性分析、情境分析，如何确定现金、会计和财务盈亏平衡点，经营杠杆程度如何影响项目现金流量	（1）了解项目敏感性分析、情境分析的概念； （2）理解拟议项目的敏感性分析、情境分析，经营杠杆程度如何影响项目现金流量； （3）掌握如何进行项目敏感性分析、情境分析，如何确定现金、会计和财务盈亏平衡点	5	讲授 讨论 案例分析 作业	（1） （2） （3）
第九章	资本成本 知识点： 必要报酬率与资本成本；权益成本：股利增长模型法、SML法；债务成本和优先股成本；加权平均资本成本；发行成本和加权平均资本成本。 重点： 公司总资本成本的含义及内容，如何计算公司的加权平均资本成本。 难点： 如何计算公司的加权平均资本成本 习题要点： 1. 计算权益资本成本的两种方法是什么？ 2. 你如何计算债务资本成本和税后的债务资本成本？ 3. 在计算WACC时，你如何计算其所需的资本结构权重？ 4. 什么是WACC？ 5. 若我们对所有的项目都使用WACC，则会发生什么？ 6. 若WACC不合适，还有哪两种方法可以用来计算合适的贴现率？ 7. 我们应该如何在分析中纳入发行成本？	（1）了解公司的权益资本成本、债务资本成本等概念； （2）公司总资本成本的含义及内容； （3）掌握如何计算公司的加权平均资本成本	5	讲授 讨论 案例分析 作业	（2） （3）

续表

章次	教学内容	教学要求 （学生学习预期成果）	学时	教学方式	课程目标
第十章	筹集资本 知识点： 企业的筹资生命周期：早期融资和风险投资；公开发售证券：基本程序；承销商；IPO 和抑价；发行证券的成本。 重点： 证券销售给公众的程序，如何计算发行证券的成本。 难点： 如何计算发行证券的成本。 习题要点： 1. 什么是风险资本？哪些类型的公司接受它的投资？ 2. 承销商主要提供什么服务？ 3. 哪种类型的承销是在美国最普遍的？它是如何进行的？ 4. IPO 抑价是什么？为何会持续存在？ 5. 发行证券的一些成本是什么？ 6. 认股权发行是什么？你如何计算一份认股权的价值？	（1）了解企业的筹资生命周期相关概念； （2）理解证券销售给公众的程序； （3）掌握如何计算发行证券的成本	4	讲授 讨论 案例分析 作业	（2） （3）
第十一章	财务杠杆和资本结构政策 知识点： 资本结构与资本成本；财务杠杆效应；资本结构和权益资本成本；考虑公司税的 MM 第一定理和 MM 第二定理；破产成本；最优资本结构。 重点： MM 第一定理、MM 第二定理的含义及计算方法。 难点： 税务和破产对资本结构的选择造成的影响。 习题要点： 1. 解释杠杆对 EPS 和 ROE 的影响。 2. 盈亏平衡时的息税前收益（EBIT）是什么，如何计算？ 3. 我们如何确定最优资本结构？ 4. 我们在这一章讨论的三种情况下的最优资本结构是什么？ 5. 清算和重组的区别是什么？	（1）了解财务杠杆相关的基础知识； （2）理解 MM 第一定理、MM 第二定理的含义及计算方法； （3）掌握财务杠杆的影响，税务和破产对资本结构的选择造成的影响	5	讲授 讨论 案例分析 作业	（2） （3） （4）

续表

章次	教学内容	教学要求 （学生学习预期成果）	学时	教学方式	课程目标
第十二章	股利和股利派发政策 知识点： 现金股利和股利派发；股利政策；偏爱低、高股利的真实世界因素；股票回购：现金股利的替代方案；股利与股利派发政策：已知的和未知的。 重点： 关于股利政策决策的问题，现金和股票股利的区别。 难点： 为什么股份回购是股利的一种替代 习题要点： 1. 不同类型的股利有哪些？股利是如何支付的？ 2. 群落效应是什么，它将如何影响股利政策的相关性？ 3. 变化的信息含量是什么？ 4. 股利是什么，它们与现金股利有何不同？ 5. 为什么说回购政策是股利发放的替代，为什么投资者可能更偏好回购？	（1）了解股利的种类、股利支付的概念； （2）理解各种关于股利政策决策的问题； （3）掌握现金和股票股利的区别，为什么股份回购是股利的一种替代	5	讲授 讨论 案例分析 作业	（2） （3）
合计			48		

4. 教材及教学主要参考书

推荐教材：

《公司理财》精要版（原书第10版）斯蒂芬·A·罗斯 著，机械工业出版社，2018年3月出版。

参考书目：

（1）《公司金融》，朱叶主编，北京大学出版社，2016年10月第三版。

（2）《公司财务学》张蕊主编，中国人民大学出版社，2012年8月出版。

（3）《公司金融：金融工具、财务政策和估值方法的案例实践》［美］克莱德·P·斯蒂克尼，中国人民大学出版社，2014年7月出版。

（4）《价值：公司金融的四大基石（修订本）》，［美］Tim Koller（蒂姆·科勒），［美］Richard Dobbs（理查德. 多布斯），［美］比尔·休耶特著，金永红，倪晶晶，单丽翡 译，电子工业出版社，2016 年 11 月出版。

5.《公司金融：金融工具、财务政策和估值方法的案例实践》美］保罗·阿斯奎思（Paul Asquith）劳伦斯 A. 韦斯（Lawr）著，鲍栋，刘寅龙译，机械工业出版社，2018 年 1 月出版。

（二）金融风险管理

金融风险管理课程教学大纲

1. 课程基本信息

开课单位	金融系	课程类别	专业核心课程	
课程名称	金融风险管理		课程编码	
开课对象	投资学专业		开课学期	第七学期
学时/学分	48 学时、理论课学时 48			
先修课程	概率论与数理统计、金融学、证券投资学、固定收益证券、期货与期权			
课程介绍： 本课程是面向投资学专业的专业必修课程，基于金融风险的类型和特点，系统介绍金融风险管理的理论和方法。具体内容包括：金融风险管理基本理论、金融风险识别与度量、金融风险预警、信用风险管理、流动性风险管理、利率风险管理、汇率风险管理、股票市场风险管理、债券市场风险管理、金融衍生品市场风险管理等等。通过本课程的学习，可以了解金融风险管理基本框架，掌握金融风险管理理论、方法和技术				

2. 课程目标与教学要求

本课程对学生达到如下毕业要求有贡献：

（1）知识应用能力：能够运用金融风险识别、金融风险度量、金融风险预警等方面的知识，进行信用风险、流动性风险、利率风险、汇率风险、股票市场风险、债券市场风险、金融衍生品市场风险等等的管理。

（2）创新创业能力：熟悉国家有关金融投资的方针、政策和法律法规，对创新创业中存在的各类金融风险具有一定的专业敏感性，在激烈的市场竞争中敢于创新、善于创新，在追求合理利润的基础上善于规避风险、善于管理风险。

（3）继续学习能力：主动接受终身学习理念，在对投资组合风险计算、在险价值计算、资产定价模型等的学习中培养有效的学习方法，增强进一步深造的学习能力、研究能力。

课程目标支撑的毕业要求：

课程支撑的毕业要求		课程目标					
		(1)	(2)	(3)	(4)	(5)	(6)
1	毕业要求4：具备计算机基本知识，熟练使用常用办公软件和金融软件；熟练掌握英语，具有良好的英语听、说、读、写能力	√					
2	毕业要求7：熟悉国家有关金融投资的方针、政策和法律法规；具有一定的专业敏感性，在激烈的市场竞争中敢于创新、善于创新；了解国内外投资行业发展动态		√				
3	毕业要求9：主动接受终身学习理念，掌握有效的学习方法，具有进一步深造的学习能力、研究能力			√			

3. 教学内容与课程目标

金融风险管理教学内容与课程目标：

章次	教学内容	教学要求 （学生学习预期成果）	学时	教学方式	课程目标
第一章	金融风险概述 1. 教学重点与难点 教学重点：金融风险的特征、种类和形成理论。 教学难点：金融风险的特征和形成理论。 2. 教学内容 第一节　金融风险 （1）金融风险的概念 （2）对金融风险的正确理解 第二节　金融风险的特征 （1）金融风险的一般特征 （2）金融风险的当代特征 第三节　金融风险的种类 （1）根据金融风险的形态划分 （2）根据金融风险的主体划分 （3）根据金融风险的产生根源划分 （4）根据金融风险的性质划分 （5）根据金融风险的层次划分 第四节　金融风险的经济效应 （1）微观经济效应 （2）宏观经济效应 第五节　金融风险形成的一般理论 （1）金融融风险的形成机理 （2）金融风险形成的理论分析 本章习题要点：简述金融风险特征、简述金融风险类型及分类依据、说明金融风险的经济效应、简述金融风险的形成机理	通过本章内容的学习，了解金融风险的经济效应，理解金融风险的经济效应，掌握金融风险的种类特征等	3	1. 本课程教学主要采用课堂讲解、启发式、讨论式、案例式、合作式等相结合的学习方式。 2. 本课程采用现代多媒体、CAI 课件、网络等先进教学手段，以提升教学水平。推荐使用移动课堂、翻转课堂、MOOC 示范项目等优质课程资源的网络教学手段	

续表

章次	教学内容	教学要求 （学生学习预期成果）	学时	教学方式	课程目标
第二章	金融风险管理的基本理论 1. 教学重点与难点 教学重点：金融风险管理的概念、分类、手段和管理体制。 教学难点：金融风险管理策略。 2. 教学内容 第一节　金融风险管理的意义与分类 （1）金融风险管理的概念 （2）金融风险管理的意义 （3）金融风险管理的分类 第二节　金融风险管理的特征、目标和手段 （1）金融风险管理的特征 （2）金融风险管理的目标 （3）金融风险管理的手段 第三节　金融风险管理体制 （1）金融风险管理系统 （2）金融风险管理的组织体系 本章习题要点：说明金融风险管理的分类和手段、简述金融风险的管理体制	通过本章的学习，了解金融风险管理的概念、分类、手段和管理体制，掌握金融风险管理的程序，掌握金融风险管理的策略	3	1. 本课程教学主要采用课堂讲解、启发式、讨论式、案例式、合作式等相结合的学习方式。 2. 本课程采用现代多媒体、CAI 课件、网络等先进教学手段，以提升教学水平。推荐使用移动课堂、翻转课堂、MOOC 示范项目等优质课程资源的网络教学手段	
第三章	金融风险的识别、度量与预警 1. 教学重点与难点 教学重点：金融风险识别、度量的方法与工具，金融风险预警的理论、指标。 教学难点：金融风险度量的重要理论、金融风险预警模型。 2. 教学内容 第一节　金融风险的识别 （1）金融风险识别概述 （2）金融风险识别的原则与方法 第二节　金融风险的度量 （1）金融风险度量概述 （2）融风险度量的方法与工具 第三节　金融风险的预警 （1）金融风险预警的基本理论 （2）金融风险预警指标 （3）金融风险预警模型 本章习题要点：简述金融风险度量的历史沿革、说明金融风险识别的重要性、分析金融风险度量定量方法与定性方法的优劣、阐述发达国家金融预警制度对我国的借鉴意义	通过本章的学习，理解金融风险预警的理论、指标与模型，掌握金融风险识别、度量的方法与工具	6	1. 本课程教学主要采用课堂讲解、启发式、讨论式、案例式、合作式等相结合的学习方式。 2. 本课程采用现代多媒体、CAI 课件、网络等先进教学手段，以提升教学水平。推荐使用移动课堂、翻转课堂、MOOC 示范项目等优质课程资源的网络教学手段	

续表

章次	教学内容	教学要求 （学生学习预期成果）	学时	教学方式	课程目标
第四章	商业银行风险管理与巴塞尔协议 1. 教学重点与难点 教学重点：商业银行风险管理的框架重点、巴塞尔协议。 教学难点：巴塞尔协议Ⅱ。 2. 教学内容 第一节　商业银行风险管理的基本概念 （1）风险与风险管理 （2）商银行风险的基本种类 （3）商业银行风险管理的主要方法 第二节　商业银行风险管理的基本构架 （1）商业银行风险管理环境 （2）商业银行风险管理组织 （3）商业银行风险管理流程 第三节　国际银行业风险管理的规则——巴塞尔协议 （1）巴塞尔协议Ⅰ （2）巴塞尔协议Ⅱ （3）巴塞尔协议Ⅲ 本章习题要点：论述《巴塞尔协议Ⅱ》的主要内容、试述商业银行全面风险管理的流程	通过本章的学习，了解商业银行风险管理的基本概念，掌握商业银行风险管理的框架重点，掌握巴塞尔协议Ⅱ，了解掌握巴塞尔协议Ⅲ	6	1. 本课程教学主要采用课堂讲解、启发式、讨论式、案例式、合作式等相结合的学习方式。 2. 本课程采用现代多媒体、CAI 课件、网络等先进教学手段，以提升教学水平。推荐使用移动课堂、翻转课堂、MOOC 示范项目等优质课程资源的网络教学手段	

续表

章次	教学内容	教学要求 （学生学习预期成果）	学时	教学方式	课程目标
第五章	信用风险管理 1. 教学重点与难点 教学重点：信用风险的特点及产生原因、内部评级法、信用风险度量。 教学难点：信用风险度量模型。 2. 教学内容 第一节　信用风险概述 （1）商业银行信用风险的含义及特点 （2）商业银行信用风险产生的原因 第二节　内部评级法 （1）内部评级法的体系结构 （2）内部评级法的基本要素 （3）商业银行信用风险管理与实施内部评级法的关系 第三节　传统信用风险的度量 （1）专家评定方法 （2）Z 评分模型和 ZETA 评分模型 第四节　现代信用风险的度量 （1）Credit Metrics 模型 （2）Credit Risk + 模型 （3）Credit Portfolio View 模型 （4）KMV 模型 本章习题要点：简述商业银行信用风险的含义及特点、简述内部评级法的基本要素、分析信用风险度量的各种方法的优缺点	通过本章的学习，了解信用风险的特点及产生原因，理解内部评级法，掌握传统信用风险的度量，掌握现在信用风险的度量	3	1. 本课程教学主要采用课堂讲解、启发式、讨论式、案例式、合作式等相结合的学习方式。 2. 本课程采用现代多媒体、CAI 课件、网络等先进教学手段，以提升教学水平。推荐使用移动课堂、翻转课堂、MOOC 示范项目等优质课程资源的网络教学手段	

续表

章次	教学内容	教学要求 （学生学习预期成果）	学时	教学方式	课程目标
第六章	流动性风险管理 1. 教学重点与难点 教学重点：流动性风险管理理论，流动性风险的度量和管理方法。 教学难点：流动性风险度量方法。 2. 教学内容 第一节　流动性风险概述 （1）流行性的含义 （2）流动性风险 （3）流动性风险的成因 第二节　流动性风险管理理论 （1）资产管理理论 （2）负债管理理论 （3）资产负债综合管理理论 （4）资产负债表内表外统一管理理论 第三节　流动性风险的度量 （1）度量流动性风险的财务比率 （2）度量流动性风险的市场信息指标 第四节　流动性风险管理方法 （1）衡量流动性缺口 （2）提供流动性供给 本章习题要点：什么是商业银行流动性风险？是什么原因造成的？试述流动性风险管理理论的主要发展阶段、度量流动性风险的财务比率和市场信息指标有哪些 本章习题要点：什么是商业银行流动性风险？是什么原因造成的？试述流动性风险管理理论的主要发展阶段、度量流动性风险的财务比率和市场信息指标有哪些	通过本章的学习，了解流动性风险的成因，理解流动性风险管理理论，掌握流动性风险的度量和管理方法	3	1. 本课程教学主要采用课堂讲解、启发式、讨论式、案例式、合作式等相结合的学习方式。 2. 本课程采用现代多媒体、CAI 课件、网络等先进教学手段，以提升教学水平。推荐使用移动课堂、翻转课堂、MOOC 示范项目等优质课程资源的网络教学手段	

续表

章次	教学内容	教学要求 （学生学习预期成果）	学时	教学方式	课程目标
第七章	利率风险管理 1. 教学重点与难点 教学重点：利率风险的种类、管理策略、管理工具。 教学难点：利率风险的度量。 2. 教学内容 第一节　利率风险概述 （1）利率风险的概念及成因 （2）利率风险的种类 第二节　利率风险的度量 （1）利率敏感性缺口度量法 （2）持续期缺口度量法 （3）VaR 度量法 （4）收益分析度量法 （5）动态模拟分析度量法 第三节　利率风险管理工具及方法 （1）利率风险管理工具 （2）利率风险管理策略 本章习题要点：分析利率风险的概念及成因，说明利率风险的度量，探讨利率风险管理策略	通过本章的学习，了解利率风险的种类，理解利率风险的管理策略，掌握利率风险管理的工具	3	1. 本课程教学主要采用课堂讲解、启发式、讨论式、案例式、合作式等相结合的学习方式。 2. 本课程采用现代多媒体、CAI 课件、网络等先进教学手段，以提升教学水平。推荐使用移动课堂、翻转课堂、MOOC 示范项目等优质课程资源的网络教学手段	
第八章	汇率风险管理 1. 教学重点与难点 教学重点：汇率风险的概念、度量方法和控制方法。 教学难点：汇率风险的度量方法。 2. 教学内容 第一节　汇率风险概述 （1）汇率风险的概念 （2）汇率风险的成因 （3）汇率风险的类型 第二节　汇率风险的度量 （1）VaR 法 （2）极端测试法 （3）情景分析法 （4）预期损失分析法 第三节　汇率风险的控制 （1）汇率风险管理的原则 （2）汇率风险管理的程序 （3）商业银行汇率风险的管理方法 本章习题要点：说明汇率风险的类别、简述汇率风险管理的原则、程序	通过本章的学习，理解汇率风险的概念，掌握汇率风险的度量方法，了解汇率风险的控制方法	3	1. 本课程教学主要采用课堂讲解、启发式、讨论式、案例式、合作式等相结合的学习方式。 2. 本课程采用现代多媒体、CAI 课件、网络等先进教学手段，以提升教学水平。推荐使用移动课堂、翻转课堂、MOOC 示范项目等优质课程资源的网络教学手段	

续表

章次	教学内容	教学要求 （学生学习预期成果）	学时	教学方式	课程目标
第九章	操作风险管理 1. 教学重点与难点 教学重点：操作风险的概念及种类、操作风险管理程序、操作风险评估方法。 教学难点：操作风险评估方法和量化模型。 2. 教学内容 第一节　操作风险概述 （1）操作风险的概念 （2）操作风险的种类 （3）操作风险的成因 第二节　操作风险的度量 （1）操作风险的定性评估方法 （2）操作风险的量化模型 第三节　操作风险的控制 （1）操作风险的管理原则 （2）操作风险的管理过程 （3）西方银行操作风险管理的经验 本章习题要点：简述操作风险的种类、简述操作风险基本指标法度量模型的主要内容、说明操作风险管理应遵循的原则、说明操作风险的特殊性	通过本章的学习，了解操作风险的概念及种类，了解操作风险管理过程，掌握操作风险评估方法	3	1. 本课程教学主要采用课堂讲解、启发式、讨论式、案例式、合作式等相结合的学习方式。 2. 本课程采用现代多媒体、CAI 课件、网络等先进教学手段，以提升教学水平。推荐使用移动课堂、翻转课堂、MOOC 示范项目等优质课程资源的网络教学手段	
第十章	股票市场风险管理 1. 教学重点与难点 教学重点：证券投资组合分析、资本资产定价模型、套利定价模型。 教学难点：资本资产定价模型、套利定价模型。 2. 教学内容 第一节　股票市场风险管理的内涵及种类 （1）股票风险的内涵 （2）股票风险的种类 第二节　股票市场的风险度量 （1）证券投资组合分析 （2）资本资产定价模型 （3）套利定价模型 本章习题要点：说明股票市场风险的分类及含义、说明如何度量股票市场风险，举例说明度量中国股票市场风险应该注意的问题	通过本章的学习，了解股票市场风险的概念，理解证券投资组合分析理论，掌握资本资产定价模型和套利定价模型	6	1. 本课程教学主要采用课堂讲解、启发式、讨论式、案例式、合作式等相结合的学习方式。 2. 本课程采用现代多媒体、CAI 课件、网络等先进教学手段，以提升教学水平。推荐使用移动课堂、翻转课堂、MOOC 示范项目等优质课程资源的网络教学手段	

续表

章次	教学内容	教学要求 （学生学习预期成果）	学时	教学方式	课程目标
第十一章	债券市场风险管理 1. 教学重点与难点 教学重点：债券信用风险管理、债券利率风险管理。 教学难点：债券利率风险度量。 2. 教学内容 第一节　债券交易中的风险分类 第二节　债券信用风险度量与风险管理 （1）债券市场信用风险 （2）债券市场信用风险管理 第三节　债券利率风险度量与风险管理 （1）债券市场利率风险度量 （2）债券市场利率风险管理 第四节　债券投资组合管理 第五节　中国债券市场风险分析 本章习题要点：说明保守的组合管理与积极的组合管理之间的异同、说明中国债券市场的风险管理现状、简述如何度量和管理债券风险	通过本章的学习，了解中国债券市场基本情况，了解债券交易中的一般风险识别，掌握债券信用风险和利率风险度量方法和管理方法	3	1. 本课程教学主要采用课堂讲解、启发式、讨论式、案例式、合作式等相结合的学习方式。 2. 本课程采用现代多媒体、CAI 课件、网络等先进教学手段，以提升教学水平。推荐使用移动课堂、翻转课堂、MOOC 示范项目等优质课程资源的网络教学手段	

续表

章次	教学内容	教学要求 （学生学习预期成果）	学时	教学方式	课程目标
第十二章	金融衍生品市场风险管理 1. 教学重点与难点 教学重点：期货风险的管理和监管、期权的原理和定价方法、互换风险的种类。 教学难点：期权定价模型。 2. 教学内容 第一节　金融期货市场管理 （1）金融期货的特点 （2）金融期货风险的种类 （3）金融期货风险的特征 （4）期货市场风险的成因 （5）期货风险的管理方法 （6）期货市场的风险监管 第二节　期权市场风险管理 （1）期权市场的原理与运作 （2）期权定价理论的基本思想 （3）期权定价模型 （4）期权风险的来源 （5）利用期权管理风险 第三节　互换市场风险管理 （1）互换市场风险种类 （2）互换市场风险的控制 （3）互换市场风险的防范 本章习题要点：简述期权交易的基本原理与运作过程、说明期权定价的方法、说明互换风险的含义和分类、说明防范互换风险通常可采取的措施	通过本章的学习，了解期权市场的原理与运作，理解期货风险的成因及管理方法，理解互换市场风险的管理策略，掌握期权定价模型	6	1. 本课程教学主要采用课堂讲解、启发式、讨论式、案例式、合作式等相结合的学习方式。 2. 本课程采用现代多媒体、CAI 课件、网络等先进教学手段，以提升教学水平。推荐使用移动课堂、翻转课堂、MOOC 示范项目等优质课程资源的网络教学手段	
合计					

4. 教材及教学主要参考书

推荐教材：

《金融风险管理》，朱淑珍主编，北京大学出版社，2017 年 8 月第 3 版。

参考书目：

（1）《金融风险管理》，陆静主编，中国人民大学出版社，2015 年 9 月第 3 版。

（2）《金融风险管理》，王勇，隋鹏达，关晶奇等编著，机械工业出版社，2014 年 1 月第 1 版。

（三）投资银行学

投资银行学课程教学大纲

1. 课程基本信息

开课单位	金融学院	课程类别	专业核心课	
课程名称	投资银行学		课程编码	3020000051
开课对象	2020 级投资学专业		开课学期	5
学时/学分	总学时 48、理论课学时 48、实践课学时 0，3 学分			
先修课程	微观经济学、宏观经济学、金融学、证券投资学等			

课程介绍：

本课程针对 2020 级投资学专业学生开设，属于专业核心课。

该课程以证券市场的中介机构——投资银行作为研究对象，重点研究现代投资银行业的各种核心业务及其演变，阐述投资银行作为市场中介的地位、对融资者和投资者的作用，以及投资银行不同业务之间内在的逻辑关系和理论基础，系统介绍投资银行在构造证券市场、优化资源配置、促进产业整合方面的重要作用。本课程的主要内容包括投资银行概述、证券发行与承销、经纪业务、自营业务、公司并购业务、私募股权投资、金融创新、投资银行业监管等。

通过该课程的学习，使学生掌握投资学相关核心知识，主要是投资银行学相关专业理论及业务管理知识，了解投资银行学学理论前沿和实践发展现状；使学生具备金融投资必须掌握的投资银行基本业务技能，具有处理相关活动决策和管理的基本技能；更进一步通过课程渗透，使学生主动接受终身学习理念，掌握有效的学习方法，具有进一步深造的学习能力、研究能力。

2. 课程目标与教学要求

本课程对学生达到如下毕业要求有贡献：

（1）掌握投资学相关专业核心知识：熟练掌握投资银行学相关专业理论及业务管理知识，了解投资银行学学理论前沿和实践发展现状。

（2）投资业务能力：能够顺利开展投资银行的各项基本业务，并能够进行相关的各类投资活动决策，对相关业务进行管理。

（3）继续学习能力：能够跟踪投资银行学理论前沿，不断更新知识结构、提升职业素养，适应投资银行业及相关职业发展。

完成课程后，学生将具备以下能力：

（1）在投资银行学科具备基本的知识；

（2）初步具有完成基本业务的技能和完成专业投资研究报告的能力；

（3）明确投资银行业务本身的创新型以及所需知识的广博性，接受终身学习理念，养成在干中学的习惯，通过不断学习提升自己的能力。

课程目标支撑的毕业要求：

课程支撑的毕业要求		课程目标		
		(1)	(2)	(3)
1	毕业要求5：投资学核心知识 掌握金融投资必须具备的经济学、金融学基础知识；掌握投资学专业理论及业务管理知识；了解投资学理论前沿和实践发展现状。	√		
2	毕业要求6：投资业务能力 具备金融投资必须掌握的基本业务技能；具有处理各类投资活动决策和管理的基本技能。		√	
3	毕业要求9：继续学习能力 主动接受终身学习理念，掌握有效的学习方法，具有进一步深造的学习能力、研究能力。			√

3. 教学内容与课程目标

证券投资学教学内容与课程目标：

章次	教学内容	教学要求（学生学习预期成果）	学时	教学方式	课程目标
第一章	投资银行概述 知识点： 投资银行的定义；投资银行的功能；投资银行的业务划分；投资银行的发展趋势；投资银行与商业银行的区别；投资银行与商业银行的趋同化。 重点： 投资银行的定义；投资银行的功能。 难点： 投资银行与商业银行的区别；投资银行与商业银行的趋同化。 习题要点： 根据投资银行的四种定义，哪一种最适用于我国的投资银行？ 简述投资银行与商业银行的区别	(1) 了解投资银行的基本业务； (2) 理解投资银行的发展趋势； (3) 掌握投资银行的定义与功能	6	讲授 讨论 案例分析 作业	(1)

续表

章次	教学内容	教学要求 （学生学习预期成果）	学时	教学方式	课程目标
第二章	投资银行的历史演进、发展及监管 知识点： 投资银行的起源与发展阶段；发达国家投资银行的历史变迁；投资银行的发展模式；投资银行的内部控制；投资银行的自律组织与政府监管；我国证券市场的监管体制。 重点： 投资银行发展模式的演变。 难点： 投资银行的发展模式及监管体制。 习题要点： 目前中国投资银行业存在哪些问题	（1）了解投资银行的各发展阶段； （2）理解投资银行在美国、英国、欧洲其他国家、日本的存在形式及中国投资银行的发展历程； （3）比较不同监管体制的优缺点； （4）掌握投资银行内部控制和外部监管的含义、目标与内容； （5）分析我国投资银行存在的主要问题	6	讲授 讨论 案例分析 作业	（1） （3）
第三章	投资银行的组织结构 知识点： 投资银行的组织形态；投资银行的规模结构；投资银行的机构设置与业务模式；投资银行的人力组织。 重点： 投资银行主要的组织形式及各种组织形式的优缺点。 难点： 投资银行主要的组织形式及各种组织形式的优缺点。 习题要点： 投资银行对员工的素质能力有哪些要求？如果想成为一名投资银行家，你应该做哪些准备	（1）了解投资银行的规模结构及人力组织形式； （2）理解投资银行的机构设置与业务模式； （3）掌握投资银行主要的组织形式及各种组织形式的优缺点	3	讲授 讨论 案例分析 作业	（1） （2）

续表

章次	教学内容	教学要求 （学生学习预期成果）	学时	教学方式	课程目标
第四章	证券的发行与承销 知识点： 证券市场与企业融资；上市公司首次公司发行股票；上市公司增发股票与配售；企业债券的发行；公司分析与价值评估。 重点： 掌握证券发行的类型与证券承销的方式。 难点： 掌握股票发行的估值和定价。 习题要点： 简述 IPO 的流程。 投资银行在 IPO 中的作用有哪些？ 影响股票发行价格的因素有哪些	（1）了解我国新股发行制度改革的历程； （2）理解证券发行的承销的程序及中介机构尽职调查的范畴和主要内容； （3）掌握上市公司增发、配售及发行可转债、附认股权证公司债等融资发式； （4）进行股票发行的估值和定价	9	讲授 讨论 案例分析 作业	（1） （2）
第五章	证券经纪业务 知识点： 证券经纪业务的基本含义；证券经纪关系的确立；证券经纪业务的特点；开展经纪业务的原则；证券经纪业务的程序；证券信用经纪的概念及形式；证券信用交易风险识别与风险管理；我国融资融券业务的探索。 重点： 证券经纪业务的基本含义及程序。 难点： 证券信用交易风险识别与风险管理。 习题要点： 什么是融资融券业务？分别从宏观经济、证券公司、投资者及证券市场四个方面来分析融资融券的作用。 我国融资融券业务的发展进程	（1）了解证券经纪业务的特点； （2）了解我国证券信用制度及融资融券业务的发展现状； （3）理解证券经纪业务的基本程序； （4）分析证券信用交易对证券市场的影响； （5）掌握证券经纪业务的基本含义	3	讲授 讨论 案例分析 作业	（1） （2）

续表

章次	教学内容	教学要求（学生学习预期成果）	学时	教学方式	课程目标
第六章	证券自营业务 知识点： 自营业务的含义与特点；自营业务的种类；自营业务的管理；券商自营业务投资范围与投资方式变迁；券商自营业务投资范围与投资方式限制放宽的影响；券商的应对措施。 重点： 投资银行自营业务的含义、特点。 难点： 投资银行自营业务创新的内容、发展趋势及其对投资银行的影响。 习题要点： 你认为券商自营业务创新有哪些趋势	（1）了解投资范围及其演变； （2）理解投资银行自营业务创新的内容、发展趋势及其对投资银行的影响； （3）掌握投资银行自营业务的含义、特点以及管理制度	3	讲授 讨论 案例分析 作业	（1） （2）
第七章	公司并购业务 知识点： 公司兼并与收购的概念及其类型；企业并购的动因与效应；公司并购的程序；投资银行在公司并购中的作用；收购与反收购策略。 重点： 公司并购的类型及其程序，投资银行作为并购双方财务顾问的职能与作用。 难点： 公司并购的动因及投资银行在公司并购过程中的作用。 习题要点： （1）公司并购的基本程序； （2）投资银行在并购过程中的作用	（1）了解公司并购动因、并购效应及并购程序； （2）理解投资银行在公司并购过程中的作用及目标公司的反并购策略； （3）会运用投资银行对目标公司的估值方法； （4）掌握公司并购的类型	3	讲授 讨论 案例分析 作业	（1） （2）

续表

章次	教学内容	教学要求 （学生学习预期成果）	学时	教学方式	课程 目标
第八章	投资银行的资产管理 知识点： 投资银行资产管理的含义及分类；投资银行资产管理业务的发展与规范；投资银行资产管理业务的运行；投资银行资产管理的风险控制。 重点： 投资银行资产管理业务的基本概念和各种分类、特点。 难点： 投资银行资产管理业务的组织模式、管理体系。 习题要点： （1）现代投资银行资产管理业务主要涵盖哪些内容？国内外在资产管理业务分类方面有何区别？ （2）我国投资银行资产管理业务的现状如何？存在哪些问题？ （3）试述投资银行资产管理业务的运行机制	（1）了解投资银行资产管理业务的国内外发展现状、趋势； （2）理解投资银行资产管理业务的运行； （3）掌握投资银行资产管理业务的基本概念和各种分类、特点	3	讲授 讨论 案例分析 作业	（1） （2）
第九章	投资银行的历史演进、发展及监管 知识点： 私募股权的概述；私募股权的运作；私募股权的发展历程；风险投资的概述。 重点： 私募股权的运作模式、组织形式、投资机制。 难点： 私募股权的运作模式、组织形式、投资机制。 习题要点： （1）PE 和 VC 的区别。 （2）PE 的业务流程。 （3）投资银行在 VC 不同阶段中的职能定位	（1）了解私募股权的运作模式、组织形式、投资机制； （2）了解风险投资的相关概念和运作机制； （3）理解私募股权及私募基金的区别； （4）掌握私募股权及风险投资的相关概念和运作机制； （5）能够灵活运用所学知识进行私募股权投资案例分析	3	讲授 讨论 案例分析 作业	（1） （2）

续表

章次	教学内容	教学要求 （学生学习预期成果）	学时	教学方式	课程目标
第十章	投资银行的风险管理 知识点： 投资银行风险概述；投资银行业务的风险及其防范；投资银行的风险管理策略；投资银行的风险管理工具（VAR）。 重点： 风险的识别和分类，投资银行风险管理的过程和策略以及风险管理工具。 难点： VAR 风险管理模型的应用。 习题要点： （1）投资银行存在哪些风险？ （2）分析 VAR 风险管理模型的应用和局限性	（1）了解风险的起因和业务类型； （2）理解投资银行风险管理的过程和策略； （3）掌握风险的识别和分类，风险管理的工具； （4）应用 VAR 风险管理模型的	3	讲授 讨论 案例分析 作业	（1） （2）
第十一章	投资银行的金融创新 知识点： 金融创新的含义；金融创新的发展历程；金融创新的动因；金融创新的趋势；金融工程；金融工具的创新；资产证券化；资产证券化概述；资产证券化的运作；资产证券化的风险管理。 重点： 资产证券化的含义、特征、作用、运作流程及风险管理。 难点： 资产证券化的含义、特征、作用、运作流程及风险管理。 习题要点： （1）金融创新的含义、动因与发展趋势。 （2）比较远期合约、期货合约、期权合约的异同点。 （3）资产证券化的特征、作用、运作流程以及投资银行在资产证券化中的作用。 （4）次贷危机对资产证券化的影响	（1）了解投资银行金融创新的发展历程、发展动因及发展趋势； （2）理解远期、期货、期权和互换几种主要的金融衍生工具； （3）掌握资产证券化的含义、特征、作用、运作流程及风险管理	6	讲授 讨论 案例分析 作业	（1） （2） （3）
合计			48		

4. 教材及教学主要参考书

推荐教材：

《投资银行学》，金德环主编，格致出版社，2018 年 1 月第 3 版。

参考书目：

（1）《投资银行学》，韩复龄主编，对外经济贸易大学出版社，2014 年 9 月第 2 版。

（2）《投资银行学》，周莉主编，高等教育出版社，2011 年第 3 版。

（四）项目评估与管理

项目评估与管理课程教学大纲

1. 课程基本信息

开课单位	金融学院	课程类别	专业核心课
课程名称	项目评估与管理（Project evaluation and project management）	课程编码	09213008
开课对象	2020 级投资学专业	开课学期	5
学时/学分	总学时 48、理论课学时 48、实践课学时 0，3 学分		
先修课程	微观经济学、会计学原理、公司理财等		

课程介绍：

本课程针对 2020 级投资学专业学生开设，属于专业核心课。

项目评估和项目管理是投资学的专业方向课，是评估拟投资项目方案的优劣以选择最佳投资方案、项目计划、项目实施与控制的一门技术与经济评价、管理相结合的交叉学科。通过该课程的教学，使学生掌握投资项目的可行性研究、项目论证的基本理论、项目论证的方案选择与决策、项目计划方法、项目的沟通与信息管理、财务效益分析与成本控制、项目质量管理、项目风险管理、项目总评估与项目后评估等基本理论和方法，初步学会项目可行性研究、项目评估和项目管理等实务操作，具备投资项目可行性研究、投资项目项目评估和项目管理的综合能力。在教学中，贯彻理论联系实际的教学原则，采用课堂教学与案例讨论相结合的方式，并加深对评估理论和方法的认识，为学生以后工作中涉及的投资项目、贷款项目的经济评估和项目管理打下较扎实的基础

2. 课程目标与教学要求

本课程对学生达到如下毕业要求有贡献：

（1）掌握项目评估与管理相关专业核心知识，熟练掌握项目评估与项目管理相关专业理论及业务管理知识，了解项目评估与管理理论前沿和实践发展现状。

（2）项目评估与管理业务能力：学生能够顺利开展项目评估与项目管理的实际业务，进行相应的业务决策和管理，能够初步解决专业领域的实际问题。

（3）继续学习能力：能够跟踪项目评估与管理理论前沿，不断更新知识结构、提升职业素养，适应项目评估与项目管理及相关职业发展。

完成课程后，学生将具备以下能力：

（1）在项目评估与项目管理学科具备基本的知识；

（2）初步具有完成基本业务的技能和完成专业项目评估报告的能力；

（3）明确项目评估与项目管理业务本身的创新型以及所需知识的广博性，接受终身学习理念，养成在干中学的习惯，通过不断学习提升自己的能力；

（4）熟悉国家有关金融投资的方针、政策和法律法规；具有一定的专业敏感性，在激烈的市场竞争中敢于创新、善于创新；了解国内外投资行业发展动态。

课程目标支撑的毕业要求：

课程支撑的毕业要求		课程目标			
		（1）	（2）	（3）	（4）
1	毕业要求5：项目评估与管理知识 掌握项目评估与管理必须具备的经济学、公司财务和项目管理基础知识；掌握项目评估与管理专业理论及业务管理知识；了解项目评估与管理理论前沿和实践发展现状。	√			
2	毕业要求6：项目评估与管理业务能力 具备投资项目可行性研究和投资项目经济评估的综合能力； 掌握正确地应用项目管理理论和知识指导实践工作的开展。		√		
3	毕业要求7：熟悉国家有关金融投资的方针、政策和法律法规；具有一定的专业敏感性，在激烈的市场竞争中敢于创新、善于创新；了解国内外投资行业发展动态。			√	
4	毕业要求9：继续学习能力 主动接受终身学习理念，掌握有效的学习方法，具有进一步深造的学习能力、研究能力。				√

3. 教学内容与课程目标

项目评估与管理教学内容与课程目标：

章次	教学内容	教学要求 （学生学习预期成果）	学时	教学方式	课程目标
第一章	导论 知识点： 投资和项目的含义，投资项目决策程序，项目周期的概念和内容，项目可行性研究概念、作用和内容，项目评估的含义、作用、内容和特点，项目评估与可行性研究的关系。 重点： 项目的含义；项目评估的含义；项目周期；项目评估与可行性研究的关系。 难点： 项目评估与可行性研究的关系。 习题要点： 项目评估与可行性研究的关系	（1）了解投资决策程序和方法； （2）掌握投资项目、项目评估、项目可行性研究的基本概念； （3）掌握项目评估的原则和工作内容； （4）掌握可行性研究与项目评估的异同点	6	讲授 讨论 案例分析 作业	（1） （3）
第二章	项目概况与必要性评估 知识点： 项目概况评估的概念，项目背景评估，项目审批程序评估，项目投资环境评估，项目建设必要性评估。 重点： 项目建设必要性评估。 难点： 项目建设必要性评估。 习题要点： 项目建设必要性评估的内容	（1）了解项目背景评估、项目审批程序评估和项目投资环境评估； （2）掌握项目概况评估的概念； （3）掌握项目概况评估的内容； （4）掌握项目必要性评估的内容	6	讲授 讨论 案例分析 作业	（1） （2） （3）
第三章	市场分析 知识点： 市场分析的内容，市场调查，市场预测，产品寿命周期分析。 重点： 市场分析的方法。 难点： 市场分析的方法。 习题要点： 市场分析的基本方法有哪些	（1）了解市场分析的内容； （2）了解市场分析的方法	3	讲授 讨论 案例分析 作业	（1） （2）

续表

章次	教学内容	教学要求 （学生学习预期成果）	学时	教学方式	课程目标
第四章	建设规模的分析评估 知识点： 制约生产规模的主要因素；项目经济规模的确定方法；项目生产规模多方案评选。 重点： 经济规模确定的方法。 难点： 经济规模确定的方法。 习题要点： 项目生产规模多方案评选有哪些	（1）掌握制约生产规模的主要因素； （2）掌握保本规模、合理规模、经济规模确定的方法	3	讲授 讨论 案例分析 作业	（1） （2）
第五章	投资项目建设和生产条件评估知识点： 资源条件的评估，原材料条件的评估项目燃料、动力（电力、供水）条件的评估，外部协作配套条件和同步建设的分析评估，厂址选择的概念，厂址选择评估的方法，项目生产条件评估的概念和方法。 重点： 厂址选择的评估。 难点： 厂址选择的评估。 习题要点： 投资项目建设和生产条件评估的内容和方法有哪些	（1）掌握影响项目建设的条件； （2）掌握案例分析厂址选择条件评估	3	讲授 讨论 案例分析 作业	（1） （2）
第六章	投资项目技术评估 知识点： 技术评估的概念、内容，技术评估的原则，生产工艺技术的概念，生产工艺技术方案评估的内容，设备选型的概念，设备选型评估方法，工程设计方案的概念，工程设计方案评估的方法。 重点： 设备选型的评估。 难点： 设备选型的评估。 习题要点： 技术评估的概念、内容，技术评估的原则有哪些	（1）了解技术评估的原则； （2）了解项目设备方案的选择与评估； （3）了解土建工程方案的选择与评估	3	讲授 讨论 案例分析 作业	（1） （2）

续表

章次	教学内容	教学要求 （学生学习预期成果）	学时	教学方式	课程目标
第七章	投资估算与资金筹措方案评估知识点： 项目投资的概念，项目投资的资金构成，建设项目总投资，固定资产投资的估算，流动资金的构成，流动资金的估算，资金筹措方式，项目融资的含义，融资渠道。 重点： 建设期利息的计算、项目总投资的确定。 难点： 建设期利息的计算、项目总投资的确定。 习题要点： 投资估算与资金筹措方案评估的具体内容和方法有哪些	（1）了解项目筹资方式，掌握项目投资资金构成； （2）掌握资金成本的计算，掌握建设期利息的计算	3	讲授 讨论 案例分析 作业	（1） （2）
第八章	建设项目财务数据估算与评估知识点： 财务基础数据估算的内容，财务基础数据估算表，项目生产期的概念，项目生产期的估算，项目总成本的估算，项目总费用的估算，项目年收入的估算，项目年税金的估算，项目销售利润的估算。 重点： 项目总成本费用和销售收入的确定。 难点： 项目总成本费用和销售收入的确定。 习题要点： 项目总成本费用和销售收入的确定是怎样的	（1）了掌握项目财务基础数据估算的内容； （2）掌握项目年收入和年税金、项目成本和费用的估算方法	3	讲授 讨论 案例分析 作业	（1） （2）
第九章	建设项目财务效益评价 知识点： 财务评估的概念、内容、方法和指标，三大基本报表和附表的编制，静态评价指标，动态评价指标。 重点： 财务评估的几大指标。 难点： 财务评估的几大指标。 习题要点： 财务评估的指标有哪些	（1）：掌握财务评估的静态分析指标和方法、动态分析指标和方法； （2）财务基础数据、基准投资收益率和投资回收期的测定； （3）掌握财务基础数据、基准投资收益率和投资回收期的测定	6	讲授 讨论 案例分析 作业	（1） （2） （3）

续表

章次	教学内容	教学要求 （学生学习预期成果）	学时	教学方式	课程目标
第十章	建设项目的不确定性分析 知识点： 项目不确定的因素，建设项目的不确定性分析的方法，盈亏平衡分析。 重点： 盈亏平衡分析。 难点： 盈亏平衡分析。 习题要点： 建设项目的不确定性分析的方法有哪些	（1）了解影响项目经济效益的不确定性因素，掌握盈亏平衡分析的原理； （2）掌握盈亏平衡分析法	3	讲授 讨论 案例分析 作业	（1） （2） （3）
第十一章	项目国民经济评估 知识点： 国民经济评估的含义、内容，国民经济评估和财务评估的区别，费用与效益的识别，对转移支付的处理，国家参数，影子价格的含义，影子价格的调整计算，国民经济评估的报表，国民经济评估指标。 重点： 影子价格的确定。 难点： 影子价格的确定。 习题要点： 国民经济评估和财务评估的区别合约的异同点是什么	（1）了解国民经济盈利能力、国民经济外汇效果分析指标的含义、计算及应用。 （2）了解社会效果的分析与评估；掌握国民经济评估的含义、对象、基本目标以及内容。 （3）理解直接效益和间接效益、直接费用和间接费用以及对转移支付的处理。 （4）掌握影子价格、社会折现率的含义及外贸货物影子价格的计算	3	讲授 讨论 案例分析 作业	（1） （2） （4）

续表

章次	教学内容	教学要求 （学生学习预期成果）	学时	教学方式	课程目标
第十二章	项目管理的基本知识 知识点： 项目质量的定义、项目质量管理的概念与内容、项目质量规划的编制、项目质量控制与项目保证，项目活动定义、项目活动的排序和项目活动的时间估算、项目进度计划的编制及项目进度计划的控制，项目风险管理的主要内容、项目风险识别的概念和工具、项目风险的定性分析和定量分析、项目风险应对的规划、技术与工具、项目风险监测的概念、技术与工具。 重点： 项目进度计划的控制。 难点： 项目活动时间的估算与控制。 习题要点： 项目风险的定量分析和定性分析内容是什么	（1）掌握项目质量管理的内容、项目质量规划的编制方法和项目质量控制的工具； （2）掌握项目活动时间的估算、项目进度计划的编制与项目进度计划的控制； （3）掌握项目风险识别、风险定量分析和定性分析的技术和工具，项目风险应对的规划、技术与工具	6	讲授 讨论 案例分析 作业	（1） （2） （3） （4）
合计			48		

4. 教材及教学主要参考书

推荐教材：

《项目评估与管理》，路君平主编，中国人民大学出版社，2013 年 9 月第 2 版。

参考书目：

（1）《投资项目评估（第 2 版）》，周春喜主编，浙江大学出版社，2010 年第 2 版；

（2）《项目评估与管理》，唐少清主编，中国人民大学出版社，2015 年 7 月第 1 版。

（五）证券投资学

证券投资学课程教学大纲

1. 课程基本信息

<table>
<tr><td>开课单位</td><td>金融学院</td><td>课程类别</td><td colspan="2">专业核心课</td></tr>
<tr><td>课程名称</td><td colspan="2">证券投资学</td><td>课程编码</td><td>3020000057</td></tr>
<tr><td>开课对象</td><td colspan="2">2020 级投资学专业</td><td>开课学期</td><td>4</td></tr>
<tr><td>学时/学分</td><td colspan="4">总学时 48、理论课学时 48、实践课学时 0，3 学分</td></tr>
<tr><td>先修课程</td><td colspan="4">微观经济学、宏观经济学、金融学、统计学等</td></tr>
<tr><td colspan="5">课程介绍：
该课程针对 2020 级投资学专业学生开设，属于专业核心课。
该课程以证券投资活动的运动规律为研究对象，在阐述证券投资基本知识基础上，介绍证券投资的基本分析、技术分析、量化分析，以及风险资产定价、管理证券投资组合、对投资组合业绩进行评价等内容。
通过本课程的学习，使学生了解和掌握证券投资的基本理论、基本方法和基本技能，能够深入分析证券市场的运行过程和运作规则；使学生具备证券投资的理论分析和实践操作的能力；使学生主动接受终身学习理念，掌握有效的学习方法，具有进一步深造的学习能力、研究能力</td></tr>
</table>

2. 课程目标与教学要求

本课程对学生达到如下毕业要求有贡献：

（1）必备工具性知识：通过查阅处理上市公司的财务数据、证券市场数据，使学生能够熟练使用常用办公软件和金融软件。

（2）证券投资学核心知识：通过学习证券投资的基本知识、投资分析、证券组合管理理论，使学生掌握证券投资学专业理论及业务管理知识，了解证券投资学理论前沿和实践发展现状。

（3）证券投资业务能力：通过学习和实践证券投资理论，使学生具备证券投资必须掌握的基本业务技能，具有处理证券投资活动决策和管理的基本技能。

（4）创新创业能力：通过学习和实践证券投资理论，使学生熟悉国家有关证券投资的方针、政策和法律法规，具有一定的专业敏感性，在激烈的市场竞争中敢于创新、善于创新，了解国内外证券投资行业的发展动态。

（5）继续学习能力：通过证券投资的实践活动，使学生主动接受终身学习理念，掌握有效的证券投资方法，具有在证券投资方面能够进一步深造的学习能力、研究能力。

完成课程后，学生将具备以下能力：

（1）在证券投资方面具备基本的知识、技术和能力；

（2）在投资团队中有效工作的能力；

（3）通过撰写证券投资分析报告，具备进行有效沟通的能力；

（4）理解专业的、道德的和社会责任的能力。

课程目标支撑的毕业要求：

	课程支撑的毕业要求	课程目标				
		（1）	（2）	（3）	（4）	（5）
1	毕业要求4：必备工具性知识 具备计算机基本知识，熟练使用常用办公软件和金融软件；熟练掌握英语，具有良好的英语听、说、读、写能力	√				
2	毕业要求5：投资学核心知识 掌握金融投资必须具备的经济学、金融学基础知识；掌握投资学专业理论及业务管理知识；了解投资学理论前沿和实践发展现状		√			
3	毕业要求6：投资业务能力 具备金融投资必须掌握的基本业务技能；具有处理各类投资活动决策和管理的基本技能			√		
4	毕业要求7：创新创业能力 熟悉国家有关金融投资的方针、政策和法律法规；具有一定的专业敏感性，在激烈的市场竞争中敢于创新、善于创新；了解国内外投资行业发展动态				√	
5	毕业要求9：继续学习能力 主动接受终身学习理念，掌握有效的学习方法，具有进一步深造的学习能力、研究能力					√

3. 教学内容与课程目标

证券投资学教学内容与课程目标：

章次	教学内容	教学要求 （学生学习预期成果）	学时	教学方式	课程目标
第一章	证券投资工具 知识点： 投资、风险、风险偏好的概念；股票、债券、投资基金、金融衍生工具、另类投资工具的概念和分类。 重点： 投资基金、股票、债券的关系；股票、债券、投资基金的投资收益来源。 难点： 投资基金、股票、债券的关系。 习题要点： 不同的证券投资工具具有什么样的特征，彼此之间的共同点、不同点有哪些？ 实践环节： 了解我国证券市场的证券投资工具	（1）理解证券投资工具的主要种类； （2）了解我国证券市场的主要投资工具	6	讲授 讨论 案例分析 作业	（2）

续表

章次	教学内容	教学要求 （学生学习预期成果）	学时	教学方式	课程目标
第二章	证券市场 知识点： 实物资产、金融资产的概念；证券市场的功能、分类、发展与运行机制；证券投资过程、证券市场价格指数；证券市场监管。 重点： 证券市场结构；交易市场分类；证交所特征与功能。 难点： 证券市场基本功能；证券投资过程；证券市场监管。 习题要点： 我国证券市场发展经历了哪些阶段；对比分析我国与其他主要国家证券市场价格指数之间的异同。 实践环节： 对比分析我国与其他主要国家证券市场价格指数走势之间的异同	（1）理解证券市场的功能与运行机制； （2）掌握证券市场价格指数的计算方法； （3）能够理解证券投资的过程； （4）能够对比分析主要国家证券市场价格指数之间的异同	6	讲授 讨论 案例分析 作业	（2）
第三章	证券投资基本分析 知识点： 经济周期、宏观经济政策对证券市场的影响；产业生命周期理论的不同阶段的特征；产业的竞争结构特征；财务分析的代表性方法、绝对估值法及相对估值法。 重点： 股价基本分析要点；股票价格波动的宏观因素；行业因素的分析；公司财务报表的分析。 难点： 股价波动的宏观面因素；公司财务报表的分析。 习题要点： 根据上市公司的财务数据，对该公司进行估值。 实践环节： 结合我国证券市场价格指数的走势，分析不同行情走势背后的宏观经济因素	（1）理解经济周期、宏观经济政策对证券市场的影响； （2）能够分析产业生命周期变化对行业上市公司股价走势的影响； （3）基于上市公司的财务数据，能够进行估值和选择个股	6	讲授 讨论 案例分析 作业	（1） （3）

续表

章次	教学内容	教学要求 （学生学习预期成果）	学时	教学方式	课程目标
第四章	证券投资技术分析 知识点： 技术分析方法的假设条件及理论基础；道氏理论、K线理论、支撑压力理论、形态理论、波浪理论；移动平均线、MACD、相对强弱指标、威廉指标等技术指标。 重点： 证券技术分析的内涵；各种分析方法的具体操作；应用K线理论应注意的问题；技术指标对股价走势的判断。 难点： 应用技术分析方法进行实践操作；对比判断多空双方力量的变化。 习题要点： 如何应用技术分析理论对行情走势进行分析判断。 实践环节： 分析我国证券市场价格指数不同阶段变化背后的宏观经济因素	（1）掌握各种技术分析理论的应用范围和局限之处； （2）能够应用技术分析方法识别股价指数主要转折变化时的技术特征	6	讲授 讨论 案例分析 作业	（1） （3）
第五章	证券投资量化分析 知识点： 量化投资的概念、基准组合、积极收益、积极风险、残余收益、残余风险；信息比率的定义及其应用、后验信息比率、前瞻信息比率；残余边界、增加值最大化、α预测。 重点： 信息比率；量化投资；增加值最大化。 难点： 如何将量化分析方法应用于投资实践。 习题要点： 前瞻信息比率与投资头寸的关系。 实践环节： 依据量化投资流程图进行实践	（1）掌握量化投资的各个概念； （2）具备操作能力，能够将量化分析方法应用于投资实践	6	讲授 讨论 案例分析 作业	（3） （4）

续表

章次	教学内容	教学要求 （学生学习预期成果）	学时	教学方式	课程目标
第六章	证券组合管理 知识点： 证券组合的含义；证券投资风险的分类；证券组合的基本类型；证券组合管理的基本步骤；马科维茨投资组合选择理论的原理及其运用；单一指数模型的内涵及其运用。 重点： 投资组合方法；现代证券投资组合方法。 难点： 马科维茨投资组合选择理论；单一指数模型。 习题要点： 现代证券投资组合方法；投资组合选择理论；单一指数模型。 实践环节： 单一指数模型中 β 值的经济含义及其运用	（1）掌握现代证券投资组合方法； （2）理解马科维茨投资组合选择理论； （3）具备操作能力，能够应用单一指数模型进行投资实践	6	讲授 讨论 案例分析 作业	（3） （4）
第七章	风险资产的定价与证券组合管理的应用 知识点： 资本资产定价模型、证券市场线；套利定价理论、因素模型；期权定价理论、二项式期权定价理论。 重点： 资本资产定价模型。 难点： 套利定价模型。 习题要点： 资产定价的因素模型。 实践环节： 尝试用资产定价的因素模型进行投资	（1）掌握资本资产定价模型； （2）理解套利定价理论； （3）了解期权定价理论； （4）能够应用资产定价的因素模型	6	讲授 讨论 案例分析 作业	（4） （5）

续表

章次	教学内容	教学要求（学生学习预期成果）	学时	教学方式	课程目标
第八章	投资组合管理业绩评价模型 知识点： 夏普指数评估模型；特雷诺指数评估模型；詹森指数评估模型；特雷诺—布莱克评估模型；多因素整体业绩评估模型；时机选择模型；证券选择能力评估模型。 重点： 投资组合管理业绩评价模型。 难点： 多因素整体业绩评估模型。 习题要点： 时机选择模型。 实践环节： 证券选择能力评估模型	（1）理解投资组合管理业绩评价模型； （2）理解多因素整体业绩评估模型； （3）掌握时机选择模型	3	讲授 讨论 案例分析 作业	（5）
第九章	债券组合管理 知识点： 债券定价理论；利率期限结构；债券的久期与凸度；可转换债券定价理论。 重点： 债券定价理论；利率期限结构。 难点： 债券的久期与凸度；可转换债券定价理论。 习题要点： 债券定价理论。 实践环节： 分析我国的利率期限结构	（1）掌握债券定价理论； （2）理解利率期限结构； （3）了解可转换债券定价理论	3	讲授 讨论 案例分析 作业	（3） （4）
合计			48		

4. 教材及教学主要参考书

推荐教材：

《证券投资学》，吴晓求主编，中国人民大学出版社，2015 年 3 月第 4 版。

参考书目：

（1）《证券投资学》，李英主编，中国人民大学出版社，2016 年 6 月出版。

（2）《证券投资学》，杨德勇等主编，中国金融出版社，2016 年 1 月出版。

（3）《证券分析》第六版，【美】本杰明格雷厄姆，中国人民大学出版社，2013 年出版。

（4）《证券投资学》，沈悦主编，中国人民大学出版社，2015 年 2 月出版。

（5）《投资学》第九版，滋维博迪主编，机械工业出版社，2013 年 7 月出版。

（6）《证券基础知识》，证券从业人员一般从业资格考试教材编委会编，企业管理出版社，2015 年 1 月出版。

（7）《货币金融学》，弗雷德里克米什金编，中国人民大学出版社，2016 年 9 月出版。

（8）《证券投资分析》，赵锡军，魏建华编，中国人民大学出版社，2015 年 4 月出版。

五、保险学专业

（一）保险学

保险学课程教学大纲

1. 课程基本信息

<table>
<tr><td>开课单位</td><td>金融学院</td><td>课程类别</td><td colspan="2">专业核心课</td></tr>
<tr><td>课程名称</td><td colspan="2">保险学</td><td>课程编码</td><td>3020000004</td></tr>
<tr><td>开课对象</td><td colspan="2">保险学</td><td>开课学期</td><td>第 4 学期</td></tr>
<tr><td>学时/学分</td><td colspan="4">总学时 48、理论课学时 48、实践课学时 0、学分 3</td></tr>
<tr><td>先修课程</td><td colspan="4">政治经济学、微观经济学、宏观经济学、概率论与数理统计、金融学、统计学</td></tr>
</table>

课程介绍：

该课程针对保险学专业学生开设，属专业核心课。课程内容主要为风险与保险、保险合同、保险数理基础、保险经营、保险产品、再保险、社会保险和保险监管等保险基本原理和基本知识。

通过该课程的学习，使学生全面、系统掌握保险学的基础理论和专业知识，具有从事保险及风险管理相关领域工作的基本能力并初步具备本专业领域科学研究的能力；能够结合行业发展，与业界同行和社会公众就本专业领域的现象和问题进行较有效的沟通与交流；通过学习，使学生具有自主学习和终身学习的意识和能力，能大致把握行业发展趋势，能将所学知识用于解决本专业领域的现象和问题，具有较强的动手能力和社会实践能力。

2. 课程目标与教学要求

本课程对学生达到如下毕业要求有贡献：

（1）掌握保险学的基本理论和专业知识，能将保险学知识用于解决保险领域相关现象和问题；

（2）具有从事保险及风险管理相关领域工作的基本技能

（3）初步具备从事保险和风险管理领域科学研究的能力；

（4）追踪保险理论前沿和发展动态，具有自主学习和终身学习的能力，适应保险行业和职业发展；

（5）能够与业界同行和社会公众就保险领域的现象和问题进行较有效的沟通与交流。

完成课程后，学生将具备以下能力：

（1）具备保险学科基本的知识、技术和能力；

（2）具备良好的职业道德，理解保险对国家、社会、企业和民众的影响和担负的社会责任的能力；

（3）通过案例讨论、书面报告和口头报告有效沟通的能力；

（4）自主学习和终身学习的能力，并能将保险学基本知识和原理应用于解释保险现象和解决保险问题的能力；

（5）解读国家有关保险的方针、政策和法律法规的能力；

（6）初步具备保险学专业科学研究的能力。

课程目标支撑的毕业要求

课程支撑的毕业要求		课程目标					
		（1）	（2）	（3）	（4）	（5）	
1	毕业要求5：能使用书面和口头表达方式与业界同行和社会公众就本专业领域的现象和问题进行较有效的沟通与交流	√				√	
2	毕业要求6：具有自主学习和终身学习的能力意识和能力，能大致把握行业发展趋势，能将所学知识用于解决本专业领域的现象和问题		√		√		
3	毕业要求8：追踪金融保险理论前沿和发展动态，掌握保险学的基础理论和专业知识，具有从事保险及风险管理相关领域工作的基本能力			√			
4	毕业要求9：初步具备从事本专业领域科学研究的能力		√				

3. 教学内容与课程目标

保险学教学内容与课程目标

章次	教学内容	教学要求 （学生学习预期成果）	学时	教学方式	课程目标
第一章	风险与保险 知识点： 风险的概念和风险三要素；风险偏好；危险单位；风险类别；风险成本；风险管理的概念、目标与基本程序；可保风险；风险与保险的关系；保险的定义、基本要素、特征、基本职能与作用；保险的分类；中外保险史；世界保险业的发展现状与趋势。 重点： 风险的概念和风险三要素；危险单位；可保风险；保险的定义、基本要素、特征、基本职能与作用。 难点： 危险单位的划分；保险的基本要素；保险的基本职能与作用。 习题要点： 风险三要素；风险对策；可保风险的判定；保险的构成要素；保险的特征与作用	（1）理解风险偏好理论和风险成本的分类，掌握风险的概念和风险三要素的判定； （2）理解风险管理的目标，掌握风险对策的方法和可保风险的选择，说明风险与保险之间的关系； （3）掌握保险的定义、保险的基本要素和分类，理解保险的特征，能够说明保险的基本职能与作用； （4）了解中外保险发展史和世界保险业的发展现状和趋势	6	讲授 讨论 视频 作业	（1） （2） （3）
第二章	保险合同 知识点： 保险合同的概念与特征、分类和形式；保险合同的要素、客体和内容；保险合同的基本原则：最大诚信原则、保险利益原则、近因原则和损失补偿原则；保险合同的订立、变更、转让、无效和终止；保险合同的解释原则与争议处理。 重点： 保险合同的概念与特点；保险合同的要素、客体；保险合同的基本原则；保险合同的解释原则。 难点： 保险合同的客体；保险合同的基本原则。 习题要点： 保险合同的特点；保险合同的要素、客体；保险合同基本原则的运用；保险合同的解释原则	（1）理解保险合同的特征，了解保险合同的分类、形式和内容，掌握保险合同的主体、客体； （2）掌握最大诚信原则、保险利益原则、近因原则和损失补偿原则的概念并能够结合案例运用； （3）掌握保险合同的订立、变更、转让、无效和终止等程序； （4）理解保险合同的解释原则	9	讲授 讨论 案例 作业	（1） （5）

续表

章次	教学内容	教学要求 （学生学习预期成果）	学时	教学方式	课程目标
第三章	保险的数理基础 知识点： 保险费率的构成；厘定保险费率的基本原则和一般方法；财产保险费率的厘定；人寿保险费的构成、计算原则、计算依据、和纯保费、营业保费的计算；保险责任准备金的提存。 重点：保险费率的构成；厘定保险费率的基本原则和方法；财产保险、人寿保险费率的厘定；非寿险责任准备金和寿险责任准备金的计算。 难点：厘定保险费率的方法；财产保险和人寿保险费率的厘定；责任准备金的提存。 习题要点： 保险费率的构成；保险费率厘定的一般方法；纯费率、附加费率的确定；生命表；人寿保险趸缴纯保费、年缴纯保费的计算；寿险责任准备金的提存方式和计算	（1）理解保险费率厘定的基本原则，掌握保险费率厘定的一般方法； （2）掌握财产保险费率纯费率、附加费率、毛费率的厘定； （3）认识生命表，理解人寿保险费计算的基本原则和计算依据，掌握人寿保险趸缴纯保费和年缴纯保费的计算； （4）理解责任准备金的含义，了解非寿险责任准备金的分类，掌握其提存方法；理解寿险责任准备金的提存方式，掌握寿险责任准备金的计算	3	讲授 案例 作业	(1) (3)
第四章	保险经营 知识点： 保险经营的特征、原则；保险展业、承保；保险防灾防损、理赔；保险投资的资金来源、基本原则、方式；保险投资的规定和选择。 重点： 保险经营的特征、原则；保险业务核保和承保控制；保险防灾防损，保险理赔的原则和程序；保险投资的资金来源和基本原则。 难点： 保险经营的原则；核保的主要内容。 习题要点： 保险经营的特征和原则；核保的主要内容和应考虑的因素；保险理赔的原则和基本程序；保险投资基本原则和投资方式	（1）理解保险经营的特征，掌握保险经营的原则； （2）了解核保的重要性；掌握核保的主要内容和其影响因素，掌握承保控制的常用方法； （3）了解保险防灾防损常用方法，掌握保险理赔的原则和程序； （4）掌握保险投资的资金来源、基本原则和投资方式，了解有关保险投资的规定	3	讲授 讨论 自学 辅导 作业	(1) (2) (5)

续表

章次	教学内容	教学要求 （学生学习预期成果）	学时	教学方式	课程目标
第五章	火灾保险 知识点： 火灾保险的定义、责任范围；火灾保险费率的决定因素；企业财产险的承保范围、责任范围、费率、保险金额与赔款计算；营业中断险的含义、赔偿期、保险金额、保险费率和赔偿处理；普通家庭财产险的承保范围、责任范围、保险费率、保险金额和赔款计算；家庭财产保险的其他形式；家庭财产险的附加险。 重点： 火灾保险的责任范围；火灾保险费率的决定因素；企业财产险的承保范围、责任范围、赔款计算；营业中断险的赔偿期、保险费率、赔偿金额的计算；家庭财产险的责任范围、保险金额与赔款计算。 难点： 企业财产险的责任范围的判定；企业财产险赔款计算；营业中断险的保险金额的确定和赔偿处理；家庭财产险赔款计算。 习题要点： 构成火灾的条件；火灾险的责任范围；企业财产险的承保范围、责任范围、赔款计算；营业中断险的赔偿期、保险金额和赔偿金额的计算；家庭财产险的责任范围	（1）掌握火灾保险的定义和费率的决定因素，判断风险是否属于火灾保险的责任范围。 （2）认识企业财产险的可保财产、不保财产和特保财产，掌握企业财产险的责任范围；掌握企业财产险赔款的计算。 （3）理解营业中断险的含义、赔偿期和保险金额的确定，掌握营业中断险的赔偿处理。 （4）了解家庭财产险的承保范围和保险费率，掌握家庭财产险的责任范围、保险金额与赔款计算	5	讲授 启发 MOOC 示范项目 作业	（1） （2） （5）

续表

章次	教学内容	教学要求（学生学习预期成果）	学时	教学方式	课程目标
第六章	运输保险 知识点： 海上保险的特点、种类、保障范围；海上货物运输保险种类、责任范围、责任起讫、保险金额；船舶保险的保障内容、特点、保险责任、责任免除、责任期限和特殊条款；运费保险的范畴和承保方式；国内水路、陆路货物运输保险、国内航空货物运输保险、国内铁路包裹运输保险的保险责任、保险期限、保险金额及保险费、赔偿处理；机动车保险的对象、险种分类、特点；机动车损失保险、机动车第三者责任保险的保险责任、责任免除、保险金额、赔偿处理；机动车保险费的计算与无赔款优待；机动车保险的附加险；机动车交通事故责任强制保险；飞机保险。 重点： 海上保险的特点；海上保险的保障范围；海上运输货物保险条款；运输工具保险的特征；机动车保险的特点；机动车损失保险的保险责任、赔偿处理；机动车第三者责任保险的保险责任、责任限额和赔偿处理；机动车保险费的计算与无赔款优待；机动车交通事故责任强制保险的特点、保险责任和责任免除、责任限额和保险费率、赔偿处理。 难点： 海上保险保障的损失和费用；海上货物运输保险的保险责任、责任起讫；机动车保险的特点；机动车损失保险的保险责任和赔偿处理；机动车第三者责任保险的保险责任和赔款计算；机动车交通事故责任强制保险的赔款计算。 习题要点： 海上保险的特点；海上保险的保障范围；海上运输货物保险条款；运输工具保险的特征；机动车保险的特点；机动车损失保险的保险责任、赔偿处理；机动车第三者责任保险的保险责任、责任限额和赔偿处理；机动车保险费的计算与无赔款优待；机动车交通事故责任强制保险的特点、保险责任和责任免除、责任限额和保险费率、赔偿处理	（1）了解海上保险的分类，掌握海上保险的特点、保障范围，理解共同海损的构成；掌握海上货物运输保险的责任范围、责任起讫；了解船舶保险和运费保险。 （2）了解国内货物运输保险、国内航空运输货物保险、国内铁路包裹运输保险的保险责任、责任免除以及赔偿处理。 （3）掌握运输工具保险的特征和特点，了解机动车保险险种的分类；掌握机动车损失保险、机动车第三者责任保险的有关内容；了解车上人员责任保险、机动车全车盗抢险和附加险的有关规定；掌握交强险的特点、保险责任和赔偿处理	6	讲授 自学 辅导 案例 作业	(1) (2) (5)

续表

章次	教学内容	教学要求 （学生学习预期成果）	学时	教学方式	课程目标
第七章	工程保险 知识点： 工程保险的概念、特征和类型；建筑工程保险、安装工程保险的特点、适用范围、保险标的和保险金额、保险责任和责任免除、费率、保险期间、承保与理赔；机器损坏保险的保险标的、保险责任和责任免除、保险金额与理赔、费率与停工费的规定。 重点： 工程保险的基本特征；建筑工程保险和安装工程保险的特点、保险标的、保险责任和责任免除、保险期间；机器损坏险的保险责任和责任免除。 难点： 建筑工程保险和安装工程保险的保险责任和责任免除、费率、保险期间；机器损坏保险的保险责任和责任免除。 习题要点： 工程保险的基本特征；建筑工程保险和安装工程保险的特点、保险标的、保险金额、保险责任和责任免除、保险期间；机器损坏险的保险责任和责任免除	（1）了解工程保险的概念、种类，掌握其特征； （2）掌握建筑工程保险、安装过程保险的特点、保险标的和保险金额、保险责任和责任免除、保险期间，了解其适用范围、承保和理赔； （3）了解机器损坏保险的保险标的、保险责任和责任免除、保险金额、费率	2	讲授 自学辅导 探究 作业	（1） （2） （5）

续表

章次	教学内容	教学要求 （学生学习预期成果）	学时	教学方式	课程目标
第八章	责任保险 知识点： 责任保险的含义与特征、法律基础、分类和共性规定；公众责任保险定义与险种、保险责任范围、责任免除、赔偿限额、保险费率与保险费；产品责任保险的定义、法律基础、保险责任范围与责任免除、保险期限、赔偿限额、保险费率与保险费；雇主责任保险、职业责任保险的定义、责任范围与责任免除、保险期限与承保方式、赔偿限额与保险费。 重点： 责任保险的含义与特征、法律基础、共性规定；公众责任保险、产品责任保险、雇主责任保险、职业责任保险的保险责任与责任免除、赔偿限额、保险期间与承保方式。 难点： 责任保险的特征；公众责任保险、产品责任保险、雇主责任保险、职业责任保险的承保方式、保险责任与责任免除。 习题要点： 责任保险的含义与特征、责任保险的法律基础、共性规定；公众责任保险、产品责任保险、雇主责任保险、职业责任保险的保险责任与责任免除、赔偿限额、保险期间与承保方式、赔偿限额	（1）掌握责任保险的含义、特征、法律基础，了解责任保险的共性规定； （2）掌握公众责任保险、产品责任保险、雇主责任保险、职业责任保险的保险责任与责任免除、赔偿限额、保险期间与承保方式	2	讲授 案例 启发 作业	(1) (2) (4) (5)

续表

章次	教学内容	教学要求 （学生学习预期成果）	学时	教学方式	课程目标
第九章	信用保证保险 知识点： 信用保险和保证保险的概念与区别；信用保证保险的特征、产生和发展；信用保险的作用和分类；国内信用保险的分类；出口信用保险的特征、保险体制、类型、保险责任和责任免除、责任限额、费率厘定、承保与理赔；投资保险的概念、保险责任与责任免除、保险期间、保险金额与保险费、理赔；保证保险的特征与类型；诚实保证保险、合同保证保险、产品保证保险的概念、特点、责任范围；信用保证保险的承保、保险期间与等待期、理赔要求。 重点： 信用保险和保证保险的概念与区别；信用保险的作用；商业信用保险；出口信用保险的特征、保险责任和责任免除、责任限额、费率厘定；投资保险的责任范围、理赔规定；保证保险的特征；诚实保证保险的保障范围、保险责任、雇主的义务；合同保证保险的保险责任；产品保证保险的特点、责任范围和责任免除；信用保证保险承保的风险控制措施、保险期间与等待期。 难点： 信用保险与保证保险的概念与区别；信用保险的作用；出口信用保险的保险责任与责任免除、责任限额；投资保险的保险责任、理赔；保证保险的特征；诚实保证保险、合同保证保险、产品保证保险的责任范围。 习题要点： 信用保险和保证保险的概念与区别；信用保险的作用；商业信用保险；出口信用保险的特征、保险责任和责任免除、责任限额、费率厘定；投资保险的责任范围、理赔规定；保证保险的特征；诚实保证保险的保障范围、保险责任、雇主的义务；合同保证保险的保险责任；产品保证保险的特点、责任范围和责任免除；信用保证保险承保的风险控制措施、保险期间与等待期	（1）了解信用保证保险的产生和发展，掌握信用保险与保证保险的概念与区别、信用保证保险的特征。 （2）了解信用保险的分类和国内信用保险的类型，理解信用保险的作用；理解出口信用保险的特征，了解其类型、费率厘定，掌握其保险责任和责任免除、责任限额；了解投资保险的发展、理赔有关规定，掌握其概念、保险责任与责任免除、保险期间。 （3）掌握保证保险的特征，了解其类型；掌握诚实保证保险、合同保证保险、产品保证保险的特点、保险责任与责任免除、保险金额与保险费率。 （4）掌握信用保证保险承保的风险控制、保险期间与等待期	2	讲授 案例 网上助学 作业	（1） （2） （4） （5）

续表

章次	教学内容	教学要求 （学生学习预期成果）	学时	教学方式	课程目标
第十章	人身保险 知识点： 人身保险的特征、分类、常见条款；传统型、创新人寿保险；年金保险；健康保险的概念、特点、保险责任；医疗保险的种类；意外伤害保险的概念、特点分类、保险责任。 重点： 人身保险的特征；人身保险合同中的常见条款；传统型与创新型人寿保险的种类和特点；年金保险的定义和种类；健康保险的概念、特点、保险责任、医疗保险；意外伤害保险的概念、特点、分类、保险责任。 难点： 人身保险的特征；人身保险合同的常见条款；人寿保险各险种的特点；健康保险的概念；意外伤害的判定。 习题要点： 人身保险的特征；人身保险合同中的常见条款；传统型与创新型人寿保险的种类；年金保险的定义和种类；健康保险中疾病的构成要件；健康保险的特点、保险责任；意外伤害的判定；意外伤害保险的特点、分类、保险责任	（1）了解人身保险的分类，掌握人身保险的特征和人身保险合同的常见条款并应用； （2）掌握传统型人寿保险的创新型人寿保险的险种种类和特点；掌握年金保险的概念，了解其分类； （3）掌握健康保险的概念、特点、保险责任、疾病风险的构成要件，了解医疗保险的种类； （4）掌握意外伤害保险的概念、特点、保险责任、意外事故的三要素，了解意外伤害保险的分类	4	讲授 案例 互动 作业	（1） （2） （4） （5）

续表

章次	教学内容	教学要求 （学生学习预期成果）	学时	教学方式	课程 目标
第十章	再保险 知识点： 再保险的概念、职能和作用；再保险与原保险的比较；再保险合同的概念、种类；比例再保险和非比例再保险方式的运用；再保险市场的概念与特点；再保险市场承保人的组织形式；国际在保险市场及其发展趋势。 重点： 再保险的概念、职能和作用；再保险与原保险的比较；比例再保险和非比例再保险方式的运用；再保险市场的概念和特点。 难点： 再保险的职能和作用；再保险与原保险的比较；比例再保险和非比例再保险方式的运用。 习题要点： 再保险的概念、职能和作用；再保险与原保险的比较；比例再保险和非比例再保险方式的运用；再保险市场的概念和特点；再保险市场的特点	（1）掌握再保险的概念和特点，比较再保险和原保险的区别与联系。 （2）掌握再保险合同的概念、比例再保险和非比例再保险方式的运用；了解再保险合同的种类。 （3）了解再保险市场的概念、特点、再保险市场承保人的组织形式；国际再保险市场及其发展趋势	2	讲授 互动 启发 作业	（1） （2） （5）

续表

章次	教学内容	教学要求 （学生学习预期成果）	学时	教学方式	课程目标
第十二章	社会保险 知识点： 社会保障体系；社会保险的基本特征、作用、保险费与费率；社会保险与商业人身保险的比较；生育保险、失业保险、工伤保险、医疗保险和养老保险的定义、基本内容；养老保险的资金筹措方式。 重点： 社会保险的基本特征、作用；社会保险费的特点及其影响因素；社会保险费的确定方式；社会保险与商业人身保险的比较；生育保险、失业保险、工伤保险、医疗保险和养老保险的基本内容。 难点： 社会保险的作用；影响社会保险费分担比例的因素；社会保险与商业人身保险的比较。 习题要点： 社会保险的基本特征、作用；社会保险费的特点及其影响因素；社会保险费的确定方式；社会保险与商业人身保险的比较；生育保险、失业保险、工伤保险、医疗保险和养老保险的基本内容	（1）了解社会保障体系；掌握社会保险的基本特征、作用、社会保险费的特点及其影响因素、社会保险费的确定方式；比较社会保险与商业人身保险区别。 （2）了解我国社会保险的种类、范围和内容	2	讲授 自学 辅导 案例 作业	（1） （2） （5）
第十三章	保险市场与保险监管 知识点： 保险市场的构成、类型、需求与供给；保险经营的组织形式；保险企业的内部组织结构；保险监管的含义、部门、方式、目的和基本内容。 重点： 保险市场的要素；影响保险市场需求和供给的因素；保险监管的含义、方式、基本内容。 难点： 影响保险市场需求和供给的因素；保险监管的基本内容。 习题要点： 保险市场的构成、类型；影响保险市场需求和供给的因素；保险经营的组织形式；保险监管的含义、方式、目的和基本内容	（1）了解保险市场的构成与类型，掌握影响保险市场需求和供给的因素； （2）了解保险经营的组织形式和保险企业的内部组织结构； （3）掌握保险监管的含义、方式、目的和基本内容，了解保险监管的部门	2	讲授 网上 助学 作业	（1） （2） （4） （5）
合计			48		

4. 教材及教学主要参考书

推荐教材：

《保险学》，王绪瑾主编，高等教育出版社，2017 年 8 月第 6 版。

参考书目：

（1）《保险学》，魏华林，林宝清主编，高等教育出版社，2017 年 8 月第 4 版；

（2）《保险学》，孙祁祥主编，北京大学出版社，2017 年 6 月第 6 版。

（二）保险精算学

保险精算学课程教学大纲

1. 课程基本信息

开课单位	金融学院	课程类别	专业核心课	
课程名称	保险精算学		课程编码	3020000120
开课对象	2019—2022 级保险学专业		开课学期	第 6 学期
学时/学分	总学时 48，其中理论课学时 48			
先修课程	微积分、概率论与数理统计、保险学、财产保险、人身保险、利息理论与应用			

课程介绍：

保险精算学是保险学专业必修的一门专业核心课。课程以概率论和数理统计为基础，系统介绍保险精算学的基础知识、基本方法和基本技能，对保险精算领域的不确定性进行数量分析和预测，从而为实际操作提供科学的依据。课程主要内容包括：生命表、趸缴纯保费、年金精算现值、期缴纯保费、毛保费、责任准备金、保单现金价值与红利及非寿险精算等。学生通过本课程的学习，系统掌握保险产品的定价原理和准备金评估的基本方法，深刻理解保险公司的运行机理，进一步提高理论分析能力和实际运用能力，为今后从事保险专业工作打下坚实基础。

根据新时代中国特色社会主义合格接班人应具备的核心价值观：爱国、敬业、诚信、友善，梳理出本课程的思政目标，结合课程内容，挖掘出课程思政元素，然后通过多样化的教学活动将知识点与思政元素有机糅合，实现“知识传授、能力提升和价值引领”的课程教学目标。

2. 课程目标与教学要求

通过本课程的学习，使学生熟练掌握保险精算的理论基础和数理基础，了解精算在实务中的基本思想和方法，掌握保险中常见的各种保单精算现值的计算，能够基于精算原理对给定的问题选择合适的方法，设计相应的保单或者给出解决方案；培养良好的精算技能，为后续保险其他专业课程的学习打下坚实的数理基础。探索保险精算领域最新的研究成果，熟悉精算在各个行业的应用前景。

本课程对学生达到如下毕业要求有贡献：

（1）了解现代科技发展趋势，具备较好的人文与科学素养；

（2）具有较好的团队协作精神，具备批判性思维和创新意识；

（3）具有自主学习和终身学习的意识和能力，能大致把握保险精算领域的发展趋势，能将所学知识用于解决保险领域的实际问题；

（4）掌握必要的保险精算分析方法，具备把精算知识运用到其他保险领域的能力，能理解并运用经济学相关专业知识；

（5）追踪保险精算理论前沿和发展动态，熟悉典型各类型精算业务的全流程实践操作，在保险及风险管理相关领域工作中展现出专业技能。

完成课程学习后，学生将具备以下能力：

（1）理解现代科技发展趋势及其对保险精算行业发展的影响；

（2）通过专业报告及口头表达等方式对保险精算领域的相关问题进行阐述与沟通；

（3）熟悉各种类型寿险与非寿险的精算原理，熟练计算各类保单的精算值；

（4）能运用保险精算的相关理论，熟练分析保险各险种的保费，能够对现实案例进行科学批评和创新；

（5）能结合经济学等相关理论，利用精算学思想，探索我国保险产品面临的问题，并提出相应的对策；

（6）具有终身学习意识和拓展学习能力，能持续跟踪和了解保险精算领域的新问题、新知识、新方法，并将其应用于专业实践活动中。

课程目标支撑的毕业要求：

课程支撑的毕业要求		课程目标				
		（1）	（2）	（3）	（4）	（5）
1	毕业要求2：具有一定的人文知识，了解现代科技发展趋势，具有较好的人文与科学素养	√				
2	毕业要求4：爱岗敬业、艰苦奋斗、勇于担当，具有较好的人际沟通和团队协作能力，具备批判性思维、创新意识及初步的创新创业能力		√			
3	毕业要求6：具有自主学习和终身学习的意识和能力，能大致把握行业发展趋势，能将所学知识用于解决本专业领域的现象和问题，具有较强的动手能力和社会实践能力			√		

续表

课程支撑的毕业要求		课程目标				
		(1)	(2)	(3)	(4)	(5)
4	毕业要求7：掌握必要的经济学理论和研究方法，能理解并运用与经济学相关的数理统计、财政、会计、法律等专业基础知识				√	
5	毕业要求8：追踪金融保险理论前沿和发展动态，掌握金融学、保险学和现代风险管理的基础理论和专业知识，熟悉国家有关金融保险的方针、政策和法律法规，熟悉各类保险业务的全流程实践操作，熟悉商业银行业务和基本的证券投资业务流程与规则，具有从事保险、金融以及风险管理相关领域工作的基本能力					√
6	毕业要求9：掌握数量分析方法，具备初步的计算机语言编程能力，能够运用现代信息管理技术进行专业文献检索、数据获取及分析处理等，初步具备从事本专业领域科学研究的能力					√

3. 教学内容与课程目标

保险精算教学内容与课程目标

章次	教学内容	教学要求（学生学习预期成果）	学时	教学方式	课程目标
第一章	利息的基本概念 知识点： 保险精算的基本概念，利率的定义、单利和复利、实际利率与名义利率、实际贴现率与名义贴现率。 重点： 现值与终值的计算。 难点： 折现因子、利息强度。 习题要点： 单利的计算、复利的计算、名义利率与实际利率的换算	（1）了解利率及其相关概念； （2）理解名义利率和实际利率的换算； （3）掌握现值与终值的计算	4	多媒体教学 课堂讲授 互动式教学	(1) (4)

续表

章次	教学内容	教学要求 （学生学习预期成果）	学时	教学方式	课程目标
第二章	年金 知识点： 期末付年金、期初付年金、任意时刻的年金。 重点： 永续年金、连续年金。 难点： 变额年金、付款期间某时刻的年金当前值。 习题要点： 期末付年金的计算、期初付年金的计算、永续年金的求解	（1）了解各种类型年金的概念； （2）掌握各种类型年金的计算方法	4	多媒体教学 课堂讲授 互动式教学	（3） （4）
第三章	生命表基础 知识点： 寿命分布、生命表的类型、生命表的构造。 重点： 生命表的理解、生命表的构造、生存概率与死亡率的计算。 难点： 生存函数、余命、死力。 习题要点： 生存概率与死亡概率的计算、生命表的构造	（1）了解寿险的分布，理解基于统计学原理的死亡的规律； （2）了解构造生命表的基本过程和各种不同用途的生命表； （3）掌握各种死亡概率的计算	6	多媒体教学 课堂讲授 互动式教学	（3） （4）
第四章	人寿保险的精算现值 知识点： 死亡即付寿险的趸缴纯保费计算、死亡年末付寿险的趸缴纯保费计算、死亡即付寿险与死亡年末付寿险的趸缴纯保费关系。 重点： 定期死亡保险趸缴纯保费的计算、终身死亡保险趸缴纯保费的计算、生存保险趸缴纯保费的计算、两全保险趸缴纯保费的计算。 难点： 死亡即付的人寿保险、延期寿险的趸缴纯保费。 习题要点： 死亡年末给付的人寿保险趸交净保费、定期寿险、终身寿险、两全保险的趸缴净保费	（1）掌握趸缴纯保费的计算原理； （2）熟悉各种保险险种的趸缴纯保费计算方法； （3）掌握从事保险精算工作所必需的趸缴纯保费的计算知识； （4）能够运用趸缴纯保费的计算知识解决实际问题	8	多媒体教学 课堂讲授 案例分析 互动式教学	（3） （4）

续表

章次	教学内容	教学要求 （学生学习预期成果）	学时	教学方式	课程目标
第五章	年金的精算现值 知识点： 生存年金的概念、连续给付型年金、离散型年金、每年给付数次的年金。 重点： 离散型年金、每年给付数次的年金。 难点： 连续给付型年金、延期生存年金。 习题要点： 生存年金、终身生存年金、定期生存年金、期末付与期初付生存年金	（1）了解连续型生存年金的概念； （2）掌握年金精算现值的计算原理； （3）熟悉各种保险险种的年金精算现值计算方法	6	多媒体教学 课堂讲授 案例分析 互动式教学	（3） （4）
第六章	期缴纯保费与营业保费 知识点： 全连续型寿险的期缴纯保费计算、全离散型寿险的期缴纯保费计算、每年给付数次的期缴纯保费计算、毛保费费率的厘定。 重点： 全离散型寿险的期缴纯保费计算、毛保费费率的厘定。 难点： 全连续型寿险、半连续型寿险的纯保费。 习题要点： （1）终身寿险、生存保险、两全保险、延期终身生存年金； （2）保单费、保单费用	（1）掌握年金精算现值的计算原理； （2）掌握各种保险险种的期缴纯保费和毛保费计算方法； （3）理解附加保费概念以及营业保费厘定的基本原则； （4）掌握附加保费的精算现值计算	6	多媒体教学 课堂讲授 案例分析 互动式教学	（3） （4）
第七章	准备金 知识点： 全连续型寿险的责任准备金计算、全离散型寿险的责任准备金计算、递推公式、修正责任准备金。 重点： 责任准备金未来法公式、责任准备金过去法公式、修正责任准备金方法。 难点： 半连续型寿险的责任准备金、责任准备金的递推公式。 习题要点： 责任准备金计算、过去法、未来法、递推公式、修正准备金	（1）理解责任准备金的计算原理； （2）掌握各种保险险种的责任准备金计算方法； （3）熟悉 IBNR 准备金的估计方法	6	多媒体教学 课堂讲授 案例分析 互动式教学	（3） （4）

续表

章次	教学内容	教学要求（学生学习预期成果）	学时	教学方式	课程目标
第八章	保单现金价值与红利 知识点： 保单现金价值、保单选择权、保单红利。 重点： 保单现金价值的计算、保单红利、保单红利经验调整法。 难点： 三元素法、保单红利经验保费法。 习题要点： 展期保险、自动垫交保费、资产份额、三元素法、经验保费法	（1）熟悉保单现金价值与红利的计算原理； （2）掌握各种保险险种的保单现金价值； （3）掌握保单红利的两种主要计算方法	8	多媒体教学 课堂讲授 案例分析 互动式教学	（3） （4）
合计			48		

4. 教材及教学主要参考书

推荐教材：

《保险精算》，李秀芳、傅安平、王静龙主编．中国人民大学出版社，2008 年。

参考书目：

（1）《利息理论》，刘占国主编，南开大学出版社，2000 年 9 月。

（2）《寿险精算数学》，卢仿生、张琳主编，中国财政经济出版社，2006 年。

（3）《风险理论与非寿险精算》，谢志刚、韩天雄主编，南开大学出版社，2000 年。

（4）《寿险精算实务》，李秀芳主编，南开大学出版社，2000 年。

（5）《金融与保险精算数学》，陈伟森、谢耀权主编，机械工业出版社，2009 年。

学术刊物

（1）Insurance：Mathematics and Economics。

（2）《保险研究》。

推荐网站

（1）中国保监会：http：//www. circ. gov. cn/web/site0/。

（2）中国保险行业协会：http：//www. iachina. cn/。

（3）中国精算师协会：http：//www. e-caa. org. cn/。

（三）财产保险

财产保险课程教学大纲

1. 课程基本信息

开课单位	金融系	课程类别	专业核心课	
课程名称	财产保险		课程编码	3020000123
开课对象	保险学专业		开课学期	第5学期
学时/学分	共48学时/3学分、理论课学时48学时			
先修课程	金融学、保险学、风险管理			
课程介绍： 财产保险是为本科保险学专业的学生开设的一门专业核心课程，3学分，开设一学期。财产保险是一门既反映财产保险一般理论和方法，又反映财产保险实务经营最新技术和成果，应用性很强的课程，在保险学专业人才培养中具有举足轻重的作用。通过本课程的学习，使学生进一步加深对财产保险的认识，熟悉财产保险各险种的基本知识和业务经营，把握行业前沿，掌握必要的保险学分析研究方法，具备批判性思维和创新意识，进而帮助学生提高独立发现问题、思考问题和解决问题的能力，为以后从事保险及相关工作打下坚实基础				

2. 课程目标与教学要求

本课程对学生达到如下毕业要求有贡献：

（1）热爱祖国、拥护中国共产党的领导，遵纪守法、践行社会主义核心价值观，具有较高的政治觉悟和坚定的理想信念（支撑毕业要求指标1）；

（2）具有较好的团队协作精神，具备批判性思维和创新意识（支撑毕业要求指标4）；

（3）就财产保险领域的现象和问题进行有效且专业的沟通与表达（支撑毕业要求指标5）；

（4）具有自主学习和终身学习的意识和能力，能大致把握财产保险行业的发展趋势，能将所学知识用于解决财产保险领域的实际问题（支撑毕业要求指标6）；

（5）追踪财产保险理论前沿，熟悉国家有关方针、政策和法律法规，熟悉典型财产保险业务的全流程实践操作，在保险及风险管理相关领域工作中展现出专业技能（支撑毕业要求指标8）；

（6）掌握数量分析方法，能运用现代信息技术进行专业文献检索、数据获取及分析处理（支撑毕业要求指标9）。

完成课程后，学生将具备以下能力：

（1）坚定的理想信念和较高的政治觉悟；

（2）通过专业报告及口头表达等方式对财产保险领域的相关问题进行表达与沟通的能力；

（3）熟悉财产保险相关法律法规、熟悉典型财产保险业务的经营与管理；

（4）能运用财产保险的相关理论，熟练解读财产保险各险种的条款，能够对现实案例进行科学批评和创新；

（5）掌握数量分析方法，能运用现代信息技术进行专业文献检索、数据获取及分析处理；

（6）具有终身学习意识和拓展学习能力，能持续跟踪和了解财产保险领域的新知识、新技术、新规范，并将其应用于专业实践活动中。

课程目标支撑的毕业要求：

课程支撑的毕业要求		课程目标					
		（1）	（2）	（3）	（4）	（5）	（6）
1	毕业要求1：热爱祖国、拥护中国共产党的领导，遵纪守法、践行社会主义核心价值观，具有较高的政治觉悟和坚定的理想信念；热爱劳动，尊重劳动者，有成为合格的社会主义建设者和接班人的坚定志向	√					
2	毕业要求4：爱岗敬业、艰苦奋斗、勇于担当，具有较好的人际沟通和团队协作能力，具备批判性思维、创新意识及初步的创新创业能力		√				
3	毕业要求5：具备较强的英语听、说、写、译能力，办公自动化等计算机应用能力和公文写作能力，能使用书面和口头表达方式与业界同行和社会公众就本专业领域的现象和问题进行较有效的沟通与交流			√			
4	毕业要求6：具有自主学习和终身学习的意识和能力，能大致把握行业发展趋势，能将所学知识用于解决本专业领域的现象和问题，具有较强的动手能力和社会实践能力				√		

续表

课程支撑的毕业要求		课程目标					
		(1)	(2)	(3)	(4)	(5)	(6)
5	毕业要求8：追踪金融保险理论前沿和发展动态，掌握金融学、保险学和现代风险管理的基础理论和专业知识，熟悉国家有关金融保险的方针、政策和法律法规，熟悉各类保险业务的全流程实践操作，熟悉商业银行业务和基本的证券投资业务流程与规则，具有从事保险、金融以及风险管理相关领域工作的基本能力					√	
6	毕业要求9：掌握数量分析方法，具备初步的计算机语言编程能力，能够运用现代信息管理技术进行专业文献检索、数据获取及分析处理等，初步具备从事本专业领域科学研究的能力						√

3. 教学内容与课程目标

财产保险教学内容与课程目标：

章次	教学内容	教学要求 （学生学习预期成果）	学时	教学方式	课程目标
第一章	财产保险导论 知识点： 财产保险的概念与特征；财产保险的职能与作用；财产保险的发展演变及现代科技发展对财产保险行业的影响；财产保险商品的形态，含财产保险的分类、业务体系及财产保险商品的设计原则与方法等。 重点： 财产保险的特征、职能和作用；现代科技发展趋势及其对财产保险行业发展的深远影响；财产保险商品的形态；财产保险商品的设计。 难点： 财产保险商品的形态；财产保险商品的设计。 习题要点： 财产保险的概念、特征和分类；根据各年度财产保险业务的统计数据，分析财产保险业务的发展现状、特点和趋势	（1）理解财产保险的概念、特征及其发展变迁； （2）掌握财产保险对于当前经济建设和政治改革的重要意义； （3）理解现代科技发展趋势及其对财产保险行业发展的深远影响； （4）理解财产保险商品的形态，掌握财产保险商品的设计方法	3	多媒体教学 课堂讲授 互动式教学	(1) (4) (6)

续表

章次	教学内容	教学要求 （学生学习预期成果）	学时	教学方式	课程目标
第二章	财产保险合同 知识点： 财产保险合同的概念、特点与分类；财产保险合同的基本要素（主体、客体）；财产保险合同的基本原则，含保险利益原则、最大诚信原则、近因原则和损失补偿原则；财产保险合同的订立、变更、转让、无效和终止；财产保险合同的解释原则，含文意解释原则、意图解释原则、有利于非起草人原则、尊重保险惯例的原则；财产保险合同的争议处理（和解、调解、仲裁、诉讼）。 重点： 财产保险合同的特征、分类、基本要素、基本原则；财产保险合同的订立、变更、转让、无效和终止。 难点： 财产保险合同的订立、变更、转让、无效和终止。 习题要点： 财产保险合同的特征与分类；保险基本原则在财产保险中的运用；实践中有关财产保险合同的争议处理	（1）理解财产保险合同的解释原则和争议处理； （2）理解财产保险合同的订立、变更、转让、无效和终止的基本规定； （3）说明财产保险合同的特征、分类和基本要素； （4）掌握财产保险合同的基本原则	3	多媒体教学 课堂讲授 案例分析 互动式教学	（2） （3） （5）
第三章	财产保险的数理基础 知识点： 财产保险费率的构成与厘定原则、费率厘定的一般方法；财产保险责任准备金的含义、类型与提存；财务稳定性的概念与衡量指标；财务稳定性的测定与影响因素。 重点： 财产保险费率的含义；财产保险费率厘定方法；财产保险责任准备金的提存原理。 难点： 财产保险费率厘定方法；财产保险责任准备金的提存原理。 习题要点： 财产保险费率的厘定；财产保险责任准备金的计提；利用财务稳定性指标分析财产保险公司的财务稳定状况，分析财务稳定性差的原因并提出财务解决办法	（1）理解财产保险费率的构成与厘定原则； （2）理解财产保险费率的含义和财产保险财务稳定性的基本概念； （3）掌握财产保险费率厘定方法和财产保险责任准备金的提存原理等	3	多媒体教学 课堂讲授 互动式教学	（3） （5） （6）

续表

章次	教学内容	教学要求 （学生学习预期成果）	学时	教学方式	课程目标
第四章	火灾保险 知识点： 火灾保险导论（定义、责任范围、费率、国外火灾保险简介）；企业财产保险的承保范围、保险费率、保险金额与赔款计算；营业中断保险的含义、赔偿期、保险金额、保险费与保险费率、赔偿处理及特别附加条款；普通家庭财产保险、家庭财产保险的其他形式及家庭财产保险的附加险。 重点： 火灾保险的基本理论及企业财产险、营业中断险和家庭财产险的基本理论与实务。 难点： 火灾保险的基本理论及企业财产险、营业中断险和家庭财产险的基本理论与实务。 习题要点： 火灾保险的保险责任、责任免除和特约责任；企业财产险的保险责任、责任免除、理赔程序和赔款计算；营业中断险的保险金额和赔款计算；普通家财险和家庭财产两全保险的区别及赔款计算。 实践环节： 企业财产保险承保理赔业务实训；家庭财产保险承保理赔实训	（1）理解火灾保险的基本条款和火灾保险中的重要概念； （2）掌握企业财产险的基本理论及实务； （3）掌握营业中断险和家庭财产险的基本理论与实务； （4）理解火灾保险典型案例，能通过团队讨论对部分案件审理结果进行批判和创新	9	多媒体教学 课堂讲授 案例分析 互动式教学	(2) (3) (4) (5) (6)

续表

章次	教学内容	教学要求 （学生学习预期成果）	学时	教学方式	课程目标
第五章	运输工具保险 知识点： 运输工具保险的概念及特征；机动车保险的对象、险种和特点；机动车损失保险；机动车第三者责任保险；机动车车上人员责任保险；机动车全车盗抢保险；机动车辆保险保险费的计算与无赔款优待；机动车保险的附加险；机动车保险的承保和理赔程序；机动车交通事故责任强制保险；船舶保险的特点与保障内容；船舶保险的保险期限；船舶保险的保险金额、保险费率和免赔额；船舶战争、罢工险条款；飞机保险基本险的保险责任；飞机保险基本险的责任免除；飞机保险基本险的保险金额与赔偿限额；飞机保险基本险的保险费率和免赔额；飞机保险的附加险；飞机保险实务；有关民用航空国际公约简介。 重点： 机动车交强险与商业险的区别；机动车辆保险的产品结构；商业车险主险及主要附加险的保险责任及赔偿处理。 难点： 商业车险主险及主要附加险的保险责任及赔偿处理。 习题要点： 机动车辆保险的特点、险种结构、承保和理赔；飞机保险的基本险别和内容；船舶保险的特点和基本内容。 实践环节： 汽车保险承保理赔业务实训	（1）理解机动车辆保险的发展概况及其在财产保险业中的地位； （2）掌握各类运输工具保险除外责任的界定原则； （3）理解运输工具保险的概念与特征，说明运输工具保险与火灾保险的区别； （4）掌握机动车辆保险、飞机保险和船舶保险的理论与实务； （5）理解机动车保险的相关案例，能通过团队讨论对部分典型案件的审理结果进行批判和创新； （6）理解机动车辆保险的发展趋势	9	多媒体教学 课堂讲授 案例分析 互动式教学 专题讨论	（2） （3） （4） （5） （6）

续表

章次	教学内容	教学要求 （学生学习预期成果）	学时	教学方式	课程目标
第六章	货物运输保险 知识点： 海上货物运输保险的特点与种类；我国海上货物运输保险的种类；海上货物运输保险的保险责任和责任免除；海上货物运输保险的保险期限；海上货物运输保险被保险人的义务；海上货物运输保险的保险金额；海上货物运输保险的保险费率与保险费；海上货物运输保险的索赔与理赔；国内货物运输保险的概念与种类；国内水路、陆路货物运输保险；航空货物运输保险；国内铁路包裹运输保险。 重点： 海上货物运输保险的保险费率与保险费；海上货物运输保险的索赔与理赔。 难点： 海上货物运输保险的保险费率与保险费。 习题要点： 货物运输保险的特点和分类；海上货物运输保险的基本险种及相互关系；海上货物运输保险的承保及理赔实务；国内货物运输保险的特点、分类、保险金额及赔款计算。 实践环节： 货物运输保险业务实训	（1）理解海上货物运输保险和国内货物运输保险的种类，掌握其保险责任； （2）理解国内货物运输保险的理论与实务； （3）掌握海上货物运输保险的理论与实务	3	多媒体教学 课堂讲授 案例分析 互动式教学	（3） （4） （5）

续表

章次	教学内容	教学要求（学生学习预期成果）	学时	教学方式	课程目标
第七章	工程保险 知识点： 工程保险的基本特征与类型；建筑工程保险的特点、适用范围、保险标的和保险金额、保险责任和责任免除、费率、保险期限与保证期、承保与理赔；安装工程保险的特点、适用范围、保险标的和保险金额、保险责任和责任免除、费率、保险期限、承保与理赔；机器损坏保险的保险标的、保险责任和责任免除、保险金额与理赔、费率与停工退费规定；科技工程保险概述；航天工程保险；海洋石油开发保险；核能工程保险。 重点： 建筑工程保险、安装工程保险和机器损坏保险的原理与实务。 难点： 建筑工程保险、安装工程保险和机器损坏保险的原理与实务。 习题要点： 建筑工程保险与安装工程保险的区别；建筑工程保险的保险标的、保险金额、保险费、保险责任和保险理赔实务；建筑工程保险风险调查的内容；机器损坏保险与企业财产保险的区别。 实践环节： 工程保险承保与理赔业务实训	（1）理解工程保险的发展概况和重要概念，说明其常见条款； （2）掌握建筑工程保险、安装工程保险和机器损坏保险的原理与实务	6	多媒体教学 课堂讲授 案例分析 互动式教学	（3） （4） （5） （6）

续表

章次	教学内容	教学要求 （学生学习预期成果）	学时	教学方式	课程目标
第八章	责任保险 知识点： 责任保险的特征与基本内容 （责任保险的特征与法律依据、责任保险的分类、责任保险的共性规定）；公众责任保险的定义、险种与基本内容；产品责任保险的基本内容（概念、保险费率与保险费）；雇主责任保险的定义与基本内容；职业责任保险的定义、类型与基本内容。 重点： 责任保险的基本理论以及各种责任保险的原理和实务。 难点： 责任保险的保险责任判断。 习题要点： 责任保险的特点与分类；责任保险各险种的基本内容；责任保险的赔偿处理。 实践环节： 产品责任保险业务实训	（1）理解各类责任保险的条款，理解重要概念； （2）掌握责任保险的基本理论以及各种责任保险的原理和实务； （3）理解典型责任保险案例，能通过团队讨论对部分已结案件进行批判和创新	6	多媒体教学 课堂讲授 案例分析 互动式教学	(2) (4) (5)
第九章	信用保证保险 知识点： 信用保证保险的概念、基本特征、信用保证保险的产生和发展、信用保证保险的作用；国内信用保险、出口信用保险和投资保险的特点；诚实保证保险、合同保证保险与产品保证保险的经营实务。 重点： 信用保证保险各险种的保险责任；信用保证保险的承保与理赔。 难点： 信用保证保险的承保与理赔。 习题要点： 信用保险与保证保险的区别；产品责任保险与产品保证保险的区别与联系；诚实保证保险与雇主责任保险的区别；信用保险和保证保险在实践中的应用	（1）理解各信用保险和保证保险的基本概念和重要条款； （2）掌握信用保证保险的原理和实务； （3）理解信用保证保险相关案例，并能通过团队讨论对部分案例进行批判和创新	3	多媒体教学 课堂讲授 案例分析 互动式教学	(2) (3) (5)

续表

章次	教学内容	教学要求 （学生学习预期成果）	学时	教学方式	课程目标
第十章	农业保险 知识点： 农业保险概述；农业保险的主要内容，含农业保险的分类、农业保险的保险标的、农业保险的责任范围、农业保险的保险金额、农业保险的保险费率、农业保险的保险期限、农业保险的理赔。 重点： 农业保险的概念及分类。 难点： 农业保险的经营实务（费率确定、承保理赔要求等）。 习题要点： 农业保险的分类；种植业和养殖业保险的基本内容；农业保险在实践中的应用。 实践环节： 农业保险承保与理赔实训	（1）理解农业保险的意义及其在服务三农中的作用； （2）理解掌握农业保险的概念及分类； （3）掌握农业保险的经营要求	3	多媒体教学 课堂讲授 案例分析 互动式教学	（2） （3） （5）
合计			48		

4. 教材及教学主要参考书

推荐教材：

《财产保险》，王绪瑾主编，北京大学出版社，2017 年 3 月第 2 版。

参考书目：

（1）《财产保险》，许飞琼、郑功成主编，中国金融出版社，2015 年 3 月第 5 版。

（2）《财产保险》，许谨良主编，中国金融出版社，2011 年 6 月第 4 版。

（四）人身保险

人身保险课程教学大纲

1. 课程基本信息

开课单位	金融学院		课程类别	专业核心课	
课程名称	人身保险			课程编码	3020000131
开课对象	2019—2022 级保险学专业			开课学期	第 5 学期

续表

学时/学分	总学时 48、理论课学时 48、实践课学时 0
先修课程	风险管理、保险学

课程介绍：

人身保险是保险学专业必修的一门专业核心课。主要内容包括人身保险的基础理论和基本知识、人寿保险合同的条款、人身保险产品、人身保险业务经营、人寿保险的数理基础、人身保险的资金运用和监管等。学生通过本课程的学习，进一步加深与人身保险相关的基础理论和基本知识，掌握各类人身保险产品的特征、功用和人身保险业务经营，进一步完善保险知识体系。会识别人身风险和管理人身风险，能运用所学知识分析和解决人身保险市场常见问题，为以后从事保险及相关工作打下坚实基础。

根据新时代中国特色社会主义合格接班人应具备的核心价值观：爱国、敬业、诚信、友善，梳理出本课程思政目标，结合课程内容，挖掘出课程思政元素，然后通过多样化的教学活动将知识点与思政元素有机糅合，实现“知识传授、能力提升和价值引领”的课程教学目标。

2. 课程目标与教学要求

本课程对学生达到如下毕业要求有贡献：

（1）热爱祖国、遵纪守法、爱岗敬业，践行社会主义核心价值观（支撑毕业要求 1、4）。

（2）具有团队协作能力，具备批判性思维和创新意识（支撑毕业要求 4）。

（3）具有较好的沟通能力，能够就人身保险领域的现象和问题与业界同行及社会公众进行较有效的沟通与交流（支撑毕业要求 4、毕业要求 5）。

（4）能将与人身保险相关的基本理论与基本方法应用于解决人身保险市场的现象和问题（支撑毕业要求 6）。

（5）能够跟踪人身保险发展的前沿和动态，不断更新知识结构、提升职业素养，适应保险行业及风险管理行业职业发展（支撑毕业要求 8）。

（6）熟悉国家有关人身保险的方针、政策和法律法规，熟悉各类人身保险业务的经营流程，具有从事人身风险管理和人身保险领域工作的基本能力（支撑毕业要求 8）。

（7）掌握人身保险的数理基础，具备初步从事本专业领域科学研究的能力（支撑毕业要求 9）。

完成课程后，学生将具备以下能力：

（1）热爱祖国、遵纪守法、爱岗敬业，践行“爱国、敬业、诚信、友善”的社会主义核心价值观。

（2）在团队中有效工作的能力。

（3）通过书面报告和口头报告就本专业领域的现象和问题进行较有效沟通的能力。

（4）将与人身保险相关的基本理论与基本方法应用于解决人身保险市场的现象和问题的能力。

（5）追踪人身保险市场的发展动态，不断更新知识结构、提升职业素养，适应寿险行业职业发展。

（6）准确识别人身风险、熟练解读人身保险产品和进行人身保险规划的能力。

（7）在寿险公司从事人身保险承保、核保、理赔和客户服务的能力。

（8）对人身保险市场存在的现实问题，能做出客观分析并提出相应的对策。

课程目标支撑的毕业要求：

课程支撑的毕业要求		课程目标						
		（1）	（2）	（3）	（4）	（5）	（6）	（7）
1	毕业要求1：热爱祖国、拥护中国共产党的领导，遵纪守法、践行社会主义核心价值观，具有较高的政治觉悟和坚定的理想信念；热爱劳动，尊重劳动者，有成为合格的社会主义建设者和接班人的坚定志向	√						
2	毕业要求4：爱岗敬业、艰苦奋斗、勇于担当，具有较好的人际沟通和团队协作能力，具备批判性思维、创新意识及初步的创新创业能力	√	√	√				
3	毕业要求5：具备较强的英语听、说、写、译能力，办公自动化等计算机应用能力和公文写作能力，能使用书面和口头表达方式与业界同行和社会公众就本专业领域的现象和问题进行较有效的沟通与交流			√				
4	毕业要求6：具有自主学习和终身学习的意识和能力，能大致把握行业发展趋势，能将所学知识用于解决本专业领域的现象和问题，具有较强的动手能力和社会实践能力				√			

续表

课程支撑的毕业要求		课程目标						
		(1)	(2)	(3)	(4)	(5)	(6)	(7)
5	毕业要求8：追踪金融保险理论前沿和发展动态，掌握金融学、保险学和现代风险管理的基础理论和专业知识，熟悉国家有关金融保险的方针、政策和法律法规，熟悉各类保险业务的全流程实践操作，熟悉商业银行业务和基本的证券投资业务流程与规则，具有从事保险、金融以及风险管理相关领域工作的基本能力					√	√	
6	毕业要求9：掌握数量分析方法，具备初步的计算机语言编程能力，能够运用现代信息管理技术进行专业文献检索、数据获取及分析处理等，初步具备从事本专业领域科学研究的能力							√

3. 教学内容与课程目标

人身保险教学内容与课程目标：

章次	教学内容	教学要求 （学生学习预期成果）	学时	教学方式	课程目标
第一章	人身风险 知识点： 人身风险的概念和分类；人身风险的特征；应对人身风险的对策。 重点： 分析人身风险，并提出管理对策。 难点： 分析人身风险，并提出管理对策。 习题要点： 人身风险的概念和特征；人身风险的种类；应对人身风险的对策	（1）了解人身风险的概念和分类； （2）理解人身风险的特征； （3）掌握应对人身风险的对策； （4）能帮助客户分析人身风险，并提出有效的管理对策	3	讲授 讨论 案例 作业	（6）

续表

章次	教学内容	教学要求（学生学习预期成果）	学时	教学方式	课程目标
第二章	人身保险的发展简史 知识点： 人身保险的发展历程；国内外人身保险的发展简史；影响人身保险发展的因素。 重点： 人身保险的发展历程。 难点： 影响人身保险发展的因素。 习题要点： 人身保险的发展历程；美国、英国、日本等国家人身保险发展简史；加入 WTO 后我国人身保险的发展概况；影响人身保险发展的因素	（1）了解并掌握人身保险的发展历程； （2）了解国内外人身保险的发展简史； （3）理解影响人身保险发展的因素； （4）能简述人身保险发展历程和我国人身保险发展史	3	讲授 讨论 作业	（1） （3）
第三章	人身保险概述 知识点： 人身保险的相关概念；人身保险的基本特征和作用；人身保险的分类；人身保险与社会保险的联系与区别。 重点： 人身保险的分类；人身保险与社会保险的联系与区别。 难点： 人身保险与社会保险的联系与区别。 习题要点： 人身保险的相关概念；人身保险的基本特征；《中华人民共和国保险法》对人身保险保险利益的规定；人身保险与社会保险的异同及相互关系	（1）了解人身保险的分类； （2）理解人身保险的相关概念； （3）掌握人身保险的特征和作用，人身保险与社会保险的联系与区别	3	讲授 启发 讨论 作业	（1） （3） （6）

续表

章次	教学内容	教学要求 （学生学习预期成果）	学时	教学方式	课程目标
第四章	人身保险合同 知识点： 人身保险合同的法律特征；人身保险合同的主体、客体、内容和形式；人身保险合同的订立、变更、终止和无效；人身保险合同主体的权利和义务。 重点： 人身保险合同的订立、变更、终止和无效；人身保险合同主体的权利和义务。 难点： 人身保险合同的订立、变更、终止和无效。 习题要点： 人身保险合同的特征；人身保险合同主体必须具备的条件；人身保险合同的形式及其应用；人身保险合同的订立、变更、终止和无效；人身保险合同中投保方和保险方的权利和义务	（1）了解人身保险合同的法律特征； （2）理解人身保险合同的主体、客体、内容和形式； （3）掌握人身保险合同的订立、变更、终止和无效，人身保险合同主体的权利和义务； （4）能运用所学理论和知识对相关案件的判决进行分析与评价，能对人身保险合同纠纷提出解决方案	3	讲授 案例 讨论 作业	（1） （3） （4） （6）
第五章	人寿保险合同的条款 知识点： 人寿保险合同常见条款；人寿保险合同的选择权条款。 重点： 人寿保险合同常见条款在实务中的应用。 难点： 人寿保险合同常见条款在实务中的应用。 习题要点： 人身保险合同受益人的种类；人寿保险合同的常见条款的含义和应用；人寿保险合同的选择权条款的内容	（1）了解人寿保险合同的选择权条款； （2）理解人寿保险合同常见条款的含义； （3）掌握人寿保险合同常见条款在实务中的应用； （4）能将《中华人民共和国民法典》婚姻家庭编和继承编的相关条款与人寿保险合同的常见条款相结合，分析和评价现实保险案例	3	讲授 案例 讨论 作业	（1） （3） （4） （6）

续表

章次	教学内容	教学要求 （学生学习预期成果）	学时	教学方式	课程目标
第六章	人寿保险 知识点： 人寿保险的概念、特征和分类；保障型人寿保险；储蓄型人寿保险；分红保险；投资型人寿保险。 重点： 保障型人寿保险、储蓄型人寿保险、分红保险、投资型人寿保险的功能及适用性。 难点： 运用所学理论和知识准确解读相关人寿保险产品，帮助客户做寿险需求分析和寿险规划。 习题要点： 人寿保险的种类；定期寿险的可续保条款和可转换条款；年金保险的特征和分类；利率波动时的替代效应和价格效应；分红保险的红利来源、分配原则和分配方式；投资型寿险的特点；传统寿险和投资型寿险的异同及适用性；寿险需求分析与寿险规划	（1）了解人寿保险的分类； （2）理解人寿保险的概念和特征； （3）掌握保障型人寿保险、储蓄型人寿保险、分红保险、投资型人寿保险的功能及适用性； （4）能够运用所学知识准确解读相关人寿保险产品，能够帮助客户做寿险需求分析和制定寿险规划	9	讲授 案例 讨论 作业	（1） （2） （3） （5） （6）
第七章	人身意外伤害保险 知识点： 人身意外伤害保险的概念、特征和分类；人身意外伤害保险的保险责任与给付方式；人身意外伤害保险与产寿险的异同。 重点： 人身意外伤害保险责任的判定和保险金给付。 难点： 运用所学知识准确解读相关保险产品、分析相关案例，帮助客户做意外险需求分析和规划。 习题要点： 意外伤害的界定；人身意外伤害保险的特点；人身意外伤害保险的保险责任构成条件；人身意外伤害保险的保险金给付；人身意外伤害保险与产寿险的异同；意外险需求分析与规划	（1）了解人身意外伤害保险的分类； （2）理解人身意外伤害保险的概念、特征及其与产寿险的异同； （3）掌握人身意外伤害保险责任的判定和保险金给付； （4）能够运用所学知识准确解读意外险产品和分析、评价相关案例，能够帮助客户做意外险需求分析和规划	3	讲授 案例 讨论 作业	（1） （2） （3） （5） （6）

续表

章次	教学内容	教学要求 （学生学习预期成果）	学时	教学方式	课程目标
第八章	健康保险 知识点： 健康保险的概念、特征和分类；健康保险合同的特殊规定；医疗保险、疾病保险、失能收入损失保险、护理保险的责任范围及其保险金给付。 重点： 医疗保险、疾病保险、失能收入损失保险、护理保险的责任范围及其保险金给付。 难点： 运用所学知识准确解读相关保险产品、分析相关案例，帮助客户做健康险需求分析和规划。 习题要点： 健康保险的分类；健康保险的特点；健康保险合同的特殊条款；疾病保险所承保疾病的条件；医疗保险的赔付方式；失能收入损失保险的保险金给付	（1）了解健康保险的分类； （2）理解各类健康保险的概念和特征； （3）掌握健康保险合同的特殊规定，医疗保险、疾病保险、失能收入损失保险、护理保险的责任范围及其保险金给付； （4）能够运用所学知识准确解读相关健康保险产品和分析相关案例，明确各类健康保险的消费理念，能够帮助客户做健康险需求分析和规划	6	讲授 案例 讨论 作业	（1） （2） （3） （5） （6）
第九章	团体人身保险 教学内容： 团体人身保险含义、作用、产生和发展历程、合同种类；团体人身保险的特点；团体人身保险的限制性规定；团体人身保险方案的设计方法和应注意的问题。 重点： 团体人身保险的特点；团体人身保险产品；团体人身保险计划书的设计。 难点： 团体人身保险计划书的设计。 习题要点： 团体人身保险的含义；团体人身保险的特点；团体人身保险的限制性规定；团体人寿保险、团体年金保险、团体意外伤害保险、团体健康保险；团体保险方案的设计	（1）了解团体人身保险的含义、作用、产生和发展历程、合同种类； （2）理解团体人身保险的特点； （3）掌握团体人身保险的限制性规定、团体人身保险方案的设计方法和应注意的问题； （4）会帮助客户分析团体人身保险需求，并设计出合理的团体保险方案	3	讲授 案例 讨论 作业	（1） （2） （3） （5） （6）

续表

章次	教学内容	教学要求（学生学习预期成果）	学时	教学方式	课程目标
第十章	人身保险的承保 教学内容： 人身保险核保的概念和意义；人身保险核保的内容；人身保险的核保程序、核保要素和保全服务。 重点： 人身保险的核保。 难点： 人身保险的保全。 习题要点： 人身保险核保的意义；人身保险核保的程序；人身保险的核保要素；保全的概念及保全服务内容	（1）了解人身保险核保的概念和意义； （2）理解人身保险核保的内容； （3）掌握人身保险的核保程序、核保要素和保全服务	2	讲授 案例 讨论 作业	（1） （2） （5） （6）
第十一章	人身保险理赔与客户服务 教学内容： 人身保险理赔的概念、功能和宗旨；人身保险欺诈产生的原因及社会基础；人身保险客户服务的重要性；人身保险的理赔流程；人身保险欺诈的主要表现与防范措施。 重点： 人身保险的理赔流程；人身保险欺诈的主要表现与防范措施。 难点： 人身保险的保全。 习题要点： 人身保险理赔的功能和宗旨；人身保险理赔的步骤和内容；人身保险欺诈的表现与防范；人身保险客户服务的内容	（1）了解人身保险理赔的概念、功能和宗旨； （2）理解人身保险欺诈产生的原因及社会基础，人身保险客户服务的重要性； （3）掌握人身保险理赔的流程、人身保险欺诈的主要表现与防范措施； （4）能够运用所学知识正确进行人身保险的理赔处理	3	讲授 案例 讨论 作业	（1） （2） （5） （6）

续表

章次	教学内容	教学要求 （学生学习预期成果）	学时	教学方式	课程目标
第十二章	人寿保险的数理基础 教学内容： 人寿保险保费的构成；人寿保险费率厘定的要素；人寿保险责任准备金的计提；人寿保险趸交纯保费和年缴纯保费的计算。 重点： 人寿保险趸交纯保费和年缴纯保费的计算。 难点： 人寿保险趸交纯保费和年缴纯保费的计算。 习题要点： 人寿保险保费的计算原则；人寿保险费率厘定的基本要素；人寿保险趸交纯保费的计算；人寿保险年缴纯保费的计算	（1）了解人寿保险保费的构成； （2）理解人寿保险费率厘定的要素、人寿保险责任准备金的计提； （3）掌握人寿保险趸交纯保费和年缴纯保费的计算原理	4	讲授 案例 作业	（3） （7） （8）
第十三章	人身保险投资与监管 教学内容： 保险投资的概念、资金来源、资金运用形式；人身保险监管的含义和监管对象；人身保险投资的原则；人身保险监管的必要性和监管依据；我国人身保险资金的投资形式；机构监管、业务监管和偿付能力监管的内容。 重点： 人身保险投资的资金来源、投资原则和投资形式；人身保险机构监管、业务监管、偿付能力监管。 难点： 人身保险投资的资金来源、投资原则和投资形式；人身保险机构监管、业务监管、偿付能力监管。 习题要点： 人身保险投资的资金来源；人身保险投资原则；保险资金的投资形式；人身保险机构监管、业务监管和偿付能力监管	（1）了解保险投资的概念，人身保险监管的含义与监管对象； （2）理解人身保险投资的原则、人身保险监管的必要性和监管依据； （3）掌握我国人身保险资金的来源和投资形式，机构监管、业务监管和偿付能力监管的内容	3	讲授 案例 作业	（1） （2） （6）
合计			48		

4. 教材及教学主要参考书

推荐教材：

《新编人身保险学》，魏巧琴编著，同济大学出版社，2015 年 1 月第 3 版。

参考书目：

（1）《人身保险》，李丹、田佳佳主编，科学出版社，2013 年 8 月第 1 版；

（2）《人身保险原理与实务》，许瑾良主编，上海财经大学出版社，2015 年 8 月第 4 版；

（3）《人身保险实训教程》，邹茵主编，北京大学出版社，2010 年 8 月第 1 版。

（五）风险管理

风险管理课程教学大纲

1. 课程基本信息

开课单位	金融学院	课程类别	专业核心课	
课程名称	风险管理		课程编码	3020000096
开课对象	2019—2022 级保险学专业		开课学期	第 4 学期
学时/学分	总学时 48、理论课学时 48、实践课学时 0			
先修课程	微观经济学、宏观经济学、微积分、概率论与数理统计、统计学			

课程介绍：

风险管理课程是保险学专业的一门专业核心课。本课程以风险管理的一般原理为基础，借鉴国内外科研成果，系统地介绍风险管理的基本原理、工作流程和在不同领域中的应用。通过本课程学习，使学生能够运用风险管理的基本知识、基本理论、基本技能，正确地识别风险、准确的衡量风险，能根据风险的特点有针对性地为客户建立风险管理体系、设计风险管理方案、提供风险管理咨询服务，协助客户进行风险管理，具备从事风险管理工作必备的基础知识和相关技能。

根据新时代中国特色社会主义合格接班人应具备的核心价值观：爱国、敬业、诚信、友善，梳理出本课程思政目标，结合课程内容，挖掘出课程思政元素，然后通过多样化的教学活动将知识点与思政元素有机糅合，实现“知识传授、能力提升和价值引领”的课程教学目标。

2. 课程目标与教学要求

本课程对学生达到如下毕业要求有贡献：

（1）热爱祖国、遵纪守法、爱岗敬业，践行社会主义核心价值观（支撑毕业要求 1、毕业要求 4）。

(2) 具有团队协作能力，具备批判性思维和创新意识（支撑毕业要求4）。

(3) 具有较好的沟通能力，能够就风险管理领域的现象和问题与业界同行和社会公众进行较有效的沟通与交流（支撑毕业要求4、毕业要求5）。

(4) 具有自主学习和终身学习的意识和能力，能大致把握风险管理行业的发展趋势，能将所学知识用于解决风险管理与决策领域的现象和问题（支撑毕业要求6）。

(5) 追踪风险管理理论前沿和发展动态，掌握现代风险管理的基础理论和专业知识，熟悉相关法律法规，具有从事风险管理相关领域工作的基本能力（支撑毕业要求8）。

(6) 掌握风险管理的一般研究方法，初步具备从事本专业领域科学研究的能力（支撑毕业要求9）。

完成课程后，学生将具备以下能力：

(1) 热爱祖国、遵纪守法、爱岗敬业，践行“爱国、敬业、诚信、友善”的社会主义核心价值观；

(2) 在团队中有效工作的能力；

(3) 通过书面报告和口头报告就本专业领域的现象和问题进行较有效沟通的能力；

(4) 坚持自主学习和终身学习，追踪风险管理理论前沿和发展动态，将所学知识用于解决风险管理与决策领域的现象和问题的能力；

(5) 从事风险管理相关领域工作的能力；

(6) 从事本专业领域科学研究的基本能力。

课程目标支撑的毕业要求：

课程支撑的毕业要求		课程目标					
		(1)	(2)	(3)	(4)	(5)	(6)
1	毕业要求1：热爱祖国、拥护中国共产党的领导，遵纪守法、践行社会主义核心价值观，具有较高的政治觉悟和坚定的理想信念；热爱劳动，尊重劳动者，有成为合格的社会主义建设者和接班人的坚定志向	√					
2	毕业要求4：爱岗敬业、艰苦奋斗、勇于担当，具有较好的人际沟通和团队协作能力，具备批判性思维、创新意识及初步的创新创业能力		√	√			

续表

课程支撑的毕业要求		课程目标					
		(1)	(2)	(3)	(4)	(5)	(6)
3	毕业要求5：具备较强的英语听、说、写、译能力，办公自动化等计算机应用能力和公文写作能力，能使用书面和口头表达方式与业界同行和社会公众就本专业领域的现象和问题进行较有效的沟通与交流			√			
4	毕业要求6：具有自主学习和终身学习的意识和能力，能大致把握行业发展趋势，能将所学知识用于解决本专业领域的现象和问题，具有较强的动手能力和社会实践能力	√			√		
5	毕业要求8：追踪金融保险理论前沿和发展动态，掌握金融学、保险学和现代风险管理的基础理论和专业知识，熟悉国家有关金融保险的方针、政策和法律法规，熟悉各类保险业务的全流程实践操作，熟悉商业银行业务和基本的证券投资业务流程与规则，具有从事保险、金融以及风险管理相关领域工作的基本能力					√	
6	毕业要求9：掌握数量分析方法，具备初步的计算机语言编程能力，能够运用现代信息管理技术进行专业文献检索、数据获取及分析处理等，初步具备从事本专业领域科学研究的能力						√

3. 教学内容与课程目标

风险管理教学内容与课程目标：

章次	教学内容	教学要求 （学生学习预期成果）	学时	教学方式	课程目标
第一章	风险管理导论 知识点： 风险和风险管理的定义及相关概念；风险的分类；风险管理的起源和发展；风险管理的目标和程序。 重点： 风险的定义；风险管理的目标和程序。 难点： 风险管理的目标和程序。 习题要点： 风险和风险管理的定义及相关概念；风险的分类；风险管理的起源和发展；风险管理的目标和程序	（1）了解风险的分类； （2）理解风险与风险管理的定义和相关概念； （3）掌握风险管理的目标和程序； （4）能根据风险的特征，选择恰当的风险管理方法	3	讲授 讨论 案例 作业	(1) (5)

续表

章次	教学内容	教学要求 （学生学习预期成果）	学时	教学方式	课程目标
第二章	风险分析 知识点： 风险分析的含义；风险分析的性质；对待风险的态度；风险识别方法。 重点： 衡量对待风险的态度；风险识别方法。 难点： 风险识别方法。 习题要点： 与门、或门等重要概念；风险分析的含义；衡量个人对待风险的态度的方法；风险识别方法	（1）了解风险分析的含义； （2）理解人们应对风险的两类行为方式和衡量对待风险态度的两种方法； （3）掌握风险识别的七种方法； （4）能运用所学的风险识别方法，识别某一特定对象的风险	6	讲授 案例 讨论 作业	（1） （2） （5）
第三章	企业损失风险分析 知识点： 企业损失风险的特点；企业财产损失风险分析；企业净收入损失风险分析；企业责任风险分析；企业人员损失风险分析。 重点： 企业风险管理的范围；企业损失风险的形态与原因；财产损失的评估；责任损失的认定与估价；人员损失的衡量与估算。 难点： 财产损失的评估；责任损失的认定与估价；人员损失的衡量与估算。 习题要点： 企业损失风险的特点；企业财产损失原因分析及防范措施；企业净收入损失风险的分析与衡量；企业责任风险分析；企业人员损失风险分析	（1）了解企业损失风险的特点和风险识别在企业中的应用； （2）理解企业面临的财产风险、净收入损失风险、责任风险、人员损失风险的来源； （3）掌握企业财产风险、净收入损失风险、责任风险和人员损失风险的应对方法和损失金额的衡量方法； （4）能对特定企业的财产损失风险、净收入损失风险、责任风险和人员损失风险进行全面分析，并提出解决方案	6	讲授 案例 讨论 作业	（1） （2） （3） （4） （5）

续表

章次	教学内容	教学要求 （学生学习预期成果）	学时	教学方式	课程目标
第四章	风险统计与概率分析 知识点： 与风险管理相关的统计和概率的基本概念；概率的计算；概率分布。 重点： 根据统计结果对数据进行描述；利用统计结果计算损失概率和损失程度；根据理论分布进行风险衡量。 难点： 利用统计结果计算损失概率和损失程度；根据理论分布进行风险衡量。 习题要点： 均值、中位数、众数等描述数据一般水平的变量和标准差、变异系数等反映数据离散程度的变量的概念及计算；根据统计结果对数据进行描述；利用统计结果计算损失概率和损失程度；根据理论分布进行风险衡量	（1）能运用统计和概率论的知识估计损失概率和损失程度，并运用数量分析方法分析风险管理中的一些实际问题； （2）依据大量经验数据计算出特定灾害事故发生的概率和联合事件或复合事件的概率； （3）会使用正态分布和二项分布分别描述连续型变量和离散型变量的概率分布，作为风险管理决策的依据	3	讲授 案例 启发 作业	(3) (4) (5) (6)
第五章	风险管理方法 知识点： 损失管理的理论与方法；常用风险管理方法的特点及适用情形；自留风险的筹资措施。 重点： 对付风险的各种方法。 难点： 风险管理方法的应用。 习题要点： 损失管理的理论与方法；常用风险管理方法的特点及适用情形；自留风险要考虑的因素及筹资措施	（1）了解自留风险的筹资措施及各自的适用范围； （2）理解多米诺骨牌理论和能量破坏性释放理论； （3）掌握避免风险、转移风险和自留风险等风险管理方法各自的特点及适用情形； （4）能够将损失管理理论应用于风险管理实践，能够运用各种风险管理手段及其组合进行风险管理	6	讲授 案例 启发 作业	(2) (4) (5) (6)

续表

章次	教学内容	教学要求 （学生学习预期成果）	学时	教学方式	课程目标
第六章	专业自保公司 知识点： 专业保险公司的性质和种类；专业自保公司的起源和发展；专业自保公司的优缺点；设立专业自保公司的可行性分析；专业自保公司的经营管理。 重点： 专业自保公司的性质；专业自保公司的优缺点。 难点： 设立专业自保公司的可行性分析。 习题要点： 专业自保公司的性质及优缺点；设立专业自保公司的可行性研究的内容；专业自保公司的经营管理方法	（1）了解专业自保公司兴起的原因； （2）理解专业保险公司的性质和优缺点； （3）掌握专业自保险公司的经营管理方法； （4）能够进行设立专业自保公司的可行性分析； （5）掌握专业自保公司、风险自留集团等非传统风险转移手段的特点，培养对各类风险的综合管理能力	3	讲授 案例 启发 作业	（2） （3） （4） （5）
第七章	损失预测 知识点： 损失数据的收集和处理；一元线性回归预测的基本原理；概率分析和趋势分析的方法；预测在风险管理中的应用。 重点： 预测损失的概率方法；预测损失的趋势分析方法。 难点： 预测损失的概率方法；预测损失的趋势分析方法。 习题要点： 对原始数据的整理与初步分析；利用一元线性回归进行损失预测	（1）了解损失数据的收集和处理； （2）理解一元线性回归预测的基本原理； （3）掌握概率分析和趋势分析的方法； （4）能恰当运用概率分析和趋势分析方法对损失做出相对准确的预测，为风险管理决策提供依据	3	讲授 案例 启发 作业	（1） （2） （4） （5） （6）

续表

章次	教学内容	教学要求 （学生学习预期成果）	学时	教学方式	课程目标
第八章	风险管理决策 知识点： 风险管理决策的意义和原则； 损失期望值法与效用期望值法，及其在风险管理决策中的应用。 重点： 损失期望值法与效用期望值法。 难点： 损失期望值法与效用期望值法在风险管理决策中的应用。 习题要点： 风险管理决策的原则；忧虑成本对风险管理决策的影响；损失期望值法与效用期望值法在风险管理决策中的应用	（1）了解风险管理决策的意义和原则； （2）理解效用曲线的类型、特点、获取方法； （3）掌握损失期望值法与效用期望值法在风险管理决策中的应用； （4）能灵活运用决策原理与具体方法，协助企业及其他客户进行风险管理方案的对比与审查	4	讲授 案例 启发 作业	（4） （5） （6）
第九章	现金流量分析 知识点： 现金流量分析的方法：净现值法和内部收益率法；风险控制方法；风险筹资方法。 重点： 净现值法；内部收益率法；盈利能力指数；税后净现金流量。 难点： 净现值法；内部收益率法；盈利能力指数；税后净现金流量。 习题要点： 净现值、内部收益率、盈利能力指数的计算；现金流量分析作为风险管理决策标准的局限性；利用净现值法和内部收益率法进行风险管理决策及其他投资决策	（1）了解现金流量分析法在风险管理及其他投资决策中的作用； （2）理解现金流量的决策原理； （3）掌握现金流量的评价方法，包括净现值法、内部收益率法、盈利能力指数法； （4）能够利用净现值法和内部收益率法进行风险管理决策及其他投资决策	4	讲授 案例 讨论 作业	（4） （5）

续表

章次	教学内容	教学要求 （学生学习预期成果）	学时	教学方式	课程目标
第十章	跨国公司风险管理 知识点： 跨国公司的含义和种类；跨国公司的独特风险；跨国公司风险管理方法。 重点： 跨国公司的独特风险；跨国公司风险管理方法。 难点： 跨国公司风险识别；跨国公司风险管理方法。 习题要点： 跨国公司风险识别与应对；不认可保险和认可保险的优缺点	（1）了解跨国公司产生的原因； （2）理解跨国公司的含义和界定； （3）掌握跨国公司常见的风险和风险管理方法； （4）能够识别不同行业跨国公司在海外经营过程中面临的风险，并初步设计风险管理方案	3	讲授 案例 讨论 作业	（2） （4） （5）
第十一章	非传统风险转移和整体化风险管理 知识点： 保险与再保险；资本市场证券和证券化；应急资本工具；保险衍生品。 重点： 资本市场证券和证券化；应急资本工具；保险衍生品。 难点： 资本市场证券和证券化；应急资本工具；保险衍生品。 习题要点： 保险与再保险；资本市场证券和证券化；应急资本工具；保险衍生品；利用非传统风险转移手段解决企业的风险	（1）了解非传统风险转移、整体化风险管理产生的背景、发展过程、市场参与者； （2）理解非传统风险转移与传统风险管理的区别； （3）掌握非传统风险转移的含义和手段，建立整体化风险管理的概念； （4）能利用非传统风险转移手段解决企业的风险	4	讲授 案例 讨论 作业	（2） （4） （5）

续表

章次	教学内容	教学要求 （学生学习预期成果）	学时	教学方式	课程目标
第十二章	危机管理 知识点： 危机管理含义；危机管理特点；危机预警；危机的应对方法。 重点： 危机管理的原则和方法。 难点： 危机管理与风险管理的关系；危机预警；危机应对方法。 习题要点： 危机管理含义；危机管理特点；危机预警；危机的应对方法	（1）了解危机管理的基本框架； （2）熟悉危机管理的原则和过程； （3）掌握危机的应对方法和危机的预警方法； （4）能够针对某一企业发生的特定危机采取合理的应对措施	3	讲授 案例 讨论	（2） （4） （5）
合计			48		

4. 教材及教学主要参考书

推荐教材：

《风险管理（第五版）》，许谨良主编，中国金融出版社，2015 年 8 月第 5 版。

参考书目：

（1）《风险管理》，闫存岩主编，经济管理出版社，2018 年 7 月第 1 版。

（2）《风险管理》，王周伟主编，机械工业出版社，2012 年 1 月。

六、物流管理专业

（一）物流信息技术

物流信息技术课程教学大纲

1. 课程基本信息

开课单位	工商管理学院	课程类别	专业核心	
课程名称	物流信息技术		课程编码	3050000036
开课对象	物流管理专业本科生		开课学期	6
学时/学分	总学时：48、理论课学时：40、实践课学时：8			
先修课程	物流学概论，计算机基础，数据库，计算机网络			

续表

课程介绍： 该课程针对物流管理专业学生开设，属于专业核心课，在物流管理专业中有极其重要的作用。该课程主要内容包括计算机网络技术、数据库技术、物流信息采集技术、物流信息传输技术、物流追踪技术、物流信息的应用技术等。 信息成为现代物流的灵魂。通过物流信息技术的应用，把物流活动的各个环节综合起来作为整体进行管理，能有效地提高物流过程的效率。通过本课程的学习，能够使学生比较广泛、系统地了解各种物流信息技术的基本理论和基本知识，掌握各种物流信息技术应用方法；提高学生运用所学知识分析物流运作中出现的问题，综合运用各种物流信息知识解决物流信息化、智能化问题；培养学生自主学习和终身学习的良好意识，不断提高学习和适应现代物流发展的能力，及时了解物流学科前沿，预测发展趋势，持续提高各种信息技术知识的应用能力；具有较强的组织、协调和管理能力，能够与团队成员和谐相处，能够对物流智能化战略层面的问题有更宏观的认识和把握，也能解决物流信息技术应用中的微观问题；能够设计综合化的智慧物流方案，解决物流发展的绿色化问题

2. 课程目标与教学要求

本课程对学生达到如下毕业要求有贡献：

（1）知识应用能力：能够将相关信息技术的基本理论与基本方法应用于解决现代物流信息化以及智慧物流专业领域管理问题；通过课程思政，树立正确的价值观，具有良好品德行为。

（2）问题分析能力：能够根据企业物流经营过程中物流信息采集、信息传输、物流追踪、自动分拣、自动引导等技术应用的问题进行分析，找到问题形成的原因。

（3）综合应用能力：能够将各种信息技术基本理论和物流智慧化实践联系起来，加深对物流活动的实际过程的认知，具有宏观思考和微观操作的综合能力，并针对实践中问题，制定科学合理的技术解决方案。

（4）设计能力：针对不同的物流企业，学生具有使用现代信息技术对其物流基本环节进行初步规划和设计的能力，善于创新，体现出较高的科学精神和职业道德水准。

（5）沟通能力：学生具有良好的职业素养和团队精神，善于交流和沟通，能够就现代物流相关的信息技术问题与业界同行及社会公众进行有效沟通和交流。

（6）终身学习能力：具有强烈的求知欲望和良好的自主学习能力，能够跟踪信息技术前言，不断更新知识结构、提升职业素养，适应现代物流行业及相关职业发展。

完成课程后，学生将具备以下能力：

（1）良好的思想品质和道德素养、科学素养和人文素养和审美能力；

（2）团队协作精神和职业道德；

（3）良好的基本素质；

（4）物流信息技术核心知识；

（5）物流信息化实践能力；

（6）物流智慧化方案设计能力；

（7）信息处理和共享能力；

（8）终身学习能力。

课程目标支撑的毕业要求：

课程支撑的毕业要求		课程目标					
		（1）	（2）	（3）	（4）	（5）	（6）
1	毕业要求2：专业性知识。掌握包括各类物流信息技术的构成、原理和基本应用等相关知识，熟悉专业前沿理论与行业动态知识	√					
2	毕业要求4：学习能力。具有自主学习和终身学习的良好意识，不断提高学习和适应发展的能力。能够了解现代物流学科前沿，预测发展趋势，持续提高物流信息技术的应用能力和物流业务的分析能力						√
3	毕业要求5：实践能力。理解并掌握各类信息技术基本原理，能够在物流多环节环境中综合应用各类信息技术，进行信息采集、信息传输以及信息应用，能够分析物流运营各环节中的实务问题			√	√		
4	毕业要求6：综合能力。具有较强的组织、协调和管理能力，能够与团队成员和谐相处，能够针对物流信息化、智能化的要求，以及企业和社会现有的网络状况、技术现实、经济状况等问题，提出合理的技术解决方案					√	
5	毕业要求7：社会责任。具有良好的思想道德修养、社会责任感、公共意识、敬业精神和创业意识。能够从物流信息化宏观思考物流绿色化发展		√				

3. 教学内容与课程目标

物流信息技术教学内容与课程目标：

章次	教学内容	教学要求 （学生学习预期成果）	学时	教学方式	课程目标
第一章	物流信息技术概论 知识点： 物流信息的性质、特点、作用；物流信息技术的构成，物流信息技术的发展。 重点： 物流信息技术的构成。 难点： 物流信息技术的种类。 实践环节： 智慧物流的智慧体现	（1）理解数据与信息区别与联系，掌握物流信息概念与特性； （2）掌握物流信息技术的构成； （3）能够说明物流信息技术发展的方向； （4）理解物流信息化的方向与未来； （5）培养公共意识，明晰物流与环境的关系	6	课堂讲授 随堂练习 问题讨论 案例研究	（1） （2） （5） （6）
第二章	物流信息化基础技术 知识点： 数据通信原理，数据库设计，计算机网络技术。 重点： 数据通信原理，数据库设计的方法，计算机网络功能。 难点： 数据通信原理，数据库设计。 实践环节： 计算机联网、互联网发展趋势	（1）了解数据通信的原理；掌握数据通信的方式；明晰数字化的途径和方法。 （2）掌握 E-R 关系模型设计数据库的方法和过程；了解数据库应用技术；明确物流大数据的应用领域。 （3）掌握计算机网络的类型与功能；了解局域网技术和网络发展趋势。 （4）能够说明虚拟增值网与互联网的关系	8	课堂讲授 随堂练习 问题讨论 案例研究 课后测试	（1） （2） （3） （4） （5） （6）

续表

章次	教学内容	教学要求 （学生学习预期成果）	学时	教学方式	课程目标
第三章	物流信息采集和识别技术 知识点： 物流条码技术，射频识别技术，EPC 电子产品代码技术、语音识别技术。 重点： 一维码技术、二维条码技术，射频识别技术的原理，电子产品代码构成。 难点： 一维条码设计过程，射频识别技术扩展应用。 实践环节： （1）一二维条码制作； （2）射频识别技术应用	（1）了解 EAN/UCC 编码系统构成；掌握物流条码体系，物流条码分类、物流条码识读原理；能够利用条码知识解决物流条码应用问题； （2）掌握二维条码的类型和制作；能够运用二维条码分析实际问题并提出解决方案。 （3）掌握 RFID 系统基本原理和 RFID 系统构成，理解 RFID 在物流应用中的应用及应用过程中的问题；能完成 RFID 的应用方案设计。 （4）掌握 EPC 系统的构成和工作流程；了解 EPC 系统的编码设计及相关技术	14	课堂讲授 随堂练习 问题讨论 案例研究 课后作业	（1） （3） （4） （5） （6）
第四章	物流 EDI 技术 知识点： EDI 的系统结构，EDI 的工作原理，EDI 实施。 重点： EDI 的系统结构，EDI 的工作原理，EDI 实施。 难点： EDI 的工作原理	（1）了解 EDI 的价值与发展趋势，理解 EDI 的安全措施，掌握 EDI 的分类。 （2）理解 EDI 的系统模型及工作过程。 （3）掌握 EDI 在物流管理、供应链管理中的应用。 （4）明晰互联网环境下 EDI 发展中存在的问题	4	课堂讲授 随堂练习 问题讨论 案例研究 课后作业	（1） （2） （3） （4） （5） （6）

续表

章次	教学内容	教学要求 （学生学习预期成果）	学时	教学方式	课程目标
第五章	物流系统自动化技术 知识点： 自动分拣系统、自动导向车系统AGV、自动化立体仓库。 重点： 自动分拣系统的构成，AGV的技术构成，自动化立体仓库的组成。 难点： 自动分拣系统的工作流程，AGV的规划设计，自动化立体仓库的设计。 实践环节： 某仓储自动化方案设计	（1）掌握自动分拣系统的构成和使用条件；明晰自动分拣系统的工作流程；能够设计简单的自动分拣系统方案。 （2）掌握AGV系统的技术构成；掌握AGV的类型和基本应用；能够进行简单的AGVS的规划设计。 （3）掌握自动立体仓库的组成、分类；明确自动立体仓库的优缺点；能够进行立体化仓库的规划和设计	8	课堂讲授 随堂练习 问题讨论 案例研究	(1) (3) (4) (5) (6)
第六章	空间信息技术 知识点： GIS地理信息系统，GPS定位系统，北斗定位系统，移动通信定位系统。 重点： GIS的功能框架，GPS的定位原理，移动通信定位原理。 难点： GPS定位原理，移动通信定位原理。 实践环节： GPS与GIS的综合应用	（1）了解GIS的作用和应用领域；掌握GIS功能框架和工作流程；理解GIS的应用领域。 （2）掌握GPS的构成和基本定位原理；掌握网络GPS的工作流程，理解北斗定位与GPS定位的区别和联系；了解其他的定位技术。 （3）掌握移动通信技术定位原理。 （4）掌握网络定位系统的组成和工作流程；能够设计物流定位方案	8	课堂讲授 随堂练习 问题讨论 案例研究	(1) (3) (4) (5) (6)
合计			48		

4. 教材及教学主要参考书

推荐教材：

《物流信息技术》，王晓平主编，清华大学出版社，2019年8月第2版。

参考书目：

（1）《物流信息技术》，白世贞、谢红燕，化学工业出版社，2016 年 1 月。

（2）《物流信息技术》，鲍吉龙、江锦祥，机械工业出版社，2010 年 7 月。

（3）《物流信息技术》，余真翰编著，西南交通大学出版社，2007 年 9 月。

（4）各类物流期刊。

（5）电子图书及相关资料。

（6）央视纪录片《智慧物流》。

（7）央视纪录片《互联网时代》。

（二）现代物流学

现代物流学课程教学大纲

1. 课程基本信息

开课单位	工商管理学院	课程类别	专业核心课	
课程名称	现代物流学		课程编码	3050000060
开课对象	物流管理专业本科生		开课学期	2
学时/学分	总学时 48、理论课学时 48			
先修课程	管理学，微观经济学，宏观经济学			

课程介绍：

该课程针对物流管理专业学生开设，是物流学科基础课，属专业核心课，在物流管理专业中有极其重要的作用。该课程主要内容包括物流基本知识、物流战略规划、物流业务模式、物流客户服务、运输策略、仓储策略、物流技术与设施设备等。

通过本课程的学习，能够使学生比较广泛、系统地了解物流的基本理论和基本知识，掌握物流各项职能运作的规律和服务策略；提高学生运用所学知识分析物流过程中出现的各种问题，综合运用物流专业知识解决物流实务问题；培养学生自主学习和终身学习的良好意识，不断提高学习和适应发展的能力，及时了解物流金融、智慧物流、冷链物流、绿色物流、电商物流等的学科前沿，预测发展趋势，持续提高物流知识的应用能力和物流业务的分析能力；具有较强的组织、协调和管理能力，能够与团队成员和谐相处，能够运用不同沟通技巧处理物流业务管理和实务中出现的问题，能够与他人合作，共同分析物流问题、共同商定解决方案；具有良好的思想道德修养、社会责任感、公共意识、敬业精神和创业意识

2. 课程目标与教学要求

本课程对学生达到如下毕业要求应有贡献：

（1）知识应用能力：能够将物流的基本理论与基本方法应用于解决物流专业领域的运输、仓储、包装、装卸搬运等问题；通过课程思政，树立正确的价值观，具有良好品德行为。

（2）问题分析能力：学生能够对物流战略规划、物流业务模式、物流客户服务、运输策略、仓储策略、物流技术与设施设备等环节存在的问题进行分析。

（3）综合能力：学生能够将物流学基本理论和物流管理实践联系起来，加深对企业物流活动的实际过程的认知，具有宏观思考和微观操作的综合能力，并针对实践中问题，制定科学合理的解决方案。

（4）设计能力：针对不同的物流企业，学生具有使用现代信息技术对其物流基本环节进行初步规划和设计的能力，善于创新，体现出较高的科学精神和职业道德水准。

（5）沟通能力：学生具有良好的职业素养和团队精神，善于交流和沟通，能够就物流相关的客户服务问题等与业界同行及社会公众进行有效沟通和交流。

（6）终身学习能力：具有强烈的求知欲望和良好的自主学习能力，能够跟物流学科前沿，预测发展趋势，持续提高物流知识的应用能力和物流业务的分析能力，适应物流行业及相关职业发展。

完成课程学习后，学生将具备以下能力：

（1）良好的思想品质和道德素养、科学素养和人文素养和审美能力；

（2）团队协作精神和职业道德；

（3）良好的基本素质；

（4）物流管理核心知识

（5）物流运作实践能力

（6）互联网创新创业能力

（7）电商物流运作及数据分析和信息处理能力

（8）终身学习能力

课程目标支撑的毕业要求。

课程支撑的毕业要求		课程目标					
		（1）	（2）	（3）	（4）	（5）	（6）
1	毕业要求2：专业性知识。掌握物流各项职能运作的规律和服务策略等相关知识，熟悉专业前沿理论与行业动态知识	√					

续表

课程支撑的毕业要求		课程目标					
		(1)	(2)	(3)	(4)	(5)	(6)
2	毕业要求4：学习能力。具有自主学习和终身学习的良好意识，不断提高学习和适应发展的能力。能够了解物流学科前沿，预测发展趋势，持续提高物流知识的应用能力和物流业务的分析能力						√
3	毕业要求5：实践能力。理解并掌握物流各项职能运作的基本原理与决策方法，能够在多学科环境中应用物流战略规划，进行运输决策、仓储选址筹划以及库存风险管控，能够预测分析区域物流发展和物流运作中的实务问题，能够综合运用物流专业知识解决实务问题		√	√			
4	毕业要求6：综合能力。具有较强的组织、协调和管理能力，能够与团队成员和谐相处，能够运用不同沟通技巧处理物流业务管理和实务中出现的问题，能够与他人合作，共同分析物流问题、共同商定解决方案					√	
5	毕业要求7：社会责任。具有良好的思想道德修养、社会责任感、公共意识、敬业精神和创业意识				√		

3. 教学内容与课程目标

现代物流学教学内容与课程目标

章次	教学内容	教学要求 （学生学习预期成果）	学时	教学方式	课程目标
第一章	物流基础 知识点： 物流的基本概念；现代物流功能、特征；供应链模式下物流运作方式；物流管理主要内容。 重点： 物流的功能和特征。 难点： 物流的基本概念理解。 习题要点： 物流内涵理解；现代物流特征	（1）理解物流的基本概念，认识现代物流对当今社会经济发展发挥着重要作用； （2）掌握物流七大功能及内在联系； （3）掌握现代物流特征； （4）理解供应链管理与现代物流关系，掌握供应链模式下物流运作方式； （5）培养物流服务当地经济发展意识，致力家乡改变	3	课堂讲授 随堂练习 问题讨论 案例研究 课后作业	(1)

续表

章次	教学内容	教学要求 （学生学习预期成果）	学时	教学方式	课程目标
第二章	物流战略与规划 知识点： 物流战略制定原则；物流战略种种；物流系统网络规划。 重点： 物流战略制定原则；现代企业的物流战略。 难点： 绘制物流系统网络规划图。 习题要点： 物流战略制定 6 大原则及实践中运用	（1）了解物流战略与企业战略关系，认识物流的战略重要性； （2）掌握现代物流战略制定原则； （3）掌握现代物流的战略种种； （4）掌握由企业内外部资源环境进行物流决策分析，科学绘制网络规划图，进而提出物流合理化的建议； （5）培养因地制宜意识，科学合理制定决策	6	课堂讲授 随堂练习 问题讨论 案例研究 课后作业	（2） （3） （4）
第三章	物流业务模式 知识点： 不同物流模式的决策依据；企业外部物流 4 种业务模式运用及优缺点；第三方物流运用与发展；物流业务模式相关知识运用。 重点： 物流业务模式选择。 难点： 第三方物流运用策略。 习题要点： 第三方物流合理化运用	（1）了解物流组织行业特点，掌握不同物流模式的决策依据； （2）掌握企业外部物流 4 种业务模式运用及优缺点； （3）掌握第三方物流运用与发展； （4）应用物流业务模式相关知识，分析目前存在的物流公司的运营状况及制胜决策出路； （5）树立科学决策理念，强化实事求是的做法	6	课堂讲授 随堂练习 问题讨论 案例研究 课后作业	（1） （2） （3）
第四章	物流客户服务与作业成本法 知识点： 物流客户服务组成部分；物流企业绩效评估矩阵法；物流作业成本法。 重点： 物流企业绩效评估矩阵法；物流作业成本法。 难点： 物流企业绩效评估矩阵法运用；物流作业成本法运用。 习题要点： 企业绩效评估矩阵法运用；物流作业成本法运用	（1）理解物流客户服务重要性，掌握物流客户服务组成部分； （2）掌握物流企业绩效评估矩阵法，分析企业物流服务问题，并提出改进方案； （3）掌握物流作业成本法；分析企业物流运作成本问题，并提出降低企业物流成本措施； （4）树立客户服务第一理念，强化服务意识；与此同时，优化物流作业环节，降低服务成本	6	课堂讲授 随堂练习 问题讨论 案例研究 课后作业	（2） （3） （5）

续表

章次	教学内容	教学要求 （学生学习预期成果）	学时	教学方式	课程 目标
第五章	运输策略 知识点： 物流运输遵循原则、原理；物流运输方式与服务；不合理运输种种表现；物流合理化运输策略种种；运输优化方法。 重点： 物流运输方式；物流合理化运输策略。 难点： 物流合理化运输策略；运输优化方法。 习题要点： 物流运输合理化运用；运输优化方法	（1）了解物流运输管理重要性，掌握物流运输遵循原则、原理； （2）掌握物流运输方式与服务优缺点； （3）了解常见不合理运输种种表现；掌握物流合理化运输策略； （4）运输优化方法，举例分析运输总成本最优解，会画最短路径分析图； （5）树立运输合理化理念，强化低成本意识	9	课堂讲授 随堂练习 问题讨论 案例研究 课后作业	（1） （2） （3） （4）
第六章	仓储管理策略 知识点：仓储的功能与现代仓储服务模式；库存基本知识；库存ABC管理法；经济订货批量法；仓储合理化措施。 重点： 仓储服务模式；库存ABC管理法；经济订货批量；仓储合理化措施。 难点： 库存ABC管理法；经济订货批量。 习题要点： 库存ABC管理法；经济订货批量；仓储合理化措施	（1）了解现代仓储重要性，掌握现代仓储服务模式； （2）掌握库存基本知识； （3）熟悉库存ABC管理法，并运用分析库存中问题，采取相应措施； （4）掌握经济订货批量法，并能确定安全库存、再订购点、经济订货批量，实现库存总成本最优； （5）掌握现代仓储合理化措施； （6）树立库存优化理念，强化零库存意识	9	课堂讲授 随堂练习 问题讨论 案例研究 课后作业	（1） （2） （3）

续表

章次	教学内容	教学要求 （学生学习预期成果）	学时	教学方式	课程目标
第七章	包装技术 知识点： 包装分类；包装材料选择；现代包装技法；包装设计合理化措施。 重点： 包装材料选择；包装合理化措施。 难点： 现代包装技法。 习题要点： 包装设计合理化措施	（1）理解物流包装重要性，了解包装材料新发展； （2）掌握包装分类，根据需要选择相应包装； （3）掌握包装材料选择，及不同包装材料适用对象； （4）掌握现代包装技法，根据需要设计合理化包装； （5）掌握包装设计合理化措施； （6）树立可持续发展理念，强化包装再循环意识	6	课堂讲授 随堂练习 问题讨论 案例研究 课后作业	（1） （4） （6）
第八章	装卸搬运技术 知识点： 装卸搬运原则；装卸搬运设备；装卸搬运合理化措施；克服物流过程中的四大障碍。 重点： 装卸搬运原则；装卸搬运合理化措施。 难点： 装卸搬运合理化措施。 习题要点：装卸搬运合理化措施 克服物流过程中常见四大障碍	（1）理解装卸搬运重要性，了解装卸搬运技术的新发展； （2）掌握装卸搬运遵循原则； （3）熟悉装卸搬运设备，合理选择； （4）掌握装卸搬运合理化措施；克服物流过程中常见四大障碍； （5）树立科学装卸搬运意识，强化低损耗意识	3	课堂讲授 随堂练习 问题讨论 案例研究	（1） （6）
合计			48		

4. 教材及教学主要参考书

推荐教材：《现代物流学》李松庆，清华大学出版社，2018 年 12 月第 1 版（第 4 次印刷）。

参考书目：

（1）《现代物流管理》（第三版），邓明荣主编，高等教育出版社，2015

年1月第3版。

（2）《第三方物流管理》李莉萍，清华大学出版社，2016年1月第1版。

（3）《现代物流管理》王健，北京大学出版社，2019年9月第1版。

（三）供应链管理

供应链管理课程教学大纲

1. 课程基本信息

开课单位	工商管理学院	课程类别	专业核心课程	
课程名称	供应链管理		课程编码	3050000017
开课对象	物流管理专业学生		开课学期	5/6
学时/学分	总学时：48　理论课学时：36　实践课学时：12			
先修课程	现代物流学、管理学等			

课程介绍：

供应链管理是一门专业必修课，通过本课程的教学，比较全面地掌握供应链管理和物流管理的基本理论、基本知识，了解供应链管理和物流管理的发展趋势，使学生掌握供应链管理和物流管理的基本分析思路和分析方法，逐渐形成观察、思考、分析和解决有关供应链管理理论、实践问题的能力。

本课程主要内容包括：供应链管理导论、客户服务、供应链与产品的协调设计、信息与供应链管理、物流网络设计、供应管理、业务流程管理、供应链及物流的绩效管理、供应链风险管理

2. 课程目标

本课程贯彻知识、能力和素质三位一体的教学目标，学生学习该门课程后应具有：

（1）知识应用能力：通过供应链基本知识的学习，能够初步认识供应链的原理；通过课程思政，坚定理想信念，树立正确的价值观，具有良好品德行为。

（2）问题分析能力：学生能够对供应链结构中的各环节存在的问题进行分析，并提出合理化建议或解决问题的方案。

（3）综合能力：学生能够将供应链基本理论和企业经营实践联系起来，加深对供应链作用的实际过程的认知，并具有宏观思考和微观操作的综合能力。

（4）设计能力：针对不同商品、竞争环境，学生具有对供应链有初步规划和设计的能力，善于创新，体现出较高的科学精神和职业信念。

（5）沟通能力：学生具有良好的职业素养和团队精神，善于交流和沟通，能够恰当协调供应链管理中的业务和伙伴关系，责任心强，勇于担当。

(6) 终身学习能力：学生对待工作和学习敢于创新，具有强烈的求知欲望和良好自主学习能力，自觉发现问题，掌握学科前沿知识。

课程目标支撑的毕业要求：

课程支撑的毕业要求		课程目标					
		(1)	(2)	(3)	(4)	(5)	(6)
1	良好的思想品质和道德素养	√					
2	良好的科学素养、人文素养和审美能力			√		√	
3	团队协作精神和职业道德					√	
4	良好的基本素质			√			
5	物流管理核心知识						√
6	物流管理实践能力					√	
7	互联网创新创业能力				√		
8	电子商务运作及数据分析和信息处理能力					√	
9	终身学习能力						√
10	国际视野			√			

3. 教学学时分配

供应链管理课程教学学时分配表：

章次	教学主要内容	学时分配				教学方法或手段	评价方式
		讲授	实验（践）	上机	其他		
第一章	供应链管理导论	3					
第二章	供应链的设计与构建	6			3	案例调研	调研汇报
第三章	信息与供应链管理	2	4			啤酒游戏	实验报告
第四章	供应链管理策略	9			3	案例调研	调研汇报
第五章	供应链合作伙伴关系管理	3		2		案例调研	调研汇报
第六章	供应链管理下的物流管理	1		6		3D 仿真	实验报告
第七章	供应链的绩效评价与激励机制	2					
第八章	供应链风险管理	2					
第九章	供应链与电子商务	2					
合计		30	4	8	6		

4. 教学内容与课程目标

供应链管理教学内容与课程目标

章次	教学内容	教学要求 （学生学习预期成果）	学时	教学方式	课程目标
第一章	供应链管理导论 第一节　供应链管理的基本概念 （1）供应链概念 （2）供应链管理的概念 （3）供应链管理的意义 第二节　供应链管理面临的问题 （1）供应链管理过程中存在问题的主要原因 （2）供应链管理存在的制约因素 第三节　供应链管理的实施策略 （1）安达信公司实施供应链管理的原则 （2）我国企业实施供应链管理的策略	了解企业实施供应链管理的策略；理解供应链管理的意义和供应链管理面临的问题；掌握供应链管理基本概念	5	案例教学 启发式教学	（1） （6）
第二章	供应链设计与构建 第一节　供应链模型 （1）供应链的模型 （2）供应链中的虚拟企业应用 第二节　供应链的分类 （1）供应链的类型 （2）不同供应链的功能与特点 第三节　产品性质与供应链模式 （1）产品的分类 （2）不同产品分类对于供应链模式选择的方式 （3）产品性质发生变化供应链调整的方法 第四节　客户价值与供应链的目标 （1）客户价值的含义 （2）客户价值的衡量 （3）供应链的目标	了解供应链的模型和分类；理解供应链的目标与客户之间的关系特点；掌握供应链模式选择主要的考虑因素	9	课堂讲授 案例教学 启发式教学	（2） （3） （4）
第三章	信息与供应链管理 第一节　啤酒游戏 第二节　供应链中的牛鞭效应 （1）供应链与牛鞭效应 （2）牛鞭效应对供应链管理的影响 （3）牛鞭效应的成因分析 （4）牛鞭效应的定量分析 （5）减少牛鞭效应的措施 第三节　供应链信息共享 （1）信息技术对供应链管理的影响 （2）供应链管理的信息技术	理解牛鞭效应及其影响；了解各种信息技术；掌握多种供应链合作模式	6	实践教学 启发式教学	（2） （5）

续表

章次	教学内容	教学要求 （学生学习预期成果）	学时	教学方式	课程目标
第四章	供应链管理策略 第一节　精益策略 （1）精益思想的提出 （2）精益思想与供应链的结合 （3）供应链精益策略的实施 第二节　有效响应（ECER）策略 （1）ECR 提出的背景及作用 （2）ECR 适用的产品类型 （3）ECR 策略实施要点 第三节　快速响应 QR 策略 （1）QR 适用的产品类型 （2）QR 实施的要点 （3）ECR 和 QR 的区别 第四节　并行工程计 （1）便于包装和运输的产品设计 （2）并行和平行工艺 第五节　延迟策略 （1）模块化与标准化设计 （2）推动模式与延迟策略	理解面向不同产品和需求的供应链特点；理解面向大规模定制的供应链特点；理解供应链管理策略实施的考虑因素；掌握供应链设计方法、步骤	12	课堂讲授 案例教学	（1） （2） （3） （6）
第五章	供应链合作伙伴关系管理 第一节　供应链合作伙伴关系的产生 （1）合作伙伴的定义和特征 （2）合作伙伴关系与传统供应商关系的比较 （3）供应链合作的目标 第二节　供应链合作伙伴的选择方法 （1）选择的标准与原则 （2）选择的方法 （3）选择的步骤 第三节　供应链合作伙伴的建立 （1）合作伙伴关系的制约因素 （2）改进对策 （3）评价机制	了解供应链中上下游之间的关系；理解合作伙伴的概念和种类；掌握合作伙伴选择的方法	5	课堂讲授 案例教学	（1） （2） （5）

续表

章次	教学内容	教学要求 （学生学习预期成果）	学时	教学方式	课程目标
第六章	供应链管理下的物流管理 第一节　物流网络的要素 （1）物流网络的概念 （2）物流网络的要素 第二节　采购管理 （1）常用的采购方法 （2）采购方法之间的差别 （3）不同环境下采购方法的选择 第三节　库存管理与控制 （1）库存的利与弊 （2）库存控制模型 第四节　生产管理 （1）ERP 的基本原理 （2）BOM 编制	了解物流网络的概念及要素；掌握供应链环境下的从采购、库存、生产的基本管理方法	7	3D 仿真 启发式教学	（2） （3） （4）
第七章	供应链的绩效评价与激励机制 第一节　供应链绩效评价的意义与原则 （1）供应链绩效评价的意义 （2）供应链绩效评价指标的选取的原则 （3）供应链运作参考模型 第二节　供应链绩效评价的方法 （1）基于供应链运作参考模型的绩效评价方法 （2）供应链运作水平的定性模糊评价方法 第三节　供应链竞争力评价 （1）竞争力指标体系的设计原则 （2）供应链竞争力评价指标体系 第四节　供应链的目标管理与标杆管理 （1）供应链目标管理 （2）供应链标杆管理	理解供应链绩效评价的意义和原则；掌握评价方法（SCOR 模型），掌握供应链的目标管理和标杆管理方法	2	课堂讲授	（1） （5）
第八章	供应链风险管理 第一节　供应链风险的定义与分类 （1）供应链风险的定义 （2）供应链风险的分类 （3）供应链风险管理过程 第二节　供应链风险分析 （1）供应链风险识别 （2）供应链风险估计 （3）供应链风险评价 第三节　供应链风险管理 （1）供应链风险规划 （2）供应链风险控制 （3）供应链风险监视	了解供应链风险管理的定义与分类；掌握供应链风险分析过程及方法	2	课堂讲授	（1） （2）

续表

章次	教学内容	教学要求 （学生学习预期成果）	学时	教学方式	课程目标
第九章	供应链与电子商务 第一节　电子商务与电子供应链 （1）电子商务与供应链 （2）电子供应链及其特点 第二节　电子商务对供应链运行的影响 （1）电子商务对供应链的影响 （2）企业电子供应链的实施 （3）电子供应链的协同管理	了解电子供应链的概念、功能、特点和构成要素；了解电子商务对供应链的影响；了解电子供应链发展存在的问题	2	课堂讲授	（1）

5. 教学方法或手段

采用多媒体教学，结合案例，以课堂讲授为主。主要教学方法如下：

（1）教学方法方面，体现以学生为本、因材施教、个性发展、素质教育等现代教育理念而采取的讲授方法和教学活动。如翻转课堂式、讲授法、启发式、讨论式、案例式、探究式、互动式、学导式、自学辅导式、网上助学式和合作式学习方式。

（2）教学手段方面，扩大小班化教学覆盖面，如多媒体、网络等。特别是应用计算机处理文字、图像、声音、图表等新技术，也包括使用现代化的教具、图表和现场教学等，推行移动课堂、翻转课堂、MOOC 示范项目等优质课程资源的网络教学手段。

6. 教材及教学主要参考书

推荐教材：

《供应链管理》，李雪琴等编著，湖南师范大学出版社，2018 年 8 月。

参考书目：

（1）《供应链管理》，马士华、林勇主编，机械工业出版社，2017 年 2 月。

（2）《供应链与物流管理》，赵林度、王海燕主编，科学出版社，2012 年 9 月。

（3）《物流运作案例剖析》，柳和玲主编，中国物资出版社，2006 年 6 月。

（四）采购管理

采购管理课程教学大纲

1. 课程基本信息

开课单位	工商管理学院	课程类别	专业选修课
课程名称	采购管理	课程编码	3050000146
开课对象	物流管理专业本科生	开课学期	4
学时/学分	32/2		
先修课程	管理学、现代物流学		

课程介绍：

采购管理是一门介绍物流采购相关知识的课程，是物流管理专业的专业核心课程。该课程系统阐述采购及采购管理的概念、采购计划及预算管理、供应商的选择、采购谈判与合同管理、采购物品的验收、结算与库存管理、采购方式选择、招标采购、政府采购、国际采购、现代采购、采购管理与供应商的关系、采购价格与成本管理、采购绩效评价及采购与供应链管理。通过本门课程的学习，使学生对物流领域中的采购有一个比较全面的认识，帮助学生系统掌握采购的基本作业流程，学习国内外先进的采购理念和现代采购技术，并为进一步学习研究物流、进行物流采购实务操作打下一个良好的基础

2. 课程目标与教学要求

本课程对学生达到如下毕业要求有贡献：

（1）知识应用能力：能够将采购管理的基本理论与基本方法应用于采购业务中的谈判、采购合同的拟定、采购价格与成本管理、采购绩效评估等问题。

（2）问题分析能力：能够应用采购管理的基本知识分析企业在采购组织的设计、采购计划及预算的制订、供应商管理、采购谈判及合同管理、采购价格与成本管理、采购绩效评估等环节中出现的问题。

（3）综合应用能力：能够针对企业在采购计划及预算的制订、供应商管理、采购谈判及合同管理、采购价格与成本管理、采购绩效评估等环节中出现的问题，提出合理的解决方案。

（4）设计能力：能够设计符合企业要求的采购方案，其中包括供应商的选择、采购合同、采购价格等，并能够在采购环节中体现创新意识，考虑采购成本、采购绩效、社会责任、职业道德等问题。

（5）沟通能力：能够就采购管理所涉及的相关问题与业界同行及社会公众进行有效沟通和交流。

（6）终身学习能力：能够跟踪物流管理学科前沿，预测发展趋势，持续提高采购管理的应用能力和分析能力，提升职业素养，适应采购行业及相关职业发展。

完成课程后，学生将具备以下能力：

（1）能够将采购管理的基本理论与基本方法应用于采购业务中的谈判、采购合同的拟定、采购价格与成本管理、采购绩效评估等问题；

（2）在团队中有效工作的能力；

（3）通过撰写报告、设计文稿、书面报告和口头报告，提升有效沟通的能力；

（4）理解专业的、道德的和社会责任的能力；

（5）尊重多样性、现代化专业知识、社会问题；

（6）保证质量和实效性并不断进步。

课程目标支撑的毕业要求：

课程支撑的毕业要求		课程目标					
		(1)	(2)	(3)	(4)	(5)	(6)
1	毕业要求2：专业性知识。对物流领域中的采购有一个比较全面的认识，掌握采购的基本作业流程，学习国内外先进的采购理念和现代采购技术，并为进一步学习研究物流、进行物流采购实务操作打下一个良好的基础	√	√				
2	毕业要求4：学习能力。具有自主学习和终身学习的良好意识，不断提高学习和适应发展的能力。能够了解物流管理学科前沿，预测发展趋势，持续提高采购管理知识的应用能力和分析能力						√
3	毕业要求5：实践能力。理解并掌握采购管理的相关理论和方法，能够针对企业在采购计划及预算的制订、供应商管理、采购谈判及合同管理、采购价格与成本管理、采购绩效评估等环节中出现的问题，提出合理的解决方案			√			
4	毕业要求6：综合能力。具有较强的组织、协调和管理能力，能够与团队成员和谐相处，能够运用不同沟通技巧处理采购业务管理和实务中出现的问题，能够与他人合作，共同分析采购中遇到的问题、共同商定解决方案					√	
5	毕业要求7：社会责任。具有良好的思想道德修养、社会责任感、公共意识、敬业精神和创业意识				√		

3. 教学内容与课程目标

采购管理教学内容与课程目标：

章次	教学内容	教学要求 （学生学习预期成果）	学时	教学方式	课程目标
第一章	采购概述 知识点： 第一节 采购概述 第二节 采购管理概述 第三节 采购的流程 重点： 采购管理的内容、采购流程、采购制度。 难点： 采购管理的重要性、采购制度。 习题要点： 采购作业的基本流程、三种采购制度的优劣	（1）了解采购和采购管理的概念、采购的特点和分类； （2）理解采购的重要性、采购的流程； （3）掌握采购管理的内容和目标、采购制度	2	课堂讲授 问题讨论 案例研究 实践探究	（1） （5）
第二章	采购计划及预算管理 知识点： 第一节 采购需求分析 第二节 采购计划的制订 第三节 采购预算 重点： 采购需求确定法、采购计划的制订程序、采购预算的编制方法。 难点： 确定采购需求的经济订货批量EOQ法。 习题要点：确定采购需求的方法。 实践环节：确定采购需求的方法、采购计划和采购预算的编制	（1）了解采购需求的分类、采购计划编制的作用、采购预算的概念。 （2）理解影响采购计划和预算的因素、采购预算的编制方法。 （3）掌握采购需求的确定方法、采购计划的制订程序	4	课堂讲授 随堂练习 问题讨论 案例研究	（1） （3） （4） （5）
第三章	供应商的选择与管理 知识点： （1）供应商管理概述； （2）供应商调查开发与选择； （3）供应商的使用、激励与控制。 重点： 供应商选择、供应商绩效考评、供应商关系管理。 教学难点： 供应商选择。 习题要点：供应商选择、供应商绩效考评、供应商关系管理	（1）了解供应商的调查与开发、供应商选择的步骤、供应商关系的演变； （2）理解供应商管理的含义、目标和基本环节； （3）掌握供应商选择标准及方法、供应商绩效考评的指标体系及方法、供应商的细分	2	课堂讲授 问题讨论 案例研究	（1） （2） （3） （5）

续表

章次	教学内容	教学要求 （学生学习预期成果）	学时	教学方式	课程目标
第四章	采购谈判与合同管理 知识点： 第一节　采购谈判 第二节　采购合同管理 重点： 采购谈判的内容、程序和策略，采购合同管理。 难点： 采购谈判的策略和技巧。 习题要点： 采购谈判的策略与技巧，采购合同管理。 实践环节： （1）分组进行采购谈判的演练。 （2）采购合同的制作	（1）了解采购谈判的概念、作用，采购合同的作用； （2）理解采购谈判的特点； （3）掌握采购谈判的内容、程序和策略，采购合同的内容、订立、争议解决	4	课堂讲授 随堂练习 问题讨论 案例研究 实践探究	（1） （2） （3） （4） （5） （6）
第五章	订货点采购与库存控制 知识点： （1）库存控制概述； （2）定量订货法采购； （3）定期订货法采购； （4）价格折扣和区段价格采购策略。 多品种联合采购。 重点：库存管理、定量订货法、定期订货法。 难点：定量订货法、定期订货法	（1）了解库存管理的概念、价格折扣和区段价格采购策略、多品种联合采购； （2）理解不同订货方式的适用情况； （3）掌握各种不同的订货方式的订货点如何确定	4	课堂讲授 随堂练习 问题讨论 案例研究	（1） （2） （3） （4） （5） （6）
第六章	招标采购 知识点： 第一节　招标采购概述 第二节　招投标文件的制定 第三节　招标采购的运作程序 重点：招标采购的概念和特点、招标投标文件的编写、招标采购的程序。 难点：招标、投标文件的编写。 习题要点： 招标采购的分类、招投标文件的制定、招标采购的运作程序	（1）了解招标采购的适用范围； （2）理解招标采购的概念和特点； （3）掌握招标采购的分类、招投标文件的制定、招标采购的运作程序	2	课堂讲授 随堂练习 问题讨论 案例研究	（1） （3） （4） （5） （6）

续表

章次	教学内容	教学要求 （学生学习预期成果）	学时	教学方式	课程目标
第七章	政府采购 知识点： 第一节　政府采购概述 第二节　政府采购类型 第三节　政府采购制度 重点： 政府采购的概念和特点、政府采购方式。 难点： 政府采购制度。 习题要点： 政府采购的特点、政府采购方式	（1）了解政府采购的原则、政府采购制度； （2）理解政府采购的特点、我国政府采购制度的作用； （3）掌握政府采购的概念、政府采购类型	2	课堂讲授 随堂练习 问题讨论 案例研究	（1） （2） （3） （5）
第八章	国际采购 知识点： 第一节　国际采购概述 第二节　国际采购流程 第三节　国际采购的运输与保险 第四节　国际采购结算 重点： 国际采购的含义和原因、国际采购流程、国际采购的运输和结算。 难点： 国际采购结算。 习题要点： 国际采购的原因、运输方式、结算方法	（1）了解国际采购的含义、保险； （2）理解国际采购的原因、特点； （3）掌握国际采购流程、国际采购运输和结算	2	课堂讲授 随堂练习 问题讨论 案例研究	（1） （2） （3） （4） （5） （6）
第九章	现代采购 知识点： 第一节　电子采购 第二节　准时化（JIT）采购 第三节　MRP 采购 重点： 三种现代采购方法的基本概念、原理、特点及运用。 难点： 三种方法的运用。 习题要点： 电子采购的优势、JIT 采购的优势、MRP 采购计划的确定。 实践环节： 结合案例加深学生对电子采购的理解，MRP 采购计划的确定	（1）了解现代采购的发展过程、特点； （2）理解电子采购和 JIT 采购的优势； （3）掌握电子采购、JIT 采购、MRP 采购的概念和基本原理	4	课堂讲授 随堂练习 问题讨论 案例研究 实践探究	（1） （2） （3） （4） （5） （6）

续表

章次	教学内容	教学要求 （学生学习预期成果）	学时	教学方式	课程目标
第十章	采购价格与成本管理 知识点： 第一节　采购价格概述 第二节　采购成本分析 重点： 采购价格的影响因素、供应商定价、采购成本的构成、ABC 分析法。 难点： 降低采购成本的策略。 习题要点： 供应商定价方法、ABC 分析法、降低采购成本的策略。 实践环节： 用 ABC 分类法进行材料分类，并指出材料管理的重点	（1）了解采购价格的含义与种类、价格折扣； （2）理解影响采购价格的因素、降低采购成本的策略； （3）掌握供应商的定价方法、采购成本的构成、ABC 分析法	4	课堂讲授 随堂练习 问题讨论 案例研究 实践探究	（1） （3） （5）
第十一章	采购绩效评价 知识点： 第一节　采购绩效评价目的及流程 第二节　采购绩效评价指标程 第三节　采购绩效优化的措施 重点： 采购绩效评价指标体系、采购绩效优化的措施。 难点： 采购绩效评价指标体系。 习题要点： 采购绩效评价指标体系、采购绩效优化的措施	（1）了解采购绩效评价标准； （2）理解采购绩效评价目的及流程； （3）掌握采购绩效评价指标体系、采购绩效优化的措施	2	课堂讲授 随堂练习 问题讨论 案例研究	（1） （2） （3） （5）
合计			32		

4. 教材及教学主要参考书

推荐教材：

《采购管理》，梁军、王刚主编，电子工业出版社，2019 年 6 月第 4 版。

参考书目：

（1）《采购管理实务》，张建军主编，中国财富出版社，2015 年 12 月第

1版。

（2）《采购与供应案例》，陈达强主编，中国物资出版社，2009年4月第1版。

（3）《采购管理与库存控制》，王槐林、刘昌华主编，中国财富出版社，2013年9月第4版。

（五）配送中心管理与运营

配送中心管理与运营课程教学大纲

1. 课程基本信息

开课单位	工商管理学院	课程类别	专业核心课程
课程名称	配送中心管理与运营	课程编码	3050000123
开课对象	物流管理本科专业第三学年	开课学期	第5学期
学时/学分	总学时64、理论课学时64，学分3.5		
先修课程	现代物流学、管理学		

课程介绍：

配送中心管理与运营课程系统地介绍了配送与配送中心的基本知识、运营管理方法与系统规划方法。该课程分别论述了配送与配送中心的产生与发展、配送理论及规划、配送中心设施设备、配送中心仓储系统、配送中心分拣系统、配送中心信息技术、配送中心资料分析技术及配送中心系统规划方法等。课程在人才培养方案中起到承上启下的作用，学生通过该门课程的学习，应该熟悉配送与配送中心的发展现状，掌握配送规划设计计划的基本方法和技术，构建对配送业务运营管理基本问题的发现和解决能力

2. 课程目标与教学要求

本课程对学生达到如下毕业要求有贡献：

（1）良好的思想品质和道德素养

热爱祖国，热爱人民，具有良好的政治理论素养和坚定的理想信念；遵纪守法，具有良好的道德品质和文明习惯，践行社会主义核心价值观。

（2）良好的科学素养和人文素养和审美能力

具有良好的科学素养、人文精神和审美观念；具备较强的语言和文字表达能力、信息获取能力、人际沟通能力。

（3）团队协作精神和职业道德

具有较强的社会责任感和团队合作精神，具有高尚的职业道德和职业信念。

（4）良好的基本素质

熟练使用常用办公软件；熟练掌握英语，具有良好的英语听、说、读、写能力。

（5）物流管理核心知识

掌握物流管理必须具备的管理学、经济学和计算机的基础知识；掌握物流管理专业理论及业务管理知识；了解物流管理发展前沿。

（6）物流管理实践能力

具备各模块的运营管理基本能力；熟悉物流管理的思想，能够用物流系统的观点发现问题、解决问题，进行物流管理的顺畅运作。

（7）互联网创新创业能力

熟悉国家有关物流管理行业的方针、政策和法律法规；具有互联网思维敏感性，在激烈的市场竞争中敢于创新、善于创新；有互联网创业的基本能力。

（8）电子商务运作及数据分析和信息处理能力

熟练使用电子商务平台，掌握最新的数据分析软件，有利用大数据进行商务分析及处理的能力。

（9）终身学习能力

主动接受终身学习理念，掌握有效的学习方法，具有进一步深造的学习能力、研究能力。

（10）国际视野

具有国际化视野和跨文化知识。

课程目标支撑的毕业要求：

课程支撑的毕业要求		课程目标									
		(1)	(2)	(3)	(4)	(5)	(6)	(7)	(8)	(9)	(10)
1	毕业要求1：良好的思想品质和道德素养	√									
2	毕业要求2：良好的科学素养和人文素养和审美能力				√						
3	毕业要求3：团队协作精神和职业道德			√	√			√			
4	毕业要求4：良好的基本素质		√	√							
5	毕业要求5：物流管理核心知识						√				
6	毕业要求6：物流管理实践能力						√				

续表

课程支撑的毕业要求		课程目标									
		(1)	(2)	(3)	(4)	(5)	(6)	(7)	(8)	(9)	(10)
7	毕业要求7：互联网创新创业能力							√			
8	毕业要求8：电子商务运作及数据分析和信息处理能力								√		
9	毕业要求9：终身学习能力									√	
10	毕业要求10：国际视野										√

3. 教学内容与课程目标

配送中心管理与运营教学内容与课程目标：

章次	教学内容	教学要求 （学生学习预期成果）	学时	教学方式	课程目标
第一章	知识点： 绪论 1.1 配送的产生与发展 1.1.1 配送的产生 1.1.2 配送的发展 1.1.3 配送中心 重点： 1.2 国外配送与配送中心的发展 1.2.1 美国配送中心的实践 1.2.2 日本配送中心的实践 1.2.3 欧盟主要成员国配送中心的实践 1.2.4 发达国家配送系统特点 难点： 1.3 我国配送与配送中心的发展 1.3.1 我国配送的发展 1.3.2 我国配送中心的建设 习题要点： 1.4 案例分析 1.4.1 日本物流配送中心的特色 1.4.2 联华生鲜食品加工配送中心	（1）理解配送的产生与发展必要性，掌握国外配送与配送中心发展特征，以及配送概念与特性； （2）掌握我国配送与配送中心发展现状特点； （3）能够说明我国配送中心的建设要求与配送管理技术发展关系	4	讲授 讨论	(1) (2) (3)

续表

章次	教学内容	教学要求 （学生学习预期成果）	学时	教学方式	课程目标
第二章	知识点： 配送 2.1 配送的概念与作用 2.1.1 配送的概念 2.1.2 配送与物流的关系 2.1.3 配送的作用及意义 重点： 2.2 配送的功能环节及流程 2.2.1 配送的基本环节 2.2.2 配送的流程 难点： 2.3 配送的种类 2.3.1 按配送主体所处的行业分类 2.3.2 按实施配送的节点分类 2.3.3 按配送商品的特征分类 2.3.4 按配送的时间及数量分类 2.3.5 按配送服务的环节分类 2.3.6 按加工程度分类 2.3.7 按配送企业专业化程度分类 2.4 配送的经营模式 2.4.1 自营配送 2.4.2 共同配送 2.4.3 互用配送 2.4.4 第三方配送 2.5 配送合理化 2.5.1 配送合理化的基本思想 2.5.2 不合理配送的表现形式 2.5.3 配送合理化的判断标志 2.5.4 配送合理化的途径 习题要点： 2.6 案例分析 2.6.1 摩纳哥的共同配送 2.6.2 京阪神的百货店共同配送	（1）理解配送的概念和作用，了解配送的作用意义； （2）掌握配送的功能环节及流程； （3）能够说明配送与物流的关系； （4）理解配送的种类及模式分析方法，掌握配送合理化的判断方法	8	讲授 讨论	（1） （3） （6）

续表

章次	教学内容	教学要求 （学生学习预期成果）	学时	教学方式	课程目标
第三章	知识点： 输配送系统 3.1 输配送系统概述 3.1.1 输送与配送的定义 3.1.2 输配送系统的构成 3.1.3 车辆输配送服务要点 3.1.4 提高输配送运行效率的方法 重点： 3.2 输配送系统规划 3.2.1 输配送系统规划问题 3.2.2 配送规划与决策 3.2.3 行车路线和时刻表的制定 难点： 3.3 输配送路线的优化 3.3.1 运输线路优化 3.3.2 制定配送计划的 0-1 规划法 3.3.3 制定配送计划的节约法	（1）理解输配送的概念和构成，掌握车辆输配送服务要点； （2）掌握输配送系统规划要点及流程； （3）熟悉输配送路线优化方法和技术能够说明配送与物流的关系	6	讲授 讨论	(2) (3) (7)
第四章	知识点： 配送中心的基本知识 4.1 配送中心概述 4.1.1 配送中心的概念 4.1.2 配送中心的功能 4.1.3 配送中心的构成 4.1.4 配送中心的作用及意义 重点： 4.2 配送中心的分类 4.2.1 按配送中心的经济功能分类 4.2.2 按配送中心的拥有者分类 4.2.3 按服务范围分类 4.2.4 按配送货物的属性分类 4.2.5 按配送中心的自动化程度分类 难点： 4.3 配送中心的作业系统 4.3.1 配送中心的功能框架 4.3.2 配送中心的作业流程 习题要点： 4.4 案例分析——JT 东京流通基地 4.4.1 背景 4.4.2 东京流通基地的功能 4.4.3 物流系统的构成 4.4.4 从入库到发货流程	（1）理解配送中心的概念、功能和构成，熟悉配送中心的作用和意义； （2）熟悉配送中心的基本分类及各自特征； （3）熟悉配送中心作业系统功能、流程	8	讲授 讨论	(2) (4) (8)

续表

章次	教学内容	教学要求 （学生学习预期成果）	学时	教学方式	课程目标
第五章	知识点： 配送中心设施与设备 5.1 储存设备 5.1.1 储存货架概述 5.1.2 托盘货架 5.1.3 立体自动仓储货架 5.1.4 双深位货架 5.1.5 流动式货架 5.1.6 后推式货架 5.1.7 驶入式货架 5.1.8 旋转式货架 5.1.9 升降货柜 5.1.10 移动式货架 5.1.11 轻型货架 5.1.12 悬臂式货架 5.1.13 阁楼式货架 5.1.14 储存设备的选用 重点： 5.2 搬运设备 5.2.1 搬运设备的分类 5.2.2 手推车 5.2.3 低举升托盘搬运车 5.2.4 高举升搬运车辆 5.2.5 搬运设备的选用 难点： 5.3 输送设备 5.3.1 输送设备概述 5.3.2 无动力输送机 5.3.3 动力输送机 5.3.4 积存输送机 5.3.5 输送设备的选用 5.4 站台设施与设备 5.4.1 站台类型 5.4.2 站台设备 习题要点： 5.5 案例分析——奥得巴克斯公司西日本物流中心 5.5.1 奥得巴克斯公司概况 5.5.2 奥得巴克斯公司物流战略 5.5.3 西日本物流中心概况	（1）熟悉配送中心的基本设施和设备功能，掌握基本设施和设备的特征； （2）掌握储存设备的主要分类的运营要点； （3）熟悉搬运设备、输送设备的配置要求和应用情况	8	讲授 讨论	(1) (2) (6)

续表

章次	教学内容	教学要求 （学生学习预期成果）	学时	教学方式	课程目标
第六章	知识要点： 配送中心仓储技术 6.1 配送中心仓储系统概述 6.1.1 仓储系统的构成 6.1.2 仓储系统的分类 6.1.3 储存保管的目标 重点： 6.2 仓储作业策略 6.2.1 储存策略 6.2.2 储位指派原则 难点： 6.3 仓储系统规划 6.3.1 仓储能力规划 6.3.2 仓储作业空间规划 6.3.3 库房高度规划 6.4 自动仓储系统 6.4.1 自动仓储系统概述 6.4.2 自动仓库的规划设计 6.4.3 管理控制系统 习题要点： 6.5 案例分析	（1）理解配送中心仓储系统的构成、分类和储存保管的目标； （2）掌握仓储作业策略的制定、优化的方法； （3）熟悉仓储系统空间规划和库房高度规划技术，掌握自动仓库规划设计要点	8	讲授 讨论	（2） （3） （9）

续表

章次	教学内容	教学要求 （学生学习预期成果）	学时	教学方式	课程目标
第七章	知识要点： 配送中心分拣系统 7.1 分拣系统概述 7.1.1 分拣作业的概念及重要性 7.1.2 分拣系统的作业流程 7.1.3 分拣作业合理化的原则 重点： 7.2 拣选作业方法 7.2.1 拣选作业的分类 7.2.2 拣选作业方法 7.2.3 拣选作业系统 难点： 7.3 拣选策略 7.3.1 分区策略 7.3.2 订单分割策略 7.3.3 订单分批策略 7.3.4 分类策略 7.4 拣选系统典型模式及设备 7.4.1 拣选系统典型模式 7.4.2 拣选系统设备配置 7.4.3 拣货车系统实例 7.5 分拣系统规划 7.5.1 拣选单位 7.5.2 分拣方式的确定 7.5.3 拣选策略的运用 7.5.4 拣选信息的处理 7.5.5 分拣设备的选用 习题要点： 7.6 分拣系统案例分析 7.6.1 POLA 西日本物流中心（1992 年初） 7.6.2 捷盟公司中坜物流中心	（1）理解配送中心分拣系统作业流程和优化策略； （2）掌握拣选作业分类、作业方法； （3）熟悉拣选作业的基本策略，特别是分区、分割、分批以及分类的具体策略使用的优化，了解主流拣选设备技术发展现状	8	讲授 讨论	（2） （5）

续表

章次	教学内容	教学要求 （学生学习预期成果）	学时	教学方式	课程目标
第八章	知识要点： 配送中心信息化技术及应用 8.1 概述 8.1.1 自动化立体仓库 8.1.2 自动分拣系统 8.1.3 信息导引技术 8.1.4 物流定位技术 8.1.5 信息交换技术 重点： 8.2 物流标识与条码技术 8.2.1 条码的概念 8.2.2 物流编码与物流条码 8.2.3 条码在配送中心中的应用 8.2.4 条码识别技术 8.3 电子标签技术及应用 8.3.1 电子标签技术概述 8.3.2 电子标签 8.3.3 电子标签系统组成与工作原理 8.3.4 电子标签技术在配送中心的应用 难点： 8.4 RF 技术及应用 8.4.1 RF 技术优越性与应用 8.4.2 无线局域网的工作原理 8.4.3 RF 技术在配送中心的应用 8.5 GIS/GPS 技术 8.5.1 GIS 技术 8.5.2 GPS 技术 8.5.3 GIS/GPS 技术在物流领域的应用 8.6 EDI 技术及应用 8.6.1 电子数据交换技术概述 8.6.2 EDI 的工作流程 8.6.3 EDI 的通信方式 8.6.4 EDI 系统在物流中的应用 8.7 配送中心信息系统 8.7.1 配送中心信息系统概述 8.7.2 信息系统功能模型 8.7.3 配送中心信息系统功能结构 8.7.4 配送中心计算机网络规划	（1）理解配送中心信息化技术以及应用策略，熟悉自动化立体仓库、自动分拣系统、信息导引技术的应用现状； （2）掌握物流标识与条码技术的概念、功能和应用场景； （3）熟悉电子标签系统组成和工作原理，了解电子标签技术、RF 技术、GIS/GPS 技术以及 EDI 技术应用现状	4	讲授 讨论	（3） （6） （10）

续表

章次	教学内容	教学要求 （学生学习预期成果）	学时	教学方式	课程目标
第九章	知识要点： 配送中心规划资料分析 9.1 配送中心规划资料分析概述 9.1.1 配送中心规划的基础资料 9.1.2 规划资料分析内容 重点： 9.2 物品特性与储运单位分析 9.2.1 物品特性分析 9.2.2 储运模式分析 9.2.3 PCB 分析 难点： 9.3 EIQ 分析方法 9.3.1 订单数据分解 9.3.2 EIQ 数据取样 9.3.3 数据分析方法 9.3.4 EIQ 分析用途 9.4 EIQ 分析判读与应用 9.4.1 订单变动趋势分析 9.4.2 EIQ 图表分析 9.4.3 EIQ 分析在规划中的应用 9.5 EIQ 分析案例 9.5.1 数据收集和取样 9.5.2 制作分析图表 9.5.3 EIQ 分析数据应用	（1）熟悉配送中心规划资料分析的基本技术和方法； （2）掌握物品特性分析技术、熟悉储运模式分析流程和方法； （3）熟悉 EIQ 分析方法在配送中心规划过程中的技术特征和流程，掌握其分析方法	6	讲授 讨论	（3） （4） （8）

续表

章次	教学内容	教学要求 （学生学习预期成果）	学时	教学方式	课程目标
第十章	知识要点： 配送中心系统规划 10.1 配送中心系统规划概述 10.1.1 配送中心系统规划的内容 10.1.2 配送中心的规划程序 10.1.3 配送中心的规划要素 重点： 10.2 配送中心定位与规划目标 10.2.1 配送中心的定位与策略 10.2.2 配送中心规划目标 10.2.3 规划限制因素 10.2.4 确定基本规划条件 难点： 10.3 配送中心区域设置与工艺流程 10.3.1 配送中心功能区设置 10.3.2 配送中心储区配置 10.3.3 配送中心储运模型 10.4 配送中心能力规划 10.4.1 配送中心能力分析原理 10.4.2 配送中心能力指标体系 10.4.3 基于 EIQ 分析的能力指标分析方法 10.5 配送中心平面布置 10.5.1 区域布置的基本步骤 10.5.2 物流相关性分析 10.5.3 活动相关性分析 10.5.4 功能区空间规划 10.5.5 区域布置 10.5.6 物流动线分析 10.5.7 实体限制的修正 10.6 作业规范与人力需求规划 10.6.1 组织机构及人员配置 10.6.2 作业时序的安排 10.6.3 作业规范 习题要点： 10.7 案例分析	（1）熟悉配送中心系统规划的内容、程序和要素筛选方法； （2）掌握配送中心的定位与策略的制定、优化的技术和方法； （3）熟悉配送中心区域设置和工艺流程，掌握配送中心储区配置方法，了解储运模型构建流程，熟练应用配送中心能力指标体系特点和应用策略	4	讲授 讨论	(2) (6) (8)
合计			64	（1）—（6）	

4. 教材及教学主要参考书

推荐教材：

《配送与配送中心》，王转主编，电子工业出版社，2017 年 7 月第 2 版。

参考书目：

《物流配送中心规划与设计》，孔继利主编，北京大学出版社，2014 年 3 月第 1 版。

七、电子商务专业

（一）电子商务概论

1. 课程基本信息

开课单位	工商管理学院	课程类别	专业核心课	
课程名称	电子商务概论		课程编码	3050000012
开课对象	20 级电子商务专业本科班		开课学期	第二学期
学时/学分	总学时 48、理论课学时 48			
先修课程				
课程简介： 本课程是电子商务专业的一门重要基础课，系统学习了电子商务的基础知识，包括电子商务理论、方法和技术，具体包括：电子商务技术基础，电子商务的商业模式，新零售，电子支付，电子商务物流，电子商务安全，移动电商，农村电子商务，跨境电子商务，电子商务法等内容。学生通过该门课程的学习，对电子商务有一个整体认识，能够理解电子商务环境下企业经营理念的变革，提高学生利用互联网进行商务活动的能力和兴趣，培养他的互联网思维				

2. 课程目标与教学要求

本课程对学生达到如下毕业要求有贡献：

（1）掌握电子商务的基础知识和基本理论，具备综合利用所学知识解决相关管理问题的能力。掌握电子商务专业理论及业务管理知识。了解快速发展的电子商务新兴产业动态，注重产业技术创新和商业模式创新，并及时掌握相关的理论与技术知识。

（2）具有批判性思维，富有创新和创业精神。

（3）掌握基本技能和知识、训练有素，运用科学方法解决问题和分析问题的能力。

（4）掌握计算机、网络等知识，能够运用现代信息技术收集和处理信息。

（5）具有良好的交流能力，能够胜任在相关岗位熟练撰写报告和口头交流。

完成课程后，学生将具备以下能力：

（1）具备电子商务专业基本的知识、技术和能力；

（2）在团队中有效工作的能力；

（3）通过书面报告和口头报告有效沟通的能力；

（4）理解专业的、道德的和社会责任的能力；

（5）有创新思维、现代化信息技术的专业知识、思考社会和全球问题；

（6）与时俱进，保持学习的时效性和对社会发展的适应性。

课程目标支撑的毕业要求：

课程支撑的毕业要求		课程目标				
		（1）	（2）	（3）	（4）	（5）
1	毕业要求1：掌握管理类专业的基础知识和基本理论，熟悉相关的管理、信息、经济、金融、法律等方面的专业知识，具备综合利用所学知识解决相关管理问题的能力。掌握电子商务专业理论及业务管理知识。了解快速发展的电子商务新兴产业动态，注重产业技术创新和商业模式创新，并及时掌握相关的理论与技术知识	√				
2	毕业要求2：具有竞争与合作意识，具有批判性思维，富有创新和创业精神和“互联网＋”创业能力		√			
3	毕业要求3：掌握基本技能和知识、训练有素，运用科学方法解决问题和分析问题的能力				√	
4	毕业要求4：掌握计算机、网络等知识，能够运用现代信息技术收集和处理信息				√	
5	毕业要求5：具有良好的交流能力，具有管理感性，能够胜任在相关岗位熟练撰写报告和口头交流			√		√

3．教学内容与课程目标

电子商务概论教学要求与课程目标：

章次	教学内容	教学要求 （学生学习预期成果）	学时	教学方式	课程目标
第一章	电子商务基础知识 （一）教学重点与难点 教学重点：电子商务的概念，电子商务与信息社会的关系，电子商务具有的功能和效益，电子商务的分类，以及如何实现电子商务。 教学难点：电子商务的概念，电子商务的运作过程，电子商务的模式，电子商务的层次和实现阶段。 （二）教学内容 第一节　电子商务基本概念 （1）什么是电子商务 （2）电子商务的特点和类型 第二节电子商务框架 （1）电子商务的层次结构 （2）电子商务混合框架 第三节　电子商务对经济管理的影响 （1）电子商务对传统经济理论的影响 （2）网络经济 第四节　电子商务简史 （1）电子商务的发展趋势 本章习题要点：和专业相结合进一步的理解电子商务和传统经济的连接点	（1）能够理解电子商务的概念； （2）掌握电子商务的运作过程； （3）了解电子商务发展的过程，电子商务对经济的影响； （4）掌握电子商务的基本架构和作用	4	混合式教学	（1）

续表

章次	教学内容	教学要求（学生学习预期成果）	学时	教学方式	课程目标
第二章	电子商务的技术基础 （一）教学重点与难点 教学重点：互联网技术的应用和EDI应用。 教学难点：网络客户端技术和服务器端技术的相关知识。 （二）教学内容 第一节　电子数据交换技术 （1）电子数据交换的发展 （2）手工方式与电子数据交换方式的比较 （3）电子数据交换的应用 第二节　互联网基础 （1）互联网的产生和发展 （2）互联网协议 （3）IP地址与域名 （4）互联网的应用 第三节　Web开发技术 （1）Web应用系统结构 （2）客户端开发技术 （3）服务器端技术 （4）数据库管理技术 第四节　物联网等新兴技术 （1）物联网 （2）云计算 （3）大数据 （4）人工智能 本章习题要点：各种技术的基本概念和应用	（1）熟悉电子数据交换的工作原理； （2）了解Web开发技术的相关知识； （3）掌握互联网技术的应用； （4）了解电子商务新技术的应用	7	混合式教学	（1） （4）

续表

章次	教学内容	教学要求 （学生学习预期成果）	学时	教学方式	课程目标
第三章	电子商务的商业模式 （一）教学重点与难点 教学重点：商业模式的概念与分类，不同商业模式的价值主张及盈利模式。 教学难点：商业模式的概念与分类，不同商业模式的价值主张及盈利模式，电子市场的商业模式类型。 （二）教学内容 第一节　商业模式的基本概念 （1）商业模式的定义 （2）商业模式的价值主张 （3）商业模式的盈利模式 第二节　电子市场 （1）买方市场 （2）卖方市场 第三节　电子商务商业模式的创新 （1）新零售和网红经济 本章习题要点：不同商业模式的盈利模式的不同	（1）理解商业模式的含义及主要特征； （2）掌握商业模式的分析方法； （3）能够分析新企业的商业模式	4	混合式教学 翻转课堂	（1） （5）
第四章	新零售 （一）教学重点与难点 教学重点：新零售的系统框架，新零售的核心。 教学难点：新零售变革的模式。 （二）教学内容 第一节　新零售概述 （1）新零售的概念 （2）新零售的主要特征与核心 （3）推动新零售发展的因素 第二节　新零售的框架 （1）前台：重构“人、货、场” （2）中台：营销、市场、流通链、生产模式变革 （3）后台：基础环境、新兴技术赋能发展 第三节　新零售的商业模式 （1）“互联网+”环境下传统实体企业的变革 （2）线上企业布局线下实体店 （3）线上线下一体化 （4）新零售未来的发展方向 本章习题要点：新零售的不同形式	（1）了解新零售的发展历程； （2）理解新零售的含义，特征和核心； （3）掌握新零售模式的主要框架	4	混合式教学 案例式	（1） （2） （3）

续表

章次	教学内容	教学要求 （学生学习预期成果）	学时	教学方式	课程目标
第五章	网络营销 （一）教学重点与难点 教学重点：营销的发展过程；网络营销的概念，网络营销的基本理论和策略。 教学难点：网络营销的基本理论和网络营销策略。 （二）教学内容 第一节　网络营销的基本理论 （1）网络营销的概念、产生与发展 （2）网络营销的功能 （3）网络营销的理论基础 第二节　网络产品与品牌策略 （1）网络产品策略 （2）网络品牌策略 第三节　网络价格与定价策略 （1）网络价格的内涵 （2）网络定价策略 第四节　网络渠道与推广 （1）网络渠道 （2）网络推广 本章习题要点：互联网与营销的结合点的相关应用	（1）理解网络营销的含义和职能； （2）掌握网络营销的方式和方法； （3）分析新媒体营销的理念和运用模式	7	混合式教学 翻转课堂	（1） （2） （3） （5）
第六章	电子商务安全 （一）教学重点与难点 教学重点：电子商务的安全维度和加密技术。 教学难点：加密技术的应用与安全协议。 （二）教学内容 第一节　电子商务的安全维度 （1）电子商务的安全的六个维度 （2）杀毒软件和防火墙 第二节　加密技术及应用 （1）加密技术与类型 （2）数字签名数字时间戳 第三节　给予公钥技术的加密体系 （1）数字证书和认证中心 （2）电子支付的安全协议 本章习题要点：加密技术的应用	（1）了解电子商务面临的安全威胁和电子商务安全管理的政策与法规； （2）理解电子商务安全管理； （3）熟悉电子商务安全性要求； （4）掌握实现电子商务安全的相关技术	5	混合式教学 讲授法	（1） （4）

续表

章次	教学内容	教学要求 （学生学习预期成果）	学时	教学方式	课程目标
第七章	电子支付 （一）教学重点与难点 教学重点：电子支付的定义，电子支付的流程，第三方支付产生的原因和特征、第三方支付的交易流程和盈利模式。 教学难点：静态价格机制和动态价格机制。 （二）教学内容 第一节　电子交易的概念与流程 （1）交易与电子交易 （2）电子交易的过程 （3）电子交易的模型 第二节　电子交易的价格机制 （1）电子交易的静态价格机制 （2）电子交易的动态价格机制 第三节　电子支付 （1）电子支付的概念和发展 （2）电子支付的工具 （3）第三方支付 （4）移动支付 本章习题要点：支付的新方式	（1）了解电子商务的支付系统和电子货币对传统货币的影响； （2）熟悉现阶段电子货币的种类和常用的电子支付系统； （3）掌握如何应用网上银行与第三方支付平台完成电子商务交易	3	混合式教学 案例式	（1） （3）
第八章	电子商务物流与供应链管理 （一）教学重点与难点 教学重点：企业如何按照客户的订单要求组织产品、如何为客户提供有效地售后支持。 教学难点：订单履行的特点、物流配送的策略。 （二）教学内容 第一节　订单履行概述 （1）订单履行的概念和过程 第二节　供应链管理和协同商务 （1）供应链的管理 （2）协同商务 第三节　物流管理 （1）物流管理的基本内容 （2）快速配送 （3）第三方物流 （4）物流状态的追踪 第四节　电子商务物流实训 （1）仓储实训 （2）运输实训 本章习题要点：物流与供应链管理	（1）了解电子商务配送流程； （2）掌握电子商务物流的实现模式； （3）能够分析电子商务环境下的供应链流程	3	混合式教学 互动式	（1） （3）

续表

章次	教学内容	教学要求 （学生学习预期成果）	学时	教学方式	课程目标
第九章	客户关系管理 （一）教学重点与难点 教学重点：电子商务客户关系管理系统，能够运用客户关系管理的管理理念和技术解决企业管理问题。 教学难点：客户关系管理的数据管理与数据挖掘。 （二）教学内容 第一节　客户关系管理概述 （1）客户关系管理简介 （2）客户关系管理解决的主要问题 第二节　电子商务客户关系管理 （1）电子商务客户信息管理 （2）电子商务客户满意与忠诚管理 （3）电子商务客户服务管理 第三节　客户关系管理技术及应用 （1）客户关系管理系统 （2）呼叫中心 （3）客户关系管理数据管理技术 （4）客户关系管理的主要应用 本章习题要点：客户关系管理在电子商务中的应用	（1）了解客户关系管理软件系统组成； （2）理解客户关系管理的概念和内涵； （3）掌握电子商务客户关系的基本框架和构成	3	混合式教学	（1） （5）
第十章	农村电商 （一）教学重点与难点 教学重点：掌握农村电商的概念和特点，掌握农村电子商务的应用。 教学难点：农村电商的关键技术和主要模式。 （二）教学内容 第一节　农村电商概述 （1）农村电商的内涵和特点 （2）农村电商的发展现状 （3）农村电商对新时期奋斗目标的意义 （4）农村电商相关要素 第二节　农村电商的应用 （1）农村电商的类型和实施模式 （2）农村电商的营销方式 （3）农村电商的发展趋势 本章习题要点：农村电子商务的应用和商业模式的结合	（1）理解移动电商的概念和特点； （2）了解移动电商的关键技术和应用； （3）掌握移动营销的方式	4	混合式教学	（1） （2） （5）

续表

章次	教学内容	教学要求 （学生学习预期成果）	学时	教学方式	课程目标
第十一章	电子商务法律 （一）教学重点与难点 教学重点：新电商法的适用范围和主要内容。 教学难点：新电商法对于当前电子商务市场的主要影响。 （二）教学内容 第一节　电子商务法律涉及的常见领域 （1）电子合同和电子签名 （2）知识产权保护 （3）消费者权益保护 （4）隐私权保护 （5）其他热点问题 第二节　电子商务法基本问题解析 （1）适用范围 （2）电子商务法主体 （3）电子商务经营者的义务 （4）电子商务平台经营者的义务 第三节　电商商务法和相关法律 （1）电子商务法简介 （2）其他相关法律简介 本章习题要点：电子商务法实施对于电子商务市场的影响	（1）了解电子商务法的立法原因； （2）理解电子商务法的适用范围； （3）理解电子商务法在现阶段的应用情况和热点问题	4	混合式教学 案例式	（1） （3）
合计			48		

4. 教学方法或手段

（1）教学方法方面，体现以学生为本、因材施教、个性发展、素质教育等现代教育理念而采取的讲授方法和教学活动。

翻转课堂，基于省级一流本科课程电子商务开展课程学习。

启发式，开始正式的课程讲解之前，安排1学时的引导课，通过播放和讨论案例视频，使同学们了解电子商务的产生和发展以及在生活中的应用，介绍本课程的学习目标、要求并提供参考资料等。

讨论式，每个章节安排了与内容和实事相关的讨论题放在在线平台上让学生讨论，将一些有内涵的论点放在课堂上共享。

案例式，每个章节的开始都有引导案例，引发学生学习这个章节的思考。

网上助学式，每个章节都设立了单元测试，供学生学习和自我评价。

合作式，安排了两次小组作业，提高学生的合作能力，个人作业采用教师打分和学生互评的方式。

（2）教学手段方面，扩大小班化教学覆盖面，使用多媒体、慕课平台和网络教学相结合。

5. 考核方式及评价要求

最终成绩实施多元化评价方式，由闭卷笔试和日常主要教学活动相结合。最终总成绩为期末测试占比 70% 和平时成绩占比 30%，具体分配如下：

期末测试：70%，侧重实现考核的管理功能。考核学生对该课程基础知识的掌握程度、问题分析能力和问题解决能力。期末考试采用书面闭卷形式，主要题型可以是选择题、判断题，简答题，论述题和案例分析题等。

平时成绩：课堂考勤 12%，作业，单元测试 9%，课程表现和视频材料学习，讨论 9%。主要使用学习通平台以及其他课堂方式完成。

6. 教材及教学主要参考书

推荐教材：

《电子商务概论》（第四版），白东蕊主编，人民邮电出版社，2019 年 8 月第四版。

参考书目：

（1）《电子商务概论》，李琪，彭丽芳，王丽芳主编，清华大学出版社，2017 年 10 月第 1 版。

（2）《电子商务——管理与社交网络视角》，埃弗雷姆特班主编，中国人民大学出版社，2018 年 1 月第 8 版。

（3）《电子商务——商务 技术 社会》，肯尼斯 C 劳顿主编，清华大学出版社，2018 年 4 月第 11 版。

（二）WEB 前端系统基础

WEB 前端系统基础课程教学大纲

1. 课程基本信息

开课单位	计算机与信息技术学院	课程类别	专业选修（金融科技方向）	
课程名称	WEB 前端系统基础		课程编码	3070000106
开课对象	2019 级计算机科学与技术专业学生		开课学期	3
学时/学分	总学时 32、理论课学时 24、实践课学时 8/2 学分			
先修课程	计算机科学导论、C 语言程序设计			

课程介绍：

WEB 前端系统基础是面向计算机科学与技术金融科技方向的一门专业选修课程，学生在学习本课程之前应当具有计算机操作的预备知识和能力。本课程通过介绍基于 HTML5 的网页设计/网站开发解决方案的有关知识，了解 HTML5 标准的新特性和新技术，熟练掌握 CSS3 和 JavaScript 的基本语法及应用，能够就复杂交互问题与业界同行及社会公众进行有效沟通和交流。通过对一些典型页面的设计研究和实现，让学生更好地掌握页面设计中的标签应用，样式设计，页面的动态效果设计以及前端框架的应用。从实践中加强对基础知识的综合应用，提高学生的动手和实践能力，做到知行合一，学以致用的目的。

2. 课程目标与教学要求

本课程对学生达到如下毕业要求有贡献：

（1）研究能力：能够基于科学原理并采用科学方法对财税、金融领域的相关网站，运用所学知识设计出框架网页、表格与表单网页、多媒体动态网页。

（2）设计/开发解决方案的能力：能够重点在财税、金融领域，能够设计掌握网站规划、设计、制作、管理、发布的相关技术及 Web 前端设计的操作技能。

（3）沟通能力：能够就复杂 Web 系统开发问题与业界同行及社会公众进行有效沟通和交流。

完成课程后，学生经具备以下能力：

（1）理解 Web 设计的基本原则、栏目和网站目录结构定义、标准页面布局方法、导航菜单制作、图文排版、页面交互等方面的基础知识；

（2）能够熟练运用 HTML5 中的文字、链接、列表、表格、表单、图像、多媒体等标记语言设计制作网页；

（3）掌握 JavaScript 脚本语言的基本语法，理解对象的概念及使用 JavaScript 来编写客户端脚本程序。能够就复杂交互问题与业界同行及社会公众进行有效沟通和交流。

课程目标支撑的毕业要求：

课程支撑的毕业要求		课程目标		
		（1）	（2）	（3）
1	毕业要求3：设计/开发解决方案：重点在财税、金融领域，能够设计计算机工程项目解决方案，设计满足特定需求的计算机软件和硬件系统、单元（部件）或模块，并能够在设计环节中体现基于大数据、人工智能的创新意识，考虑社会、健康、安全、法律、文化以及环境等因素		√	
2	毕业要求4：研究：能够基于科学原理并采用科学方法对财税、金融领域的计算机工程问题进行研究，包括设计实验、分析与解释数据、并通过信息综合得到合理有效的结论	√		
3	毕业要求10：沟通：能够就计算机工程应用问题与业界同行及社会公众进行有效沟通和交流，包括撰写报告和设计文稿、陈述发言、清晰表达或回应指令。并具备一定的国际视野，能够在跨文化背景下进行沟通和交流			√

3. 教学内容与课程目标

WEB 前端系统基础教学内容与课程目标：

章次	教学内容	教学要求（学生学习预期成果）	学时	教学方式	课程目标
第二章	HTML5 基础 知识点：HTML5 基础；文档结构元素；头部元素。 重点：掌握 HTML5 文档结构。 难点：掌握 HTML5 结构元素。 习题要点：HTML5 文件可以通过任意文本编辑器创建，但文件的扩展名必须使用“.htm”或“.html”，建议使用“.html”，以适应跨平台的需要。 实践环节：叮叮书店首页添加元信息	（1）理解 HTML5 的一些基本概念；理解 HTML5 含义及与网页的区别； （2）掌握 HTML5 文档结构；掌握语法规则； （3）熟练应用 < html > 标签；< head > 标签；< body > 标签	2	线上线下混合式教学 作业	（2）
第四章	HTML5 超链接 知识点：< a > 标签；HTML5 字符集与颜色。 重点：掌握 HTML5 超链接标签的使用。 难点：id 属性的唯一性。 习题要点：HTML5 中超链接元素是什么？它的两种主要格式是什么？功能是什么？ 实践环节：叮叮书店首页超链接的使用	（1）掌握超链接基本语法及 href、target、title 等属性的设置方法； （2）理解超链接中路径的分类和应用场合； （3）掌握内链接、外链接的定义方法； （4）掌握书签链接的基本语法及创建方法	2	线上线下混合式教学 作业	（2）

续表

章次	教学内容	教学要求（学生学习预期成果）	学时	教学方式	课程目标
第六章	HTML5 表格 知识点：HTML5 表格；常用表格标签；< table > 标签；< tr > 标签；< td > 标签；< th > 标签。 重点：表格标记和表格属性的设置。 难点：单元格跨行属性 rowspan 和跨列属性 colspan 设置方法。 习题要点：学会运用表格嵌套技术实现一般网页布局。 实践环节：叮叮书店购物车页面的建立	(1) 掌握 < table > 标记语法及所有表格标记的语法； (2) 会利用 < table > < tr > < td > 绘制简易表格； (3) 学会使用表格标题 < caption >、< th > 标记定义表格标题和表头； (4) 学会运用表格嵌套技术实现一般网页布局	2	线上线下 混合式教学 作业	(2)
第七章	HTML5 表单 知识点：HTML5 表单；表单域；< form > 标签；< input > 标签；< textarea > 标签；< label > 标签；< fieldset > 标签；< select > 标签；< option > 标签；< optgroup > 标签；< button > 标签；< datalist > 标签；< keyg；en > 标签；< output > 标签。 重点：掌握表单标记的基本语法结构以及表单中包含其他标记。 难点：掌握域和域标题标记的基本语法，学会使用域和域标题标记设置表单分区。 习题要点：学会运用下拉列表框、多行文本域、复选框、密码框等编写相关网页代码	(1) 掌握单行文本输入框的属性设置方法；学会使用密码输入框设置用户密码；掌握复选框 checkbox 设置及使用方法，学会使用 checked 属性将某项复选框设为预选项；掌握单选按钮 radio 设置及使用方法，学会使用 checked 属性将某项单选按钮设为预选项；掌握图像按钮的属性设置方法；掌握 submit 按钮的属性设置方法；掌握 reset 按钮的属性设置方法；掌握普通按钮的设置方法； (2) 学会使用 file 文件选择框浏览文件；学会 hidden 隐藏框使用方法；学会使用多行文本输入框标记在网页中设置多行文本的输入方法；学会使用 < option > 标记设置列表项，学会使用 selected 属性必将某一选项设为预选项	2	线上线下 混合式教学 作业	(1)

续表

章次	教学内容	教学要求 （学生学习预期成果）	学时	教学方式	课程目标
第八章	CSS 基础 知识点：CSS 基本概念；CSS 语法；CSS 常用选择器（包括标记选择器、类选择器、ID 选择器、属性选择器等）；CSS 属性。 重点：掌握 CSS 常用的选择器。 难点：理解 CSS 的继承与层叠区别。 习题要点：HTML 使用 CSS 有哪几种方法？他们的区别是什么？层叠是什么含义？CSS 的主要选择器有哪些？如何使用？ 实践环节：在网页文件中设定常用的选择器。	（1）了解 CSS 基本概念；了解传统 HTML 的缺点；了解 CSS 的特点；了解 CSS 的优势； （2）掌握 CSS 的基本语法；掌握 CSS 选择器类型（包括标记选择器、类选择器、ID 选择器、属性选择器等）；掌握 CSS 选择器声明类型；掌握 CSS 定义与引用方法（包括内联样式表（行内样式表）、内部样式表、外部样式表（链接外部样式表、导入外部样式表）等。 （3）掌握 CSS 的编辑方法，使用 CSS 控制 Web 页面	4	线上线下混合式教学 作业	（2）
第九章	页面布局定位 知识点：CSS3 盒模型；CSS3 内边距；CSS3 边框；CSS3 外边距；CSS3 布局；CSS3 浮动；CSS 定位；基本布局模板。 重点：CSS3 中盒模型的基本概念以及多个盒子之间的相互关系。 难点：CSS3 定布局与定位。 习题要点：学会使用 DIV + CSS 实现简单 Web 页面布局。 实践环节：叮叮书店首页布局样式设计	（1）理解 CSS3 盒模型结构；学会设置边界 margin、边框属性 border、填充属性 padding 及其子属性的设置方法； （2）掌握单列布局、两列布局、三列布局、混合布局、CSS3 伸缩布局、CSS3 多列布局； （3）能够根据常规页面布局编写出 DIV 结构和定义出 CSS 样式	4	线上线下混合式教学 作业	（1） （3）
第十二章	CSS3 变换、过渡和动画 知识点：变换（Transform）；过渡（Transition）；动画（Animation）。 重点：CSS3 变换、过渡和动画样式属性。 难点：CSS3 的 3D 变换。 习题要点：在实际操作进行变换时，如何改变 transform 元素的原点位置；如何实现过渡；如何实现动画。 实践环节：叮叮书店首页超链接、伪类和动画样式设计	（1）了解 CSS3 新特性；了解 CSS3 浏览器兼容性及解决方法； （2）掌握 CSS3 边框属性语法及设置方法； （3）掌握 CSS3 转换 transform 属性语法及设置方法； （4）掌握 CSS3 过渡 transition 属性语法及设置方法； （5）掌握 CSS3 动画 animation 语法及设置方法	4	线上线下混合式教学 作业	（1） （3）

续表

章次	教学内容	教学要求 （学生学习预期成果）	学时	教学方式	课程目标
第十五章	ECMAScript 基础 知识点：JavaScript 简介；JavaScript 基础；ECMAScript 运算符。 重点：标识符和变量。 难点：JavaScript 中的基本数据类型。 习题要点：了解 JavaScript 在 HTML 中放置的位置；在 HTML 中如何定义和使用脚本语言	（1）理解 JavaScript 在 Web 页面设计中作用及其特点； （2）了解 JavaScript 在 HTML 中放置的位置； （3）掌握 JavaScript 中的基本数据类型，分别是字符串型、数值型、布尔型、Null 型、undefined、object 型；掌握变量的定义语法及使用方法；掌握常用的转义字符使用方法； （4）学会使用消息对话框实现页面交互；学会使用注释给 JS 代码增加功能说明	2	线上线下混合式教学 作业	（2）
第十七章	行为与对象 知识点：JavaScript 函数；JavaScript 事件；JavaScript 内置对象。 重点：自定义函数的使用方法。 难点：局部变量与全局变量使用区别。 习题要点：熟练使用对象的函数；掌握自定义函数的使用方法。 实践环节：叮叮首页导航栏上显示日期和时间	（1）熟练使用对象的函数，如 toString（）、toFixed（n）、charAt（n）、indexOf（）、lastIndexOf（）、substring（）等； （2）掌握自定义函数的使用方法，并学会编程；学会使用 return 返回函数计算结果； （3）理解 JavaScript 中事件的概念、事件基本类型	2	线上线下混合式教学 作业	（1） （3）
合计			24		

4. 教材及教学主要参考书

推荐教材：

《Web 前端设计从入门到实践—HTML5、CSS3、JavaScript 项目案例开发》（第 2 版），张树明主编，清华大学出版社，2019 年 4 月第 2 版。

参考书目：

（1）《Web 客户端开发——HTML5 + CSS3 + JavaScript 实例教程》，王黎主编，清华大学出版社，2017 年 9 月。

（2）《Web 前端开发实践教程》，李捷，科学出版社，2017 年 3 月

（三）网络营销理论与实务

网络营销理论与实务课程教学大纲

1. 课程基本信息

开课单位	工商管理学院	课程类别	专业核心课程
课程名称	网络营销理论与实务	课程编码	3050000075
开课对象	电子商务（本科）2018级	开课学期	五
学时/学分	总学时48、理论课学时24、实践课学时24		
先修课程	电子商务概论、计算机基础、市场营销基础等		

课程介绍：

网络营销理论与实务是电子商务学生的一门专业核心课。该课程从企业网络营销岗位的需求出发，结合营销的基础知识，以及当今新型互动营销、内容营销模式，涵盖市场营销理论、网络营销理论、工具、策略、方案等内容。通过本课程学习，使学生能分析、策划、执行企业网络营销活动过程中的常规性营销策划与推广，具备从事网络营销具体业务工作的入门职业能力，进而为其在相关岗位就业或行业职业技能的进阶学习奠定基础。

2. 课程目标与教学要求

本课程对学生达到如下毕业要求有贡献：

（1）知识应用能力：能够将网络营销基本理论与基本方法应用于解决企业实际问题以及网络营销专业领域管理问题。

（2）问题分析能力：能够应用经济学、管理学以及网络营销的基本原理分析企业运营过程中存在的问题。

（3）综合应用能力：能够针对电商企业的目标，战略制定与实际操作中涉及的网络营销问题，提出合理的解决方案。

（4）设计能力：能够设计符合企业要求及满足客户喜好的文案、图片及视频，并能够在设计环节中体现创新意识，考虑经济、社会、法律、文化以及环境等问题。

（5）沟通能力：能够就网络营销企业相关的网络营销工具的使用、网络营销运营推广等问题与业界同行及社会公众进行有效沟通和交流。

（6）终身学习能力：能够跟踪网络营销领域前沿，不断更新知识结构、提升职业素养，适应电子商务行业及相关职业发展。

完成课程后，学生将具备以下能力：

（1）在网络营销学科具备基本的知识、技术和能力；

(2) 在团队中有效工作的能力；

(3) 通过小组讨论、书面报告和口头报告有效沟通的能力；

(4) 理解专业的、道德的和社会责任的能力；

(5) 尊重多样性、现代化专业知识、社会和全球问题；

(6) 保证质量和实效性并不断进步。

课程目标支撑的毕业要求

课程支撑的毕业要求		课程目标					
		(1)	(2)	(3)	(4)	(5)	(6)
1	毕业要求1：思想品德				√		
2	毕业要求2：学科知识	√					
3	毕业要求3：创新创业能力						
4	毕业要求4：应用能力	√		√			
5	毕业要求5：信息能力		√				
6	毕业要求6：沟通表达					√	
7	毕业要求7：团队合作		√				
8	毕业要求8：国际视野						
9	毕业要求9：持续发展						√

3. 教学内容与课程目标

网络营销理论与实务教学内容与课程目标：

章次	教学内容	教学要求（学生学习预期成果）	学时	教学方式	课程目标
第一章	网络营销概述 (一) 教学内容 第一节　网络营销的定义 第二节　网络营销的职能 第三节　网络营销的信息传递模型 第四节　网络营销的内容体系 第五节　如何学习网络营销 (二) 教学重点与难点 教学重点： 网络营销概念、特点及职能，网络营销的基本原理及核心思想。 教学难点： 网络营销内容体系及演变。	(1) 了解网络营销的发展演变规律及现阶段网络营销的特征； (2) 理解并掌握网络营销定义及内涵； (3) 理解并掌握网络营销的基本原理及核心思想； (4) 了解网络营销的内容体系及演变； (5) 了解网络营销课程实践方案及方法，引导学生注册相关网站平台账户，了解其作用和使用方法	3	讲授法 案例法 分组讨论	(1) (2)

续表

章次	教学内容	教学要求 （学生学习预期成果）	学时	教学方式	课程 目标
第二章	网络营销系统 （一）教学内容 第一节　网络营销系统框架 第二节　网络营销信息源概述 第三节　网络营销信息传递渠道 第四节　网络营销传递中的用户与信息交互 第五节　网络营销的技术支持体系 （二）教学重点与难点 教学重点： （1）各子系统及其相互关系； （2）网络营销信息源的三种类型辨析； （3）网络营销信息发布三大渠道对比； （4）网络营销信息传递渠道的基本特征； （5）用户的意义及地位。 教学难点： （1）各子系统及其相互关系； （2）网络营销信息源的三种类型辨析； （3）网络营销信息发布三大渠道对比； （4）网络营销信息传递渠道的基本特征； （5）用户的意义及地位	（1）了解网络营销系统的意义； （2）理解并熟练掌握网络营销系统示意图及五要素； （3）理解并熟练掌握网络营销各子系统及其相互关系； （4）学会针对特定企业进行网络营销系统分析	3	讲授法 案例法 分组讨论 实训	（1） （3）

续表

章次	教学内容	教学要求 （学生学习预期成果）	学时	教学方式	课程目标
第三章	内容运营 （一）教学内容 第一节　企业网站内容运营 第二节　博客营销基础 第三节　订阅型内容运营与维护 第四节　企业官方微博内容运营 第五节　WIKI 词条编写与维护 第六节　自媒体内容平台账号运营 网络媒体新闻写作与传播 企业负面信息问题分 （二）教学重点与难点 教学重点： (1) 企业网站的基本要素及内容创建方法； (2) 企业博客写作的一般原则和方法； (3) 微信公众号内容写作的基本方法； (4) 企业微博及 WIKI 词条写作的基本方法； (5) 抖音等短视频内容的创作方法。 教学难点： (1) 针对特定企业进行企业网站诊断； (2) 企业微信公众号运营； (3) 企业微博运营； (4) 抖音等短视频内容的创作	(1) 掌握企业网站的基本要素级内容创建方法； (2) 掌握企业博客写作的一般原则和方法； (3) 熟悉邮件列表及微信公众号内容写作的基本方法； (4) 熟悉企业微博及 WIKI 词条写作的基本方法； (5) 了解内容平台的特点及自媒体运营的一般方法； (6) 了解企业新闻的特点和选题思路； (7) 认识企业负面信息的形式及处理方法； (8) 初步了解抖音等短视频内容的创作方法	18	讲授法 案例法 分组讨论 实训	(2) (4) (5)

续表

章次	教学内容	教学要求 （学生学习预期成果）	学时	教学方式	课程目标
第四章	渠道运营 （一）教学内容 第一节　网络信息传递渠道的基本形式 第二节　网站内部资源推广方法 第三节　搜索引擎营销 第四节　微博转发：基于社交关系资源的网络推广 第五节　基于价值关系资源的网络推广 第六节　综合型网络推广：病毒性营销 （二）教学重点与难点 教学重点： （1）渠道运营的基本思想及常用网络推广方法； （2）网站内部资源类型及站内推广方式； （3）引导型网络推广特点，掌握搜索引擎营销的基本原理、模式及方法； （4）社会关系资源推广的基本内容，了解微博转发的常见方式。 教学难点： 社会关系资源推广的基本内容，微博转发的应用	（1）了解渠道运营的基本思想及常用网络推广方法； （2）熟悉网站内部资源类型及站内推广方式； （3）熟悉引导型网络推广特点，掌握搜索引擎营销的基本原理、模式及方法； （4）熟悉社会关系资源推广的基本内容，了解微博转发的常见方式； （5）了解价值关系资源传递的常见方法，了解微分销和众筹营销的形式； （6）了解病毒性营销的基本原理和一般流程	12	讲授法 案例法 分组讨论 实训	（2） （4） （5）

续表

章次	教学内容	教学要求（学生学习预期成果）	学时	教学方式	课程目标
第五章	用户运营 教学内容 第一节　网络营销中的用户来源与用户连接 第二节　网络营销中的用户数据类型及来源 第三节　网络营销中的数据分析思路 第四节　数据分析应用：网站访问统计分析 （二）教学重点与难点 教学重点： （1）用户的来源渠道及用户连接方式； （2）从用户的角度理解用户数据类型及主要来源； （3）网络营销数据分析的基本思路； （4）网站访问统计分析方法及分析报告的撰写。 教学难点： 网站访问统计分析方法及分析报告的撰写	（1）理解用户的来源渠道及用户连接方式； （2）从用户的角度理解用户数据类型及主要来源； （3）了解网络营销数据分析的基本思路； （4）熟悉网站流量统计指标的网络营销意义； （5）掌握网站访问统计分析方法及分析报告的基本内容	6	讲授法 案例法 分组讨论 实训	（2） （4） （5）
第六章	网络营销服务与市场 （一）教学内容 第一节　网络营销服务市场的意义与特征 第二节　网络营销服务市场的层次及类别 第三节　付费网络推广：网络广告 （二）教学重点与难点 教学重点： 网络广告的基本条件与本质特征。 教学难点： 网络广告的投放与效果评价	（1）了解网络营销服务与市场的主要服务内容； （2）掌握网络广告的基本条件与本质特征； （3）了解网络广告的主要类别和形式； （4）了解常见网络广告的形式及特点	6	讲授法 案例法 分组讨论 实训	（3） （6）
合计			48		

4. 教材及教学主要参考书

推荐教材：

《新网络营销》，冯英健主编，人民邮电出版社，2018 年 12 月第一版。

参考书目：

（1）《网络营销：策划与推广》，赵铁主编，人民邮电出版社，2020 年 2 月第 1 版。

（2）《网络营销》，付珍鸿主编，电子工业出版社，2017 年 8 月第一版。

（3）《网络营销基础与实践》（第 5 版），冯英健著，清华大学出版社，2016 年。

（4）《网络营销基础与实践》，李成钢著，中国纺织出版社，2016。

（5）《网络营销理论与实务》，吕朝晖著，化学工业出版社，2016。

（四）网络金融与电子支付

网络金融与电子支付课程教学大纲

1. 课程基本信息

<table>
<tr><td>开课单位</td><td>工商管理学院</td><td>课程类别</td><td colspan="2">专业核心课</td></tr>
<tr><td>课程名称</td><td colspan="2">网络金融与电子支付</td><td>课程编码</td><td>3050000180</td></tr>
<tr><td>开课对象</td><td colspan="2">电子商务本科</td><td>开课学期</td><td>6</td></tr>
<tr><td>学时/学分</td><td colspan="4">总学时 48、理论课学时 32、实践课学时 16</td></tr>
<tr><td>先修课程</td><td colspan="4">经济学、管理学、电子商务概论等</td></tr>
<tr><td colspan="5">课程介绍：
网络金融与电子支付是面向电子商务本科专业的一门专业核心课程，学生在学习本课程之前应当具有经济学、管理学、电子商务、计算机网络的预备知识和能力。通过本课程学习，使学生掌握主要的电子支付工具特点、支付流程和相关技术，了解电子支付结算的发展动向；熟悉网络银行的现状、支付流程和发展趋势，掌握电子支付安全技术以及面对支付系统风险时的管理办法，能够就复杂交互问题与业界同行及社会公众进行有效沟通和交流。通过课堂教学、讨论、实践作业，使学生从实践中加强对基础知识的综合应用，提高学生的动手和实践能力，做到知行合一，学以致用的目的</td></tr>
</table>

2. 课程目标与教学要求

本课程对学生达到如下毕业要求有贡献：

（1）知识应用能力：通过课堂教学、分组讨论，能够将网络金融与电子支付的基本理论与基本方法应用于解决金融风险以及电子支付等专业领域的管理问题。

（2）问题分析能力：通过分组讨论、课后作业，能够应用网络金融与电子支付的基本原理，分析电子支付中存在的风险及安全的问题。

(3) 综合应用能力：通过分组讨论、课后作业，能够针对实际中出现的有关网络金融与电子支付中涉及的金融风险及电子支付安全问题，各个国家的支付系统及宏观货币环境变化，对我们社会和国家的影响并提出合理的解决方案。

(4) 沟通能力：能够就网络金融与电子支付相关的风险及安全问题与业界同行及社会公众进行有效沟通和交流。

(5) 终身学习能力：能够跟踪网络金融与电子支付前言，不断更新知识结构、提升职业素养，适应电子商务行业及相关职业发展。

完成课程后，学生将具备以下能力：

(1) 在网络金融与电子支付学科具备基本的知识、技术和能力；

(2) 在团队中有效工作的能力；

(3) 通过本课程的课堂学习、讨论及课后作业，提高学生的书面和口头有效沟通的能力及面对电子支付安全和货币宏观环境的变化时，具备一定的分析问题能力和提供合理的解决方案；

(4) 理解专业的、道德的和社会责任的能力；

(5) 尊重多样性、现代化专业知识、社会和全球问题；

(6) 保证质量和实效性并不断进步。

课程目标支撑的毕业要求：

课程支撑的毕业要求		课程目标				
		(1)	(2)	(3)	(4)	(5)
1	毕业要求1：思想品德	√	√			√
2	毕业要求2：学科知识	√	√	√	√	√
3	毕业要求3：创新创业能力					√
4	毕业要求4：应用能力		√	√		√
5	毕业要求5：信息能力			√		√
6	毕业要求6：沟通表达	√	√	√	√	
7	毕业要求7：团队合作	√	√	√		
8	毕业要求8：国际视野			√		√
9	毕业要求9：持续发展				√	√

3. 教学内容与课程目标

网络金融与电子支付教学内容与课程目标

章次	教学内容	教学要求（学生学习预期成果）	学时	教学方式	课程目标
第一章	电子支付概述 知识点： 支付的基本概念和过程；清算和结算的区别和联系；支付活动的构成和应遵循的基本原理；支付体系的概念和构成；电子支付的含义和分类；电子支付系统的构成。 重点： 支付的基本概念和过程；支付体系的概念和构成；电子支付的含义和分类。 难点： 清算和结算的区别和联系；支付活动的构成和应遵循的基本原理；电子支付系统的构成。 习题要点： （1）什么是支付？支付的过程是什么？ （2）试阐述支付体系的构成以及各构成部分之间的关系。 （3）简述电子支付与传统支付的不同。 （4）课后案例分析 实践环节： 登录淘宝网（http：//www.taobao.com），当当网（http：//www.dangdang. com），京东商城（http：//www.jd.com），通过各网站提供的帮助中心了解各网站支持的支付方式，特别是网上支付方式，思考网上支付的发展趋势	（1）掌握支付的基本概念和过程； （2）了解清算和结算的区别和联系； （3）了解支付活动的构成和应遵循的基本原理； （4）掌握支付体系的概念和构成； （5）掌握电子支付的含义和分类； （6）了解电子支付系统的构成	3	讲授法 启发式 讨论式 多媒体	（1） （2） （4） （5）

续表

章次	教学内容	教学要求 （学生学习预期成果）	学时	教学方式	课程目标
第二章	支付工具与支付方式 知识点： 支付工具的概念和分类；三种票据的使用范围和支付过程；常用卡基支付工具的特点，电子支付工具的使用现状；传统支付结算方式的特点，应用现状与未来发展趋势；电子支付结算方式的类型，了解其应用现状与未来发展趋势；电子货币和电子钱包的基本情况。 重点： 支付工具的概念和分类；常用卡基支付工具的特点，电子支付工具的使用现状；电子支付结算方式的类型；电子货币和电子钱包的基本情况。 难点： 常用卡基支付工具；电子支付结算方式；电子货币。 习题要点： （1）简述支票的交易流程。 （2）简要比较支票、汇票、本票三者的主要区别。 （3）大家常听说贷记卡、借记卡、信用卡，请问它们之间有何区别？ （4）简述电子支付方式的主要类型。 （5）简述电子货币及其分类。 （6）简述储值卡式电子钱包的特点。 （7）课后案例分析。 实践环节： （1）登录上海票据交易所网站（www. shcpe. com. cn），熟悉其中的票据信息，了解票据的相关政策及其解读。 （2）登录中国人民银行网站（www. pbc. gov. cn），了解中国支付体系运行状况，特别是各种支付工具和支付方式的使用情况，了解支付相关法律法规及管理办法等信息。 （3）你认为企业支付领域和个人支付领域支付工具的未来发展方向是什么	（1）掌握支付工具的概念和分类； （2）了解三种票据的使用范围和支付过程； （3）掌握常用卡基支付工具的特点，了解电子支付工具的使用现状； （4）了解传统支付结算方式的特点，应用现状与未来发展趋势； （5）掌握电子支付结算方式的类型，了解其应用现状与未来发展趋势； （6）掌握电子货币和电子钱包的基本情况	6	讲授法 启发式 讨论式 多媒体	（1） （2） （4）

续表

章次	教学内容	教学要求 （学生学习预期成果）	学时	教学方式	课程目标
第三章	网上银行支付 知识点： 网上银行；电子银行；网上银行的特点；网上银行的功能；网上银行支付的主要流程；我国主要网上银行的功能、流程；网上银行常用的安全保障技术。 重点： 网上银行；电子银行；网上银行支付的主要流程。 难点： 网上银行和电子银行的区别；网上银行常用的安全保障技术。 习题要点： （1）谈谈你对网上银行定义的理解以及与电子银行的关系。 （2）网上银行有哪些类型？ （3）目前我国网上银行用于身份认证的安全技术有哪些？ （4）结合自己网上银行支付的经历，谈谈你所用的网上银行具有哪些功能，采取了哪些安全技术，网上支付的大体流程是什么？ （5）课后案例分析 实践环节： 任选中国工商银行、中国银行、中国建设银行、招商银行、兴业银行之一登录其网上银行主页，并查看相关资料，描述开通网上银行的流程、费用，网上银行的功能、安全措施，以及需要具备的条件	（1）掌握网上银行与电子银行的区别； （2）了解网上银行的特点； （3）了解网上银行的功能； （4）掌握网上银行支付的主要流程； （5）了解我国主要网上银行的功能、流程； （6）了解网上银行常用的安全保障技术	3	讲授法 启发式 讨论式 多媒体	（1） （2） （4）

续表

章次	教学内容	教学要求 （学生学习预期成果）	学时	教学方式	课程目标
第四章	电话支付 知识点： 电话银行；手机银行；电话支付；电话支付的功能、特点；电话支付的类型及其支付流程；电话支付的发展阶段；电话支付的安全保障技术。 重点： 电话银行；手机银行；电话支付；电话支付的功能、特点；电话支付的类型及其支付流程。 难点： 电话银行和手机银行的区别；电话支付的安全保障技术。 习题要点： （1）电话银行经历了哪几个发展阶段？ （2）比较移动支付、电话银行支付、网上支付方式，它们各有什么优劣？ （3）电话支付有哪些功能？ （4）目前中国存在哪些模式的电话银行支付？各种模式的支付流程是怎样的？ （5）电话银行支付存在哪些安全方面的问题？ （6）结合自己电话支付的经历，谈谈你所用的电话支付的大体流程，有哪些方面需要改进。 （7）课后案例分析。 实践环节： 登录招商银行网站（http://www.cmbchina.com），了解招商银行电话银行的功能、流程、安全措施	（1）掌握电话银行的概念及与手机银行的区别，以及与电话支付的关系； （2）掌握电话支付的功能、特点； （3）掌握电话支付的类型及其支付流程； （4）了解电话支付的发展阶段； （5）了解电话支付的安全保障技术	3	讲授法 启发式 讨论式 多媒体	（1） （2） （4）

续表

章次	教学内容	教学要求 （学生学习预期成果）	学时	教学方式	课程目标
第五章	移动支付 知识点： 移动支付的概念；移动支付类型、价值链及运营模式；远距离移动支付的接入方式；近距离移动支付的功能和流程；移动支付可能存在的问题；移动支付的安全保障技术；移动支付的发展方向。 重点： 移动支付的概念；移动支付类型、价值链及运营模式；近距离移动支付的功能和流程；移动支付可能存在的问题。 难点： 移动支付价值链及运营模式；远距离移动支付的接入方式；移动支付的安全保障技术。 习题要点： （1）简述移动支付、手机银行、手机钱包的概念。 （2）简述移动支付的分类。 （3）简述移动支付的业务模式和接入技术。 （4）说出与现实生活相关的五个远程支付实例。 （5）移动支付面临哪些主要问题？ （6）简要列举移动支付安全策略。 （7）什么是 WPKI 技术？ （8）结合自己手机银行支付的经历，谈谈你所用的手机银行具有哪些功能，采取了哪些安全技术 （9）课后案例分析。 实践环节：（1）登录中国移动手机支付网站（http：//cmpay.10086.cn），了解其手机支付业务、手机钱包的使用流程及业务范围。 （2）你认为用商场提供的预付款性质的磁条式购物卡支付是否属于近距离移动支付？为什么？ （3）如何看待中国的移动支付发展前景？你会在日常生活中使用移动支付吗？如果会，请简单描述你的使用经历；如果不会，说出你的理由	（1）掌握移动支付的概念； （2）掌握移动支付类型、价值链及运营模式； （3）了解远距离移动支付的接入方式； （4）掌握近距离移动支付的功能和流程； （5）了解移动支付可能存在的问题； （6）了解移动支付的安全保障技术； （7）了解移动支付的发展方向	6	讲授法 启发式 讨论式 多媒体	（1） （2） （4）

续表

章次	教学内容	教学要求 （学生学习预期成果）	学时	教学方式	课程目标
第六章	自助银行支付 知识点： 自助银行的概念；自助银行的主要设备；自助银行的功能、类型；ATM 系统和 POS 系统的交易流程；自助银行的安全保障措施。 重点： 自助银行的概念；自助银行的主要设备；自助银行的功能、类型；ATM 系统和 POS 系统的交易流程。 难点： ATM 系统和 POS 系统的交易流程；自助银行的安全保障措施。 习题要点： （1）谈谈你对自助银行概念的理解。 （2）试论述 ATM 面临的安全问题及相应的解决方法。 （3）试论述 POS 机刷卡购物面临的安全问题及相应的解决方法。 （4）试论述指纹银行的发展过程及未来应用趋势。 （5）试论述未来自助银行的发展方向。 （6）课后案例分析。 实践环节： 我们不时听到有关使用银行 ATM 取款发生欺诈等安全事故，请思考、讨论发生这些安全事故的主要原因有哪些，应该从哪些方面采取防范措施	（1）掌握自助银行的概念； （2）掌握自助银行的主要设备； （3）掌握自助银行的功能、类型； （4）掌握 ATM 系统和 POS 系统的交易流程； （5）了解自助银行的安全保障措施	3	讲授法 启发式 讨论式 多媒体	（1） （2） （4）

续表

章次	教学内容	教学要求 （学生学习预期成果）	学时	教学方式	课程目标
第七章	跨行支付 知识点： 跨行支付的需求；跨行支付系统的组成、职能；中国跨行支付系统的发展现状；CNAPS 的职能及业务流程；SWIFT；CHIPS；FEDWIRE；TARGET。 重点： 跨行支付系统的组成、职能；CNAPS 的职能及业务流程。 难点： 跨行支付系统的组成、职能；CNAPS 的职能及业务流程；SWIFT；CHIPS；FEDWIRE；TARGET。 习题要点： （1）什么是同城清算系统？它的主要功能有哪些？ （2）中国现代化支付系统包括哪几部分？ （3）TARGET 系统对欧盟国家间的欧元结算有何重要意义？ （4）简述小额批量电子支付系统的功能。 （5）简述大额实时支付系统的功能。 （6）简述 SWIFT 的服务内容。 （7）课后案例分析。 实践环节： 登录中国人民银行网站（http：//www. pbc. gov. cn），通过网站了解中国现代化支付系统的结构及各项业务，思考中国现代化支付系统的发展趋势	（1）了解跨行支付的需求； （2）掌握跨行支付系统的组成、职能； （3）了解中国跨行支付系统的发展现状； （4）掌握 CNAPS 的职能及业务流程； （5）了解 SWIFT； （6）了解 CHIPS； （7）了解 FEDWIRE； （8）了解 TARGET	6	讲授法 启发式 讨论式 多媒体	（1） （2） （3） （4）

续表

章次	教学内容	教学要求 （学生学习预期成果）	学时	教学方式	课程目标
第八章	中国银联支付 知识点： 中国银联的创建、发展历程；中国银联支付系统的组成、职能；中国银联电子支付业务开展的现状；中国银联网上支付的职能及业务流程；中国银联网上代付的职能及业务流程；中国银联跨行转账的职能及业务流程；中国银联电子支付与第三方支付的关系及其竞争优势；银联的手机支付产品。 重点： 中国银联支付系统的组成、职能；中国银联网上支付的职能及业务流程；中国银联网上代付的职能及业务流程；中国银联跨行转账的职能及业务流程。 难点： 中国银联支付系统的组成、职能；中国银联网上支付的职能及业务流程；中国银联网上代付的职能及业务流程；中国银联跨行转账的职能及业务流程。 习题要点： （1）简述中国银联电子支付提供的支付业务。 （2）中国银联电子支付与其他第三方支付机构如支付宝等相比，有哪些竞争优势？ （3）简述中国银联的发展历程。 （4）如何理解银联的性质、职能及其在银行卡业中的核心地位？ （5）简述中国银联手机支付产品特点。 （6）课后案例分析	（1）了解中国银联的创建、发展历程； （2）掌握中国银联支付系统的组成、职能； （3）了解中国银联电子支付业务开展的现状； （4）掌握中国银联网上支付的职能及业务流程； （5）掌握中国银联网上代付的职能及业务流程； （6）掌握中国银联跨行转账的职能及业务流程； （7）了解中国银联电子支付与第三方支付的关系及其竞争优势； （8）了解银联的手机支付产品	3	讲授法 启发式 讨论式 多媒体	（1） （2） （3） （4）

续表

章次	教学内容	教学要求 （学生学习预期成果）	学时	教学方式	课程目标
第九章	第三方支付 知识点： 第三方支付的基本概念；第三方支付的类型；第三方支付的优缺点；第三方支付的流程；网联支付的新模式；第三方支付存在的安全问题及预防措施；典型的第三方支付平台——支付宝。 重点： 第三方支付的基本概念；第三方支付的类型；第三方支付的流程；第三方支付存在的安全问题及预防措施。 难点： 第三方支付的流程；网联支付的新模式；第三方支付存在的安全问题及预防措施。 习题要点： （1）什么是第三方支付平台？什么是第三方支付？第三方支付的类型有哪些？ （2）为什么说银联电子支付是一种特殊的第三方支付？ （3）第三方支付有哪些优势和劣势？ （4）以支付宝为例介绍第三方支付的交易流程并画出其流程图。 （5）简述第三方支付中存在的安全问题及对策，谈谈自己的理解。 （6）课后案例分析。 实践环节： （1）登录淘宝网（http：//www.taobao.com）、当当网（http：//www.dangdang.com）等电子商务网站，亲身体验一下利用第三方支付平台进行交易的过程，谈谈自己的感受。 （2）在第三方支付领域，支付宝在交易额、用户数和知名度方面都处于领先地位，试从财付通、易宝支付、贝宝、快钱等第三方支付工具中选择一个，分析其得以继续存在的原因、提供的服务、采取的安全措施、企业盈利方式、主要使用人群以及特色等，并讨论第三方支付发展的市场趋势。 （3）就“支付宝套现”等支付宝使用中发生的具有争议的案例，分析这些行为的合法性及产生原因。 （4）分析网联支付模式给第三方支付和行业竞争带来的变化	（1）掌握第三方支付的基本概念； （2）掌握第三方支付的类型； （3）了解第三方支付的优缺点； （4）掌握第三方支付的流程； （5）了解网联支付的新模式； （6）掌握第三方支付存在的安全问题及预防措施； （7）了解典型的第三方支付平台——支付宝	6	讲授法 启发式 讨论式 多媒体	（1） （2） （3） （4） （5）

续表

章次	教学内容	教学要求 （学生学习预期成果）	学时	教学方式	课程目标
第十章	支付系统风险与管理 知识点： 支付系统风险的基本概念和主要类型；流动性风险形成的原因和机理；国外支付系统风险的管理办法；我国现有支付系统风险的管理办法；完善我国支付系统风险管理的措施。 重点： 支付系统风险的基本概念和主要类型；我国现有支付系统风险的管理办法；完善我国支付系统风险管理的措施。 难点： 流动性风险形成的原因和机理；国外支付系统风险的管理办法；我国现有支付系统风险的管理办法；完善我国支付系统风险管理的措施。 习题要点： （1）什么是支付系统风险？ （2）支付系统风险的主要类型有哪些？ （3）流动性风险和信用风险的主要差别在什么地方？ （4）请简述流动性风险的形成原因和机理。 （5）请简述支付系统各风险之间的相互作用过程和结果。 （6）请举例介绍全额定时清算系统。 （7）我国现有的支付系统风险管理办法有哪些？现行管理办法的效果如何？ （8）请简述 CNAPS 损失分摊补救原则	（1）掌握支付系统风险的基本概念和主要类型； （2）了解流动性风险形成的原因和机理； （3）了解国外支付系统风险的管理办法； （4）掌握我国现有支付系统风险的管理办法； （5）掌握完善我国支付系统风险管理的措施	3	讲授法 启发式 讨论式 多媒体	（1） （2） （3）

续表

章次	教学内容	教学要求 （学生学习预期成果）	学时	教学方式	课程目标
第十一章	支付安全技术 知识点： 电子支付的安全风险，掌握电子支付的相关安全需求；保障支付安全的多种技术；对称技术原理；非对称加密技术原理；数字签名的概念及原理；数字证书的主要内容及其实现技术；数字摘要、数字时间戳等安全技术。 重点： 对称技术原理；非对称加密技术原理；数字证书的主要内容及其实现技术。 难点： 电子支付的安全风险，掌握电子支付的相关安全需求；保障支付安全的多种技术；对称技术原理；非对称加密技术原理；数字签名的概念及原理；数字证书的主要内容及其实现技术；数字摘要、数字时间戳等安全技术。 习题要点： （1）简述网上支付可能存在的安全问题。 （2）认证中心有哪些主要的职能？ （3）简述数字签名的概念及其作用。 （4）在 CFCA 体系中，目前支持哪些类型的证书？ （5）保障网上支付安全的技术有哪些？ （6）课后案例分析。 实践环节： （1）使用某个银行的网上转账系统，体验一下转账交易的整个过程。分析在 CFCA 体系下，整个业务环节的安全保障措施。 （2）SSL 协议与 SET 协议有什么不同？他们各有什么特点？	（1）了解电子支付的安全风险，掌握电子支付的相关安全需求； （2）了解保障支付安全的多种技术； （3）掌握对称技术原理； （4）掌握非对称加密技术原理； （5）了解数字签名的概念及原理； （6）掌握数字证书的主要内容及其实现技术； （7）了解数字摘要、数字时间戳等安全技术	6	讲授法 启发式 讨论式 多媒体	（1） （2） （3） （4） （5）
合计			48		

4. 教材及教学主要参考书

推荐教材：

《电子支付与结算》，帅青红、李忠俊主编，东北财经大学出版社，2018年9月第3版。

参考书目：

《电子支付与网络银行》，周虹主编，中国人民大学出版社，2019年9月第4版。

（五）供应链管理

供应链管理课程教学大纲

1. 课程基本信息

开课单位	工商管理学院	课程类别	专业核心课程	
课程名称	供应链管理		课程编码	3050000017
开课对象	物流管理专业学生		开课学期	5/6
学时/学分	总学时：48　理论课学时：36　实践课学时：12			
先修课程	现代物流学、管理学等			

课程介绍：

供应链管理是一门专业必修课，通过本课程的教学，比较全面地掌握供应链管理和物流管理的基本理论、基本知识，了解供应链管理和物流管理的发展趋势，使学生掌握供应链管理和物流管理的基本分析思路和分析方法，逐渐形成观察、思考、分析和解决有关供应链管理理论、实践问题的能力。

本课程主要内容包括：供应链管理导论、客户服务、供应链与产品的协调设计、信息与供应链管理、物流网络设计、供应管理、业务流程管理、供应链及物流的绩效管理、供应链风险管理

2. 课程目标

本课程对学生达到如下毕业要求有贡献：

（1）知识应用能力：通过供应链基本知识的学习，能够初步认识供应链的原理；通过课程思政，坚定理想信念，树立正确的价值观，具有良好品德行为。

（2）问题分析能力：学生能够对供应链结构中的各环节存在的问题进行分析，并提出合理化建议或解决问题的方案。

（3）综合能力：学生能够将供应链基本理论和企业经营实践联系起来，加深对供应链作用的实际过程的认知，并具有宏观思考和微观操作的综合能力。

（4）设计能力：针对不同商品、竞争环境，学生具有对供应链有初步规

划和设计的能力，善于创新，体现出较高的科学精神和职业信念。

（5）沟通能力：学生具有良好的职业素养和团队精神，善于交流和沟通，能够恰当协调供应链管理中的业务和伙伴关系，责任心强，勇于担当。

（6）终身学习能力：学生对待工作和学习敢于创新，具有强烈的求知欲望和良好自主学习能力，自觉发现问题，掌握学科前沿知识。

课程目标支撑的毕业要求：

课程支撑的毕业要求		课程目标					
		(1)	(2)	(3)	(4)	(5)	(6)
1	良好的思想品质和道德素养	√					
2	良好的科学素养和人文素养和审美能力			√		√	
3	团队协作精神和职业道德					√	
4	良好的基本素质			√			
5	物流管理核心知识						√
6	物流管理实践能力					√	
7	互联网创新创业能力				√		
8	电子商务运作及数据分析和信息处理能力					√	
9	终身学习能力						√
10	国际视野			√			

3. 教学学时分配

供应链管理课程教学学时分配表：

章次	教学主要内容	学时分配				教学方法或手段	评价方式
		讲授	实验（践）	上机	其他		
第一章	供应链管理导论	3					
第二章	供应链的设计与构建	6			3	案例调研	调研汇报
第三章	信息与供应链管理	2	4			啤酒游戏	实验报告
第四章	供应链管理策略	9			3	案例调研	调研汇报
第五章	供应链合作伙伴关系管理	3		2		案例调研	调研汇报
第六章	供应链管理下的物流管理	1		6		3D 仿真	实验报告
第七章	供应链的绩效评价与激励机制	2					

续表

章次	教学主要内容	学时分配				教学方法或手段	评价方式
		讲授	实验（践）	上机	其他		
第八章	供应链风险管理	2					
第九章	供应链与电子商务	2					
合计		30	4	8	6		

4. 教学内容与课程目标

供应链管理教学内容与课程目标：

章次	教学内容	教学要求（学生学习预期成果）	学时	教学方式	课程目标
第一章	供应链管理导论 第一节　供应链管理的基本概念 （1）供应链概念 （2）供应链管理的概念 （3）供应链管理的意义 第二节　供应链管理面临的问题 （1）供应链管理过程中存在问题的主要原因 （2）供应链管理存在的制约因素 第三节　供应链管理的实施策略 （1）安达信公司实施供应链管理的原则 （2）我国企业实施供应链管理的策略	了解企业实施供应链管理的策略；理解供应链管理的意义和供应链管理面临的问题；掌握供应链管理基本概念	5	案例教学 启发式教学	（1） （6）
第二章	供应链设计与构建 第一节　供应链模型 （1）供应链的模型 （2）供应链中的虚拟企业应用 第二节　供应链的分类 （1）供应链的的类型 （2）不同供应链的功能与特点 第三节　产品性质与供应链模式 （1）产品的分类 （2）不同产品分类对于供应链模式选择的方式 （3）产品性质发生变化供应链调整的方法 第四节　客户价值与供应链的目标 （1）客户价值的含义 （2）客户价值的衡量 （3）供应链的目标	了解供应链的模型和分类；理解供应链的目标与客户之间的关系特点；掌握供应链模式选择主要的考虑因素	9	课堂讲授 案例教学 启发式教学	（2） （3） （4）

续表

章次	教学内容	教学要求 （学生学习预期成果）	学时	教学方式	课程目标
第三章	信息与供应链管理 第一节　啤酒游戏 第二节　供应链中的牛鞭效应 （1）供应链与牛鞭效应 （2）牛鞭效应对供应链管理的影响 （3）牛鞭效应的成因分析 （4）牛鞭效应的定量分析 （5）减少牛鞭效应的措施 第三节　供应链信息共享 （1）信息技术对供应链管理的影响 （2）供应链管理的信息技术	理解牛鞭效应及其影响；了解各种信息技术；掌握多种供应链合作模式	6	实践教学 启发式教学	（2） （5）
第四章	供应链管理策略 第一节　精益策略 （1）精益思想的提出 （2）精益思想与供应链的结合 （3）供应链精益策略的实施 第二节　有效响应（ECER）策略 （1）ECR 提出的背景及作用 （2）ECR 适用的产品类型 （3）ECR 策略实施要点 第三节　快速响应 QR 策略 （1）QR 适用的产品类型 （2）QR 实施的要点 （3）ECR 和 QR 的区别 第四节　并行工程计 （1）便于包装和运输的产品设计 （2）并行和平行工艺 第五节　延迟策略 （1）模块化与标准化设计 （2）推动模式与延迟策略	理解面向不同产品和需求的供应链特点；理解面向大规模定制的供应链特点；理解供应链管理策略实施的考虑因素；掌握供应链设计方法、步骤	12	课堂讲授 案例教学	（6）
第五章	供应链合作伙伴关系管理 第一节　供应链合作伙伴关系的产生 （1）合作伙伴的定义和特征 （2）合作伙伴关系与传统供应商关系的比较 （3）供应链合作的目标 第二节　供应链合作伙伴的选择方法 （1）选择的标准与原则 （2）选择的方法 （3）选择的步骤 第三节　供应链合作伙伴的建立 （1）合作伙伴关系的制约因素 （2）改进对策 （3）评价机制	了解供应链中上下游之间的关系；理解合作伙伴的概念和种类；掌握合作伙伴选择的方法	5	课堂讲授 案例教学	（5）

续表

章次	教学内容	教学要求 （学生学习预期成果）	学时	教学方式	课程目标
第六章	供应链管理下的物流管理 第一节　物流网络的要素 （1）物流网络的概念 （2）物流网络的要素 第二节　采购管理 （1）常用的采购方法 （2）采购方法之间的差别 （3）不同环境下采购方法的选择 第三节　库存管理与控制 （1）库存的利与弊 （2）库存控制模型 第四节　生产管理 （1）ERP 的基本原理 （2）BOM 编制	了解物流网络的概念及要素；掌握供应链环境下的从采购、库存、生产的基本管理方法	7	3D 仿真 启发式教学	（2）
第七章	供应链的绩效评价与激励机制 第一节　供应链绩效评价的意义与原则 （1）供应链绩效评价的意义 （2）供应链绩效评价指标的选取的原则 （3）供应链运作参考模型 第二节　供应链绩效评价的方法 （1）基于供应链运作参考模型的绩效评价方法 （2）供应链运作水平的定性模糊评价方法 第三节　供应链竞争力评价 （1）竞争力指标体系的设计原则 （2）供应链竞争力评价指标体系 第四节　供应链的目标管理与标杆管理 （1）供应链目标管理 （2）供应链标杆管理	理解供应链绩效评价的意义和原则；掌握评价方法（SCOR 模型），掌握供应链的目标管理和标杆管理方法	2	课堂讲授	（1） （5）

续表

章次	教学内容	教学要求 （学生学习预期成果）	学时	教学方式	课程目标
第八章	供应链风险管理 第一节　供应链风险的定义与分类 （1）供应链风险的定义 （2）供应链风险的分类 （3）供应链风险管理过程 第二节　供应链风险分析 （1）供应链风险识别 （2）供应链风险估计 （3）供应链风险评价 第三节　供应链风险管理 （1）供应链风险规划 （2）供应链风险控制 （3）供应链风险监视	了解供应链风险管理的定义与分类；掌握供应链风险分析过程及方法	2	课堂讲授	（1） （2）
第九章	供应链与电子商务 第一节　电子商务与电子供应链 （1）电子商务与供应链 （2）电子供应链及其特点 第二节　电子商务对供应链运行的影响 （1）电子商务对供应链的影响 （2）企业电子供应链的实施 （3）电子供应链的协同管理	了解电子供应链的概念、功能、特点和构成要素；了解电子商务对供应链的影响；了解电子供应链发展存在的问题	2	课堂讲授	（1）

5. 教学方法或手段

采用多媒体教学，结合案例，以课堂讲授为主。主要教学方法如下：

（1）教学方法方面，体现以学生为本、因材施教、个性发展、素质教育等现代教育理念而采取的讲授方法和教学活动。如翻转课堂式、讲授法、启发式、讨论式、案例式、探究式、互动式、学导式、自学辅导式、网上助学式和合作式学习方式。

（2）教学手段方面，扩大小班化教学覆盖面，如多媒体、网络等。特别是应用计算机处理文字、图像、声音、图表等新技术，也包括使用现代化的教具、图表和现场教学等，推行移动课堂、翻转课堂、MOOC 示范项目等优质课程资源的网络教学手段。

6. 教材及教学主要参考书

推荐教材：

《供应链管理》，李雪琴等编著，湖南师范大学出版社，2018. 8。

参考书目：

（1）《供应链管理》，马士华、林勇主编，机械工业出版社，2017.2。

（2）《供应链与物流管理》，赵林度、王海燕主编，科学出版社，2012.9。

（3）《物流运作案例剖析》，柳和玲主编，中国物资出版社，2006.6。

八、工程造价专业

（一）工程经济学

工程经济学课程教学大纲

1. 课程基本信息

开课单位	工程经济学院	课程类别	专业核心课	
课程名称	工程经济学		课程编码	3100000027
开课对象	工程造价专业		开课学期	第5学期
学时/学分	总学时32（理论课学时32、实践学时0）/2学分			
先修课程	西方经济学			

课程介绍：

工程经济学工程造价专业的一门主要专业必修课，它是由技术科学、经济学和管理科学相互渗透融合而成的一门综合性的边缘学科，具有综合性、系统性、可预测性、实践性等特点。工程经济学的目标是培养工程造价学生在工程经济领域的知识应用能力、问题分析能力、综合应用能力、设计能力和沟通能力

2. 课程目标与教学要求

本课程对学生达到如下毕业要求有贡献：

（1）问题分析能力：能够应用工程经济的基本原理分析工程领域的经济问题。

（2）知识应用能力：能够将工程经济基本理论与基本方法应用于解决工程造价专业领域的问题。

（3）综合应用能力：能够针对工程领域中涉及的投资决策问题，提出合理的解决方案。

（4）设计能力：能够设计符合国家法规、规范与制度要求的投资方案，并能够在设计环节中体现创新意识，考虑经济、社会、法律、文化以及环境等问题。

（5）沟通能力：能够就工程经济相关的问题与业界同行及社会公众进行有效沟通和交流。

（6）终身学习能力：能够不断更新知识结构、提升职业素养，能在多学科环境中应用工程（造价）管理原理与经济决策方法。

完成课程后，学生将具备以下能力：

（1）具备工程经济学基本的知识和技术能力；

（2）在团队中有效工作的能力；

（3）书面报告和口头报告有效沟通的能力；

（4）理解专业的、道德的和社会责任的能力；

（5）尊重多样性、现代化工程经济专业知识；

（6）保证工作质量和实效性并不断进步。

课程目标支撑的毕业要求

课程支撑的毕业要求		课程目标					
		（1）	（2）	（3）	（4）	（5）	（6）
1	毕业要求1：能够将自然科学、土木工程技术基础和经济、管理等专业知识用于解决工程造价管理问题		√				
2	毕业要求2：能够针对实际工程（造价）问题提出有效解决方案，并能够在此环节中体现创新意识，系统考虑社会、健康、安全、法律、文化以及环境等因素	√					
3	毕业要求3：能够基于管理学、经济学原理并采用定量、定性分析方法对实际工程（造价）问题进行研究、分析与数据解释，并通过信息综合得到合理有效的结论			√			
4	毕业要求4：能够针对实际工程（造价）问题，选择与使用恰当的技术、资源、现代工程工具和信息技术工具				√		
5	毕业要求5：能够就实际工程（造价）问题与业界同行及社会公众进行有效沟通和交流，包括撰写报告、陈述发言、清晰表达或回应指令。并具备一定的国际视野和团队意识，能够在跨文化背景下进行交流和协作					√	
6	毕业要求6：理解并掌握工程（造价）管理原理与经济决策方法，并能在多学科环境中应用						√

3. 教学内容与课程目标

工程经济学教学内容与课程目标

章次	教学内容	教学要求（学生学习预期成果）	学时	教学方式	课程目标
第一章	概　论 知识点：工程技术实践活动的概念及其要素；工程经济学的性质、发展过程；经济效果的含义；工程经济分析的过程和步骤。 重点：工程经济的关键概念。 难点：工程经济学的基本原理。 习题要点：工程经济学研究的内容	（1）理解工程经济理论，经济效果概念与特性； （2）掌握工程经济分析特点； （3）能够说明工程与经济关系； （4）理解工程经济分析方法，掌握工程经济分析的程序和基本原则	2	讲授式 启发式 讨论式 案例式 探究式	（1）
第二章	现金流量与资金时间价值 知识点：现金流量的概念；资金时间价值的概念；资金时间价值计算所涉及的基本概念和计算公式。 重点：资金时间价值的关键概念。 难点：资金的等值计算。 习题要点：单利与复利的计算；等值计算及其应用	（1）理解资金时间价值理论，掌握资金时间价值计算方法；以及资金时间价值概念与特性； （2）掌握现金流量的特点； （3）理解等值计算基本原理	6	讲授式 启发式 讨论式 案例式 探究式	（1） （2）
第三章	工程经济分析的基本要素 知识点：工程项目投资成本费用概念及构成；经营成本、固定成本和变动成本、机会成本、沉入成本的概念；工程项目的收入和销售税金及附加的计算。 重点：工程经济分析要素的计算。 难点：折旧及其计算。 习题要点：折旧的计算	（1）理解工程经济基本要素理论，掌握工程经济基本要素的计算方法；以及工程经济基本要素概念与特性； （2）掌握折旧计算的特点； （3）理解经营成本、固定成本和变动成本、机会成本、沉入成本的概念和分析方法，掌握其特性	6	讲授式 启发式 讨论式 案例式 探究式	（1） （2）
第四章	工程项目经济评价方法 知识点：经济效果评价指标；计算和评价准则；项目方案的经济评价方法。 重点：静态、动态经济效果评价指标概念。 难点：动态经济效果评价指标计算方法。 习题要点：静态、动态经济效果评价指标的计算	（1）理解工程经济评价理论，掌握经济效果评价指标计算方法；以及经济效果评价指标概念与特性； （2）掌握静态、动态经济效果评价特点； （3）理解项目方案评价分析方法	6	讲授式 启发式 讨论式 案例式 探究式	（3） （4）

续表

章次	教学内容	教学要求 （学生学习预期成果）	学时	教学方式	课程目标
第五章	方案的经济比较和选择 知识点：互独立方案的比选；斥方案的比选；混合方案的比选。 重点：项目方案的比较方法。 难点：互斥方案的比较方法。 习题要点：互斥方案的比选	（1）理解项目方案经济比选理论，掌握项目方案经济比选的方法；以及项目方案的分类与特性； （2）掌握项目方案经济比选方法的特点； （3）理解项目方案经济比选方法的优缺点	6	讲授式 启发式 讨论式 案例式 探究式	（3） （5）
第六章	风险与不确定性分析 知识点：线性盈亏平衡分析；互斥方案的盈亏平衡分析；单因素敏感性分析。 重点：不确定分析的方法。 难点：敏感性分析的方法。 习题要点：单因素敏感性分析	（1）理解项目的不确定分析理论，掌握不确定计算方法；以及不确定性概念与特性； （2）掌握风险特点； （3）理解和掌握各种不确定性分析方法的优缺点和适用条件	6	讲授式 启发式 讨论式 案例式 探究式	（3） （4）
合计			32		

4. 教材及教学主要参考书

推荐教材：

《建筑工程经济》，黄晨主编，天津大学出版社，2016 年 1 月第 1 版。

参考书目：

（1）《技术经济学》（第三版），刘晓君、杨建平、郭斌编著．西北大学出版社，2003。

（2）　《工程经济》，于立君主编．《工程经济》，机械工业出版社，2005. 8。

（3）《建筑工程技术经济学》（第三版），刘长斌等编著，建筑工业出版社，2007. 4。

（二）工程造价管理

工程造价管理课程教学大纲

1. 课程基本信息

开课单位	工程经济学院	课程类别	专业核心	
课程名称	工程造价管理		课程编码	3100000036
开课对象	工程造价		开课学期	第 6 学期
学时/学分	总学时 32（理论课学时 32、实践课时 0）/2 学分			
先修课程	建筑工程计量与计价			

课程介绍：

本课程是工程造价专业的专业拓展课程之一。通过本课程的学习，熟悉建设工程造价资料收集，定额信息管理，价格信息管理，达到熟练运用相关知识对投资决策阶段工程造价管理内容过程进行管理，对设计阶段工程造价管理内容进行管理，对施工阶段工程造价管理的内容进行管理。使学生深刻理解、牢固掌握、综合应用工程造价管理知识，增强分析、解决实际问题的能力，培养项目管理能力和团队合作精神，为以后的工程实践打下良好的基础。

2. 课程目标与教学要求

本课程对学生达到如下毕业要求有贡献：

（1）知识应用能力：能够将工程造价管理基本理论与基本方法应用于解决建设工程造价的编制以及成本管理问题。

（2）问题分析能力：能够应用经济学、管理学以及工程造价管理的基本原理分析计价的原理及计量的原理。

（3）综合应用能力：能够针对建设工程建设的各个阶段的造价管理进行估算、概算、预算、结算与决算。

（4）设计能力：能够设计符合建设项目的成本目标，并能够在成本管理环节中体现经济、社会、法律、文化以及环境等问题。

（5）沟通能力：能够就建设项目各阶段的造价管理与项目相关参建单位进行有效沟通和交流。

（6）终身学习能力：能够跟踪成本管理的变化原因，不断更新知识结构、提升职业素养，适应全过程造价管理的发展趋势。

完成课程后，学生将具备以下能力：

（1）在计量与计价及成本管理中具备基本的知识、技术和能力；

（2）在造价管理团队中能够提供有效的成本管理方案；

（3）能够编制各阶段造价管理文件、书面报告等造价文件的能力；

（4）具备造价专业人员的专业能力、职业道德和社会责任。

课程目标支撑的毕业要求：

课程支撑的毕业要求		课程目标					
		(1)	(2)	(3)	(4)	(5)	(6)
1	毕业要求1：掌握土木工程及相关工程技术基础知识；掌握与国内、国际工程造价（管理）相关的管理理论和方法，相关的经济理论、相关的法学理论与方法及相关的法律、法规；掌握国内、国际工程造价（管理）专业领域的专业基础知识、专业知识、专业技术和方法	√					
2	毕业要求2：具备综合运用上述的知识、理论、技术和方法从事国内、国际工程全过程和全面工程造价（管理）工作的基本能力；具备对工程造价专业外语文献进行读、写、译的基本能力；具备运用计算机辅助解决工程造价专业及相关问题的基本能力		√				
3	毕业要求3：具备初步的科学研究能力，具有较强的语言与文字表达和人际沟通能力，具备健康的个性品质和良好的社会适应能力			√	√		
4	毕业要求4：具有良好的思想道德修养、科学的世界观、正确的人生观和价值观，具有坚定的职业信念和良好的职业道德					√	
5	毕业要求5：具有较强的自主学习能力和健全的人格和良好的心理素质，具有较好的专业基本技能、实践能力和社会适应能力						√

3. 教学内容与课程目标

工程造价管理教学内容与课程目标

章次	教学内容	教学要求 （学生学习预期成果）	学时	教学方式	课程目标
第一章	建设工程造价构成 教学重点：工程造价的含义、我国建设项目投资及工程造价的构成。 教学难点：国产设备原价的构成及计算，进口设备原价的构成及计算。 本章习题要点：建设工程总投资的构成和计算，工程造价的含义	（1）工程造价的概念； （2）工程造价管理的基本内涵； （3）工程造价管理的主要内容及原则； （4）工程造价的计价特征、工程造价管理的组织系统、造价工程师管理制度、工程造价咨询企业资质管理、造价咨询管理； （5）工程造价相关概念、发达国家和地区的工程造价管理及我国工程造价管理的发展； （6）掌握我国建设项目投资及工程造价的构成，国产设备原价的构成及计算，进口设备原价的构成及计算，设备运杂费及其他的计算	4	讲授法 启发式 案例式	（1） （2）

续表

章次	教学内容	教学要求 （学生学习预期成果）	学时	教学方式	课程目标
第二章	建设工程计价方法及计价依据 教学重点：建筑安装工程人工、材料及机具台班单价。 教学难点：人工定额消耗量的确定方法、材料定额消耗量的确定方法、机械台班消耗量的确定。 本章习题要点：人工定额消耗量的确定方法及计算、材料定额消耗量的确定方法及计算、机械台班消耗量的确定及计算	（1）了解工程造价信息，理解工程计价方法，工程量计算规范； （2）掌握工程量清单计价计算、人工定额消耗量的确定方法、材料定额消耗量的确定方法、机械台班消耗量的确定方法，建筑安装工程人工、材料及机具台班单价等的组成	6	讲授法 启发式 案例式	（1） （2）
第三章	建设项目决策和设计阶段工程造价的预测 教学重点：项目决策阶段影响工程造价的主要因素，设计阶段影响工程造价的主要因素。 教学难点：施工图预算的概念及其编制。 本章习题要点：项目决策阶段影响工程造价的主要因素，设计阶段影响工程造价的主要因素	（1）了解项目决策阶段影响工程造价的主要因素，设计阶段影响工程造价的主要因素； （2）理解投资估算的概念及其编制，设计概算的概念及其编制内容； （3）掌握施工图预算的概念及其编制等	4	讲授法 启发式 案例式	（3） （4）
第四章	建设项目发承包阶段合同价款的约定 教学重点：评标程序及评审标准，国际工程招标投标及合同价款的约定。 教学难点：招标工程量清单的编制，招标控制价的编制，合同价款的约定，工程总承包合同价款的约定。 本章习题要点：合同价款的约定，工程总承包合同价款	（1）了解招标文件的组成内容及其编制要求，投标报价前期工作、询价与工程量的复核； （2）理解评标程序及评审标准，国际工程招标投标及合同价款的约定； （3）掌握招标工程量清单的编制，招标控制价的编制，合同价款的约定，工程总承包合同价款的约定等	6	讲授法 启发式 案例式	（3） （5）

续表

章次	教学内容	教学要求 （学生学习预期成果）	学时	教学方式	课程目标
第五章	建设项目施工阶段合同价款的调整和结算 教学重点：工程总承包合同价款的调整。 教学难点：法规变化类合同价款调整事项，工程变更类合同价款调整事项，物价变化类合同价款调整事项，工程索赔类合同价款调整事项，工程计量，预付款及期中支付，竣工结算，最终结清，合同价款纠纷的处理。 本章习题要点：法规变化类合同价款调整事项，工程变更类合同价款调整事项，物价变化类合同价款调整事项，工程索赔类合同价款调整事项，工程计量，预付款及期中支付的计算	（1）了解国际工程合同价款的结算； （2）理解工程总承包合同价款的调整； （3）掌握法规变化类合同价款调整事项，工程变更类合同价款调整事项，物价变化类合同价款调整事项，工程索赔类合同价款调整事项，工程计量，预付款及期中支付，竣工结算，最终结清，合同价款纠纷的处理等	8	讲授法 启发式 案例式	（4） （5）
第六章	建设项目竣工决算的编制和竣工后质量保证金的处理 教学重点：建设项目竣工验收的范围和依据建设项目竣工验收的方式与程序。 教学难点：竣工决算的内容和编制，新增资产价值的确定，缺陷责任期、质量保证金的处理。 本章习题要点：缺陷责任期的确定、质量保证金的计算	（1）了解缺陷责任期的概念和期限； （2）理解建设项目竣工验收的范围和依据建设项目竣工验收的方式与程序； 掌握竣工决算的内容和编制，新增资产价值的确定，缺陷责任期、质量保证金的处理等	4	讲授法 启发式 案例式	（4） （6）
合计			32		

4. 教材及教学主要参考书

推荐教材：

《工程造价管理》，廖佳主编，西安交通大学出版社，2018 年 8 月第 3 版。

参考书目：

《建设工程计价》，李春娥主编，重庆大学出版社，2019 年 1 月第 4 版。

（三）工程造价软件应用

工程造价软件应用（建筑工程）课程教学大纲

1. 课程基本信息

<table>
<tr><td>开课单位</td><td>工程经济学院</td><td>课程类别</td><td colspan="2">专业核心课程</td></tr>
<tr><td>课程名称</td><td colspan="2">工程造价软件应用（建筑工程）</td><td>课程编码</td><td>3100000147</td></tr>
<tr><td>开课对象</td><td colspan="2">17 级工程造价</td><td>开课学期</td><td>第 5 学期</td></tr>
<tr><td>学时/学分</td><td colspan="4">总学时 48（理论课时 0、实践课学时 48）/3 学分</td></tr>
<tr><td>先修课程</td><td colspan="4">建筑工程计量与计价</td></tr>
<tr><td colspan="5">课程介绍：
本课程是工程造价专业实践性很强的专业基础课程。主要任务是学习运用软件技术进行建筑和结构识图能力，使学生较全面系统地获得工程造价软件的相关知识，培养学生的科学思想和思维方法，使学生在软件应用、逻辑思维和解决问题的能力等方面都得到基本而系统的训练，为以后走向工作岗位奠定必要的基础。</td></tr>
</table>

2. 课程目标与教学要求

本课程对学生达到如下毕业要求有贡献：

（1）知识应用能力：培养适应社会主义现代化建设需要，德、智、体全面发展，掌握建设工程领域的基本技术知识，掌握与工程造价管理相关的管理、经济、法律和信息等基础知识，具有较高的科学文化素养、专业综合素质与能力。

（2）问题分析能力：具有正确的人生观和价值观，具有良好的思想品德和职业道德、创新精神、国际视野和社会责任感，全面获得工程师基本训练，能够在建设工程领域从事工程建设全过程造价管理的高级专门人才。

（3）沟通能力：能够在建设工程领域的勘察、设计、施工、监理、投资、招标代理、造价咨询、审计、金融及保险等企事业单位、房地产领域的企事业单位和相关政府部门，从事工程决策分析与经济评价、工程计量与计价、工程造价控制、工程建设全过程造价管理与咨询、工程合同管理、工程审计、工程造价鉴定等方面的技术与管理工作。

（4）综合应用能力：能够利用软件在建设工程的各个阶段进行估算、概算、预算、结算与决算等工程造价管理。

（5）终身学习能力：能够根据软件的更新和变化，不断更新知识结构、提升职业素养，适应全过程造价管理的发展趋势。

（6）持续进行独立思考和自主学习，时刻保持、更新当前处于变化中的知识、技术和工具。

教学要求：

（1）在计量与计价及成本管理中具备基本的知识、技术和能力；

（2）在造价管理团队中能够提供有效的成本管理方案；

（3）能够编制各阶段造价管理文件、书面报告等有效沟通的能力；

（4）理解造价专业人员的专业能力、职业道德和社会责任。

课程目标支撑的毕业要求：

课程支撑的毕业要求		课程目标					
		（1）	（2）	（3）	（4）	（5）	（6）
1	毕业要求1：掌握土木工程及相关工程技术基础知识；掌握与国内、国际工程造价（管理）相关的管理理论和方法，相关的经济理论、相关的法学理论与方法及相关的法律、法规；掌握国内、国际工程造价（管理）专业领域的专业基础知识、专业知识、专业技术和方法	√					
2	毕业要求2：具备综合运用上述的知识、理论、技术和方法从事国内、国际工程全过程和全面工程造价（管理）工作的基本能力；具备对工程造价专业外语文献进行读、写、译的基本能力；具备运用计算机辅助解决工程造价专业及相关问题的基本能力		√				
3	毕业要求3：具备初步的科学研究能力，具有较强的语言与文字表达和人际沟通能力，具备健康的个性品质和良好的社会适应能力			√			
4	毕业要求4：具有良好的思想道德修养、科学的世界观、正确的人生观和价值观，具有坚定的职业信念和良好的职业道德				√		
5	毕业要求5：具有较强的自主学习能力和健全的人格和良好的心理素质，具有较好的专业基本技能、实践能力和社会适应能力					√	
6	毕业要求6：了解国内外工程造价（管理）领域的理论与实践的最新发展动态与趋势；具备相关行业与领域工程造价专业人员国家执业资格基础知识						√

3. 教学内容与课程目标

工程造价软件应用（建筑工程）教学内容与课程目标：

章次	教学内容	教学要求（学生学习预期成果）	学时	教学方式	课程目标
第一章	广联达 BIM 土建计量平台 GTJ——钢筋 知识点：工程的创建和设置、轴网的建立、柱构件钢筋的绘制、梁构件钢筋的绘制、板构件钢筋的绘制、基础钢筋的绘制、二次构件钢筋的绘制、单构件钢筋输入、节点构件钢筋的绘制、钢筋汇总计算、报表查看。 教学重点：钢筋构件的模型建立。 教学难点：钢筋构件的绘制步骤和计算原理。 习题要点：工程的设置、钢筋构建的绘制、单构件输入钢筋的绘制	（1）认识广联达 BIM 钢筋算量软件； （2）掌握钢筋构件的绘制命令、绘制方法、计算原理； （3）掌握各构件中钢筋的计算规则与实际图纸之间的转换和设置	18	案例 翻转课堂 操作演示	（1） （2） （3） （5）
第二章	广联达 BIM 土建计量平台 GTJ——装饰 知识点：工程的创建和设置、轴网的建立、柱构件的绘制、梁构件的绘制、板构件的绘制、基础的绘制、二次构件的绘制、节点构件的绘制、装饰装修构件的绘制、汇总计算、报表查看。 教学重点：土建构件的模型建立； 教学难点：土建构件的绘制步骤和计算原理。 习题要点：工程的设置、土建构件的绘制、装饰装修构件的绘制	（1）认识广联达 BIM 土建算量软件； （2）掌握土建构件的绘制和计算原理； （3）操作建立完整 BIM 算量模型	12	案例 翻转课堂 操作演示	（1） （2） （3） （5）
第三章	广联达云计价 GCCP 平台——计价 知识点：工程的创建和设置、清单、定额项目的套取、清单整理排序、计价的换算、措施项目清单、其他项目清单、人材机调整、取费与报表 教学重点：能够区分清单计价模式与定额计价模式； 教学难点：根据实际图纸内容进行材料、单价、系数的换算与工程量的提取。 习题要点：清单定额项目的套取、计价的换算。 实践环节：创建单位工程、分部分项工程等	（1）掌握广联达云计价软件操作流程，掌握工程的创建和设置； （2）认识计价软件的取费原理； （3）操作清单、定额项目的套取、定额的换算、工程量的提取； （4）操作完成编制完整的招标控制价或投标报价	18	案例 翻转课堂 操作演示	（4） （5） （6）
合计			48		

4. 教材及教学主要参考书

推荐教材：

《工程造价实训教程—广联达软件实战应用》（河南版），赵琰主编，天津大学出版社，2018 年 1 月第 1 版。

参考书目：

《广联达 BIM 算量软件应用》，任远波著，机械工业出版社，2017 年 8 月第 2 版。

（四）工程招投标与合同管理

工程招投标与合同管理课程教学大纲

1. 课程基本信息

<table>
<tr><td>开课单位</td><td>工程经济学院</td><td>课程类别</td><td colspan="2">专业核心</td></tr>
<tr><td>课程名称</td><td colspan="2">工程招投标与合同管理</td><td>课程编码</td><td>3100000138</td></tr>
<tr><td>开课对象</td><td colspan="2">工程造价</td><td>开课学期</td><td>第 5 学期</td></tr>
<tr><td>学时/学分</td><td colspan="4">总 32 学时（理论课 24 学时、实践课 8 学时）/2 学分</td></tr>
<tr><td>先修课程</td><td colspan="4">工程识图、建筑工程计量与计价、工程经济学</td></tr>
</table>

课程介绍：

工程招投标与合同管理课程是工程造价专业的一门专业核心课程。工程招投标是将各个建筑市场主体联系在一起的主要途径，是形成工程管理专业课程之间有机联系的纽带。从课程体系来看，工程招投标与合同管理属于平台综合课。从理论的角度来看，《工程招投标与合同管理》课程揭示了建筑市场的一般规律，建筑市场主体的权利、义务关系及其内在联系，是学生从整体上把握建筑业及其建筑市场发展规律的基础；从知识的角度来看，《工程招投标与合同管理》课程具有将相关知识联系在一起的特殊作用；从能力培养的角度来看，对于工程造价专业的学生，不但要有坚实的理论基础，而且要有较强的动手能力，通过学习可以为今后从事工程招投标和合同管理工作打下基础

2. 课程目标与教学要求

本课程对学生达到如下毕业要求有贡献：

（1）知识应用能力：能够掌握招投标与合同管理的基本知识、基本理论、基本方法，用于招投标实务的操作。

（2）设计能力：能够依据相关的法律、法规和相关的建设工程资料，完成某些特定工程的招标文件的编制、投标文件的编制。

（3）综合应用能力：能够在掌握定额报价和工程量清单报价的基础上，

学习和掌握投标决策和投标报价技巧等技能。

（4）问题分析能力：能够应用工程招投标以及合同管理的基本原理进行案例分析，具备初步工程谈判、合同文件的签订、工程索赔的能力。

（5）沟通能力：能够在建设项目建设周期内就招投标和合同管理与项目相关参建单位进行有效沟通和交流。

（6）职业规范：逐渐理解并遵守工程实践中的职业道德和行为规范，做到责任担当、贡献国家、服务社会。

完成课程后，学生将具备以下能力：

（1）在工程招投标及合同管理中具备基本的知识、技术和能力；

（2）在团队中有效工作的能力；

（3）能够编制项目招标、投标文件、书面报告等有效沟通的能力；

（4）理解工程管理专业人员的专业能力、职业道德和社会责任；

（5）尊重多样性、现代化专业知识、社会和全球问题；

（6）保证质量和实效性并不断进步。

课程目标支撑的毕业要求：

课程支撑的毕业要求		课程目标					
		（1）	（2）	（3）	（4）	（5）	（6）
1	毕业要求1：掌握土木工程及相关工程技术基础知识；掌握与国内、国际工程造价（管理）相关的管理理论和方法，相关的经济理论、相关的法学理论与方法及相关的法律、法规；掌握国内、国际工程造价（管理）专业领域的专业基础知识、专业知识、专业技术和方法	√					
2	毕业要求2：具备综合运用上述的知识、理论、技术和方法从事国内、国际工程全过程和全面工程造价（管理）工作的基本能力；具备对工程造价专业外语文献进行读、写、译的基本能力；具备运用计算机辅助解决工程造价专业及相关问题的基本能力		√				
3	毕业要求3：具备初步的科学研究能力，具有较强的语言与文字表达和人际沟通能力，具备健康的个性品质和良好的社会适应能力			√			

续表

课程支撑的毕业要求		课程目标					
		(1)	(2)	(3)	(4)	(5)	(6)
4	毕业要求4：具有良好的思想道德修养、科学的世界观、正确的人生观和价值观，具有坚定的职业信念和良好的职业道德				√		
5	毕业要求5：具有较强的自主学习能力和健全的人格和良好的心理素质，具有较好的专业基本技能、实践能力和社会适应能力					√	
6	毕业要求6：了解国内外工程造价（管理）领域的理论与实践的最新发展动态与趋势						√

3. 教学内容与课程目标

工程招投标与合同管理教学内容与课程目标：

章次	教学内容	教学要求 （学生学习预期成果）	学时	教学方式	课程目标
第一章	工程招标投标概述 教学重点：招标投标的基本过程、方式；工程承发包的方式、内容；建设工程交易中心的性质与作用、基本功能、运行原则及一般程序。 教学难点：招标投标的基本过程 本章习题要点：课后简答题。 实践环节：案例分析	（1）熟悉工程招标投标的基本过程、方式及其发展历史，及国内外现状； （2）掌握建设市场的概念、管理体制及发展历史； （3）建设工程交易中心的性质与作用、基本功能、运行原则及一般程序	2	讲授 讨论 作业	（1）
第二章	国内建设工程施工招标 教学重点：工程项目招标的基本程序，招标文件内容组成。 教学难点：招标标底、招标控制价的编制方法。 本章习题要点：课后简答题。 实践环节：案例分析	（1）明确有关的工程招标的基本概念、招标程序； （2）熟悉招标文件的编制方法、招标文件的内容	6	讲授 讨论 作业	（1） （2） （5）

续表

章次	教学内容	教学要求（学生学习预期成果）	学时	教学方式	课程目标
第三章	国内建设工程施工投标 教学重点：工程项目投标的基本程序。 教学难点：投标决策的方法、技巧；投标报价的组成和编制方法。 本章习题要点：课后简答题。 实践环节：案例分析	(1) 明确有关工程投标的基本概念、投标程序； (2) 理解投标决策的影响因素及投标技巧； (3) 掌握投标文件编制的内容及注意事项	6	讲授 讨论 作业	(1) (2) (3) (5)
第四章	开标、评标、定标 教学重点：开标、评标的一般程序；开标的时间和投标文件的接收。 教学难点：评标的方法、程序和定标的原则。 本章习题要点：课后简答题。 实践环节：案例分析	了解建设工程开标、评标和定标的程序与内容	4	讲授 讨论 作业	(1) (5)
第五章	建设工程施工合同订立 教学重点：工程合同文件的组成及主要条款。 教学难点：合同的效力。 本章习题要点：课后简答题。 实践环节：案例分析	(1) 熟悉建设工程合同的基本内容； (2) 掌握合同订立的基本原则和合同的效力	4	讲授	(4) (5)
第六章	建设工程施工合同履约管理 教学重点：工程施工合同进度管理；材料设备供应的质量管理；工程预付款、进度款支付。 教学难点：工程预付款、进度款支付。 本章习题要点：课后简答题。 实践环节：案例分析	(1) 熟悉建设工程合同的基本内容； (2) 使学生初步具备合同管理的能力； (3) 掌握合同管理的基本内容和管理方法	6	讲授 讨论 作业	(5)
第七章	施工合同索赔管理 教学重点：施工索赔的程序；工期索赔和费用索赔的计算。 教学难点：工期索赔和费用索赔的计算方法。 本章习题要点：课后简答题。 实践环节：案例分析	(1) 了解索赔报告的编写和索赔值的计算； (2) 掌握索赔的基本概念，索赔成立的条件	2	讲授 讨论 作业	(4) (5)

续表

章次	教学内容	教学要求 （学生学习预期成果）	学时	教学方式	课程目标
第八章	国际工程合同条件 教学重点：FIDIC 土木工程施工合同条件简介。 教学难点：FIDIC 土木工程施工合同条件在中国的应用。 本章习题要点：课后简答题。 实践环节：案例分析	（1）了解国际工程的概念； （2）熟悉国际工程合同的类型及基本内容； （3）掌握合同管理的基本内容和管理方法； （4）使学生初步具备国际工程合同管理的能力	2	讲授 讨论 作业	（6）
合计			32		

4. 教材及教学主要参考书

推荐教材：

《建筑工程招投标与合同管理》，王凤琳主编，哈尔滨工程大学出版社，2018 年 7 月第 1 版。

参考书目：

（1）《招投标与合同管理工作坊 案例教学教程》，严玲主编，机械工业出版社，2015 年 11 月第 1 版。

（2）《工程招投标与合同管理》，彭麟主编，华中科技大学出版社，2018 年 12 月第 1 版。

（五）建筑工程计量与计价

建筑工程计量与计价课程教学大纲

1. 课程基本信息

开课单位	工程经济学院		课程类别	必修课程
课程名称	建筑工程计量与计价		课程编码	3100000161
开课对象	工程造价		开课学期	第 4 学期
学时/学分	总学时 32（理论课学时 32、实践课学时 0）/2 学分			
先修课程	房屋建筑学、工程图学、建筑材料、建筑施工技术			
课程介绍： 该课程面向工程造价专业，是专业核心课程，侧重于技能培养。通过学习清单计价和定额计价两种工程造价计价方法。掌握工程量的计算规则，工程量清单的编制，定额基价的套取，清单综合单价的计算，招标控制价的编制。为今后从事工程造价相关工作奠定基础				

2. 课程目标与教学要求

本课程对学生达到如下毕业要求有贡献：

（1）工程知识能力：能够掌握建筑工程清单计价和定额计价的基本知识、基本理论、基本方法。

（2）问题分析能力：能够运用清单和定额工程量计算规则、建筑面积计算规则通过对工程图纸进行识读和分析进行建筑与装饰工程量计算。

（3）设计开发（解决）能力：能够在掌握工程量定额计价和工程量清单计价的基础上，通过计算工程量和查套清单计价规范和预算定额规范进行单价套取计算，编制招标控制价。

（4）研究能力：能够根据工程图纸和工程造价文件，对工程进行数据分析和优化，协助投资方进行投资管理优化和成本控制分析。

（5）使用现代化工具能力：能够熟练地使用清单规范和定额规范、标准图集等等各种工具书。

（6）职业规范能力：能够在建设项目建设周期内就建筑工程全过程造价管理文件与参建单位进行有效沟通和交流。

（7）项目管理能力：能够接受新型工程造价计量计价方法和工程造价管理模式的发展，不断更新知识结构、提升职业素养，适应全过程工程造价管理的发展趋势。

完成课程后，学生将具备以下能力：

（1）在建筑工程造价工作中具备基本的知识、技术和能力；

（2）在团队中有效工作的能力；

（3）能够编制招标控制价、竣工结算等工程造价文件，进行数据分析和优化，并能和团队进行沟通协调的能力；

（4）理解工程造价专业人员的专业能力、职业道德和社会责任。

课程目标支撑的毕业要求：

课程支撑的毕业要求		课程目标						
		(1)	(2)	(3)	(4)	(5)	(6)	(7)
1	毕业要求1：工程知识：能够将经济学、管理学、工程技术和信息技术用于解决工程造价专业的复杂工程问题	√						
2	毕业要求2：问题分析：能够应用经济学、管理学及工程科学的基本原理，识别、表达、并通过文献研究分析工程造价专业的复杂工程问题，以获得有效结论		√					
3	毕业要求3：设计（开发）解决方案：能够设计（开发）满足工程特定需求的全过程造价管理方案，并在设计环节中考虑社会、健康、安全、法律、文化以及环境等因素。在提出复杂工程问题的解决方案时具有创新意识			√				
4	毕业要求4：研究：能够基于科学原理、采用科学方法对工程造价专业的复杂问题进行研究，包括设计实验、收集、处理、分析数据，通过信息综合得到合理有效的结论并应用于工程实践				√			
5	毕业要求5：使用现代工具：能够针对复杂工程问题，开发、选择与使用恰当的技术、资源、现代工程工具和信息技术工具，包括对复杂工程问题的预测与模拟，并能够理解其局限性					√		
6	毕业要求8：职业规范：热爱祖国，热爱人民，具有良好的思想政治素质和正确的人生观、价值观，践行社会主义核心价值观；具备健康的心理素质和体魄；具有人文社会科学素养和社会责任感，能够在工程实践中理解并遵守工程职业道德和行为规范，做到责任担当、贡献国家、服务社会						√	
7	毕业要求11：项目管理：在与工程造价专业相关的多学科环境中理解、掌握、应用工程管理原理与经济决策方法，具有一定的组织、管理和领导能力							√

3. 教学内容与课程目标

建筑工程计量与计价教学内容与课程目标

章次	教学内容	教学要求 （学生学习预期成果）	学时	教学方式	课程目标
第一章	工程造价基础知识 知识点：工程造价定义和分类；建设项目的划分；工程造价的构成。 重点：工程造价的划分。 难点：建筑安装工程费的构成。 习题要点：建安费的构成；建设项目的划分；进口设备购置费的计算	（1）理解工程造价理论； （2）掌握工程造价的组成； （3）掌握进口设备购置费的计算	4	讲授 作业	（1） （3） （5） （7）
第二章	工程定额 知识点：工程定额的定义和划分；施工定额工料机消耗量的编制；定额人材机的换算。 重点：定额工料机的编制方法。 难点：定额人材机的换算。 习题要点：工程定额的划分；工料机的编制方法；人材机的换算	（1）理解工程定额的理念； （2）掌握定额工料机的编制方法； （3）掌握定额工料机的换算方法	2	讲授 作业	（1） （4） （5）
第三章	工程量清单的编制 知识点：工程量清单的定义和组成；工程量清单的编制。 重点：工程量清单的组成。 难点：工程量清单的编制。 习题要点：工程量清单的编制方法；工程量清单的构成内容	（1）理解工程量清单的组成； （2）掌握工程量清单的编制方法	2	案例 讲授 作业	（1） （2） （3） （4） （5） （6） （7）
第四章	建筑面积计算 知识点：建筑面积计算规则。 重点：建筑面积的计算规则。 难点：建筑面积的计算。 习题要点：建筑面积的计算和规则应用	（1）掌握建筑面积计算规则； （2）掌握建筑面积计算方法	4	案例讲授 研讨 作业	（1） （2） （4） （5）
第五章	建筑工程工程量计算 知识点：建筑工程工程量计算规则；工程量的计算。 重点：建筑工程工程量计算规则。 难点：工程量的计算。 习题要点：建筑工程工程量计算规则的运用；工程量的计算	（1）掌握建筑工程工程量计算规则； （2）掌握工程量计算方法	10	案例讲授 作业	（1） （2） （3） （4） （5） （6） （7）

续表

章次	教学内容	教学要求 （学生学习预期成果）	学时	教学方式	课程目标
第六章	装饰工程计算 知识点：装饰工程工程量计算规则；工程量的计算。 重点：装饰工程工程量计算规则。 难点：工程量的计算。 习题要点：装饰工程工程量计算规则的运用；工程量的计算	掌握装饰工程工程量计算规则； 掌握工程量计算方法	4	案例讲授 作业	(1) (2) (3) (4) (5) (6) (7)
第七章	措施项目 知识点：措施项目计算规则；措施项目的计算。 重点：措施项目计算规则。 难点：措施项目的计算。 习题要点：措施项目计算规则的运用；措施项目的计算	(1) 掌握措施项目计算规则； (2) 措施项目计算方法	2	案例讲授 作业	(1) (2) (3) (4) (5) (6) (7)
第八章	工程量清单计价 知识点：工程量清单计价的定义和构成；工程量清单计价的编制方法；工程量清单计价的编制。 重点：工程量清单计价的编制方法。 难点：工程量清单计价的编制。 习题要点：工程量清单计价费用的构成；工程量清单计价的编制方法；工程量清单计价的编制	(1) 理解工程量清单计价的组成； (2) 掌握工程量清单计价的编制方法； (3) 掌握工程量清单计价的编制	4	案例讲授 作业	(1) (3) (4) (5) (6) (7)
合计			32		

4. 教材及教学主要参考书

推荐教材：

《建筑工程计量与计价》（河南版），朱溢镕主编，化学工业出版社，2018 年 8 月第 1 版。

参考书目：

《建筑工程定额与清单计价》宋建学主编，郑州大学出版社，2017 年 8 月第 1 版。

附录四　试点专业核心课程基于成果导向考试大纲

一、税收学专业

（一）国际税收

1. 国际税收考试大纲

授课学时	国际税收
适应专业	税收学
考试方式	平时考核与期末考试相结合，百分制。平时考核（课堂表现、课堂测验、作业等）占 30%，期末考试（单选题、多选题、判断题、案例分析题、综合分析题等）占 70%
考试时间	120 分钟
推荐教材	《国际税收》，“十二五”普通高等教育本科国家级规划教材，中国人民大学出版社，2018 年版
试题类型	单选题、多选题、简答题、案例分析题、综合分析题
考试要求	（1）知识应用能力：能够将国际税收的基本理论与基本方法应用于解决国际税收专业领域的国际重复征税的免除和国际税收筹划和反避税等问题。 （2）问题分析能力：能够对国际重复征税问题有比较清晰的认识和分析，有对国际重复征税免除方法运用能力，有对跨国纳税人的国际税收筹划的基本思路和方法及针对该活动的反避税措施应对分析能力。 （3）综合应用能力：能够针对跨国公司的税收筹划的需求有一定的思路和方法，能够针对反避税措施有一定的应对能力。对国际反避税稽查有相当的综合应用能力。 （4）设计能力：能够设计符合纳税人进行纳税遵从和国际税收筹划的方案，并能够在进行国际税收纳税申报环节中体现创新意识，考虑税收成本、社会责任、职业道德等问题。 （5）沟通能力：能够就国际税收相关的涉税问题与业界同行及社会公众进行有效沟通和交流。 （6）终身学习能力：能够跟踪税收学科前沿，预测发展趋势，持续提高财税知识的应用能力和财税业务的分析能力，提升职业素养，适应税收行业及相关职业发展

2. 课程目标与考核方式

序号	课程目标（支撑毕业要求）	考核内容	评价方式与成绩占比（%）				成绩占比（%）	适用题型
			期末考试	课堂测验	作业	课堂表现		
1	目标1：知识应用能力：能够将国际税收的基本理论与基本方法应用于解决免除国际重复征税，国际税收筹划及反避税等问题。 （支撑毕业要求2：专业性知识。掌握包括财政与税收的理论、制度和管理等相关知识，熟悉专业前沿理论与行业动态知识）	第一章：国际税收的概念 第二章：税收管辖权的类型及征税范围 第三章：法律性国际重复征税和经济性国际重复征税 第四章：免除国际重复征税的自然人和法人的约束规范 第五章：国际避税地的类型 第八章：加强国际反避税税务行政管理	70	9	12	9	10	单选题 多选题 简答题
2	目标2：问题分析能力：能够应用税收学的基本知识分析国际税收和国家税收的联系和区别，能够辨别不同性质的重复征税及相应的不同免除方法，能够穿透反避税法规各种形式。 （支撑毕业要求2：专业性知识。掌握包括财政与税收的理论、制度和管理等相关知识，熟悉专业前沿理论与行业动态知识）	第一章：国际税收发展的趋势 第二章：单一地域管辖权的形式逻辑 第四章：抵免法与免税法优劣分析及计算 第五章：转让定价的定义和功能 第六章：国际避税的基本思路，滥用税收协定，信托，转让定价 第八章：受控外国公司法规，防止滥用税收协定	70	9	12	9	15	单选题 多选题 案例分析题
3	目标3：综合应用能力：能够针对涉及不同国家的收益和所得的国际重复征税问题提出不同的解决方案。 （支撑毕业要求5：实践能力。理解并掌握税收基本原理与决策方法，能够在多学科环境中应用税收政策，进行税收检查、税收筹划以及税务风险管控，能够分析税收政策和税收征管中的实务问题，能够综合运用税收专业知识解决实务问题）	第二章：法律性国际重复征税和经济性国际重复征税的区别 第三章：所得来源地的判定标准 第四章：约束地域管辖权的国际规范，不同税收管辖权重叠所造成的所得国际重复征税的减除方法	70	9	12	9	25	案例分析题 简答题 综合分析题

续表

序号	课程目标（支撑毕业要求）	考核内容	评价方式与成绩占比（%）				成绩占比（%）	适用题型
			期末考试	课堂测验	作业	课堂表现		
4	目标4：设计能力：能够设计符合涉税企业问题的国际税收纳税遵从和申报方案和国际税收筹划方案，并能够在此环节中体现创新意识，考虑税收成本、社会责任、职业道德等问题。（支撑毕业要求4：学习能力。具有自主学习和终身学习的良好意识，不断提高学习和适应发展的能力。能够了解税收学科前沿，预测发展趋势，持续提高财税知识的应用能力和财税业务的分析能力。支撑毕业要求5：实践能力。理解并掌握税收基本原理与决策方法，能够在多学科环境中应用税收政策，进行税收检查、税收筹划以及税务风险管控，能够分析税收政策和税收征管中的实务问题，能够综合运用税收专业知识解决实务问题。支撑毕业要求6：综合能力。具有较强的组织、协调和管理能力，能够与团队成员和谐相处，能够运用不同沟通技巧处理涉税业务管理和实务中出现的问题，能够与他人合作，共同分析涉税问题、共同商定解决方案）	第四章：约束地域管辖权的国际规范，不同税收管辖权重叠所造成的所得国际重复征税的减除方法 第五章：国际避税地的类型和避税条件 第六章：国际避税思路和基本方法及跨国公司国际税收筹划案例分析 第七章：转让定价审核原则和法规内容，预约定价协议 第八章：国际反避税法规的基本内容	100	0	0	0	30	案例分析题 综合分析题

续表

序号	课程目标 （支撑毕业要求）	考核内容	评价方式与成绩占比（%）				成绩占比（%）	适用题型
			期末考试	课堂测验	作业	课堂表现		
5	目标5：沟通能力：能够就国际税收相关的涉税问题与业界同行及社会公众进行有效沟通和交流。（支撑毕业要求6：综合能力。具有较强的组织、协调和管理能力，能够与团队成员和谐相处，能够运用不同沟通技巧处理涉税业务管理和实务中出现的问题，能够与他人合作，共同分析涉税问题、共同商定解决方案）	第四章：所得来源地的国际约束规范，免除国际重复征税的四个方法 第五章：转让定价和关联企业 第七章：转让定价的税务管理，预约定价协议，转让定价调整中国际重复征税问题的解决 第八章：应对间接转让股权的反避税措施。加强反避税的双边或多边国际合作	0	0	90	10	10	简答题 案例分析题
6	目标6：终身学习能力：能够跟踪税收学科前沿，预测发展趋势，持续提高财税知识的应用能力和财税业务的分析能力，提升职业素养，适应税收行业及相关职业发展。（支撑毕业要求4：学习能力。具有自主学习和终身学习的良好意识，不断提高学习和适应发展的能力。能够了解税收学科前沿，预测发展趋势，持续提高财税知识的应用能力和财税业务的分析能力。支撑毕业要求7：社会责任。具有良好的思想道德修养、社会责任感、公共意识、敬业精神和创业意识）	第一章：电子商务给国际税收管理带来的挑战，国际税收竞争 第四章：四种免除国际重复征税的方法的比较和应用范围 第六章：转让定价的税务和非税务动机，转让定价在避税活动中的作用 第七章：我国转让定价税务管理制度的基本内容，预约定价协议的局限性分析	0	0	90	10	10	综合分析题

3. 成绩评定标准与依据

考核项目/权重	指标与依据				
	优（90～100分）	良（80～89分）	中（70～79分）	及格（60～69分）	不及格（0～59分）
课堂测验/30%	基本概论理解准确，基本概念掌握牢固，没有错误	基本概论理解准确，基本概念掌握基本牢固，没有明显的错误	基本概论理解准确，没有重大的错误	基本概论理解准确，没有重大的错误，有少量留空	基本概论理解错误多，存在重大表达错误或留空较多
作业质量/40%	书写清晰、规范、整洁；解决问题方法合理；计算正确	书写清晰、规范、整洁；解决问题方法基本合理；个别计算有误	书写基本清晰、规范、整洁；解决问题方法基本合理；部分计算有误	书写不够清晰规范；解决问题的方法部分有误；计算错误较多	书写不清晰、不规范；没有分析和解决问题的方法；计算错误非常多
个人表现/30%	正常出勤；积极参与课堂讨论5次以上；表现积极，能与他人进行有效沟通	缺勤不超过1次；积极参与课堂讨论3次以上；表现较主动，能与他人进行有效沟通	缺勤不超过2次；参与课堂讨论2次以上；基本能主动配合，能与他人进行有效沟通	缺勤不超过3次，参与课堂讨论2次以上；能基本配合团队，能与他人进行有效沟通	缺勤次数超过3次，不参与课堂讨论；不能与他人进行有效沟通

（二）税务筹划

1. 税务筹划考试大纲

授课学时	32
适应专业	税收学
考试方式	平时考核与期末考试相结合，百分制。平时考核（课堂表现、课堂测验、作业等）占30%，期末考试（单选题、多选题、判断题、案例分析题、计算题等）占70%
考试时间	120分钟
推荐教材	《税收筹划》，计金标，中国人民大学出版社，2019年版
试题类型	单选题、多选题、判断题、简答题、案例分析题、计算题
考试要求	（1）知识应用能力：能够将税收筹划的基本理论与基本方法应用于解决税收筹划等实际问题。 （2）问题分析能力：能够准确分析税收筹划案例所依赖的筹划条件或筹划环境，并精准指出影响筹划结果的具体因素。 （3）综合应用能力：能够针对税收筹划中涉及多税种、多条件、多因素的问题，综合考虑各税种、各条件、各因素的抵消作用或加强作用，提出合理的解决方案。 （4）设计能力：能够设计符合委托方实际情况的税收筹划方案，并能够在筹划中体现创新意识，考虑税收成本、社会责任、职业道德等问题。 （5）沟通能力：能够就税收筹划相关的涉税问题与业界同行及筹划委托方进行有效沟通和交流。 （6）终身学习能力：能够跟踪税收学科前沿，预测发展趋势，持续提高财税知识的应用能力和财税业务的分析能力，提升职业素养，适应税收行业及相关职业发展

2. 课程目标与考核方式

序号	课程目标（支撑毕业要求）	考核内容	评价方式与成绩占比（%）				成绩占比（%）	适用题型
			期末考试	课堂测验	作业	课堂表现		
1	目标1：知识应用能力：能够将税收筹划的基本理论与基本方法应用于解决税收筹划等实际问题。 （支撑毕业要求2：专业性知识。掌握包括财政与税收的理论、制度和管理等相关知识，熟悉专业前沿理论与行业动态知识）	第一章：税收筹划的事先性；税收筹划的不违法性；税收筹划的附带性。 第二章：税收优惠的利用；抵免法。 第三章：价外税对筹划的影响；利用出口退税原理解析出口退税筹划案例。 第四章：与增值税交叉对筹划的影响；视同销售对筹划的影响。 第五章：纳税人异同及对筹划的影响；税率异同及对筹划的影响	70	9	12	9	20	单选题 多选题 简答题
2	目标2：问题分析能力：能够准确分析税收筹划案例所依赖的筹划条件或筹划环境，并精准指出影响筹划结果的具体因素。 （支撑毕业要求2：专业性知识。掌握包括财政与税收的理论、制度和管理等相关知识，熟悉专业前沿理论与行业动态知识）	第一章：合法与不违法的区分。 第二章：临界点与纳税禁区；退税在筹划中的运用；税收优惠的利用；分劈法；扣除法。 第三章：一般纳税人和小规模纳税人划分对筹划的影响。 第四章：一次课征特征对筹划的影响；与增值税交叉对筹划的影响。 第五章：费用扣除异同及对筹划的影响	70	9	12	9	30	单选题 多选题 案例分析题
3	目标3：综合应用能力：能够针对税收筹划中涉及多税种、多条件、多因素的问题，综合考虑各税种、各条件、各因素的抵消作用或加强作用，提出合理的解决方案。 （支撑毕业要求5：实践能力。理解并掌握税收基本原理与决策方法，能够在多学科环境中应用税收政策，进行税收检查、税收筹划以及税务风险管控，能够分析税收政策和税收征管中的实务问题，能够综合运用税收专业知识解决实务问题）	第二章：对出口退税原理的理解。 第三章：一般纳税人和小规模纳税人划分对筹划的影响；进项税额抵扣的实质及其对筹划的影响。 第四章：一次课征特征对筹划的影响。 第五章：收入异同及对筹划的影响；费用扣除异同及对筹划的影响	70	9	12	9	30	案例分析题 简答题 综合分析题

续表

序号	课程目标（支撑毕业要求）	考核内容	评价方式与成绩占比（%）				成绩占比（%）	适用题型
			期末考试	课堂测验	作业	课堂表现		
4	目标4：设计能力：能够设计符合委托方实际情况的税收筹划方案，并能够在筹划中体现创新意识，考虑税收成本、社会责任、职业道德等问题。（支撑毕业要求4：学习能力。具有自主学习和终身学习的良好意识，不断提高学习和适应发展的能力。能够了解税收学科前沿，预测发展趋势，持续提高财税知识的应用能力和财税业务的分析能力。支撑毕业要求5：实践能力。理解并掌握税收基本原理与决策方法，能够在多学科环境中应用税收政策，进行税收检查、税收筹划以及税务风险管控，能够分析税收政策和税收征管中的实务问题，能够综合运用税收专业知识解决实务问题。支撑毕业要求6：综合能力。具有较强的组织、协调和管理能力，能够与团队成员和谐相处，能够运用不同沟通技巧处理涉税业务管理和实务中出现的问题，能够与他人合作，共同分析涉税问题、共同商定解决方案）	第二章：分劈法中对纳税单位的认识。 第三章：一般纳税人和小规模纳税人划分对筹划的影响；利用出口退税原理解析出口退税筹划案例。 第四章：增值税抵扣与消费税抵扣的对比。 第五章：所得税异同对计税影响的对比	100	0	0	0	5	案例分析题 综合分析题

续表

序号	课程目标（支撑毕业要求）	考核内容	评价方式与成绩占比（%）				成绩占比（%）	适用题型
			期末考试	课堂测验	作业	课堂表现		
5	目标5：沟通能力：能够就税收筹划相关的涉税问题与业界同行及社会公众进行有效沟通和交流。（支撑毕业要求6：综合能力。具有较强的组织、协调和管理能力，能够与团队成员和谐相处，能够运用不同沟通技巧处理涉税业务管理和实务中出现的问题，能够与他人合作，共同分析涉税问题、共同商定解决方案）	第一章：税收筹划的事先性；税收筹划的不违法性。 第二章：临界点与纳税禁区；退税在筹划中的运用；税收优惠的利用；分劈法。 第三章：扣税法对筹划的影响；增值税扣税凭证对税收筹划的影响。 第四章：与增值税交叉对筹划的影响；视同销售对筹划的影响。 第五章：企业所得税与个人所得税的异同	0	0	90	10	5	简答题 案例分析题
6	目标6：终身学习能力：能够跟踪税收学科前沿，预测发展趋势，持续提高财税知识的应用能力和财税业务的分析能力，提升职业素养，适应税收行业及相关职业发展。（支撑毕业要求4：学习能力。具有自主学习和终身学习的良好意识，不断提高学习和适应发展的能力。能够了解税收学科前沿，预测发展趋势，持续提高财税知识的应用能力和财税业务的分析能力。支撑毕业要求7：社会责任。具有良好的思想道德修养、社会责任感、公共意识、敬业精神和创业意识）	第一章：税收筹划概念。 第二章：临界点与纳税禁区；退税在筹划中的运用；税收优惠的利用；分劈法；扣除法；抵免法；延期纳税	0	0	90	10	10	综合分析题

3. 成绩评定标准与依据

考核项目/权重	指标与依据				
	优（90～100）	良（80～89）	中（70～79）	及格（60～69）	不及格（0～59）
课堂测验/30%	基本概论理解准确，基本概念掌握牢固，没有错误	基本概论理解准确，基本概念掌握基本牢固，没有明显的错误	基本概论理解准确，没有重大的错误	基本概论理解准确，没有重大的错误，有少量留空	基本概论理解错误多，存在重大表达错误或留空较多
作业质量/40%	书写清晰、规范、整洁；解决问题方法合理；计算正确	书写清晰、规范、整洁；解决问题方法基本合理；个别计算有误	书写基本清晰、规范、整洁；解决问题方法基本合理；部分计算有误	书写不够清晰规范；解决问题的方法部分有误；计算错误较多	书写不清晰、不规范；没有分析和解决问题的方法；计算错误非常多
个人表现/30%	正常出勤；积极参与课堂讨论 5 次以上；表现积极，能与他人进行有效沟通	缺勤不超过 1 次；积极参与课堂讨论 3 次以上；表现较主动，能与他人进行有效沟通	缺勤不超过 2 次；参与课堂讨论 2 次以上；基本能主动配合，能与他人进行有效沟通	缺勤不超过 3 次，参与课堂讨论 2 次以上；能基本配合团队，能与他人进行有效沟通	缺勤次数超过 3 次，不参与课堂讨论；不能与他人进行有效沟通

（三）税收管理

1. 税收管理考试大纲

授课学时	32 学时
适应专业	税收学
考试方式	平时考核与期末考试相结合，百分制。平时考核占 40%，期末考试占 60%
考试时间	120 分钟
推荐教材	《税务管理》，梁俊娇主编，中国人民大学出版社，2019 年 7 月第三版
试题类型	单选题、判断题、简答题、论述题、综合分析题
考试要求	1. 知识应用能力：能够运用税收管理基本理论和相关法律法规解决税收管理过程中遇到的税源管理、税款征收、反避税管理、税务稽查、税务行政处罚、税务行政救济等基本程序问题。 2. 问题分析能力：能够运用税收程序法律法规和税收管理基本分析方法，发现税务管理全过程中征纳双方的违法行为，并能提出解决办法和双方的法律责任。 3. 综合应用能力：能够进行不同类型企业、行业的纳税评估和风险管理，并能提出优化企业涉税事项的可行性建议。 4. 设计能力：能够设计符合行业发展特点的纳税评估方案和降低企业税收风险的可行性方案；能够根据税收管理相关热点和难点形成自己的思考，并撰写学术论文。 5. 沟通能力：能够就税收管理相关的涉税问题与业界同行及社会公众进行有效沟通和交流，能够有效在团队中发挥自己的专业能力。 6. 终身学习能力：能够跟踪税收管理学科前沿，法律法规政策的更新，持续提高财税知识的应用能力和财税业务的分析能力，提升职业素养，适应税收行业及相关职业发展

2. 课程目标与考核方式

序号	课程目标 （支撑毕业要求）	考核内容	评价方式与成绩占比（%）				成绩占比（%）	适用题型
			期末考试	课堂测验	作业	课堂表现		
1	目标1：知识应用能力：能够运用税收管理基本理论和相关法律法规解决税收管理过程中遇到的税源管理、税款征收、反避税管理、税务稽查、税务行政处罚、税务行政救济等基本程序问题（支撑毕业要求1、毕业要求4）	第一章税收管理概论：税收管理的内容；税收管理体制的内容。 第二章税源管理：税务登记、账簿凭证管理、纳税申报、纳税评估和税收风险管理、发票管理、纳税信用管理的基本内涵和流程。 第三章税款征收：税款征缴方式；税款入库方式；违反税款征收制度的行为及法律责任。 第四章反避税管理：转让定价、预约定价安排管理、资本弱化管理、其他反避税措施的含义和方法。 第五章税务稽查：税务稽查的内涵和分类；税务稽查的权限范围和基本内容；税务稽查程序；税务稽查的主要方法。 第六章税收经济分析与信息化管理。 第七章税务行政处罚：税务行政处罚概述；税务行政处罚的种类与设定；税务行政处罚的程序；税务行政处罚的执行。 第八章税务行政救济：税务行政复议、税务行政诉讼、税务行政赔偿的含义和适用范围	50	30	10	10	10	单选题 判断题 简答题

续表

序号	课程目标（支撑毕业要求）	考核内容	评价方式与成绩占比（%）				成绩占比（%）	适用题型
			期末考试	课堂测验	作业	课堂表现		
2	目标2：问题分析能力：能够运用税收程序法律法规和税收管理基本分析方法，发现税务管理全过程中征纳双方的违法行为，并能提出解决办法和双方的法律责任（支撑毕业要求2、毕业要求5）	第二章税源管理：停业复业登记的适用范围及程序；纳税评估数据分析；纳税评估指标的运用；纳税评估的程序；发票的作废和红字发票的开具。 第三章税款征收：税款征收方式；核定税额；纳税担保；税收保全；税收强制执行；滞纳金制度；税款的补缴与追征；缴税期限；欠税及其法律责任；优先权、代位权和撤销权；偷税及其法律责任。 第四章反避税管理：避税的主要形式；关联企业的界定；转让定价和资本弱化管理办法下的反避税管理具体操作。 第五章税务稽查：税务稽查的程序；税务稽查的方法；错账更正。 第七章税务行政处罚：税务行政处罚的原则、主体与管辖；税务行政处罚的种类与设定；税务行政处罚的简易程序、一般程序和听证程序；税务行政处罚的执行；税务行政处罚的法律责任。 第八章税务行政救济：税务行政复议的范围和条件；税务行政诉讼的受案范围；税务行政赔偿的特点	60	10	10	20	20	简答题 论述题 综合题 分析题

续表

序号	课程目标（支撑毕业要求）	考核内容	评价方式与成绩占比（%）				成绩占比（%）	适用题型
			期末考试	课堂测验	作业	课堂表现		
3	目标3：综合应用能力：能够进行不同类型企业、行业的纳税评估和风险管理，并能提出优化企业涉税事项的可行性建议（支撑毕业要求5）	第二章税源管理：纳税评估数据分析；纳税评估指标的运用；纳税评估的程序；纳税评估结果的处理。 第四章反避税管理：根据转让定价和资本弱化管理办法下的反避税管理的具体内容进行降低企业涉税风险的优化分析。 第五章税务稽查：能够提出应对税务稽查的合理合法策略，并提出降低税务稽查风险的建议。 第八章税务行政救济：能够正确运用税务行政救济措施维护纳税人的合法权益。 能够根据企业涉税资料和财务资料独立进行纳税评估	50	20	0	30	30	论述题 综合分析题
4	目标4：设计能力：能够设计符合行业发展特点的纳税评估方案和降低企业税收风险的可行性方案；能够根据税收管理相关热点和难点形成自己的思考，并撰写学术论文（支撑毕业要求3）	能够根据行业特点和企业情况设计纳税评估方法、选取纳税评估指标，并能够根据宏观经济数据、行业税负数据设立合理的预警值。 能够根据反避税管理办法为企业设计降低税收风险的融资策略、经营策略、投资策略等。 能够根据宏观经济发展背景、行业发展和企业发展特点发现税收管理改革的重点和难点，并能通过查阅资料、调研，将自己的思考形成完成的学术论文	40	30	20	10	20	综合分析题

续表

序号	课程目标（支撑毕业要求）	考核内容	评价方式与成绩占比（%）				成绩占比（%）	适用题型
			期末考试	课堂测验	作业	课堂表现		
5	目标5：沟通能力：能够就税收管理相关的涉税问题与业界同行及社会公众进行有效沟通和交流，能够有效在团队中发挥自己的专业能力（支撑毕业要求6）	能够根据课程学习内容选取具有代表性的税收征管相关案例，能够指出案例中征纳双方的违法行为及法律责任，并能够对维护征纳双方合法权益提出建议； 能够以小组为单位完成案例的寻找、分析、展示等任务，在小组中能够准确传达自己的观点，与团队成员进行有效的沟通	0	10	10	80	10	综合分析题
6	目标6：终身学习能力：能够跟踪税收管理学科前沿，法律法规政策的更新，持续提高财税知识的应用能力和财税业务的分析能力，提升职业素养，适应税收行业及相关职业发展（支撑毕业要求4）	始终关注税源管理、税款征收、反避税管理、税务稽查、税收经济分析与信息化管理、税务行政处罚、税务行政救济相关法律法规政策的变化，并能够思考政策变化的原因以及发展趋势； 及时关注与税收管理的相关的最新学术动态，并形成自己的独立思考	30	0	0	70	10	论述题 综合分析题

3. 成绩评定标准与依据

考核项目/权重	指标与依据				
	优（90~100分）	良（80~89分）	中（70~79分）	及格（60~69分）	不及格（0~59分）
小组展示/40%	选择案例具有代表性，案例涉及知识点达10个及以上；展示逻辑缜密，思路清晰，分析证据确凿，PPT结构完整，表达效果好	选择案例涉及知识点达7~9个；语言表达清晰，能够找出相应的理论和法律依据；PPT结构较为完整	选择案例涉及知识点达4~6个；有PPT，能够找出相应的理论和法律依据；能够将案例进行完整的分析	选择案例涉及知识点达3个；有PPT，基本能够找出相应的理论和法律依据	选择案例涉及知识点不足3个；没有PPT，案例内容多与课程内容不相关；不能完整对案例进行分析表述

续表

考核项目/权重	指标与依据				
	优（90～100分）	良（80～89分）	中（70～79分）	及格（60～69分）	不及格（0～59分）
作业质量/30%	书写清晰、规范、整洁；解决问题方法合理；计算正确	书写清晰、规范、整洁；解决问题方法基本合理；个别计算有误	书写基本清晰、规范、整洁；解决问题方法基本合理；部分计算有误	书写不够清晰规范；解决问题的方法部分有误；计算错误较多	书写不清晰、不规范；没有分析和解决问题的方法；计算错误非常多
讨论/20%	积极课堂讨论累计达5次以上；学习通讨论帖回复数量累计10次及以上	积极课堂讨论累计达4次；学习通讨论帖回复数量累计8次	积极课堂讨论累计达3次；学习通讨论帖回复数量累计6次	积极课堂讨论累计达2次；学习通讨论帖回复数量累计4次	不参与课堂讨论；学习通讨论帖回复数量小于等于3次
考勤/10%	全勤	缺勤1次	缺勤2次	缺勤3次	缺勤次数超过3次

（四）税务稽查

1. 税务稽查考试大纲

授课学时	32
适应专业	税收学
考试方式	平时考核与期末考试相结合，百分制。平时考核（课堂表现、课堂测验、作业等）占30%，期末考试（单选题、多选题、判断题、案例分析题、综合分析题等）占70%
考试时间	120分钟
推荐教材	《税务稽查》，国家税务总局教材编写组，中国税务出版社，2017年版
试题类型	单选题、多选题、简答题、案例分析题、综合分析题
考试要求	（1）知识应用能力：能够将税务稽查的基本理论与基本方法应用于解决税收专业领域偷税、逃避缴纳税款、骗税以及抗税等问题。 （2）问题分析能力：能够应税收学的基本知识和会计核算知识分析偷税、逃避缴纳税款、骗税的表现形式。 （3）综合应用能力：能够针对税务稽查中涉及的偷税、逃避缴纳税款、骗税以及抗税问题，提出合理的解决方案。 （4）设计能力：能够设计符合涉税企业问题的税务检查方案，并能够在检查环节中体现创新意识，考虑税收成本、社会责任、职业道德等问题。 （5）沟通能力：能够就税务稽查相关的涉税问题与业界同行及社会公众进行有效沟通和交流。 （6）终身学习能力：能够跟踪税收学科前沿，预测发展趋势，持续提高财税知识的应用能力和财税业务的分析能力，提升职业素养，适应税收行业及相关职业发展

2. 课程目标与考核方式

序号	课程目标（支撑毕业要求）	考核内容	评价方式与成绩占比（%）				成绩占比（%）	适用题型
			期末考试	课堂测验	作业	课堂表现		
1	目标1：知识应用能力：能够将税务稽查的基本理论与基本方法应用于解决税收专业领域偷税、逃避缴纳税款、骗税以及抗税等问题。 （支撑毕业要求2：专业性知识。掌握包括财政与税收的理论、制度和管理等相关知识，熟悉专业前沿理论与行业动态知识）	第一章：税务稽查方法、税务稽查案件协查、部门协作；税务稽查证据。 第二章：案源管理方式；税务稽查准备；税务稽查报告撰写。 第三章：纳税人和纳税义务人稽查；适用税率稽查。 第四章：企业收入总额、免税收入、不征税收入；税前准予扣除项目和标准。 第五章：纳税人和扣缴义务人稽查	70	9	12	9	10	单选题 多选题 简答题
2	目标2：问题分析能力：能够应税收学的基本知识和会计核算知识分析偷税、逃避缴纳税款、骗税的表现形式。 （支撑毕业要求2：专业性知识。掌握包括财政与税收的理论、制度和管理等相关知识，熟悉专业前沿理论与行业动态知识）	第一章：税务稽查账务调整；税务稽查信息化。 第二章：税务行政处罚；涉税犯罪。 第三章：特殊销售行为稽查；视同销售行为稽查；销项税额稽查；进项税额稽查；增值税专用发票稽查。 第四章：企业所得税收入总额稽查；企业所得税扣除项目稽查；资产税务处理稽查；企业所得税税收优惠稽查；企业所得税应纳税额稽查；企业重组所得税稽查。 第五章：征税范围稽查；计税依据稽查	70	9	12	9	15	单选题 多选题 案例分析题
3	目标3：综合应用能力：能够针对税务稽查中涉及的偷税、逃避缴纳税款、骗税以及抗税问题，提出合理的解决方案。 （支撑毕业要求5：实践能力。理解并掌握税收基本原理与决策方法，能够在多学科环境中应用税收政策，进行税收检查、税收筹划以及税务风险管控，能够分析税收政策和税收征管中的实务问题，能够综合运用税收专业知识解决实务问题）	第一章：税务稽查账务调整。 第三章：特殊销售行为稽查；视同销售行为稽查；销项税额稽查；进项税额稽查；增值税专用发票稽查。 第四章：企业所得税收入总额稽查；企业所得税扣除项目稽查；资产税务处理稽查；企业所得税税收优惠稽查；企业所得税应纳税额稽查；企业重组所得税稽查。 第五章：征税范围稽查；计税依据稽查	70	9	12	9	25	案例分析题 简答题 综合分析题

续表

序号	课程目标（支撑毕业要求）	考核内容	评价方式与成绩占比（%）				成绩占比（%）	适用题型
			期末考试	课堂测验	作业	课堂表现		
4	目标4：设计能力：能够设计符合涉税企业问题的税务检查方案，并能够在检查环节中体现创新意识，考虑税收成本、社会责任、职业道德等问题。（支撑毕业要求4：学习能力。具有自主学习和终身学习的良好意识，不断提高学习和适应发展的能力。能够了解税收学科前沿，预测发展趋势，持续提高财税知识的应用能力和财税业务的分析能力。支撑毕业要求5：实践能力。理解并掌握税收基本原理与决策方法，能够在多学科环境中应用税收政策，进行税收检查、税收筹划以及税务风险管控，能够分析税收政策和税收征管中的实务问题，能够综合运用税收专业知识解决实务问题。支撑毕业要求6：综合能力。具有较强的组织、协调和管理能力，能够与团队成员和谐相处，能够运用不同沟通技巧处理涉税业务管理和实务中出现的问题，能够与他人合作，共同分析涉税问题、共同商定解决方案）	第一章：税务稽查方法。 第二章：案源管理方式；税务稽查准备。 第三章：纳税人和纳税义务人稽查；特殊销售行为稽查；视同销售行为稽查；适用税率稽查；销项税额稽查；进项税额稽查；增值税专用发票稽查。 第四章：企业所得税收入总额稽查；企业所得税扣除项目稽查；资产税务处理稽查；企业所得税税收优惠稽查；企业所得税应纳税额稽查；企业重组所得税稽查。 第五章：纳税人和扣缴义务人稽查；征税范围稽查；计税依据稽查	100	0	0	0	30	案例分析题 综合分析题

续表

序号	课程目标（支撑毕业要求）	考核内容	评价方式与成绩占比（%）				成绩占比（%）	适用题型
			期末考试	课堂测验	作业	课堂表现		
5	目标5：沟通能力：能够就税务稽查相关的涉税问题与业界同行及社会公众进行有效沟通和交流。（支撑毕业要求6：综合能力。具有较强的组织、协调和管理能力，能够与团队成员和谐相处，能够运用不同沟通技巧处理涉税业务管理和实务中出现的问题，能够与他人合作，共同分析涉税问题、共同商定解决方案）	第一章：税务稽查案件协查、部门协作；税务稽查证据。 第二章：案源管理方式；税务稽查准备；税务稽查报告撰写。 第三章：纳税人和纳税义务人稽查；特殊销售行为稽查；视同销售行为稽查；适用税率稽查；销项税额稽查；进项税额稽查；增值税专用发票稽查。 第四章：企业所得税收入总额稽查；企业所得税扣除项目稽查；资产税务处理稽查；企业所得税税收优惠稽查；企业所得税应纳税额稽查；企业重组所得税稽查。 第五章：纳税人和扣缴义务人稽查；征税范围稽查；计税依据稽查	0	0	90	10	10	简答题 案例分析题
6	目标6：终身学习能力：能够跟踪税收学科前沿，预测发展趋势，持续提高财税知识的应用能力和财税业务的分析能力，提升职业素养，适应税收行业及相关职业发展。（支撑毕业要求4：学习能力。具有自主学习和终身学习的良好意识，不断提高学习和适应发展的能力。能够了解税收学科前沿，预测发展趋势，持续提高财税知识的应用能力和财税业务的分析能力。支撑毕业要求7：社会责任。具有良好的思想道德修养、社会责任感、公共意识、敬业精神和创业意识）	第一章：税务稽查账务调整；税务稽查信息化。 第三章：销项税额稽查；进项税额稽查；增值税专用发票稽查。 第四章：企业所得税收入总额稽查；企业所得税扣除项目稽查；资产税务处理稽查；企业所得税税收优惠稽查；企业所得税应纳税额稽查；企业重组所得税稽查。 第五章：纳税人和扣缴义务人稽查；征税范围稽查；计税依据稽查	0	0	90	10	10	综合分析题

3. 成绩评定标准与依据

考核项目/权重	指标与依据				
	优（90～100分）	良（80～89分）	中（70～79分）	及格（60～69分）	不及格（0～59分）
课堂测验/30%	基本概论理解准确，基本概念掌握牢固，没有错误	基本概论理解准确，基本概念掌握基本牢固，没有明显的错误	基本概论理解准确，没有重大的错误	基本概论理解准确，没有重大的错误，有少量留空	基本概论理解错误多，存在重大表达错误或留空较多
作业质量/40%	书写清晰、规范、整洁；解决问题方法合理；计算正确	书写清晰、规范、整洁；解决问题方法基本合理；个别计算有误	书写基本清晰、规范、整洁；解决问题方法基本合理；部分计算有误	书写不够清晰规范；解决问题的方法部分有误；计算错误较多	书写不清晰、不规范；没有分析和解决问题的方法；计算错误非常多
个人表现/30%	正常出勤；积极参与课堂讨论5次以上；表现积极，能与他人进行有效沟通	缺勤不超过1次；积极参与课堂讨论3次以上；表现较主动，能与他人进行有效沟通	缺勤不超过2次；参与课堂讨论2次以上；基本能主动配合，能与他人进行有效沟通	缺勤不超过3次，参与课堂讨论2次以上；能基本配合团队，能与他人进行有效沟通	缺勤次数超过3次，不参与课堂讨论；不能与他人进行有效沟通

（五）中国税制

1. 中国税制考试大纲

授课学时	96
适应专业	税收学本科专业
考试方式	平时考核与期末考试相结合，百分制。平时考核（课堂表现、课堂测验、作业等）占30%，期末考试（单选题、多选题、判断题、案例分析题、综合分析题等）占70%
考试时间	120分钟
推荐教材	《税法1》，全国税务师执业资格考试教材，中国税务出版社；2020年版 《税法2》，全国税务师执业资格考试教材，中国税务出版社；2020年版
试题类型	单选题、多选题、判断题、简答题、综合分析题

续表

考试要求	(1) 知识应用能力：能够将税法的基本理论与基本方法应用于解决纳税的实务问题。 (2) 问题分析能力：能够应税收学的基本知识和会计核算知识进行税款的计算和分析。 (3) 综合应用能力：能够针对税法的基本理论进行纳税申报和计算及分析，提出合理的解决方案。 (4) 设计能力：能够设计企业合理的纳税申报、计算案例，并能够给企业提出合理的纳税筹划意见，体现创新意识，考虑税收成本、社会责任、职业道德等问题。 (5) 沟通能力：能够就企业相关的涉税问题与业界同行及社会公众进行有效沟通和交流。 (6) 终身学习能力：能够跟踪税收学科前沿，预测发展趋势，持续提高财税知识的应用能力和财税业务的分析能力，提升职业素养，适应税收行业及相关职业发展

2. 课程目标与考核方式

序号	课程目标（支撑毕业要求）	考核内容	评价方式与成绩占比（%）				成绩占比（%）	适用题型
			期末考试	课堂测验	作业	课堂表现		
1	目标1：知识应用能力：能够将税法的基本理论与基本方法应用于解决纳税的实务问题。（支撑毕业要求2：专业性知识。掌握包括财政与税收的理论、制度和管理等相关知识，熟悉专业前沿理论与行业动态知识）	第一章：税法基本原理；税法概述；税收法律关系；税收实体法与税收程序法。 第二章：增值税概述；纳税义务人与扣缴义务人；征税范围；税率；增值税的减税、免税；增值税计税方法的一般规定；一般计税方法；简易计税方法应纳税额的计算；进口货物应纳税额的计算。 第三章：消费税的纳税人、税目与税率、计税依据；应纳税额的计算。 第四章：企业收入总额、免税收入、不征税收入；税前准予扣除项目和标准。 第九章：企业所得税的纳税人、税目与税率、计税依据；应纳税额的计算	70	9	12	9	10	单选题 多选题 简答题

续表

序号	课程目标（支撑毕业要求）	考核内容	评价方式与成绩占比（%）				成绩占比（%）	适用题型
			期末考试	课堂测验	作业	课堂表现		
2	目标 2：问题分析能力：能够应税收学的基本知识和会计核算知识进行税款的计算和分析。（支撑毕业要求 2：专业性知识。掌握包括财政与税收的理论、制度和管理等相关知识，熟悉专业前沿理论与行业动态知识。）	第一章：税法基本原理；税法概述；税收法律关系；税收实体法与税收程序法。 第二章：增值税概述；纳税义务人与扣缴义务人；征税范围；税率；增值税的减税、免税；增值税计税方法的一般规定；一般计税方法；简易计税方法应纳税额的计算；进口货物应纳税额的计算。 第三章：消费税的纳税人、税目与税率、计税依据；应纳税额的计算。 第四章：企业收入总额、免税收入、不征税收入；税前准予扣除项目和标准。 第五章：资源税的纳税人、税目与税率、计税依据；应纳税额的计算。 第六章：车辆购置税的纳税人、税目与税率、计税依据；应纳税额的计算。 第七章：土地增值税的纳税人、税目与税率、计税依据；应纳税额的计算。 第八章：企业所得税的纳税人、税目与税率、计税依据；应纳税额的计算。 第九章：企业所得税的纳税人、税目与税率、计税依据；应纳税额的计算。 第十章：个人所得税的纳税人、税目与税率、计税依据；应纳税额的计算。 第十一章：印花税的纳税人、税目与税率、计税依据；应纳税额的计算。 第十二章：房产税的纳税人、税目与税率、计税依据；应纳税额的计算。 第十三章：车船税的纳税人、税目与税率、计税依据；应纳税额的计算。 第十四章：契税的纳税人、税目与税率、计税依据；应纳税额的计算。 第十五章：城镇土地使用税的纳税人、税目与税率、计税依据；应纳税额的计算	70	9	12	9	15	单选题 多选题 案例分析题

续表

序号	课程目标（支撑毕业要求）	考核内容	评价方式与成绩占比（%）				成绩占比（%）	适用题型
			期末考试	课堂测验	作业	课堂表现		
3	目标 3：综合应用能力：能够针对税法的基本理论进行纳税申报和计算及分析，提出合理的解决方案。 （支撑毕业要求 5：实践能力。理解并掌握税收基本原理与决策方法，能够在多学科环境中应用税收政策，进行税收检查、税收筹划以及税务风险管控，能够分析税收政策和税收征管中的实务问题，能够综合运用税收专业知识解决实务问题。）	第一章：税法基本原理；税法概述；税收法律关系；税收实体法与税收程序法。 第二章：增值税概述；纳税义务人与扣缴义务人；征税范围；税率；增值税的减税、免税；增值税计税方法的一般规定；一般计税方法；简易计税方法应纳税额的计算；进口货物应纳税额的计算。 第三章：消费税的纳税人、税目与税率、计税依据；应纳税额的计算。 第四章：企业收入总额、免税收入、不征税收入；税前准予扣除项目和标准。 第五章：资源税的纳税人、税目与税率、计税依据；应纳税额的计算。 第六章：车辆购置税的纳税人、税目与税率、计税依据；应纳税额的计算。 第七章：土地增值税的纳税人、税目与税率、计税依据；应纳税额的计算。 第八章：企业所得税的纳税人、税目与税率、计税依据；应纳税额的计算。 第九章：企业所得税的纳税人、税目与税率、计税依据；应纳税额的计算。 第十章：个人所得税的纳税人、税目与税率、计税依据；应纳税额的计算。 第十一章：印花税的纳税人、税目与税率、计税依据；应纳税额的计算。 第十二章：房产税的纳税人、税目与税率、计税依据；应纳税额的计算。 第十三章：车船税的纳税人、税目与税率、计税依据；应纳税额的计算。 第十四章：契税的纳税人、税目与税率、计税依据；应纳税额的计算。 第十五章：城镇土地使用税的纳税人、税目与税率、计税依据；应纳税额的计算	70	9	12	9	25	案例分析题 简答题 综合分析题

续表

序号	课程目标（支撑毕业要求）	考核内容	评价方式与成绩占比（%）				成绩占比（%）	适用题型
			期末考试	课堂测验	作业	课堂表现		
4	目标4：设计能力：能够设计企业合理的纳税申报、计算案例，并能够给企业提出合理的纳税筹划意见，体现创新意识，考虑税收成本、社会责任、职业道德等问题。（支撑毕业要求4：学习能力。具有自主学习和终身学习的良好意识，不断提高学习和适应发展的能力。能够了解税收学科前沿，预测发展趋势，持续提高财税知识的应用能力和财税业务的分析能力。支撑毕业要求5：实践能力。理解并掌握税收基本原理与决策方法，能够在多学科环境中应用税收政策，进行税收检查、税收筹划以及税务风险管控，能够分析税收政策和税收征管中的实务问题，能够综合运用税收专业知识解决实务问题。支撑毕业要求6：综合能力。具有较强的组织、协调和管理能力，能够与团队成员和谐相处，能够能运用不同沟通技巧处理涉税业务管理和实务中出现的问题，能够与他人合作，共同分析涉税问题、共同商定解决方案。）	第一章：税务师的职业道德。 第二章：增值税的减税、免税；增值税计税方法的一般规定；一般计税方法；简易计税方法应纳税额的计算；进口货物应纳税额的计算；增值税的征收管理。 第三章：消费税的计算与征收管理。 第五章：资源税应纳税额的计算。 第六章：车辆购置税的纳税人、税目与税率、计税依据；应纳税额的计算。 第七章：土地增值税应纳税额的计算。 第九章：企业所得税应纳税额的计算及征收管理。 第十章：个人所得税应纳税额的计算及征收管理	100	0	0	0	30	案例分析题 综合分析题

续表

序号	课程目标（支撑毕业要求）	考核内容	评价方式与成绩占比（%）				成绩占比（%）	适用题型
			期末考试	课堂测验	作业	课堂表现		
5	目标5：沟通能力：能够就税务稽查相关的涉税问题与业界同行及社会公众进行有效沟通和交流。（支撑毕业要求6：综合能力。具有较强的组织、协调和管理能力，能够与团队成员和谐相处，能够能运用不同沟通技巧处理涉税业务管理和实务中出现的问题，能够与他人合作，共同分析涉税问题、共同商定解决方案。）	第一章：税务师的职业道德。 第二章：增值税的减税、免税；增值税计税方法的一般规定；一般计税方法；简易计税方法应纳税额的计算；进口货物应纳税额的计算；增值税的征收管理。 第三章：消费税的计算与征收管理。 第五章：资源税应纳税额的计算。 第六章：车辆购置税的纳税人、税目与税率、计税依据；应纳税额的计算。 第七章：土地增值税应纳税额的计算。 第九章：企业所得税应纳税额的计算及征收管理。 第十章：个人所得税应纳税额的计算及征收管理	0	0	90	10	10	简答题 案例分析题
6	目标6：终身学习能力：能够跟踪税收学科前沿，预测发展趋势，持续提高财税知识的应用能力和财税业务的分析能力，提升职业素养，适应税收行业及相关职业发展。 （支撑毕业要求4：学习能力。具有自主学习和终身学习的良好意识，不断提高学习和适应发展的能力。能够了解税收学科前沿，预测发展趋势，持续提高财税知识的应用能力和财税业务的分析能力。支撑毕业要求7：社会责任。具有良好的思想道德修养、社会责任感、公共意识、敬业精神和创业意识。）	第一章：税法的建立与发展；税务师的职业道德。 第二章：增值税的减税、免税；增值税计税方法的一般规定；一般计税方法；简易计税方法应纳税额的计算；进口货物应纳税额的计算；增值税的征收管理。 第三章：消费税的计算与征收管理。 第五章：资源税应纳税额的计算。 第六章：车辆购置税的纳税人、税目与税率、计税依据；应纳税额的计算。 第七章：土地增值税应纳税额的计算。 第九章：企业所得税应纳税额的计算及征收管理。 第十章：个人所得税应纳税额的计算及征收管理	0	0	90	10	10	综合分析题

3. 成绩评定标准与依据

考核项目/权重	指标与依据				
	优（90～100分）	良（80～89分）	中（70～79分）	及格（60～69分）	不及格（0～59分）
课堂测验/30%	基本概论理解准确，基本概念掌握牢固，没有错误	基本概论理解准确，基本概念掌握基本牢固，没有明显的错误	基本概论理解准确，没有重大的错误	基本概论理解准确，没有重大的错误，有少量留空	基本概论理解错误多，存在重大表达错误或留空较多
作业质量/40%	书写清晰、规范、整洁；解决问题方法合理；计算正确	书写清晰、规范、整洁；解决问题方法基本合理；个别计算有误	书写基本清晰、规范、整洁；解决问题方法基本合理；部分计算有误	书写不够清晰规范；解决问题的方法部分有误；计算错误较多	书写不清晰、不规范；没有分析和解决问题的方法；计算错误非常多
个人表现/30%	正常出勤；积极参与课堂讨论5次以上；表现积极，能与他人进行有效沟通	缺勤不超过1次；积极参与课堂讨论3次以上；表现较主动，能与他人进行有效沟通	缺勤不超过2次；参与课堂讨论2次以上；基本能主动配合，能与他人进行有效沟通	缺勤不超过3次，参与课堂讨论2次以上；能基本配合团队，能与他人进行有效沟通	缺勤次数超过3次，不参与课堂讨论；不能与他人进行有效沟通

二、会计学专业

（一）基础会计学

1. 基础会计学考试大纲

授课学时	48学时
适应专业	会计学及相关专业
考试方式	平时考勤10%，课堂表现10%，平时作业20%，期末考试60%
考试时间	120分钟
推荐教材	《基础会计》（陈国辉主编，东北财经大学出版社，2019年2月第6版）
试题类型	单选题、多选题、判断题、简答题、业务核算题、案例分析题
考试要求	基础会计学的教学目的和任务旨在培养学生对会计的基本理论、基本方法和基本技能的掌握，养成职业素质和职业判断能力，为会计专业课程的学习打下扎实的理论基础。其考核要求是检测学生对基础会计学基本理论和基本方法的理解能力，以及对企业主要经济业务进行基本会计核算的技能水平

2. 课程目标与考核方式

序号	课程目标（支撑毕业要求）	考核内容	评价方式与成绩占比（%）				成绩占比（%）	适用题型
			期末考试	平时考勤	课堂表现	平时作业		
1	目标1：知识应用能力：能够掌握会计学基础理论和基本方法，并应用于基本的账务处理、成本计算和报表编制。 支撑毕业要求3：系统掌握会计学基本理论、基本方法和基本技能，认识和分析会计准则发展变化，掌握政府会计理论	（1）会计基本理论 （2）会计要素与会计等式 （3）会计核算基础 （4）账户与复试记账 （5）企业主要经济业务的核算 （6）账户的分类 （7）成本计算 （8）会计凭证 （9）会计账簿 （10）财产清查 （11）财务报告 （12）会计核算组织程序	25	10	2	6	43	单选题 多选题 判断题 简答题 业务核算题
2	目标2：问题分析能力：能够运用会计学、经济学、管理学等基本原理，分析交易事项处理和财务报告的合理性、合法性。 支撑毕业要求6：能够将会计学专业理论和知识应用到实际财务工作中，准确地陈述和处理会计事项，撰写会计工作报告和财务分析报告，具备会计业务处理和会计事务管理等实践能力	（1）会计基本理论 （2）会计核算基础 （3）企业主要经济业务的核算 （4）财务报告	12		6	3	21	简答题 案例分析题

续表

序号	课程目标（支撑毕业要求）	考核内容	评价方式与成绩占比（%）				成绩占比（%）	适用题型
			期末考试	平时考勤	课堂表现	平时作业		
3	目标3：专业沟通能力：能够就会计学相关问题和国内外会计准则与同行及社会公众进行有效沟通和交流，具有一定的跨文化沟通能力。 支撑毕业要求10：具有良好的交流能力，能够胜任在相关岗位熟练撰写报告和口头交流。具有团队合作精神，掌握沟通合作技能，能够合作互助和独立完成属于自己份内的业务。掌握外语交流能力，了解国际会计准则，具有国际化视野和跨文化知识	（1）会计准则体系架构 （2）会计学体系及前沿学科	9		2	5	16	简答题 案例分析题
4	目标4：职业规范能力：能够理解会计职业道德和职业规范，并能在解决实际问题中有效应用。 支撑毕业要求1：践行社会主义核心价值观，具有良好思想品质和道德修养，具有“德、智、体、美、劳”全面素养，具有综合人文素养和诚信意识	（1）会计规范体系 （2）会计职业道德 （3）会计人员的权责和素质要求			8	2	10	单选题 多选题 判断题 简答题 案例分析题

续表

序号	课程目标（支撑毕业要求）	考核内容	评价方式与成绩占比（%）				成绩占比（%）	适用题型
			期末考试	平时考勤	课堂表现	平时作业		
5	目标5：团队合作能力：能独立思考、自我管理，在团队中有效工作。 支撑毕业要求9：建立竞争与合作意识，建立批判性思维，富有创新和创业精神和能力	会计工作组织的意义以及要求			2	4	6	案例分析题
6	目标6：终身学习能力：能够通过根据会计学发展前沿，不断更新知识结构，提升职业素养，适应会计行业相关职业发展。 支撑毕业要求11：具有终身学习和发展意识，能够适应时代和发展需要，紧跟本专业发展状况，学习本专业新知识，新技能和进行职业发展规划	会计学体系及前沿学科			2	2	4	简答题 案例分析题

（二）中级财务会计

1. 中级财务会计Ⅰ考试大纲

授课学时	64学时
适应专业	会计学专业
考试方式	考勤10%，作业20%，讨论及课堂表现10%，期末考试60%
考试时间	120分钟
推荐教材	《财务会计学》，戴德明主编，中国人民大学出版社，2019年8月第12版
试题类型	单选题、多选题、判断题、简答题、业务核算题、案例分析题
考试要求	通过本课程的学习，学生应该掌握中级财务会计的基理论和会计确认、计量的方法，能够对企业资产与负债的经济业务进行正确的会计核算，并能够对会计实务中的简单案例进行分析，提出解决方案

2. 课程目标与考核方式

序号	课程目标（支撑毕业要求）	考核内容	评价方式与成绩占比（%）				成绩占比（%）	适用题型
			期末考试	作业	讨论课堂表现	考勤		
1	目标1：知识应用能力。支撑毕业要求3：系统掌握会计学基本理论、基本方法和基本技能，认识和分析会计准则发展变化，掌握政府会计理论	（1）总论 （2）货币资金 （3）存货 （4）金融资产（上） （5）金融资产（下） （6）长期股权投资 （7）固定资产 （8）无形资产与投资性房地产 （9）流动负债 （10）非流动负债	27	10	2	10	49	单选题 多选题 判断题 简答题
2	目标2：问题分析能力支撑毕业要求6：能够将会计学专业理论和知识应用到实际财务工作中，准确地陈述和处理会计事项，撰写会计工作报告和财务分析报告，具备会计业务处理和会计事务管理等实践能力	（1）存货 （2）金融资产（上） （3）金融资产（下） （4）长期股权投资 （5）固定资产 （6）无形资产与投资性房地产 （7）流动负债	24	5	2		31	业务核算题
3	目标3：综合应用能力支撑毕业要求6：能够将会计学专业理论和知识应用到实际财务工作中，准确地陈述和处理会计事项，撰写会计工作报告和财务分析报告，具备会计业务处理和会计事务管理等实践能力	（1）存货 （2）金融资产（上） （3）金融资产（下） （4）长期股权投资 （5）固定资产 （6）无形资产与投资性房地产 （7）流动负债	9	5	2		16	案例题
4	目标4：沟通能力支撑毕业要求6：具有良好的交流能力，能够胜任在相关岗位熟练撰写报告和口头交流				2		2	
5	目标5：终身学习能力支撑毕业要求9：具有终身学习和发展意识，能够适应时代和发展需要，紧跟本专业发展状况，学习本专业新知识，新技能和进行职业发展规划				2		2	

3. 中级财务会计Ⅱ考试大纲

授课学时	64 学时
适应专业	会计学专业
考试方式	考勤 10%，作业 20%，讨论及课堂表现 10%，期末考试 60%
考试时间	120 分钟
推荐教材	《财务会计学》，戴德明主编，中国人民大学出版社，2019 年 8 月第 12 版
试题类型	单选题、多选题、判断题、简答题、业务核算题、案例分析题
考试要求	通过本课程的学习，学生应该掌握中级财务会计的基理论和会计确认、计量、报告的方法，能够对企业主要经济业务进行正确的会计核算和编制财务报表，并能够对会计实务中的简单案例进行分析，提出解决方案

4. 课程目标与考核方式

序号	课程目标（支撑毕业要求）	考核内容	评价方式与成绩占比（%）					成绩占比（%）	适用题型
			期末考试	作业	讨论课堂表现	考勤	小组任务		
1	目标（2）知识应用能力 （支撑毕业要求 3） 目标（3）问题分析能力 （支撑毕业要求 6） 目标（4）综合应用能力 （支撑毕业要求 6） 目标（5）沟通能力 （支撑毕业要求 10） 目标（6）终身学习能力 （支撑毕业要求 11）	第一章 非货币资产交换 （1）非货币性资产交换的概念及其认定； （2）非货币性资产交换商业实质进行判断； （3）非货币性资产交换计量基础的确定； （4）非货币性资产交换的会计处理	6	0.6	1	1	0	8.6	单选题 多选题 判断题 案例分析 业务核算题 简答题

续表

序号	课程目标（支撑毕业要求）	考核内容	评价方式与成绩占比（%）					成绩占比（%）	适用题型
			期末考试	作业	讨论课堂表现	考勤	小组任务		
2	目标（2）知识应用能力 （支撑毕业要求3） 目标（3）问题分析能力 （支撑毕业要求6） 目标（4）综合应用能力 （支撑毕业要求6） 目标（5）沟通能力 （支撑毕业要求10） 目标（6）终身学习能力 （支撑毕业要求11）	第二章　债务重组 （1）债务重组的含义以及债务重组的方式； （2）债务重组方式下债务人的会计处理； （3）债务重组方式下债权人的会计处理	3	0.6	1	1	2	7.6	单选题 多选题 判断题 案例分析 业务核算题 简答题
3	目标（2）知识应用能力 （支撑毕业要求3）	第三章　预计负债 （1）或有事项的含义及特征； （2）预计负债确认的条件； （3）预计负债会计处理	5.4	0.8	1	1	0	8.2	单选题 多选题 判断题 业务核算题 简答题
4	目标（2）知识应用能力 （支撑毕业要求3）	第四章　借款费用 （1）借款费用的内容； （2）借款费用资本化的资产范围与借款范围； （3）借款开始资本化的时间； （4）借款费用资本化金额的计算及账务处理	6.6	1.2	1	1	0	9.8	单选题 多选题 判断题 业务核算题 简答题

续表

序号	课程目标（支撑毕业要求）	考核内容	评价方式与成绩占比（%）					成绩占比（%）	适用题型
			期末考试	作业	讨论课堂表现	考勤	小组任务		
5	目标（2）知识应用能力 （支撑毕业要求3） 目标（3）问题分析能力 （支撑毕业要求6） 目标（4）综合应用能力 （支撑毕业要求6） 目标（5）沟通能力 （支撑毕业要求10）	第五章　所有者权益 （1）实收资本的核算； （2）其他权益工具的核算； （3）资本溢价和其他综合收益的核算； （4）股份支付的核算； （5）留存收益的核算	3	0.8	1	1	2	7.8	单选题 多选题 判断题 案例分析 业务核算题 简答题
6	目标（2）知识应用能力 （支撑毕业要求3） 目标（3）问题分析能力 （支撑毕业要求6） 目标（4）综合应用能力 （支撑毕业要求6） 目标（5）沟通能力 （支撑毕业要求10） 目标（6）终身学习能力 （支撑毕业要求11）	第六章收入、费用、利润 （1）营业收入的确认条件和计量原则； （2）合同资产和合同负债的定义； （3）不同销售方式下收入的确认与计量； （4）不同类型销售方式的核算； （5）财务舞弊对财务报表的影响	9.6	1.2	1	1	2	14.8	单选题 多选题 判断题 案例分析 业务核算题 简答题
7	目标（2）知识应用能力 （支撑毕业要求3） 目标（4）综合应用能力 （支撑毕业要求6）	第七章　所得税费用 （1）资产、负债的计税基础； （2）应纳税暂时性差异、可抵扣暂时性差异的概念及其确定； （3）递延所得税资产与递延所得税负债的确认和计量； （4）所得税费用的确认和计量	6.6	1.2	1	1	0	9.8	单选题 多选题 判断题 业务核算题 简答题

续表

序号	课程目标（支撑毕业要求）	考核内容	评价方式与成绩占比（%）					成绩占比（%）	适用题型
			期末考试	作业	讨论课堂表现	考勤	小组任务		
8	目标（2）知识应用能力（支撑毕业要求3） 目标（4）综合应用能力（支撑毕业要求6）	第八章　财务报表 （1）财务报表的含义、种类和内在的联系； （2）财务报表附注披露的主要内容及其意义； （3）资产负债表、利润表、现金流量表和所有者权益变动表的编制方法	4.2	1.2	1	1	0	7.4	单选题 多选题 判断题 业务核算题 简答题
9	目标（1）养成良好职业道德（支撑毕业要求1） 目标（2）知识应用能力（支撑毕业要求3） 目标（3）问题分析能力（支撑毕业要求6） 目标（5）沟通能力（支撑毕业要求10）	第九章　会计变更与差错更正 （1）会计政策变更、会计估计变更与会计差错更正的基本概念与分类； （2）会计政策变更的条件； （3）会计变更与差错更正的会计处理方法	7.8	1.2	1	1	2	13	单选题 多选题 判断题 案例分析 业务核算题 简答题
10	目标（2）知识应用能力（支撑毕业要求3） 目标（3）问题分析能力（支撑毕业要求6） 目标（5）沟通能力（支撑毕业要求10）	第十章　资产负债表日后事项 （1）资产负债表日后事项的性质与意义； （2）企业会计准则对资产负债表日后事项的基本分类方法及依据； （3）掌握调整事项和非调整事项的具体会计处理方法	7.8	1.2	1	1	2	13	单选题 多选题 判断题 案例分析 业务核算题 简答题
	合计		60	10	10	10	10	100	

附件1：期末考试题型及分值

序号	考核内容	分值	单选题	多选题	判断题	简答题	业务题	综合题
1	第一章	10	2	2	1	5		
2	第二章	5	2	2	1			
3	第三章	9	2		1		6	
4	第四章	11	2		1		8	
5	第五章	5	2	2	1			
6	第六章	16	2		1	5	8	
7	第七章	11	2		1		8	
8	第八章	7	2	4	1			
9	第九章	13	2		1			10
10	第十章	13	2		1			10
	合计	100	20	10	10	10	30	20

附件2：课程考核原始成绩分布情况表

序号	考核内容	原始成绩分布情况（百分制）						
		期末考试	平时成绩					折算成绩
			作业	课堂表现	考勤	小组任务	小计	
1	第一章	10	6	10	10	0	6.5	8.6
2	第二章	5	6	10	10	20	11.5	7.6
3	第三章	9	8	10	10	0	7	8.2
4	第四章	11	12	10	10	0	8	9.8
5	第五章	5	8	10	10	20	12	7.8
6	第六章	16	12	10	10	20	13	14.8
7	第七章	11	12	10	10	0	8	9.8
8	第八章	7	12	10	10	0	8	7.4
9	第九章	13	12	10	10	20	13	13
10	第十章	13	12	10	10	20	13	13
	合计	100	100	100	100	100	100	100

（三）高级财务会计

1. 高级财务会计考试大纲

授课学时	32
适应专业	会计学
考试方式	平时成绩 100 分（其中考勤占 30%，作业占 30%，课堂回答问题占 40%），占期末总成绩的 30%；期末考试 100 分，占期末总成绩的 70%
考试时间	120 分钟
推荐教材	《高级财务会计》，黄中生、陆国平主编，高等教育出版社，2019 年 8 月
试题类型	单选题、多选题、判断题、计算题、综合分析题
考试要求	

2. 课程目标与考核方式

序号	课程目标（支撑毕业要求）	考核内容	评价方式与成绩占比（%）				成绩占比（%）	适用题型
			期末考试	考勤	作业	课堂回答问题		
1	目标 1：学会做人（综合素质能力）：思政教育与专业教育相融合，社会主义核心价值观与诚信教育相结合，培养学生具有良好的思想道德品质和职业道德品质。（支撑毕业要求 1）	第一章导论 第二章非货币性资产交换 第三章债务重组 第四章外币业务 第五章企业合并 第六章合并报表	2	10		8	6.8	单选题 判断题
2	目标 2：学会做事（综合应用能力）：能够将基础会计、中级财务会计知识与高级财务会计知识融会贯通。（支撑毕业要求 8）	第一章导论 第二章非货币性资产交换 第三章债务重组 第四章外币业务 第五章企业合并 第六章合并报表	39			8	29.7	单选题 多选题 判断题 计算题
3	目标 3：学会做事（综合分析能力）：能够综合利用经济学、管理学等相关学科知识和财务会计知识体系分析和解决实际问题。（支撑毕业要求 8）	第二章非货币性资产交换 第三章债务重组 第四章外币业务 第五章企业合并 第六章合并报表	55		10	8	43.9	单选题 多选题 判断题 计算题 综合分析

续表

序号	课程目标（支撑毕业要求）	考核内容	评价方式与成绩占比（%）				成绩占比（%）	适用题型
			期末考试	考勤	作业	课堂回答问题		
4	目标 4：学会相处（沟通能力）：能够运用会计专业的基本原理与知识就特殊会计业务（高级财务会计）的相关问题进行讨论和交流。（支撑毕业要求 10）	第四章外币业务 第五章企业合并 第六章合并报表		10	10	8	8.4	
5	目标 5：学会相处（合作能力）：能够与其他同学合作，完成关于特殊会计业务的小组讨论和团队作业。（支撑毕业要求 10）	第四章外币业务 第五章企业合并 第六章合并报表		10	10	8	8.4	
6	目标 6：学会相处（国际化视野）：针对特殊会计业务，了解国际会计准则的相关规定。（支撑毕业要求 10）	第三章债务重组 第六章合并报表	4				2.8	单选题 多选题 判断题
	合计		100	30	30	40	100	

（四）成本与管理会计

1. 成本与管理会计考试大纲

授课学时	64 学时
适应专业	会计专业
考试方式	课堂表现 10%，平时作业 10%，日常测验 20%，期末考试 60%
考试时间	120 分钟
推荐教材	《成本与管理会计》，孙茂竹、于富生主编，中国人民大学出版社，2018 年 3 月第 2 版
试题类型	单选题、多选题、判断题、简答题、案例分析题、综合题等

续表

考试要求	《成本与管理会计》是会计学专业核心课程，旨在提高学生对会计信息的处理和管理技能，通过对成本与管理会计的基本理论、基本方法和基本技术的掌握，养成职业素质和职业判断能力，为顺利走向工作岗位、参与管理工作实践打下理论基础。通过本课程的考核，能够比较好地考核学生对成本与管理会计相关知识点的掌握情况及成本与管理会计方法的实际运用的熟练程度，评价教师授课质量情况。

2. 课程目标与考核方式

序号	课程目标（支撑毕业要求）	考核内容	评价方式与成绩占比（%）				成绩占比（%）100	适用题型
			期末考试 60	平时作业 10	日常测验 20	课堂表现 10		
1	目标1：导论 1. 支撑毕业要求3：系统掌握会计学基本理论、基本方法和基本技能，认识和分析会计准则发展变化，掌握政府会计理论。 2. 支撑毕业要求5：融合学科基础知识、相关学科知识、人文社会学科知识，建立一个基础扎实，良好的知识背景	（1）成本的概念、分类； （2）成本核算与管理会计的形成和发展； （3）成本核算和管理的职能与原则； （4）成本会计的法规和制度						单选题 多选题 判断题 简答题
2	目标2：生产费用的归集和分配 支撑毕业要求3：系统掌握会计学基本理论、基本方法和基本技能，认识和分析会计准则发展变化，掌握政府会计理论	（1）成本核算账户与成本核算的一般流程； （2）生产要素的归集与分配方法； （3）辅助生产成本归集与分配的方法； （4）制造费用归集与分配的方法； （5）损失性费用归集与分配的方法						单选题 多选题 判断题 简答题

续表

序号	课程目标（支撑毕业要求）	考核内容	评价方式与成绩占比（%）				成绩占比（%）100	适用题型
			期末考试 60	平时作业 10	日常测验 20	课堂表现 10		
3	目标3：产品成本的计算 支撑毕业要求3：系统掌握会计学基本理论、基本方法和基本技能，认识和分析会计准则发展变化，掌握政府会计理论。 2. 支撑毕业要求6：能够将会计学专业理论和知识应用到实际财务工作中，准确地陈述和处理会计事项，撰写会计工作报告和财务分析报告，具备会计业务处理和会计事务管理等实践能力。 3. 支撑毕业要求8：能够将理论和知识融会贯通，综合利用知识体系解决实际问题	（1）生产费用在完工产品与月末在产品之间分配的方法； （2）产品成本计算的品种法； （3）产品成本计算的分批法； （4）产品成本计算的分步法； （5）产品成本计算的辅助方法						单选题 多选题 判断题 简答题 业务核算题
4	目标4：成本预测 1. 支撑毕业要求3：系统掌握会计学基本理论、基本方法和基本技能，认识和分析会计准则发展变化，掌握政府会计理论。 2. 支撑毕业要求6：能够将会计学专业理论和知识应用到实际财务工作中，准确地陈述和处理会计事项，撰写会计工作报告和财务分析报告，具备会计业务处理和会计事务管理等实践能力。 3. 支撑毕业要求8：能够将理论和知识融会贯通，综合利用知识体系解决实际问题	（1）成本性态分析的程序、方法、意义； （2）混合成本的分解； （3）保本点的计算； （4）经营安全程度分析； （5）保利点的计算； （6）利润敏感性分析； （7）成本预测的方法						单选题 多选题 判断题 简答题 案例分析题 综合题

续表

序号	课程目标 （支撑毕业要求）	考核内容	评价方式与成绩占比（%）				成绩占比（%）100	适用题型
			期末考试 60	平时作业 10	日常测验 20	课堂表现 10		
5	目标5：成本决策 1. 支撑毕业要求3：系统掌握会计学基本理论、基本方法和基本技能，认识和分析会计准则发展变化，掌握政府会计理论。 2. 支撑毕业要求6：能够将会计学专业理论和知识应用到实际财务工作中，准确地陈述和处理会计事项，撰写会计工作报告和财务分析报告，具备会计业务处理和会计事务管理等实践能力。 3. 支撑毕业要求8：能够将理论和知识融会贯通，综合利用知识体系解决实际问题	（1）与决策有关的成本概念，相关成本与无关成本； （2）成本决策方法及其应用						单选题 多选题 判断题 简答题 计算题 案例分析题
6	目标6：成本计划 1. 支撑毕业要求3：系统掌握会计学基本理论、基本方法和基本技能，认识和分析会计准则发展变化，掌握政府会计理论。 2. 支撑毕业要求6：能够将会计学专业理论和知识应用到实际财务工作中，准确地陈述和处理会计事项，撰写会计工作报告和财务分析报告，具备会计业务处理和会计事务管理等实践能力。 3. 支撑毕业要求8：能够将理论和知识融会贯通，综合利用知识体系解决实际问题	（1）成本计划的概念； （2）辅助生产车间费用计划的编制； （3）基本生产车间费用计划的编制； （4）单位产品成本计划的编制； （5）全部商品产品成本计划						单选题 多选题 判断题 简答题 业务核算题

续表

序号	课程目标 （支撑毕业要求）	考核内容	评价方式与成绩占比（%）				成绩占比（%）100	适用题型
			期末考试60	平时作业10	日常测验20	课堂表现10		
7	目标7：成本控制 1. 支撑毕业要求3：系统掌握会计学基本理论、基本方法和基本技能，认识和分析会计准则发展变化，掌握政府会计理论。 2. 支撑毕业要求6：能够将会计学专业理论和知识应用到实际财务工作中，准确地陈述和处理会计事项，撰写会计工作报告和财务分析报告，具备会计业务处理和会计事务管理等实践能力。 3. 支撑毕业要求8：能够将理论和知识融会贯通，综合利用知识体系解决实际问题	（1）成本控制的意义及基本原则； （2）掌握目标成本法的应用； （3）标准成本的制定； （4）成本差异的计算与分析； （5）标准成本系统账务处理； （6）作业成本计算法的产生、运用和发展，作业成本法与传统成本制度的区别； （7）作业、作业分类、作业动因、资源动因的概念； （8）掌握作业成本计算的基本方法						单选题 多选题 判断题 简答题 案例分析题
8	目标8：成本考核 1. 支撑毕业要求3：系统掌握会计学基本理论、基本方法和基本技能，认识和分析会计准则发展变化，掌握政府会计理论。 2. 支撑毕业要求6：能够将会计学专业理论和知识应用到实际财务工作中，准确地陈述和处理会计事项，撰写会计工作报告和财务分析报告，具备会计业务处理和会计事务管理等实践能力。 3. 支撑毕业要求8：能够将理论和知识融会贯通，综合利用知识体系解决实际问题	（1）成本报表的作用； （2）成本考核的意义； （3）成本考核与评价的原则，成本考核的基本方法； （4）成本报表的编制要求和方法，成本报表分析						单选题 多选题 判断题 简答题 案例分析题

续表

序号	课程目标（支撑毕业要求）	考核内容	评价方式与成绩占比（%）				成绩占比（%）100	适用题型
			期末考试 60	平时作业 10	日常测验 20	课堂表现 10		
9	目标9：新技术下的成本核算和管理 1. 支撑毕业要求3：系统掌握会计学基本理论、基本方法和基本技能，认识和分析会计准则发展变化，掌握政府会计理论。 2. 支撑毕业要求11：具有终身学习和发展意识，能够适应时代和发展需要，紧跟本专业发展状况，学习本专业新知识，新技能和进行职业发展规划	（1）制造企业信息系统的构成和智能制造技术； （2）ERP系统中成本核算和管理的方法； （3）智能制造对成本核算和管理的影响； （4）动态实时成本管理和控制的原理						单选题 多选题 判断题 简答题

（五）审计学

1. 审计学考试大纲

授课学时	48学时
适应专业	会计学专业
考试方式	考勤10%，作业20%，讨论及课堂表现10%，期末考试60%
考试时间	120分钟
推荐教材	《审计》注册会计师考试辅导教材
试题类型	单选题、多选题、判断题、案例分析题、综合题
考试要求	通过本课程的学习，学生应该掌握审计的基本原理和方法，能够理解风险导向审计的思路，对实务中的简单案例进行分析，并能根据背景资料出具一个恰当的审计报告

2. 课程目标与考核方式

序号	课程目标（支撑毕业要求）	考核内容	评价方式与成绩占比（%）				成绩占比（%）	适用题型
			期末考试	作业	讨论课堂表现	考勤		
1	知识应用能力支撑毕业要求2：掌握管理类专业的基础知识和基本理论，熟悉金融、法律、信息、工程等方面知识和人文社会学科知识	（1）审计计划 （2）审计证据 （3）审计抽样 （4）风险评估 （5）风险应对等本课程的全部重要知识点	24	10	2	10	46	单选题 多选题 判断题
2	问题分析能力支撑毕业要求2：掌握管理类专业的基础知识和基本理论，熟悉金融、法律、信息、工程等方面知识和人文社会学科知识	（1）审计证据 （2）审计计划 （3）销售与收款循环审计 （4）货币资金审计	24	5	2		31	案例分析题
3	综合应用能力支撑毕业要求5：融合学科基础知识、专业相关知识、人文社会学科等知识，具有会计信息应用能力、财务分析等能力以及具备多学科交融的知识视野，能够综合利用知识体系解决相关的管理问题	（1）审计证据 （2）风险评估与风险应对 （3）销售与收款循环审计 （4）审计报告	12	5	2		19	综合题
4	沟通能力支撑毕业要求6：掌握沟通合作技能，能够熟练撰写报告和口头交流；7：建立竞争与合作意识，具有团队合作精神，能够合作互助和独立完成业务	（1）审计计划 （2）风险评估和应对 （3）销售与收款循环审计 （4）货币资金审计			3		3	
5	终身学习能力支撑毕业要求9：具有终身学习和发展意识，能够适应时代和发展需要，紧跟本专业发展状况学习本专业新知识、新技能和进行职业发展规划	审计报告			3		3	

三、财务管理专业

（一）财务管理

1. 财务管理考试大纲

授课学时	64 学时
适应专业	财务管理
考试方式	平时成绩 100 分（其中考勤占 30%，作业占 30%，课堂回答问题占 40%），占期末总成绩的 30%；期末考试 100 分，占期末总成绩的 70%
考试时间	120 分钟
推荐教材	《财务管理学》，荆新、王化成、刘俊彦主编，中国人民大学出版社，2018 年 5 月第 8 版
试题类型	单选题、多选题、判断题、简答题、计算题、综合题
考试要求	通过本课程的学习，学生应理解财务管理的基本概念和原理，掌握投融资决策基本方法，具备一定的分析和解决财务问题的能力

2. 课程目标与考核方式

序号	课程目标（支撑毕业要求）	考核内容	评价方式与成绩占比（%）				成绩占比（%）	适用题型
			期末考试	作业	讨论课堂表现	考勤		
1	目标 1：综合素质能力：思政教育与专业教育相融合，社会主义核心价值观与诚信教育相结合，培养学生具有良好的思想道德品质和职业道德品质。（支撑毕业要求 1）	第一章　导论 第二章　财务管理的价值观念 第三章　财务分析 第四章　财务战略 第五章　长期筹资方式 第六章　资本结构决策 第七章　投资决策原理 第八章　投资决策实务 第九章　短期资产管理 第十章　短期筹资管理	2		10	10	7.4	单选题 判断题
2	目标 2：知识应用能力：能够将财务会计、管理会计、财务分析等专业课程的基础知识和基本理论应用于财务管理知识的学习。（支撑毕业要求 3）	第一章　导论 第二章　财务管理的价值观念 第三章　财务分析 第四章　财务战略 第五章　长期筹资方式 第六章　资本结构决策 第七章　投资决策原理 第八章　投资决策实务 第九章　短期资产管理 第十章　短期筹资管理	24	10	10		22.8	单选题 多选题 判断题 计算题

续表

序号	课程目标（支撑毕业要求）	考核内容	评价方式与成绩占比（%）				成绩占比（%）	适用题型
			期末考试	作业	讨论课堂表现	考勤		
3	目标3：问题分析能力：能够系统掌握财务管理专业知识和定性、定量分析方法，对相关财务问题进行分析和判断。（支撑毕业要求3）	第二章　财务管理的价值观念 第三章　财务分析 第四章　财务战略 第五章　长期筹资方式 第六章　资本结构决策 第七章　投资决策原理 第八章　投资决策实务 第九章　短期资产管理 第十章　短期筹资管理	30	10	10	10	30	单选题 多选题 判断题 计算题
4	目标4：综合应用能力：能够综合利用会计学、经济学、管理学等相关学科知识和财务管理知识体系分析和解决实际财务问题。（支撑毕业要求5）	第三章　财务分析 第四章　财务战略 第六章　资本结构决策 第七章　投资决策原理 第八章　投资决策实务 第九章　短期资产管理 第十章　短期筹资管理	40	10	10	10	37	单选题 多选题 判断题 计算题 综合分析题
5	目标5：知识更新能力：能够跟踪财务管理理论发展前沿，不断更新知识结构、提升职业素养，适应财经行业及相关职业发展。（支撑毕业要求9）	第三章　财务分析 第五章　长期筹资方式 第七章　投资决策原理 第九章　短期资产管理	4				2.8	单选题 多选题 判断题
	合计		100	30	40	30	100	

（二）高级财务管理

1. 高级财务管理考试大纲

授课学时	48 学时
适应专业	财务管理专业
考试方式	平时成绩 100 分（其中考勤占 30%，作业占 30%，课堂回答问题占 40%），占期末总成绩的 30%；期末考试 100 分，占期末总成绩的 70%
考试时间	120 分钟

续表

推荐教材	《高级财务管理学》中国人民大学出版社（主编：王化成）
试题类型	单选题、多选题、判断题、简答题、计算题、综合题
考试要求	集中、闭卷，独立完成

2. 课程目标与考核方式

<table>
<tr><th rowspan="2">序号</th><th rowspan="2">课程目标
（支撑毕业要求）</th><th rowspan="2">考核内容</th><th colspan="4">评价方式与成绩占比（%）</th><th rowspan="2">成绩占比（%）</th><th rowspan="2">适用题型</th></tr>
<tr><th>期末考试</th><th>作业</th><th>讨论课堂表现</th><th>考勤</th></tr>
<tr><td>1</td><td>目标 1：综合素质能力：思政教育与专业教育相融合，社会主义核心价值观与诚信教育相结合，培养学生具有良好的思想道德品质和职业道德品质。
（支撑毕业要求 1）</td><td>第 1 章　高级财务管理概述
第 2 章企业并购财务管理概述
第 3 章企业并购估价
第 4 章企业并购运作
第 5 章企业集团财务管概述
第 6 章企业集团的资金运筹
第 7 章企业集团财务控制
第 8 章国际财务管理
第 9 章行为财务基础
第 10 章非营利组织财务管理
第 11 章企业破产、重组和清算
第 12 章公司治理与利益相关者关系管理</td><td>5</td><td>5</td><td>5</td><td></td><td>6.5</td><td>单选题
判断题</td></tr>
<tr><td>2</td><td>目标 2：知识储备能力：能够将财务会计、管理会计、财务分析等专业课程的基础知识和基本理论应用于高级财务管理知识的学习，将相关课程基本方法和基本理论相结合。
（支撑毕业要求 3）</td><td>第 2 章企业并购财务管理概述
第 3 章企业并购估价
第 4 章企业并购运作
第 5 章企业集团财务管概述
第 6 章企业集团的资金运筹
第 7 章企业集团财务控制
第 8 章国际财务管理
第 9 章行为财务基础
第 10 章非营利组织财务管理
第 11 章企业破产、重组和清算</td><td>25</td><td>10</td><td>10</td><td>10</td><td>26.5</td><td>单选题
多选题
判断题
计算题</td></tr>
</table>

续表

序号	课程目标（支撑毕业要求）	考核内容	评价方式与成绩占比（%）				成绩占比（%）	适用题型
			期末考试	作业	讨论课堂表现	考勤		
3	目标3：问题分析能力：系统掌握高级财务管理专业知识和特殊条件下财务管理问题的解决，对特殊财务问题进行分析和判断。（支撑毕业要求3、支撑毕业要求5）	第2章企业并购财务管理概述 第3章企业并购估价 第4章企业并购运作 第5章企业集团财务管概述 第7章企业集团财务控制 第8章国际财务管理 第10章非营利组织财务管理 第12章公司治理与利益相关者关系管理	30	10	10	10	30	单选题 多选题 判断题 计算题
4	目标4：综合应用能力：能够综合利用会计学、经济学、管理学等相关学科知识和高级财务管理知识体系分析和解决实际财务问题。（支撑毕业要求5）	第3章企业并购估价 第4章企业并购运作 第8章国际财务管理 第9章行为财务基础 第12章公司治理与利益相关者关系管理	35	5	10	10	32	单选题 多选题 判断题 计算题 综合题
5	目标5：知识更新能力：能够跟踪财务管理理论发展前沿，不断更新知识结构、提升职业素养，适应金融等行业及相关职业发展。（支撑毕业要求9）	第4章企业并购运作 第5章企业集团财务管概述 第6章企业集团的资金运筹 第7章企业集团财务控制 第8章国际财务管理 第9章行为财务基础 第11章企业破产、重组和清算	5		5		5	单选题 多选题 判断题
	合计		100	30	40	30	100	

（三）财务分析

1. 财务分析考试大纲

授课学时	32 学时
适应专业	财务管理专业
考试方式	平时成绩 100 分（其中课堂测验 30%，作业占 30%，课堂表现占 40%），占期末总成绩的 40%；期末考试 100 分，占期末总成绩的 60%
考试时间	120 分钟
推荐教材	《财务分析》，张先治，陈友邦主编，东北财经大学出版社，2019 年出版
试题类型	单选题，多选题，判断题，简答题，计算题，综合应用题
考试要求	通过本课程的教与学，使学生掌握财务分析的基本理论与基本方法，阅读与分析财务报表，运用所学知识分析企业财务活动状况、评价财务绩效，为各分析主体进行财务预测、财务决策、财务控制和财务评价等提供可靠信息。具备将所学的财务分析方法与会计专业知识有机结合解决实际问题的能力

2. 课程目标与考核方式

序号	课程目标（支撑毕业要求）	考核内容	评价方式与成绩占比（%）				成绩占比（%）	适用题型
			期末考试	作业	日常测验	课堂表现		
1	目标 1：知识应用能力：掌握财务分析的基本理论与基本方法，能够运用所学知识与方法解决财务分析的问题。（支持毕业要求 3）	第一章：财务报表分析概述 第二章：财务报表分析的方法 第三章：企业竞争战略分析 第四章：资产负债表分析 第五章：利润表分析 第六章：现金流量表分析 第七章：企业盈利能力分析 第八章：企业营运能力分析 第九章：企业偿债能力分析 第十章：企业发展能力分析 第十一章：财务报表综合分析	15	10	5	8	20	单选题 多选题 判断题

续表

序号	课程目标（支撑毕业要求）	考核内容	评价方式与成绩占比（%）				成绩占比（%）	适用题型
			期末考试	作业	日常测验	课堂表现		
2	目标2：问题分析能力：运用所学知识同时结合相关的政策法规分析企业财务活动状况、评价财务绩效，为各分析主体进行财务预测、财务决策、财务控制和财务评价等提供可靠信息。（支撑毕业要求3）	第一章：财务报表分析概述 第二章：财务报表分析的方法 第三章：企业竞争战略分析 第四章：资产负债表分析 第五章：利润表分析 第六章：现金流量表分析 第七章：企业盈利能力分析 第八章：企业营运能力分析 第九章：企业偿债能力分析 第十章：企业发展能力分析 第十一章：财务报表综合	35	10	10	7	35	简答题 计算题
3	目标3：综合应用能力：能够结合财务管理的专业知识对企业进行全面的财务分析，向决策者提出合理的建议与方案。（支撑毕业要求5）	第一章：财务报表分析概述 第二章：财务报表分析的方法 第三章：企业竞争战略分析 第四章：资产负债表分析 第五章：利润表分析 第六章：现金流量表分析 第七章：企业盈利能力分析 第八章：企业营运能力分析 第九章：企业偿债能力分析 第十章：企业发展能力分析 第十一章：财务报表综合分析	35	10	5	8	35	综合应用题

续表

序号	课程目标（支撑毕业要求）	考核内容	评价方式与成绩占比（%）				成绩占比（%）	适用题型
			期末考试	作业	日常测验	课堂表现		
4	目标4：沟通能力：能够就财务报表分析相关的问题与投资者、债权人、管理者进行有效沟通和交流。（支持毕业要求1、毕业要求9）	第一章：财务报表分析概述 第二章：财务报表分析的方法 第三章：企业竞争战略分析 第四章：资产负债表分析 第五章：利润表分析 第六章：现金流量表分析 第七章：企业盈利能力分析 第八章：企业营运能力分析 第九章：企业偿债能力分析 第十章：企业发展能力分析 第十一章：财务报表综合分析	10		10	7	10	单选题

3. 成绩评定标准与依据

考核项目/权重	指标与依据				
	优（90～100分）	良（80～89分）	中（70～79分）	及格（60～69分）	不及格（0～59分）
课堂测验/30%	基本概论理解准确，基本概念掌握牢固，没有错误	基本概论理解准确，基本概念掌握基本牢固，没有明显的错误	基本概论理解准确，没有重大的错误	基本概论理解准确，没有重大的错误，有少量留空	基本概论理解错误多，存在重大表达错误或留空较多
作业质量/40%	书写清晰、规范、整洁；解决问题方法合理；计算正确	书写清晰、规范、整洁；解决问题方法基本合理；个别计算有误	书写基本清晰、规范、整洁；解决问题方法基本合理；部分计算有误	书写不够清晰规范；解决问题的方法部分有误；计算错误较多	书写不清晰、不规范；没有分析和解决问题的方法；计算错误非常多
课堂表现/30%	正常出勤；积极参与课堂讨论5次以上；表现积极，能与他人进行有效沟通	缺勤不超过1次；积极参与课堂讨论3次以上；表现较主动，能与他人进行有效沟通	缺勤不超过2次；参与课堂讨论2次以上；基本能主动配合，能与他人进行有效沟通	缺勤不超过3次，参与课堂讨论2次以上；能基本配合团队，能与他人进行有效沟通	缺勤次数超过3次，不参与课堂讨论；不能与他人进行有效沟通

(四) 管理会计

1. 管理会计考试大纲

授课学时	48 学时
适应专业	财务管理专业
考试方式	平时成绩 100 分（其中考勤占 30%，作业占 30%，课堂回答问题占 40%），占期末总成绩的 30%；期末考试 100 分，占期末总成绩的 70%
考试时间	120 分钟
推荐教材	《管理会计学》，颜敏、秦洪珍主编，清华大学出版社，2013 年 8 月版
试题类型	判断题、单选题、多选题、简答题、计算题、综合题等
考试要求	了解管理会计的基本理论、方法和技巧。掌握企业经营预测、决策、规划、控制、分析、业绩考核的处理方法，理解会计核算的数据逻辑，具备为管理和决策提供信息、参与企业经营管理的能力

2. 课程目标与考核方式

序号	课程目标 （支撑毕业要求）	考核内容	评价方式与成绩占比（%）				成绩占比（%）	适用题型
			期末考试	考勤	作业	课堂回答问题		
1	目标 1：综合素质能力：思政教育与专业教育相融合，社会主义核心价值观与诚信教育相结合，培养学生具有良好的思想道德品质和职业道德品质。 （支撑毕业要求 1）	第一章　概论 第二章　成本性态分析 第三章　本量利分析 第四章　变动成本法 第五章　经营预测 第六章　经营决策 第七章　长期投资决策 第八章　全面预算 第九章　标准成本控制 第十章　责任会计 第十一章　管理会计发展前沿	2	10		8	6.8	单选题 判断题
2	目标 2：综合应用能力：能够将财务会计、财务管理、管理会计知识融会贯通，为管理和决策提供信息，参与企业的经营管理。 （支撑毕业要求 3）	第一章　概论 第二章　成本性态分析 第三章　本量利分析 第四章　变动成本法 第五章　经营预测 第六章　经营决策 第七章　长期投资决策 第八章　全面预算 第九章　标准成本控制 第十章　责任会计 第十一章　管理会计发展前沿	40			8	30.4	单选题 多选题 判断题 计算题

续表

序号	课程目标（支撑毕业要求）	考核内容	评价方式与成绩占比（%）				成绩占比（%）	适用题型
			期末考试	考勤	作业	课堂回答问题		
3	目标3：综合分析能力：能够综合应用经济学、管理学等相关学科知识与管理会计知识体系分析和解决实际问题。（支撑毕业要求3）	第二章　成本性态分析 第三章　本量利分析 第四章　变动成本法 第五章　经营预测 第六章　经营决策 第七章　长期投资决策 第八章　全面预算 第九章　标准成本控制 第十章　责任会计	56		10	8	44.6	单选题 多选题 判断题 计算题 案例分析题 综合题
4	目标4：专业沟通能力：能够就管理会计相关问题与业界同行及社会公众进行有效沟通和交流。（支撑毕业要求6）	第二章　成本性态分析 第三章　本量利分析 第四章　变动成本法 第五章　经营预测 第六章　经营决策 第七章　长期投资决策 第八章　全面预算 第九章　标准成本控制 第十章　责任会计		10	10	8	8.4	
5	目标5：团队合作能力：能独立思考、自我管理，在团队中有效工作，能够与其他同学合作，完成收集整理有效信息，参与企业经营管理。（支撑毕业要求7）	第二章　成本性态分析 第三章　本量利分析 第四章　变动成本法 第五章　经营预测 第六章　经营决策 第七章　长期投资决策 第八章　全面预算 第九章　标准成本控制 第十章　责任会计		10	10	8	8.4	
6	目标6：终身学习能力：能够跟踪管理会计前沿，了解国际会计准则的相关规定，具有国际化视野，不断更新知识结构、提升职业素养，适应会计行业及相关职业发展。（支撑毕业要求10）	第十一章　管理会计发展前沿	2				1.4	单选题 多选题 判断题
	合计		100	30	30	40	100	

（五）会计信息系统

1. 会计信息系统考试大纲

授课学时	48
适应专业	会计学、审计学、财务管理
考试方式	期末考试70%，平时成绩30%
考试时间	120分钟
推荐教材	《ERP财务供应链一体化实训教程》，李爱红主编，高等教育出版社
试题类型	单选题、多选题、判断题、论述题、实操题
考试要求	了解会计信息系统的功能及结构，掌握企业业务在信息系统中的处理方法，理解企业业务与会计核算的数据逻辑，具备信息化环境下企业业务处理的能力

2. 课程目标与考核方式

序号	课程目标（支撑毕业要求）	考核内容	评价方式与成绩占比（%）				成绩占比（%）	适用题型
			期末考试	作业	讨论课堂表现	考勤		
1	毕业要求3：系统掌握会计学基本理论、基本方法和基本技能，认识和分析会计准则发展变化，掌握政府会计理论	1. 在ERP软件中正确完成总账的处理和报表的生成； 2. 在ERP软件中正确完成薪资的计算和工资的分摊； 3. 在ERP软件中正确进行固定资产增减变动的管理； 4. 在ERP软件中正确进行应收款业务的处理； 5. 在ERP软件中正确进行应付款业务的处理	40	10	5	5	60	实操题
2	毕业要求5：融合学科基础知识、相关学科知识、人文社会学科知识，建立一个基础扎实，良好的知识背景	1. 了解信息技术对会计工作的影响； 2. 掌握会计信息系统的功能结构，理解各子系统之间的关系	10					单选题 多选题 判断题
3	毕业要求6：能够将会计学专业理论和知识应用到实际财务工作中，准确地陈述和处理会计事项，撰写会计工作报告和财务分析报告，具备会计业务处理和会计事务管理等实践能力	1. 掌握会计信息系统的功能结构，理解各子系统之间的关系； 2. 能根据企业行业性质等特征，准确地在ERP系统中为企业建立账套、进行财务分工，能够对会计信息系统进行安全策略设置； 3. 能在ERP软件中业务和财务的处理	10					论述题

续表

序号	课程目标（支撑毕业要求）	考核内容	评价方式与成绩占比（%）				成绩占比（%）	适用题型
			期末考试	作业	讨论课堂表现	考勤		
4	毕业要求8：能够将理论和知识融会贯通，综合利用知识体系解决实际问题。 毕业要求5：具有终身学习和发展意识，能够适应时代和发展需要，紧跟本专业发展状况，学习本专业新知识，新技能和进行职业发展规划	1. 掌握会计信息系统的功能结构，理解各子系统之间的关系； 2. 能根据企业行业性质等特征，准确地在ERP系统中为企业建立账套、进行财务分工，能够对会计信息系统进行安全策略设置； 3. 掌握各子系统参数设置	20					实操题

四、投资学专业

（一）证券投资学

1. 证券投资学考试大纲

授课学时	48学时
适应专业	投资学专业
考试方式	本课程采用闭卷和平时成绩结合的形式考试。平时成绩30%，平时成绩中考勤、作业、小组讨论各占10%；考试成绩70%，考试以授课的内容为主
考试时间	120分钟
推荐教材	《证券投资学》，吴晓求主编，中国人民大学出版社，2015年3月第4版
试题类型	单选题、多选题、判断题、计算题、简答题、案例分析题、综合应用题、讨论题
考试要求	通过考试测试学生是否达到如下课程目标：通过查阅处理上市公司的财务数据、证券市场数据，使学生能够熟练使用常用办公软件和金融软件；通过学习证券投资的基本知识、投资分析、证券组合管理理论，使学生掌握证券投资学专业理论及业务管理知识，了解证券投资学理论前沿和实践发展现状；通过学习和实践证券投资理论，使学生具备证券投资必须掌握的基本业务技能，具有处理证券投资活动决策和管理的基本技能；通过学习和实践证券投资理论，使学生熟悉国家有关证券投资的方针、政策和法律法规，具有一定的专业敏感性，在激烈的市场竞争中敢于创新、善于创新，了解国内外证券投资行业的发展动态；通过证券投资的实践活动，使学生主动接受终身学习理念，掌握有效的证券投资方法，具有在证券投资方面能够进一步深造的学习能力、研究能力

2. 课程目标与考核方式

序号	课程目标（支撑毕业要求）	考核内容	评价方式与成绩占比（%）			成绩占比（%）	适用题型
			期末考试	作业	日常测验		
1	目标1：通过查阅处理上市公司的财务数据、证券市场数据，使学生能够熟练使用常用办公软件和金融软件。 （支撑毕业要求4）	（1）财务分析的代表性方法； （2）绝对估值法及相对估值法； （3）公司财务报表的分析； （4）移动平均线； （5）MACD； （6）相对强弱指标； （7）威廉指标； （8）技术指标对股价走势的判断； （9）道氏理论、K线理论； （10）支撑压力理论、形态理论、波浪理论	70	10	20	20	单选题 多选题 判断题 简答题
2	目标2：通过学习证券投资的基本知识、投资分析、证券组合管理理论，使学生掌握证券投资学专业理论及业务管理知识，了解证券投资学理论前沿和实践发展现状。 （支撑毕业要求5）	（1）投资、风险、风险偏好的概念； （2）股票、债券、投资基金、金融衍生工具、另类投资工具的概念和分类； （3）投资基金、股票、债券的关系； （4）股票、债券、投资基金的投资收益来源； （5）证券市场的功能、分类、发展与运行机制； （6）证券投资过程、证券市场价格指数； （7）不同的证券投资工具具有什么样的特征，彼此之间的共同点、不同点有哪些？ （8）证券市场结构； （9）交易市场分类； （10）证交所特征与功能	70	10	20	20	单选题 多选题 判断题 简答题 简述题

续表

序号	课程目标（支撑毕业要求）	考核内容	评价方式与成绩占比（%）			成绩占比（%）	适用题型
			期末考试	作业	日常测验		
3	目标3：通过学习和实践证券投资理论，使学生具备证券投资必须掌握的基本业务技能，具有处理证券投资活动决策和管理的基本技能。（支撑毕业要求6）	（1）经济周期、宏观经济政策对证券市场的影响； （2）产业生命周期理论的不同阶段的特征； （3）行业因素的分析； （4）各种分析方法的具体操作； （5）应用技术分析理论对行情走势进行分析判断； （6）将量化分析方法应用于投资实践； （7）依据量化投资流程图进行实践； （8）现代证券投资组合方法； （9）投资组合选择理论； （10）单一指数模型； （11）利率期限结构； （12）债券的久期与凸度	70	10	20	20	计算题 图解题 案例分析题 论述题
4	目标4：通过学习和实践证券投资理论，使学生熟悉国家有关证券投资的方针、政策和法律法规，具有一定的专业敏感性，在激烈的市场竞争中敢于创新、善于创新，了解国内外证券投资行业的发展动态。（支撑毕业要求7）	（1）如何将量化分析方法应用于投资实践； （2）前瞻信息比率与投资头寸的关系； （3）依据量化投资流程图进行实践； （4）单一指数模型中β值得经济含义及其运用； （5）证券组合管理的基本步骤； （6）资本资产定价模型； （7）套利定价模型； （8）债券定价理论； （9）可转换债券定价理论； （10）我国的利率期限结构	70	10	20	20	计算题 图解题 案例分析题 综合应用题

续表

序号	课程目标（支撑毕业要求）	考核内容	评价方式与成绩占比（%）			成绩占比（%）	适用题型
			期末考试	作业	日常测验		
5	目标5：通过证券投资的实践活动，使学生主动接受终身学习理念，掌握有效的证券投资方法，具有在证券投资方面能够进一步深造的学习能力、研究能力。 （支撑毕业要求9）	（1）期权定价理论； （2）二项式期权定价理论； （3）尝试用资产定价的因素模型进行投资； （4）指数评估模型； （5）多因素整体业绩评估模型； （6）时机选择模型； （7）证券选择能力评估模型； （8）投资组合管理业绩评价模型	70	10	20	20	计算题 图解题 案例分析题 综合分析题

（二）公司金融

1. 公司金融考试大纲

授课学时	48 学时
适应专业	投资学专业
考试方式	本课程采用闭卷和平时成绩结合的形式考试。平时成绩 30%，平时成绩中考勤、作业、小组讨论各占 10%；考试成绩 70%，考试以授课的内容为主
考试时间	120 分钟
推荐教材	《公司理财》精要版（原书第 10 版）斯蒂芬·A·罗斯 著，机械工业出版社，2018 年 3 月出版
试题类型	单选题、多选题、判断题、计算题、简答题、案例分析题、综合应用题
考试要求	通过考试测试学生是否达到如下课程目标：掌握公司金融相关核心知识，主要是公司金融相关专业理论及业务管理知识，了解公司金融学理论前沿和实践发展现状；具备公司投、融资必须掌握的基本业务技能，具有处理相关活动决策和管理的基本技能；学生具有终身学习理念，掌握有效的学习方法，具有进一步深造的学习能力、研究能力

2. 课程目标与考核方式

序号	课程目标（支撑毕业要求）	考核内容	评价方式与成绩占比（%）			成绩占比（%）	适用题型
			期末考试	作业	日常测验		
1	具备计算机基本知识，熟练使用常用办公软件和金融软件；熟练掌握英语，具有良好的英语听、说、读、写能力。	（1）掌握如何使用金融软件计算公司的净现值、内部收益率； （2）对计算结果进行分析比较	70	10	20	50	计算题
2	目标1：在公司金融学科具备基本的知识。（支撑毕业要求5）	（1）了解公司金融研究的主体及其活动和公司金融理论； （2）理解公司财务目标和代理冲突，在公司理财中如何处理各方面的关系以降低代理成本； （3）了解会计价值与市场价值的区别，理解平均税率与边际税率的区别； （4）理解会计收益与现金流量的区别； （5）了解企业的财务报表分类； （6）理解企业基本的财务报表，尤其是现金流量表； （7）了解单利、复利、现值、终值、贴现等概念； （8）理解单利与复利区别，现值和终值区别； （9）掌握现值、终值计算方法； （10）了解多期现金流投资的现值和终值、有效年利率等概念； （11）理解单期和多期计算方法的区别； （12）了解评估各种拟用投资方案的方法； （13）理解评估各种拟用投资方案方法的区别及优缺点； （14）掌握评估各种拟用投资方案的计算方法； （15）了解项目现金流相关的概念； （16）理解如何确定各种拟议投资项目的相关现金流； （17）了解项目敏感性分析、情境分析的概念； （18）了解公司的权益资本成本、债务资本成本等概念； （19）理解公司总资本成本的含义及内容； （20）了解企业的筹资生命周期相关概念； （21）理解证券销售给公众的程序	70	10	20	50	单选题 判断题 简答题

续表

序号	课程目标（支撑毕业要求）	考核内容	评价方式与成绩占比（%）			成绩占比（%）	适用题型
			期末考试	作业	日常测验		
3	目标2：初步具有完成基本业务的技能和完成公司投融资分析的能力。（支撑毕业要求6）	（1）掌握如何从一家公司的财务报表判断它的现金流量； （2）掌握计算财务比率的方法，并对此进行分析，以反映企业的财务业绩； （3）掌握多期现金流的投资的现值和终值计算方法，贷款支付额如何计算、如何求解贷款利率； （4）理解拟议项目的敏感性分析、情境分析，经营杠杆程度如何影响项目现金流量； （5）掌握如何进行项目敏感性分析、情境分析，如何确定现金、会计和财务盈亏平衡点； （6）掌握如何计算公司的加权平均资本成本； （7）掌握如何计算发行证券的成本； （8）理解MM第一定理、MM第二定理的含义及计算方法； （9）掌握现金和股票股利的区别，为什么股份回购是股利的一种替代	70	10	20	40	多选题 计算题 案例分析题

续表

序号	课程目标（支撑毕业要求）	考核内容	评价方式与成绩占比（%）			成绩占比（%）	适用题型
			期末考试	作业	日常测验		
4	目标3：明确公司金融业务本身的复杂型以及所需知识的广博性，接受终身学习理念，养成在干中学的习惯，通过不断学习提升自己的能力。（支撑毕业要求9）	（1）掌握各种计算经营现金流量的方法、如何为一个项目设定投标价格、如何估算一个项目的每年成本等值； （2）掌握财务杠杆的影响，税务和破产对资本结构的选择造成的影响； （3）掌握如何对一个公司的投融资决策进行评判分析的能力； （4）了解公司金融的发展历程、发展动因及发展趋势	70	10	20	15	案例分析题 综合应用题

（三）投资银行学

1. 投资银行学考试大纲

授课学时	48 学时
适应专业	投资学专业
考试方式	本课程采用闭卷和平时成绩结合的形式考试。平时成绩 30%，平时成绩中考勤、作业、小组讨论各占 10%；考试成绩 70%，考试以授课的内容为主
考试时间	120 分钟
推荐教材	《投资银行学》，金德环主编，格致出版社，2018 年 1 月第 3 版
试题类型	单选题、多选题、判断题、计算题、简答题、案例分析题、综合应用题
考试要求	通过考试测试学生是否达到如下课程目标：掌握投资学相关核心知识，主要是投资银行学相关专业理论及业务管理知识，了解投资银行学理论前沿和实践发展现状；具备金融投资必须掌握的投资银行基本业务技能，具有处理相关活动决策和管理的基本技能；学生具有终身学习理念，掌握有效的学习方法，具有进一步深造的学习能力、研究能力

2. 课程目标与考核方式

序号	课程目标（支撑毕业要求）	考核内容	评价方式与成绩占比（%）			成绩占比（%）	适用题型
			期末考试	作业	日常测验		
1	目标1：在投资银行学科具备基本的知识。（支撑毕业要求5）	（1）了解投资银行的基本业务； （2）掌握投资银行的定义与功能； （3）比较不同监管体制的优缺点； （4）掌握投资银行内部控制和外部监管的含义、目标与内容； （5）分析我国投资银行存在的主要问题； （6）理解投资银行的机构设置与业务模式； （7）掌握投资银行主要的组织形式及各种组织形式的优缺点； （8）理解证券发行的承销的程序及中介机构尽职调查的范畴和主要内容； （9）了解我国证券信用制度及融资融券业务的发展现状； （10）分析证券信用交易对证券市场的影响； （11）理解投资银行自营业务创新的内容、发展趋势及其对投资银行的影响； （12）掌握投资银行自营业务的含义、特点以及管理制度； （13）理解投资银行在公司并购过程中的作用及目标公司的反并购策略； （14）掌握公司并购的类型； （15）掌握投资银行资产管理业务的基本概念和各种分类、特点； （16）理解私募股权及私募基金的区别； （17）掌握私募股权及风险投资的相关概念和运作机制； （18）理解投资银行风险管理的过程和策略； （19）掌握风险的识别和分类，风险管理的工具； （20）应用VAR风险管理模型的	70	10	20	50	单选题 判断题 简答题

续表

序号	课程目标 （支撑毕业要求）	考核内容	评价方式与成绩占比（%）			成绩占比（%）	适用题型
			期末考试	作业	日常测验		
2	目标2：初步具有完成基本业务的技能和完成专业投资研究报告的能力。（支撑毕业要求6）	（1）掌握上市公司增发、配售及发行可转债、附认股权证公司债等融资发式； （2）进行股票发行的估值和定价； （3）理解证券经纪业务的基本程序； （4）了解公司并购动因、并购效应及并购程序； （5）会运用投资银行对目标公司的估值方法； （6）理解投资银行资产管理业务的运行； （7）了解私募股权的运作模式、组织形式、投资机制； （8）了解风险投资的相关概念和运作机制； （9）能够灵活运用所学知识进行私募股权投资案例分析	70	10	20	40	多选题 计算题 案例分析题
3	目标3：明确投资银行业务本身的创新型以及所需知识的广博性，接受终身学习理念，养成在干中学的习惯，通过不断学习提升自己的能力。（支撑毕业要求9）	（1）理解投资银行在美国、英国、欧洲其他国家、日本的存在形式及中国投资银行的发展历程； （2）理解投资银行的发展趋势； （3）了解我国新股发行制度改革的历程； （4）了解投资范围及其演变； （5）理解投资银行自营业务创新的内容、发展趋势及其对投资银行的影响； （6）了解投资银行资产管理业务的国内外发展现状、趋势； （7）了解投资银行金融创新的发展历程、发展动因及发展趋势	70	10	20	15	案例分析题 综合应用题

（四）金融风险管理

1. 金融风险管理考试大纲

授课学时	48 学时
适应专业	投资学
考试方式	平时考核与期末考试相结合，百分制。平时考核在总成绩中占比 30%；其中出勤 30%、课堂表现 30%、作业 40%；期末考试形式为闭卷考试，成绩占比 70%
考试时间	120 分钟
推荐教材	《金融风险管理》，朱淑珍主编，北京大学出版社，2017 年 8 月第 3 版
试题类型	单选题、多选题、判断题、简答题、计算题、分析题、论述题、综合应用题
考试要求	（1）团队协作精神和职业道德：熟悉国家有关金融风险管理的法律法规，从事金融风险管理业务时有较强的社会责任感和团队合作精神，遵从金融风险管理业务中的职业道德要求。 （2）投资学核心知识：掌握金融风险管理的基本理论和基本知识，理解金融风险的形成原因和传导机制，掌握金融风险识别、度量、预警的方法和技术。 （3）投资业务能力：培养学生管理金融风险的能力，使学生能够运用学到的金融风险管理知识和相关技能管理理信用风险、流动性风险、利率风险、汇率风险、股票市场风险、债券市场风险、金融衍生品市场风险。 （4）创新创业能力：熟悉国家有关金融风险管理的方针、政策和法律法规，了解国内外金融风险管理最新动态，具有一定的专业敏感性，在激烈的市场竞争中敢于创新、善于创新。 （5）继续学习能力：能够跟踪金融风险管理理论发展前沿和最新实践，不断更新知识结构、提升职业素养，适应金融风险管理职业的新发展

2. 课程目标与考核方式

序号	课程目标（支撑毕业要求）	考核内容	评价方式与成绩占比（%）				成绩占比（%）	适用题型
			期末考试	出勤	课堂表现	作业		
1	目标 1：团队协作精神和职业道德：熟悉国家有关金融风险管理的法律法规，从事金融风险管理业务时有较强的社会责任感和团队合作精神，遵从金融风险管理业务中的职业道德要求。 （支撑毕业要求 3：团队协作精神和职业道德。具有较强的社会责任感和团队合作精神，具有高尚的职业道德和职业信念。）	第一章，金融风险的概念、特征、经济效应 第二章，金融风险管理的手段和管理体制 第四章，商业银行风险管理的基本构架 第十一章，中国债券市场基本情况 第十二章，期货风险的成因及管理方法、互换市场风险的管理策略	10	20	20	10	12	单选题 多选题 判断题 简答题 论述题 分析题

续表

序号	课程目标（支撑毕业要求）	考核内容	评价方式与成绩占比（%）				成绩占比（%）	适用题型
			期末考试	出勤	课堂表现	作业		
2	目标2：投资学核心知识：掌握金融风险管理的基本理论和基本知识，理解金融风险的形成原因和传导机制，掌握金融风险识别、度量、预警的方法和技术。（支撑毕业要求5：投资学核心知识。掌握金融投资必须具备的经济学、金融学基础知识；掌握投资学专业理论及业务管理知识；了解投资学理论前沿和实践发展现状。）	第一章，金融风险的概念、特征；金融风险的经济效应；金融风险形成的一般理论。 第二章，融风险管理的概念、分类、手段和管理体制；金融风险管理的程序；金融风险管理的策略。 第三章，金融风险识别的方法与工具；金融风险度量的方法与工具；金融风险预警的理论、指标与模型。 第四章，商业银行风险管理的基本概念、基本构架、主要方法；巴塞尔协议的基本内容。 第五章，信用风险的特点及产生原因；内部评级法；传统信用风险的度量；现代信用风险的度量。 第六章，流动性风险的成因；流动性风险管理理论；流动性风险的度量和管理方法。 第七章，利率风险的种类；利率风险管理的策略、工具。 第八章，汇率风险的概念；汇率风险的度量方法、控制方法。 第九章，操作风险的概念及种类；操作风险管理过程；操作风险评估方法。 第十章，股票市场风险的概念；证券投资组合分析理论；资本资产定价模型和套利定价模型。 第十一章，中国债券市场基本情况；债券交易中的一般风险识别；债券信用风险和利率风险度量方法和管理方法。 第十二章，期权市场的原理与运作；期货风险的成因及管理方法；互换市场风险的管理策略；期权定价模型	35	20	20	35	32	单选题 多选题 判断题 简答题 论述题 分析题 计算题 综合应用题

续表

序号	课程目标（支撑毕业要求）	考核内容	评价方式与成绩占比（%）				成绩占比（%）	适用题型
			期末考试	出勤	课堂表现	作业		
3	目标3：投资业务能力：培养学生管理金融风险的能力，使学生能够运用学到的金融风险管理知识和相关技能管理理信用风险、流动性风险、利率风险、汇率风险、股票市场风险、债券市场风险、金融衍生品市场风险。 （支撑毕业要求6：投资业务能力。具备金融投资必须掌握的基本业务技能；具有处理各类投资活动决策和管理的基本技能。）	第二章，金融风险管理的手段和管理体制；金融风险管理的程序；金融风险管理的策略。 第三章，金融风险识别的方法与工具；金融风险度量的方法与工具；金融风险预警的指标与模型。 第四章，商业银行风险管理的基本构架、主要方法。 第五章，信用风险的管理的内部评级法；传统信用风险的度量；现代信用风险的度量。 第六章，流动性风险的度量和管理方法。 第七章，利率风险管理的策略、工具。 第八章，汇率风险的度量方法、控制方法。 第九章，操作风险管理过程；操作风险评估方法。 第十章，资本资产定价模型和套利定价模型。 第十一章，债券交易中的一般风险识别；债券信用风险和利率风险度量方法和管理方法。 第十二章，期权市场的原理与运作；期货风险的成因及管理方法；互换市场风险的管理策略	35	20	20	35	32	单选题 多选题 判断题 简答题 论述题 分析题 计算题 综合应用题
4	目标4：创新创业能力：熟悉国家有关金融风险管理的方针、政策和法律法规，了解国内外金融风险管理最新动态，具有一定的专业敏感性，在激烈的市场竞争中敢于创新、善于创新。 （支撑毕业要求7：熟悉国家有关金融投资的方针、政策和法律法规；具有一定的专业敏感性，在激烈的市场竞争中敢于创新、善于创新；了解国内外投资行业发展动态。）	第一章，金融风险的概念、特征、经济效应。 第二章，金融风险管理的手段和管理体制。 第三章，金融风险识别的方法与工具；金融风险度量的方法与工具；金融风险预警的指标与模型。 第四章，商业银行风险管理的基本构架；巴塞尔协议的基本内容。 第十章，股票市场风险的概念；证券投资组合分析理论；资本资产定价模型和套利定价模型。 第十一章，中国债券市场基本情况。 第十二章，期货风险的成因及管理方法、互换市场风险的管理策略	10	20	20	10	12	单选题 多选题 判断题 简答题 论述题 分析题 计算题 综合应用题

续表

序号	课程目标 （支撑毕业要求）	考核内容	评价方式与成绩占比（%）				成绩占比（%）	适用题型
			期末考试	出勤	课堂表现	作业		
5	目标5：继续学习能力：能够跟踪金融风险管理理论发展前沿和最新实践，不断更新知识结构、提升职业素养，适应金融风险管理职业的新发展。 （支撑毕业要求9：主动接受终身学习理念，掌握有效的学习方法，具有进一步深造的学习能力、研究能力）	第一章，金融风险的概念、特征、经济效应。 第二章，金融风险管理的手段和管理体制。 第三章，金融风险识别的方法与工具；金融风险度量的方法与工具；金融风险预警的指标与模型。 第四章，商业银行风险管理的基本构架；巴塞尔协议的基本内容。 第十章，股票市场风险的概念；证券投资组合分析理论；资本资产定价模型和套利定价模型。 第十一章，中国债券市场基本情况。 第十二章，期权市场的原理与运作；期货风险的成因及管理方法、互换市场风险的管理策略	10	20	20	10	12	单选题 多选题 判断题 简答题 论述题 分析题 计算题 综合应用题

（五）项目评估与管理

1. 项目评估与管理考试大纲

授课学时	48 学时
适应专业	投资学专业
考试方式	本课程采用闭卷和平时成绩结合的形式考试。平时成绩 30%，平时成绩中考勤、作业、小组讨论各占 10%；考试成绩 70%，考试以授课的内容为主
考试时间	120 分钟
推荐教材	《项目评估与管理》，路君平主编，中国人民大学出版社，2013 年 9 月第 2 版
试题类型	单选题、判断题、计算题、简答题、案例分析题、综合应用题
考试要求	通过考试测试学生是否达到如下课程目标：掌握投资学相关核心知识，主要是项目评估与管理相关专业理论及业务管理知识，了解项目评估与管理理论前沿和实践发展现状；具备项目论证必须掌握的项目可行性分析、项目评估和项目管理基本业务技能，具有处理相关活动决策和管理的基本技能；学生具有终身学习理念，掌握有效的学习方法，具有进一步深造的学习能力、研究能力

2. 课程目标与考核方式

序号	课程目标（支撑毕业要求）	考核内容	评价方式与成绩占比（%）				成绩占比（%）	适用题型
			期末考试	作业	日常测验	……		
1	目标1：在项目评估与管理学科具备基本的知识。（支撑毕业要求5）	（1）了解项目投资、项目评估和项目管理的基本业务。 （2）掌握项目评估的定义与内容、项目背景评估、项目审批程序评估和项目投资环境评估；掌握项目概况评估的概念；掌握项目概况评估的内容；掌握项目必要性评估的内容。 （3）比较投资项目可行性研究与项目评估的区别和联系。 （4）掌握市场分析与生产规模确定的内容和方法。 （5）掌握项目建设必要性评估与建设条件评估的基本方法。 （6）掌握项目财务基础数据的测算与评估，了解项目筹资方式，学会资金成本的计算，掌握建设期利息的计算。 （7）掌握财务效益评估的指标体系、基本财务报表的编制、资金的时间价值与等值计算、财务指标及计算方法。 （8）掌握国民经济评估的含义、对象、基本目标以及内容；理解直接效益和间接效益、直接费用和间接费用以及对转移支付的处理。 （9）了解影响项目经济效益的不确定性因素，掌握盈亏平衡分析的原理及方法步骤。 （10）掌握项目质量管理的内容、项目质量规划的编制方法和项目质量控制的工具。 （11）掌握项目活动时间的估算、项目进度计划的编制与项目进度计划的控制。 （12）掌握项目风险识别、风险定量分析和定性分析的技术和工具，项目风险应对的规划、技术与工具	70	10	20		50	单选题 判断题 简答题

续表

序号	课程目标 （支撑毕业要求）	考核内容	评价方式与成绩占比（%）			成绩占比（%）	适用题型
			期末考试	作业	日常测验		
2	目标2：熟悉国家有关金融投资的方针、政策和法律法规；具有一定的专业敏感性，在激烈的市场竞争中敢于创新、善于创新；了解国内外投资行业发展动态。初步具有完成项目评估基本业务的技能和完成专业评估报告的能力。 （支撑毕业要求6、毕业要求7）	（1）掌握制约生产规模的主要因素，掌握保本规模、合理规模、经济规模确定的方法； （2）掌握资金成本的计算，掌握建设期利息的计算； （3）掌握项目年收入和年税金、项目成本和费用的估算方法； （4）掌握财务评估的静态分析指标和方法、动态分析指标和方法；财务基础数据、基准投资收益率和投资回收期的测定； （5）理解直接效益和间接效益、直接费用和间接费用以及对转移支付的处理；掌握影子价格、社会折现率的含义及外贸货物影子价格的计算；了解国民经济盈利能力、国民经济外汇效果分析指标的含义、计算及应用；了解社会效果的分析与评估； （6）了解影响项目经济效益的不确定性因素，掌握盈亏平衡分析的原理及方法步骤； （7）掌握项目活动时间的估算、项目进度计划的编制与项目进度计划的控制	70	10	20	40	计算题 案例分析题

续表

序号	课程目标（支撑毕业要求）	考核内容	评价方式与成绩占比（%）			成绩占比（%）	适用题型
			期末考试	作业	日常测验		
3	目标4：熟悉国家有关金融投资的方针、政策和法律法规；具有一定的专业敏感性，在激烈的市场竞争中敢于创新、善于创新；了解国内外投资行业发展动态。明确项目评估与管理专业领域的创新型以及所需知识的广博性，接受终身学习理念，养成在干中学的习惯，通过不断学习提升自己的能力。（支撑毕业要求7、9）	(1) 理解项目评估与管理涉及多学科理论、工具与方法，是一门技术与经济高度结合的学科； (2) 理解投资决策及产业投资分析方法具有较强的理论性和实用性； (3) 了解投资范围及其演变； (4) 理解定性分析和定量分析是项目微观财务效益评价和国民经济效益评价的基本方法； (5) 了解项目活动时间管理是项目计划管理的主要内容； (6) 了解项目评估与项目管理的现状及发展趋势	70	10	20	15	案例分析题 综合应用题

五、保险学专业

（一）保险学

1. 保险学考试大纲

授课学时	48 学时
适应专业	保险学
考试方式	期末考试占比 60%，作业、日常测验、出勤占比分别为 15%、15%、10%
考试时间	120 分钟
推荐教材	《保险学》，王绪瑾主编，高等教育出版社，2017 年 8 月第 6 版
试题类型	单选题、多选题、判断题、简答题、计算题、案例分析题、论述题
考试要求	通过本课程的学习，使学生对保险基本理论、基础知识、保险运行原理、保险经营和保险产品及保险市场有较全面的认识，并注重培养学生运用所学理论与知识解决保险问题的能力。要求学生了解保险学科的历史沿革与发展前沿、社会保险、保险经营管理与保险监管；掌握保险合同的基本原则、构成要素、订立和履行，保险的数理基础，保险经营，保险产品的种类、险种的责任范围，理解保险的职能和作用，计算保险赔款。同时，使学生对保险业在国家、社会、企业、民众的作用有全面的认识，树立正确的保险意识和全新的保险理念，为其他保险专业课程的学习、为今后从事金融、保险以及风险管理等相关工作打下良好的基础

2. 课程目标与考核方式

序号	课程目标（支撑毕业要求）	考核内容	评价方式与成绩占比（%）				成绩占比（%）	适用题型
			期末考试	作业	日常测验	出勤		
1	目标1：掌握保险学的基本理论和专业知识，能将保险学知识用于解决保险领域相关现象和问题。(支撑毕业要求6)	(1) 风险三要素、风险的类别、可保风险、保险的基本要素、保险的分类。 (2) 保险合同的概念、分类、主体、客体、内容、基本原则。 (3) 保险费率的构成、厘定的基本原则。 (4) 保险经营的特征、原则、核保过程中应考虑的因素；保险投资的资金来源、基本原则、方式和有关规定。 (5) 火灾保险的定义与条件、责任范围、费率与保险期间。 (6) 海上保险的定义、特点、保障范围；海上货物运输保险、船舶保险、运费保险的保险标的、条款；国内货物运输保险的保险责任范围；机动车险的分类、特点；机动车损失保险、机动车第三者责任保险、机动车附加险及其交强险的保险责任、责任免除和赔偿处理。飞机险的定义、特点、保险责任范围、保险费、赔偿。 (7) 工程保险的概念、特征、类型；建工险、安装工程保险、机器损坏险的保障对象、保险责任范围、保险金额、保险期限、承保与理赔。 (8) 责任保险的含义、特征、共性规定；公众责任保险、产品责任保险、雇主责任保险职业责任保险的定义、基本内容。 (9) 信用保证保险的概念、特征和作用；信用保险和保证保险的分类、保险责任范围。 (10) 人身保险的特征、常见条款；人寿保险、健康保险、人身意外伤害保险的概念、特点、保险责任。 (11) 再保险的概念、与原保险的比较；再保险合同概述、分类；再保险市场的概念、特点、组织形式。 (12) 社会保险的基本特征、社会保险费和费率、社会保险的种类	60	15	15	10	40	单选题 多选题 判断题 案例分析题 简答题

续表

序号	课程目标（支撑毕业要求）	考核内容	评价方式与成绩占比（%）				成绩占比（%）	适用题型
			期末考试	作业	日常测验	出勤		
2	目标2：具有从事保险及风险管理相关领域工作的基本技能。（支撑毕业要求8）	(1) 风险管理的基本程序、风险对策、可保风险的判定； (2) 保险合同的形式、基本原则、程序、解释原则及争议处理； (3) 保险费率厘定的一般方法；财产保险、人寿保险费率的厘定、保险责任准备金的提存； (4) 保险展业与承保、理赔的基本程序；我国保险投资的选择； (5) 企业财产险、家庭财产险、营业中断险的保险责任、责任免除、赔偿处理； (6) 运输保险的保险责任、责任免除、保险金额和赔偿处理； (7) 工程保险的保险责任范围、保险期限、承保与理赔； (8) 责任保险的保险责任范围、基本内容； (9) 信用保证保险的承保与理赔； (10) 人身保险的保险责任； (11) 再保险方式的运用； (12) 社会保险的基本特征、社会保险费和费率、社会保险的种类； (13) 保险市场的要素；影响保险需求与供给的因素；保险监管的含义和内容	60	15	15	10	30	案例分析题 单选题 多选题 判断题 计算题 综合应用题
3	目标3：初步具备从事保险和风险管理领域科学研究的能力。（支撑毕业要求9）	(1) 可保风险； (2) 保险合同的基本原则； (3) 人身保险合同的基本条款； (4) 保险监管	60	15	15	10	10	案例分析题 论述题

续表

序号	课程目标（支撑毕业要求）	考核内容	评价方式与成绩占比（%）				成绩占比（%）	适用题型
			期末考试	作业	日常测验	出勤		
4	目标4：追踪保险理论前沿和发展动态，具有自主学习和终身学习的能力，适应保险行业和职业发展。（支撑毕业要求6）	（1）保险业的发展趋势； （2）车险的变革； （3）新型人寿保险 （4）信用保证保险发展； （5）再保险市场发展趋势； （6）保险监管的内容	60	15	15	10	10	案例分析题 论述题
5	目标5：能够与业界同行和社会公众就保险领域的现象和问题进行较有效的沟通与交流。（支撑毕业要求5）	（1）保险的特征、保险的职能与作用、保险发展史； （2）保险合同的特点、基本原则、解释原则及争议处理； （3）人身保险合同中的常见条款； （4）再保险的职能与作用； （5）社会保险的作用、社会保险与商业人身保险的比较	60	15	15	10	10	论述题 综合分析题

（二）保险精算学

1. 保险精算考试大纲

授课学时	48 学时
适应专业	保险学专业
考试方式	考试方式：闭卷 计分方式百分制满分为 100 分，其中平时成绩占 30 分，期末考试成绩占 70 分
考试时间	120 分钟
推荐教材	《保险精算》，李秀芳、傅安平、王静龙主编．中国人民大学出版社
试题类型	单选题、填空题、简答题、计算题、论述题
考试要求	本科目是关于寿险精算原理和实践的课程。通过本科目的学习，考生应了解寿险精算的基本概念、统计方法在寿险精算中的应用，了解寿险的费率厘定和费率校正，理解寿险的准备金评估，掌握各种寿险保单的纯保费计算方法，掌握趸缴净保费的计算

2. 课程目标与考核方式

序号	课程目标（支撑毕业要求）	考核内容	评价方式与成绩占比（%）			适用题型
			期末考试	作业	成绩占比（%）	
1	了解精算学的特点，熟悉与保险精算相关的基础知识。掌握精算学领域中常用的各类符号标识符、常见的各种寿险保单的特点，理解保险精算的原理以及各种保单精算现值的计算，熟练掌握生命表使用，理解生存函数的定义，探索保险精算领域最新的研究成果，熟悉精算在各个行业的应用前景	第一章 利息的基本概念 第二章 年金 第三章 生命表基础	30	10	40	填空题 单选题 简答题
2	了解保险精算学学科的特点，掌握寿险精算的基本知识，初步理解非寿险精算涉及的领域，具备把精算知识运用到其他保险领域的能力。掌握各种具体的精算计算方法，具备用精算知识解决金融实际问题	第四章 人寿保险的精算现值 第五章 年金的精算现值 第六章 期缴纯保费与营业保费 第七章 准备金 第八章 保单现金价值与红利	70	20	60	计算题 论述题 案例分析题

（三）财产保险

1. 财产保险考试大纲

授课学时	48 学时
适应专业	保险学专业
考试方式	闭卷考试，期末考试占比 70%，平常成绩占比 30%
考试时间	120 分钟
推荐教材	《财产保险》，王绪瑾主编，北京大学出版社，2017 年 3 月第 2 版
试题类型	单选题、多选题、判断题、简答题、计算题、案例分析题
考试要求	对财产保险的基本概念、财产保险的功能、财产保险合同、财产保险的种类等基本理论与基础知识有全面的认识和理解，熟悉典型财产保险业务的基本条款，掌握财产保险业务的经营流程及操作，能够对财产保险市场发展中的热点难点问题提出较为专业的解决方案

2. 课程目标与考核方式

序号	课程目标（支撑毕业要求）	考核内容	评价方式与成绩占比（%）				成绩占比（%）	适用题型
			期末考试	作业	日常测验	考勤		
1	目标1：热爱祖国、拥护中国共产党的领导，遵纪守法、践行社会主义核心价值观，具有较高的政治觉悟和坚定的理想信念。（支撑毕业要求指标1）	（1）财产保险的发展演变及现代科技发展对财产保险行业的影响； （2）财产保险对于当前经济建设和政治改革的重要意义	70	10	15	5	10	简答题 多选题
2	目标2：具有较好的团队协作精神，具备批判性思维和创新意识。（支撑毕业要求指标4）	（1）财产保险合同的解释原则； （2）财产保险合同的争议处理； （3）财产保险合同的基本基本要素和内容； （4）企业财产保险实务； （5）产品责任保险的基本内容； （6）机动车损失保险的基本条款； （7）机动车辆保险保险费的计算与无赔款优待； （8）诚实保证保险、合同保证保险与产品保证保险的经营； （9）农业保险的保险费率与农业保险的理赔	70	10	15	5	15	单选题 多选题 判断题 简答题 案例分析题

续表

序号	课程目标（支撑毕业要求）	考核内容	评价方式与成绩占比（%）				成绩占比（%）	适用题型
			期末考试	作业	日常测验	考勤		
3	目标3：就财产保险领域的现象和问题进行有效且专业的沟通与表达。（支撑毕业要求指标5）	（1）财产保险合同的订立、变更、转让、无效和终止； （2）财产保险费率的构成与厘定原则、费率厘定的一般方法； （3）财产保险责任准备金的含义、类型与提存； （4）火灾保险条款内容； （5）运输工具保险的概念及特征； （6）船舶保险的特点与保障内容； （7）飞机保险理论与实务； （8）海上货物运输保险的基本内容； （9）国内货物运输保险的基本内容； （10）工程保险的基本内容； （11）信用保证保险的基本内容； （12）农业保险的基本内容	70	10	15	5	25	单选题 多选题 简答题 案例分析题
4	目标4：具有自主学习和终身学习的意识和能力，能大致把握财产保险行业的发展趋势，能将所学知识用于解决财产保险领域的实际问题。（支撑毕业要求指标6）	（1）财产保险商品的形态； （2）营业中断保险的条款内容； （3）机动车车上人员责任保险、全车盗抢保险，机动车辆保险保险费的计算； （4）海上货物运输保险的索赔与理赔实务； （5）科技工程保险、航天工程保险、海洋石油开发保险、核能工程保险； （6）责任保险的特征与基本内容	70	10	15	5	20	单选题 多选题 简答题 计算题 案例分析题

续表

序号	课程目标（支撑毕业要求）	考核内容	评价方式与成绩占比（%）				成绩占比（%）	适用题型
			期末考试	作业	日常测验	考勤		
5	目标5：追踪财产保险理论前沿，熟悉国家有关方针、政策和法律法规，熟悉典型财产保险业务的全流程实践操作，在保险及风险管理相关领域工作中展现出专业技能。（支撑毕业要求指标8）	（1）财产保险合同的基本原则及其实践应用； （2）财务稳定性的概念与衡量指标； （3）机动车保险的承保和理赔实务； （4）海上、内陆货物运输保险； （5）雇主责任保险与职业责任保险的基本内容； （6）国内信用保险、出口信用保险和投资保险； （7）农业保险承保与理赔实务	70	10	15	5	20	单选题 多选题 简答题 计算题 案例分析题
6	目标6：掌握数量分析方法，能运用现代信息技术进行专业文献检索、数据获取及分析处理。（支撑毕业要求指标9）	（1）财产保险商品的设计原则与方法； （2）财务稳定性的测定与影响因素； （3）普通家庭财产保险、家庭财产保险的其他形式及家庭财产保险的附加险； （4）机动车交通事故责任强制保险； （5）安装工程保险	70	10	15	5	10	简答题 计算题 案例分析题

（四）风险管理

1. 风险管理考试大纲

授课学时	48 学时
适应专业	保险学专业
考试方式	闭卷考试，期末考试占比 70%，平时成绩占比 30%。其中，平时成绩由考勤、作业和日常测验三部分构成，考勤占比 20%，作业占比 50%，日常测验占比 30%
考试时间	120 分钟
推荐教材	《风险管理（第五版）》，许谨良主编，中国金融出版社，2015 年 8 月第 5 版
试题类型	单选题、多选题、判断题、简答题、论述题、案例分析题
考试要求	集中闭卷考试

2. 课程目标与考核方式

序号	课程目标（支撑毕业要求）	考核内容	评价方式与成绩占比（%）				成绩占比（%）	适用题型
			期末考试	作业	日常测验	考勤		
1	目标1：热爱祖国、遵纪守法、爱岗敬业，践行社会主义核心价值观。（支撑毕业要求1、毕业要求4）	（1）现代科技发展对风险管理行业的影响； （2）风险管理对于当前经济建设和政治改革的重要意义； （3）风险管理的目标和程序； （4）对待风险的态度； （5）企业损失风险管理； （6）损失数据的收集和处理	70	15	9	6	10	单选题 多选题 判断题 论述题
2	目标2：具有团队协作能力，具备批判性思维和创新意识。（支撑毕业要求4）	（1）识别某一特定对象的风险； （2）对特定企业的财产损失风险、净收入损失风险、责任风险和人员损失风险进行全面分析，并提出解决方案； （3）运用各种风险管理手段及其组合进行风险管理； （4）设立专业自保公司的可行性分析； （5）运用概率分析和趋势分析方法对损失做出相对准确的预测； （6）识别不同行业跨国公司在海外经营过程中面临的风险，并初步设计风险管理方案； （7）利用非传统风险转移手段解决企业的风险； （8）针对某一企业发生的特定危机采取合理的应对措施	70	15	9	6	30	单选题 多选题 判断题 简答题 论述题 案例分析题

续表

序号	课程目标（支撑毕业要求）	考核内容	评价方式与成绩占比（%）				成绩占比（%）	适用题型
			期末考试	作业	日常测验	考勤		
3	目标3：具有较好的沟通能力，能够就风险管理领域的现象和问题与业界同行及社会公众进行较有效的沟通与交流。（支撑毕业要求4、毕业要求5）	（1）企业损失风险分析； （2）正态分布与二项分布； （3）专业保险公司的性质和优缺点	70	15	9	6	10	单选题 多选题 判断题 简答题 论述题 案例分析题
4	目标4：具有自主学习和终身学习的意识和能力，能大致把握风险管理行业的发展趋势，能将所学知识用于解决风险管理与决策领域的现象和问题。（支撑毕业要求6）	（1）对特定企业的财产损失风险、净收入损失风险、责任风险和人员损失风险进行全面分析，并提出解决方案； （2）运用统计和概率论的知识估计损失概率和损失程度，并运用数量分析方法分析风险管理中的一些实际问题； （3）使用正态分布和二项分布分别描述连续型变量和离散型变量的概率分布，作为风险管理决策的依据； （4）避免风险、转移风险和自留风险等风险管理方法各自的特点及适用情形； （5）专业自保公司、风险自留集团等非传统风险转移手段的特点及应用； （6）运用概率分析和趋势分析方法对损失做出相对准确的预测； （7）损失期望值法与效用期望值法在风险管理决策中的应用； （8）利用净现值法和内部收益率法进行风险管理决策及其他投资决策； （9）跨国公司风险识别与应对； （10）危机的应对方法	70	15	9	6	25	单选题 多选题 判断题 简答题 论述题 案例分析题

续表

序号	课程目标（支撑毕业要求）	考核内容	评价方式与成绩占比（%）				成绩占比（%）	适用题型
			期末考试	作业	日常测验	考勤		
5	目标5：追踪风险管理理论前沿和发展动态，掌握现代风险管理的基础理论和专业知识，熟悉相关法律法规，具有从事风险管理相关领域工作的基本能力。（支撑毕业要求8）	（1）风险和风险管理的定义及相关概念； （2）风险管理的目标和程序； （3）风险管理的起源和发展； （4）衡量个人对待风险的态度的方法； （5）风险识别方法； （6）企业损失风险的特点； （7）企业财产损失原因分析及防范措施； （8）企业净收入损失风险的分析与衡量；企业责任风险分析；企业人员损失风险分析。 （9）均值、中位数、众数等描述数据一般水平的变量和标准差、变异系数等反映数据离散程度的变量的概念及计算； （10）根据统计结果对数据进行描述；利用统计结果计算损失概率和损失程度；根据理论分布进行风险衡量； （11）自留风险要考虑的因素及筹资措施； （12）专业自保公司的性质及优缺点； （13）设立专业自保公司的可行性研究的内容； （14）对原始数据的整理与初步分析； （15）风险管理决策的原则；忧虑成本对风险管理决策的影响； （16）净现值、内部收益率、盈利能力指数的计算；现金流量分析作为风险管理决策标准的局限性； （17）不认可保险和认可保险的优缺点； （18）保险与再保险；资本市场证券和证券化；应急资本工具；保险衍生品； （19）危机管理的含义与特点	70	15	9	6	15	单选题 多选题 判断题 简答题 论述题 案例分析题

续表

序号	课程目标（支撑毕业要求）	考核内容	评价方式与成绩占比（%）				成绩占比（%）	适用题型
			期末考试	作业	日常测验	考勤		
6	目标6：掌握风险管理的一般研究方法，初步具备从事本专业领域科学研究的能力。（支撑毕业要求8）	（1）根据理论分布进行风险衡量； （2）损失管理的理论与方法； （3）避免风险、转移风险和自留风险等风险管理方法各自的特点及适用情形； （4）利用一元线性回归进行损失预测； （5）损失期望值法与效用期望值法在风险管理决策中的应用	70	15	9	6	10	单选题 多选题 判断题 案例分析题

（五）人身保险

1. 人身保险考试大纲

授课学时	48 学时
适应专业	保险学专业
考试方式	闭卷考试，期末考试占比 70%，平时成绩占比 30%。其中，平时成绩由考勤、作业和日常测验三部分构成，考勤占比 20%，作业占比 50%，日常测验占比 30%
考试时间	120 分钟
推荐教材	《新编人身保险学》，魏巧琴编著，同济大学出版社，2015 年 1 月第 3 版
试题类型	单选题、多选题、判断题、论述题、案例分析题、规划题
考试要求	集中闭卷考试

2. 课程目标与考核方式

序号	课程目标（支撑毕业要求）	考核内容	评价方式与成绩占比（%）				成绩占比（%）	适用题型
			期末考试	作业	日常测验	考勤		
1	目标1：热爱祖国、遵纪守法、爱岗敬业，践行社会主义核心价值观。（支撑毕业要求1、毕业要求4）	（1）人身保险的发展演变及现代科技发展对人身保险行业的影响； （2）人身保险对于当前经济建设和政治改革的重要意义； （3）人身保险合同的订立、履行、变更、终止和无效； （4）人身保险合同纠纷解决； （5）人寿保险合同常见条款及其在实务中的应用； （6）人寿保险、意外险、健康险和团体人身险的功能及适用性； （7）人身保险的承保与理赔； （8）人身保险投资与监管	70	15	9	6	10	单选题 多选题 判断题 论述题 案例分析题
2	目标2：具有团队协作能力，具备批判性思维和创新意识。（支撑毕业要求4）	（1）寿险需求分析与规划； （2）意外险需求分析与规划； （3）健康险需求分析与规划； （4）团体人身险需求分析与规划； （5）人身保险的承保与理赔； （6）人身保险投资与监管	70	15	9	6	30	单选题 多选题 判断题 论述题 案例分析题 规划题

续表

序号	课程目标（支撑毕业要求）	考核内容	评价方式与成绩占比（%）				成绩占比（%）	适用题型
			期末考试	作业	日常测验	考勤		
3	目标3：具有较好的沟通能力，能够就人身保险领域的现象和问题与业界同行及社会公众进行较有效的沟通与交流。（支撑毕业要求4、毕业要求5）	（1）人身保险的发展简史； （2）影响人身保险发展的因素； （3）人身保险与社会保险的联系与区别； （4）运用所学理论和知识对人身保险合同纠纷案进行分析与评价； （5）将《中华人民共和国民法典》婚姻家庭编和继承编的相关条款与人寿保险合同的常见条款相结合，分析和评价现实保险案例； （6）运用所学知识解读相关保险产品，帮助客户做保险需求分析； （7）寿险趸交纯保费和年缴纯保费的计算原理	70	15	9	6	20	单选题 多选题 判断题 论述题 案例分析题
4	目标4：能将与人身保险相关的基本理论与基本方法应用于解决人身保险市场的现象和问题。（支撑毕业要求6）	（1）对人身保险市场的纠纷提出解决方案； （2）人身保险理赔实务； （3）团体人身险的方案设计方法和应注意的问题	70	15	9	6	15	论述题 案例分析题

续表

序号	课程目标（支撑毕业要求）	考核内容	评价方式与成绩占比（%）				成绩占比（%）	适用题型
			期末考试	作业	日常测验	考勤		
5	目标5：能够跟踪人身保险发展的前沿和动态，不断更新知识结构、提升职业素养，适应保险行业及风险管理行业职业发展。（支撑毕业要求8）	（1）人身保险的发展；（2）人寿保险的概念、特征和分类；（3）人身意外伤害保险的概念、特征和分类；（4）人身意外伤害保险责任的判定和保险金给付；（5）健康险的概念、特征和分类；（6）健康险合同的特殊规定；（7）团体人身险的含义、作用和特点；（8）团体人身险的限制性规定；（9）人身保险产品和市场的发展；（10）人身保险的承保、理赔与保全；（11）人身保险欺诈的表现及防范；（12）人身保险需求分析与保险规划	70	15	9	6	10	单选题 多选题 判断题 论述题 规划题
6	目标6：熟悉国家有关人身保险的方针、政策和法律法规，熟悉各类人身保险业务的经营流程，具有从事人身风险管理和人身保险领域工作的基本能力。（支撑毕业要求8）	（1）人身风险的概念、特征和分类；（2）人身风险的识别与应对；（3）《保险法》对人身保险保险利益的规定；（4）人身保险合同的订立与履行；（5）人身保险合同主体的权利与义务；（6）人身保险合同的主体资格；（7）人寿保险合同常见条款在实务中的应用；（8）人身保险产品的功能及适用性；（9）人身保险的承保与核保；（10）人身保险的理赔与客户服务；（11）人身保险的投资与监管	70	15	9	6	10	单选题 多选题 判断题 论述题

续表

序号	课程目标（支撑毕业要求）	考核内容	评价方式与成绩占比（%）				成绩占比（%）	适用题型
			期末考试	作业	日常测验	考勤		
7	目标7：掌握人身保险的数理基础，具备初步从事本专业领域科学研究的能力。（支撑毕业要求9）	（1）人寿保险保费的构成； （2）人寿保险费率厘定的要素、人寿保险责任准备金的计提； （3）掌人寿保险趸交纯保费和年缴纯保费的计算原理	70	15	9	6	5	单选题 多选题 判断题

六、物流管理专业

（一）现代物流学

1. 现代物流学考试大纲

授课学时	48
适应专业	物流管理专业本科
考试方式	平时考核与期末考试相结合，百分制。平时考核（课堂表现、课堂测验、作业等）占30%，期末考试占70%
考试时间	120分钟
推荐教材	《现代物流学》李松庆，清华大学出版社，2018年12月第1版（第4次印刷）
试题类型	判断题、单选题、简答题、计算题、案例分析题、综合运用题
考试要求	（1）知识应用能力：能够将物流的基本理论与基本方法应用于解决物流专业领域的运输、仓储、包装、装卸搬运等问题；通过课程思政，树立正确的价值观，具有良好品德行为。 （2）问题分析能力：学生能够对物流战略规划、物流业务模式、物流客户服务、运输策略、仓储策略、物流技术与设施设备等环节存在的问题进行分析。 （3）综合能力：学生能够将物流学基本理论和物流管理实践联系起来，加深对企业物流活动的实际过程的认知，具有宏观思考和微观操作的综合能力，并能针对实践中问题，制定科学合理的解决方案。 （4）设计能力：针对不同的物流企业，学生具有使用现代信息技术对其物流基本环节进行初步规划和设计的能力，善于创新，体现出较高的科学精神和职业道德水准。 （5）沟通能力：学生具有良好的职业素养和团队精神，善于交流和沟通，能够就物流相关的客户服务问题等与业界同行及社会公众进行有效沟通和交流。 （6）终身学习能力：具有强烈的求知欲望和良好自主学习能力，能够跟物流学科前沿，预测发展趋势，持续提高物流知识的应用能力和物流业务的分析能力，适应物流行业及相关职业发展

2. 课程目标与考核方式

序号	课程目标（支撑毕业要求）	考核内容	评价方式与成绩占比（%）				成绩占比（%）	适用题型
			期末考试	课堂测验	作业	课堂表现		
1	目标1：知识应用能力：能够将物流的基本理论与基本方法应用于解决物流专业领域的运输、仓储、包装、装卸搬运等问题；通过课程思政，树立正确的价值观，具有良好品德行为。 （支撑毕业要求2：专业性知识。掌握物流各项职能运作的规律和服务策略等相关知识，熟悉专业前沿理论与行业动态知识。）	第一章：物流的基本概念理解；物流功能、分类。 第三章：不同物流模式的决策依据；外部物流业务模式。 第五章：运输遵循原则、原理、运输分类方式。 第六章：仓储、仓库、库存基本知识。 第七章：包装基本知识。 第八章：装卸搬运基本知识	70	9	12	9	10	判断题 单选题
2	目标2：问题分析能力：学生能够对物流战略规划、物流业务模式、物流客户服务、运输策略、仓储策略、物流技术与设施设备等环节存在的问题进行分析。 （毕业要求5：实践能力。理解并掌握物流各项职能运作的基本原理与决策方法，能够在多学科环境中应用物流战略规划，进行运输决策、仓储选址筹划以及库存风险管控，能够预测分析区域物流发展和物流运作中的实务问题，能够综合运用物流专业知识解决实务问题。）	第二章：物流战略制定原则，如成本悖反、分拨、合并、标准化、延迟。 第三章：不同物流模式优缺点。 第四章：物流作业成本法理解。 第五章：物流运输合理化措施。 第六章：仓储合理化措施	70	9	12	9	15	判断题 单选题 简答题

续表

序号	课程目标（支撑毕业要求）	考核内容	评价方式与成绩占比（%）				成绩占比（%）	适用题型
			期末考试	课堂测验	作业	课堂表现		
3	目标3：综合应用能力：学生能够将物流学基本理论和物流管理实践联系起来，加深对企业物流活动的实际过程的认知，具有宏观思考和微观操作的综合能力，并能针对实践中问题，制定科学合理的解决方案。（毕业要求5：实践能力。理解并掌握物流各项职能运作的基本原理与决策方法，能够在多学科环境中应用物流战略规划，进行运输决策、仓储选址筹划以及库存风险管控，能够预测分析区域物流发展和物流运作中的实务问题，能够综合运用物流专业知识解决实务问题）	第二章：结合企业内外部资源环境进行物流战略分析。 第三章：第三方物流模式运用。 第四章：物流企业绩效评估矩阵法运用。 第五章：运输成本计算；运输最短路径图解分析。 第六章：库存ABC管理法分析；经济订货批量、再订购点、仓储总成本计算	70	9	12	9	40	计算题 案例分析题 综合运用题
4	目标4：设计能力：针对不同的物流企业，学生具有使用现代信息技术对其物流基本环节进行初步规划和设计的能力，善于创新，体现出较高的科学精神和职业道德水准。（支撑毕业要求7：社会责任。具有良好的思想道德修养、社会责任感、公共意识、敬业精神和创业意识）	第二章：物流系统网络规划。 第五章：物流运输优化。 第七章：包装设计方案	100	0	0	0	15	案例分析题

续表

序号	课程目标（支撑毕业要求）	考核内容	评价方式与成绩占比（%）				成绩占比（%）	适用题型
			期末考试	课堂测验	作业	课堂表现		
5	目标5：沟通能力： 学生具有良好的职业素养和团队精神，善于交流和沟通，能够就物流相关的客户服务问题等与业界同行及社会公众进行有效沟通和交流。 （毕业要求6：综合能力。具有较强的组织、协调和管理能力，能够与团队成员和谐相处，能够运用不同沟通技巧处理物流业务管理和实务中出现的问题，能够与他人合作，共同分析物流问题、共同商定解决方案）	第四章：物流客户服务组成；运用物流企业绩效评估矩阵法分析物流服务存在问题，提出改进措施	30	21	28	21	10	案例分析题
6	目标6：终身学习能力： 具有强烈的求知欲望和良好自主学习能力，能够跟物流学科前沿，预测发展趋势，持续提高物流知识的应用能力和物流业务的分析能力，适应物流行业及相关职业发展。 （毕业要求4：学习能力。具有自主学习和终身学习的良好意识，不断提高学习和适应发展的能力。能够了解物流学科前沿，预测发展趋势，持续提高物流知识的应用能力和物流业务的分析能力）	第七章：包装新材料、新技法。 第八章：装卸搬运新的技术设备	20	24	32	24	10	案例分析题

3. 成绩评定标准与依据

考核项目/权重	指标与依据				
	优（90~100分）	良（80~89分）	中（70~79分）	及格（60~69分）	不及格（0~59分）
课堂测验/30%	基本概论理解准确，基本概念掌握牢固，没有错误	基本概论理解准确，基本概念掌握基本牢固，没有明显的错误	基本概论理解准确，没有重大的错误	基本概论理解准确，没有重大的错误，有少量留空	基本概论理解错误多，存在重大表达错误或留空较多
作业质量/40%	书写清晰、规范、整洁；解决问题方法合理；计算正确	书写清晰、规范、整洁；解决问题方法基本合理；个别计算有误	书写基本清晰、规范、整洁；解决问题方法基本合理；部分计算有误	书写不够清晰规范；解决问题的方法部分有误；计算错误较多	书写不清晰、不规范；没有分析和解决问题的方法；计算错误非常多
课堂表现/30%	正常出勤；积极参与课堂讨论5次以上；表现积极，能与他人进行有效沟通	缺勤不超过1次；积极参与课堂讨论3次以上；表现较主动，能与他人进行有效沟通	缺勤不超过2次；参与课堂讨论2次以上；基本能主动配合，能与他人进行有效沟通	缺勤不超过3次，参与课堂讨论2次以上；能基本配合团队，能与他人进行有效沟通	缺勤次数超过3次，不参与课堂讨论；不能与他人进行有效沟通

（二）配送中心管理与运营

1. 配送中心管理与运营考试大纲

授课学时	学时64
适应专业	专业物流管理本科
考试方式	平时30%，期末70%
考试时间	120分钟
推荐教材	配送与配送中心
试题类型	单选题、多选题、判断题、简答题、案例分析题
考试要求	考查课

2. 课程目标与考核方式

序号	课程目标（支撑毕业要求）	考核内容	评价方式与成绩占比（%）			成绩占比（%）	适用题型
			期末考试	作业	日常测验		
1	目标1：知识应用能力：能够将配送管理的基本理论与基本方法应用于解决配送中心运营以及配送业务专业领域管理问题。（支撑毕业要求1）	（1）国外配送与配送中心的发展； （2）我国配送与配送中心的发展； （3）配送中心区域布置的基本步骤和流程	70		30	10	单选题
2	目标2：问题分析能力：能够以配送管理的基本原理分析配送中心信息技术、配送中心资料分析技术及配送中心系统规划业务的常见问题。（支撑毕业要求2）	（1）配送的概念与作用； （2）配送的功能环节及流程； （3）配送功能区空间规划； （4）自动分拣系统应用分析	70		30	25	多选题
3	综合应用能力：能够针对配送中心规划与设计、配送中心设施设备与配送中心分拣系统中涉及的技术管理问题，提出合理的解决方案。（支撑毕业要求2）	（1）配送的经营模式； （2）配送合理化的判断标准； （3）输配送系统规划； （4）拣选系统典型模式及设备	70		30	20	案例分析题
4	设计能力：能够设计符合配送中心系统规划要求的解决方案，并能够在设计环节中体现创新意识，考虑经济、社会、法律、文化以及环境等问题。（支撑毕业要求4）	（1）配送中心的作业系统； （2）输送设备的选用； （3）条码在配送中心的应用	70		30	25	简答题
5	沟通能力：能够就配送运营相关的业务问题与业界同行及社会公众进行有效沟通和交流。（支撑毕业要求3）	（1）配送中心信息系统功能结构； （2）EIQ分析在规划中的应用； （3）物流相关性分析	70		30	10	判断题

续表

序号	课程目标（支撑毕业要求）	考核内容	评价方式与成绩占比（%）			成绩占比（%）	适用题型
			期末考试	作业	日常测验		
6	终身学习能力：能够跟踪配送管理发展前沿，不断更新知识结构、提升职业素养，适应配送行业及相关职业发展。（支撑毕业要求 5）	（1）仓储作业空间规划； （2）物品特性与储运单位分析； （3）配送中心系统规划的内容	70		30	10	多选题

（三）仓储管理

1. 仓储管理考试大纲

授课学时	48
适应专业	物流管理专业本科
考试方式	平时考核与期末考试相结合，百分制。平时考核（课堂表现、课堂测验、作业等）占 30%，期末考试占 70%。
考试时间	120 分钟
推荐教材	《仓储管理》傅莉萍，清华大学出版社，2015 年 7 月第 1 版
试题类型	判断题、单选题、简答题、计算题、案例分析题、综合运用题
考试要求	（1）知识应用能力：能够将仓储的基本理论与基本方法应用于解决仓储专业领域的货物出入库作业、在库作业、仓库设备选择、仓储合同等问题；通过课程思政，树立正确的价值观，具有良好品德行为。 （2）问题分析能力：学生能够对仓库选址规划、仓储业务模式选择、仓储成本控制、仓储合同管理等存在的问题进行分析。 （3）综合能力：学生能够将仓储管理的基本理论和物流实践联系起来，加深对企业仓储活动的实际过程的认知，具有宏观思考和微观操作的综合能力，并针对实践中问题，制定科学合理的解决方案。 （4）设计能力：针对不同的物流企业，学生具有使用仓储信息技术对其仓储基本环节进行初步规划和设计的能力，善于创新，体现出较高的科学精神和职业道德水准。 （5）沟通能力：学生具有良好的职业素养和团队精神，善于交流和沟通，能够就仓储管理相关的客户服务问题等与业界同行及社会公众进行有效沟通和交流。 （6）终身学习能力：具有强烈的求知欲望和良好自主学习能力，能够跟仓储学科前沿，预测发展趋势，持续提高仓储知识的应用能力和仓储业务的分析能力，适应物流行业及相关职业发展

2. 课程目标与考核方式

序号	课程目标（支撑毕业要求）	考核内容	评价方式与成绩占比（%）				成绩占比（%）	适用题型
			期末考试	课堂测验	作业	课堂表现		
1	目标 1：知识应用能力：能够将仓储的基本理论与基本方法应用于解决仓储专业领域的货物出入库作业、在库作业、仓库设备选择、仓储合同等问题；通过课程思政，树立正确的价值观，具有良好品德行为。（支撑毕业要求 2：专业性知识。掌握物流各项职能运作的规律和服务策略等相关知识，熟悉专业前沿理论与行业动态知识）	第一章　仓储的概念、性质、功能、分类。 第二章　仓库货区布置方法。 第三章　货架选择依据。 第四章　入库接运方式；入库验收。 第五章　货物出库方式；不同拣选方式特点。 第六章　货物存放原则；存放方法。 第八章　仓储合同当事人责任；仓单功能等	70	9	12	9	10	判断题 单选题
2	目标 2：问题分析能力：学生能够对仓库选址规划、仓储业务模式选择、仓储成本控制、仓储合同管理等存在的问题进行分析。（毕业要求 5：实践能力。理解并掌握仓储出入库运作的基本原理与决策方法，能够在多学科环境中应用仓储选址规划，提高仓储服务能力，降低服务成本，做好库存风险管控，并预测分析区域物流发展和仓储运作中的实务问题，能够综合运用仓储专业知识解决实务问题）	第二章　仓库选址考虑因素。 第四章　常见入库问题。 第五章　出库业务流程；常见出库问题。 第六章　货物保管与养护；盘点方法。 第七章　仓储成本控制法：降低仓储成本有效途径。 第八章　仓储合同特征	70	9	12	9	15	判断题 单选题 简答题

续表

序号	课程目标（支撑毕业要求）	考核内容	评价方式与成绩占比（%）				成绩占比（%）	适用题型
			期末考试	课堂测验	作业	课堂表现		
3	目标 3：综合应用能力：学生能够将仓储管理的基本理论和物流实践联系起来，加深对企业仓储活动的实际过程的认知，具有宏观思考和微观操作的综合能力，并针对实践中问题，制定科学合理的解决方案。（毕业要求 5：实践能力。理解并掌握仓储出入库运作的基本原理与决策方法，能够在多学科环境中应用仓储选址规划，提高仓储服务能力，降低服务成本，做好库存风险管控，并预测分析区域物流发展和仓储运作中的实务问题，能够综合运用仓储专业知识解决实务问题）	第二章　仓库选址方法，如精确重心法选址、加权因素分析法。 第四章　商品物动量分析和组托。 第五章　有效订单分析；订单优先权分析。 第七章　经济订货批量法相关知识。 第八章　仓储合同管理	70	9	12	9	40	计算题 案例分析题 综合运用题
4	目标 4：设计能力：针对不同的物流企业，学生具有使用仓储信息技术对其仓储基本环节进行初步规划和设计的能力，善于创新，体现出较高的科学精神和职业道德水准。（毕业要求 7：社会责任。具有良好的思想道德修养、社会责任感、公共意识、敬业精神和创业意识）	第二章　仓库网点规划。 第四章　储存方案设计。 第五章　出库方案设计。 第六章　商品储存优化	100	0	0	0	15	案例分析题 综合运用题

续表

序号	课程目标（支撑毕业要求）	考核内容	评价方式与成绩占比（%）				成绩占比（%）	适用题型
			期末考试	课堂测验	作业	课堂表现		
5	目标5：沟通能力：学生具有良好的职业素养和团队精神，善于交流和沟通，能够就仓储管理相关的客户服务问题等与业界同行及社会公众进行有效沟通和交流。 （毕业要求6：综合能力。具有较强的组织、协调和管理能力，能够与团队成员和谐相处，能够运用不同沟通技巧处理仓储业务管理和实务中出现的问题，能够与他人合作，共同分析仓储问题、共同商定解决方案）	第四章　常见入库问题处理。 第五章　常见出库问题处理。 第八章　仓储合同问题处理	30	21	28	21	10	简答题 案例分析题
6	目标6：终身学习能力：终身学习能力：具有强烈的求知欲望和良好自主学习能力，能够跟踪仓储学科前沿，预测发展趋势，持续提高仓储知识的应用能力和仓储业务的分析能力，适应物流行业及相关职业发展。 （毕业要求4：学习能力。具有自主学习和终身学习的良好意识，不断提高学习和适应发展的能力。能够了解物流学科前沿，预测发展趋势，持续提高物流知识的应用能力和物流业务的分析能力）	第三章　仓储设备新技术。 第七章　现代库存控制新技术应用。 第八章　仓单融资新应用	20	24	32	24	10	案例分析题

3. 成绩评定标准与依据

考核项目/权重	指标与依据				
	优（90~100分）	良（80~89分）	中（70~79分）	及格（60~69分）	不及格（0~59分）
课堂测验/30%	基本概论理解准确，基本概念掌握牢固，没有错误	基本概论理解准确，基本概念掌握基本牢固，没有明显的错误	基本概论理解准确，没有重大的错误	基本概论理解准确，没有重大的错误，有少量留空	基本概论理解错误多，存在重大表达错误或留空较多
作业质量/40%	书写清晰、规范、整洁；解决问题方法合理；计算正确	书写清晰、规范、整洁；解决问题方法基本合理；个别计算有误	书写基本清晰、规范、整洁；解决问题方法基本合理；部分计算有误	书写不够清晰规范；解决问题的方法部分有误；计算错误较多	书写不清晰、不规范；没有分析和解决问题的方法；计算错误非常多
课堂表现/30%	正常出勤；积极参与课堂讨论5次以上；表现积极，能与他人进行有效沟通	缺勤不超过1次；积极参与课堂讨论3次以上；表现较主动，能与他人进行有效沟通	缺勤不超过2次；参与课堂讨论2次以上；基本能主动配合，能与他人进行有效沟通	缺勤不超过3次，参与课堂讨论2次以上；能基本配合团队，能与他人进行有效沟通	缺勤次数超过3次，不参与课堂讨论；不能与他人进行有效沟通

七、电子商务专业

（一）电子商务概论

1. 电子商务概论考试大纲

授课学时	48学时
适应专业	电子商务专业
考试方式	统一考试
考试时间	120分钟
推荐教材	《电子商务概论》（第四版），白东蕊主编，人民邮电出版社，2019年8月第四版
试题类型	单选题、多选题、判断题、简答题、论述题、分析题
考试要求	最终成绩实施多元化评价方式，由闭卷笔试和日常主要教学活动相结合。 期末测试：40%，侧重实现考核的管理功能。考核学生对该课程基础知识的掌握程度、问题分析能力和问题解决能力。期末考试采用书面闭卷形式，主要题型可以是选择题、判断题，简答题，论述题和案例分析题等。 日常主要教学活动，60%，包括作业20%，单元测试10%，课程视频的观看和学习20%，讨论10%

2. 课程目标与考核方式

序号	课程目标 （支撑毕业要求）	考核内容	评价方式与成绩占比（%）				成绩占比（%）	适用题型
			期末考试	作业	日常测验	线上资源学习		
1	目标1：掌握电子商务的基础知识和基本理论，具备综合利用所学知识解决相关管理问题的能力。掌握电子商务专业理论及业务管理知识。了解快速发展的电子商务新兴产业动态，注重产业技术创新和商业模式创新，并及时掌握相关的理论与技术知识。 （支撑毕业要求1）	第一章：电子商务基本概述 第三章：电子商务的商业模式 第六章：电子支付 第七章：电子商务物流 电子商务安全	40	20	10	20	30	单选题 多选题 简答题 判断题
2	目标2：具有批判性思维，富有创新和创业精神。 （支撑毕业要求2）	第一章：电子商务的应用 第四章：理解新零售的含义，特征和核心，掌握新零售模式的主要框架 第七章：网络营销	40	20	10	20	15	分析题
3	目标3：掌握基本技能和知识、训练有素，运用科学方法解决问题和分析问题的能力。 （支撑毕业要求4）	第三章：电子商务模式 第六章：跨境电子商务	40	20	10	20	20	分析题
4	目标4：掌握计算机、网络等知识，能够运用现代信息技术收集和处理信息。 （支撑毕业要求4）	第二章：电子商务技术 第七章：网络营销 第八章：电子商务安全	40	20	10	20	20	选择题 简答题 论述题
5	目标5：具有良好的交流能力，具有管理感性，能够胜任在相关岗位熟练撰写报告和口头交流。 （支撑毕业要求3，毕业要求5）	各个章节	20	50	10	20	15	论述题 小论文

（二）网络金融与电子支付

1. 网络金融与电子支付考试大纲

授课学时	48 学时
适应专业	电子商务专业
考试方式	闭卷，平时成绩 30%；期末成绩 70%
考试时间	120 分钟
推荐教材	《电子支付与结算》，帅青红、李忠俊主编，东北财经大学出版社，2018 年 9 月第 3 版
试题类型	单选题、多选题、判断题、简答题、论述题、案例分析题等
考试要求	通过本课程学习，使学生掌握主要的电子支付工具特点、支付流程和相关技术，了解电子支付结算的发展动向；熟悉网络银行的现状、支付流程和发展趋势，掌握电子支付安全技术以及面对支付系统风险时的管理办法，能够就复杂交互问题与业界同行及社会公众进行有效沟通和交流。通过课堂教学、讨论、作业、期末考试，使学生从实践中加强对基础知识的综合应用，提高学生的动手和实践能力，做到知行合一，学以致用的目的

2. 课程目标与考核方式

序号	课程目标（支撑毕业要求）	考核内容	评价方式与成绩占比（%）				成绩占比（%）	适用题型
			考勤	作业	讨论	期末考试		
1	目标 （1）知识应用能力 （支撑毕业要求 1.2.6.7） （2）问题分析能力 （支撑毕业要求 1.2.6.7） （3）沟通能力 （支撑毕业要求 2.6.9） （4）终身学习能力 （支撑毕业要求 1.2.3.4.5.8.9）	（1）掌握支付的基本概念和过程； （2）了解清算和结算的区别和联系； （3）了解支付活动的构成和应遵循的基本原理； （4）掌握支付体系的概念和构成； （5）掌握电子支付的含义和分类； （6）了解电子支付系统的构成	0.5	1	0.5	3	5	单选题 多选题 判断题 简答题 论述题 案例分析题

续表

序号	课程目标（支撑毕业要求）	考核内容	评价方式与成绩占比（%）				成绩占比（%）	适用题型
			考勤	作业	讨论	期末考试		
2	目标 （1）知识应用能力 （支撑毕业要求1.2.6.7） （2）问题分析能力 （支撑毕业要求1.2.6.7） （4）沟通能力 （支撑毕业要求2.6.9）	（1）掌握支付工具的概念和分类； （2）了解三种票据的使用范围和支付过程； （3）掌握常用卡基支付工具的特点，了解电子支付工具的使用现状； （4）了解传统支付结算方式的特点，应用现状与未来发展趋势； （5）掌握电子支付结算方式的类型，了解其应用现状与未来发展趋势； （6）掌握电子货币和电子钱包的基本情况	1	1	1	7	10	单选题 多选题 判断题 简答题 案例分析题
3	目标 （1）知识应用能力 （支撑毕业要求1.2.6.7） （2）问题分析能力 （支撑毕业要求1.2.6.7） （3）沟通能力 （支撑毕业要求2.6.9）	（1）掌握网上银行与电子银行的区别； （2）了解网上银行的特点； （3）了解网上银行的功能； （4）掌握网上银行支付的主要流程； （5）了解我国主要网上银行的功能、流程； （6）了解网上银行常用的安全保障技术	1	1	1	7	10	单选题 多选题 判断题 简答题 论述题 案例分析题
4	目标 （1）知识应用能力 （支撑毕业要求1.2.6.7） （2）问题分析能力 （支撑毕业要求1.2.6.7） （3）沟通能力 （支撑毕业要求2.6.9）	（1）掌握电话银行的概念及与手机银行的区别，以及与电话支付的关系； （2）掌握电话支付的功能、特点； （3）掌握电话支付的类型及其支付流程； （4）了解电话支付的发展阶段； （5）了解电话支付的安全保障技术	0.5	1	0.5	3	5	单选题 多选题 判断题 简答题 论述题 案例分析题

续表

序号	课程目标（支撑毕业要求）	考核内容	评价方式与成绩占比（%）				成绩占比（%）	适用题型
			考勤	作业	讨论	期末考试		
5	目标 （1）知识应用能力 （支撑毕业要求1.2.6.7） （2）问题分析能力 （支撑毕业要求1.2.6.7） （3）沟通能力 （支撑毕业要求2.6.9）	（1）掌握移动支付的概念； （2）掌握移动支付类型、价值链及运营模式； （3）了解远距离移动支付的接入方式； （4）掌握近距离移动支付的功能和流程； （5）了解移动支付可能存在的问题； （6）了解移动支付的安全保障技术； （7）了解移动支付的发展方向	1	1	1	7	10	单选题 多选题 判断题 简答题 论述题 案例分析题
6	目标 （1）知识应用能力 （支撑毕业要求1.2.6.7） （2）问题分析能力 （支撑毕业要求1.2.6.7） （3）沟通能力 （支撑毕业要求2.6.9）	（1）掌握自助银行的概念； （2）掌握自助银行的主要设备； （3）掌握自助银行的功能、类型； （4）掌握ATM系统和POS系统的交易流程； （5）了解自助银行的安全保障措施	1	1	1	7	10	单选题 多选题 判断题 简答题 论述题 案例分析题
7	目标 （1）知识应用能力 （支撑毕业要求.2.6.7） （2）问题分析能力 （支撑毕业要求.2.6.7） （3）综合应用能力 （支撑毕业要求.4.6.7） （4）沟通能力 （支撑毕业要求2.6.9）	（1）了解跨行支付的需求； （2）掌握跨行支付系统的组成、职能； （3）了解中国跨行支付系统的发展现状； （4）掌握CNAPS的职能及业务流程； （5）了解SWIFT； （6）了解CHIPS； （7）了解FEDWIRE； （8）了解TARGET	1	1	1	7	10	单选题 多选题 判断题 简答题 论述题 案例分析题

续表

序号	课程目标（支撑毕业要求）	考核内容	评价方式与成绩占比（%）				成绩占比（%）	适用题型
			考勤	作业	讨论	期末考试		
8	目标 （1）知识应用能力 （支撑毕业要求.2.6.7） （2）问题分析能力 （支撑毕业要求.2.6.7） （3）综合应用能力 （支撑毕业要求.4.6.7） （4）沟通能力 （支撑毕业要求2.6.9）	（1）了解中国银联的创建、发展历程； （2）掌握中国银联支付系统的组成、职能； （3）了解中国银联电子支付业务开展的现状； （4）掌握中国银联网上支付的职能及业务流程； （5）掌握中国银联网上代付的职能及业务流程； （6）掌握中国银联跨行转账的职能及业务流程； （7）了解中国银联电子支付与第三方支付的关系及其竞争优势； （8）了解银联的手机支付产品	1	1	1	7	10	单选题 多选题 判断题 简答题 论述题 案例分析题
9	目标 （1）知识应用能力 （支撑毕业要求1.2.6.7） （2）问题分析能力 （支撑毕业要求1.2.6.7） （3）综合应用能力 （支撑毕业要求2.4.6.7） （4）沟通能力 （支撑毕业要求2.6.9） （5）终身学习能力 （支撑毕业要求1.2.3.4.5.8.9）	（1）掌握第三方支付的基本概念； （2）掌握第三方支付的类型； （3）了解第三方支付的优缺点； （4）掌握第三方支付的流程； （5）了解网联支付的新模式； （6）掌握第三方支付存在的安全问题及预防措施； （7）了解典型的第三方支付平台——支付宝	1	1	1	7	10	单选题 多选题 判断题 简答题 论述题 案例分析题
10	目标 （1）知识应用能力 （支撑毕业要求1.2.6.7） （2）问题分析能力 （支撑毕业要求1.2.6.7） （3）综合应用能力 （支撑毕业要求2.4.6.7）	（1）掌握支付系统风险的基本概念和主要类型； （2）了解流动性风险形成的原因和机理； （3）了解国外支付系统风险的管理办法； （4）掌握我国现有支付系统风险的管理办法； （5）掌握完善我国支付系统风险管理的措施	1	1	1	7	10	单选题 多选题 判断题 简答题 论述题

续表

序号	课程目标（支撑毕业要求）	考核内容	评价方式与成绩占比（%）				成绩占比（%）	适用题型
			考勤	作业	讨论	期末考试		
11	目标 （1）知识应用能力 （支撑毕业要求 1.2.6.7） （2）问题分析能力 （支撑毕业要求 1.2.6.7） （3）综合应用能力 （支撑毕业要求 2.4.6.7） （4）沟通能力 （支撑毕业要求 2.6.9） （5）终身学习能力 （支撑毕业要求 1.2.3.4.5.8.9）	（1）了解电子支付的安全风险，掌握电子支付的相关安全需求； （2）了解保障支付安全的多种技术； （3）掌握对称技术原理； （4）掌握非对称加密技术原理； （5）了解数字签名的概念及原理； （6）掌握数字证书的主要内容及其实现技术； （7）了解数字摘要、数字时间戳等安全技术	1	1	1	7	10	单选题 多选题 判断题 简答题 论述题 案例分析题

（三）客户关系管理

1. 客户关系管理考试大纲

授课学时	32
适应专业	电子商务专业
考试方式	本课程采用平时考核成绩和期终考试成绩相结合的方式，均以百分制计分。平时考核成绩占课程总成绩的 40%，期终考试成绩即期末考试，占课程总成绩的 60%
考试时间	120 分钟
推荐教材	《客户关系管理》，苏朝晖主编，清华大学出版社，2018 年 5 月第四版
试题类型	单选题、多选题、判断题、简答题、案例分析题
考试要求	本课程主要考核学生对基本知识、基本理论的理解和应用能力，从了解、熟悉、掌握三个层次来要求。要求学生了解本课程的相关知识；要求学生掌握客户关系维护的过程：关系客户如何选择、客户关系如何建立、客户关系如何提升、客户关系如何维护、客户关系如何挽救等。

2. 课程目标与考核方式

序号	课程目标（支撑毕业要求）	考核内容	评价方式与成绩占比（%）				成绩占比（%）	适用题型
			期末考试	作业	日常测验	考勤		
1	能够将客户关系管理基本理论与基本方法应用于解决电商专业领域管理问题	（1）客户关系管理的内涵； （2）客户关系管理的基本思路； （3）选择客户的指导思想	60	20	10	10	20	单选题 多选题 判断题
2	能够应用客户关系管理的相关基本原理分析电商领域存在的问题	（1）客户开发的策略与方法； （2）客户信息的分类与渠道管理； （3）客户分级的原理与方法	60	20	10	10	20	单选题 多选题 判断题
3	能够针对电商领域中涉及的客户关系管理问题，提出合理的解决方案	（1）客户沟通的作用、途径与内容； （2）实现客户满意的途径	60	20	10	10	30	简答题 案例分析题
4	能够设计符合电商企业运作要求的客户关系管理体系，并能够在设计环节中体现创新意识	掌握影响客户忠诚的因素 熟悉实现客户忠诚的途径 掌握影响客户流失的原因 制定挽回客户流失的策略	60	20	10	10	30	简答题 案例分析题

（四）WEB 前端设计基础

1. WEB 前端设计基础考试大纲

授课学时	总学时 48、理论课学时 32、实践课学时 16
适应专业	电子商务专业
考试方式	线上学习情况：10%；过程性考试：20%；考勤：10%；期末考核：60%
考试时间	120 分钟
推荐教材	《Web 前端开发技术—HTML5、CSS3、JavaScript》（第 3 版），储久良主编，清华大学出版社，2018 年 7 月
试题类型	理论部分：选择题、填空题、问答题、程序题　上机部分：综合设计题
考试要求	（1）能够运用 HTML 中的文字、链接、列表、表格、表单、图像、多媒体、框架标记及属性设计出框架网页、表格与表单网页、多媒体动态网页。 （2）能够使用 DIV + CSS 结合技术进行网页布局的基本方法。 （3）能够掌握网站规划、设计、制作、管理、发布的相关技术及 Web 前端设计的操作技能。 （4）能够通过 HTML 中 JavaScript 程序的嵌入方法，使用 JavaScript 来进行开发、维护、管理和设置 Web 应用程序

2. 课程目标与考核方式

序号	课程目标（支撑毕业要求）	考核内容	评价方式与成绩占比（%）				成绩占比（%）	适用题型
			线上学习情况	考勤	过程性考试	期末		
1	课程目标1：能够基于科学原理并采用科学方法对财税、金融领域的相关网站，运用所学知识设计出框架网页、表格与表单网页、多媒体动态网页。（支撑毕业要求4）	（1）理解HTML5的一些基本概念；理解HTML5含义及与网页的区别；掌握HTML5文档结构；熟练应用<html>标签；<head>标签；<body>标签掌握语法规则。 （2）掌握超链接基本语法及href、target、title等属性的设置方法；理解超链接中路径的分类和应用场合；掌握内链接、外链接的定义方法；掌握书签链接的基本语法及创建方法。 （3）掌握<table>标记语法及所有表格标记的语法；会利用<table> <tr> <td>绘制简易表格；学会运用表格嵌套技术实现一般网页布局。 （4）掌握单行文本输入框的属性设置方法；学会使用密码输入框设置用户密码；掌握复选框checkbox设置及使用方法，学会使用checked属性将某项复选框设为预选项；掌握单选按钮radio设置及使用方法，学会使用checked属性	10	10	20	60	40	选择题 填空题 问答题 程序题 综合设计题
2	课程目标2：能够重点在财税、金融领域，能够设计掌握网站规划、设计、制作、管理、发布的相关技术及Web前端设计的操作技能。（支撑毕业要求3）	（1）了解CSS基本概念；了解传统HTML的缺点；了解CSS的优势。 掌握CSS的基本语法；掌握CSS选择器类型（包括标记选择器、类选择器、id选择器、属性选择器等）；掌握CSS选择器声明类型；掌握CSS定义与引用方法（包括内联样式表（行内样式表）、内部样式表、外部样式表（链接外部样式表、导入外部样式表）等。 （2）理解CSS3盒模型结构；学会设置边界margin、边框属性border、填充属性padding及其子属性的设置方法；掌握单列布局、两列布局、三列布局、混合布局、CSS3伸缩布局、CSS3多列布局；能够根据常规页面布局编写出DIV结构和定义出CSS样式。 （3）了解CSS3新特性；了解CSS3浏览器兼容性及解决方法；掌握CSS3边框属性语法及设置方法；掌握CSS3转换transform属性语法及设置方法；掌握CSS3过渡transition属性语法及设置方法；掌握CSS3动画animation语法及设置方法	10	10	20	60	40	选择题 填空题 问答题 程序题 综合设计题

续表

序号	课程目标（支撑毕业要求）	考核内容	评价方式与成绩占比（%）				成绩占比（%）	适用题型
			线上学习情况	考勤	过程性考试	期末		
3	课程目标3：能够就复杂web系统开发问题与业界同行及社会公众进行有效沟通和交流。（支撑毕业要求10）	（1）理解JavaScript在Web页面设计中作用及其特点；了解JavaScript在HTML中放置的位置；掌握JavaScript中的基本数据类型，分别是字符串型、数值型、布尔型、Null型、undefined、object型；掌握变量的定义语法及使用方法；掌握常用的转义字符使用方法；学会使用消息对话框实现页面交互。 （2）熟练使用对象的函数，如toString（）、toFixed（n）、charAt（n）、indexOf（）、lastIndexOf（）、substring（）等；掌握自定义函数的使用方法，并学会编程；学会使用return返回函数计算结果；理解JavaScript中事件的概念、事件基本类型	10	10	20	60	20	选择题 填空题 问答题 程序题 综合设计题

（五）网络营销理论与实务

1. 网络营销理论与实务考试大纲

授课学时	48学时
适应专业	电子商务专业
考试方式	统一考试
考试时间	120分钟
推荐教材	《新网络营销》，冯英健主编，人民邮电出版社，2018年12月第一版
试题类型	单选题、多选题、简答题、论述题、案例分析题
考试要求	从企业网络营销岗位的需求出发，结合营销的基础知识，以及当今新型互动营销、内容营销模式，涵盖市场营销理论、网络营销理论、工具、策略、方案等方面进行考核

2. 课程目标与考核方式

序号	课程目标 （支撑毕业要求）	考核内容	评价方式与成绩占比（%）			成绩占比（%）	适用题型
			期末考试	作业	日常测验		
1	目标1：知识应用能力：能够将网络营销基本理论与基本方法应用于解决企业实际问题以及网络营销专业领域管理问题。 （支撑毕业要求2）	第四章： （1）渠道运营的基本思想及常用网络推广方法； （2）网站内部资源类型及站内推广方式； （3）引导型网络推广特点，掌握搜索引擎营销的基本原理、模式及方法； （4）社会关系资源推广的基本内容，了解微博转发的常见方式	50	25	25	20	单选题 多选题 简答题
2	目标2：问题分析能力：能够应用经济学、管理学以及网络营销的基本原理分析企业运营过程中存在的问题。 （支撑毕业要求5）	第五章： （1）用户的来源渠道及用户连接方式； （2）从用户的角度理解用户数据类型及主要来源； （3）网络营销数据分析的基本思路； （4）网站访问统计分析方法及分析报告的撰写	40	30	30	20	案例分析题
3	目标3：综合应用能力：能够针对电商企业的目标，战略制定与实际操作中涉及的网络营销问题，提出合理的解决方案。 （支撑毕业要求4）	第六章： （1）网络营销服务市场的意义与特征； （2）网络营销服务市场的层次与类别； （3）网络广告的基本条件和本质特征； （4）网络广告的投放和效果评价	40	30	30	20	案例分析题
4	目标4：设计能力：能够设计符合企业要求及满足客户喜好的文案、图片及视频，并能够在设计环节中体现创新意识，考虑经济、社会、法律、文化以及环境等问题。 （支撑毕业要求1）	第三章： （1）企业网站的基本要素及内容创建方法； （2）企业博客写作的一般原则和方法； （3）微信公众号内容写作的基本方法； （4）企业微博及WIKI词条写作的基本方法； （5）抖音等短视频内容的创作方法	40	30	30	20	简答题

续表

序号	课程目标（支撑毕业要求）	考核内容	评价方式与成绩占比（%）			成绩占比（%）	适用题型
			期末考试	作业	日常测验		
5	目标5：沟通能力：能够就网络营销企业相关的网络营销工具的使用、网络营销运营推广等问题与业界同行及社会公众进行有效沟通和交流。（支撑毕业要求6）	各个章节	10	50	40	10	单选题 多选题
6	目标6：终身学习能力：能够跟踪网络营销领域前沿，不断更新知识结构、提升职业素养，适应电子商务行业及相关职业发展。（支撑毕业要求9）	第一章： （1）网络营销的定义； （2）网络营销的职能； （3）网络营销的信息传递模型。 第二章： （1）网络营销系统框架； （2）网络营销信息源系统的三种类型及信息发布的三大渠道； （3）网络营销信息传递渠道的基本特征； （4）用户的意义及地位	10	50	40	10	简答题

八、工程造价专业

（一）工程经济学

1. 工程经济学考试大纲

授课学时	32 学时
适应专业	工程造价专业
考试方式	本课程平时成绩占30%，期末考试比重占70%。期末考试方式为课程设计
考试时间	180 分钟
推荐教材	《建筑工程经济》，黄晨主编，天津大学出版社，2016 年 1 月第 1 版。
试题类型	课程设计：综合分析题
考试要求	学生通过系统地学习本门课程，具备建设项目的经济评价、建筑设计方案和施工方案的技术经济评价和建设项目技术经济预测与决策等方面的独立分析和解决问题的能力

2. 课题目标与考核方式

序号	课程目标 （支撑毕业要求）	考核内容	评价方式与成绩占比（%）		成绩占比（%）	适用题型
			期末考试	平时成绩		
1	目标1：知识应用能力，能够将工程经济基本理论与基本方法应用于解决工程造价专业领域的问题。 支撑毕业要求1：能够将自然科学、土木工程技术基础和经济、管理等专业知识用于解决工程造价管理问题。）	（1）工程经济学的基本原理； （2）工程经济分析的基本思路	70	30	20	综合分析题
2	目标2：问题分析能力：能够应用工程经济的基本原理分析工程领域的经济问题。 ［支撑毕业要求2：能够针对实际工程（造价）问题提出有效解决方案，并能够在此环节中体现创新意识，系统考虑社会、健康、安全、法律、文化以及环境等因素。］	（1）建设项目现金流量的构成； （2）成本费用的概念及构成； （3）工程项目的收入和销售税金及附加； （4）现金流量； （5）资金时间价值； （6）资金等值计算	70	30	20	综合分析题
3	目标3：综合应用能力：能够针对工程领域中涉及的投资决策问题，提出合理的解决方案。［支撑毕业要求支撑毕业要求3：能够基于管理学、经济学原理并采用定量、定性分析方法对实际工程（造价）问题进行研究、分析与数据解释，并通过信息综合得到合理有效的结论。］	（1）建设项目现金流量的构成； （2）成本费用的概念及构成； （3）工程项目的收入和销售税金及附加； （4）经济效果评价指标； （5）计算和评价准则； （6）项目方案的经济评价方法的计算	70	30	20	综合分析题
4	目标4：设计能力：能够设计符合国家法规、规范与制度要求的投资方案，并能够在设计环节中体现创新意识，考虑经济、社会、法律、文化以及环境等问题。［支撑毕业要求4：能够针对实际工程（造价）问题，选择与使用恰当的技术、资源、现代工程工具和信息技术工具。］	（1）线性盈亏平衡分析； （2）互斥方案的盈亏平衡分析； （3）单因素敏感性分析	70	30	20	综合分析题

续表

序号	课程目标（支撑毕业要求）	考核内容	评价方式与成绩占比（%）		成绩占比（%）	适用题型
			期末考试	平时成绩		
5	目标5：沟通能力：能够就工程经济相关的问题与业界同行及社会公众进行有效沟通和交流。[支撑毕业要求5：能够就实际工程（造价）问题与业界同行及社会公众进行有效沟通和交流，包括撰写报告、陈述发言、清晰表达或回应指令。并具备一定的国际视野和团队意识，能够在跨文化背景下进行交流和协作。]	（1）方案经济必选概述； （2）互斥方案的必选； （3）独立方案的必选； （4）混合方案的必选	70	30	20	综合分析题

（二）工程造价管理

1. 工程造价管理考试大纲

授课学时	32 学时
适应专业	工程造价专业
考试方式	期末考试比重 70%，平时成绩比重 30%，期末考试为闭卷考试
考试时间	120 分钟
推荐教材	《工程造价管理》，廖佳主编，西安交通大学出版社，2018 年 8 月第 3 版
试题类型	填空题、单选题、多选题、判断题、计算题
考试要求	闭卷

2. 课程目标与考核方式

序号	课程目标（支撑毕业要求）	考核内容	评价方式与成绩占比（%）			成绩占比（%）	适用题型
			期末考试	作业	考勤		
1	目标1：知识应用能力：能够将工程造价管理基本理论与基本方法应用于解决建设工程造价的编制以及成本管理问题。［支撑毕业要求1：掌握土木工程及相关工程技术基础知识；掌握与国内、国际工程造价（管理）相关的管理理论和方法，相关的经济理论、相关的法学理论与方法及相关的法律、法规；掌握国内、国际工程造价（管理）专业领域的专业基础知识、专业知识、专业技术和方法］	（1）掌握工程造价的概念、工程造价管理的基本内涵；（2）理解工程造价的计价特征、造价工程师管理制度；（3）掌握我国建设项目投资及工程造价的构成，国产设备原价的构成及计算，进口设备原价的构成及计算，设备运杂费的计算	70	20	10	20	单选题 计算题
2	目标2：问题分析能力：能够应用经济学、管理学以及工程造价管理的基本原理分析计价的原理及计量的原理。［支撑毕业要求2：具备综合运用上述的知识、理论、技术和方法从事国内、国际工程全过程和全面工程造价（管理）工作的基本能力；具备对工程造价专业外语文献进行读、写、译的基本能力；具备运用计算机辅助解决工程造价专业及相关问题的基本能力］	（1）了解工程造价信息，理解工程计价方法，工程量计算规范；（2）掌握工程量清单计价计算、人工定额消耗量的确定方法、材料定额消耗量的确定方法、机械台班消耗量的确定方法，建筑安装工程人工、材料及机具台班单价等的组成	70	20	10	20	单选题 多选题 计算题
3	目标3：综合应用能力：能够针对建设工程建设的各个阶段的造价管理进行估算、概算、预算、结算与决算。（支撑毕业要求3：具备初步的科学研究能力，具有较强的语言与文字表达和人际沟通能力，具备健康的个性品质和良好的社会适应能力）	（1）了解项目决策阶段影响工程造价的主要因素，设计阶段影响工程造价的主要因素；（2）理解投资估算的概念及其编制，设计概算的概念及其编制内容；（3）掌握施工图预算的概念及其编制等	70	20	10	10	单选题 判断题

续表

序号	课程目标（支撑毕业要求）	考核内容	评价方式与成绩占比（%）			成绩占比（%）	适用题型
			期末考试	作业	考勤		
4	目标4：设计能力：能够设计符合建设项目的成本目标，并能够在成本管理环节中体现经济、社会、法律、文化以及环境等问题。（支撑毕业要求3：具备初步的科学研究能力，具有较强的语言与文字表达和人际沟通能力，具备健康的个性品质和良好的社会适应能力）	（1）了解招标文件的组成内容及其编制要求，投标报价前期工作、询价与工程量的复核；（2）理解评标程序及评审标准，国际工程招标投标及合同价款的约定；（3）掌握招标工程量清单的编制，招标控制价的编制，合同价款的约定，工程总承包合同价款的约定等	70	20	10	20	单选题 多选题
5	目标5：沟通能力：能够就建设项目各阶段的造价管理与项目相关参建单位进行有效沟通和交流。（支撑毕业要求4：具有良好的思想道德修养、科学的世界观、正确的人生观和价值观，具有坚定的职业信念和良好的职业道德）	（1）法规变化类合同价款调整事项；（2）工程变更类合同价款调整事项；（3）物价变化类合同价款调整事项；（4）工程索赔类合同价款调整事项；（5）预付款及期中支付，竣工结算，最终结清	70	20	10	25	计算题 综合分析题 案例分析题
6	目标6：终身学习能力：能够跟踪成本管理的变化原因，不断更新知识结构、提升职业素养，适应全过程造价管理的发展趋势。（支撑毕业要求5：具有较强的自主学习能力和健全的人格和良好的心理素质，具有较好的专业基本技能、实践能力和社会适应能力）	（1）了解缺陷责任期的概念和期限；（2）掌握竣工决算的内容和编制，新增资产价值的确定，缺陷责任期、质量保证金的处理等	70	20	10	5	单选题

（三）工程造价软件应用

1. 工程造价软件应用考试大纲

授课学时	48 学时
适应专业	工程造价专业
考试方式	上机考试（70%）+平时成绩 30%（考勤 10%、课堂表现 20%）=期末总评 100%
考试时间	120 分钟
推荐教材	《工程造价实训教程—广联达软件实战应用》（河南版），赵琰主编，天津大学出版社，2018 年 1 月第 1 版
试题类型	单选题、多选题、判断题、绘图题
考试要求	通过学习软件操作，使学生掌握钢筋算量软件、图形算量软件，工程计价软件的操作，并让学生能从软件中提取工程量，能够熟练使用计价软件中清单计价法和定额计价法做出一份完整的预算，并能从软件中导出表格，打印装订成完整的预算书

2. 课程目标与考核方式

序号	课程目标（支撑毕业要求）	考核内容	评价方式与成绩占比（%）			成绩占比（%）	适用题型
			期末考试	考勤	课堂表现		
1	目标 1：培养适应社会主义现代化建设需要，“德、智、体”全面发展，掌握建设工程领域的基本技术知识，掌握与工程造价管理相关的管理、经济、法律和信息等基础知识，具有较高的科学文化素养、专业综合素质与能力。 [支撑毕业要求 1：掌握土木工程及相关工程技术基础知识；掌握与国内、国际工程造价（管理）相关的管理理论和方法，相关的经济理论、相关的法学理论与方法及相关的法律、法规；掌握国内、国际工程造价（管理）专业领域的专业基础知识、专业知识、专业技术和方法]	（1）认识广联达 BIM 钢筋算量软件操作流程； （2）钢筋构件的绘制命令、绘制方法、计算原理； （3）房屋工程中各构件的钢筋计算规则与实际图纸之间的转换和设置	70	10	20	10	单选题 绘图题

续表

序号	课程目标（支撑毕业要求）	考核内容	评价方式与成绩占比（%）			成绩占比（%）	适用题型
			期末考试	考勤	课堂表现		
2	目标2：具有正确的人生观和价值观，具有良好的思想品德和职业道德、创新精神、国际视野和社会责任感，全面获得工程师基本训练，能够在建设工程领域从事工程建设全过程造价管理的高级专门人才。 ［支撑毕业要求2：具备综合运用上述的知识、理论、技术和方法从事国内、国际工程全过程和全面工程造价（管理）工作的基本能力；具备对工程造价专业外语文献进行读、写、译的基本能力；具备运用计算机辅助解决工程造价专业及相关问题的基本能力］	（1）认识广联达 BIM 土建算量软件； （2）掌握土建构件的绘制和计算原理； （3）操作建立完整 BIM 算量模型	70	10	20	20	多选题 绘图题
3	目标3：能够在建设工程领域的勘察、设计、施工、监理、投资、招标代理、造价咨询、审计、金融及保险等企事业单位、房地产领域的企事业单位和相关政府部门，从事工程决策分析与经济评价、工程计量与计价、工程造价控制、工程建设全过程造价管理与咨询、工程合同管理、工程审计、工程造价鉴定等方面的技术与管理工作。 （支撑毕业要求3：具备初步的科学研究能力，具有较强的语言与文字表达和人际沟通能力，具备健康的个性品质和良好的社会适应能力）	（1）掌握广联达云计价软件操作流程，掌握工程的创建和设置； （2）掌握计价软件的取费原理	70	10	20	20	判断题 单选题 绘图题

续表

序号	课程目标（支撑毕业要求）	考核内容	评价方式与成绩占比（%）			成绩占比（%）	适用题型
			期末考试	考勤	课堂表现		
4	目标4：能够跟踪成本管理的变化原因，不断更新知识结构、提升职业素养，适应全过程造价管理的发展趋势。 （支撑毕业要求4：具有良好的思想道德修养、科学的世界观、正确的人生观和价值观，具有坚定的职业信念和良好的职业道德）	（1）操作清单编写； （2）定额项目的套取、定额的换算； （3）工程量的提取	70	10	20	20	单选题 多选题
5	目标5：终身学习能力：能够根据软件的更新和变化，不断更新知识结构、提升职业素养，适应全过程造价管理的发展趋势。 （支撑毕业要求5：具有较强的自主学习能力和健全的人格和良好的心理素质，具有较好的专业基本技能、实践能力和社会适应能力）	（1）人工费的调整； （2）材料价差的调整； （3）社保费的调整； （4）操作完成编制完整的招标控制价或投标报价	70	10	20	20	单选题 多选题
6	目标6：持续进行独立思考和自主学习，时刻保持、更新当前处于变化中的知识、技术和工具； [支撑毕业要求6：了解国内外工程造价（管理）领域的理论与实践的最新发展动态与趋势；具备相关行业与领域工程造价专业人员国家执业资格基础知识]	（1）最新计价文件； （2）全过程咨询的最新政策	70	10	20	10	单选题 多选题

（四）工程招投标与合同管理

1. 工程招投标与合同管理考试大纲

授课学时	32 学时
适应专业	工程造价
考试方式	期末闭卷考试（70%）+平时考核（考勤10%，平时作业20%，共30%）=总评成绩（100%）
考试时间	120 分钟
推荐教材	《建筑工程招投标与合同管理》，王凤琳主编，哈尔滨工程大学出版社，2018 年 7 月第一版
试题类型	单选题、多选题、判断题、简答题、案例分析题
考试要求	掌握招投标与合同管理的相关概念、基本程序、工作内容；熟悉建设工程合同管理的基本原理和方法

2. 课程目标与考核方式

序号	课程目标（支撑毕业要求）	考核内容	评价方式与成绩占比（%）				成绩占比（%）	适用题型
			期末考试	作业	课堂表现	日常测验		
1	目标 1：知识应用能力：能够掌握招投标与合同管理的基本知识、基本理论、基本方法，用于招投标程序的操作。 ［支撑毕业要求 1：掌握土木工程及相关工程技术基础知识；掌握与国内、国际工程造价（管理）相关的管理理论和方法，相关的经济理论、相关的法学理论与方法及相关的法律、法规；掌握国内、国际工程造价（管理）专业领域的专业基础知识、专业知识、专业技术和方法］	第一章：承发包的种类及其特点；建筑市场的主体及其权利义务；建设工程交易中心的功能及作用。 第二章：建设工程招标和投标的基本含义；国内工程项目施工招标的程序；招标文件的内容组成。 第三章：国内工程项目施工投标的基本流程。 第四章：开标的程序和内容；评标的程序和内容；定标的程序和注意事项	70	10	10	10	25	单选题 多选题 判断题 简答题 案例分析题

续表

序号	课程目标（支撑毕业要求）	考核内容	评价方式与成绩占比（%）				成绩占比（%）	适用题型
			期末考试	作业	课堂表现	日常测验		
2	目标2：设计能力：能够依据相关的法律、法规和相关的建设工程资料，完成某些特定工程的招标文件的编制、投标文件的编制。[支撑毕业要求2：具备综合运用上述的知识、理论、技术和方法从事国内、国际工程全过程和全面工程造价（管理）工作的基本能力；具备对工程造价专业外语文献进行读、写、译的基本能力；具备运用计算机辅助解决工程造价专业及相关问题的基本能力]	第二章：国内工程项目施工招标的程序；招标文件的内容组成；招标标底、招标控制价的编制方法及招标文件的编制规范。第三章：国内工程项目施工投标的基本流程；投标决策的技巧、投标报价的组成和编制方法	70	10	10	10	25	单选题 多选题 判断题 简答题 案例分析题
3	目标3：综合应用能力：能够在掌握定额报价和工程量清单报价的基础上，学习和掌握投标决策和投标报价技巧等技能。（支撑毕业要求3：具备初步的科学研究能力，具有较强的语言与文字表达和人际沟通能力，具备健康的个性品质和良好的社会适应能力）	第三章：国内工程项目施工投标的基本流程；投标决策的技巧、投标报价的组成和编制方法	70	10	10	10	15	单选题 多选题 判断题 简答题 案例分析题
4	目标4：问题分析能力：能够应用工程招投标以及合同管理的基本原理进行案例分析，具备初步工程谈判、合同文件的签订、工程索赔的能力。（支撑毕业要求4：具有良好的思想道德修养、科学的世界观、正确的人生观和价值观，具有坚定的职业信念和良好的职业道德）	第五章：建设工程施工合同的概念、特点和作用；订立合同的基本原则；建设工程施工合同的订立；合同的生效时间；效力待定合同、无效合同、可撤销可变更合同。第七章：施工索赔的概念、起因和作用；施工索赔的程序；索赔报告；施工索赔的计算；索赔管理	70	10	10	10	15	单选题 多选题 判断题 简答题 案例分析题

续表

序号	课程目标（支撑毕业要求）	考核内容	评价方式与成绩占比（%）				成绩占比（%）	适用题型
			期末考试	作业	课堂表现	日常测验		
5	目标5：沟通能力：能够在建设项目建设周期内就招投标和合同管理与项目相关参建单位进行有效沟通和交流。（支撑毕业要求5：具有较强的自主学习能力和健全的人格和良好的心理素质，具有较好的专业基本技能、实践能力和社会适应能力）	第二章：资格审查；招标文件与标底的编制。第三章：现场踏勘；投标预备会；投标文件的编制与报送。第四章：开标、评标、定标。第五章：合同订立的过程。第六章：工程施工各阶段的进度管理内容；材料设备供应的质量管理、隐蔽工程检查、不合格工程的处理；工程预付款、进度款的计算方法；安全生产事故等级；合同争议的解决	70	10	10	10	15	单选题 多选题 判断题 简答题 案例分析题
6	目标6：职业规范：逐渐理解并遵守工程实践中的职业道德和行为规范，做到责任担当、贡献国家、服务社会。[支撑毕业要求6：了解国内外工程造价（管理）领域的理论与实践的最新发展动态与趋势]	第八章：国际合同的含义；合同、惯例与法律的相互关系；国际工程合同的法律基础；国际工程通用的合同条件；FIDIC 土木工程施工合同条件在中国的应用	70	10	10	10	5	单选题 多选题 判断题

（五）建筑工程计量与计价

1. 建筑工程计量与计价考试大纲

授课学时	32 学时
适应专业	工程造价专业
考试方式	考勤 10%、作业 20%、期末考试 70%，期末考试采用闭卷考试形式
考试时间	120 分钟
推荐教材	《建筑工程计量与计价》（河南版），化学工业出版社，2018 版
试题类型	单选题、多选题、判断题、计算题、综合分析题
考试要求	学生通过系统地学习本门课程，能够掌握建筑工程清单计价和定额计价的基本知识、基本理论、基本方法；能够运用清单和定额工程量计算规则、建筑面积计算规则通过对工程图纸进行识读和分析进行建筑与装饰工程量计算；能够在掌握工程量定额计价和工程量清单计价的基础上，通过计算工程量和查套清单计价规范和预算定额规范进行单价套取计算，编制招标控制价

2. 课程目标与考核方式

序号	课程目标（支撑毕业要求）	考核内容	评价方式与成绩占比（%）			成绩占比（%）	适用题型
			期末考试	作业	考勤		
1	目标 1：工程知识能力：能够掌握建筑工程清单计价和定额计价的基本知识、基本理论、基本方法。 （支撑毕业要求 1：工程知识：能够将经济学、管理学、工程技术和信息技术用于解决工程造价专业的复杂工程问题）	（1）工程造价基础知识； （2）工程定额； （3）工程量清单的编制； （4）建筑面积计算； （5）建筑工程工程量计算； （6）装饰工程计算； （7）措施项目； （8）工程量清单计价	70	20	10	10	单选题 多选题 判断题
2	目标 2：问题分析能力：能够运用清单和定额工程量计算规则、建筑面积计算规则通过对工程图纸进行识读和分析进行建筑与装饰工程量计算。 （支撑毕业要求 2：问题分析：能够应用经济学、管理学及工程科学的基本原理，识别、表达、并通过文献研究分析工程造价专业的复杂工程问题，以获得有效结论）	（1）工程量清单的编制； （2）建筑面积计算； （3）建筑工程工程量计算； （4）装饰工程计算； （5）措施项目	70	20	10	20	计算题

续表

序号	课程目标（支撑毕业要求）	考核内容	评价方式与成绩占比（%）			成绩占比（%）	适用题型
			期末考试	作业	考勤		
3	目标3：设计开发（解决）能力：能够在掌握工程量定额计价和工程量清单计价的基础上，通过计算工程量和查套清单计价规范和预算定额规范进行单价套取计算，编制招标控制价。[支撑毕业要求3：设计（开发）解决方案：能够设计（开发）满足工程特定需求的全过程造价管理方案，并在设计环节中考虑社会、健康、安全、法律、文化以及环境等因素。在提出复杂工程问题的解决方案时具有创新意识]	（1）工程定额； （2）工程量清单的编制； （3）建筑工程工程量计算； （4）装饰工程计算； （5）措施项目； （6）工程量清单计价	70	20	10	20	计算题 综合分析题
4	目标4：研究能力：能够根据工程图纸和工程造价文件，对工程进行数据分析和优化，协助投资方进行投资管理优化和成本控制分析。（支撑毕业要求4：研究：能够基于科学原理、采用科学方法对工程造价专业的复杂问题进行研究，包括设计实验、收集、处理、分析数据，通过信息综合得到合理有效的结论并应用于工程实践）	（1）工程量清单的编制； （2）建筑工程工程量计算； （3）装饰工程计算； （4）措施项目； （5）工程量清单计价	70	20	10	20	综合分析题
5	目标5：使用现代化工具能力：能够熟练的使用清单规范和定额规范、标准图集等各种工具书。（支撑毕业要求5：使用现代工具：能够针对复杂工程问题，开发、选择与使用恰当的技术、资源、现代工程工具和信息技术工具，包括对复杂工程问题的预测与模拟，并能够理解其局限性）	（1）工程造价基础知识； （2）工程定额； （3）工程量清单的编制； （4）建筑面积计算； （5）建筑工程工程量计算； （6）装饰工程计算； （7）措施项目； （8）工程量清单计价	70	20	10	10	单选题 多选题 判断题

续表

序号	课程目标（支撑毕业要求）	考核内容	评价方式与成绩占比（%）			成绩占比（%）	适用题型
			期末考试	作业	考勤		
6	目标6：职业规范能力：能够在建设项目建设周期内就建筑工程全过程造价管理文件与参建单位进行有效沟通和交流。（支撑毕业要求8：职业规范：热爱祖国，热爱人民，具有良好的思想政治素质和正确的人生观、价值观，践行社会主义核心价值观；具备健康的心理素质和体魄；具有人文社会科学素养和社会责任感，能够在工程实践中理解并遵守工程职业道德和行为规范，做到责任担当、贡献国家、服务社会）	（1）工程造价基础知识； （2）工程定额； （3）工程量清单计价	70	20	10	10	单选题 多选题 判断题
7	目标7：项目管理能力：能够接受新型工程造价计量计价方法和工程造价管理模式的发展，不断更新知识结构、提升职业素养，适应全过程工程造价管理的发展趋势。（支撑毕业要求11：项目管理：在与工程造价专业相关的多学科环境中理解、掌握、应用工程管理原理与经济决策方法，具有一定的组织、管理和领导能力）	（1）工程造价基础知识； （2）工程定额； （3）工程量清单的编制； （4）建筑面积计算； （5）建筑工程工程量计算； （6）装饰工程计算； （7）措施项目； （8）工程量清单计价	70	20	10	10	单选题 多选题 判断题 计算题 综合分析题